HEYNE BIOGRAPHIEN

Virginia Cowles
WILHELM II.
Der letzte deutsche Kaiser

Wilhelm Heyne Verlag
München

6. Auflage

Titel der amerikanischen Originalausgabe THE KAISER
Deutsche Übersetzung von Claus Velmeden

Genehmigte, erweiterte Taschenbuchausgabe
Copyright © 1963 by Crawley Features
Copyright © der deutschen Übersetzung by Societäts Verlag,
Frankfurt/Main
Printed in Germany 1990
Bibliographie, Stammtafel, Zeittafel, Orts- und Sachregister wurden
erarbeitet von Dr. Hubert Fritz
Umschlagfoto: Bildarchiv Preußischer Kulturbesitz, Berlin
Bildnachweis: Archiv für Kunst und Geschichte, Berlin (13)
Interfoto: Friedrich Rauch, München (3)
Umschlaggestaltung: Atelier Heinrichs, München
Gesamtherstellung: Presse-Druck Augsburg

ISBN 3-453-55026-9

Inhalt

7	Die englische Mutter
24	Die Jugendjahre
45	Die 99 Tage
69	Der Lotse verläßt das Schiff
92	Eulenburg
113	Der Kaiser und England
135	Deutsche Weltpolitik
162	Englands letztes Angebot
185	Der Kaiser und der Zar
203	Kampf im Dunkel
221	Die deutsche Flotte
239	Das Interview
262	Statist auf der Bühne
289	Sarajewo
306	Der große Krieg
327	Oberster Kriegsherr
355	Die Entmachtung
379	Das Ende in Holland
402	Anhang
405	Bibliografie
409	Zeittafel
420	Stammtafel
424	Namenverzeichnis
429	Orts- und Sachregister

Die englische Mutter

Hundertein Kanonenschüsse verkündeten den Berlinern am 27. Januar 1859 die Geburt eines künftigen Königs von Preußen. Seine achtzehnjährige Mutter, die als Engländerin geborene Prinzessin Friedrich, lag, von den langen und schweren Wehen angegriffen, erschöpft im Wochenbett. Man hatte auf eine Narkose verzichtet. Schließlich mußten Zangen angewendet werden. Es waren nur deutsche Ärzte zugegen. Ein Leibjäger, der den englischen Arzt der Prinzessin benachrichtigen sollte, hatte seinen Auftrag mißverstanden und das Schreiben zur Post gegeben anstatt es persönlich auszuhändigen. Der Prinz saß während der qualvollen Stunden am Bett seiner Frau. Es kam der Augenblick, da die Ärzte zu verstehen gaben, es bestünde für Mutter und Kind keine Hoffnung mehr. Die Zeitungen wurden verständigt; in den Redaktionen wurden schon Nekrologe geschrieben. Als dann die Entbindung zuende ging, waren Erleichterung und Verwirrung so groß, daß niemand auf den linken Arm des Kindes achtete: er war aus dem Schultergelenk gezerrt. Erst drei Tage später merkte die Schwester, daß er schlaff herunterhing. Die Ärzte waren bestürzt. Sie erklärten nach eingehender Beratung, dagegen könne nun nichts mehr unternommen werden.

Die Prinzessin durfte sich fast einen Monat lang nicht erheben. Ende Februar schrieb sie ihrer Mutter, der Queen Victoria: «Dein Enkel ist außerordentlich lebhaft und scheint, wenn er wach ist, nur zufrieden, läßt man ihn die ganze Zeit in der Luft herumtanzen. Er kratzt sich im Gesicht, zerreißt seine Mützen und gibt alle möglichen sonderbaren kleinen Laute von sich. Ich bin so dankbar und glücklich, daß es ein Junge ist. Ich sehnte mich mehr nach einem Knaben, als ich beschreiben kann. Mein ganzes Herz hing an dem Gedanken, und deshalb erwartete ich eigentlich, daß es ein Mädchen sei. Ich bin sehr stolz auf ihn und stolz darauf, Mama zu sein[1].»

Sie erwähnte nichts von ihrem Kummer mit dem Arm ihres Kindes. Während der nächsten Jahre zog sie vergebens viele Ärzte zu Rate. Vicky – wie sie im Familienkreis genannt wurde – war das älteste Kind der Königin Victoria, die ‹Prinzess Royal› von England, der Liebling ihrer Eltern. Sie war anziehend und überdies hochbegabt, von auffallender Frühreife. Mit drei Jahren bereits verfügte sie über einen bemerkenswerten Wortschatz in drei Sprachen. Als sie acht war, schrieb ihre Gouvernante Lady Lyttleton: «Wenn man die Princess Royal nur zufällig belauscht, könnte man sie für eine junge Dame von siebzehn halten – gleichgültig, in welcher der drei Sprachen sie die Gesellschaft unterhält». Selbst der verdrießliche Baron Stockmar, engster Berater des Prinzgemahls, schrieb: «Ich halte sie in gewisser Hinsicht für ungewöhnlich begabt, in einigen Dingen für fast genial».

Die Talente der Prinzessin stellten die ihres Bruders ‹Bertie› und ihrer Schwester Alice in den Schatten. Alle drei waren gutartige und fröhliche Kinder. Die Loblieder auf Vicky verursachten hingegen keinerlei Spannungen. Im Gegenteil: Alle drei blieben ihr Leben lang einander ergeben – obwohl diese Leben dazu bestimmt waren, sich in tragischer Weise zu verstricken. Vicky war vom Schicksal dazu ausersehen, die Mutter Kaiser Wilhelms II. zu werden, Alice die Mutter der letzten Zarin von Rußland. Bertie sollte als Eduard VII. den Thron besteigen und keine geringe Rolle bei jenem Geschehen spielen, das zum Ersten Weltkrieg geführt hat.

Im Alter von vierzehn Jahren wurde Vicky mit dem Prinzen Friedrich Wilhelm von Preußen verlobt. Dieser hochgewachsene, gutaussehende, damals vierundzwanzigjährige Prinz, der eines Tages König von Preußen sein sollte, kam im Sommer 1855 zu Besuch nach Balmoral. Er gestand der Queen und ihrem Gatten, daß er sich in die zehnjährige Vicky verliebt habe, als er sie bei der Weltausstellung in Paris vor vier Jahren gesehen hatte. Die königlichen Eltern hießen die Wahl gut, zögerten jedoch etwas, bevor sie ‹Fritz› erlaubten, sich zu erklären. «Wir waren wegen ihrer großen Jugend noch im Ungewissen», schrieb die Queen in ihr Tagebuch, «ob er bereits mit ihr selbst sprechen oder bis zu seiner nächsten Anwesenheit warten sollte. Wir merkten indessen, daß es besser sei, wenn er es gleich täte. Während unseres heutigen Nachmittagritts nach Craig-na-Ban pflückte er einen Strauß von weißem Heidekraut [das Zeichen von großem Glück], den er ihr übergab. Dies ermöglichte ihm eine Anspielung auf seine Hoffnungen und Wünsche, als wir nach Glen Girnoch hinunterritten». Die Prinzessin war nicht im mindesten verwirrt durch das Geständnis des Prinzen. Begeistert sagte sie ja. «Sie zeigte Fritz und uns kindliche Einfachheit und Aufrichtigkeit», notierte der Vater. «Die jungen Leute sind innig verliebt ineinander».

Prinz Albert bewunderte seine Tochter. Seine Liebe war fast Narzißmus, sie schien ein Spiegelbild seiner selbst – eine verwandte Seele, die seine tiefsten Gedanken zurückgab. Er hatte an ihrer Erziehung tätigen Anteil genommen. Er fühlte, daß ihre Heirat mit Prinz Friedrich nicht nur glücklich sein würde, sondern daß sich ihr auch die Gelegenheit bot, eine historische Rolle auf der Weltbühne zu spielen. Prinz Albert und Baron Stockmar kamen aus dem kleinen Fürstentum Sachsen-Coburg-Gotha, das frühzeitig zum Hort des Fortschrittsgedankens geworden war. Sie träumten von dem Tag, da Preußen sich selbst nach dem Muster der konstitutionellen englischen Monarchie reformieren werde, um die unabhängigen deutschen Staaten und Fürstentümer unter der Fahne des Liberalismus zu einer mächtigen Nation zu vereinigen. Mit Vicky auf dem Thron würde sich das neue Deutschland mit Großbritannien zusammenfinden, auf daß Friede und Ordnung in der ganzen Welt erhalten blieben.

Albert war kein Schwärmer. Seit dem Wiener Kongreß von 1815 waren die deutschen Länder in einen losen Staatenbund gegliedert, die lediglich im Frankfurter Bundestag einen gewissen Zusammenhalt fanden. Dann kam die große freiheitliche Sturmflut des Jahres 1848, die von den Idealen der französischen Revolution und dem praktischen Beispiel des englischen Parlamentssystems beflügelt war. Aufrührerische Massen verlangten das allgemeine Wahlrecht. In Berlin war das Volk mit dem Militär zusammengestoßen. Der König fürchtete einen Bürgerkrieg und gab zunächst nach. Zum erstenmal in der Geschichte Preußens wurde ein Landtag mit einer Abgeordnetenkammer zugestanden. In Frankfurt aber war eine deutsche Nationalversammlung zusammengetreten.

Die Zeit der Freiheit dauerte nicht lange. Nach einem weiteren Jahr bot die Nationalversammlung dem preußischen König Friedrich Wilhelm IV. die Krone eines zu einenden Deutschland mit einer liberalen Verfassung an. Aber der König war ein beschränkter Reaktionär. Ihn beeindruckten (und ängstigten) mehr die heftigen Reden Bismarcks, der erklärt hatte, der Frankfurter ‹Mittelstands-Liberalismus› werde die Vormacht Preußens und die Junkerherrschaft zerstören. So nahm Friedrich Wilhelm IV. all seinen Mut zusammen und lehnte den Thron ab, da er ihm nicht von den deutschen Fürsten angeboten worden sei. Gereizt fügte er hinzu, er wünsche nicht, eine «Krone aus Dreck und Letten» aufzuheben. Dann reorganisierte er mit Rückhalt Rußlands und Österreichs seine Armee und vertagte die preußische Nationalversammlung. Der Autorität der Nationalversammlung hatte es an finanziellem und militärischem Rückhalt gefehlt; jetzt gab ihr die Mißachtung durch den König von Preußen den letzten Stoß. Was übrigblieb, war noch einige Wochen lang das alte unfähige Frankfurter Rumpfparlament, das nach Stuttgart geflohen war und bald endgültig auseinanderbrach.

Prinz Albert war durch diese aufregenden Ereignisse bitter enttäuscht, dennoch blieb er optimistisch. Letzten Endes hatten sich die Dinge in Preußen geändert: Der König würde es wohl kaum wagen, die Verfassung wieder aufzuheben, die er seinem Volk hatte zugestehen müssen. Jetzt gab es immerhin eine Volksvertretung – wenn auch nur eine recht eingeschränkte –, die neben dem Herrenhaus der Aristokraten ihr begrenztes Stimmrecht im Landtag auszuüben versuchte. Albert betrachtete die neue Kammer als ein Modell für die Demokratie. Mit einem fortschrittlichen Monarchen auf dem preußischen Thron konnte diese Verfassung gefestigt und erweitert werden. Sein zukünftiger Schwiegersohn Friedrich war der richtige Mann für diese Aufgabe. Der Prinz war nicht geistreich, aber hochgesinnt und tapfer, ein entschlossener Anhänger der parlamentarischen Regierungsform. Außerdem war er fast so stark von den intellektuellen Fähigkeiten der Princess Royal beeindruckt wie ihre Eltern.

Albert bereitete seine Tochter also intensiv auf ihr zukünftiges Werk vor. Sie vergötterte ihren Vater. Niemand, auch nicht ihr Mann, gewann je wieder einen solchen Einfluß auf sie wie er. Er führte sie in die Politik ein und war der letzte Richter über ihre Ansichten. Es machte ihr Spaß, ihm gelehrte Aufsätze zur Prüfung vorzulegen, historische Darstellungen oder Abhandlungen über die Verantwortlichkeit der britischen Kabinette und parlamentarische Verfahren. «Jeden Abend zwischen sechs und sieben Uhr kommt sie zu mir», schrieb Prinz Albert seinem künftigen Schwiegersohn, «wo ich eine Art Generalverhör vornehme. Und um ihren Gedanken Exaktheit zu geben, lasse ich sie gewisse Aufgaben selbst ausarbeiten und mir das Resultat zur Durchsicht bringen. Sie ist jetzt damit beschäftigt, einen kurzen Abriß der römischen Geschichte zu schreiben.» Um ihr seine Vorstellung von der Entwicklung der deutschen politischen Institutionen einzuprägen, wies er sie an, eine fast unlesbare Dissertation zu übersetzen, die ein deutscher Gelehrter unter dem Titel ‹Karl August und die deutsche Politik› verfaßt hatte. Er war so stolz auf ihre Arbeit, daß er eine Kopie an Lord Clarendon schickte. Der Außenminister gratulierte der Übersetzerin: «Der Stil der Prinzessin spiegelt einen hochkultivierten Geist...»

Die Verlobung der Prinzessin wurde bis zu ihrem sechzehnten Geburtstag geheimgehalten. Dann kündigte man die Heirat an: Sie sollte neun Monate später, am 25. Januar 1858, erfolgen. Von diesem Augenblick an drohte die Sentimentalität der Queen ihre Umgebung zu überschwemmen. Alles nahm den tragischen Beigeschmack der ‹letzten Stunden› an. Die Prinzessin rief Orten, Gegenständen und Menschen ein letztes Lebewohl für immer zu. Die Trauungszeremonie sollte in der St. James-Kapelle in London stattfinden. Danach würde Vicky für die Dauer der Flitterwochen nach Windsor zurückkehren. Bevor die königliche Familie Windsor verließ, um in den Buckingham Palace zu fahren, notierte die Queen in ihr Tagebuch: «Habe mir die Räume angesehen, in denen Vicky ihre ‹Flitterwochen› verbringen soll. Es regte mich sehr auf, alles zu sehen. Armes, armes Kind! Wir machten einen kleinen Spaziergang mit Vicky, die furchtbar verwirrt über diesen echten Bruch in ihrem Leben ist – der endgültigen Trennung von ihrer Kindheit! Sie schlief zum letztenmal in demselben Zimmer mit Alice. Jetzt wird das alles abgeschnitten».

Immerhin brachte es die Königin fertig, ihre Gefühle zu beherrschen, wenn das britische Prestige es erforderte. Als zum Beispiel in deutschen Kreisen geredet wurde, die Heirat sollte in Berlin stattfinden, denn Prinz Friedrich werde ja eines Tages König von Preußen sein, reagierte die Königin heftig. Preußen mochte zu Großem auserkoren sein, vorläufig aber war es noch eine Macht zweiten Ranges und sollte dies nicht übersehen. Ungehalten schrieb sie ihrem Außenminister: «Die Königin würde niemals ihre Zustimmung geben. Die Annahme, daß es vom Kronprinzen von Preußen zuviel erwartet sei, nach England zu kommen, um die Princess Royal von Großbritannien zu heiraten, ist, gelinde gesagt, einfach lächerlich. Was auch immer die Gepflogenheit der preußischen Prinzen sein mag, man heiratet nicht jeden Tag die älteste Tochter der Königin von England. Die Frage muß infolgedessen als erledigt angesehen werden».

Sie war auch erledigt und die Zeremonie verlief ohne jeden Zwischenfall. Königliche Gäste aus ganz Europa waren zugegen. Die Braut sah bezaubernd aus. «Sie ist überhaupt nicht klein», schrieb eine ihrer Ehrendamen. «Sie hat eine schöne Haltung, sanft und kindlich, sie hat eine ganz nette Figur, feines Haar und schöne Augen». Obwohl die Prinzessin ihren Bräutigam sehr liebte, war sie tief bewegt von den Empfindungen ihrer Mutter. Sie umklammerte die Königin und gab ihr Medaillons, die sie mit Locken gefüllt hatte. «Ich glaube, es bringt mich um, wenn ich Abschied vom Vater nehmen muß».

Trotz des Schneefalls fuhr das junge Paar in einem offenen Wagen zum Bahnhof, damit es den Leuten zuwinken konnte. Der Prinzgemahl und der sechzehnjährige Bruder Bertie begleiteten sie nach Gravesend. Dort lag die königliche Yacht ‹Victoria und Albert› vor Anker, die sie über den Kanal bringen sollte. Der Prinzgemahl konnte seine Tränen zurückhalten, Bertie aber weinte ungeniert. Die ‹Times› fügte abschließend in schwermütigem Tonfall hinzu: «Nun, da sie unsere Küsten verläßt, hoffen wir und beten darum, daß die Politik Großbritanniens und Deutschlands die Prinzessin niemals vor eine schwere Wahl stellen möge».

Bei einem solchen Abschied überrascht es nicht, daß die lange Reise nicht eben sehr fröhlich begann. Immerhin hatte die Prinzessin Glück mit einer ihrer deutschen Hofdamen, der schönen und geistvollen Gräfin Walpurga von Hohenthal. Die Queen hatte, als man ihr diese charmante Person vorstellte, lachend gesagt: «Die Prinzessin ist siebzehn, die Ehrendame achtzehn – was für ein konventioneller Hof wird das sein!» Der Witz der Gräfin, ihre Fröhlichkeit und ihre Liebe zu allem Englischen gewannen ihr schnell das Herz der Prinzessin. Bevor noch die Reise zu Ende ging, war aus Walpurga eine Wally geworden, und die beiden jungen Damen fanden auch sonst vielerlei, über das man außerdem lachen mußte.

Der Zug machte mehrfach Station, ehe er Berlin erreichte. In Wittenberg wurde die Prinzessin vom Bürgermeister mit einer riesigen Apfeltorte beschenkt. Kurz vor Potsdam bestieg der Feldmarschall Graf Wrangel den Zug, machte der Prinzessin seine Aufwartung und ließ sich kurzerhand mitten in der Apfeltorte nieder, welche die Prinzessin neben sich auf den Sitz gelegt hatte. Die Braut und ihre Damen brachen in schallendes Gelächter aus, und der Feldmarschall räumte galant ein, daß er entzückt sei, soviel Heiterkeit erregt zu haben.

Der Staatsempfang in Berlin brachte nicht eben fröhliche Momente. Das Wetter war eisig, aber die Prinzessin und ihre Begleitung mußten in Potsdam Abendkleider anlegen und dann in der offenen Staatskarosse über die Landstraßen nach Berlin fahren, ohne Decken und ohne Fenster. Als sie das Schloß erreicht hatten, wurden sie vom König und der Königin erwartet. Die Königin, die England wenig liebte, fragte hochmütig: «Sind Sie nicht ganz durchgefroren?»

«Doch», antwortete die Prinzessin schlagfertig, «nur mein Herz nicht. Das ist warm.»

Die Königin von Preußen, die Tante des Prinzen Friedrich, war durchaus nicht die einzige Person in Berlin, die antienglisch eingestellt war. Die Feindseligkeit rührte in erster Linie daher, daß Preußen während des Krimkrieges (der erst vor knapp zwei Jahren zu Ende gegangen war) stärker mit den Russen gegen England sympathisiert hatte. Auch die Abneigung gegen den britischen Liberalismus spielte eine Rolle: Man fürchtete, er könnte das traditionelle preußische System infizieren und den

Untergang der herrschenden Klasse herbeiführen. Die Feindseligkeit wurde überdies ständig von der ‹Times› geschürt, deren Herausgeber – der leidenschaftliche Liberale Delane – sein Vergnügen daran fand, gegen die preußische Autokratie zu wettern. Als die Verlobung der Prinzessin verkündet worden war, hatte er die Hohenzollern «eine armselige deutsche Dynastie» genannt. Diese unnötige Beleidigung rief einen Sturm der Entrüstung in Berlin hervor. Indessen waren es eher die Junker und weniger die königliche Familie, denen die selbstgefällige Überheblichkeit der ‹Times› unerträglich war. Verglichen mit den englischen Großgrundbesitzern waren Preußens Junker freilich armselig, jämmerlich provinziell und – wie auch sonst arme Verwandte – sehr empfindlich. Außerdem nahmen sie es übel, daß die englischen Aristokraten Demokratie predigten und doch ihren Besitz weiterhin behalten konnten, während im halbfeudalen Preußen die Demokratie das Ende des Großgrundbesitzertums bedeutet hätte. Die Engländer schienen eine Zauberformel entdeckt zu haben, die ihnen «die beste der Welten» bescherte – ein Umstand, der das Ressentiment nur noch vertiefte.

Vicky konnte diese Spannungen natürlich nicht übersehen. Behutsam mußte sie nach ihrem Weg suchen. Obwohl viele Berliner insgeheim stolz darauf waren, daß ihr Prinz die Tochter der Queen Victoria geheiratet hatte, beobachteten sie die Prinzessin skeptisch und waren bereit, bei jeder Kleinigkeit Anstoß zu nehmen. Doch die Prinzessin war klug genug, hin und wieder mit Nachdruck zu betonen, wie stolz sie darauf sei, eine ‹Preußin› zu sein. Bald nannte sie der Feldmarschall Graf Wrangel – der sich damals auf der Apfeltorte niedergelassen hatte – einen Engel, und die als Deutsche geborene Herzogin von Manchester schrieb der Königin Victoria, daß «die Engländer stolz darauf sein könnten, wie von der Prinzessin gesprochen und wie außerordentlich hoch sie allgemein geschätzt wird».

Das Leben war nicht leicht für die Prinzessin. Der alte König war senil; dennoch brauchte man seine Erlaubnis, ehe auch nur die geringste Veränderung in einem der königlichen Schlösser vorgenommen werden durfte. Ihr Berliner Heim, das Königliche Schloß, bot einen deutlichen Gegensatz zu englischen Königssitzen mit ihren schweren Teppichen, Büchereien und warmen Kaminfeuern. Hier war es kalt und dunkel, überall standen schwere Möbel herum. In der Tat war alles etwas mittelalterlich – auch die Wasserleitung, und am allerschlimmsten war, daß es dort spuken sollte. «Ich glaube nicht, daß sich früher jemand gewaschen hat», schrieb die Gräfin Hohenthal, «wenn man Glück hatte, fand man ein Becken von der Größe einer Bratschüssel aus wertvollem Porzellan, Dresden oder Carl Theodor, und eine Wasserflasche aus kostbarem rotem

Glas. Die Zimmer waren ungeheuer groß, die Wände mit Porträts in Lebensgröße bedeckt, die großen Möbel knarrten, und der Wind jaulte in den Winternächten durch die Türen und Fenster, die nicht richtig zu schließen waren. Ich lebte in der ständigen Furcht, die ‹Weiße Dame› zu treffen, besonders nachdem ein Wachmann mir berichtet hatte, daß er sie gesehen habe und zwar gar nicht weit von jenem Flügel, den wir bewohnen, außerhalb ihres gewöhnlichen ‹Reviers› ...»

Das Ärgste sollte aber erst noch kommen. Das Berliner Schloß erschien luxuriös, verglich man es mit dem Neuen Palais in Potsdam und dem Landgut Bornstedt, das der Prinz mit seiner Frau bald bezog. Ihr ganzes Leben lang erinnerte sich Vicky des erschreckenden Unbehagens; noch vierzig Jahre später, als sie ihrer Tochter Sophie die Verhältnisse schilderte, schrieb sie bewegt: «Ich muß Dir sagen, daß Berlin – als ich ein junges Ding war – einer schrecklichen Höhle glich. Kein Abfluß, furchtbares Pflaster, übler Geruch. In den ersten Jahren hatte ich kein WC, kein Bad, auch kein Wasser, wie ich es haben wollte; ich hatte keine Schränke für meine Kleider, meine Sachen mußten in den Koffern bleiben. Die Diener empörten mich durch ihre Unredlichkeit und ihre Impertinenz, ihre groben, unsauberen Manieren und ihren Ungehorsam. Eine Dame war nichts, man hörte nicht auf sie. In einem großen leeren Raum fand ich tausende von Fledermäusen und Hunderte von Wanzen. Ich bat, die Betten zu verbrennen, aber man tat es nicht. Jeder Tropfen Wasser für das Bad und die Küche usw. mußte von Soldaten herbeigeschleppt werden –, ein Bataillon von Männern. In Bornstedt [dem Guthof in der Nähe von Potsdam] hatte keiner der Diener jemals eine Matratze oder Tücher oder Decken gehabt; sie gingen nie ohne Kleider ins Bett, sie behielten ihre großen Lederstiefel an! Sie wuschen sich nie und hatten auch keinen bestimmten Platz zum Essen; sie setzten sich einfach irgendwo im Hof, im Stall oder auf der Treppe hin und aßen».

Zum Glück für die Prinzessin war der alte König inzwischen geisteskrank geworden, so daß Friedrichs Vater, der Erbprinz Wilhelm, Ende 1858 zum Prinzregenten berufen wurde. In den nun folgenden Jahren konnten sie sich endlich häuslich einrichten und einige hygienische Neuerungen einführen. Der Schmutz und die mangelhafte Wasserversorgung waren jedoch nicht ihre einzigen Sorgen.

Soviel Mühe sie sich auch gab, sie konnte sich nicht an die steife preußische Etikette und an die endlos langen Zeremonien gewöhnen. Der Hof der Queen Victoria schien im Vergleich dazu geradezu ungeniert. Auf Vicky wirkte die Emphase mit der man jede Kleinigkeit belegte, albern und provinziell. Eines Tages wurde sie von der Königin gerügt, weil sie während einer feierlichen Handlung geniest hatte. «Aber ich bin doch erkältet», entgegnete sie scharf. Die Königin bedeutete ihr, daß dies keine Rolle spiele; niemand habe in Gegenwart des Königs zu niesen. Vicky konnte sich die eisige Bemerkung nicht verkneifen: «Daheim an unserem Hof haben wir solche Sitten nicht.»

Im ganzen gesehen waren dies jedoch Kleinigkeiten. Was die Prinzessin am meisten vermißte, war geistige Freiheit und deren natürliche Folge: eine gute Unterhaltung. Die englische Gesellschaft verfügte über eine Vitalität, die auf dem Kontinent fehlte. Dies hing mit der Tatsache zusammen, daß der englische Adel durch die Ernennung neuer Peers aus dem Mittelstand ständig aufgefrischt wurde – den besten Köpfen aus Politik, Industrie und Kunst, im Gegensatz zur preußischen Aristokratie, die dagegen geschlossen blieb. Bevor in Preußen die Industrialisierung begann, setzte sich die Gesellschaft fast nur aus den Grundherren zusammen. Ihnen gehörte nicht nur das Land, sie beherrschten auch den Zivildienst und die Armee – die einzigen vollwertigen Beschäftigungen, die es für sie gab. Eine Gesellschaft, die ausschließlich diesen engen Kreisen entstammte, konnte nicht sehr facettenreich sein. Natürlich gab es eine Reihe von Intellektuellen des Mittelstandes, die etwas Würze hätten beisteuern können. Da die meisten von ihnen aber ‹radikal› eingestellt waren, betrachtete man sie als unzumutbar.

Die Prinzessin war jedoch ebenfalls ‹radikal› und freisinnig; sie fand daher die Junkergesellschaft stupide. Sie waren meist engstirnig und arrogant; ihrer Mutter schrieb sie, die Begegnung mit einem solchen Reaktionär ließe ihr «das Mark in den Knochen gefrieren». Einer dieser Reaktionäre aber war der gewaltige, hochgewachsene Diplomat Otto von Bismarck, der seit den Revolutionstagen von 1848 der Öffentlichkeit näher bekannt geworden war. Damals hatte er der liberalen Woge getrotzt, indem er die Autokratie und den Feudalismus verteidigte, vor allem aber die preußische Vorherrschaft in Deutschland. Er hatte erklärt, der preußische Adler müsse seine Schwingen von der Memel bis zum Donnersberg ausbreiten, aber frei müsse er sein, nicht versteckt unter den gleichmacherischen Geiern von Frankfurt: «Wir sind Preußen und Preußen wollen wir bleiben!» Er hatte den König in derart ungestümen Briefen zum Ausharren aufgefordert, daß der alte Mann – der selber ein recht hartnäckiger Mensch war – aufgebracht wurde und Bismarck als einen «roten Revolutionär» bezeichnete, «der nach Blut riecht und nur zu gebrauchen ist, wenn das Bajonett schrankenlos waltet». Als jedoch der alte Frankfurter Bundestag wieder reaktiviert worden war, änderte der König seine Meinung über Bismarck und delegierte ihn als Gesandten Preußens nach Frankfurt. Damit war er in der Diplomatie eingeführt worden. Einige Jahre danach beorderte man ihn nach St. Petersburg, später nach Paris.

Zu dieser Zeit – er war damals Mitte vierzig – war er zum erstenmal der Prinzessin begegnet. Er hatte die Nachricht von ihrer Verlobung mit Friedrich zurückhaltend aufgenommen, denn er wünschte nicht, durch die englische Demokratie Preußen infiziert zu sehen. «Gelingt es der Prinzessin, die Engländerin zu Hause zu lassen und Preußin zu werden», schrieb er vorsichtig einem Freund, «so wird sie ein Segen für das Land sein». Als er sie jedoch näher kennenlernte, erkannte er in ihr die Gegenspielerin. Zunächst bemerkte er noch nicht, wie tief ihre Überzeugungen reichten, und daß ihre Feindseligkeit mit seiner Rolle im Jahre 1848 zusammenhing. In seinen Erinnerungen schrieb er, daß er überrascht gewesen sei, als er dahintergekommen war, daß sie an seinem Charakter Anstoß genommen hatte. «Schon bald nach ihrer Ankunft in Deutschland, im Februar 1858, konnte ich durch Mitglieder des königlichen Hauses und aus eigenen Wahrnehmungen die Überzeugung gewinnen, daß die Prinzessin gegen mich persönlich voreingenommen war. Überraschend war mir dabei nicht die Tatsache, wohl aber die Form, wie ihr damaliges Vorurteil gegen mich im engen Familienkreis zum Ausdruck gekommen war: sie traue mir nicht».

Die Prinzessin machte sich Bismarcks wegen keine solchen Gedanken. Für sie war er einer «dieser reaktionären Junker». Sie wurde mit Berliner Intellektuellen bekannt, sie nahm wissenschaftliche und mathematische Privatstunden. Sie verfügte über eine unbegrenzte Energie: Sie malte und modellierte, schrieb Gedichte und veranstaltete Musikabende mit Gesangvereinen. Die Preußen betrachteten sie von der Seite, denn sie lebten in der Überzeugung, daß Frauen sich mit ihren Männern und Kindern zu beschäftigen, nicht aber um Fragen der großen Welt zu kümmern hätten.

Vicky erkannte wohl das Mißfallen, das sie erregte, und es gab Augenblicke, in denen sie sich nach ihrem Vater sehnte. «Du kannst Dir nicht vorstellen», schrieb sie ihrem Bruder, «wie man sich nach einem Wort von ihm sehnt, wenn man fort ist». Der Vater beruhigte sie ständig. «Daß Du manchmal unter Heimweh leidest, ist ganz natürlich. Dieses Gefühl, das ich gut kenne, wird noch zunehmen mit der Traurigkeit, die der wiedererwachende Frühling und das frische Leben der Natur ins Herz senkt». Die wöchentlichen Briefe an Prinzgemahl Albert waren nicht genug. Wenn er seine Tochter nicht alle paar Monate besuchen konnte, war er nicht zufrieden. Im Juni nach ihrer Hochzeit verbrachte er sechs Tage bei ihr in Berlin, am Ende des Sommers machte er zusammen mit der Königin Victoria einen zweiten Besuch. Im folgenden Jahr reiste die

Prinzessin zweimal nach England, im dritten Jahr besuchten Queen Victoria und Prinz Albert für längere Zeit Coburg, wo sich alle Verwandten trafen.

Die Beziehungen der Königin zu ihrer Tochter waren weniger exaltiert, aber anspruchsvoller. Sie wollte jede Kleinigkeit aus dem Leben der Prinzessin wissen. Sie wies die Hofdamen an, ihr regelmäßig zu schreiben. Die Gräfin Hohenthal erinnerte sich an die Warnungen der Prinzessin: «Sagen Sie das Mama nicht». Vicky selbst schrieb ihrer Mutter einmal, mitunter auch zweimal am Tage. Baron Stockmar, der Vertraute des englischen Königspaares, hielt die Fragerei der Königin für unersättlich, ja für schädlich. Nach einem Besuch in Berlin klagte er Lord Clarendon: «Die Königin wünscht dieselbe Autorität und Kontrolle über sie wie vor der Heirat». Das war unfair. Es kam Victoria darauf an, ihrer Tochter in einer schwierigen Zeit zu helfen. Aber Baron Stockmar war nicht der einzige, der sich beklagte. Bald flüsterten preußische Kritiker von der Gefahr einer «Herrschaft der Unterröcke».

Das erste Kind der Prinzessin wurde Friedrich Wilhelm Victor Albert getauft und kurz Prinz Wilhelm genannt. Queen Victoria war gekränkt und ärgerlich, daß sie nicht an der Taufe teilnehmen konnte; eine Kabinettskrise hinderte sie daran, England zu verlassen. Ihre Tochter teilte mit, daß es unmöglich sei, diese Zeremonie, die eine Woche nach Wilhelms Geburt stattfand, zu verschieben. «Niemals», schrieb die Königin ihrem Onkel Leopold von Belgien, «war ich so tief enttäuscht. Es ist ein törichtes Gesetz in Preußen, das unbedingt eine so frühe Taufe des Kindes verlangt».

Die Prinzessin schrieb ihrer Mutter, sie habe das bewährte englische Kammermädchen Georgina Hobbs zur Kinderfrau gemacht und leite die Schwestern nach englischen Methoden an. Die Königin und der Prinzgemahl sahen ihr erstes Enkelkind auf einer Reise nach Coburg zum erstenmal, als es schon zwanzig Monate alt war. Alles, was Vicky anging, war in Alberts Augen vollkommen, und die Königin registrierte eifrig die Empfindungen ihres Mannes. Der verunstaltete Arm wurde nicht erwähnt, auch nicht in ihrem Tagebuch. Sie brachte es nicht fertig, darüber zu schreiben, denn sie wußte, wie sehr Vicky unter dem Gebrechen des Kindes litt und daß sie immer wieder andere Ärzte konsultierte, obwohl alle erklärten, es könne dagegen nichts unternommen werden. «Unser lieber kleiner Enkel wurde gebracht. So ein niedlicher kleiner Kerl! Er kam an Mrs. Hobbs, seiner Amme, Hand herein, trug ein weißes Kleid mit schwarzen Schleifen und war so nett. Er ist ein hübsches dickes Kind mit einer wundervollen weißen, weichen Haut, gutgebauten Schultern und Gliedern und einem sehr lieben Gesicht, wie Vicky und Fritz und auch Luise von Baden. Er hat Fritzens Augen, Vickys Mund und sehr helles lockiges Haar. Wir waren so glücklich, ihn endlich zu sehen».

Zu dieser Zeit war Wilhelm schon nicht mehr das einzige Kind. Obwohl Vicky bei der Niederkunft fast gestorben wäre und ihr Vater sie vor zu rasch aufeinanderfolgenden Geburten warnte, brachte sie mit der Regelmäßigkeit eines Uhrwerks Kinder zur Welt. 1860 wurde die Tochter Charlotte geboren und 1862 ein zweiter Sohn, Heinrich. Im ganzen schenkte sie vier Söhnen und vier Töchtern das Leben. Sie gründete ihre große Familie weniger aus starkem mütterlichem Gefühl als aus königlichem Pflichtbewußtsein. Sie war stolz auf ihre Kinder und auf deren Wohlbefinden bedacht. Dennoch konzentrierten sich ihre Interessen in den ersten Jahren ihrer Ehe fast ausschließlich auf ihren Mann.

Wie alle preußischen Prinzen war Fritz auch Soldat, aber er entsprach wenig der landläufigen Vorstellung von einem typischen preußischen Offizier. Er war sanft und schüchtern, mochte den Drill nicht; außerdem behandelte er seine Frau wie eine Gleichrangige, was in Berlin damals nahezu unerhört schien. Er liebte sie nicht nur, er war auch von ihrem glänzenden Geist bezaubert und verbrachte bei ihr viele Stunden im Gespräch über schwierige Themen. Sie wiederum fühlte sich ihm unentbehrlich. Sie dankte ihm für seine Bewunderung mit einer tiefen Ergebenheit, in die sich der fast prophetische Wunsch mischte, ihn zu beschützen. Sie begleitete ihn auf den Inspektionsreisen und verlegte ihren Wohnsitz, wenn er ins Manöver mußte.

Manchmal meinte Walpurga von Hohenthal, daß sie zu wenig Menschen bei sich sähe. «Die Prinzessin hatte zu jener Zeit eine leidenschaftliche, aber einfache Natur. Mitunter ging sie in Berlin tagsüber wochenlang nicht aus; sie wartete, bis der Prinz nach Hause kam, und fuhr erst dann mit ihm fort». Aber Vicky war selig in ihrem Eheleben. An ihrem dritten Hochzeitstag schrieb sie ihrem Vater: «Jedesmal, wenn unser schöner Heiratstag sich jährt, fühle ich mich so glücklich und dankbar. Nicht eine Hoffnung, die enttäuscht wurde, nicht eine Erwartung, die sich nicht erfüllt hätte...»

Allein der Wunsch, ihre Eltern zu besuchen, konnte die Prinzessin von ihrem Mann losreißen. Einmal rief sie ein besonderer Auftrag ihres Vaters nach England. Es war ein ungewöhnlicher Anlaß. 1859 vertraute der Prinzgemahl Vicky an, er mache sich Sorgen um die Entwicklung des achtzehnjährigen Prince of Wales. Der Junge schien keinerlei geistige Interessen zu haben; er war auf eine beunruhigende Weise vergnügungssüchtig. Albert befürchtete, er werde Schaden nehmen, wenn nicht ein festigender Einfluß in sein Leben käme, und er hatte beschlossen, den

Jungen früh zu verheiraten. Die Schwierigkeit war nur, eine passende Braut zu finden. Könnte Vicky etwa Ausschau halten und die richtige Person finden?

Die Prinzessin übernahm die Aufgabe. Als sie nach Deutschland zurückgekehrt war, erbat sie sich die Hilfe der Walpurga Hohenthal. Der erste Zug im Spiel der beiden jungen Damen sollte eine große Abendgesellschaft sein, die der Prinz von Hohenzollern in Düsseldorf gab. Alle in Frage kommenden deutschen Prinzessinnen sollten dabeisein. Die Gräfin mißbilligte den Plan: Der Prince of Wales sei noch zu jung für eine Verlobung. Dennoch veranstalteten sie die Gesellschaft, aber alle Prinzessinnen waren «zu wenig anziehend, um in Betracht zu kommen. Wir kehrten deshalb nach Berlin zurück und hatten nichts erreicht», schrieb die Gräfin erleichtert.

Der Vorfall hatte jedoch seine Folgen. Ein Jahr später heiratete Walpurga einen englischen Diplomaten, Arthur Paget, der nach Kopenhagen delegiert wurde. Die Prinzessin war über den Verlust ihrer geliebten Wally verzweifelt, aber die beiden schrieben einander regelmäßig. Eines Tages traf ein Brief ein, in dem es hieß, die Gräfin habe eine bezaubernde dänische Prinzessin namens Alexandra getroffen – sie könnte eine großartige Frau für den Prince of Wales werden. Die Prinzessin antwortete sofort und bat Wally, zwischen ihr und der jungen Dame (mit soviel Diskretion wie möglich) ein Treffen in Strelitz zu arrangieren. Es dauerte aber fast ein Jahr, ehe sich eine Gelegenheit fand, und die Gräfin wartete nervös auf das Urteil der Prinzessin. Endlich traf das Schreiben ein. «Ganz entzückt kehre ich von Strelitz zurück. Sie sind die erste, der ich meine Eindrücke mitteile. Prinzessin Alexandra ist die bezauberndste Person von der ganzen Welt. Sie haben nicht zuviel gesagt. Seit langer Zeit habe ich niemanden gesehen, der mir so gut gefiel wie dieses liebliche und reizende Mädchen. Ich bin Ihnen so sehr dankbar, Wally, daß Sie alles so gut arrangiert haben. Ich habe Fritz noch nie von jemandem so angetan gesehen wie von ihr ... Die Kinder sind sehr gewachsen. Der kleine Junge [Prinz Wilhelm] hatte eine böse Entzündung der Augen, die jetzt Gottseidank vorüber ist, aber er sieht noch blaß aus, weil er nach der vielgeliebten deutschen Sitte zu lange in den Zimmern eingeschlossen wurde». Am gleichen Tag schickte die Prinzessin einen ähnlich begeisterten Bericht über «Alix» an ihren Vater.

Vicky war nun Kronprinzessin von Preußen. Im Januar 1861 war der geistig umnachtete König gestorben, und Prinz Friedrichs Vater hatte den Thron als König Wilhelm I. bestiegen. Vicky näherte sich ihrem einundzwanzigsten Geburtstag in der ganzen Blüte ihrer Lebenskraft und Schönheit. Der amerikanische Historiker Motley, der sie in Wien traf, schrieb ihrer Mutter: «Sie ist ziemlich ‹petite›, hat ein frisches junges Gesicht mit hübschen Zügen, schöne Zähne, ein frisches und angenehmes Lächeln und ein interessiertes, ernsthaftes Wesen. Nichts kann einfacher oder natürlicher sein als ihre Art, die – sozusagen – aus guter Herkunft stammenden vollendeten Lebensstil bedeutet». Das Herz des Prinzgemahls Albert füllte sich mit Stolz. «Was Vicky betrifft», schrieb er dem treuen Stockmar, «so wird sie sich ohne Zweifel zu einem ausgezeichneten Charakter entwickeln, den zu preisen man Grund in Preußen haben wird». An Vicky sandte er Glückwünsche zum einundzwanzigsten Geburtstag im November 1861. «Möge Dein Leben, das auf das schönste begonnen hat, sich fernerhin zum Nutzen anderer und zu Deiner eigenen Zufriedenheit entwickeln ...»

Einen Monat später war Prinz Albert an Typhus gestorben. Der Schlag war mit lähmender Wucht auf seine Frau und auf seine älteste Tochter niedergegangen. Die Prinzessin war so außer sich, daß sie zur Bestürzung ihres Mannes hysterisch ausrief, ihr Leben sei «vorüber». «Sie ist sehr unglücklich und hat Schmerzensausbrüche, die für Zeugen qualvoll sind», schrieb eine ihrer Hofdamen an Walpurga Pagets Mann. «Ihre Gesundheit ist gegenwärtig sehr gut, aber ich fürchte immer, daß die dauernde Gemütsbewegung schädlich für sie werden kann. Sie hat in dem vortrefflichen Kronprinzen gewiß den freundlichsten und ergebensten Pfleger, der an nichts anderes zu denken scheint als daran, wie er ihre Sorgen lindern kann».

Der Tod des Prinzen Albert bedeutete mehr als einen persönlichen Verlust; er fiel zeitlich mit politischen Ereignissen zusammen, die einen Wendepunkt im Dasein Preußens, im Dasein Europas und in dem der Prinzessin darstellten. Vor allem wurde jetzt die Entschlossenheit der Prinzessin, die liberalen Vorstellungen ihres Vaters zu bekunden, fast zu einer Besessenheit. Sie war ohnehin überempfindlich und impulsiv veranlagt. Nun schien sie ganz aus dem Gleichgewicht zu kommen und alle Besonnenheit zu verlieren. «Sie war wie ein Schiff unter vollen Segeln», schrieb Walpurga Paget, «wenn der Ballast plötzlich über Bord geworfen wird». Und in diesem Augenblick, da sich die Prinzessin auf einem bestimmten Kurs bewegte, schwenkte das preußische Staatsschiff auf die entgegengesetzte Linie ein.

Es überrascht, daß Vicky nicht den Wechsel voraussah, der zu erwarten war, als ihr Schwiegervater König von Preußen wurde. Wilhelm I. war womöglich noch reaktionärer eingestellt als sein Vorgänger. Während der aufrührerischen Tage von 1848 hatte er sich außer Landes in Sicherheit bringen müssen. Wilhelm glaubte an die göttlichen Vorrechte der

Könige und den Vorrang des Adels. Er wünschte sich eine starke Armee, die von der Aristokratie geführt wurde, alles Liberale verabscheute er. Als erstes reorganisierte er die Armee, indem er sie von allen fortschrittlichen Elementen säuberte, die in den letzten zehn Jahren darin Eingang gefunden hatten, und dabei stieß er auf unerwartete Schwierigkeiten. Das Abgeordnetenhaus hatte eine liberale Mehrheit. Obwohl der preußische Landtag effektiv über wenig Macht verfügte, gehörte es doch zu seinen unbestrittenen Obliegenheiten, den Haushalt zu verabschieden. Was aber geschah, wenn er ihn nicht billigte? Niemand wußte es. Die neue Verfassung von 1850 hatte diese Möglichkeit nicht ins Auge gefaßt.

Diesem Problem sah sich König Wilhelm gegenüber. Das Herrenhaus, das sich aus den Aristokraten zusammensetzte, bewilligte den umfangreichen Etat; das Abgeordnetenhaus jedoch, das unwillig zusehen mußte, wie seine Anhänger im Heer ausgemerzt wurden, während dieses zur gleichen Zeit eine Verstärkung erfuhr, verweigerte seine Zustimmung. Man riet dem König, den gescheiten, streng konservativen Freiherrn Otto von Bismarck-Schönhausen zu berufen. Wenn irgend jemand einen Weg finden konnte, den Abgeordneten einen Strich durch die Rechnung zu machen, dann er. Der König bot ihm den Sessel des preußischen Ministerpräsidenten an, aber Bismarck sah die Gelegenheit zum echten Machtantritt: Er erklärte, er wolle das Amt nur übernehmen, wenn er auch die Außenpolitik Preußens leiten könne. Nach langem Zögern stimmte der König zu. Die Führung des Staates fiel damit in die Hände eines Mannes, der dazu ausersehen war, sich als ein Wellenbrecher gegen die liberale Flut zu stemmen, die Europa überschwemmte. Selbst der König war von der Wucht der Bismarckreden betroffen. In seiner Ansprache an die Budgetkommission hatte er die liberalen Anschauungen verhöhnt und verkündet: «Nicht durch Reden und Majoritätsbeschlüsse werden die großen Fragen der Zeit entschieden – das war der große Fehler von 48/49 –, sondern durch Blut und Eisen.»

Dieses Wort hallte durch ganz Europa und alarmierte die Nachbarn Preußens. Der König war über diese unnötige Provokation so verärgert, daß er beschloß, Bismarck zu entlassen. Schließlich aber zog ihn der 47jährige Staatsmann auf seine Seite, indem er erklärte, einen Ausweg aus der Sackgasse im Streit mit dem Landtag gefunden zu haben.

Sein Rat war einfach genug: Der König solle ohne das Parlament regieren. Er hatte jedoch einen klugen Hintergedanken. Der König müsse darauf bestehen, seinen Handlungen Legalität zu geben, denn die Verfassung habe eine Lücke. Gelder durften zwar nur mit Zustimmung beider Häuser bewilligt werden: Konnte Preußen aber in einem Zustand der Ohnmacht verharren, nur weil die beiden Häuser nicht einer Meinung waren? Der König müsse also das Geld bereitstellen, wenn die Abgeordneten sich in Auseinandersetzungen verlören. Aber das war noch nicht alles. Um weiteren Ärger zu verhindern, brachte Bismarck den König dazu, die Presse mundtot machen zu lassen. König Wilhelm fand diese Methode fragwürdig, und obwohl er sich mit ihr einverstanden erklärte, meinte er düster: «Ich sehe ganz genau voraus, wie das alles endigen wird. Da vor dem Opernplatz, unter meinen Fenstern, wird man Ihnen den Kopf abschlagen und etwas später mir.»

Die Kronprinzessin war entrüstet. Sie hatte Bismarck nie gemocht – er war das Gegenteil von allem, was man sie zu schätzen gelehrt hatte –, und jetzt schaffte er noch dazu mit einem Schlag die Verfassung ab und zerstörte den liberalen Rahmen, an den ihr geliebter Vater so viele Hoffnungen geknüpft hatte. Sie war auch betroffen davon, daß der Landtag und die Presse ihre Niederlage so ergeben hinnahmen. «Gott sei Dank, daß ich in England geboren bin, wo die Menschen keine Sklaven und zu edel sind, um hinzunehmen, daß mit ihnen oder andern in einer derartigen Weise umgegangen wird», schrieb sie ihrer Mutter.

Sie und ihr Mann jedenfalls gedachten Bismarcks verfassungswidrige Handlungsweise nicht hinzunehmen. Friedrich sollte klar Stellung beziehen. Er befand sich nicht in Berlin, aber Victoria folgte ihm nach Graudenz. Der Kronprinz sträubte sich jedoch, seine Zustimmung zu geben: Schließlich stände sein Vater hinter Bismarck. «Denke, daß es Dein Vater wäre», protestierte er. «Möchtest Du ihm ungehorsam sein und ihn unglücklich machen?» Schließlich bekannte er sich zu ihrer Meinung und versprach, seine Gegnerschaft in einer Rede in Danzig zu offenbaren. Seine Worte klangen mild genug, aber sie brachten ihn um ein Haar auf die Festung. «Mit der ungesetzmäßigen Handlungsweise der Regierung habe ich nichts zu tun», hatte er gesagt. «Ich wußte nicht einmal, daß eine solche in Betracht gezogen wurde. Ich war abwesend.»

Die Tatsache, daß der Kronprinz sich von seinem Vater distanzierte, verursachte eine Sensation, nicht nur in Preußen, sondern in ganz Europa. Die ‹Times› verschlimmerte die Sache aber noch: Sie gratulierte dem jungen Paar zu dessen mutiger Stellungnahme. Nun war der König an der Reihe, empört zu sein. Er verlangte eine formelle Entschuldigung des Kronprinzen, der sich weigerte und seine Ämter zur Verfügung stellen wollte. Der König zog alle Arten von Sühne – einschließlich Festungshaft – in Betracht, schließlich beschloß er, die Angelegenheit dadurch aus der Welt zu schaffen, daß er dem Kronprinzen jede weitere öffentliche Äußerung untersagte.

Die Kronprinzessin aber war unbußfertig. Stolz schrieb sie ihrer Mutter, sie habe einen starken Einfluß auf ihren Mann ausgeübt, «da ich wußte, wie notwendig es war, daß er seinen Empfindungen öffentlich Ausdruck verleihen und erklären solle, daß er keinen Anteil an den letzten Regierungsverfügungen habe». Das war aber noch nicht alles. Sie ermutigte den Kronprinzen, an Bismarck zu schreiben (und eine Kopie ihrer Mutter zu schicken), was nicht mehr und nicht weniger als eine Kriegserklärung war. Sie endete mit den Worten: «Ich will Ihnen sagen, welchen Erfolg Ihrer Politik ich vorhersehe: Mögen Sie es wollen oder nicht, Sie werden von einer gewagten Interpretation zur andern, bis zu dem Anraten des nackten, unverschleierten Verfassungsbruchs getrieben werden. Diejenigen, welche Seine Majestät den König, meinen Allergnädigsten Herrn Vater, auf solche Wege führen, betrachte ich als die allergefährlichsten Ratgeber für Krone und Vaterland».

Bismarck erkannte die Hand der Kronprinzessin. «Sie hat sich für den Kurs der Opposition gegen die jetzige Regierung entschlossen», diktierte er in einem Memorandum, «um ihren Mann mehr und mehr herauszustellen».

In der Zwischenzeit hatte die Kronprinzessin ihrer Mutter fröhlich geschrieben, daß sie und Fritz noch einmal so handeln würden, «trotz allen Königen und Kaisern der ganzen Welt». «Ich erfreue mich an einem tüchtigen Gefecht außerordentlich, wenn es dazu kommen sollte», meinte sie glücklich. In Wahrheit hatte sie einen unwiderruflichen Fehler begangen. Sie hatte nicht nur einen schweren Bruch zwischen Vater und Sohn verursacht und sich Bismarck zum Feind gemacht. Sie hatte ihren Mann auch zu einer Haltung bewogen, die er als königlicher Prinz nicht einnehmen und auch nicht festigen konnte. Bismarck hatte die Schlacht gewonnen, denn jetzt war er der einzige Ratgeber des Königs geworden, während Friedrich die Fahne der Opposition an den Nagel gehängt und die einzige Waffe zerstört hatte, die er besaß: den indirekten Einfluß.

Die Kronprinzessin hatte anscheinend keine Ahnung, in welch eine unmögliche Situation sie sich gebracht hatte. Sie war erst einundzwanzig Jahre alt, und sie verstand nicht, daß in der Politik zum Mut auch der Scharfsinn gehört. Nach traurigen Erfahrungen mußte sie erst noch begreifen lernen, daß der Riß zwischen dem König und dem Kronprinzen sich niemals wieder ganz schließen würde, daß sie die Feindschaft eines Mannes heraufbeschworen hatte, der Deutschland siebenundzwanzig Jahre lang beherrschen sollte. Sie hatte die Saat der Zwietracht gelegt, die sie eines Tages von ihrem ältesten Sohn trennen sollte.

Die Jugendjahre

Prinz Wilhelm besuchte England zum erstenmal, als er zweieinhalb Jahre alt war – genau sechs Monate vor dem Tod des Prinzgemahls. Seine Mutter brachte ihn nach Osborne mit. Später behauptete Wilhelm, daß er sich noch gut an den Großvater Albert erinnern könne; er sei von ihm in einem großen weißen Damasttuch umhergeschwenkt worden. Der Junge nahm nicht nur eine besondere Stellung als das erste Enkelkind ein, Prinz Albert hatte ihn auch «als ein hübsches, kluges Kind, eine Mischung beider Eltern, so, wie es sein sollte», bezeichnet, und dies genügte der Queen, ihre Tagebuchblätter mit Lobpreisungen zu übersäen. «Der liebe kleine Bub ist so intelligent und hübsch, so gut und herzlich. Der geliebte Schatz war fast eine Stunde bei uns, er rannte so lieb und fröhlich herum».

Wilhelms zweite Reise nach England fand achtzehn Monate später statt; damals war er gerade vier Jahre alt. Er wurde nach Windsor zur Hochzeit seines einundzwanzigjährigen Onkels Bertie mit der Prinzessin Alexandra von Dänemark mitgenommen. Seit Monaten herrschte im Hause seiner Mutter große Aufregung, denn die Kronprinzessin betrachtete sich als persönlich verantwortlich für das Paar. Sie hatte ihrem Vater glühende Berichte über die dänische Prinzessin geschickt, und Albert hatte Victoria gesagt, daß die Angelegenheit so gut wie entschieden sei. Er war gestorben, bevor die endgültigen Schritte hatten unternommen werden können. Sechs Monate nach seinem Ableben schrieb die Queen jedoch dem Prinzen Christian, ihrem Neffen und Erben des dänischen Königs, und bat um die Hand seiner Tochter für den Prince of Wales.

Bertie hatte Alexandra nie gesehen, aber er bewunderte ihr Bild. Er war erpicht auf eine Heirat, damit er einen eigenen Haushalt gründen und der Überwachung durch seine Mutter entrinnen konnte. Die Königin wollte nicht, daß er einen Antrag machte, ohne die junge Dame kennengelernt zu haben. König Leopold von Belgien arrangierte ein Familientreffen in Laeken. Man hatte der Prinzessin Alexandra gesagt, sie solle sich einfach kleiden und nicht lächeln, denn die Königin konnte es nicht ertragen, wenn jemand glücklich aussah. Das Mädchen machte einen guten Eindruck auf Victoria und – was wichtiger war – auf Bertie. Ihr Charme und ihre Schönheit entzückten ihn. Er benahm sich so aufmerksam, daß Onkel Leopold ein paar Wochen später der Queen schrieb, diese Verbindung werde eine Liebesheirat sein. Bertie sei außerordentlich glücklich und himmele seine reizende Braut an. Seine Behauptung, man zwinge ihn zu einer Heirat mit einer jungen Dame, die er nie gesehen habe, sei jetzt hinfällig. «All das ist wichtig, besonders für England, wo es die Leute sehr befriedigen wird, daß der Prince of Wales eine Liebesheirat macht wie seine Eltern».

Die Queen erlaubte ihrem Sohn keine große Hochzeit – die Anstrengung sei für sie zu groß. Diese Feierlichkeit fand in der St. Georgskapelle in Windsor statt, und da nur wenig Raum zur Verfügung stand, waren die Gäste fast ausschließlich königliche Verwandte. Auch der kleine Prinz Wilhelm nahm teil; er trug ein Hochländerkostüm, das ihm die Großmutter geschenkt hatte. Er war sehr stolz auf seine silberbeschlagene Jagdtasche und den kleinen Dolch im Strumpf; die Zeremonie aber fand er unerträglich lang. Sein achtzehn Jahre alter Onkel Alfred – der Herzog von Edinburgh – gab acht auf ihn. Als er den kleinen Prinzen bat, still zu sein, zog der Bub seinen Dolch mit drohender Gebärde. Als er ihn davon abhielt, die Jagdtasche in den Chor zu werfen, bekam er einen Biß ins Bein. Queen Victoria saß weinend im Chor und merkte nichts von diesen aggressiven Neigungen. Dem Onkel Leopold schrieb sie über ihren Enkel, er sei «ein kluges kleines Kind, der große Liebling meines geliebten Engels».

Die Tatsache, daß Wilhelm der einzige Enkel war, der sich an den Großvater erinnern konnte, sicherte ihm den ersten Platz im Herzen Victorias. Der Junge besuchte sie mit seinen Brüdern und Schwestern regelmäßig während der ganzen Kindheit. Jedesmal war Wilhelm von ihrer Milde bewegt. «Die Königin ist von Anfang an voll besonderer Güte für mich gewesen, eine rechte Großmutter», schrieb er, «und dieses innige Verhältnis hat bis zu ihrem Tode keine Trübung erfahren. Ich habe an denselben Plätzen und mit demselben Spielzeug spielen dürfen wie einstmals meine englischen Onkel und Tanten, als sie im selben Alter waren. So durften wir in der entzückenden Miniatur-Milchwirtschaft mit voll eingerichteter Kinderküche, die sich im Park von Windsor bei Frogmore befand, selbst Butter und Rahmkäse herstellen und Tee trinken. In Osborne durfte ich mit alten eisernen Kanonen auf einer Modellschanze spielen, die früher meinen Onkeln, als sie noch Knaben waren, als Spielplatz gedient hatte. Auch entsinne ich mich noch einer Lotterie im Schloß zu Windsor für uns Kinder, zu der meine Großmutter als Hauptgewinn einen großen Tragantaufsatz eines englischen Kuchens gestiftet hatte... Ein andermal, als der berühmte Zahnarzt Dr. Evans mir einen Zahn hatte ziehen müssen – eine Operation, bei der ich ‹very brave› gewesen sein soll –, schenkte mir meine Großmutter als Belohnung ein nagelneues goldenes Pfundstück, das ich mein Leben lang sorgsam aufbewahrt habe[2].»

Die Queen schüchterte viele Menschen ein, auch Verwandte, aber Wilhelm war einer der wenigen, die sich bei ihr immer wohl fühlten. Er fand sie gemütlich und verständnisvoll. Er erinnerte sich später, wie sehr sie über einen Fauxpas gelacht hatte, der dem Admiral Foley unterlaufen war. Der Zwischenfall ereignete sich bei einem Familienessen in Osborne, als Wilhelm zwölf Jahre alt war. Die englische Segelfregatte ‹Eurydice› war auf der Reede von Plymouth gesunken; man hatte sie gehoben und in den Hafen geschleppt.

«Die Königin hatte den Admiral Foley zum Lunch nach Osborne befohlen», entsann sich Wilhelm später, «damit er ihr Bericht erstatte. Nachdem dieses traurige Thema erschöpft war, wollte meine Großmutter der Unterhaltung eine andere Wendung geben und erkundigte sich nach dem Befinden seiner Schwester, die ihr gut bekannt war. Der schwerhörige Admiral, immer noch in Gedanken mit der ‹Eurydice› beschäftigt, glaubte, die Frage Ihrer Majestät bezöge sich auf weitere Arbeiten an dem Schiff, und antwortete prompt und mit Stentorstimme: ‹Well, Ma'me, I am going to have her turned over and take a good look at her bottom and have it well scraped!› Der Erfolg dieser Antwort war durchschlagend. Meine Großmutter legte Messer und Gabel hin, nahm ihr Taschentuch vors Gesicht, indessen ihr ganzer Körper von Lachen geschüttelt wurde und ihr die hellen Tränen über die Backen liefen[3].»

Kein Zweifel: Wilhelm sah die Freundlichkeit der Queen in sehr hellem Licht, da er sie mit dem harten Leben verglich, das er in Berlin führen mußte. Mit vier Jahren hatte er zwei Gefährten im Kinderzimmer, die dreijährige Schwester Charlotte und den einjährigen Bruder Heinrich. Sie waren glücklich mit ihrer englischen Pflegerin ‹Hobbsy›, aber als weitere Kinder kamen, mußte sich Mrs. Hobbs um die Kleinsten kümmern, und die drei älteren wurden der Obhut eines Fräuleins von Dobeneck übergeben. Das Leben bestand aus Verboten und Strafen, aber es standen noch härtere Erfahrungen bevor.

Als Wilhelm sieben Jahre alt war, entschied die Mutter, die Zeit sei gekommen, ihn einem Hauslehrer zu übergeben. Obwohl sie sich selbst als tolerant bezeichnete, hatte die Erziehung ihrer Kinder nicht eine Spur von Originalität. Sie ahmte gewissenhaft das strenge System nach, das ihr Vater ihrem unglücklichen Bruder Bertie auferlegt hatte; ja, sie machte es womöglich noch schlimmer. Zu Wilhelms Hauslehrer bestimmte sie einen starren und unbeugsamen calvinistischen Schulmeister namens Georg Hinzpeter. Dieser freudlose Mensch huldigte spartanischen Vorstellungen von Pflichterfüllung und Entsagung. Alles, was nach Vergnügen aussah, galt ihm als schädlich für den Charakter. Wilhelms Bruder Heinrich mußte bald am Unterricht teilnehmen. Die beiden Jungen hielten sich für kaum etwas Besseres als Gefangene.

Ihr Dasein wurde zu einem Alptraum von Genügsamkeit und – soweit es Wilhelm betraf – Furcht und Schmerzen. Die Stunden begannen um sechs Uhr am Morgen und dauerten den ganzen Tag über an bis um sechs oder sieben Uhr abends; es wurden nur kurze Pausen zum Essen und für körperliche Übungen eingelegt. Zum Frühstück erhielten die Kinder trockenen Zwieback, damit die ‹Entsagung› betont wurde. Wenn ihre Vettern zu Besuch kamen, mußten sie ihnen davon anbieten, durften aber selbst nichts nehmen. Jedes Lob war streng verpönt. Man verlange das Unmögliche von ihnen, erklärte Hinzpeter, um einen Grad zu erreichen, der so nahe wie möglich am Vollkommenen sei. Da dies aber nie vollbracht werden konnte, gab es auch keinen Anlaß zum Lob. Außerhalb des schonungslosen Schulbetriebes mußte sich Wilhelm seinen kraftlosen linken Arm durch Stromstöße behandeln lassen. Die Experimente hatten keinen Erfolg, bereiteten ihm aber qualvolle Schmerzen.

Auch das Reiten mußte er erlernen. Preußen war ein Militärstaat, und ein künftiger König hatte eine gute Figur an der Spitze seiner Kavallerie abzugeben. Aber wie konnte man es ihm beibringen? Das Gebrechen des Knaben gab ein schwieriges Problem auf. Hinzpeter fand schließlich eine Lösung. «Das Reiten, welches anfangs nur mit wirklichem Risiko und trotz tränenreichen Widerwillens mit besonderer Entschiedenheit aufgezwungen war, wurde eine mit Vorliebe und Erfolg geübte Fertigkeit. Der Prinz war achteinhalb Jahre alt, und noch führte ein Lakai seinen Pony am Zügel, weil seine körperliche Unsicherheit ihm selbst wie anderen unüberwindliche Angst einflößte. Solange diese aber bei ihm dauerte, war an Reitenlernen nicht zu denken; sie mußte um jeden Preis besiegt werden. Da weder Reitknecht noch Stallmeister dazu imstande waren, hob der Erzieher [Hinzpeter], seine mittlerweile unabdingbare moralische Autorität einsetzend, den weinenden Prinzen auf sein Pferd ohne Bügel und erzwang die Übung der verschiedenen Gangarten, taub gegen alles Bitten und Weinen, erbarmungslos den unaufhörlich herunterstürzenden Reiter wieder hinaufhebend, bis endlich nach wochenlanger

Quälerei das nötige schwer zu erwerbende Gleichgewicht erlangt war[4]». Der Bruder Heinrich heulte vor Angst, wenn er diese Torturen mitansehen mußte, aber die Kronprinzessin bewahrte ihre Selbstkontrolle, denn sie war überzeugt davon, daß die Methoden Hinzpeters richtig und notwendig seien. Einmal, als Wilhelm durch den Park von Potsdam ritt, fiel ihm der Hut herab, das Pferd bäumte sich auf, und er stürzte auf den Rücken. Der Stallmeister Pulitz konnte die Aufregung in den Augen der Kronprinzessin erkennen, aber – so schrieb er seiner Frau darüber, «bewundernd» – sie habe sich nicht den leisesten Ausruf bei diesem Anlaß erlaubt.

Seine Mutter kam Wilhelm wie eine weitentfernte, ja schreckenerregende Frau vor. In späteren Jahren schrieb er, sie habe den drei älteren Kindern nicht die gleiche Zärtlichkeit bezeigt wie den jüngeren. Obwohl sie die Kindermädchen sorgfältig überwachte, lachte oder spielte sie selten mit; sie schien nur darauf zu achten, daß die Anordnungen seines Peinigers ausgeführt wurden. Wilhelm sah sie stets im Zusammenhang mit Trübsal. Er konnte nicht wissen, daß seine Mutter während seiner Kindheit (zwischen ihrem vierundzwanzigsten und dreißigsten Lebensjahr) in Geschehnisse verwickelt war, die das Antlitz Europas verwandelten, schwere Krisen auslösten und sie bittere Tränen kosteten.

Die größten Sorgen machte ihr Bismarck. Er war ein unangenehmer Gegner, verschlagen, skrupellos und rachsüchtig. Er glaubte, das Resultat rechtfertige alle Mittel, und er zögerte nicht, zu Verleumdung, Entstellung, Einschüchterung, ja selbst zur Erpressung zu greifen, wenn es seinen Zwecken dienlich war. Die Kronprinzessin war ein leichtes Ziel, denn sie war Engländerin. Er verbreitete kurzerhand das Gerücht, sie sei als Agentin der Queen Victoria anzusehen und als eine Verräterin an Preußen. Ihre Berater – Sir Robert Morier, der englische Diplomat, und Baron Stockmar, ihr persönlicher Sekretär – seien ebenfalls an einem Komplott der ‹Anglo-Coburger› beteiligt, um Preußen zu einem britischen Satelliten zu machen. Man müsse nur darauf achten, wie oft die Kronprinzessin nach Windsor und Balmoral reise oder wie entschieden sie ausschließlich englische Kinderschwestern für ihre Familie anstelle. Ständig mache sie geringschätzige Bemerkungen über Preußen; Bismarck selbst hatte sie sagen hören, daß es allein in Liverpool mehr Silbergeschirr gebe als in ganz Preußen. Konnte irgendjemand sie als echte Preußin betrachten? Bismarck überzeugte selbst den König davon, daß man ihr nicht recht trauen dürfe. Und da Friedrich seiner Frau alles erzähle (so redete der Kanzler dem alten Herrn ein), sei es nicht klug, wenn man dem Kronprinzen Einblick in Staatsgeheimnisse gewähre.

Die Prinzessin war über dieses Gerede empört, es ließ sie leiden, doch es waren nicht diese Redereien, die jene Spannung verursachten, von der ihr späteres Leben belastet sein sollte. Ihre wahre Leidenszeit begann erst, als Bismarck seine Angriffskriege führte. Zwischen 1864 und 1871 stürzte er das Land in drei kriegerische Auseinandersetzungen, zuerst mit Dänemark, dann mit Österreich, zuletzt mit Frankreich. Preußen ging aus ihnen jedoch nicht nur als Sieger hervor, sondern auch als Führer eines geeinten Deutschlands und als die stärkste Macht auf dem Kontinent. Die Prinzessin verabscheute den Krieg, die Autokratie, und sie verabscheute Bismarck. Aber wie durfte sie Taten schmälern, die den kleinen Staat in ein mächtiges Reich verwandelten, das eines Tages ihres Mannes Erbe sein würde? Noch schlimmer war, daß der Kronprinz Friedrich General des preußischen Heeres war und an den Feldzügen teilzunehmen hatte. Es war ein unerträglicher Gedanke für sie, daß er sein Leben in einem ungerechten Krieg einsetzte.

Prinz Albert war stolz darauf gewesen, daß seine Tochter einen «Männerverstand» hatte, jetzt aber gewann das Temperament der Frau die Oberhand. Zwischen Vernunft und Impuls hin- und her gerissen, bewegte sie sich zuerst in dieser Richtung, dann in der anderen und überschüttete ihre Mutter mit leidenschaftlichen und unlogischen Theorien. Als Bismarck Dänemark wegen der schleswig-holsteinischen Herzogtümer herausforderte, spottete sie über seine Ziele, doch als der Krieg ausbrach, änderte sie nicht nur ihre Meinung, sie erzürnte sich auch über die Sympathien der Engländer für Dänemark. Die meisten europäischen Länder bedauerten das kleine unverteidigte Land, und Großbritannien war besonders betroffen, denn der Vater der Princess of Wales war der dänische König. Die schöne Alexandra lief mit Tränen in den Augen umher und sagte: «Die Herzogtümer gehören Papa». Die Gefühle im Parlament wogten so hoch, daß es eine Zeitlang aussah, als wollte England intervenieren. Der Onkel der Queen Victoria, der König der Belgier, konnte sich nicht der boshaften Bemerkung enthalten: «Vicky hat sich kaum träumen lassen, daß sie durch die Wahl einer reizenden dänischen Prinzessin als Gattin ihres Bruders England so viele Schwierigkeiten bereiten und daß vielleicht diese die Ursache für einen volkstümlichen Krieg gegen Preußen werden würde.»

Queen Victoria bewahrte strikte Neutralität, und schließlich bestand die britische Intervention nur aus einigen Parlamentsreden und ‹Times›-Artikeln. Aber selbst das verärgerte die Kronprinzessin. «Die fortwährende Einmischung Englands in die Angelegenheiten anderer Völker wirkt im Ausland so lächerlich, daß sie schon beinahe nicht mehr stört», schrieb sie ungehalten ihrer Mutter. Obwohl der Konflikt bald vorüber war, hatte er einen Riß zwischen der Kronprinzessin und dem Prinzenpaar von Wales verursacht, der so schnell nicht heilte. Die Queen bat Bertie und Alexandra, auf ihrer Reise von Dänemark nach England Station in Deutschland zu machen und den Streit beizulegen, aber der kurze Besuch hatte keinen Erfolg. Der Prinz schrieb Lord Spencer, «daß es nicht angenehm gewesen war, den Kronprinzen immer in preußischer Uniform herumlaufen und beständig mit einem höchst anstößigen Ordensband prunken zu sehen, das er für seine tapferen Taten (???) gegen die unglücklichen Dänen bekommen hatte».

Als Frieden geschlossen war, kehrte Vicky wieder zu ihrer feindseligen Haltung gegenüber Bismarck zurück. Zwei Jahre später, im Frühjahr 1866, erkannte sie, daß er einen Schlag gegen Österreich plante, um die Vorherrschaft der deutschen Staaten zu begründen. Sie beklagte sich bei ihrer Mutter: «Kein Tag vergeht ohne einen kleinen Zwischenfall, der die Situation günstig beeinflussen könnte, und keiner verstreicht, ohne daß der böse Mann mit der größten Geschicklichkeit seinen Gegenzug tut, alles Gute verdirbt und die Situation zum Kriege treibt». Einen Monat danach brach der Krieg aus; er endete nach sieben Wochen mit einem überwältigenden preußischen Sieg bei Königgrätz. Fritz hatte seine Truppen in den Kampf geführt und sich als Held erwiesen; Vicky änderte wieder einmal ihre Meinung. «Ich versichere Dich, wenn das übrige Europa die Einzelheiten dieses Krieges kennen würde, wenn das Licht, in dem unsere Offiziere und Mannschaften wie unser ganzes Volk sich gezeigt haben, allgemein bekannt würde, müßte das preußische Volk in aller Augen hochgeachtet dastehen; ich fühle, daß ich jetzt ebenso stolz bin Preußin zu sein, wie Engländerin. Das ist sehr viel gesagt, da Du weißt, was für ein ‹John Bull› ich bin und wie hoch ich meine Heimat schätze. Ich muß sagen, daß die Preußen eine höherstehende Rasse sind, soweit Intelligenz und Menschlichkeit, Erziehung und Herzensgüte in Frage kommen...»

Queen Victoria war bestürzt, als sie hörte, daß Preußen das Königreich Hannover und Teile von Hessen-Darmstadt annektieren wollte. Beide Länder wurden von ihren Verwandten regiert. Vicky jedoch war ohne Mitgefühl. «Alle, die sich jetzt in so schwierigen Lagen befinden, konnten recht gut voraussehen, welcher Gefahr sie sich aussetzten. Sie wählten die österreichische Partei und teilen nun das traurige Schicksal, das die geschlagene Macht auf ihre Verbündeten überträgt. Ich weiß, daß es sehr schwer ist, Dir oder irgendeinem anderen Nichtdeutschen begreiflich zu machen, wie unser Fall liegt. Wir haben ungeheure Opfer gebracht, und die Nation erwartet, daß sie nicht umsonst gewesen sind».

Sie waren nicht umsonst. Nur noch ein letztes Hindernis versperrte

Bismarck den Weg zur wahren Macht: Frankreich. Als er seinen dritten und letzten Krieg begann, brauchte Vicky zum erstenmal nicht mit ihrer Mutter zu streiten: Queen Victoria erinnerte sich daran, daß der liebe Albert Frankreich stets «großsprecherisch und unmoralisch» genannt hatte. Da Bismarck es fertiggebracht hatte, Napoleon in die Rolle des Aggressors zu drängen, wurde sie Parteigängerin. Zu Sir Theodor Martin sagte sie: «Es war barmherzig, daß der geliebte Prinz hinweggenommen wurde, denn wenn er noch lebte, hätte ich ihn niemals davon abhalten können, sich den deutschen Armeen anzuschließen». Nur der Prince of Wales und seine Frau blieben standhafte Antipreußen. Vicky ärgerte sich so sehr über die Ansichten ihres Bruders, daß sie versuchte, ihm Schwierigkeiten zu machen: Man erzähle sich, schrieb sie ihrer Mutter, er habe bei einem Diner des französischen Botschafters laut geäußert, «er hoffe, daß die Sache übel für uns ausschlagen möge».

Anfangs bangte alles um die armen Preußen. Wie konnte dieses kleine Volk hoffen, das mächtige Frankreich zu überwältigen? Nach ein paar Wochen erkannte jedermann, daß Frankreich nicht länger mächtig war, sondern desorganisiert und demoralisiert. Am 1. September 1870 errangen die Preußen bei Sedan einen entscheidenden Sieg. «Was werden Bertie und Alix zu all diesen wunderbaren Ereignissen sagen?» rief Vicky aus. «Mögen wir alle daraus lernen, wohin Frivolität, Selbstüberhebung und Unmoralität führen! Die Franzosen haben auf ihre eigene Vortrefflichkeit gebaut und sich vollkommen getäuscht. Sie verachteten und haßten die Deutschen, die zu beleidigen sie für etwas ganz Gesetzmäßiges hielten. Wie hart ist ihre Strafe!» Sie konnte nicht aufhören, ihrem Bruder Stiche zu versetzen: «Ich bin sicher, daß der liebe Bertie Fritz beneiden wird, der so ein anstrengendes, aber nützliches Leben führt».

Der Krieg dauerte noch weitere fünf Monate. Die Pariser weigerten sich, ihre Stadt zu übergeben, und hielten hartnäckig aus, trotz Hungersnot und Beschießung. Zehn Tage vor der Kapitulation der belagerten Hauptstadt hielten die Preußen eine prunkvolle Feier im Schloß von Versailles ab: König Wilhelm wurde zum Deutschen Kaiser proklamiert. Als der Friede endlich unterzeichnet wurde, kamen ihr die Bedingungen so hart vor, daß die Kronprinzessin sie nicht glauben wollte: Frankreich hatte eine beträchtliche Kriegsschuld zu zahlen, das Elsaß und ein großer Teil von Lothringen mußten abgetreten werden. «Der Bericht», teilte sie ihrer Mutter mit, «schien von einem deutschen Zeitungskorrespondenten erfunden worden zu sein. Ich habe keinen Augenblick daran geglaubt». Aber es war die Wahrheit. Sie schrieb dann wieder, und diesmal erklärte sie, es sei notwendig, das Elsaß und Lothringen aus Verteidigungsgründen zu besitzen: für den Fall, daß Frankreich jemals wieder einen neuen Angriff unternehme.

Jetzt, da Deutschland eine Großmacht war, haßte die Kronprinzessin Bismarck mehr denn je. Sie sah nichts Unlogisches in der Tatsache, daß sie ihn bei jedem seiner entscheidenden Schritte unterstützt hatte, denn ihr Haß war durch persönlichen Groll und Eifersucht gewachsen. Bismarck hatte die Stellung eingenommen, die der Prinzgemahl für Fritz und sie selbst vorgesehen hatte, denn seine Meinung und nur seine Meinung zählte. Der Kaiser hatte ihn mit großen Besitzungen dotiert und ihm Rang und Lebensstil eines Fürsten verliehen. Was aber noch mehr kränkte: In aller Welt wurde er als der größte Staatsmann Europas gefeiert. Sicher war er der verschlagenste und der am schwersten zu ergründende, denn alles an ihm war widerspruchsvoll: Ein körperlicher Riese mit der Intuition einer Frau; ein leidenschaftlicher Preuße mit der Gerissenheit eines Lateiners; ein Mann, der nicht den Anspruch erhob, zu den Intellektuellen zu zählen, der sich jedoch in einer Sprache auszudrücken verstand, die so herausfordernd, würzig und geistreich war, daß er einen neuen Stil mit ihr schuf, den man mit dem Goethes verglichen hat. In den Künsten verfügte er über keinerlei Kenntnisse; er hatte sein Haus ohne jeden Geschmack ausgestattet, er nahm enorme Mahlzeiten zu sich und schockierte die Kenner, indem er Bier und Champagner zusammengoß – eine Mixtur, die er «schwarzer Samt» nannte. Er unternahm endlose Spaziergänge und verbrachte lange Stunden in einsamer Grübelei. Er glaubte, Gott zu dienen, indem er seinem König diente, und daß er seinem König diene, wenn er seinen eigenen Eingebungen folgte; so war er frei von allen Bedenken und Hemmungen.

Bismarck hatte sich jetzt als Alltagskleidung die preußische Militäruniform zugelegt (das sei billiger als Zivilkleidung, erklärte er Freunden), während seine merkwürdig rauhen, fast gewinnenden Gesichtszüge einen Verstand voller Ranküne und Eigensinn bargen. Er setzte nicht nur seine Quertreibereien gegen die Kronprinzessin und ihren Mann fort; inzwischen hatte er sich auch ein Maß an Geringschätzung angeeignet, das Vicky vor Empörung zum Kochen brachte. Ihr sanfter und hochsinniger Mann jedoch lehnte es ab, sich von Ressentiments leiten zu lassen, er hielt an seinen Überzeugungen fest. Bismarcks Gewaltmaßnahmen verabscheute er. Während des Deutsch-Französischen Krieges hatte er den berühmten deutschen Schriftsteller Gustav Freytag durch die Bemerkung schockiert: «Ich hasse das Gemetzel. Ich habe niemals nach Kriegsruhm gestrebt und hätte solche Ehren gern andern überlassen. Dennoch ist es mein hartes Schicksal, von Schlachtfeld zu Schlachtfeld ziehen zu müssen, von einem Krieg in den nächsten, bevor ich den Thron meiner Väter besteigen kann». Er hatte versucht, den Plan, Paris zu beschießen, zu Fall zu bringen, indem er warnte: Die öffentliche Meinung in Europa werde sich gegen Preußen wenden. Sein Rat wurde indessen beiseite geschoben, es stellte sich dann heraus, daß er recht gehabt hatte. «Bismarck hat uns groß und mächtig gemacht», schrieb er in sein Tagebuch, «aber er raubte uns unsere Freunde, die Sympathie der Welt – und unser gutes Gewissen».

Als der Kronprinz und seine Frau kurz nach dem Kriege Großbritannien besuchten, machten sie aus ihrer Gegnerschaft zum Kanzler kein Hehl, und es bedarf keiner Bekräftigung, daß ihre Haltung Anklang bei dem Prinzenpaar von Wales fand. Der schon lange währende Bruch zwischen beiden Paaren war wieder geschlossen. «Fritz ist so gerecht, freundlich und gut», notierte die Queen in ihr Tagebuch, «und er hat den intensivsten Abscheu vor Bismarck. Er sagt, ohne Zweifel sei er energisch und klug, aber schlecht, er habe keine Grundsätze und fühle sich allmächtig; er sei der wirkliche Kaiser – was Fritzens Vater gar nicht lieb sei, wogegen er aber nichts tun könne».

Die drei siegreichen Kriege Preußens und die Entstehung eines geeinten Deutschlands fanden während jener sieben Jahre statt, die zwischen den fünften und zwölften Geburtstag des Prinzen Wilhelm fielen. Welch ein glorreicher Kontrast waren diese aufwühlenden Ereignisse zu dem trostlosen und unglücklichen Leben des Kindes! Sie boten ihm die einzige Ausflucht, und er lebte sich in eine Traumwelt von großen Taten und von kaiserlicher Prunkentfaltung ein.

Die Preußen waren stets ein soldatisches Volk gewesen. Die Erinnerung jedes in Berlin geborenen Kindes müsse einen militärischen Anstrich haben, schrieb Wilhelm: «Es war unmöglich, sich die Hauptstadt Preußens ohne Soldaten und Militärmusik vorzustellen». Mit dem Erscheinen Bismarcks aber hatten die Soldaten einen ernsthafteren Charakter angenommen, und niemand frohlockte darüber mehr als der junge Prinz. Er hing Karten im Schulsaal auf, brütete über Büchern und Zeitschriften; er war begeistert, wenn er auf Bildern seinen Vater hoch zu Roß sah, an der Spitze seiner Truppen, die er zur Front führte. Er schwelgte in den Siegesparaden, die mit solcher Exaktheit durch das Brandenburger Tor defilierten. Er triumphierte, als er hörte, daß seinem Großvater der Kaiserlorbeer im Schloß von Versailles überreicht worden war. Und welch ein Tag war es, als Großvater und Vater aus Frankreich heimkehrten! Der Prinz war zwölf Jahre alt, und er fuhr mit seiner Familie zur Station Wildpark in Potsdam, um die Sieger zu bewundern. «Welch eine Freude, welch ein Glück, als mich der geliebte Vater umarmte, ich den hochverehrten Großvater nun als Deutschen Kaiser wiedersah!»

Aber es gab da auch Dinge, die Wilhelm Sorge machten. Warum waren die Beziehungen zwischen seinen Eltern und seinem Großvater so kühl? Niemals kamen sie zu gemütlichen Familientreffen zusammen, nur bei offiziellen Anlässen. Es konnte nicht die Schuld des Großvaters sein, denn der Kaiser war doch – wie Wilhelm fand – ein freundlicher alter Herr. Oft lud er den Knaben zum Essen bei sich ein. «Das Essen fand in solchen Fällen immer in dem Salon vor seinem Schreibzimmer statt, an einem kleinen grünen Whisttisch, der sehr wacklig war und eine überaus vorsichtige Behandlung verlangte. Zum Braten wurde eine Flasche Sekt auf den Tisch gestellt, die der Kaiser selbst entkorkte und aus der er eigenhändig sich und mir je zwei Glas einschenkte. Nach dem zweiten Glas pflegte er die Flasche gegen das Licht zu halten und in der Höhe des Inhalts einen Bleistiftstrich auf dem Etikett zu machen; damit wollte er, sparsam wie er war, kontrollieren, ob die Diener die Flasche aufhoben oder etwa seinem Befehl entgegen ihm am nächsten Tage eine frische vorsetzten.»[5]

Aber noch verwirrender als die Kühle seiner Eltern gegenüber dem Kaiser war ihre Einstellung zum Kanzler. Während sich ganz Deutschland vor Bismarck verneigte, konnten Wilhelms Vater und Mutter auch nicht ein gutes Wort über ihn ertragen. Sie kritisierten sogar seine neue Verfassung. Der Junge studierte sie zusammen mit Hinzpeter und konnte keinen Tadel an ihr entdecken; im Gegenteil: Er staunte über Bismarcks Genialität. Der deutsche Bundesstaat hatte eine gesetzgebende Körperschaft erhalten, die aus zwei Häusern bestand. Der Bundesrat setzte sich aus Delegierten der 61 Länder zusammen und wurde vom Kanzler gelenkt, während der Reichstag im geheimen, allgemeinen Stimmrecht gewählt wurde, eine demokratische Neuerung, die zur Beruhigung der Liberalen eingeführt worden war. Aber in Wirklichkeit hatten seine Mitglieder wenig zu sagen. Der Kanzler regierte die Nation im Namen des Souveräns und war dem Parlament nicht verantwortlich, nur dem Kaiser. Er kontrollierte alle zivilen Staatsministerien einschließlich des Auswärtigen Amtes. Der Reichstag verfügte über keine Legislative, aber seine Zustimmung war erforderlich, um Anträgen Gesetzeskraft zu verleihen. Erwies er sich jedoch als ein widerspenstiges Werkzeug, konnte der Kaiser den Reichstag auflösen und Neuwahlen abhalten lassen.

Prinz Wilhelm erkannte, daß Bismarck dieses Gebäude nur konstruiert hatte, um sich die Herrschaft über Deutschland zu sichern. Er sah ferner, daß der Kanzler seine Macht mit Genehmigung des Kaisers ausübte. Der Souverän konnte seine Kanzler nach Gutdünken ernennen und entlassen. Obwohl sein Großvater sich auf Bismarck verließ, mochte der Tag kommen, an dem ein anderer Kaiser beschloß, selbst zu regieren.

Wilhelm fand es ziemlich töricht von seiner Mutter, daß sie gegen die Autokratie protestierte – dieses großartige Geschenk, das Bismarck dem Hause Hohenzollern gemacht hatte. Wilhelm verstand seine Mutter nicht. Er sah sie zwar häufiger, als dies bei Königskindern üblich ist, aber wohl fühlte er sich in ihrer Gesellschaft nicht. Er und sein Bruder Heinrich frühstückten jeden Morgen mit den Eltern, und in den Ferien nahm man sie auf Reisen mit, um Sehenswürdigkeiten zu besichtigen. Oft begleitete Wilhelm seine Mutter bei Besuchen in England, und einmal machten sie eine lange Reise nach Südfrankreich. Aber sie war oft streng und kritisch. Er glaubte dann, sie sei enttäuscht von ihm; manches Mal hatte er ein verzweifeltes Gefühl von Unzulänglichkeit. Lebhaft erinnerte er sich an den Tod seines zweijährigen Bruders Sigismund. Zu jener Zeit war er selbst sieben, und sein Vater war nicht daheim, es war während des Feldzuges gegen Österreich. Sein ganzes Leben lang erinnerte er sich daran, wie verzweifelt sie gewesen war. Damals konnte er seine Gefühle noch nicht analysieren, aber später erkannte er mit Schmerz, daß seine Mutter der tiefsten Liebe fähig war – nur nicht zu ihm.

Darin irrte er nicht: Die Kronprinzessin klagte der Queen Victoria, sie habe ihr «geliebtestes» Kind verloren. «Wie habe ich den Kleinen geliebt! Vom ersten Augenblick seiner Geburt an bedeutete er mehr für mich als seine Brüder und Schwestern. Er hatte sich so prachtvoll geistig und körperlich entwickelt, er war so klug, viel klüger als die anderen, und ich hoffte, er würde wie sein Papa werden». Sie schrieb ein Gedicht auf Sigismund, das Wilhelm auswendig lernen und vortragen mußte, als sein Vater aus dem Krieg heimkehrte. Sie hatte im Zimmer des toten Kindes einen Altar errichtet und einen Kranz an die Wand gehängt. Niemand durfte hier eintreten. Jahre danach führte der Kronprinz Lady Macdonald, die Gattin eines englischen Diplomaten, in einen Flur des Neuen Palais und öffnete eine Tür, die verschlossen gewesen war. «Ich sah eine Wiege, ein kleiner Junge lag darin, schön anzusehen, aber es war nur der wächserne Abdruck seines früheren Bewohners, des Prinzen Sigismund, der gestorben war, als der Kronprinz in den Krieg von 1866 zog. Es war sehr ergreifend, die silberne Klapper zu sehen und den Ball, der so dalag, als sei er aus der kleinen Hand gerollt. Das Spielzeug, das dem Jungen soviel Spaß gemacht hatte, war um die Wiege verstreut, und seine kleinen Schuhe warteten, warteten immer noch neben der Wiege».

Erst als Wilhelm elf Jahre alt war, richtete seine Mutter ihr volles Augenmerk auf ihn. Sie entschied, daß sie selbst jetzt seine Entwicklung überwachen werde. Welch ein Jammer, daß er einen verkrüppelten Arm hatte! Warum war das ihrem ältesten Sohn zugestoßen! Manchmal dachte sie, die Vorsehung habe sie für das Unheil bestimmt. Oft hatte sie

Augenblicke der Niedergeschlagenheit; dann half ihr nur eines: Sie vertraute ihre Gefühle dem Papier an. In einer solchen Stimmung schrieb sie ihrer Mutter: «Leider ist der Arm nicht besser geworden, und Wilhelm fängt an, sich bei jeder körperlichen Übung viel kleineren Jungen unterlegen zu fühlen. Er kann nicht schnell laufen, weil er kein Gleichgewicht hat, er kann nicht reiten, klettern oder sein Essen schneiden usw. Ich wundere mich, daß er trotz allem ein so angenehmes Temperament hat. Sein Lehrer denkt, daß er alles viel schwerer empfinden und viel unglücklicher sein wird, wenn er älter geworden ist und sich von allem, was andere erfreut, ausgeschlossen sieht, besonders, da er lebenslustig und gesund ist. Es bedeutet eine harte Prüfung für ihn und uns; natürlich ist nichts vernachlässigt worden, was für ihn getan werden konnte, aber leider ist dies sehr wenig».

Es war ein sonderbar entstellender Brief, denn in Wahrheit bestätigt Wilhelms Lehrer seinem Schüler, daß er mit Geschick und Vergnügen reite. Auch konnte er schwimmen, fechten, Schlittschuhe laufen und sogar schießen. «Ich schoß mein erstes Wild im Jahre 1872; es war ein Fasan», schrieb der Prinz. «Bald danach brachte ich meinen ersten Hasen zur Strecke. Ich schoß meinen ersten Hirsch im Wildpark im Herbst 1876».

Die Kontrolle seiner Mutter begeisterte Wilhelm nicht – sie hatte die Gründlichkeit ihres Vaters. Auch Queen Victoria zeigte sich besorgt: Sie wußte, wie ernst Vicky die Charakterformung eines späteren Kaisers ansah; die alte Königin fürchtete die Heftigkeit ihrer Tochter. Als Vicky ihr 1871 stolz schrieb: «Ich wache über ihn und jede kleinste Einzelheit seiner Erziehung», antwortete die Queen warnend: «Ich bin sicher, daß Du mit der größten Sorgfalt über Deinen lieben Jungen wachst, aber ich denke oft, daß zu große Sorgfalt und zuviel Überwachung gerade zu den Gefahren führen können, die man zu vermeiden wünscht».

Die Kronprinzessin beachtete jedoch den Rat ihrer Mutter nicht, denn sie glaubte, es gäbe für Wilhelm vieles zu erlernen, das nur sie ihm vermitteln könne. Sie war stolz auf ihre Kenntnisse in Musik, Literatur, Malerei, Architektur und ein wenig sogar Archäologie, und sie war entschlossen, auch ihren Sohn mit diesen Wissensgebieten vertraut zu machen. Er war gut bewandert in Griechisch, Latein, Französisch und Englisch; er hatte vieles aus der deutschen Literatur gelesen. Jetzt wurden weitere Lehrer engangiert und neue Professoren bestellt. Seine Unterrichtsstunden wurden verlängert, die Freizeit verkürzte man. Jeder Augenblick mußte genutzt werden. Sonntags nahm seine Mutter ihn nach dem Kirchgang mit in Künstlerateliers, an den Nachmittagen begleitete der Vater ihn in die Museen. Am liebsten sah er sich Stücke von Shakespeare und Opern an. Selbst beim Reiten mit Hinzpeter durfte keine Zeit vergeudet werden. Während er dahintrabte, mußte er aus griechischen Epen zitieren, damit seine Aussprache fließender werde.

Im Frühjahr 1870 schrieb sein Englischlehrer, ein Mr. Dealtry, daß sein Schützling die meisten Werke von Sir Walter Scott und eine Menge von Tennyson und Macaulay gelesen habe. Seine Königliche Hoheit habe, wie er annehme, «zufriedenstellende Fortschritte in der Kenntnis der englischen Sprache gemacht. Er zeigte eine echte Liebe zur englischen Literatur». Sein Interesse an den Studien habe die Freude des Lehrers erhöht: «Seine Aussprache und sein Akzent benötigen noch der Pflege». Sehr erstaunt sei der Lehrer von den «hochherzigen und männlichen» Gefühlen seines Schülers. «Die vornehme Haltung der beiden Prinzen im Denken und Fühlen ist bemerkenswert».

Die Kronprinzessin war weniger nachsichtig in der Beurteilung von Wilhelms Fähigkeiten. Es war zu schade, daß er nicht mehr von seinem Großvater in sich hatte. Nachdenken und lernen waren Alberts größte Freuden gewesen – Wilhelm schien beides als eine schwierige Pflicht zu betrachten. Andererseits war er oft ein angenehmer Gesellschafter; besonders erfreute sie sich der Stunde, da er ihr vorlas, wenn sie in ihrem Arbeitszimmer malte. Im Frühling 1871 schrieb sie der Queen einen Brief, der die wärmsten Worte über den Jungen enthält, die sie je fand:

«Du wärest sicher zufrieden mit Wilhelm, wenn Du ihn sehen würdest – er hat Berties freundliches, liebenswürdiges Wesen und kann sehr anziehend sein. Er besitzt nicht gerade glänzende Fähigkeiten, noch sonst irgendwelche Stärke des Charakters oder des Talents, aber er ist ein lieber Junge und wird, wie ich glaube und vertraue, wenn er erwachsen ist, seinen Posten gut ausfüllen. Er hat einen ausgezeichneten Lehrer, den besten, den ich jemals gesehen oder gekannt habe, und alle Sorge, die auf Geist und Körper verwendet werden kann, wird auf ihn gehäuft. Ich bin glücklich, zu sagen, daß zwischen ihm und mir ein Band der Liebe und des Vertrauens besteht, das, wie ich fühle, nichts zerstören kann. Er besitzt eine sehr gute Gesundheit und wäre ein sehr hübscher Junge, hätte er nicht unglücklicherweise diesen lahmen Arm, der sich mehr und mehr bemerkbar macht, seinen Gesichtsausdruck in Mitleidenschaft zieht (besonders eine Seite), seine Haltung, seinen Gang und seine Figur verändert, alle seine Bewegungen linkisch macht und ihm ein Gefühl der Unsicherheit gibt, da er sich seiner vollkommenen Abhängigkeit bewußt ist, weil er nichts ohne Hilfe tun kann. Dies bedeutet eine große Schwierigkeit für seine Erziehung und ist nicht ohne Einfluß auf seinen Charakter. Für mich ist es eine unerschöpfliche Quelle der Sorge! Ich glaube, daß er sehr gut aussehen wird, wenn er erwachsen ist; schon jetzt hat ihn jeder gerne, da er lebhaft und von gesundem Menschenverstande ist. Er ist eine Mischung aus all unseren Brüdern – von seinem Vater hat er wenig, wie überhaupt von der preußischen Familie».

Bestanden Liebe und Vertrauen wirklich zwischen ihnen? Von Wilhelms Seite gibt es keinen Hinweis darauf, weder aus seiner Schul- noch aus späterer Zeit. War er wirklich scheu und linkisch? Hinzpeter ließ wissen, daß er hochfahrend und selbstherrlich geworden sei. Er hatte den Kopf voll romantischer Vorstellungen; noch immer befand er sich in einem Taumel der Begeisterung über das neugeschaffene deutsche Kaiserreich. Zu dieser Zeit begleitete er seine Eltern auf einer Reise nach England zum Besuch der Großmutter. Kurz nach der Rückkehr warnte die Queen ihre Tochter, sie möge den Kreis um Wilhelm nicht zu eng halten. Vielleicht hatte auch sie ihn etwas zu anmaßend gefunden, denn sie bedauerte, daß er nicht öfter mit gewöhnlichen Leuten in Berührung kam – militärische Übungen genügten nicht.

Anscheinend mißverstand die Kronprinzessin ihre Mutter, denn die Queen schrieb ärgerlich zurück: «Ich möchte auf Deine Antwort, die Du mir auf meine Betrachtungen und Hoffnungen in Bezug auf Willy gegeben hast, eingehen. Die Heftigkeit, mit der Du von der ‹schrecklich niederen Gesellschaft› sprichst, erweckt den Anschein, als ob ich diese befürwortet hätte! Was ich meinte (und ich denke dabei gerade an Euch, die Ihr in Preußen immer in einem Palast lebt und große Ideen über die ungeheure Stellung von Königen und Prinzen usw. habt) ist folgendes: Daß die Prinzen und Prinzessinnen vollkommen gütig und menschlich sein müssen; daß sie nicht denken sollen, sie wären von anderem Fleisch und Blut als die Armen, die Bauern, Arbeiter und Dienstboten; daß der Verkehr mit ihnen, den wir immer pflegen und gepflogen haben, wie es jeder vornehme Gentleman und jede vornehme Lady hier tut, von ganz außerordentlich gutem Einfluß auf den Charakter derjenigen ist, die später zum Herrschen berufen sind. Im Verkehr nur mit Soldaten kann man dies niemals erreichen oder vielmehr man erreicht das Gegenteil, da Militärpersonen gezwungen sind, zu gehorchen und Unabhängigkeit des Charakters in ihren Reihen nicht zu finden ist».

Die Worte der Queen Victoria hatten keine große Wirkung, drei Jahre später jedoch trugen sie unerwartete Früchte. Als Wilhelm fünfzehn war, erfolgte eine Bekanntmachung, die den preußischen Adel bestürzte: Wilhelm und sein Bruder Heinrich sollten in Kassel ein Gymnasium besuchen, sie sollten zusammen mit ‹gewöhnlichen› Schülern unterrichtet werden! Selbst heute noch werden königliche Prinzen nur selten in staatliche Schulen geschickt, man kann sich also leicht die Verwirrung vorstellen, die diese Absicht in der privilegierten Welt von 1874 auslöste. Der alternde Kaiser protestierte verärgert, und Bismarck hob geringschätzig die Hände: Die Kronprinzessin war schuld. Dies war ganz offensichtlich eine englische Marotte. Wie immer wollte sie die Gewohnheiten ihres Heimatlandes dem preußischen Lebensstil aufzwingen. Das entsprach nicht der Wahrheit, denn die englische Aristokratie – weniger das Königshaus – wäre bei dem Gedanken, ein Prinz solle eine normale Schule besuchen, genau so entsetzt gewesen. Georg Hinzpeter hatte den Einfall gehabt, und er brauchte Monate, die Kronprinzessin zu überreden.

Hinzpeter war überzeugt davon, daß es nur ein Mittel gegen den wachsenden Hochmut des Prinzen gab: Er mußte mit Jungen des Mittelstandes zusammenkommen. Auch wenn er eine besondere Stellung einnahm, so hatte er doch endlich zu begreifen, daß es auch unter den Söhnen des arbeitenden Volkes viele gab, die reicher mit Geistesgaben gesegnet waren als er selbst. Der Wettstreit war wichtig; das würde ihm zu einer bescheideneren Lebensauffassung verhelfen. Wilhelm war entsetzt über den Plan. «Ich war wenig angenehm überrascht. Denn nun ... sollte ich in die Hand neuer Lehrer gegeben werden, nun mit einem Male unter fremden Knaben in einer öffentlichen Schule lernen, mit ihnen wetteifern und – unter ihnen bestehen![6]»

Wilhelm und sein Bruder fanden sich in eine sonderbare Mischung von Pomp und Schlichtheit versetzt. Hinzpeter hatte den Einfall gehabt, sie nach Kassel wie «wandernde Scholaren» zu führen. Er begleitete sie dabei. Vier Stunden lang kletterten sie über Berge und marschierten durch Dörfer. Der Kaiser wurde am selben Tag in der Stadt erwartet, was in Hinzpeters Plan einkalkuliert war. «Wir zogen in Kassel unter eigentümlichen Formen, im bewußten Gegensatz zu der Phantasie der Menge», berichtete er schwülstig in seinem Tagebuch. «Wir saßen sehr vergnügt im Landwehrhagen in der Kegelbahn einer Fuhrmannskneipe, saures Bier und hartes Brot mit gesalzener Butter zu uns nehmen. Es regnete dazu und ich hielt meinen Regenschirm über das Frühstück, um das Bier nicht noch wäßriger werden zu lassen, denn wir bedurften der Stärkung nach einem beschwerlichen Marsche. Wir hörten dort das Pfeifen der Lokomotiven und wußten daraus, daß in diesem Moment der Kaiser im Triumph in Kassel einzog, im bequemen Salonwagen, geehrt, gepriesen, gut dinierend, in vollem Genuß der erworbenen Stellung nach der Arbeit des Tages, während Prinz Wilhelm hier ebenso dürftig gefrühstückt, mit müden Beinen und leerem Magen in echter Weise des fahrenden Schülers nach Kassel marschiert und in Kassel einzieht. Und diese Moralpredigt in Wort und Tat findet allen Beifall. Um nicht mit dem Kaier in Kassel zu sein, treiben wir uns in der Umgebung herum, finden mit Not im Augarten eine Tasse Kaffee, wozu noch mit Wonne eine im Landwehrhagen eingesteckte Brotrinde verzehrt wird[7].»

Danach zogen der Lehrer und die beiden Prinzen zu dem großen Palast in der Hauptstraße, der ihr Heim werden sollte. Der Hausmeister in seiner reichen Livree wollte nicht glauben, daß sie diejenigen wären, für die sie sich ausgaben, und ließ sie erst nach langem Hin und Her ein.

Hinzpeters Versuche, den Prinzen zu demokratisieren, waren nicht sehr erfolgreich. Obwohl er sich rasch an das neue Leben gewöhnte und bald Gefallen fand an den Spielen der andern Jungen und an ihrer Rivalität, weigerte er sich, seine Herablassung aufzugeben. Anscheinend machte das aber nicht viel aus, denn der Lehrer schrieb, daß Wilhelm trotz seiner steten taktvollen Reserviertheit, die sich alle Vertraulichkeiten verbat, ein sehr guter Kamerad sein konnte und es auch war.

Aber Hinzpeter war nicht der rechte Mann, um mit Prinz Wilhelms Arroganz fertigzuwerden. Er war schwerfällig und phantasielos, ihm ging der Humor ab, mit dessen Hilfe er vielleicht dem Dünkel hätte zu Leibe gehen können. Hinzpeter neigte dazu, selbst die unbedeutendsten Dinge mit lächerlicher Feierlichkeit zu behandeln. Einmal beehrte Bismarck ihn mit einem Gespräch. Der Kanzler war wohl neugierig, wes Geistes Kind den Prinzen Wilhelm unterrichten mochte. Hinterher fragte die Kronprinzessin, was der Kanzler denn geäußert habe. Bevor Hinzpeter sich bereitfand, eine Antwort zu erteilen, verfertigte er ein Konzept des Gesprächs und reichte es Bismarck ein – ob er den Fürsten korrekt zitiert habe, wollte er wissen. Natürlich bekam er nie eine Antwort.

In den drei Jahren, die Wilhelm und sein Bruder in Kassel verbrachten, arrangierte Hinzpeter jede Woche eine Gesellschaft, zu der er hervorragende Leute aus verschiedenen Schichten einlud. Seine Absicht war, die «Klassen» zu mischen, und er nannte diese Gesellschaften «Versöhnungs-Diners». Sie waren nicht gerade heiter. Die Gäste standen steif herum und blieben sich wohl bewußt, daß sie ihren künftigen Herrscher vor sich hatten. Und Wilhelm – weit davon entfernt, den Geist der Gleichheit zu atmen – war so befriedigt von der Ehrfurcht, die seine Gegenwart einflößte, daß er hochmütiger denn je wurde.

Hinzpeter schrieb der Kronprinzessin regelmäßig. Oft beschwerte er sich über Wilhelms Faulheit. Wenn man jedoch bedenkt, daß die Jungen zwei Stunden Hausarbeiten erledigen mußten, bevor es Frühstück gab, und daß der Unterricht bis um acht Uhr abends andauerte, dann konnte diese Schwäche wohl kaum überhandnehmen. Das Abschlußexamen fand im Januar 1877 statt, ein paar Wochen vor dem achtzehnten Geburtstag des Prinzen. Er bestand als Zehnter in einer Klasse von siebzehn Schülern. Für seinen Bruder war nun der Augenblick gekommen, zur Marine zu gehen. Er selbst hatte sechs Monate Militärdienst abzuleisten, ehe er seine Studien an der Universität Bonn fortsetzen konnte.

Zu den Geburtstagsfeierlichkeiten kehrte er nach Berlin zurück. Sein Großvater – so hörte er – wollte ihm den Schwarzen Adlerorden verleihen, seine englische Großmutter bot ihm die höchste Klasse des Bath-Ordens an. Rundweg erklärte er seiner Mutter, dies sei zu wenig. Er machte einen solchen Wirbel, daß sie schließlich an die Queen Victoria schrieb. Der Kaiser von Rußland und Österreich – so führte sie aus – hätten dem Prinzen bereits ihre höchsten Orden verliehen. Und sie drängte auf den Hosenband-Orden; er wäre wohl der einzige, der genüge. «Willy würde mit dem Bath-Orden zufrieden sein, nicht aber das Volk». Queen Victoria gab nach und schickte ihrem Enkel den Hosenband-Orden.

«Es ist unmöglich, zwei nettere Jungen als Wilhelm und Heinrich zu finden», bemerkte der Prince of Wales im Jahre 1878. Die Kronprinzessin hatte jedoch Sorgen um Wilhelm. Er studierte Jura und Nationalökonomie an der Bonner Universität, und wenn er in den Ferien nach Hause kam, erschrak sie: Er war rechthaberisch und streitsüchtig geworden. Alles wußte er besser, und selbst mit seinen Eltern begann er über Politik zu streiten. Zuweilen machte er verletzende und beleidigende Bemerkungen. Der Umstand, daß er tiefreligiös war, schien die Sache nur noch zu verschlimmern: Seine Religion gründete sich auf die Überzeugung, Gott habe ihn persönlich als Erben des deutschen Thrones auserwählt, und da er so sehr begnadet war, mußte er auch sehr begabt sein. Vicky schrieb ihrer jüngeren Schwester Alice, die mit dem Großherzog von Hessen-Darmstadt verheiratet war und in etwas größerer Nähe von Bonn lebte. Sie bat die Schwester, ein Auge auf ihn zu haben. Vielleicht vermochte sie ihn etwas von seinem Eigensinn abzubringen.

Prinz Wilhelm gefiel es an der Universität, aber er schloß keine engen Freundschaften. Wie in Kassel blieb er sich unentwegt seiner hohen Stellung bewußt. Er wohnte in einem Palast mit einem Haushofmeister und einem Gefolge von Dienern. Das Studentenleben begann er ebenso huldvoll wie herablassend. Unter moralischen Anfechtungen hatte er nicht zu leiden, denn der Calvinismus Hinzpeters mit seinen klaren und einfachen Antworten hatte ihn geprägt. Er war aber ein schrecklicher Besserwisser. Er verwarf das Spiel und versuchte die Trinksitten seiner Kommilitonen zu bessern. Als er erfuhr, daß sein Freund, der Kronprinz Rudolf, der Sohn des österreichischen Kaisers, ein recht loses Leben führte, wandte er ihm den Rücken. «Zu meinem Leidwesen mußte ich aber im Laufe der Zeit bemerken, daß er es mit der Religion nicht eben ernst nahm. Auch andere Charakterschwächen konnten mir nicht verborgen bleiben, und so kam es, daß mein ursprüngliches Vertrauen schwand und daß wir mit der Zeit mehr und mehr auseinander gerieten[8].» Und selbst Paris erregte sein Mißfallen. Er besuchte die Stadt zum erstenmal im Herbst 1878, und obwohl er von den Museen und Kirchen beeindruckt war und in einem Ballon von den Tuilerien aufstieg, wobei er sich der unbeschreiblichen Fernsicht erfreute, war ihm der Leichtsinn der Franzosen unangenehm. «Doch die fiebrige Hast und Unruhe des Pariser Lebens stieß mich sehr ab. Ich habe niemals Sehnsucht gehabt, die französische Hauptstadt wieder zu besuchen[9].»

Die Großherzogin Alice hieß Wilhelm als einen der Ihren willkommen. Sie war eine untersetzte, hausbackene kleine Frau von fünfunddreißig, fast das genaue Gegenteil von Vicky. Sie interessierte sich nicht besonders für Politik, hatte keinen Ehrgeiz und war gemütlich. Sie neigte dazu, das Herrschertum als eine Art Scherz aufzufassen. Ihre Familie bestand aus fünf Töchtern und einem Sohn. Ihre Erziehung hatte nichts Theoretisches, sie war intuitiv. Sie hatte fröhliche, unbeschwerte Kinder, die ihre Mutter verehrten. Die zwei ältesten – Elisabeth (Ella genannt) und Viktoria – waren erst vierzehn und fünfzehn Jahre alt, als Wilhelm nach Bonn kam. «Sie mochten seine Ruhelosigkeit nicht und beklagten sich darüber, daß sein schneller Stimmungswechsel ihn zu einem unmöglichen Gesellschafter mache. In diesem Augenblick wollte er rudern, im nächsten reiten oder Tennis spielen. Immer war er darauf aus, zu beweisen, was er alles trotz seines verkrüppelten Armes konnte. Es kam vor, daß er ganz plötzlich sein Pferd zügelte oder mitten im Spiel den Schläger hinwarf und alle zu sich befahl, damit sie ihm zuhörten, wenn er aus der Bibel vorlas. Gleichgültig ob er ritt, spielte oder las, immer wollte er seine Kusine Ella nahe bei sich haben. Seine leuchtenden Augen folgten ihren Bewegungen, und wenn sie sprach, dann war er still und lauschte auf jeden Laut ihrer Stimme[10].»

Während Wilhelms letztem Semester in Bonn ereignete sich eine Tragödie im Haus seiner Tante. Die vierjährige Tochter Alix – mit dem Spitznamen Sunny – die eines Tages als die ernste, nie lächelnde Zarin von Rußland bekannt werden sollte – bekam Typhus. Das Kind genas, aber die Krankheit ergriff die ganze Familie. Die dreijährige Marie starb, und schließlich – als alle andern über dem Berg waren – wurde Alice vom Fieber gepackt; sie überlebte es nicht. Vicky war von der Nachricht wie erschlagen. Die Queen fand es «beinahe unvorstellbar und höchst mysteriös», daß die geliebte Alice just am Jahrestag von Prinzgemahl Alberts Tod an dessen Seite abberufen worden war.

Hatte sich Wilhelm in seine Kusine Elisabeth verliebt? Meriel Buchanan, die Tochter des britischen Gesandten in Darmstadt, behauptet, es könne «kaum ein Zweifel daran bestehen, daß er sehr von ihr angetan war.

Aber man weiß nicht, ob sie seinen Antrag zurückwies oder ob er sie überhaupt um ihre Hand bat. Jedoch muß die Frage einer Verbindung eine Zeitlang erörtert worden sein, denn in einem Brief, den die Kronprinzessin einige Jahre später ihrer Mutter schrieb, sagte sie, daß es nicht ratsam erschienen sei, eine Kusine zu heiraten... Es ist bekannt, daß Wilhelm es jahrelang (auch nachdem er schon Kaiser und Elisabeth die Großfürstin Sergius von Rußand war) entschieden ablehnte, sie wiederzusehen. Er begegnete ihr niemals, wenn sie durch Berlin kam, und hielt sich bewußt von ihr fern, wenn sie bei einem offiziellen Anlaß zusammen sein mußten. Wenn er wegen dieser auffälligen Meidung seiner Kusine befragt wurde, gab er entweder gar keine Antwort, oder er versetzte kurz, daß er niemals vergessen könne, wieviel sie ihm in der Vergangenheit bedeutet und wie sehr er sie geliebt habe».

Erst als alter Mann im holländischen Exil sprach er noch einmal von seiner Liebe zu Elisabeth. Gegenüber dem amerikanischen Journalisten George Viereck gab er zu, daß er als junger Student in Bonn viel Zeit mit dem Schreiben von Liebesgedichten für seine Kusine vertan habe. Diese unerwiderte Leidenschaft erklärt vielleicht auch seine plötzliche Verlobung. Vier Monate nach der Abreise aus Bonn und am Anfang seiner militärischen Laufbahn versprach er sich mit «Dona», der Prinzessin Auguste Viktoria von Schleswig-Holstein. «Willy hat sehr rührende Briefe (in seinem eigenen merkwürdigen Stil) über sein großes Glück geschrieben», vertraute die Kronprinzessin ihrer Mutter im Februar 1880 an. Aber Wilhelm erweckte nicht den Anschein, als sei er sehr in Dona verliebt, sie war auch nicht schön oder klug oder reich oder sonst eine gute Partie. Wilhelm kannte sie eben seit langem und hatte den Wunsch, einen Hausstand zu gründen.

Die Kronprinzessin hieß den Gedanken gut. Wilhelm war zwar erst einundzwanzig, aber sie erinnerte sich, daß ihr Vater die frühe Ehe von Prinzen gutgeheißen hatte und ganz besonders die von künftigen Königen. Abgesehen davon hoffte sie, Dona könnte ihrem Sohn etwas von dessen Eigensinn nehmen. Sie sorgte sich um Wilhelm. Er schien sich immer weiter von seinen Eltern zu entfernen. Für ihre liberalen Anschauungen hegte er keinerlei Sympathien, und oft war er prahlerisch und unverschämt. Zuerst hatte sie diese Widerspenstigkeit seiner Jugend zugute gehalten, jetzt aber begann sie vor dem kalten, fast grausamen Zug zu erschrecken, den sie an ihm bemerkte. Zuweilen war er zu seinem Vater so gönnerhaft und zu seiner Mutter so herrisch, daß es die beiden tief verletzte. Wenn nur Dona ihre Schwiegereltern möchte, dann würde es vielleicht ihr gelingen, Wilhelm liebenswürdiger zu machen. Obwohl sie ein ziemlich langweiliges Mädchen war – eine rotwangige Hausfrau ohne eine Spur von Geist –, war sie freundlich und sanft. Sicher würde sie ihn an den Respekt erinnern, den er seinen Eltern schuldete.

Die Trauung fand im Februar 1881 statt, ein Jahr nach der Verlobung. Im Januar kam Wilhelm nach Hause, um die Vorbereitungen zu treffen. Vicky machte – wie einst ihre Mutter – einen großen Wirbel wegen der «letzten Stunden». Nie wieder würde er in demselben Haus mit ihnen schlafen, nie wieder in denselben Räumen leben! «Er hält mich für ganz töricht sentimental, daß ich dies bemerke, und sagt, daß es ihm ganz gleichgültig wäre, in welcher Stadt oder welchem Haus oder welchem Zimmer er wohne».

Die 99 Tage

«Ich wundere mich, daß er [Bismarck] nicht geradeheraus sagt: ‹Solange ich lebe, sind die Konstitution und der Thron aufgehoben›; denn in der Tat ist es so», schrieb die Kronprinzessin im Herbst 1881 der Queen Victoria. «Er hält eine große zentrale Kraft für notwendig und glaubt, daß ein Wille alles entscheiden, der Staat alles sein müsse; es solle alles wie bei einem großen Maschinenkomplex vor sich gehen».

Deutschland war eine Diktatur, wenn auch bei weitem keine so gründliche wie die Diktaturen unseres Jahrhunderts. Es hatte manches von der Atmosphäre der modernen totalitären Staaten, aber es gab gleichzeitig viele Hintertürchen. Bismarck kontrollierte einen großen Teil der Presse, er fuhr dazwischen, wann immer er wollte, aber einige Zeitungen dienten anderen Herren und stellten sich der Opposition zur Verfügung. Harte Sozialistengesetze waren erlassen worden; sie ermächtigten den Staat, Eigentum zu konfiszieren und Verhaftungen ohne richterlichen Befehl vorzunehmen. Dennoch war die Sozialdemokratische Partei legal, und bei jeder Wahl erhielt sie mehr Stimmen. Man verfügte auch über ein ziemlich unfähiges geheimes Polizeisystem, durch das der Reichskanzler umfangreiche Berichte erhielt. Er machte sich nicht die Mühe, sie zu lesen.

Engländer fanden solche Praktiken abstoßend. Lady Ponsonby, die Frau des Sekretärs der Königin Victoria, besuchte 1882 Berlin und war schockiert, als sie erfuhr, daß Bismarck sogar im Haushalt der Kronprinzessin Spitzel hatte. «Ich glaube nicht, daß sich die Königin vorstellen kann, welche ungewöhnlichen Zustände wie Spionage und Intrigen in Deutschland herrschen», schrieb sie ihrem Mann.

Kaum ein Tag verging, ohne daß die Kronprinzessin über den verderblichen Einfluß Bismarcks zeterte und auf den Schaden hinwies, den er dem nationalen Ansehen zufügte. Sie wünschte sich die Macht einzugreifen und mußte erkennen, wie schwer es war, auch nur das Geringste durchzusetzen. Aus Furcht, des Kanzlers Mißfallen zu erregen, mieden die Leute es, sie zu besuchen. Manchmal erschien ihr die Aussichtslosigkeit ihrer Lage unerträglich. Als sie – damals eine glückliche Braut – nach Deutschland gekommen war, hatte der Thron nahe geschienen. 1861 hatte der König seinen vierundsechzigsten Geburtstag gefeiert, und die Königin hatte resignierend gemeint: «Wir sind alte Leute. Alles, was wir tun können, ist, für die Zukunft zu arbeiten.» Das lag nun mehr als zwanzig Jahre zurück, und die Kronprinzessin wartete noch immer auf ihre Stunde.

Ihr Los wurde dadurch noch härter, daß Bismarcks Widerstand gegen sie niemals abgeflaut hatte. Stets wurde sie als eine englische Prinzessin bezeichnet, die sich für Englands Ziele einsetzte. Friedrich tat sein Bestes, die Wege seiner Frau zu ebnen, doch seine Besorgtheit wandelte sich nach und nach in Resignation. Es wurde geflüstert, er werde von Jahr zu Jahr schwächlicher. Selbst sein Privatsekretär, Oberst Sommerfeld, wandte sich gegen ihn. «Man muß nur sehen, was sie aus ihm gemacht hat», protestierte er. «Ohne sie wäre er ein Durchschnittsmensch, sehr hochmütig, gutmütig, mittelmäßig begabt, mit einem Quantum gesunden Menschenverstand. Jetzt aber, jetzt ist er überhaupt kein Mensch mehr, er hat keine eigenen Gedanken, wenn sie ihm dieselben nicht erlaubt. Er ist garnichts. ‹Fragen Sie meine Frau› oder ‹Haben Sie schon mit der Kronprinzessin gesprochen?› Damit ist alles gesagt[11]».

Bei dieser Atmosphäre ist es nicht verwunderlich, daß die Kronprinzessin das Land ihres Mannes zu verabscheuen begann. Manchmal glaubte sie, all das keinen Tag länger ertragen zu können: die tristen Straßen von Berlin, den Mangel an Eleganz, die knallenden Soldatenstiefel, die Nörgelei, das kriecherische Ducken vor dem Despotismus. Gelegentlich schüttete sie ihr Herz englischen Freunden aus. Im Winter 1879 besuchte Sir Howard Elphinstone, der Rechnungsführer im Haushalt des Prinzen Arthur war, Berlin und sprach bei der Kronprinzessin vor. «Sie spricht in einem sehr herabsetzenden Ton von den Deutschen», schieb er an seine Frau. «Es gibt niemanden, der ihr Freund ist, und sie fürchtet, allgemein unbeliebt zu sein wegen des freisinnigen Tons, den sie anschlägt. Ohne Zweifel besteht die Gesellschaft hier aus sehr kleinen Schichten. Jede ist sehr exklusiv und will mit der andern nichts zu schaffen haben. Die Aristokratie als solche findet mein Gefallen nicht; die Leute sind eingebildet, borniert und entschieden langweilig. Sie fürchten sich, über Politik zu reden, von Kunst und Literatur wissen sie wenig. Folglich ist der Klatsch ihr Element, und darin tun sie sich auch hervor».

Sir Howard fand die Atmosphäre fast ebenso niederdrückend wie die

Kronprinzessin. Ein Brief war deprimierter als der andere. «Mein Aufenthalt hier ist miserabel. Ich verabscheue diesen Platz. Ich werde keinen Tag länger bleiben, als ich muß». Eine Gesellschaft bei der alten Kaiserin dämpfte seine Lebensgeister noch mehr: «Wir saßen zuerst an kleinen runden Tischen, Teetassen wurden uns gereicht, und als diese wieder abgeräumt waren, hielt uns Professor Homann eine Vorlesung über Chemie. Es war ziemlich gut, aber viel zu lang, dachte ich mit Bedauern. Dann setzten wir uns abermals an die kleinen Tische und aßen weiter. Es gab pâté de foie gras auf Brot, Orangen und Eis. Ich brauche Dir nicht zu sagen, daß ich diese Mischung nicht gerade genoß». Sogar die Schaufensterauslagen bekümmerten ihn. «Nicht ein Laden, der eine schöne Sache hat oder eine, an der einem etwas läge. Die Ausschmückungen sind einfach scheußlich und vulgär. Ich habe auch nicht eine Sache gesehen, die ich Dir gern als Geschenk mitgebracht hätte».

Trotz ihrer Abneigung gegen Deutschland schrieb Vicky ihrer Mutter wiederholt, wie selig sie in ihrer Ehe sei. Unglücklicherweise verschlechterten sich ihre Beziehungen zu Wilhelm immer mehr, und auch ihr zweiter Sohn Heinrich fing unter dem Einfluß seines Bruders an, schwierig zu werden. Einmal klagte sie ihrer Mutter: «Der Traum meines Lebens war, einen Sohn zu haben, der unserem geliebten Papa ähnelte, seelisch und geistig, sein richtiger Enkel und auch Dein Enkel sein würde. Man muß lernen, Träumen nicht nachzuhängen und die Dinge und die Menschen zu nehmen, wie sie sind – man kann nicht mit der Natur kämpfen, die ihren Weg am besten kennt, obgleich sie uns grausam und widerspruchsvoll bis zum letzten vorkommt».

Grausam und widerspruchsvoll – die Kronprinzessin konnte sich niemals von dem Glauben lösen, die Vorsehung behandle sie ungerecht. Sie hatte ihren Sohn erzogen und so geführt, wie ihr Vater sie geführt hatte, jetzt aber pries er offen Bismarcks Politik und schien sich nichts aus den Demütigungen zu machen, die er ihr bereitete. Und Dona tat nichts, um den Riß zu heilen: Sie spielte die Rolle einer anbetenden Sklavin, was immer er auch tun mochte.

In Wahrheit liebte Wilhelm seine Mutter nicht. Er hatte sie niemals sympathisch gefunden, und als er älter wurde, nahm auch sein Kritikvermögen zu. In vielem waren sie einander zu ähnlich, um sich nahekommen zu können. Beide waren herrschsüchtig, impulsiv und selbstbewußt, doch wo die Kronprinzessin zu echter Liebe fähig war und ein mitfühlendes Herz zeigte, war Wilhelm spröde und unnachgiebig. Er nahm die Versuche seiner Mutter übel, ihn zu beherrschen, er argwöhnte, ihr Gefühl sei nur eine bereitgehaltene Falle. Was er am wenigsten ertragen mochte, war jedoch der Fehler, den sie so oft an ihm kritisierte:

Immer alles besser zu wissen. Wenn sie miteinander stritten, dann erklärte sie, er sei noch «grün» und kanzelte ihn ab wie ein Kind. Nicht zuletzt freute er sich deswegen so über seine Heirat, weil er jetzt endlich ihrer wachsamen Aufsicht entrann.

Welch eine Erleichterung gab ihm die Freiheit! Er hatte etwas übrig für das Offiziersdasein. Nun, da er auch einen eigenen Haushalt hatte, war er fürs erste glücklich. Alles an der Armee begeisterte ihn: die Geselligkeit im Kasino, der Korpsgeist, das Studium von Taktik und Strategie wie das anstrengende Exerzieren. Er hatte als Leutnant bei der Gardeinfanterie begonnen und wurde rasch bis zum Oberst befördert. Ein Jahr nach seiner Heirat wurde er zur Kavallerie überstellt. Der Reitlehrer war zunächst im Zweifel, ob er mit seinem verkrüppelten Arm die Hohe Schule der Reitkunst würde bestehen können, doch der Prinz zeigte beachtlichen Schneid.

Sein Großvater, der Kaiser, und sein Onkel, der «Rote Prinz», der einer der besten Reiter Europas war, nahmen an den Manövern teil. Wilhelm exerzierte mit seiner Kavallerieeinheit schneidig und machte keinen Fehler. «Gut gemacht!» rief der Rote Prinz. Die Augen des alten Kaisers füllten sich mit Tränen des Stolzes. «Das hast du gut gemacht, das hätte ich nie geglaubt». Es war ein echter Triumph, würdig eines Hohenzollernprinzen.

«Nie ist», schrieb Hinzpeter, «in die preußische Armee ein junger Mann eingetreten, der physisch so wenig geeignet erschien, ein brillanter und schneidiger Reiteroffizier zu werden. Die wenigen, die damals die Bedeutung dieses Sieges der moralischen Kraft über körperliche Schwäche ermessen konnten, fühlten sich seit der Zeit zu den stolzesten Hoffnungen auf diese Persönlichkeit berechtigt».

Der Erfolg steigerte Wilhelms Liebe zur Armee noch mehr. Die Atmosphäre in den aristokratischen Kasinos, wo man feudalen Anschauungen huldigte und Geschichten aus dem Feldzug zum besten gab, erschien ihm weitaus geistesgewandter als die im elterlichen Heim. Zum erstenmal hatte er Kameraden, die seine eigenen Empfindungen teilten und die leidenschaftlich an Deutschland glaubten. Jahrelang hatte er die Behauptungen seiner Mutter, in England wäre alles besser, und ihre bitteren Bemerkungen über den deutschen Provinzialismus ertragen müssen, über die deutsche Intoleranz, den deutschen Absolutismus. Jetzt endlich hatte er Freunde, die nicht nur gar nicht daran dachten, sich der deutschen Autokratie zu schämen: sie schwelgten geradezu in deren Nimbus. Es waren jene Freunde, die Bismarck verehrten, anstatt ihn einen «bösen Kerl» zu nennen ...

Besonders angetan aber war Wilhelm von dem kultivierten Generalquartiermeister Graf Waldersee, der oft vom Kriege sprach und der Chef des Großen Generalstabs zu werden hoffte. Wilhelm stand auch in enger Verbindung mit dem Sohn des Reichskanzlers, dem klugen, aber ungehobelten Grafen Herbert von Bismarck, der im Auswärtigen Amt die Befehle seines Vaters ausführte; 1886 wurde er durch die Ernennung zum Staatssekretär belohnt. Es dauerte nicht lange, und Wilhelm fand sich in den Familienkreis des Kanzlers aufgenommen. Häufig lud der alte Mann den Prinzen zum Essen ein – gewöhnlich zum Frühstück – und nach Beendigung der umfangreichen Mahlzeiten lehnte er sich auf dem Sofa zurück und gestattete Wilhelm, ihm die Pfeife anzuzünden. Er entzückte den Prinzen durch seine sarkastischen, herausfordernden Redensarten und fesselte ihn mit spitzfindigen Schmeicheleien. Eines Tages gab er einem seiner Besucher zu verstehen, Wilhelm sei derart talentiert, daß er vermutlich eines Tages sein eigener Kanzler sein werde –, und er sorgte auch dafür, daß dies Wilhelm weitererzählt wurde. All das verstärkte die Heldenverehrung des jungen Prinzen, und gleichzeitig wuchs seine Verachtung für den Liberalismus und vor allem für dessen schwache Vertreter im Reichstag. «Wenn seine Eltern sich das Ziel gesetzt hatten, einen konstitutionellen König zu erziehen, der sich gehorsam vor der Souveränität der Kammermajorität beugt, so haben sie Unglück gehabt. Es kommt anscheinend das gerade Gegenteil heraus», schrieb Waldersee 1882.

Wenn Wilhelm jetzt seine Familie besuchte, dann gab es regelmäßig Streit. Seine Mutter war empört darüber, daß er bei den Bismarcks verkehrte. Sie erklärte ihm, daß er seinen Vater betrüge und beleidige, wenn er der Freund jenes Mannes werde, der soviel getan habe, ihn zu kränken. Bei jeder Begegnung gab es erhitzte Gemüter und erregten Wortwechsel – mit dem Erfolg, daß Wilhelm seine Eltern mied, so oft es ging. Bismarck freilich war erfreut, als er von den Spannungen hörte, und er tat alles, sie zu verschärfen. Bisher hatte Wilhelm seine Mutter nur für eine tadelsüchtige, eigensinnige Engländerin gehalten, für ein zwangsläufiges Produkt ihrer Erziehung, jetzt aber impften ihm Bismarck und Graf Waldersee nach und nach ein anderes Bild ein. Sie ließen ihn seine Eltern so sehen, wie der Eiserne Kanzler sie seit Jahren darstellte: Der schwache Vater, beherrscht von einer klugen und willensstarken Frau, die bewußt für britische Interessen zum Schaden Deutschlands wirkte. Wilhelms Phantasie ging mit ihm durch – seine Mutter erschien ihm nun wie eine Verräterin. «Zu seinem Schmerz», schrieb Waldersee, «ist es ihm nachgerade klar, daß die Mutter nicht preußische Prinzeß geworden, sondern Engländerin geblieben ist; nicht allein in bezug auf die Lebensweise, sondern innerlich, namentlich politisch. Er weiß, daß sie bewußt für englische Interessen gegen preußische und deutsche arbeitet! Bei seinem durchaus preußischen Gefühl kränkt ihn das tief und es wird ihm oft schwer, seinem feurigen Temperament Zügel anzulegen».

Waldersee bediente sich dieses feurigen Temperaments, er erregte den Prinzen weiterhin durch seine Kriegsgeschichten. Deutschland müsse Frankreich und Rußland erobern, meinte er. Noch wichtiger aber – wenn es eine Weltmacht sein wollte – war, daß Englands Macht gebrochen würde. Wilhelm war von diesem Gedanken so eingenommen, daß er seinen Onkel, den Prince of Wales, kühl begrüßte, als der im Jahre 1883 nach Berlin kam, um an der Silberhochzeitsfeier seiner Schwester teilzunehmen. Höflich dankte er ihm für dessen Geschenk, ein Hochlandkostüm. In dieser Tracht ließ er sich auch fotografieren und verschickte Abzüge an seine Freunde. Auf die Bilder hatte er geschrieben: «Ich warte auf meine Zeit». Der englische Militärattaché Oberst Swaine fand dies so merkwürdig, daß er darüber nach London berichtete.

Fürst Bismarck wollte keinen Krieg. Er ärgerte sich über die wilden Reden Waldersees. Deutschlands Industrialisierung ging schnell voran, und es eröffneten sich überall auf der Welt Märkte. Die Bevölkerung nahm zu, der Lebensstandard hob sich – bald mochte Deutschland den Engländern die führende Rolle als Produzent streitig machen. Was Deutschland brauchte, das war eine Zeit des Friedens und der Sicherheit. Bismarcks Problem war, dies zu garantieren. Zwei der Nachbarn, Rußland und Österreich, lagen sich ständig wegen des Balkans in den Haaren. Falls sie Krieg miteinander führten, kam Deutschland in eine unangenehme Lage: Blieb es neutral, dann konnte es geschehen, daß Rußland Fühlung mit Frankreich nahm, um eine Allianz zu erreichen; die Deutschen säßen dann in der Falle. Ergriff Deutschland jedoch Partei, so mußte es zwangsläufig der Feind der besiegten Nation und der Rivale des Siegers werden. Die einzige Lösung war: Man durfte es nicht so weit kommen lassen.

Bismarcks Politik war deshalb auf die Erhaltung friedlicher Beziehungen zu Rußland und Österreich gerichtet. Vor allem mußte er dafür sorgen, daß auch diese beiden untereinander den Frieden wahrten. 1873 gelang es ihm, das Dreikaiserbündnis zu schaffen: Rußland, Österreich und Deutschland versprachen einander, sich bei Meinungsverschiedenheiten zu befragen und im Falle eines Angriffs gegenseitig Hilfe zu leisten. Aber diese Bande waren dünn, denn in Österreich und Rußland glaubte man, das Osmanische Reich sei am Rande des Zusammenbruchs, und in beiden Ländern war man entschlossen, für sich den größten Teil der Beute zu erraffen. Bismarck überredete jedoch die beiden Regierungen zu einem

Arrangement, bevor Rußland die Türkei im Jahre 1877 angriff. Der Krieg endete damit, daß russische Truppen vor den Toren Konstantinopels standen. Der Zar verkündete, die Türken seien bereit, ihm ihre bulgarischen Provinzen zu überlassen, und jetzt beabsichtige er, das gegenwärtige Bulgarien zu einem großen Vasallenstaat mit Häfen entlang der Ägäis zu erweitern. In Europa wurde man nervös. Die Österreicher waren empört, die Engländer erklärten das nicht zulassen zu wollen, weil es den Suezkanal gefährde. Schließlich wurden die Russen gezwungen, das Problem einem Kongreß zu überantworten, der in Berlin abgehalten wurde und bei dem Bismarck als ‹ehrlicher Makler› waltete.

Österreich erhielt das Recht, die türkischen Provinzen Bosnien und Herzegowina zu besetzen und zu verwalten. Rußland gewann weite Gebiete zwischen dem Schwarzen und dem Kaspischen Meer; außerdem wurde ihm Bessarabien zurückgegeben, das es 1856 verloren hatte, nicht aber das türkische Bulgarien. In St. Petersburg war man aufgebracht und beschuldigte Bismarck der Undankbarkeit in Anbetracht der russischen Neutralität während des Deutsch-Französischen Krieges. Die Russen verstärkten ihre Rüstung und verlegten Truppen in die Nähe der deutschen Grenze. Der Zar schrieb Bismarck und warnte ihn vor den «verhängnisvollen Konsequenzen, die folgen könnten». Daraus ergab sich der Geheimvertrag mit Österreich, den Bismarck im Oktober 1879 unterzeichnete: Beide Länder versicherten sich der gegenseitigen Hilfe für den Fall eines russischen Angriffs. Die Bedeutung dieses Vertrags betraf nicht allein die Verteidigung; man wollte auch einer russischen Expansion auf dem Balkan vorbeugen. Dieser Vertrag war der Eckstein der deutschen Außenpolitik bis zum Ersten Weltkrieg.

Bismarck aber dachte keineswegs daran, den Österreichern eine größere Ausdehnung auf dem Balkan zu erlauben als den Russen, und arbeitete an der Wiederbelebung des Dreikaiserbündnisses. 1881 hatte er Erfolg. Die Klauseln des neuen Vertrags, der eine Demarkationslinie auf dem Balkan vorsah (Serbien im östereichischen Einflußbereich, Bulgarien in dem der Russen), waren derartig geheim, daß der Kanzler sie mit eigener Hand niederschrieb und unter Verschluß hielt. Die Harmonie begann sich jedoch bald aufzulösen. Rußland beschuldigte Österreich, es hetze die Serben gegen die Bulgaren auf. Obwohl der Vertrag nicht vor dem Jahr 1887 ablief, zeigte der Zar gegenüber Wien eine bedenklich feindselige Haltung. Bismarcks ganze Aufmerksamkeit war der Reparatur dieser zerfallenden Brücke gewidmet.

So war die Situation im Jahre 1884, als Fürst Bismarck sich entschloß, den Prinzen Wilhelm zu den Volljährigkeitsfeiern des Zarewitsch, des künftigen Nikolaus II., nach Rußland zu entsenden. Es tat ihm wohl, den Kronprinzen dadurch zu demütigen, daß er den Kaiser bewog, er möge seinen ihm unsympathischen Sohn zugunsten seines Enkels, den er schätzte, übergehen. Außerdem schien Wilhelm dank seines Temperaments der ideale Mensch zu sein, um den despotischen Zaren zu besänftigen. Im Januar 1884 urteilte Friedrich von Holstein, der schlaue und unheilvolle Geheimrat im Auswärtigen Amt, den man das Werkzeug Bismarcks nannte, über den Prinzen Wilhelm: «Er soll ein entschlossener Charakter sein, jedenfalls ist er eigensinnig und das Gegenteil von gemütvoll, passionierter Soldat, Feind der Demokraten und der Engländer. Er hält in allen Dingen zum Kaiser und hat die größte Bewunderung für den Reichskanzler».

Prinz Wilhelm wußte natürlich nichts von den geheimen Klauseln des Dreikaiserbundes, aber ihm wurde gesagt, daß er alles unternehmen müsse, um die Beziehungen zwischen Deutschland, Österreich und Rußland zu verbessern. Seine Mission wurde ein großer Erfolg. Er traf im Mai 1884 in Begleitung von Graf Waldersee in St. Petersburg ein, nahm an den Feierlichkeiten, Bällen und Militärparaden teil, dekorierte den Zarewitsch mit dem Schwarzen Adlerorden und zog mit dem Prinzen Radziwill auf Bärenjagd. Was aber am wichtigsten war: Er bezauberte den Zaren. Seit Alexanders Vater zwei Jahre zuvor durch die Bombe eines Attentäters in Stücke gerissen worden war, hatte er mit eiserner Strenge regiert. Es war nicht schwer für Wilhelm, sich mit seinen eigenen kaiserlichen Vorstellungen überzeugend auf die Gefühlswelt des Zaren einzuspielen. Er argumentierte, daß die drei Kaiser trotz der Differenzen zwischen Österreich und Rußland in engster Freundschaft zusammenarbeiten müßten, um die Sturmflut der Demokratie zurückzudämmen. Daraufhin besuchte der russische Außenminister N.K. Giers den Grafen Herbert von Bismarck, der mit nach St. Petersburg gekommen war, und erklärte begeistert: «Wer auch immer die Idee gehabt hat, Prinz Wilhelm herzuschicken, der kann sich Glück wünschen. Der Zar sagt: ‹Er sieht die Dinge ganz richtig. Wir brauchen Freundschaft und eine dreiseitige Bastion gegen die heranstürmenden Wellen der Anarchie›. Das ist das erstemal, daß der Zar das Wort ‹drei› ausgesprochen hat; gewöhnlich spricht er immer nur von ‹zwei› und betont den Zweibund. Dies ist ein großer Triumph für den Prinzen Wilhelm. In zwei Tagen hat er erreicht, wozu unsere ganze Diplomatie den Zaren in sechs Monaten nicht bestimmen konnte».

Der Optimismus des Herrn von Giers war nicht übertrieben, denn im September erklärte sich der Zar mit einer Zusammenkunft des österreichischen und des deutschen Kaisers mit ihm in Skierniewice in Polen einverstanden; man wollte dort alle weiteren Fragen besprechen. Graf Herbert Bismarck hatte an das Ende eines Briefes an seinen Vater geschrieben: «Prinz Wilhelm ist ganz vorzüglich». Wilhelm kam triumphgeschwellt nach Hause und mußte feststellen, daß der Prince of Wales schon wieder einmal in Berlin bei seiner Schwester weilte. Weshalb war er gekommen? Kein Zweifel: um seine dunklen Manöver zu vollführen, um Wilhelms gute Arbeit zu sabotieren. England hatte an der afghanischen Grenze Schwierigkeiten mit den Russen und wünschte deutsche Unterstützung; eine Freundschaft zwischen Deutschland und Rußland war das letzte, was die Engländer brauchen konnten. Vermutlich wollte Onkel Bertie die Kronprinzessin zum Unterminieren der herzlichen Beziehung zwischen Berlin und St. Petersburg überreden; wahrscheinlich sollte sie eine antirussische Kampagne in Berlin auslösen. Wilhelm aber würde es ihnen schon zeigen. Kurz entschlossen setzte er sich hin und warf einen Brief an Alexander aufs Papier: Der Prince of Wales sei in Deutschland angekommen und organisiere eine Verschwörung gegen Rußland. Sein Besuch werde sich lohnen und weitere Früchte unter den Händen seiner Mutter und der englischen Königin tragen. «Aber diese Engländer haben anscheinend vergessen, daß ich noch da bin! Ich schwöre Dir, mein lieber Vetter, daß ich alles, was ich für Dich oder Dein Land tun kann, tun werde, und ich schwöre, daß ich mein Wort halten werde!» Es werde aber seine Zeit brauchen, und man müsse bedächtig vorgehen.

Wilhelms Brief war ein Fehler, denn der einzige beständige Charakterzug Alexanders war sein ausgeprägter Familiensinn. Die Anspielungen, die der junge Prinz über seine Mutter gemacht hatte, schockierten den Zaren. Zudem war seine Frau, die einstige Prinzessin Marie von Dänemark, eine Schwester der Prinzessin von Wales, und die beiden Familien trafen sich oft in Kopenhagen. Er bezweifelte, daß der vergnügungssüchtige Bertie sich mit den Mühsalen einer Verschwörung belasten werde. Jedenfalls betrachtete er den Brief des Prinzen als naiv und respektlos. Langsam begann er, seine gute Meinung über ihn zu revidieren.

Der Zar war nicht der einzige, dem das respektlose Benehmen Wilhelms seinen Eltern gegenüber auffiel. Ein Jahr nach seiner russischen Reise wurde der Prinz in einen neuen Familienstreit verwickelt und wandte sich dabei so offen gegen seine Mutter, daß sogar Graf Waldersee ihn tadelte. Wilhelms Schwester, die Prinzessin Viktoria, sollte den Prinzen Alexander von Battenberg heiraten, den die Russen als Marionettenherrscher von Bulgarien eingesetzt hatten. Alexander aber hatte sich die Feindschaft des Zaren zugezogen, da er es ablehnte, das zu tun, was man ihm befahl. Bismarck, der die deutsch-russischen Beziehungen nicht gefährden wollte, hatte dem alten Kaiser geraten, er möge die geplante Heirat untersagen. Der Kronprinz hingegen wußte nichts von der geheimen Allianz, die Bulgarien als ein russisches Reservat ansah; er mußte diese Handlungsweise demnach als pure Böswilligkeit betrachten. Wilhelm hielt es mit Bismarck. Waldersee erzählte Holstein, der Prinz habe aufgebracht erklärt, wenn sein Vater auf den Thron käme, könnte es notwendig werden, seine Mutter festzusetzen. «Durch welche Mittel der schwache Herr [der Kronprinz], der heute seiner Gemahlin absolut folgsam ist, zu einem so ungeheuerlichen Entschluß gebracht werden soll, ist nicht ersichtlich», schrieb Holstein nachdenklich in sein Tagebuch. Und Waldersee notierte besorgt: «Der Prinz ist sehr rücksichtslos und namentlich unvorsichtig in Äußerungen über seine Mutter. Sollte jetzt der Kronprinz plötzlich Kaiser werden, so bleibt nichts übrig, als die Versetzung des Prinzen in eine entfernte Garnison sofort in Szene zu setzen».

Bismarck machte sich darüber weiter keine Sorgen: Diese Familienstreitigkeiten amüsierten ihn, und er beschäftigte Wilhelm weiterhin als Gesandten, wenn auch nur des Spaßes wegen, weil die Kronprinzessin sich dauernd darüber ärgerte. Im Juni 1886 schickte er ihn nach Gastein zum Treffen der drei Kaiser. Vicky schrieb der Queen Victoria müde: «Wir sind ziemlich entsetzt über die Nachricht, daß Wilhelm dem Zusammentreffen der Kaiser in Gastein beigewohnt hat und nach Skierniewice zum Kaiser von Rußland reisen will. Es ist vielleicht nicht wahr, aber da solche Dinge immer zwischen dem Kaiser und Wilhelm, ohne uns um Rat zu fragen oder zu benachrichtigen, gemacht werden, kann es möglich sein. Ich brauche kaum zu sagen, daß er endlose Unannehmlichkeiten und andauernde Verwirrung stiften würde. Wilhelm ist ebenso blind und grün wie verschroben und hitzig in politischen Dingen. Es ist wirklich ziemlich schwer für uns und unsere Lage sehr peinlich. Ich hoffe immer noch, daß es sich nicht bewahrheitet».

Friedrich fiel es schwer, seinem Vater diese Kränkung zu vergeben. Holstein notiert eiskalt: «Merkwürdig, geradezu komisch ist das Verhältnis unter den drei Regentengenerationen. Der Kaiser ignoriert den Kronprinzen bei allem und sagt ihm womöglich garnichts. Der Kronprinz wiederum überträgt die gleiche Nichtbeachtung auf den Prinzen Wilhelm. Bei den diesjährigen rheinischen Manövern behandelte der Vater den Sohn wie blaue Luft...»

Wo sollte das alles einmal enden? 1886 wurde der alte Kaiser, der im neunzigsten Lebensjahr stand, krank, und eine Welle von Panik erfaßte Bismarcks Umgebung. Er lebte jetzt schon so lange, daß keiner mehr an den Tag der Abrechnung gedacht hatte. Was würde mit ihnen geschehen, wenn der Kronprinz auf den Thron kam? Graf Herbert Bismarck warf die Arme in die Luft und erklärte, dann sei es «mit Deutschland aus». Waldersee schrieb an Holstein und legte fast einen Staatsstreich gegen den Kronprinzen nahe. Von Holstein selbst wurde gesagt, er habe empfohlen, man möge den Kronprinzen vergiften. Nur der Eiserne Kanzler behielt die Nerven. Er hatte den Kronprinzen zu lange erbittert, um noch auf eine echte Versöhnung hoffen zu können; also würde er weitermachen wie bisher. Im Herbst 1886 gab er bekannt, daß dem Prinzen Wilhelm Zugang zum Auswärtigen Amt gestattet sei – ein Privileg, das Friedrich stets verwehrt worden war. Der Kronprinz bat Bismarck, diese Absicht aufzugeben. In einem Brief schrieb er offenherzig: «Angesichts der mangelnden Reife sowie der Unerfahrenheit meines ältesten Sohnes, verbunden mit seinem Hang zur Überhebung wie zur Überschätzung, muß ich es geradezu für gefährlich bezeichnen, ihn jetzt schon mit auswärtigen Fragen in Berührung zu bringen». Doch der Kanzler blieb bei seinem Vorhaben.

Der Streit zwischen dem Prinzen Wilhelm und seinen Eltern erreichte seinen Höhepunkt inmitten einer Tragödie. Das Drama begann im Januar 1887, als der Kronprinz über Heiserkeit klagte. Zuerst meinte sein Arzt, Dr. Wagner, es seien nur die Nachwirkungen eines Masernanfalls. Es wurde jedoch März, und die Heiserkeit hielt an. Jetzt wurde ein Spezialist hinzugezogen, Dr. Gerhardt, Professor der Medizin an der Berliner Universität. Gerhardt stellte eine kleine Geschwulst am linken Stimmband fest, die er örtlich behandelte: Er brannte sie mit einem heißen Draht weg. Danach schlug er dem Kronprinzen eine Erholungskur in Bad Ems vor. Die Prinzessin schrieb ihrer Mutter froh: «Fritz hat guten Appetit, schläft gut und sieht wohl aus. Natürlich macht er keine langen Spaziergänge und geht auch nicht bergan, um sich nicht zu ermüden oder zu erhitzen und soll möglichst wenig sprechen».

Als der Kronprinz im Mai nach Berlin zurückkehrte, konnte Gerhardt jedoch kein Zeichen von Besserung erkennen: Die Geschwulst war wieder erschienen, und die Wunde, die bei der Behandlung entstanden war, nicht verheilt. Er zog Professor Ernst von Bergmann hinzu, einen bedeutenden Chirurgen. Dieser Arzt gab ein alarmierendes Urteil ab. Er konnte nicht sagen, ob die Geschwulst gutartig oder bösartig war, aber er war der Ansicht, sie müsse durch eine Operation entfernt werden. «Man kann es nicht von der Innenseite des Halses aus erreichen», schrieb die Kronprinzessin der Queen Victoria, «da es auch in einer Falte unter dem Stimmband sitzt, wo es nicht zu erreichen ist. Der berühmte Chirurg Professor Bergmann ist für eine Operation von außen; Du kannst Dir vorstellen, daß dies weder einfach noch unbedeutend ist. Ich war vor Schrecken mehr tot als lebendig, als ich dies hörte. Die Vorstellung, daß ein Messer seinen Hals berührt, ist schrecklich für mich. Natürlich weiß Fritz noch kein Wort davon. Zuzeiten ist er sehr bedrückt. Er denkt jetzt oft, daß sein Vater ihn überleben wird, und es wird mir schwer, ihm diese traurigen Gedanken auszureden, die glücklicherweise nicht sehr lange anhalten. Ich fürchte, daß eine Schwellung dieser Art zu einem bösartigen und gefährlichen Gewächs werden kann, wenn sie nicht auf irgendeine Weise beseitigt wird. Ich hoffe und vertraue und glaube, daß für den Augenblick noch keine Gefahr besteht».

Die Operation, die von Gerhardt und Bergmann vorgeschlagen wurde, war unter der Bezeichnung ‹Thyrotomie› bekannt und bedeutete eine Spaltung des Kehlkopfs und die Entfernung des Gewächses. Wie ernst war sie zu nehmen? Monate später haben deutsche Ärzte, lautstark unterstützt vom Prinzen Wilhelm, erklärt, daß sie nicht unbedingt ernst gewesen wäre; in sieben von zehn Fällen sei mit Erfolg zu rechnen. Der Eingriff hätte den Kronprinzen nicht stimmlos gemacht, lediglich eine Heiserkeit wäre zurückgeblieben. Diesen Eindruck hatten die Ärzte zu jener Zeit aber weder bei dem Kronprinzen noch bei dem Fürsten Bismarck hinterlassen. Am 19. Mai schrieb die Kronprinzessin ihrer Mutter: «Ich verbrachte gestern einen schrecklichen Tag; es ist so schwer, gleichmütig zu erscheinen, wenn einem das Herz so schwer ist. Ich bin unglücklich bei dem Gedanken, daß er seine liebe Stimme, die ihm für seine Stellung im Lande und in der Armee usw. so notwendig ist, verlieren könnte. Und ich weiß, daß dies eine schreckliche Prüfung für ihn bedeuten wird».

Fürst Bismarck faßte die Operation als so ernst auf, daß er sich einschaltete. «Die behandelnden Ärzte», schrieb er, «waren Ende Mai 1887 entschlossen, den Kronprinzen bewußtlos zu machen und die Extirpation des Kehlkopfes auszuführen, ohne ihm ihre Absicht angekündigt zu haben. Ich erhob Einspruch, verlangte, daß nicht ohne die Einwilligung des Patienten vorgegangen und, da es sich um den Thronfolger handle, auch die Zustimmung des Familienhauptes eingeholt werde. Der Kaiser, durch mich unterrichtet, verbot, die Operation ohne Einwilligung seines Sohnes vorzunehmen». Bismarck forderte weitere Beratungen, und drei andere Ärzte wurden gerufen. Sie waren der Überzeugung, daß Krebs vorliege. Bevor sie jedoch zur Operation rieten, entschlossen sie sich, den bedeutenden englischen Laryngologen Dr. Morell Mackenzie kommen zu lassen, dessen Bücher auch ins Deutsche übersetzt worden waren, und dessen Werk alle kannten.

Mackenzie traf am Abend des 20. Mai ein. Er untersuchte den Kehlkopf des Patienten und erklärte, die Operation solle nicht stattfinden, ehe das Gewächs nicht durch Analyse als bösartig nachgewiesen sei. Ein Stückchen vom Kehlkopf sollte entfernt und von dem berühmten Pathologen Rudolf Virchow untersucht werden. So wurde es gemacht. Virchow teilte mit, kein Anzeichen von Krebs gefunden zu haben. Gerhardt und Bergmann protestierten erregt. Sie erklärten, nicht deshalb den Rat eines Pathologen erbeten zu haben. Diese Wissenschaft befinde sich noch im Anfangsstadium, und ein exakter Nachweis auf diesem oder einem andern Wege sei nicht möglich. Hartnäckig blieben sie dabei, daß ihre Diagnose die richtige sei.

«Ich sehe die Sache von Woche zu Woche ernster an», sagte Gerhardt der Kronprinzessin. «Das Stückchen, welches Mr. Mackenzie fortgenommen hat, ist wieder gewachsen – die Geschwulst in Eiterung übergangen usw. –, jetzt ist auch die andere Seite des Halses, das andere bisher freigebliebene Stimmband ergriffen – ein Substanzverlust ist schon vorhanden. Wenn nicht Dr. M. Mackenzie helfen und heilen kann, so gibt es keine Rettung außer der Operation, der Laryngotomie – und zwar unter viel schlechteren Bedingungen als vor vierzehn Tagen! Also ist und bleibt meine einzige Hoffnung, daß Mr. Mackenzie in seiner Auffassung recht behalten und daß es seiner Behandlung gelingen möge, denn wir haben nichts mehr vorzuschlagen...»

Mackenzie dagegen behauptete ebenso nachdrücklich, Krebs liege nicht vor. Strahlend erklärt er, es handle sich um eine Gewebegeschwulst. Wenn der Kronprinz seine Londoner Klinik aufsuche wie «jeder andere Sterbliche», würde er ihn in zwei Monaten geheilt haben. Wenn man Mackenzies Ansehen und seine Zuversicht bedenkt, dann überrascht es nicht, daß die Kronprinzessin sich entschloß, seinem Rat zu folgen und nicht dem von Gerhardt. Hätte eine andere Frau sich anders verhalten? Welch eine Hoffnung und Erleichterung – schrieb sie ihrer Mutter – habe der gesegnete Mackenzie ihr gegeben! Dennoch konnte sie ihre Ahnungen nicht ganz unterdrücken. Sie teilte ihrer Mutter mit, daß sie Fritz begleiten werde, wenn er Mitte Juni zur Behandlung nach England komme. Sie fragte auch an, ob es ihrer Mutter etwas ausmache, wenn sie ihre privaten Papiere mitbringe, um sie in Windsor im Safe einzuschließen.

Das königliche Paar traf eine Woche vor dem Jubiläum der Königin – sie regierte jetzt fünfzig Jahre – in England ein. Am Festtag fühlte sich Friedrich gesund genug, um am Zug teilzunehmen. Alle Augen sahen nach ihm, als er auf einem prächtigen Pferd durch die Straßen ritt – eine Gestalt wie aus ‹Lohengrin›, in weißer Uniform mit dem silbernen Brustschild und dem Adlerhelm, der in der Sonne funkelte. Nach den Feierlichkeiten verbrachte das Paar zwei Monate in Großbritannien, dann reisten sie nach Toblach in den Alpen und anschließend nach Venedig.

Bald kamen Briefe aus Berlin, die den Kronprinzen zur Rückkehr drängten. Der alte Kaiser war wieder krank geworden. Er wurde immer schwächer. Lange konnte er nicht mehr leben. Prinz Wilhelm, der jetzt allein und ungehindert war, benahm sich so, als trüge er schon die Krone. Freunde meinten, es sei nicht angebracht, wenn Kronprinz Friedrich sich jetzt fern der Hauptstadt aufhalte. Die Prinzessin wollte nichts davon hören. Es gab nur eine Angelegenheit, die eine Rolle spielte, und das war die Gesundheit ihres geliebten Fritz. Sie wollte nichts im feuchten Berliner Klima riskieren, bevor er sich nicht richtig erholt hatte. Jeden Tag schrieb sie ihrer Mutter, enthüllte ihre Sorgen und versuchte, die zermürbende Angst zu verbergen, die sie niemals verließ.

Gerade in dieser Zeit hätte sie wohl Treue von ihrer Umgebung erwartet, aber Graf Lyncker, der Hofmarschall des Kronprinzen, ergriff die Gelegenheit, um sich im Kreise Bismarcks einzuschmeicheln. Er schrieb höchst unangenehme Briefe an das Auswärtige Amt. «Na, überhaupt die Kronprinzessin! Ich freue mich für den Kronprinzen, daß er ein paar Tage allein sein wird. Aber auch für mich ist es eine wahre Erholung. Ich kann nicht beschreiben, wie mir die Frau auf die Nerven geht. Jetzt, wo es so grimmig kalt ist, daß wir alle mit den Zähnen klappern vor Frost und die Prinzessinnen mit blauen Nasen und Pulswärmern herumlaufen, erklärt sie das Wetter für unerträglich heiß und läßt die Fenster öffnen, wobei sie dann allerdings ein dickes, großes Tuch umbindet. Bei den Spaziergängen rennt sie voran, wie von der Tarantel gestochen, bis der Kronprinz ganz erschöpft stehen bleibt und sagt: ‹Ich kann nicht weiter, meine Frau rennt wieder so toll›. Ich bleibe dann bei ihm, die Prinzessin läßt sich aber nicht stören im Weitergehen, sagt mit sanftem Augenaufschlag: ‹Nicht wahr, lieber Fritz, Du gehst recht langsam, damit Du Dich nicht echauffierst› etc. Ich kann das ewige Lächeln auf dem Gesicht nicht mehr sehen, diese Frau hat alle guten Geister aus ihrem Hause hinausgelächelt[12]».

Kein Mann hatte eine ergebenere Frau als der Kronprinz – dennoch glaubte Holstein (der im Rufe stand, der schlaueste Kopf in Berlin zu sein und dem es beschieden war, die Außenpolitik seines Landes in den schicksalhaften Jahren zwischen 1890 und 1906 zu bestimmen) offensichtlich all dieses unsinnige Geschwätz, das er hörte.

«*28. September 1887.* Charakteristisch ist das Benehmen der Kronprinzessin. Heiter und sorglos, mit nur einem Gedanken: nicht nach Preußen zurück. Ich bleibe bei meiner Ansicht, die heute auch von Anderen geteilt wird: sie hat vom ersten Augenblick an sich mit dem Gedanken an einen schlimmen Ausgang vertraut gemacht. Nach dem vielen, was ich in den letzten Monaten über sie hörte, möchte ich sie als einen versumpften oder vereiterten Charakter bezeichnen. Ihren Mann hat sie von jeher verachtet. Seinen Tod wird sie als die Stunde der Freiheit begrüßen».

«*9. Februar 1888*. Mit dem Kronprinzen ist es vorbei. In Toblach sagte Mackenzie, der Kronprinz sei gefährlich krank und müsse sofort nach Kairo oder Madeira. Die Kronprinzeß, als sie es hörte, rief aus: ‹Das geht nicht. Wo soll ich denn bleiben? Ja, wenn ich den Winter in Rom bleiben könnte; aber sonst nicht›. Trotz Aufforderung der Ärzte verlegte sie in Toblach nicht die Stunde ihres Lunch. Dadurch kam es, daß der Kronprinz gerade während der warmen Mittagsstunde bei Tisch saß, statt draußen zu sein. In München erhielt sie ein Telegramm des Hotelbesitzers in Toblach, der vom Kommen abriet, weil das Klima zu rauh für den Kronprinzen sei. Sie kehrte sich nicht daran; sie wollte spazieren laufen und mager werden».

Anfang November 1887, während sich Holstein solche dummen Lügen notierte, fuhr das Paar von Venedig nach San Remo, wo der Kronprinz eine Villa für den Winter gemietet hatte. Sie waren dort noch keine vierundzwanzig Stunden, als sich der Zustand des Kronprinzen sehr verschlechterte. Mackenzie wurde aus England herbeigerufen, zwei weitere Spezialisten kamen aus Wien und Berlin. Nachdem der Patient untersucht worden war, fragte der Kronprinz Mackenzie unumwunden, ob er jetzt glaube, daß es Krebs sei. «Es tut mir sehr leid, es sagen zu müssen, aber es sieht sehr danach aus; es ist aber unmöglich, der Sache gewiß zu sein». Als der Arzt das Zimmer verließ, als der gebrochene Mann allein mit seiner Frau war, brach er zum erstenmal zusammen. Seine Angst galt weniger ihm selbst als vielmehr ihr: «Daß ich eine so schreckliche, ekelhafte Krankheit haben muß! Und für euch alle zum Ekel und eine Last sein muß! Ich hatte gehofft, meinem Lande nützen zu können. Warum ist der Himmel so grausam gegen mich? Was habe ich getan, um so geschlagen und verdammt zu sein? Was wird aus dir werden? Ich kann dir nichts hinterlassen!»

Die Kronprinzessin versuchte ihren Mann zu beruhigen, aber ihrer Mutter schrieb sie: «Mein Liebling hat ein Geschick vor sich, an das ich kaum zu denken wage! Wie ich jemals die Kraft aufbringen soll, es zu tragen, weiß ich nicht!»

Zwei Tage später erschien Prinz Wilhelm unangemeldet und ungebeten in San Remo. Als er erfuhr, daß man die Ärzte eilig gerufen hatte, argwöhnte er, daß sich die Diagnose Mackenzies als falsch herausgestellt und daß sein Vater Krebs habe. Von Anfang an war er verärgert darüber gewesen, daß seine Mutter sich entschlossen hatte, dem Rat eines englischen Spezialisten zu folgen, anstatt auf die deutschen Ärzte zu hören. Nun aber begannen die Verdächtigungen, die der Kreis um Bismarck ihm eingeflüstert hatte, Oberhand über ihn zu gewinnen. Fürst Bismarck glaubte,

Mackenzie habe die ganze Zeit schon gewußt, daß der Kronprinz an Krebs leide und daß die Kronprinzessin ihn beschworen habe, nichts darüber zu sagen, aus Furcht, der Kronprinz könne auf den Thron verzichten, wenn er die Wahrheit wüßte. Die Bedeutung dieser Annahme war offensichtlich, und Wilhelm machte sie zu seiner eigenen: Seine Mutter ließ den Vater im ungewissen über sein schweres Los, damit sie den Titel einer Kaiserin erlange und das Gefühl der Macht auskosten könne – wenn auch nur für einen Augenblick. Aus diesem Grund hatte sie die Operation verboten, die sein Leben vielleicht um Jahre verlängert hätte – wenn er auch stumm geworden wäre und zweifellos hätte abdanken müssen.

Selbstgerecht ging Wilhelm zu seinem sterbenden Großvater und sagte ihm, daß er Veranlassung habe, an der Rechtschaffenheit des englischen Arztes zu zweifeln, in dessen Händen sein Vater sei. Er bat den Kaiser um die Erlaubnis, mit einem deutschen Arzt nach San Remo fahren zu dürfen und einen wahren Bericht über den Zustand des Kronprinzen zu bringen. Selbst der skrupellose Graf Waldersee war von dieser Neuigkeit schockiert. «Heute kam Prinz Wilhelm schon um 11 Uhr zu mir. Er erzählte, daß die Nachrichten vom Kronprinzen in der Tat schlecht seien, und daß er auf Befehl des Kaisers noch heute nach San Remo reise, um die Wahrheit über den Zustand seines Vaters zu erfahren. Helfen kann er doch nichts, und gegen den Willen der Mutter kommt er nicht durch, wenn er den englischen Arzt beseitigen will; es wird heftige Szenen geben und den schon beklagenswerten Vater noch mehr aufregen[13].»

Aber Wilhelm fuhr. «Als ich am Abend des 9. November die wundervoll am Mittelmeer, inmitten eines Olivenhaines gelegene Villa Zirio betrat», schrieb er in seinen Memoiren, «erregte meine Ankunft wenig Freude bei meiner Mutter. Sie fürchtete wohl, daß nun das Kartenhaus, auf das sie ihre Lebenshoffnung gesetzt hatte, zusammenbrechen könnte. Unten an der Treppe stehend, mußte ich ihre Vorhaltungen über mich ergehen lassen und ihre entschiedene Weigerung vernehmen, mich zum Vater zu lassen. Der Zustand des Vaters sei in keiner Weise besorgniserregend, meinte meine Mutter; aber der steinerne, gegen Baveno völlig veränderte Ausdruck ihres Gesichts – das Zeichen des harten Kampfes ihres eisernen Willens mit der zunehmenden Sorge – bot keine Bestätigung dessen, was ihr Mund sprach, und es fiel mir wie Zentnerlast auf das Herz. Da hörte ich oben auf der Treppe ein Geräusch, sah hinauf und erblickte meinen Vater, der mir entgegenlächelte. Ich stürzte die Treppe hinauf, und mit unendlicher Rührung hielten wir uns umfangen, indes er in leiser Flüstersprache seiner Freude über meinen Besuch Ausdruck gab. In den nun folgenden schweren Tagen sind wir uns beide innerlich sehr nahe gekommen».

Die Kronprinzessin beschrieb diese Szene ebenfalls, aber ihr Bericht sieht etwas anders aus. «Du fragst mich», antwortete sie der Queen Victoria, «wie Willy sich benahm, als er hier war. Er war so roh, unangenehm und frech wie nur möglich, als er ankam. Aber ich habe ihm mit, wie ich fürchte, beträchtlicher Heftigkeit den Standpunkt klargemacht, so daß er ganz nett und höflich und liebenswürdig geworden ist, wenigstens ganz natürlich, so daß wir sehr gut miteinander auskamen. Er sagte anfangs, daß er nicht mit mir spazierengehen wolle, ‹da er zuviel zu tun habe – er müsse mit den Ärzten sprechen›. Ich erwiderte ihm, daß die Ärzte mir und nicht ihm zu berichten hätten, worauf er antwortete, er habe Befehl vom Kaiser, auf der richtigen Behandlung zu bestehen, darauf zu achten, daß die Ärzte nicht beeinflußt würden und dem Kaiser über seinen Papa zu berichten! Ich meinte, das sei nicht nötig, da wir dem Kaiser selber Nachricht gäben. Er sprach vor anderen und drehte mir dabei halb den Rücken zu, so daß ich ihm sagte, ich würde seinem Vater davon Mitteilung machen, wie er sich benähme, und ihn bitten, ihm das Haus zu verbieten – und verließ das Zimmer. Darauf sandte er mir sofort den Grafen Radolinski nach, um mir zu sagen, daß er nicht hätte unhöflich sein wollen, und mich bäte, Fritz nichts zu sagen, ‹aber es sei seine Pflicht, darauf zu achten, daß des Kaisers Befehle ausgeführt würden!› Ich erwiderte sofort, daß ich ihm nichts nachtrüge, aber keine Einmischung dulde; so ging alles gut aus, und wir hatten viele nette kleine Spaziergänge und Gespräche zusammen».

Am 12. November wurde in Berlin eine Verlautbarung herausgegeben, in der es hieß, der Kronprinz leide an Krebs. Mit dem alten Kaiser ging es zu Ende, und ganz Europa verfolgte nun den makabren Wettlauf des Todes zwischen Vater und Sohn. Weder Fürst Bismarck noch Prinz Wilhelm waren jedoch mit den Rollen von Zuschauern zufrieden. Sie benutzten den Augenblick, um eine Pressekampagne gegen Mackenzie und die Kronprinzessin zu inspirieren. Ihre Anglomanie – so meldeten die Zeitungen – habe sie veranlaßt, lieber einen zweitrangigen englischen Doktor zu berufen, als dem Rat der deutschen Ärzte zu folgen. Die Operation, die im Mai empfohlen worden war, wäre weniger schwierig gewesen und hätte womöglich eine vollständige Heilung bewirkt, jetzt war es zu spät. Selbst Wilhelms Bruder Heinrich stimmte in diese Anschuldigungen ein. Er behauptete, sein Vater sei verloren – wegen der englischen Ärzte und seiner Mutter.

Die Kronprinzessin ersparte sich nichts: Jeden Morgen bestand sie darauf, die Presseausschnitte zu lesen. In vielen wurde angedeutet, daß sie verantwortlich sei für die Tragödie, da sie die Operation im Mai verhindert habe. Den Dr. Mackenzie habe sie ihrem Mann aufgezwungen und alle andern ferngehalten. «Nach ihrer Ansicht versuche ich, ihm den Ernst der Lage zu verheimlichen», schrieb sie ihrer Mutter, «da er wissen müsse, in welcher Gefahr er schwebe. Selbst gute und wohlmeinende Menschen haben keinen Herzenstakt und bemühen sich nicht, einem andern einen Augenblick der Angst und Verzweiflung zu ersparen. Du weißt, wie empfindlich und ängstlich, wie argwöhnisch und verzagt Fritz von Natur aus ist. Umso falscher und in der Tat gefährlich (abgesehen von der Grausamkeit) ist es, zu wünschen, daß er das Schlimmste denken soll. Wir würden ihn überhaupt nicht wiederbekommen, wenn das der Fall wäre».

Jetzt wurde der britische Botschafter in Berlin, Sir Edward Malet, zum Eingreifen gezwungen, denn sogar die Queen Victoria war in die Auseinandersetzungen gezogen worden. «Lieber Graf Bismarck», schrieb er am 14. November, «wollen Sie so liebenswürdig sein und den angestrichenen Artikel in der heutigen Abendausgabe der ‹Norddeutschen Allgemeinen Zeitung› ansehen. Sie werden bemerken, daß man auch die Königin von England dafür verantwortlich macht, die Behandlung des Kronprinzen einem englischen Spezialisten übergeben zu haben. Der Sinn ergibt, daß das Wort ‹auch› sagen will, die andere Person wäre die Kronprinzessin. Es ist, wie Sie sicher auch wissen werden, eine Tatsache, daß die Kronprinzessin mit der Berufung Sir Morell Mackenzies nichts zu tun hatte, geschweige denn die Königin. Die Ansicht, daß die Kronprinzessin ihn ursprünglich kommen lassen wollte, tut ihr großes Unrecht und entbehrt der Wahrheit. Würde es möglich sein, mit Rücksicht auf diesen Artikel, der wegen seines Erscheinens in dem offiziellen Blatt für wahr gehalten wird, autoritativ in derselben Zeitung oder im Reichsanzeiger festzustellen, daß Mackenzie auf Beschluß der den Kronprinzen behandelnden Ärzte berufen worden ist, daß die Kronprinzessin nicht einmal gefragt wurde, und daß bestimmt die Königin von England nichts damit zu tun hat?» Sir Edward schloß mit den Worten: «Ich bin sicher, daß Ihre Ritterlichkeit Sie diese Dinge ebenso empfinden läßt wie mich». Er täuschte sich: Von Ritterlichkeit war nichts zu spüren. Graf Herbert Bismarck versprach, über die Sache mit seinem Vater zu sprechen – doch die Angriffe hörten nicht auf.

Dem Kronprinzen ging es immer schlechter. Er bekam Erstickungsanfälle. Im Februar 1888 mußte eine Operation vorgenommen werden, die ihn seiner Stimme beraubte, ihm jedoch das Atmen ermöglichte, und zwar durch eine Kanüle, die in die Kehle eingesetzt wurde. Einen Monat später starb der alte Kaiser; sein Enkel war bei ihm. Die Botschaft wurde nach Italien telegrafiert. Der stumme Friedrich war nun Deutscher Kaiser.

Die Szene in San Remo war jammervoll. Als die Nachricht eintraf, versammelte sich der Haushalt im Salon. Der neue Kaiser unterschrieb die Proklamation seiner Thronbesteigung als Friedrich III. Als nächstes schmückte er seine geliebte Frau mit dem höchsten Orden, den er zu vergeben hatte, dem Band des Schwarzen Adlerordens. Dann begrüßte er Sir Morell Mackenzie und schrieb auf ein Stück Papier: «Ich danke Ihnen, daß Sie mein Leben so weit verlängert haben, daß ich imstande bin, den heroischen Mut meiner Gattin zu belohnen». Schließlich sandte er ein Telegramm an Queen Victoria: «In diesem Augenblick der tiefen Ergriffenheit bei der Nachricht vom Tode meines Vaters drängen mich die Gefühle meiner ergebenen Zuneigung für Dich, Dir bei meiner Thronbesteigung meinen tiefen und ernsten Wunsch nach enger und langer Freundschaft zwischen unseren beiden Völkern zu wiederholen».

An diesem Abend schrieb die neue Kaiserin ihrer Mutter: «Der Gedanke ist so hart, daß mein armer Fritz seinem Vater als ein kranker und hinfälliger Mann folgt!! Wieviel Gutes hätte er tun können! Wird er genügend Zeit haben? Ich bete darum und hoffe, daß er zum Segen seines Volkes und Europas am Leben erhalten bleibt».

Der Kaiser war nicht reisefähig, aber er hatte keine Wahl, er mußte zurück nach Berlin. Anstatt sich in das Berliner Schloß zu begeben, nahm er seine Residenz im Charlottenburger Schloß, ein paar Meilen außerhalb der Hauptstadt. Die Ärzte meinten, dort wäre die Luft besser. Die Leute, die ihn sahen, waren entsetzt. Er konnte kaum noch stehen. Es bereitete ihm Qualen, sich aufrecht zu halten. Seine abgezehrte Gestalt und der wunde Blick seiner dunklen, melancholischen Augen zeigten nur zu deutlich, daß die Hand des Todes auf ihm lag. In der Umgebung Bismarcks hieß es, daß seine Regierung nur eine Angelegenheit von Wochen wäre. Jetzt war man nicht nur gleichgültig, sondern grausam in seiner Mißachtung.

Es war nicht so, daß der Kaiser irgendwelche weitgehenden Veränderungen erwogen hätte; von der Verwirklichung all jener Pläne, die er und Vicky so oft besprochen hatten, konnte nicht mehr die Rede sein. Bismarck würde regieren, und das autokratische Regime würde ungestört fortdauern. Der Kaiser konnte nur noch seine liberalen Freunde auszeichnen und einigen von ihnen zu Regierungsämtern verhelfen. Aber auch die kleinste Entscheidung, die er oder seine Frau traf, wurde verhöhnt. Als die Kaiserin den Professor Bergmann entließ, weil sie der Ansicht war, er habe den Kranken zu rauh behandelt und ihm unnötige Schmerzen zugefügt, empfing Wilhelm den Arzt und bezeigte ihm seine Wertschätzung. Als der Kaiser den Rücktritt des Innenministers v. Puttkamer verlangte, weil er die Einflußnahme bei den letzten Reichstagswahlen begünstigt hatte, gab Bismarck ein Essen zu seinen Ehren.

Oberst Swaine, der britische Militärattaché, war über das Verhalten der preußischen Bürokratie so empört, daß er dem Prince of Wales schrieb: «Wir leben hier in Berlin in traurigen Zeiten. Nicht nur traurig, weil der Kaiser am Randes des Grabes steht und wegen der Meinungsverschiedenheiten in der Familie – traurig, doppelt traurig, weil sich beinahe alle Beamten (vielleicht mit Ausnahmen, aber ich kenne keine) in einer Weise benehmen, als sei der letzte Funke von Ehre und Pflicht verloren gegangen – sie streichen alle die Segel. Es ist, als sei ein Fluch über dieses Land gekommen und habe nur eine lichte Stelle verschont – und dort steht eine verlassene Frau und tut ihre Pflicht gewissenhaft und zart gegenüber ihrem Mann – und gegen sie sind Abertausende. Es ist eine der tragischsten, vielleicht die allertragischste Episode in der Geschichte eines Landes...»

Die unerfreuliche Atmosphäre wurde unerträglich, als Gerüchte die Hauptstadt durchliefen, wonach die Kaiserin die kurze Dauer ihrer Macht benützen wolle, um die Heirat ihrer Tochter mit dem Prinzen Alexander von Battenberg durchzusetzen. Der Prinz war nun nicht mehr Herrscher Bulgariens. Die Russen hatten ihn entführt und zur Unterzeichnung seiner Abdankung mit vorgehaltenem Revolver gezwungen. Da er jetzt Privatmann war, gab es gegen die Heirat keinen Grund mehr. Aber Bismarck und der Kronprinz Wilhelm behaupteten immer noch, daß Rußland Anstoß nehmen werde, und sie wiesen die Presse an, sich gegen die Verbindung zu wenden.

Inmitten dieses Aufruhrs traf Queen Victoria in Berlin ein, um ihren kranken Schwiegersohn zu besuchen. Lord Salisbury hatte dieser Reise wegen Besorgnisse gehegt. Er hatte befürchtet, Bismarck oder Kronprinz Wilhelm könnten es vielleicht an dem gebotenen Respekt fehlen lassen. Er hätte sich nicht zu sorgen brauchen. Ihre massige Gestalt, ganz in Schwarz gehüllt, war ein einziges Symbol der Würde. Ihr ungeheures Ansehen, verbunden mit Takt und Strenge, befähigte sie zur vollkommenen Berherrschung ihrer schwierigen Rolle. Sie entzückte Bismarck, sie heiterte den Kaiser auf, sie warnte ihre Tochter, nicht auf der Heirat zu bestehen, solange Wilhelm nicht einverstanden sei, sie beschwor Wilhelm, rücksichtsvoller zu seiner Mutter zu sein. Während die Königin zugegen war, schwanden alle Niedertracht und böser Wille. Kaum war sie abgereist, ging es von neuem los.

Am 24. Mai wohnte der Kaiser der Trauung seines Sohnes Heinrich mit Prinzessin Irene, der Tochter der Prinzessin Alice von Hessen, bei. Aller Blicke richteten sich auf ihn. Der Kragen seiner Uniform verbarg die Kanüle, aber die Umstehenden konnten sehen, wie seine Brust sich hob, als er um Atem rang. Ein bedauernswerter Mann, blaß, verfallen, traurig. Doch Graf Waldersee, der in seiner Nähe saß, frohlockte. «Wie wunderbar macht sich alles», schrieb er am 30. Mai in sein Tagebuch. «Was für ein furchtbares Unglück wäre es geworden, wenn wir jetzt einen gesunden Kaiser Friedrich hätten! Er hat, von der Gemahlin geführt, ganz das Zeug, das Deutsche Reich aus den Fugen zu bringen. Überall sieht man hoffnungsvoll auf den Kronprinzen. Wer hätte das noch vor einem Jahre geglaubt»!

Eine Woche nach der Hochzeit bat der Kaiser, man möge ihn nach dem Neuen Palais in Potsdam bringen. Dort war er geboren worden, dort hatte er die ersten Jahre nach seiner Heirat verlebt. Er wurde in einem Schiff den Fluß hinabgefahren – diese Art der Beförderung verursachte ihm die geringste Qual. Sobald er angelangt war, schrieb er auf einen Zettel, er wünsche das Palais in ‹Schloß Friedrichskron› umzubenennen. Es war die einzige Unsterblichkeit, die er noch suchte.

Zehn Tage später telegrafierte die Kaiserin ihrer Mutter, daß der Zustand ihres Mannes sich verschlechtert habe. Am 14. Juni kabelten die Ärzte, er liege im Sterben. Die Königin schickte sofort ein Telegramm an Wilhelm: «Bin in größter Sorge über diese schrecklichen Nachrichten und so bekümmert um Deine arme liebe Mama. Tue alles, was Du kannst, wie ich Dich gebeten habe, um ihr in dieser schrecklichen Zeit der furchtbaren Prüfung und des Schmerzes zu helfen. Gott helfe uns!» Am selben Tag empfing der sterbende Mann den Fürsten Bismarck. Der Kaiser nahm die Hand seiner Frau und legte sie in Bismarcks Hand; er beschwor ihn mit den Augen, ihr beizustehen. Seine Söhne und Töchter kamen herein. Die Kaiserin hielt die Nachtwache.

In dieser Nacht herrschte ein mysteriöses Kommen und Gehen im Schloß. Offiziere mit Erlaubnisscheinen, die vom Kronprinzen Wilhelm unterzeichnet waren, patroullierten in einem der Flügel des Palastes. Dem Hofmarschall wurde bedeutet, er sei bereits durch einen Vertrauten des Prinzen ersetzt. Am nächsten Morgen starb der Kaiser. Man hatte aber wenig Zeit, sich darauf einzustellen, denn das Schloß befand sich plötzlich im Belagerungszustand. Es war ganz von Soldaten umstellt. Niemand konnte hinein oder hinaus, wenn er nicht die Genehmigung des wachhabenden Offiziers vorwies. Prinz Wilhelm war entschlossen, seine Hand auf die Privatpapiere seines Vaters zu legen.

Mehrere Stunden lang durchsuchten Offiziere die Schreibtische und Schubläden, indessen wurde nichts gefunden. Während dies geschah, traf ein Telegramm der Queen Victoria an den Prinzen Wilhelm ein. «Mein Herz ist gebrochen. Hilf Deiner armen lieben Mutter und tue alles, was

Du kannst, für sie. Versuche Dein bestes, um den Fußspuren Deines besten und edelsten Vaters zu folgen. Großmama». Man darf sich fragen, ob Wilhelm überhaupt die Zeit fand, es zu lesen. Er marschierte im Park auf und ab und wetterte vor dem Grafen Waldersee gegen seine Mutter. «Sie ist», sagte er, «trotz aller anderen Behauptungen lange auf den Tod meines Vaters vorbereitet gewesen; alles ist daraufhin mit vieler Überlegung eingerichtet. So ist nichts Schriftliches da; es ist alles beseitigt.» Zwei Tage später schrieb Queen Victoria in ihr Tagebuch: «Oberst Swaine kam aus Berlin. Er hat einige Papiere mitgebracht, die Fritz in meiner Obhut wissen wollte».

Als der Prince of Wales und seine Frau zu den Trauerfeierlichkeiten in Berlin eintrafen, fanden sie die Kaiserin außer sich. Sie hatte mit ihren zwei Töchtern das Palais verlassen und Zuflucht auf ihrem kleinen Gut Bornstedt gesucht, das nicht weit von Potsdam gelegen war. Sie erklärte, Wilhelm unternehme alles, das Andenken seines Vaters zu schmähen. Trotz ihres Flehens hatte er auf einer Leichenöffnung bestanden, weil das Gesetz dies vorschreibe, aber in Wirklichkeit wollte er nur den Streit um die Krebsfrage wiederbeleben und Mackenzie weitere Schwierigkeiten machen. Sie hatte versucht, den Fürsten Bismarck zu sprechen und ihn zu bitten, er möge die Autopsie verhindern. Bismarck hatte jedoch erwidert, er sei zu stark mit seinem neuen Herrn beschäftigt, um dafür Zeit zu finden. Wilhelm hatte auch noch einen anderen Schlag geführt: Er hatte dem Prinzen Alexander geschrieben, er werde niemals einer Heirat zwischen ihm und Viktoria zustimmen – obwohl der tote Kaiser einen Letzten Willen hinterlassen hatte, datiert vom 12. April, in dem es hieß: Es sei sein «ausdrücklicher Entschluß», daß er sich «mit der Vermählung einverstanden erklärt habe. Ich rechne darauf, daß Du Deine Pflicht als Sohn erfüllst...» Jetzt aber begründete Wilhelm seine Weigerung mit dem «bisher von meinem hochseligen Herrn Großvater und Vater innegehabten Standpunkt».

Der Prinz und die Prinzessin von Wales waren aufgebracht über das Verhalten Wilhelms. Sie waren schockiert darüber, daß er seiner Mutter sogar die Anordnungen über die Beisetzung aus der Hand genommen hatte und ihre Wünsche unbeachtet ließ. Schließlich lehnte sie es ab, an der öffentlichen Trauerfeier teilzunehmen und hielt einen privaten Gottesdienst für sich allein ab. Der Prince of Wales war aufrichtig betrübt über den Verlust seines Schwagers. Bevor er London verließ, hatte er seinem zweiten Sohn geschrieben: «Mein lieber Georgy, vergiß Deinen Onkel Fritz niemals. Er war einer der feinsten und nobelsten Charaktere, die es je gab. Wenn er einen Fehler hatte, dann war es der, daß er für diese Welt zu gut gewesen ist». Es verlangte ihn danach, über Friedrich zu sprechen und Gutes über ihn zu hören, doch die Berliner höfische Welt war kalt und voller Hohn. Herbert Bismarck sprach von dem Toten als von einem «Alpdruck»; er äußerte: «Ein Kaiser, der nicht sprechen kann, ist auch nicht imstande, zu regieren». Der Prinz erzählte dem Fürsten Hohenlohe, dies habe ihn so empört, daß er den jungen Bismarck «am liebsten aus dem Zimmer geworfen hätte».

Herbert Bismarck hatte ebenfalls etwas an dieser Unterhaltung auszusetzen. Aus Indiskretion oder im Ärger hatte der Prinz geäußert, möglicherweise habe der Kaiser Friedrich gewünscht, Elsaß-Lothringen den Franzosen zurückzugeben, und Herbert gab das an Wilhelm weiter. Der junge Kaiser war derart entrüstet, daß er in einer öffentlichen Rede vier Wochen später erklärte: «Es gibt Leute, die die Kühnheit haben, zu behaupten, mein Vater wäre bereit gewesen, preiszugeben, was er auf dem Schlachtfeld erobert hat. Wir, die wir ihn so gut kannten, können auch nicht einen Augenblick lang solch eine Verunglimpfung seines Andenkens ruhig mit ansehen.» Am Schluß seiner Rede wandte er sich zu dem englischen Attaché, dem General Blumenthal, und sagte: «Ich hoffe, der Prinz von Wales wird das verstehen.»

Der Prinz verstand nur zu gut und die Prinzessin ebenfalls. Alexandra hatte die Deutschen nie geliebt, aber wenn sie jetzt daran dachte, wie Wilhelm seine Mutter behandelte, geriet sie in Zorn. «Anstatt daß Wilhelm seiner Mutter hilft», schrieb sie im August 1888, «ist er jetzt ganz zur Firma Bismarck & Co. übergegangen. Sie beachten sie nicht und unterdrücken sie. Es ist zu gemein».

Selbst Queen Victoria wurde in den Wirbel hineingezogen. Sehr hochmütig empfing sie den Sondergesandten ihres Enkels, der ihr formell die Thronbesteigung des neuen Souveräns mitteilte. Bald darauf schrieb der britische Militärattaché in Berlin an den Sekretär der Königin: «Der junge Kaiser sprach heute morgen mit mir über den kühlen Empfang, den sein Gesandter, General von Winterfeldt, in Windsor hatte». Victoria vermerkte auf dem Schreiben: «Die Königin wünschte, daß der Empfang kalt sein sollte. Sie hat den General das letztemal als Adjutanten ihres Schwiegersohnes gesehen. Bei seiner Anwesenheit sagte er kein Wort der Trauer über das Kaisers Tod und freute sich über die Thronbesteigung seines neuen Herrn».

Die Königin gewann jedoch allmählich ihre Gemütsruhe zurück und versuchte ein letztes Mal, Wilhelm zu einem «anständigen» Benehmen zu veranlassen. «Ich bitte Dich, mit Deiner Mama auszukommen, wenn sie auch manchmal gereizt und aufgeregt ist. Sie meint es nicht böse. Denke daran, was sie für Monate der Qual und Ungewißheit und Sorge in schlaflosen Nächten durchgemacht hat, und nimm es nicht so schwer. Ich möchte so gerne, daß alles ruhig ist, und ich schreibe dies offen im Interesse von Euch beiden. Es wird viel über Deine Besuche bei Königen gesprochen. Ich hoffe, daß Du wenigstens ein paar Monate verstreichen läßt, bevor Du etwas unternimmst, denn es ist ja erst drei Wochen her, seit Dein geliebter Papa hinweggenommen wurde, und wir sind alle noch in so tiefer Trauer um ihn...»

Wilhelms Antwort war deutlich. Er reise an die Ostsee, wo er dem Kaiser von Rußland zu begegnen hoffe, was «von Nutzen für den Frieden Europas» und für die Ruhe seiner Verbündeten sei. Er wäre lieber später gefahren, aber Staatsinteressen seien wichtiger als private Gefühle, und das Schicksal der Nation warte nicht, bis der Etikette der Hoftrauer Genüge geschehen sei. Er halte es für nötig, daß die Könige sich öfter träfen und miteinander redeten, damit die Gefahren erkannt würden, die das monarchische Prinzip bedrohten – und zwar von den demokratischen und republikanischen Parteien auf der ganzen Welt...

Den Seitenhieb gegen die Demokratie übersah Victoria nicht. Prompt telegrafierte sie Lord Salisbury, ihrem Premierminister: «Ich denke, wir werden sehr kühl, wenn auch höflich, in unseren Beziehungen zu meinem Enkel und dem Fürsten Bismarck sein. Sie wollen anscheinend zu den ältesten Zeiten der Regierungsweise zurückkehren».

Der Lotse verläßt das Schiff

«So gehören wir zusammen – Ich und die Armee – so sind wir für einander geboren, und so wollen wir unauflöslich fest zusammenhalten, möge nach Gottes Willen Friede oder Sturm sein.» Das waren die ersten öffentlichen Worte des neunundzwanzigjährigen Kaisers in einer Proklamation an die Armee. In Europa fühlte man sich unbehaglich. Der ‹Figaro› bemerkte verdrießlich: «Ein Fürst, der sich für die Armee begeistert, der begeistert sich auch für den Krieg». Drei Tage später schlug Wilhelm einen anderen Ton in einer Rede an das Volk an; diesmal äußerte er, zu Gott habe er geschworen, «ein gerechter und milder Fürst zu sein, Frömmigkeit und Gottesfurcht zu pflegen, den Frieden zu schirmen». Aber die ‹Times› meinte scharf, seine erste Kundgebung scheine «spontaner» gewesen zu sein.

Was für ein Mensch war dieser neue Kaiser? Ein religiöser Fanatiker? Ein Kriegsherr? Ein Exhibitionist? In den europäischen Ministerien zerbrach man sich den Kopf über seinen Charakter. Es gab nicht zwei Meinungen, die übereinzustimmen schienen. Man wußte, daß er ein quecksilbriges Temperament hatte. In diesem Moment war er noch ausgelassen, im nächsten niedergeschlagen, eben noch freundlich, gleich danach feierlich. Er war schwer zu ergründen. In der Tat war der einzige sichere Zug seines Charakters die Veränderlichkeit.

«Er ist ziemlich gedrungen», schrieb der englische Politiker John Morley, «schmal, aber von der Sonne gebräunt. Er hält sich gut, kommt mit dem festen Schritt des preußischen Soldaten ins Zimmer. Er spricht mit heftigen und energischen Gesten, nicht wie ein Franzose, eher abgehackt. Seine Stimme ist angenehm, sein Auge leuchtend und klar, sein Mund entschlossen, der Ausdruck seines Gesichts ist ernst oder streng, wenn er gelassen ist, aber als er sich zwischen zwei hübsche Frauen setzte, leuchtete es fröhlich auf, und sein Lachen ist herzlich. Energie, Schnelligkeit, Unrast in jeder Bewegung vom knappen Neigen des Kopfes bis zu den Füßen». An dieser Stelle scheint es, als habe der Schreiber innegehalten und das Porträt überlesen. Stimmte etwas daran nicht? «Der Zweifel sei mir erlaubt», schloß er dann plötzlich, «ob alles intakt und stetig und ob das Ganze ein gut aufeinander abgestimmter Organismus ist – wie Herbert Spencer sagen würde».

Das deutsche Volk aber hatte derartige Befürchtungen nicht. Man war begeistert von der Art und vom Schwung des jungen Kaisers. Vor allem schätzte man den ständigen Hinweis auf den Herrgott, seine Erklärung, daß er ein Werkzeug des göttlichen Willens sei. Das weckte Vertrauen, und Vertrauen brauchte man, denn die deutsche Armee mit ihren vier Millionen Mann war die stärkste der Welt. Während Wilhelms flammende Reden das Wohlbehagen Europas störten, schaute sein eigenes Volk guter Dinge in die Zukunft. «Blendend» war das Wort, das am meisten verwendet wurde, um den Souverän zu beschreiben. Selbst ein zynischer Angehöriger des Auswärtigen Amtes schrieb in sein Tagebuch: «Seine Regsamkeit ist für uns unbezahlbar».

Wilhelm nutzte die Lobhudeleien aus, mit denen man ihn überschüttete. In den ersten Jahren seiner Regierung forderte er riesige Summen zur Ausschmückung seiner Schlösser an, zum Herausputzen seiner Leibgarde, zum Entwurf neuer Uniformen für seine Beamten, für neue Standarten und die Ausrüstung seiner Regimenter. Ein Sonderzug von zwölf Coupés und einem Salonwagen, der prächtig ausgepolstert war, stand bereit – desgleichen eine kaiserliche Yacht, die in amtlichen Papieren als «Aviso für große Geschwader» bezeichnet, später vom Kaiser jedoch nachlässig «Erholungsdampfer» für ihn und seine Familie genannt wurde.

Der Kaiser liebte den Drill. Er organisierte den Hof nach militärischem Vorbild. Von Gott war nicht die Rede, als er wissen ließ, daß er in Eingaben als «Allerhöchster Herr» anzusprechen sei. Verfügungen von kaiserlicher Hand mußten in besonderen blauen Umschlägen befördert werden, die den Vermerk «Auf Allerhöchsten Befehl» trugen. Seine Höflinge durften niemals widersprechen, sie hatten sich zu verbeugen und «Zu Befehl, Majestät» zu sagen.

Das Familienleben des Kaisers wurde auf die gleiche flotte Weise geführt. Auch hier gab es keine Spur von Ungehorsam. Seine langweilige, fromme und ergebene Frau Dona – in der Welt bekannt als Kaiserin Auguste Viktoria – war die Verkörperung des gläubigen Gehorsams. Sie erfüllte das preußische Ideal der Fraulichkeit, denn sie befaßte sich in der Hauptsache mit ihrer Küche und den Kinderzimmern. Ihre freie Zeit war der Ausrottung des Lasters und der Geldbeschaffung für kirchliche Zwecke geweiht. Während der ersten zehn Jahre seiner Regierung trug sie zum Bau von zweiundvierzig neuen Kirchen bei. Viele Stunden verbrachte sie in der Diskussion moralischer Themen mit protestantischen Geistlichen. Sie lehnte es ab, junge Männer bei Hof zu empfangen, von denen zu befürchten war, daß sie bereits sexuelle Erfahrungen hinter sich hatten.

Dona betrachtete Wilhelm als einen Halbgott. Sie liebte ihn, und sie fürchtete sich vor ihm. Sein leisester Wunsch wurde für sie zum Herzensbedürfnis. Eine ihrer größten Freuden war das intime Frühstück, das sie gemeinsam einnahmen. Sie war am liebsten immer ganz in seiner Nähe, strich ihm die Butter aufs Brot und reichte ihm die Platten – was zur Folge hatte, daß sie selbst meist nichts zu essen bekam, denn sobald er fertig war, sprang er auf und verkündete, jetzt sei es Zeit zum Spazierengehen. «Komm! Keine Trödelei!» Und Dona rannte hinter ihm her. Was Frauen anging, so hatte sie keinen Grund, sich zu beklagen. Er saß zwar gern neben einer schönen Frau bei Tisch, aber er machte sich nichts aus Bällen. Eine Hänselei war ihm lieber als ein Flirt.

Seine liebste Erholung war die Jagd. Manchmal besuchte er Österreich als Gast des Kaisers, meist aber beehrte er die Domänen preußischer Magnaten, beispielsweise den Grafen Eberhard Dohna, dem ein großes Besitztum – Prökelwitz – in Ostpreußen gehörte. Solche Jagdaufenthalte waren ganz anders als die Gesellschaft des Prince of Wales. Luxus war als etwas Unmännliches verpönt. Die Räume waren schlicht, die Speisen einfach, Frauen waren nicht zugegen. Viel Mühe gab man sich, damit der Zeitplan mit militärischer Pünktlichkeit eingehalten wurde. Die Gäste verbrachten vor der Ankunft des Kaisers unruhige Stunden: Sie zerbrachen sich den Kopf nach Anekdoten und lustigen Spielchen, die ihn amüsieren könnten.

Der Hausherr, Graf Dohna, war erfinderisch. Wilhelm hatte einst im Garten eines benachbarten Gutes einen Donnerkeil gefunden, worüber er noch jahrelang sprach. Jetzt erwarb der Graf Dohna beflissen Stücke eines Meteoriten und streute sie auf einen Kiesweg. «Das Leben in Prökelwitz», schrieb einer der Gäste, «ist höchst ungeniert und ausruhend. Man steht früh etwa um sechs Uhr auf, um zum Frühstück im Walde mit dem Kaiser zusammenzutreffen. Da werden Kartoffeln in einem großen Feuer gebraten und, auf Holzstücke gespießt, von den Jägern den Herren überreicht. Dazu gibt es Butterbrot und verschiedene Weine. Der Kaiser fährt schon nachts um zwei Uhr aus und nimmt vorher ein Beefsteak zu sich. Man lagert sich beim Frühstück ins Grüne, spricht von den Einzelheiten der Pirsche und erzählt heitere Geschichten. Der Kaiser, in übermütigster Laune, lacht und neckt alle, und es ist schwer, bei solch harmlosem Verkehr sich noch des Kaiserpurpurs zu erinnern... Etwa um

11 Uhr ist man in Prökelwitz, wo in dem weißgetünchten, mit Hunderten von Rehgehörnen geschmückten einfachen Eßzimmer bei offenen Türen ein warmes Frühstück eingenommen wird. Nach diesem legt der Kaiser sich zu Bett, um bis um 3 Uhr zu schlafen. Zwischen 3 und 4 Uhr erledigt der Kaiser die persönlichen Regierungssachen, die aus Berlin bei mir eingelaufen sind. Um 4 Uhr findet das Diner statt. Man erscheint im Überrock, und keinerlei Luxus wird entfaltet... Gegen halbsechs Uhr fährt der Kaiser von neuem zur Pirsche, und die Zurückbleibenden fahren spazieren, bis etwa um halbzehn Uhr die Rückkehr des Kaisers erfolgt. Ein Signal ertönt, wenn der Wagen vor dem Dorfe sichtbar wird, zwei große Pechfackeln werden vor dem Hause unter den alten Linden angezündet, die Jäger treten zusammen, und wir versammeln uns vor der Tür, wenn der Pirschwagen einfährt[14].»

Diese Gesellschaften wären vielleicht langweilig gewesen, wenn es nicht einen Mann gegeben hätte, der einen magnetischen Zauber auf den Kaiser auszuüben schien. «Lernen Sie Philipp Eulenburg kennen, meinen Busenfreund – den einzigen, den ich habe». Mit diesen Worten stellte Wilhelm seinem Lehrer Hinzpeter im Jahre 1887 den Grafen Eulenburg vor. Der Graf war zwölf Jahre älter als Wilhelm und seines Charmes wegen bekannt. Er war «ein bleicher, grauhaariger, irgendwie müde aussehender Mann mit einem flüchtigen Lächeln – eine Art Phantast, der seine Geschichten mit ruhiger, weicher Stimme und einem faszinierenden Charme erzählte[15]». Er war ein glänzender Gesellschafter – eine Rarität in Berlin – und ein talentierter Musiker. Er hatte eine unglückliche Kindheit unter der Zucht eines strengen Vaters durchgemacht, der ihn in die überkommenen Schablonen des preußischen Lebensstils gepreßt hatte: zuerst in die Armee, dann in den diplomatischen Dienst. Eulenburgs wahre Interessen galten der Musik und der Poesie. Als er die militärische Laufbahn verließ, klagte er verzweifelt über die engstirnige Gewöhnlichkeit seiner Kameraden. Immerhin hatte er dem Familiennamen Ehre gemacht: Aus dem Deutsch-Französischen Krieg war er mit dem Eisernen Kreuz zurückgekommen.

Eulenburg war dem Thronfolger 1886 bei einer Jagdgesellschaft auf Prökelwitz zum erstenmal begegnet – zwei Jahre bevor Wilhelm auf den Thron kam. Nach dem Essen hatten die Gäste Eulenburg an den Flügel gebeten; er möge einige seiner eigenen Balladen vortragen. Der Prinz war wie gelähmt: Nie zuvor hatte er einen solch faszinierenden Mann getroffen, nie hatte er derart berauschende Lieder gehört. «Dem Prinzen Wilhelm stand ich warmherzig und doch beobachtend gegenüber, als er 1886 in Freundschaft für mich erglühte. Warmherzig, weil sein Enthusiasmus für meine Musik und meinen musikalischen Vortrag, der ihn fast fieberhaft begeisterte, meiner Künstlernatur wohltat, vielleicht auch meiner Eitelkeit schmeichelte».

Viele seiner «Skaldengesänge» wurden gespielt; der Prinz saß an seiner Seite und wendete die Notenblätter um. «Auch liebte er es, mich mit gewissen Wendungen und Worten aus meinen Dichtungen zu empfangen, wenn wir uns morgens im Walde zur Jagd trafen. Wohl habe ich oft begeisterte Zuhörer bei meinen Vorträgen erlebt, doch kaum jemals eine solche Begeisterung, wie ich sie bei dem Prinzen Wilhelm auslöste. Da ich aber zugleich im Hause Bismarck aus- und einging, zu den Offizieren der vom Kaiser vergötterten Garde gehörte und leider tief in die Schleichwege der Politik eingeweiht war, so begreife ich, daß der junge Prinz in mich hineinblickte wie in einen Becher, gefüllt mit einer Mischung, deren Ingredienzien ihm vortrefflich schmeckten[16].»

Die Neuigkeit, daß Eulenburg Favorit geworden war, verbreitete sich schnell. Obwohl er nur ein untergeordneter Sekretär bei der Münchner Gesandtschaft war, fand er sich plötzlich von den Bismarcks mit großem Ernst behandelt. «Daß Sie Prinz Wilhelm aufgesucht haben, ist sehr verdienstlich», schrieb Herbert Bismarck am 11. August 1886. «Er hält sehr viel von Ihnen und hat mir hier Ihr Lob in allen Tonarten gesungen. Das müssen Sie benutzen und in Reichenhall noch wiederholt vorsprechen und ihn bearbeiten. Denn das gewisse Himmelstürmende in seinen meisten Ansichten muß noch mehr und mehr herabgestimmt werden, damit die Potsdamer Leutnantsauffassungen allmählich staatsmännischen Reflexionen Platz machen können. Sonst ist der Prinz ja eine Perle». Und dann weiter: «Morgen sind Sie also mit Prinz Wilhelm in Bayreuth. Hoffentlich passen Sie gut auf ihn auf, daß die Wagnerschen Posaunendissonanzen dem leidenden Ohr des Prinzen nicht schaden. Ich fürchte immer, der Prinz mutet sich bei der Energie, die er in alles hineinbringt, zu viel zu, und daran muß man ihn verhindern, denn seine Gesundheit ist von geradezu unschätzbarem Werte für das deutsche Vaterland».

Eulenburg vertiefte seine Freundschaft mit großem Takt. Da er nun in München lebte, Wilhelm aber in Berlin, mußte das meist brieflich besorgt werden. Seine Briefe waren amüsant und ehrerbietig zugleich, es war viel seelenvolles Gefühl darin, das dem jungen Herrn offenbar behagte. «Ich ging abends auf den großen Neujahrsempfang, wo das Haus Wittelsbach eine Pracht entfaltete, über die ein guter Preuße sich Gedanken machen kann. Ich mußte dabei auch meines einstigen Kaisers gedenken, wie fern er solchen Äußerlichkeiten steht. Ich dachte an Potsdam, an unsere Schlittenfahrten, an unser vertrautes Beisammensein, und ein Gefühl so tiefer Freundschaft kam über mich, daß ich plötzlich allen Glanz um mich wie eine unerträgliche Qual empfand. Wie stehe ich Ihnen menschlich so nahe – und wie quält mich der Gedanke, daß die Kluft, die uns gesellschaftlich trennt, und die unsere Freundschaft überbrückt, mit der Kaiserkrone immer weiter, immer tiefer werden muß».

Noch überzeugter klingt dieser Ton nach der Thronbesteigung Wilhelms. «Mein Preußenherz schlägt jubelnd bei allem Schmerz diesem König entgegen, aber mein Freundesherz ist voller Wehmut in dem Gedanken an die tiefe Kluft, die nun doch einmal den Monarchen von den Untertanen trennt. Glühender aber vermag kein Untertan seinen König zu verehren als ich, der in das Herz des edelsten der Freunde blicken durfte. Ich bitte aus tiefstem Herzen, E. M. möchte mir die Gnade bewahren, die ein Lichtschein meines Lebens geworden ist».

Die Gefühle waren nicht geheuchelt. Wilhelm war fasziniert von dem Grafen, der Graf hingegen war begeistert von der Gemütsbewegung, die er hervorgerufen hatte. Sein bewundernder Blick, sagte Fürst Bismarck, genüge, um einem das beste Frühstück zu verleiden. Er beschrieb ihn als «so etwas wie einen preußischen Cagliostro, Pietist, romantischer Schönredner ... für das dramatische Temperament unseres Kaisers besonders gefährlich. In der Nähe des hohen Herrn nimmt er Adorantenstellungen ein, meinetwegen ganz aufrichtig. Sobald der Kaiser aufblickt, ist er sicher, dies Auge schwärmerisch auf sich geheftet zu sehen».

Trotz der Bezauberung war Eulenburg welterfahren genug, um zu wissen, daß die Vorliebe des Kaisers Eifersucht erwecken mußte, und noch bevor Wilhelm zur Regierung kam, verzichtete er auf unnötigen Ärger und bot sich den Bismarcks als Helfer an. Im Frühjahr 1887 fragte er Herbert Bismarck, ob er eigentlich wisse, daß der Prinz mit ihm korrespondiere. Er sei manchmal unsicher, ob er ihm Antwort auf politische Fragen geben solle, denn ihm sei bekannt, daß man dies generell nicht gern sähe. Herbert Bismarck kenne seine Gefühle, seine Ergebenheit für den Prinzen und ihn ... Das Angebot wurde gern angenommen. Man gab zu verstehen, daß man ihn zu einem offiziellen Berater des Auswärtigen Amtes beim Kaiser machen wolle. Eulenburg erkannte, daß er einen bestimmten Einfluß auf den Prinzen ausüben sollte. Ein Jahr darauf war der Prinz Kaiser. Von nun an schickte Eulenburg Kopien seiner Briefe an Wilhelm und dessen Antworten an Herbert. Man instruierte ihn, wie er jede politische Frage behandeln solle, was sein Herr machen müsse und was er zu unterlassen habe.

Die Bismarcks waren nicht die einzigen, die sich der Mühe unterzogen, den Grafen Eulenburg zu bearbeiten. Kaum war seine Freundschaft mit Wilhelm bekannt, da erhielt er auch schon einen Brief Geheimrat Holsteins.

Diese mächtige schattenhafte Erscheinung hatte einen düsteren Ruf. Er war vor Jahren vom alten Bismarck in die Diplomatie eingeführt worden, der ihn als den «Mann mit den Hyänenaugen» bezeichnete. Holstein kannte keine Skrupel. Um Bismarcks Befehle auszuführen, schrak er vor Verleumdungen, Bestechungen und Erpressungen nicht zurück. Offenbar lebte er ständig in Furcht vor Überfällen, denn er trug immer einen Revolver in der Tasche und besuchte mehrmals in der Woche einen Schießstand, um in Form zu bleiben. Er war aber auch ein gefährlicher Feind. Oft witterte er Feindseligkeit in eingebildeten Handlungen; erbarmungslos schlug er zurück. Wenn jemand versäumte, sich vor ihm zu verbeugen, «genügte das, um die Verfolgung gegen den Feind zu beginnen, die niemals endete. Auch ein Wort, das irgendjemand gesagt haben sollte, genügte, um eine dauernde Feindschaft zu gestalten... da er wohl der Meinung war, ein solcher würde sich bestechen lassen, stehlen oder ihn ermorden... Seine Genialität war völlig konzentriert auf dem politischen, und zwar auf dem intriganten Gebiete[17]».

Holstein war ein Hagestolz; er widmete sein ganzes Leben dem Auswärtigen Amt, scheute die Öffentlichkeit, nahm nie an gesellschaftlichen Veranstaltungen teil, reiste nicht mehr und zog alle Schlüsse aus den geschriebenen Berichten. Er arbeitete so intensiv, daß er ein enzyklopädisches Wissen über fremde Verträge besaß. Er unterhielt eine ausgedehnte Korrespondenz mit deutschen Diplomaten in der ganzen Welt. Oft befahl er ihnen, private Nachrichten über den Kopf ihrer Vorgesetzten hinweg direkt an ihn zu schicken; dadurch gerieten sie in seine Hand, denn er konnte ihnen jederzeit drohen, er werde ihre Untreue enthüllen.

Er lehnte es ab, Verantwortung zu übernehmen. Sein Rang war bloß der eines Geheimrats, und er wollte nicht einmal die Leitung einer Abteilung übernehmen. Es gehörte zu seiner pathologischen Natur, daß er die Macht nur in Hinterzimmern ausüben wollte, wo niemand ihm eine Schuld in die Schuhe schieben konnte. Mit den Jahren war er Zeuge so vieler unsauberer Geschäfte geworden, daß selbst Bismarck Scheu vor diesem Wesen bekam, das er sich herangezogen hatte. «Ein schwieriger Passagier», urteilte er, «wollte man ihn aber aus dem Wagen setzen, so riskierte man, daß er vielleicht im Ausland zu plaudern anfinge».

So blieb er im Auswärtigen Amt und knüpfte seine Netze immer enger. Als Eulenburg prominent wurde, schrieb Holstein ihm aus heiterem Himmel. Als Vorwand beglückwünschte er den Grafen zu der geschickten Erledigung einer bayrischen Affäre. Eulenburg begriff, wie wichtig es war, gute Beziehungen zu der «Grauen Eminenz» zu unterhalten. Die Korrespondenz nahm zu, die Freundschaft wuchs, die Lobreden steigerten sich. Weihnachten 1890 war Holstein bereits «Onkel» bei Eulenburgs

Kindern geworden, und der Graf schrieb dem Baron in einem höchst romantischen Ton. «Mit der unvergleichlich roten und dürstenden Farbe des Mussigny male ich in meinem dankbaren Herzen Ihren Namen, der mir zuerst vor Jahren erschien, als ein Fremdes, Unnahbares, dem jungen Legations-Sekretär, der sich mehr mit Poesie als mit Diplomatie beschäftigte, für alle Zeit verschleiertes Bild ... dann zu meinem Erstaunen und im Anfang nicht ohne ein gewisses Mißtrauen von meiner Seite in Beziehungen zu mir trat ... und jetzt von meinen Kindern als gütiger ‹Onkel› gepriesen wird, der ihnen herrliche Bücher und Sölkesches Spielzeug gibt. So hat alles seine Schicksale, und ich bin dem Lenker alles Guten von Herzen dankbar, Sie gewonnen zu haben. Ich kann mir mein Leben nicht mehr ohne Sie vorstellen. Nicht nur das politische, in das ich hineingeraten bin, sondern auch das private».

«Kalt wie eine Hundeschnauze», sagte Herbert Bismarck über Wilhelms Charakter. «Von vornherein darüber klar, daß jeder Mensch für irgendetwas – Arbeit oder Amüsement – zu brauchen sein muß und auch dann nur für eine bestimmte Zeit verwendbar, nachher beiseite zu schieben ist.» Der alte Fürst Bismarck nahm diese Bemerkung seines Sohnes zur Kenntnis, aber er dachte nicht daran, sich beiseite schieben zu lassen: Er wollte im Amt bleiben, bis er starb.

Trotz seiner dreiundsiebzig Jahre erfreute er sich bester Gesundheit und hatte mehr Freude am Leben denn je. Solange sein Sohn Herbert, Eulenburg und Holstein ein wachsames Auge auf den Kaiser hatten, brauchte er sich keine Sorgen zu machen. Er kam mit Wilhelm gut zurecht. Obwohl der Souverän ungestüm, unerfahren und anmaßend war, hatte er den Kanzler stets als Helden verehrt; fern davon, sich mit ihm zu streiten, war er begierig darauf, geachtet zu werden. Im ersten Jahr des neuen Regimes nannte der österreichische Botschafter ihre Beziehungen «Flitterwochen». Zu Neujahr 1889 telegrafierte Wilhelm dem alten Mann, es erfülle ihn «mit Freude und Trost, daß Sie mir treu zur Seite stehen und mit frischer Kraft in das neue Jahr eintreten ... daß es mir noch recht lange vergönnt sein möge, mit Ihnen zusammen zu wirken». Bei einem Besuch des Kaisers auf Bismarcks Gut bemerkte Graf Eulenburg, wie der Kaiser Bismarck den Vortritt ließ. Selbst Bismarck war vom Respekt des jungen Herrschers beeindruckt. «So aufmerksam ... Er war überrascht, daß ich das Frühstück für ihn auf 11 Uhr verschoben hatte ... und stand erst um 9 Uhr auf, weil er dachte, ich schliefe lange».

Diese Herzlichkeit bedeutete aber nicht, daß Bismarck ganz frei von Besorgnis gewesen wäre. Am stärksten reizte ihn der wirrköpfige, feuerfressende Waldersee, den Wilhelm zum Chef des Generalstabs gemacht hatte. Er übte noch immer großen Einfluß auf den Kaiser aus, und er predigte noch immer den Präventivkrieg. Laut kritisierte er Bismarcks Politik, bessere Beziehungen mit Rußland herzustellen. Anstatt Rußland zu besänftigen, sollte man es angreifen und vernichten. Man sollte auch Frankreich angreifen und vernichten, bevor es zu stark geworden war. Krieg war nötig, nicht Frieden.

Der Kaiser wurde durch solche Redereien verwirrt. Er steigerte sich in die Rolle Friedrichs des Großen hinein, ja manchmal sogar in die Julius Cäsars, berichtete Herbert Bismarck besorgt. Der junge Bismarck begleitete ihn im Sommer 1889 nach Italien. Er war überrascht, als der Kaiser vor einer Statue Cäsars stehenblieb und sie nachdenklich betrachtete. Später bemerkte er düster: «Ich glaube, ich habe die Mission, Gallien zu vernichten – wie Julius Cäsar».

Bismarck amüsierte sich über derlei Geschichten. Sie zeigten, daß der Kaiser mehr Interesse am Applaus als an der Verantwortung hatte. Er war ein Exhibitionist, deshalb würde er mit Uniformen, Orden und Staatsbesuchen zufrieden sein, und die Autorität in den Händen des Kanzlers belassen. Und selbst wenn er nicht zufrieden wäre – was konnte er schon tun? War Bismarck nicht der berühmteste Staatsmann Europas? Hatte nicht er das deutsche Kaiserreich geschaffen und die kaiserliche Krone den Hohenzollern aufs Haupt gesetzt? Ruhm bedeutete Sicherheit. Niemand würde es wagen, sich zur Zielscheibe des Spottes dadurch zu machen, daß er an die Stelle eines Riesen eine Mücke setzte.

So wenig beunruhigt war Bismarck, daß er sich kaum die Mühe machte, nach Berlin zu kommen. Während der ersten achtzehn Monate seiner Regentschaft weilte der Kanzler nur viermal in der Hauptstadt. Die übrige Zeit verbrachte er auf seinem Gut Friedrichsruh bei Hamburg. Da nahezu alles seiner Unterschrift bedurfte, wurden die Staatsgeschäfte im Schneckentempo von Boten mit Aktentaschen erledigt. Der Kanzler störte sich nicht daran. Es gab keinen Grund zur Eile. Besucher wunderten sich über seine Liebenswürdigkeit und Zufriedenheit. Seine blasse, hustende Frau saß neben ihm und nähte. Einer seiner Söhne stand stets parat, um herbeizuspringen, wenn seine Stimme erscholl: «Komm her!» An der Tafel bot er dasselbe gewaltige Bild wie immer: Er aß für drei und warf die Knochen über die Schulter seinen beiden riesigen, kläffenden Doggen, den ‹Reichshunden›, zu.

Aber noch immer umschlossen Bismarcks Hände das Steuer fest. Einmal sagte er zu einem Freund: «Ich will Ihnen das Geheimnis der Politik verraten: Freundschaft mit Rußland». Das war die Grundlage seiner Politik. Ein Jahr vor Wilhelms Thronbesteigung hatte der Kanzler einen Vertrag mit Rußland unterzeichnet, den er als sein Meisterstück ansah. Wie gewöhnlich war der Pakt geheim, so geheim sogar, daß Bismarck nicht einmal dem Kaiser etwas davon sagen wollte.

Der Zar hatte es im Jahr 1887 wegen der österreichischen Intrigen auf dem Balkan abgelehnt, den Dreikaiserbund zu erneuern. Stattdessen hatte er sich erboten, einen Vertrag mit Deutschland allein abzuschließen. Dies verwirrte Bismarck für einen Moment, denn er hatte ja seinen Geheimvertrag mit Österreich*. Aber er entschied, daß Offenheit die beste Politik sei: Er zog das Dokument hervor und zeigte es dem russischen Botschafter. Zu seiner Rechtfertigung und Entschuldigung führte er an, er sei wegen der damaligen streitlustigen Haltung Rußlands zu diesem Vertrag gezwungen gewesen. Jetzt allerdings müsse er in Betracht gezogen werden, wenn man ein Übereinkommen zwischen Rußland und Deutschland treffe.

Der Botschafter nahm keinen Anstoß. Ein neuer Vertrag wurde aufgesetzt. Er besagte: Wenn Deutschland oder Rußland sich im Kriegszustand mit einer dritten Macht befänden, würde der unbeteiligte Staat wohlwollende Neutralität wahren. Die Bestimmung galt nicht für den Fall, daß Rußland Österreich angriff (dann wäre Bismarck imstande gewesen, zu seinem österreichischen Vertrag zu stehen) oder wenn Deutschland einen Angriff auf Frankreich unternahm. Da Bismarck nicht die Absicht hatte, Krieg mit Frankreich zu führen, war er mehr als zufrieden, denn der Vertrag besagte auch noch dies: Wenn Frankreich (das immer noch wegen des Verlustes von Elsaß-Lothringen im Jahre 1871 nach Revanche schrie) Deutschland angriffe – was schon eher möglich schien –, dann müßte Rußland neutral bleiben. Um sicher zu sein, daß Rußland nicht französischen Schmeicheleien erlag, wollte Bismarck den Zaren diplomatisch bei dessen Bemühungen unterstützen, Kontrolle über die türkischen Meerengen zu erlangen, dieser «historischen Mission», von der Rußland immer träumte und die beim Berliner Kongreß von 1878 bestritten worden war.

Von jedem Gesichtspunkt aus betrachtet war der neue Vertrag ein Triumph für Bismarck. Er würde nicht nur Rußland davon abhalten, eine Allianz mit Frankreich zu schaffen; er würde Bismarck auch in die Lage versetzen, einen Druck auf Österreich und Rußland auszuüben (da er ja mit beiden Ländern vertraglich verbunden war) und sie von Streitereien auf dem Balkan abschrecken. Bismarck nannte seinen Pakt den «Rückversicherungsvertrag». Es schien, als habe er sich gegen nahezu jede denkbare Möglichkeit gewappnet.

---

* Deutschland war auch durch den Dreibund mit Österreich und Italien verbunden, der 1882 in Wien unterzeichnet worden war.

Bismarcks freundliche Haltung gegenüber Rußland war jedoch genau das, was seine politischen Gegner beanstandeten. Obwohl Preußen seit den Tagen Napoleons gute Beziehungen zu Rußland unterhielt, mochte man in Deutschland die Russen nicht. Immer wieder hatte man sich gegen die unerwünschte Freundschaft gewehrt; man wollte das deutschsprachige Österreich unterstützt wissen. Im Jahre 1889 drängte Österreich die Deutschen auf eine gemeinsame militärische Aktion gegen Rußland, und viele Vertraute Wilhelms – darunter Waldersee – brannten darauf, sich zu binden. Selbst Holstein dachte, in Deutschland solle man zumindest klar aussprechen, daß die österreichischen Ziele den Deutschen näher lägen als die russischen. Bismarck spottete über seine Kritiker, denn sie begriffen nicht das Wesentliche an seinem Werk. 1888 veröffentlichte er die Bedingungen des deutsch-österreichischen Vertrages, um zu betonen, daß dies ein reines Defensivbündnis war und nichts sonst.

Bismarcks Gegner wagten nicht, seine Außenpolitik allzu heftig anzugreifen: Sein Ansehen war so groß, daß sie seine Rache fürchteten. Sie spekulierten auf sein hohes Alter. Man wundert sich, daß er nicht merkte, wie sehr er ihnen durch sein langes Fernbleiben von Berlin in die Hände spielte, und daß er vor allem nicht erkannte, wie unbeliebt er war. Ganz abgesehen von politischen Differenzen, waren viele Mitglieder der Hierarchie der Ansicht, sie hätten seine Tyrannei jetzt lange genug ertragen und es sei nun an der Zeit für ihn zu gehen. Es gab auch noch andere Gründe: Holstein wollte mehr Macht im Auswärtigen Amt, und Waldersee sah sich selber schon in die Stiefel Bismarcks steigen. «Der Kanzler zeigt Anzeichen des Alters», schrieb er im Oktober 1888. «Er widerspricht sich öfter als früher und widerruft Anordnungen, die er vor einigen Tagen getroffen hat. Das macht die Zusammenarbeit mit ihm immer schwerer». Moltke, der zurückgetretene Chef des Generalstabs, tadelte noch bitterer: «Beinah alle hat er eingeschüchtert, so daß niemand wagt, eine eigene Meinung zu äußern. Er will alles beherrschen und hat dazu nicht mehr die Kraft. Er ist Minister des Auswärtigen und greift in jedes der Reichsämter hinein, ohne Rücksicht auf die Ansichten des Chefs. Er ist Preußischer Ministerpräsident und Handelsminister und betrachtet die einzelnen Minister als seine Untergebenen, dazu sitzt er in Friedrichsruh, ist also schwer zu erreichen. Alle klagen über Mangel an Instruktionen, Unsicherheit in der Entscheidung, namentlich auch über das Lügen des Kanzlers».

Mit der Zeit wurde Holstein der geheime Führer der Anti-Bismarck-Kampagne. Meisterlich spielte er mit den Enttäuschungen und Hoffnungen der Leute, die den Kaiser umgaben. Er versorgte sie mit Informationen, um ihnen zu beweisen, daß der alte Mann die Gewalt im

Auswärtigen Amt verlor. «Unsere Politik», schrieb er in sein Tagebuch, «mit ihren durcheinander laufenden Engagements ähnelt dem Schienengewirr auf einem großen Bahnhof. Der große Weichensteller glaubt alles richtig schieben zu können und hofft namentlich auch, umso unverletzlicher zu sein, je bunter die Dinge liegen».

Graf Waldersee beeilte sich, derartige Kritiken dem Kaiser einzuflüstern. Frohlockend kalkulierte er dabei das mitleidlose Naturell des Kaisers ein. «Vielleicht hat er nicht übertrieben viel Herz, ich meine aber, daß dies gerade für ihn und für seine Zukunft ausgezeichnet ist. Er hat seinen eigenen Willen und ist geneigt, selbst zu regieren».

Der Graf bestärkte diese Neigung. Er tuschelte Wilhelm ins Ohr, Friedrich wäre niemals «der Große» geworden, wenn er einen Mann wie Bismarck behalten hätte. Solche Worte waren eine gute Saat für Wilhelms Geltungstrieb. Als er noch Prinz gewesen, hatte er den Kanzler zwar verehrt, jetzt aber – als Kaiser – fand er es nicht sehr angenehm, von seinem berühmten Minister in den Schatten gestellt zu werden. Der Name Bismarck schallte durch ganz Europa, er war gleichbedeutend geworden mit dem Namen Deutschlands, während die Hohenzollern – wie der Kaiser glaubte – kaum erwähnt wurden. Er begann sich zu winden, wenn er die Leute das Lob Bismarcks singen hörte, der Deutschland geeint hatte. War das Reich denn nicht unter der Herrschaft seines Großvaters Wilhelm I. gegründet worden? Bismarck hatte sich das Verdienst auf Kosten des Souveräns zugeschanzt.

Eifersucht ergriff das Herz des Kaisers. Er redete sich ein, daß der Kanzler nicht mehr sein Diener sei, sondern sein Rivale. Die Würde seiner Dynastie verlangte, daß er der Welt zeigte, wer Deutschland regierte: nämlich die Hohenzollern und nicht Bismarck.

Schon während der «Flitterwochen» fing Bismarcks Ärger mit dem Kaiser an. Der alte Herr fand die Familienstreitigkeiten Wilhelms nicht mehr so amüsant, seitdem sie internationale Auswirkungen hatten. Ein paar Monate nach der Thronbesteigung provozierte der Kaiser einen Zwischenfall, der Bismarck eine Menge Schwierigkeiten bereitete. Der Prince of Wales schrieb seinem Neffen, daß er im Begriffe stehe, nach Wien zu reisen, um den Kaiser Franz Joseph zu besuchen; er hoffe, auch Wilhelm dort zu treffen. Der Kaiser aber hatte anderes vor. Er war entschlossen, aller Welt zu beweisen, daß er nicht – wie sein Vater – unter der Fuchtel seiner englischen Verwandten stand. Außerdem ärgerte er sich noch immer über die Bemerkung, die der Prinz bei der Beerdigung seines Vaters gemacht hatte. Jetzt wartete er also, bis sein Onkel in Wien war, dann telegrafierte er Franz Joseph, daß er ihn besuchen wolle. Da er jedoch

Wilhelm II. in einer Aufnahme von 1877 als Kronprinz.

Wilhelm II. und die regierenden Fürsten Deutschlands (Gemälde von 1889).

Wilhelm II. nach einem Gemälde von Max Koner (1890).

Wilhelm II. mit seiner Familie.

komme, um über «Staatsaffären» zu sprechen, müsse er sich ausbedingen, daß keine sonstigen königlichen Gäste anwesend seien.

Der arme Franz Joseph geriet in ein arges Dilemma. Er konnte sich eine Brüskierung des Kaisers zum gegenwärtigen Zeitpunkt nicht leisten, denn Österreich versuchte Deutschland zur Aufgabe seiner freundschaftlichen Politik gegenüber Rußland und zur Annäherung an Wien zu bewegen. Man erklärte die Situation dem britischen Botschafter, der nun die wenig angenehme Aufgabe hatte, sie dem Prince of Wales auseinanderzusetzen. Edward war verblüfft und empört, aber er erbot sich, die Verlegenheit des österreichischen Kaisers dadurch zu vermindern, daß er sich nach Rumänien zurückzog, bis die Visite seines Neffen vorüber war. Wilhelm verschlimmerte die Sache noch, denn er lachte über seinen Streich. Vor Wiener Freunden prahlte er, daß er die Zimmer seines Onkels für seine eigenen Leute gebraucht habe. Diese Äußerung wurde Edward prompt hinterbracht, als er wieder nach Wien zurückkehrte.

Man braucht nicht zu betonen, daß der Zwischenfall einen Sturm verursachte. Queen Victoria brach eine Lanze für ihren Sohn und verlangte eine Erklärung von Berlin. Wilhelm überraschte jedermann: Mit einem Schwindel wand er sich heraus, und er leugnete jegliche Kenntnis von der Angelegenheit. Wie konnte der britische Botschafter auf die Idee kommen, er habe seinen Onkel nicht sehen wollen? Dadurch fiel alle Schuld auf Bismarck, der schließlich an Lord Salisbury schrieb. Er erklärte, daß der Zar vielleicht eifersüchtig geworden wäre, wenn man auch den Prinzen bei einem Treffen zwischen dem Kaiser und Franz Joseph gesehen hätte. Außerdem habe der Prinz eine unglückliche Neigung, Wilhelm mehr wie einen Neffen als wie einen Kaiser zu behandeln.

Das war zuviel für Queen Victoria. Sie schickte Salisbury eine beißende Antwort, in der sie darauf hinwies, daß der Zar der Schwager des Prinzen sei und wohl kaum Anstoß an dessen Gegenwart bei einem Familientreffen nehmen werde. Daß der Prinz seinen Neffen nicht wie einen Kaiser behandle, so fuhr sie fort, «das ist wirklich zu vulgär und absurd, so unwahr, daß es beinahe nicht zu glauben ist. Wir verstanden uns immer sehr gut mit unserem Enkel und Neffen, aber zu erwarten, daß er privat genau so wie in der Öffentlichkeit als ‹Seine Kaiserliche Majestät› behandelt werden solle, ist vollkommener Wahnsinn! Er wurde genau so behandelt, wie wir seinen geliebten Vater und sogar seinen Großvater behandelt hätten. Wenn er solche Gedanken hat, dann kommt er am besten niemals wieder hierher. Was die politischen Beziehungen zwischen beiden Ländern betrifft, so stimmt die Königin zu, daß sie (wenn möglich) nicht berührt werden sollten durch diese elenden persönlichen Streitereien, aber die Königin fürchte, daß mit einem solch hitzköpfigen, eingebildeten und verbohrten jungen Mann, der gefühllos ist, dies in jedem Augenblick möglich werden kann ...»

Die Angelegenheit schien in eine Sackgasse zu geraten, denn der Prinz erklärte, daß er den Kaiser nicht sehen möchte, bevor er sich nicht entschuldigt habe, und der Kaiser erklärte, daß er sich nicht für etwas entschuldigen könne, was er nicht getan habe. Dann aber löste Generalmajor Ellis, Kammerherr des Prinzen, die Spannung, indem er sagte: «Kein englischer Gentleman würde sich so benommen haben wie der Kaiser zu seinem Onkel oder wie die Bismarcks. Aber wir dürfen nicht vergessen, daß nun einmal keiner von ihnen ein englischer Gentleman ist, und wir müssen sie als das nehmen, was sie sind – Preußen. Jeder Deutsche und jeder Österreicher weiß, was das bedeutet».

Von diesem Standpunkt aus gesehen fand sich der Prinz zwar immer noch nicht imstande zu verzeihen, aber er konnte zu vergessen suchen. Als der Kaiser die Unverfrorenheit hatte, sich 1889 zur Regatta in Cowes anzusagen, erklärte sich der Prinz zu einem Treffen bereit. Und die Queen – von Lord Salisbury dringend um die Wiederherstellung harmonischer Beziehungen gebeten – versuchte, ein höflicheres Benehmen dadurch zu erreichen, daß sie ihm einen prächtigen Empfang gab. Zu seinen Ehren ließ sie eine Flottenschau abhalten, und sie ernannte ihn auch zum Admiral. Es sei phantastisch, die Uniform St. Vincents und Lord Nelsons zu tragen, telegrafierte er an Sir Edward Malet; es mache ihn ganz schwindlig... Er traf in England in seiner liebenswürdigsten Stimmung ein, aus Berlin hörte man jedoch, er spreche bereits davon, daß er selber eine konkurrierende Flotte zu bauen gedenke. Die ‹Times› bezweifelte, ob es klug sei, ihm ein so eingehendes Studium des britischen Schiffsbaus zu erlauben. Wilhelm bedankte sich bei Queen Victoria für ihre Gastfreundlichkeit. Nun könne er an ihrer Flotte ein Interesse nehmen, als ob es seine eigene wäre, schrieb er. Er werde ihre weitere Entwicklung mit großer Sympathie verfolgen...

Der Bruch zwischen Wilhelm und dem Eisernen Kanzler kam im Januar 1890. Die einzige Person, die davon überrascht wurde, war der Fürst Bismarck selbst. Als Zar Alexander III. drei Monate zuvor die Hauptstadt besuchte, hatte er den Fürsten freimütig gefragt: «Erwarten Sie, Kanzler zu bleiben?» Der alte Mann war unwillig hochgefahren und hatte geantwortet, daß er auf seinem Posten bleiben werde, bis er sterbe.

Als erstes Zeichen dafür, daß etwas in der Luft lag, berief der Kaiser den Kronrat ein, ohne den Kanzler zu befragen; ja er teilte nicht einmal die Tagesordnung mit. Seit dreißig Jahren hatte sich kein König in solch hochfahrender Weise gebärdet.

Acht Minister saßen mit Kaiser und Kanzler um einen grünen Tisch. Wilhelm eröffnete die Sitzung. Er habe die Versammlung am Geburtstag Friedrichs des Großen einberufen, weil er bedeutsame Vorhaben auf dem Gebiet der Arbeitergesetzgebung plane. Die Zeit sei gekommen, da man die Sozialistengesetze mildern und Übelstände bei den Arbeitern beheben müsse. Dies sei der einzige Weg, um der sozialdemokratischen Woge zu begegnen. Er las eine Liste vor: Kürzere Arbeitszeiten, Verbot der Kinderarbeit, Verbot der Sonntagsarbeit. Als er geendet hatte, wandte er sich zum Reichskanzler und fragte nach dessen Meinung.

Bismarck war nicht in der besten Laune. Er war gekränkt über den Mangel an Respekt, den man ihm bezeigt hatte – nie zuvor hatte er bei einem Kronrat den zweiten Platz eingenommen. Außerdem wußte er, wer dem Kaiser diese Idee in den Kopf gesetzt hatte: dieser Einfaltspinsel Hinzpeter. Nicht daß Bismarck an sich gegen solche Reformen gewesen wäre: In den Jahren 1883 und 1884 hatte er selbst die erste umfassende Sozialversicherung in der Geschichte eingeleitet, und noch im vergangenen Jahr, 1889, hatte er sie durch eine Altersversorgung ergänzt.

Aber jetzt hatte Bismarck andere Pläne. Er erwog möglicherweise, das allgemeine Wahlrecht abzuschaffen und vielleicht auch den Reichstag. Er wollte neue harte Gesetze gegen die Sozialisten einführen, was zu anarchistischen Unruhen führen mußte – dadurch würde der Kaiser einen Grund finden, den Ausnahmezustand zu verhängen. Dies hätte die uneingeschränkte Kontrolle des Landes durch das Heer unter dem Kommando des Kaisers zur Folge gehabt. Während der vorübergehenden Militärdiktatur hätte Bismarck dann die Verfassung ändern und alle parlamentarischen Einrichtungen hinwegfegen können.

Das war sein strategischer Plan. Er wünschte nicht, ihn durch jemand anders stören zu lassen. Bismarck antwortete auf die Argumente des Kaisers mit Strenge und Ironie. Derart liberale Gesetze, wie der Kaiser sie vorschlug, würden die Sozialisten nicht abschrecken, ihnen aber mit Sicherheit neuen Auftrieb geben. «Wenn Eure Majestät kein Gewicht auf meinen Rat legen, so weiß ich nicht, ob ich auf meinem Platze bleiben kann.»

Ein quälendes Schweigen entstand. Aber der Kaiser beschwichtigte Bismarck nicht, wie es der Großvater getan hätte. «Dadurch werde ich in eine Zwangslage versetzt», sagte er und blickte in die Runde. «Ich bitte die Herren um ihre Meinung.»

Die Herren schlugen die Augen nieder und machten sich mit ihren Papieren zu schaffen. Obwohl viele unter ihnen dem Kaiser zustimmten, fürchteten sie Bismarck zu sehr, um gegen ihn zu opponieren. Sie alle verdankten ihm ihre Stellung. Sie alle kannten seine Rachsucht. Wenn er den Kampf mit dem Kaiser gewann, dann wehe denen, die sich ihm in den Weg gestellt hatten! Wilhelm blieb keine andere Wahl, als die Sitzung zu vertagen. Er schüttelte Bismarck die Hand und lächelte, innerlich aber kochte er. Er lauerte dem Kriegsminister im Flur auf und fuhr ihn an: «Warum haben Sie mich im Stich gelassen? Sie haben ja alle ganz verprügelt ausgesehen! Was hat er Ihnen denn vorher gesagt?»

Jetzt waren die Minister diejenigen, die sich in einer Zwangslage befanden. Wer würde triumphieren, der Kaiser oder der Kanzler? Sie hatten nur einen Gedanken: sich auf die Seite des Siegers zu schlagen. Es war keine Frage, wer das letzte Wort zu sprechen hatte. Der Kaiser konnte Bismarcks Entlassung fordern, Bismarck jedoch konnte nicht des Kaisers Krone verlangen. Aber würde sich der Kaiser wirklich behaupten?

Nach einem erbitterten Streit beschlossen die Minister, Wilhelm den Rücken zu stärken. Eine Woche später mußte Bismarck im Kronrat erkennen, daß sich der Wind gedreht hatte: Die ganze Tischrunde war gegen ihn. Triumphierend präsentierte Wilhelm den Entwurf seiner Sozialreformen und drückte dabei den noblen, aber zweifelhaften Wunsch aus, ein «roi des gueux» zu sein, ein König der Armen. Bismarck verweigerte die Gegenzeichnung; das Gesetz trug also nur den Namen des Souveräns. Derlei hatte es seit dreißig Jahren nicht mehr gegeben.

Diesmal geriet Bismarck in Zorn. Er schimpfte die Minister feige und verräterisch. Doch in Wirklichkeit waren sie nur seine eigenen Kreaturen. «Wie außerordentlich verderblich ist sein Einfluß auf das politische Leben in Deutschland», hatte der Kaiser Friedrich im Jahre 1888 geschrieben. «Es ist fast unerträglich, in Berlin zu leben, wenn man nicht sein ergebener Sklave ist! Seine Partei, seine Nachfolger und seine Bewunderer sind fünfzigmal schlimmer als er!»

Aber noch immer war Bismarck nicht der Meinung, das Spiel sei verloren, denn die Wahlen standen vor der Tür. Sie fanden am 20. Februar statt und erfüllten seine höchsten Erwartungen. Die Nationalliberalen und die Bismarckschen Konservativen verloren jeweils mehr als fünfzig Prozent ihrer Sitze, während die Sozialdemokraten, die Radikalen und das Zentrum – alles Bismarck-Gegner – fast zwei Drittel der Sitze errangen. Die Sozialdemokraten bekamen mehr Stimmen als jede andere Partei, obwohl sie infolge des Wahlsystems nicht den proportionalen Anteil der Sitze zugesprochen erhielten.

Ein triumphierender Bismarck trat einem ziemlich erschütterten Kaiser gegenüber und entwarf ihm seine Pläne für einen Staatsstreich. Mit einem solchen Reichstag – oder überhaupt einem Reichstag, der aufgrund des allgemeinen Stimmrechts gewählt wurde – waren keine neuen Gesetze gegen die Sozialisten zu machen, auch keine neue Militärvorlage war mit ihm durchzubringen. Also war der Reichstag aufzulösen, und die Verfassung war neu zu schreiben. Wilhelm zeigte sich beeindruckt. Er griff nach Bismarcks Hand und gab ihm zu verstehen, daß kein Nachgeben in Betracht komme.

Aber er änderte seine Meinung bald wieder. Mehr als alles andere wünschte er sein eigener Herr zu sein. Wenn er jetzt Bismarcks Programm zustimmte, würde das Gegenteil der Fall sein: Der alte Mann wäre mächtiger denn je. So verwarf er am 4. März die Vorschläge des Kanzlers und erklärte, mit Blutvergießen wolle er seine Regentschaft nicht besudeln. Die Minister stellten sich auf seine Seite, und als Bismarck schied, war er nicht nur wütend, er befand sich in einem Aufruhr. Es war aber unmöglich, den Kaiser zu beeinflussen, wenn die Minister ihn anspornten und abschirmten. Damit mußte es ein Ende haben: Der Kanzler kramte eine Kabinettsorder aus dem Jahre 1852 hervor, die es den Ministern untersagte, den Souverän zu informieren oder zu beraten, wenn der Ministerpräsident nicht zugegen war.

Die Ereignisse erreichten nun schnell ihren Höhepunkt. Holstein versuchte, Bismarck durch den Grafen Kessel, einen Freund der Familie, zur Änderung seiner Haltung zu bewegen. Es war nicht so, als ob Holstein sich entschlossen hätte, Bismarck zu unterstützen. Im Gegenteil, es war die Art, in der er zu operieren pflegte: Bewegung an der einen Front, während er selbst gleichzeitig an der andern in Deckung ging. Obwohl er seit Monaten Waldersee mit Informationen versorgte, hielt er es für klug, als Vermittler für den Fall dazustehen, daß Bismarck die Oberhand gewinnen sollte. «Ich machte von Kessel auf das aufmerksam, was meiner Ansicht nach in der Bismarckschen Taktik dem Kaiser gegenüber verfehlt war», schrieb er in sein Tagebuch. «Unter diesen Fehlern stand obenan die Gewohnheit des Fürsten, seinen Gegnern überhaupt und insbesondere auch dem Kaiser öffentliche Niederlagen zu bereiten, anstatt es mit der Überredung unter vier Augen zu versuchen.»

Kessel frühstückte mit dem Reichskanzler, aber hinterher kam er zu Holstein und sagte: «Verlorene Mühe. Vater und Sohn hören einen ruhig an, lehnen aber kaltlächelnd jeden Gedanken an Einlenken und milderes Verfahren ab.»

Holstein hatte ein sonderbares Geschick, die falschen Schlüsse zu ziehen. Es ging hier nicht um Taktik, es war ein grimmiger Kampf um die Macht. Bismarck erkannte das sofort. Wenn er seine Haltung änderte und unterwürfiger wurde, dann war ihm das Zepter auch aus den Händen geglitten. Er hatte den Kaiser immer hart angefaßt und war damit bis jetzt gut gefahren. Als beispielsweise der Kaiser Friedrich im Sterben lag und Wilhelm dem Kanzler den Entwurf eines Schreibens zeigte, das er den Bundesfürsten bei seiner Thronbesteigung zukommen lassen wollte, hatte Bismarck ihn wegen seiner ungebührlichen Eile getadelt und ihm geraten, das Papier zu verbrennen. Später, als Wilhelm anfing, Randbemerkungen in die Akten zu schreiben, hatte Bismarck ihn gebeten, dies zu unterlassen, da das Unruhe verursache. Der Kaiser hatte diese Zurechtweisungen mit Sanftmut ertragen, und Bismarck glaubte, dies wäre die passende Art, mit ihm auszukommen.

Aber diesmal war er zu weit gegangen. «Ich habe keine Minister», tobte der Kaiser, «sie sind alle die Minister des Fürsten Bismarck!» Am 15. März beschloß er, die Reichskanzlei aufzusuchen und die Angelegenheit mit dem alten Herrn in Ordnung zu bringen. Obwohl er noch immer eine nagende Furcht vor Bismarck hatte, wußte er, daß er sich zum Gespött der Leute machte, wenn er nichts weiter unternahm. Die Szene wurde so stürmisch, wie er angenommen hatte. Er kritisierte Bismarck, der versucht hatte, Unterstützung im Reichstag durch ein Gespräch mit einem Parteiführer (Windthorst) zu finden, von dem der Kanzler wußte, daß der Kaiser ihn nicht leiden konnte. Später schrieb Wilhelm in einem Brief an den österreichischen Kaiser, daß Bismarck alle guten Manieren abgelegt habe. Er lasse sich nicht am Gängelband führen, habe er ihm gesagt, ein für allemal verbitte er sich derartiges. Der Kaiser habe keine Ahnung vom parlamentarischen Leben; es sei nicht seine Sache, Bismarck in solchen Dingen Befehle zu erteilen.

Der Kanzler warf eine Aktentasche auf den Boden und erklärte, wenn Wilhelm seinen Rücktritt wolle, dann könne er ihn haben. Er könne seine Pflicht nicht erfüllen, wenn er nicht die Leute sehe, die er sehen wolle. «Auch nicht, wenn Ihr Souverän es Ihnen befiehlt?» fragte der Kaiser. «Die Macht meines Souveräns endet an der Tür des Salons meiner Frau», bellte der Kanzler.

Dann griff Wilhelm die Sache mit der Kabinettsorder von 1852 auf! Bismarck werde sie zurückziehen müssen. Der Kanzler schüttelte den Kopf. «Kein Premier kann verantwortlich bleiben, wenn der Monarch mit jedem Ressort allein Beschlüsse faßt.» Laut Wilhelm hatte Bismarck gesagt, er habe kein Vertrauen mehr in «seine» Minister. Sie hätten dem Kaiser Dinge hinter Bismarcks Rücken zugetragen – Dinge, mit denen er nicht einverstanden sei, und er habe ihnen deswegen eine Lektion erteilt. Der Kaiser wies darauf hin, daß es ein schwerer Affront für ihn, der als sein König loyal mit ihm zusammenarbeite, sei, wenn Bismarck ihn der geheimen Intrigen gegen ihn hinter seinem Rücken bezichtige; das wollte der Kanzler aber nicht gelten lassen. Der Kaiser bat, stärker an den Geschäften beteiligt und bei wichtigen Entscheidungen hinzugezogen zu werden, aber Bismarck lehnte entschieden ab. «Wenn ich zu Eurer Majestät komme, müssen meine Entschlüsse schon gefaßt sein.»

Zu diesem Zeitpunkt konnte sich Bismarck kaum noch beherrschen. Aber er hatte noch einen letzten Trumpf im Ärmel, keinen besonders wichtigen, aber immerhin einen, der ihn befriedigte. Er hob seine Mappe auf und zog ein Papier heraus. Der Kaiser fragte, wonach er suche. Bismarck tat so, als wolle er das Papier verlegen zurückziehen. Es sei ein Bericht aus London über den Besuch des Zaren, sagte er, aber er zöge es vor, ihn seinem Souverän nicht zu zeigen. Wilhelm nahm ihm das Papier aus der Hand und las den Kommentar Alexanders III. über ihn, den deutschen Kaiser: «C'est un garçon mal élevé et de mauvaise foi».

Wilhelm warf das Blatt hin und stürzte aus dem Zimmer.

Der Kaiser bangte: Hoffentlich trat Bismarck aus eigenem Antrieb zurück und zwang nicht ihn, die Entlassung auszusprechen. Er war über die öffentliche Meinung beunruhigt, besonders über die englische; er wollte keinen Spott herausfordern, nicht undankbar erscheinen oder sich durch einen Streit mit dem berühmten alten Mann in der Öffentlichkeit lächerlich machen. Außerdem fürchtete er Bismarck noch immer und war scheu geworden durch den folgenschweren Schritt, den er unternommen hatte. Um sich Selbstvertrauen zu geben, kritisierte er den Kanzler unaufhörlich. «Mit Rußland steht es sogar sehr schlecht», sagte er zu Waldersee. «Sie hetzen dort gewaltig gegen mich, und Kaiser Alexander spricht in wegwerfenden Ausdrücken von mir, sagt unter anderem, ich sei verrückt. Die üble Stimmung gegen uns nimmt fortwährend zu, ich werde nunmehr den Besuch in Krasnoje unter keinen Umständen machen. Daß es im Innern schlecht aussieht, erkennt jetzt jeder. Wo bleibt da der große Kanzler? Wo sind seine Verdienste?»

Waldersee tat alles, was er konnte, den Kaiser in seinem Entschluß zu stärken, denn er hoffte noch immer auf die Kanzlerschaft und fürchtete, Bismarck könne ein Mittel finden, den Knoten zu entwirren. In seinem Tagebuch erklärt er, daß er sich verantwortlich dafür gefühlt habe, den Kaiser zur letzten, entscheidenden Tat anzustacheln. General von Hahnke, der Chef des Militärkabinetts, wurde zum Kanzler geschickt, um entweder die Rücknahme der Kabinettsorder von 1852 zu verlangen oder Bismarcks Rücktritt. «Das ist unmöglich», antwortete Bismarck: «Wenn der Kaiser die Order kassieren will, so muß mit dem Titel des Präsidenten des Staatsministeriums dasselbe geschehen. Ich habe nichts dagegen.»

Hahnke überbrachte Bismarcks Antwort. Der Kaiser entsandte ihn ein zweites Mal. Diesmal sollte er seinen Befehl in schärferem Ton wiederholen. «Seine Majestät», sprach der General, «besteht auf Zurücknahme der fraglichen Order. Nach dem gestrigen Gespräch kann Seine Majestät nur Euer Durchlaucht sofortigen Abschied erwarten. Euer Durchlaucht wollen um zwei Uhr im Schloß sein, um das Amt zu übergeben.» Bismarck versetzte: «Ich fühle mich nicht wohl genug, um ins Schloß zu gehen. Ich werde schreiben.»

Der Kanzler nahm sich mehrere Tage Zeit, dem Befehl des Monarchen nachzukommen – teils, weil er wußte, wie quälend die Ungewißheit war, zum andern, weil er die treffendste Formulierung suchte – jene, die Wilhelm am meisten schaden würde. Er gab die Schuld für seinen Rücktritt der Kabinettsorder von 1852 und der Anmaßung des Kaisers, der seinen Kanzler übergangen habe. Seine vorsichtig gewählten Sätze stellten ihn selbst als Verteidiger der konstitutionellen Monarchie gegenüber den eigenmächtigen Launen des Souveräns hin. Sie wurden erst nach seinem Tode im Jahre 1898 bekannt. Der Kaiser hatte die Publikation unterdrücken lassen.

Wilhelm war in den nächsten Tagen in ständiger Angst. Was würde geschehen, wenn der alte Mann es sich anders überlegte? Hatte er etwa noch eine Trumpfkarte, die ihn lächerlich machen konnte? Während Bismarck an seiner Niederschrift arbeitete, dinierte der Kaiser in Gesellschaft des Grafen Eulenburg. Man bat ihn, etwas Musik zu machen, auf daß die Nerven des Souveräns sich beruhigten. Eulenburg spielte und sang gehorsam dazu. Wilhelm saß neben ihm und blätterte die Noten um; er stimmte in den Refrain ein. «Er war ganz bei der Sache», schrieb Eulenburg, «in unbefangener Freude. Sein merkwürdig schnell wechselndes Temperament ließ ihn selbst in diesen peinlichen Stunden nicht im Stich. Nur einige Minuten wurde die Musik durch die brennende politische Frage unterbrochen. Der Kaiser, herausgerufen, um Hahnkes Antwort zu hören, setzt sich bald wieder ans Klavier und sagt leise: ‹Jetzt ist der Abschied da›. Hierauf wurde weiter gesungen.»

Alle benahmen sich schlecht. Waldersee frohlockte. Holstein tat so, als habe er mit der Affäre nichts zu tun. Eulenburg versuchte, es mit beiden Seiten nicht zu verderben. Der Kanzler und der Kaiser benahmen sich am schlechtesten von allen. Bismarck weinte und fluchte und kritisierte den Kaiser vor jedem, der es hören wollte. Er besuchte sogar die Kaiserin Friedrich – vergessen war sein brutales Verhalten gegen sie; mit Tränen in den Augen sagte er: «Ich wünsche nur etwas Mitgefühl.» Als Wilhelm ihm eine Dotation und den Titel eines Herzogs von Lauenburg gewähren wollte, lehnte er das Geld ab. Den Titel, verkündete er lakonisch, werde er benutzen, wenn er einmal inkognito reise. Bei der Abfahrt zu seinem Landgut versammelten sich ein paar tausend Menschen und viele Würdenträger am Bahnhof, um ihm Lebewohl zu sagen; eine Militärkapelle spielte einen langsamen Marsch. «Ein Staatsbegräbnis», stellte Bismarck sarkastisch fest, «Erster Klasse...» Immer, wenn er eine Münze aus der Tasche nahm, drehte er den kaiserlichen Adler nach oben, damit er «diese falsche Visage» nicht zu sehen brauchte...

Wilhelm bediente sich einer anderen Taktik. Er log ganz einfach. Er konnte sich nicht darüber klarwerden, welche Rolle er vor der Öffentlichkeit spielen sollte; deshalb versuchte er es mit verschiedenen Posen. Die Queen Victoria ließ er wissen, er sei gezwungen gewesen, Bismarck zu entlassen, damit der alte Mann seine Gesundheit schone. Mit Tränen und Umarmungen seien sie voneinander geschieden. Dem britischen Botschafter in Berlin erzählte er, Bismarck habe eine derart heftige Szene gemacht, daß er befürchtet habe, ein Tintenfaß fliege ihm an den Kopf. Die Würde habe ihm befohlen, Bismarcks Entlassung zu erbitten. Dem Bruder des Zaren bedeutete er, Bismarcks Abschied habe ihn fast so traurig gestimmt wie der Tod seines Großvaters. Und dem Kaiser von Österreich eröffnete er, Bismarck habe die Zusammenarbeit mit ihm abgelehnt –, deshalb die Entlassung.

Er schickte Franz Joseph einen langen Brief voller Gefühlsduselei und Falschheit. «Der Mann, den ich mein Leben lang vergöttert hatte, für den ich im Elternhaus Höllenqual moralischer Verfolgung ausgestanden, der Mann, für den ich allein nach dem Tode des Kaisers Wilhelm mich in die Bresche geworfen, um ihn zu halten*, wofür ich den Zorn meines sterbenden Vaters und den unauslöschlichen Haß meiner Mutter auf mich lud, der achtete dies alles für Nichts und schritt über mich hinweg, weil ich ihm nicht zu Willen war. Seine grenzenlose Menschenverachtung, die er für alle hatte, auch für die, die sich für ihn zu Tode arbeiteten, spielte ihm hier einen schlimmen Streich, indem er auch seinen Herrn für Nichts achtete und ihn zu seinem Trabanten herabwürdigen wollte. Bei seiner Abmeldung beschuldigte er mich, ihn schimpflich weggejagt zu haben, worauf ich ihm selbstverständlich nichts erwiderte».

Die gleiche Version präsentierte er dem Zaren; dessen Antwort entzückte Wilhelm. «Du warst ganz im Recht», meinte der Zar. «Der Fürst, obwohl er Fürst ist, war schließlich Dein Minister, Dein Diener. Als solcher hatte er die erste Pflicht, Dir zu gehorchen. Sein Ungehorsam gegenüber seinem Kaiser brachte ihn zu Fall. An Deiner Stelle hätte ich genau das gleiche getan.»

Graf Waldersee wurde trotz seiner Machenschaften nicht Reichskanzler. Statt seiner ernannte der Kaiser einen ehrlichen, starrköpfigen Sol-

* Es konnte natürlich keine Rede davon sein, daß der todkranke Kaiser Friedrich an Bismarcks Entlassung gedacht hätte.

daten, den General Caprivi. Dieser arme Mann war naturgemäß seiner Aufgabe mitnichten gewachsen. Manchmal saß er mit dem Kopf zwischen den Händen da und murmelte: «Mir ist so, als ob ich in ein dunkles Zimmer träte... Ich kann immer nur im Schatten des großen Mannes stehen.» Als er seine Befürchtungen dem Kaiser mitteilte, bemerkte Wilhelm kurz: «Es besteht kein Anlaß zu Befürchtungen. Es wird überall nur mit Wasser gekocht. Die Verantwortung für die Geschäfte übernehme ich.»

Bismarck konnte seinen Nachfolger nicht ernstnehmen. Er erwähnte ihn kaum. Als Caprivi jedoch die Bäume im Garten der Reichskanzlei fällen ließ, damit mehr Licht in sein Zimmer dringe, protestierte der alte Herr. Sein Vertrauen in den Charakter des Generals habe einen Schock erlitten. Er hätte Caprivi viele politische Differenzen nachgesehen, «die ruchlose Vernichtung uralter Bäume dagegen nie».

Die Bäume waren aber nicht das einzige, das verschwinden mußte. Innerhalb der ersten zehn Tage nach Bismarcks Abschied gelang es dem Kaiser und Caprivi – fast nur aus Laune – Bismarcks Hauptpfeiler des deutschen Kaiserreichs herauszubrechen. Graf Schuwalow, der russische Botschafter, hatte am 17. März in der Reichskanzlei vorgesprochen, um sich über den Rückversicherungsvertrag zu unterhalten, der 1887 für drei Jahre unterzeichnet worden war. Bismarck hatte Schuwalow wissen lassen, daß er den Vertrag zu erneuern gedenke. Als der Botschafter erfuhr, daß der Kanzler mit der Abfassung seines Rücktrittsgesuchs beschäftigt sei, war er so erstaunt, daß er nach St. Petersburg telegrafierte: Eine Explosion habe stattgefunden, die so seltsam sei, daß er sich frage, ob der junge Kaiser sich «in einem normalen Zustand» befinde. Ein paar Tage später sagte er dem Grafen Herbert Bismarck, der ebenfalls seinen Rücktritt eingereicht hatte, daß er in Anbetracht der neuen Entwicklung das Angebot noch einmal überdenken müsse.

Diese Nachricht erreichte den Kaiser am 21. März spät abends. Sie erregte ihn derart, daß er den Botschafter durch einen Boten wecken und ihm bestellen ließ, er möge am nächsten Morgen um acht Uhr im Schloß sein. Schuwalow tat, worum er gebeten worden war; der Kaiser empfing ihn augenblicklich. «Nehmen Sie Platz, und hören Sie mich an», befahl Wilhelm II. Er versicherte dem Botschafter, wie sehr er dessen Souverän liebe und schätze; er wolle ihn persönlich über die Situation informieren, die entstanden sei. Er bat den Botschafter, den Zaren wissen zu lassen, daß er für seine Person fest entschlossen sei, den Vertrag zu erneuern, denn «meine Außenpolitik bleibt und wird die gleiche bleiben wie zur Zeit meines Großvaters». Als der Zar dieses Telegramm las, vermerkte er darauf: «Nichts Befriedigenderes könnte erwartet werden. Wir wer-

den in der Folge sehen, ob die Taten mit den Worten übereinstimmen.»
Jetzt schaltete sich Holstein ein. Er war von Anfang an entschlossen gewesen, sich selbst zum Herrn der Wilhelmstraße zu etablieren. Zudem war er seit Jahren zum scharfen Kritiker der Bismarckschen Politik geworden. Als erste Amtshandlung den Vertrag des Kanzlers folgsam zu übernehmen, würde ihn kaum als einen unabhängigen Menschen kennzeichnen. So begann er seine Bedenken anzumelden, die von andern Mitgliedern des Auswärtigen Amtes dem Kaiser zugetragen wurden. Der Vertrag, so meinte Holstein, sei nicht vereinbar mit den Bedingungen des Dreibundes, und wenn er bekannt werde, dann müßten die deutschen Beziehungen zu Österreich leiden. Und mit einem wütenden Bismarck konnte wohl niemand dafür bürgen, daß er nicht bekannt wurde.

Dieses üble Argument gab beim Kaiser den Ausschlag. Der Vertrag wurde nicht erneuert. Ein paar Wochen danach warnte der deutsche Botschafter in St. Petersburg das Auswärtige Amt, daß «Rußland woanders die Unterstützung suchen könnte, die es bei uns nicht gefunden hat». Drei Monate später, im Juni 1890, unternahm der Zar die ersten Schritte, ein engeres Verhältnis mit Frankreich zu erreichen. «Ich mußte es als eine Laune des Zufalls ansehen, und die Geschichte wird es vielleicht verhängnisvoll zu nennen haben...» schrieb Bismarck im Jahre 1896.

Unterdessen – im März 1890 – betrachtete die Welt das Schauspiel vom Abgang des berühmtesten europäischen Staatsmannes. Bismarck war in England und Frankreich keineswegs populär gewesen, doch nun begann man sich zu fragen, ob sein Nachfolger wohl noch unangenehmer sein werde. Der britische Minister Sir William Harcourt schrieb an John Morley: «Was sagen Sie zur Absetzung des ‹Großen Tiers› in Deutschland? Es ist keine erfreuliche Aussicht, Europa der Gnade eines Hitzkopfs überlassen zu sehen, der außerdem ein Narr zu sein scheint». Die Franzosen sahen die Sache schärfer. Die Brüder Goncourt notierten in ihr Tagebuch: «Dieser junge deutsche Kaiser, dieser neurotische Schwärmer, dieser Enthusiast für das Religiöse und die kriegerischen Opern Wagners, dieser Mann, der in seinen Träumen die weiße Rüstung Parsifals trägt, mit seinen schlaflosen Nächten, seiner krankhaften Beweglichkeit und seinem fiebrigen Hirn, scheint ein Monarch zu sein, der in der Zukunft sehr lästig werden wird».

Eulenburg

«Glauben Sie nur nicht, daß mein Sohn etwas aus irgendeinem andern Motiv als dem der Eitelkeit tut», bemerkte die Kaiserin Friedrich einmal verdrossen. Eine der Eitelkeiten, die sie am meisten verabscheute, war Wilhelms Pose als ‹Haupt des Hauses Hohenzollern›. Er verkündete, daß alle Mitglieder der Familie – auch die nur entfernt verwandten – den kaiserlichen Glanz widerspiegelten. Also hätten sie ihm absoluten Gehorsam zu zollen. Er übte eine tyrannische Kontrolle aus – nicht nur als Hüter ihrer moralischen und religiösen Haltung, sondern auch in ihrem täglichen Leben. Das Familienoberhaupt fühlte sich berechtigt, ihre Kleidung, ihr Benehmen, ihre Freunde und ihre Unterhaltungen zu kritisieren; ohne seine Zustimmung durften sie keinen Höfling einstellen, ohne seine Erlaubnis nicht einmal von einer Stadt zur andern reisen. Die Damen und Herren der einzelnen Haushaltungen wurden darüber belehrt, daß ihre Pflichten nicht ihren unmittelbaren Herrschaften galten, sondern dem Kaiser; demnach hatten sie jede Ungehörigkeit dem Allerhöchsten Herrn selbst zu melden.

Die Kaiserin Friedrich weigerte sich, das Diktat ihres Sohnes zu befolgen. Einmal teilte sie ihm mit, daß sie am nächsten Morgen nach England reise und nicht wünsche, daß er zum Bahnhof komme. Wilhelm beklagte sich bei Waldersee: Er könne die Undankbarkeit seiner Mutter nicht begreifen – hatte er sie denn nicht mit Palästen und Geld versorgt? «Natürlich wäre es für mich viel besser, wenn ich von Berlin fortginge und nicht mehr zurückkehrte», schrieb die Kaiserin ihrer Tochter Sophie achtzehn Monate nach dem Tod ihres Mannes. «Aber ich kann nicht von dem Ort verbannt sein, wo mein geliebter Mann und zwei süße Kinder begraben sind, noch das Haus für immer verlassen, wo wir so viele glückliche Jahre verbracht haben und in dem jetzt die Erinnerungen in jeder Ecke und in jedem Winkel nisten; noch kann ich die vielen Einrichtungen und Werke der Caritas aufgeben, deren Patronat ich ausübe und wo man mich dauernd sehen will. Deshalb machen es mir alle diese Überlegungen unmöglich, Berlin schon zu verlassen. Außerdem würde es aussehen, als ob ich mich vor Wilhelm fürchtete – vor Wilhelm und Dona –, meine Rechte aufgäbe und sie mich in Furcht versetzt oder mich vertrieben hätten».

Die Kaiserin blieb also in Deutschland, traurig und verbittert. Sie klagte bei der Queen Victoria darüber, daß ihr Sohn sie nicht beachte. «Ich habe Wilhelm dreimal in Berlin gesehen. Die ganze Zeit über war er vergnügt und lustig, aber ganz gleichgültig, tat keine Frage, die sich auf mich bezog, und sprach kein einziges teilnahmsvolles Wort». Wilhelm hätte sich wahrscheinlich gewundert, wenn er diese gefühlvollen Zeilen gelesen hätte, denn er hielt seine Mutter ganz und gar nicht für einen empfindsamen Menschen. Er hielt sie für eine gescheite, stahlharte Frau mit «einer unleugbaren Liebe zur Macht». Bei einem Essen erstaunte er den englischen Botschafter Sir Edward Malet durch die stolze Bemerkung, er gleiche seiner Mutter sehr. «Meine Mutter und ich haben den gleichen Charakter. Ich habe sie geerbt. Dieses gute, unbeugsame englische Blut, das nicht nachgeben will, fließt in ihren und in meinen Adern. Die Folge davon ist, daß die Situation schwierig wird, wenn wir nicht einer Meinung sind».

Wilhelm machte seinen Schwestern das Leben so schwer wie möglich. Viktoria schmachtete noch immer nach ihrem Geliebten, dem Prinzen Alexander von Battenberg. Sie lebte in der vergeblichen Hoffnung, ihr Bruder werde seine Weigerung eines Tages zurückziehen. Alexander wurde des Wartens jedoch überdrüssig und heiratete schließlich eine Wiener Opernsängerin. Viktorias Schwester Sophie hatte mehr Glück. 1889 heiratete sie den Herzog von Sparta, den Kronprinzen von Griechenland. Aber selbst im fernen Athen war sie vor Wilhelms Einmischungen nicht sicher. Im Jahre 1891 schrieb sie ihrer Mutter, sie habe sich entschlossen, den griechisch-orthodoxen Glauben anzunehmen. Als Wilhelm davon hörte, erklärte er, dies sei eine Geringschätzung des deutschen Protestantismus. Er warnte sie: Wenn sie es wage, einen solchen Schritt zu tun, dann würde er ihr nicht erlauben, den Fuß noch einmal auf deutschen Boden zu setzen. Sophie wandte ein, sie wolle die Religion ja nicht aus weltlichen Gründen wechseln, sondern aus religiöser Überzeugung. Sie schickte die Korrespondenz ihrer Mutter. Die Kaiserin aber war skeptisch. «Ich fürchte, Deine freundlichen und netten Worte werden an ihn verschwendet sein, da er absolut kein Herz hat. Er ist außerdem nicht gebildet genug, um zu verstehen, daß sich unsere christliche Religion vor Jahrhunderten in Gruppen geteilt hat, von denen jede davon überzeugt ist, sie allein sei die wahre, die reinste und die beste. Bei Wilhelm ist es nicht die Religion, die ihn so aufbringt, es ist seine dumme Eitelkeit und sein Stolz, das ‹Haupt der Familie› zu sein, und weil er glaubt, alle seien verpflichtet, sich seinem Willen zu beugen».

Wie die Kaiserin vorausgesagt hatte, ließ sich Wilhelm von den flehentlichen Bitten Sophies nicht erweichen. Er teilte ihr mit, daß sie aus Deutschland «verbannt» sei. Sie übermittelte diese Neuigkeit ihrer Mutter in einem offenen Telegramm, so daß die Beamten es verstehen konnten. «Erhielt Antwort. Bleibt bei dem, was er in Berlin gesagt hat. Setzt es für drei Jahre fest. Verrückt. Macht nichts. Sophie».

Eine andere Zielscheibe des kaiserlichen Mißfallens war die jüngere Schwester seiner Frau, die Prinzessin Luise Sophie, die seinen zweiten Vetter geheiratet hatte, den Prinzen Friedrich Leopold. Das fröhliche junge Paar hatte Wilhelm durch seine innere Unabhängigkeit gekränkt. Manchmal befahl er seiner Frau, die Schwester zu maßregeln; zuweilen tat er es auch selbst. Eines Tages trug die Prinzessin bei einem Hoffest ein cremefarbenes Satinkleid, das mit roten Mohnblumen bemalt war. «Was!» rief der Kaiser. «Der reinste Blumengarten!» Andertags erhielt sie ein Schreiben, das ihr das Erscheinen in einem solch auffallenden Kleid untersagte.

Das Paar konnte das Spionieren und den Klatsch nicht ausstehen, der unter den Mitgliedern ihres eigenen Haushalts und dem kaiserlichen Hof umging. Die Ressentiments boshafter Hofdamen bildeten den Hintergrund einer phantastischen Episode, die sich im Winter 1895 zutrug. Die Prinzessin lebte in Glienicke zwischen Potsdam und Berlin. Eines Tages, als ihr Mann nicht zu Hause war, entschloß sich die Prinzessin, Schlittschuh zu laufen. Es galt als selbstverständlich, daß sie das Haus grundsätzlich nur in Begleitung einer Dame und eines Herrn verließ. Dieser Herr aber hatte Urlaub. Da der See zugefroren war und sie es für unwahrscheinlich hielt, daß jemand sie beobachten werde, rief sie ihre Hofdame und machte sich mit ihr auf den Weg. Sie hatten vor, zur andern Seite des Sees zu laufen. Die Prinzessin hatte aber noch keine hundert Schritte getan, als das Eis brach und sie ins Wasser fiel. Die Begleiterin wollte ihr helfen und fiel ebenfalls hinein. Ein alter Mann sah die beiden und kam herbei, um sie herauszuziehen. Dabei stürzte auch er ins Wasser.

Glücklicherweise waren ein paar Landarbeiter am Ufer. Sie riefen herüber, daß sie eine Leiter holen wollten. Es dauerte aber fast zwanzig Minuten, bis sie damit ankamen. Als man die drei Opfer endlich herausgezogen hatte, waren sie mehr tot als lebendig. Der Prinzessin gab man Kognak, sie wurde in Decken gewickelt und nach Hause gebracht. Ein Arzt aus Berlin stellte sich ein, und während die Prinzessin noch mit Fieber im Bett lag, teilte ein Diener mit, die Kaiserin sei da und wünsche sie zu sehen.

Die Prinzessin wußte, daß ihr Ärger bevorstand, weil sie nur von einer Dame begleitet ausgegangen war; deshalb ließ sie ausrichten, sie liege erkältet im Bett und müsse um Entschuldigung bitten. Zum Unglück erschien jedoch in der Abendzeitung eine Meldung über das Abenteuer. Sofort kritzelte die Prinzessin ein Briefchen an ihre Schwester, in dem sie erklärte, daß sie außerstande gewesen sei, sie zu empfangen, da sie noch unter dem Schock leide. Aber das Unglück war geschehen. Obwohl die Prinzessin am nächsten Tag mit einer Venenentzündung erwachte, gab es keine Gnade.

Zwei Tage darauf erschien ein Flügeladjutant des Kaisers mit einem Schreiben seines Herrn an den Prinzen. Es hieß darin, dem Prinzen sei es trotz häufiger Ermahnungen nicht gelungen, seine Frau zu beaufsichtigen; sie führe ihr Leben nicht nach den Auffassungen, die sich für eine preußische Prinzessin geziemten – was zu sein sie die hohe Ehre habe. Er sei deshalb gezwungen, schwerwiegende Maßnahmen zu treffen, um ihnen beiden begreiflich zu machen, daß er in seiner «Eigenschaft als Chef und Oberhaupt des Hauses» die Macht habe, auf der Wahrung der Gesetze von Tradition, Anstand und Sitte zu bestehen. «Dein Hof wird von jeder Verbindung mit der Außenwelt für vierzehn Tage ausgeschlossen». Der Prinz habe sich als «unter Arrest gestellt» zu betrachten und seinen Degen dem Adjutanten auszuhändigen. Ein Offizier werde in Glienicke die Runde machen. Von jetzt an sei es seiner Frau nicht gestattet, den Garten «ohne einen Herrn und eine Dame» zu verlassen, die Kammerfrau sei täglich für kurze Zeit von ihr zu empfangen und «als Dame» zu behandeln, auch die Ausfahrt ohne Dame sei verboten. Der Arrest betreffe sowohl den Prinzen wie seine Gemahlin. Der Kaiser nehme an, daß vierzehn Tage ruhigen Nachdenkens ihr klarmachen würden, daß es besser sei, sich den herrschenden Sitten anzupassen. Gezeichnet: «Wilhelm R.»

«Das waren in der Tat traurige vierzehn Tage, die wir jetzt verbrachten», schrieb die Prinzessin. Sie hätten unter einem Gefühl der Ungerechtigkeit gelitten, die nicht wiedergutzumachen war, «Tage, die weder mein Mann noch ich jemals vergessen können». Sie müsse jedoch gestehen, daß sie als erstes auf einen Stuhl geklettert sei, um das einzige Porträt des Kaisers, das sie besaßen, von der Wand zu nehmen. Sie riß es in Fetzen, und die Fetzen warf sie ins Feuer. «Danach fühlte ich mich entschieden wohler».

Der alte Kanzler war abgetreten. Ein überwältigendes Verlangen verzehrte den Kaiser: Ruhm für das Haus Hohenzollern zu ernten, indem er Bismarcks Werk durch noch glorreichere eigene Taten überschattete.

Bismarck hatte Deutschland geeint und es zur größten Macht des Kontinents erhoben. Jetzt wollte Wilhelm II. mit dem rastlosen Ehrgeiz der Jugend sein Land einen Schritt weiter auf dem Pfad der Größe führen und es zu einer Weltmacht werden lassen. Die Spötteleien seiner Mutter über den deutschen Provinzialismus waren nicht umsonst gewesen. Insgeheim bewunderte und beneidete er den weltoffenen Internationalismus der englischen Aristokratie. London, das Nervenzentrum des Handels und der Finanzen, dessen Stränge sich gleich einem riesigen Netz über das Antlitz der Erde spannten, erregte seine Vorstellungskraft und rief eine tiefe und schmerzliche Eifersucht hervor. Er dachte nicht an Krieg, aber er sehnte sich nach einer Stimme, die man auch über den Meeren vernahm. Er würde den Handschuh der Hohenzollern in die Arena schleudern, indem er seinen Kolonialbesitz vergrößerte und eine Flotte baute. Seine erste Tat nach dem Rücktritt Bismarcks war der Tausch des deutschen Sansibars vor der Küste Afrikas gegen das englische Helgoland, um sich einen wichtigen Flottenstützpunkt zu sichern. «Der Kurs bleibt der alte», verkündete er Eulenburg fröhlich. «Volle Kraft voraus!»

Aber war der Kurs der alte? Bismarck war im Alter vorsichtig geworden und immer stärker vom Nutzen des Friedens und der Mäßigung überzeugt. Deutschland – so hatte er beschlossen – sollte sich auf die Grenzen beschränken, die er gezogen hatte. In den letzten Jahren hatte er alle Kraft darauf verwendet, die Haltbarkeit dieser Grenzen wieder und wieder abzusichern. Er hatte sich nicht nur durch den Vertrag mit Rußland geschützt (den Wilhelm preisgab) und durch den Dreibund mit Italien und Österreich, er hatte außerdem eine Barrikade aus kleineren Abkommen errichtet.

Um das Einvernehmen mit Großbritannien zu verbessern, hatte er beispielsweise Italien und Österreich dazu überredet, Verträge mit London zu schließen, die sie verpflichteten, den status quo der Türkei und des Mittelmeers zu erhalten. Und er gab sogar den Gedanken auf, ein Kolonialreich zu gründen, weil ihm dies – wie er sagte – zu viele Konflikte mit England bereiten würde. Obwohl er in den achtziger Jahren Deutsch-Neuguinea und Gebiete in Afrika (Deutsch-Südwestafrika, Ostafrika, Kamerun, Togo) erworben hatte, unternahm er nichts, sie zu entwickeln. Am Ende des Jahrzehnts nannte er sie «eine Bürde und einen Aufwand», die Englands Feindschaft nicht wert seien. «Hier ist Frankreich, und hier ist Rußland», sagte er zu einem berühmten Forscher, «und in der Mitte Deutschland: Das ist meine Karte von Afrika.»

Dieser vorsichtige, konservative Bismarck der vorgeschrittenen Jahre war jedoch keineswegs jenes Standbild, das die Öffentlichkeit kannte. Seine behutsamen Ansichten verbarg er ebenso listig wie viele seiner

Verträge hinter seiner täuschenden Außenseite. Das Volk kannte nur den Bismarck, der Deutschland die beste Armee Europas gegeben hatte, den Bismarck von Blut und Eisen, den Bismarck, der noch 1888 den Reichstag in seinen Bann geschlagen hatte, als er ausrief: «Wir Deutsche fürchten Gott, und sonst nichts in der Welt!» Selbst die Minister, die unter ihm dienten, wußten kaum mit Sicherheit, womit er sich in der Hauptsache beschäftigte. Hatte er nicht noch ein paar Wochen vor seinem Rücktritt den jungen Kaiser gedrängt, er möge die Verfassung zerreißen, das allgemeine Wahlrecht abschaffen und notfalls mit Kugeln gegen die Sozialdemokraten vorgehen?

Wilhelms II. Kurs war nicht der gleiche wie der unter Bismarck, aber seine Regierung war das natürliche, fast unvermeidliche Ergebnis der Bismarckschen Gedankenwelt und der Bismarckschen Erfolge. Es ist in der Tat zweifelhaft, ob Bismarck selbst imstande gewesen wäre, seine Machtpolitik fortzusetzen, denn er hatte Wünsche in den Herzen seiner Landsleute geweckt, die nicht so leicht wieder zu ersticken waren. Wilhelm II. konnte beinahe als das eigene Geschöpf Bismarcks bezeichnet werden, denn wer anders als der Kanzler hatte den Sinn des jungen Prinzen für den Ruhm der Monarchie entflammt, das Verlangen nach Absolutismus, nach der Macht der Einschüchterung? Die Kaiserin Friedrich hatte die möglichen Folgen vorhergesehen und darüber vor zehn Jahren ihrer Mutter geklagt. «Fürst Bismarck hat soviel Brutales und Zynisches, so wenig Anständiges und Ehrliches in seiner Natur, er ist ein Mensch aus einem ganz anderen Jahrhundert, so daß er als Beispiel oder Ideal sehr gefährlich wird», hatte sie 1887 geschrieben. «Er ist ein Patriot und ein Genie, als Lehrer kann man sich keinen schlimmeren denken. Ansichten, wie Wilhelm sie vertritt, sind heutzutage in Deutschland sehr verbreitet – sie sind zur Hälfte an der ungeheuren Macht Bismarcks schuld, zur Hälfte hat dieser sie geschaffen».

Der auffallendste Unterschied zwischen den beiden Regimes war die Tatsache, daß Bismarcks Herrschaft eine fachmännische gewesen war, die von Wilhelm dagegen nicht. Der junge Kaiser war zwar ein hochpolitischer Mensch (der alte Kanzler hatte das nicht ganz erkannt), aber er war nicht fähig, ernstlich Gebrauch davon zu machen. Er mochte keine Routine, ja, er lehnte es sogar ab, einen bestimmten Wochentag für die Vorträge des Reichskanzlers festzulegen. Er zog es vor, mittels Eingebung und Einmischung zu regieren. Das war tatsächlich die einzige ihm mögliche Form, denn obschon er einen regen Geist und viele Interessengebiete hatte, obwohl er Tatsachen erstaunlich schnell verarbeiten konnte und oft Gelehrte, Künstler, Akademiker und Geschäftsleute durch das rasche Erfassen ihrer Probleme verblüffte, fehlten ihm die Geduld zum

Nachdenken und die Kraft der Einsicht. Sein Kopf steckte voller Informationen, aber er konnte keinen logischen Kurs ausarbeiten oder wenigstens bei einem bleiben; immer überließ er sich der Laune des Augenblicks und wechselte seine Auffassungen mit verwirrender Häufigkeit. Er kritzelte ungestüme Bemerkungen an den Rand der Akten, schrieb Privatbriefe an die Monarchen, führte indiskrete Gespräche mit ausländischen Militärattachés, und wenn ihn die Lust dazu ankam, gab er aufregende Verlautbarungen von sich. Er war entzückt von Feiern, Uniformen, Orden, Menschenmassen und von allem Pomp. Am allermeisten aber liebte er öffentliche Reden. Jedesmal, wenn er ein Denkmal enthüllte, ein Regiment inspizierte, ein Schiff vom Stapel ließ, sprach er zum Volk. In den ersten zehn Jahren seiner Regierung hielt er mehr als vierhundert Reden.

Wilhelms unstetes Gebaren als Ersatz für Bismarcks zielbewußtes Zugreifen rief eine Ungewißheit hervor, die bald von Cliquen und Personen ausgenutzt wurde, die miteinander um die Gunst des Kaisers wetteiferten. Der neue Reichskanzler Caprivi und der neue Staatssekretär Freiherr von Marschall (der den Platz des Grafen Herbert Bismarck eingenommen hatte) konnten wenig tun, die Ereignisse zu kontrollieren, denn beide waren politische Neulinge. Caprivi stellte die Dinge in seiner ersten Reichstagsrede klar, als er sagte: «Ich stehe hier auf Befehl meines Obersten Herrn, und ich werde die Geschäfte erledigen, wie er es wünscht, so lange ich sein Vertrauen genieße und seine Befehle empfange.» Marschall war kaum robuster. Er fing damit an, sich bei dem Grafen Eulenburg, dem Freund des Kaisers, einzuschmeicheln. Als Angehöriger des diplomatischen Dienstes war Eulenburg zwar der direkte Untergebene Marschalls, dennoch bat der Staatssekretär ihn herzlich, er möge ihm doch bei seiner künftigen Arbeit mit Rat und Tat zur Seite stehen und ihm durch aufrichtige Kritik helfen.

Als schlimmste Figur trat in die Leere, die Bismarck hinterließ, Friedrich von Holstein. Caprivi und Marschall waren so unerfahren, daß sie ihn für unentbehrlich hielten. Obwohl sie seinen düsteren Ruf und seine abwegigen Gedankengänge kannten, gab ihm die Tatsache, daß er von Bismarck geschult worden war und mehr über das komplizierte Netzwerk der deutschen Verträge wußte als jeder andere, in ihren Augen eine unbestreitbare Autorität. Es schien ihnen nicht einzufallen, daß ein Mann mit solch verworrenen Ansichten falsche Schlüsse ziehen und anfechtbare Urteile abgeben könnte. Im Gegenteil, sie sahen ihn als ein Orakel an. Ohne Bedenken akzeptierten sie seine Einschätzung des Rückversicherungsvertrages und bewogen den Kaiser, es auch so zu halten. Schon dadurch allein überließen sie Holstein praktisch die Führung des Auswärtigen Amtes. Niemand außer Bismarck – und er war nicht völlig objektiv – sah voraus, welch ein Unheil dieser Mann für Deutschland bedeuten sollte. Andererseits aber verstand Holstein durch seine gütige, gelehrte und bebrillte Erscheinung eine Aura des Vertrauens zu schaffen. Er lehnte jede Beförderung ab und blieb auch weiterhin im schützenden Schatten der Hinterzimmer. Er vermied es sogar, dem Kaiser zu begegnen. «Nur einmal», schrieb Wilhelm II., «stimmte er zu, mit mir im Auswärtigen Amt zu essen». Stattdessen arbeitete Holstein auf gewundenen Pfaden geistesverwandt mit ihm: Er benutzte Philipp Eulenburg, um seine Auffassungen (die er für die der Regierung hielt) dem Kaiser einzuschärfen.

Eulenburgs Magie wirkte ungemindert auf den Kaiser. Als er den Fuß in dessen Potsdamer Heim setzte – so erinnerte sich Wilhelm später –, war es, als flute «Sonnenlicht in den Alltag». Niemand konnte die kaiserlichen Gedanken so umformen oder Sorgenfalten so schnell glätten wie er. Der Kaiser bezeichnete ihn als seinen Freund und bat um seine Begleitung, wenn er auf Reisen ging. Der Graf hatte viele gute Eigenschaften. Er war nicht argwöhnisch, er war warmherzig, fleißig, klug und seinem Herrn aufrichtig ergeben. Ohne Zweifel war sein Einfluß der beste, der jemals auf Wilhelm ausgeübt wurde. Sein größter Fehler war seine Abneigung gegen Verantwortung. Wie Holstein schreckte er vor direkter Kontrolle zurück. Im Jahre 1893 hätte er vielleicht Außenminister werden können, doch er wies den Gedanken von sich. «Der stete Verkehr mit dem Kaiser würde mich abnützen. Nur so lange ich als Freund des Kaisers existiere, dessen Wiedersehen ihn erfreut, dessen Briefe er liebt und beachtet, bin ich wirksam für ihn und das Vaterland».

Deshalb zog er es vor, sich auf eine femininere Weise zu betätigen: Er entzückte den Kaiser durch seine geistreiche Unterhaltung, er kleidete Kritik in samtene Worte, er wartete den rechten Augenblick ab, gut zuzureden oder zu überzeugen.

Holstein betrachtete Eulenburg bald als unersetzlich. Offiziell gehörte der Graf nun der preußischen Gesandtschaft in Oldenburg an. Inoffiziell jedoch war er – in Holsteins Augen – der deutsche Gesandte beim Kaiser. Er mußte eine rege Korrespondenz mit Wilhelm unterhalten, ihn so oft wie möglich sehen und jede seiner Reaktionen sofort melden. Außerdem bombardierte Holstein ihn mit Instruktionen. «Waldersee muß weg! Er ist im Kriegsfall bedenklich, da ihn der Kaiser nicht respektiert. Aber Botschafter darf er auch nicht werden, denn da wäre er für Caprivi gefährlich. Auch vor Graf Wedel muß gewarnt werden, der die Botschaft in Petersburg erstrebt. Überhaupt machen Sie Front gegen die Auffassung, daß Militärs zuverlässiger sind als Zivilisten». Oder: «Schlagen Sie Seiner Majestät doch mal vor, daß er an Koch eine ganz außerordentliche

Auszeichnung gibt. Damit wird Seine Majestät viel Beifall ernten und wird dem eitlen Virchow, dem Unterdrücker des wissenschaftlichen Nachwuchses, einen großen Ärger machen». Oder: «Machen Sie also bitte eine Schiebung: Rantzau – Stockholm, Busch – Stuttgart. An Rantzau können Sie sagen, daß er, falls er es wünscht, auch mal eintretendenfalls für Brüssel, Haag oder Madrid in Aussicht genommen wird». An den Rand dieses Schreibens notierte Eulenburg: «Es fällt mir nicht im Traum ein, an Rantzau zu rühren!» Weiter konnte man mit Eulenburg nicht gehen, denn er war redlich gegenüber seinem königlichen Herrn und lehnte es ab, Instruktionen zu befolgen, die er nicht billigte.

Holsteins Interessen beschränkten sich aber nicht nur auf Personalien. Es dauerte nicht lange, und er bat Eulenburg, seinen Rat dem Kaiser auch in anderen Fragen weiterzugeben. Er kümmerte sich um Armeereformen und Vorlagen über das Schulwesen, er gab Empfehlungen für Reden und schlug Methoden vor, mit denen man den Reichstag behandeln solle. Man mag diese Rolle als sonderbar für einen Diplomaten ansehen, da Deutschland jedoch ein Bund halbautonomer Staaten war, die von erblichen Fürsten regiert wurden, galt es als alte Tradition des Auswärtigen Amtes, wichtige Angelegenheiten innerhalb seines Gebietes zu erörtern und sich überall dort einzumischen, wo es angebracht schien.

Eulenburgs Leben wurde besonders anstrengend, wenn er den Kaiser ins Ausland begleitete, denn Holsteins Telegramme waren beharrlich und aufgeregt. Da der Graf keinen Sekretär hatte, saß er oft bis zum Morgengrauen über seinen Antworten. Er mußte seine Arbeit vor dem Kaiser verbergen, denn die Unterbrechung des kaiserlichen Vergnügens durch ernsthafte Tätigkeit wäre niemals gestattet worden: Eulenburgs Rolle war die des stets frohgemuten Begleiters. Als er auf der Yacht des Kaisers 1894 nach Italien reiste, schrieb er in sein Tagebuch: «Alle Augenblicke kommen Depeschen, die ich erledigen muß, dann wieder muß ich zum Kaiser und dazwischen mich umziehen, morgens Promenadenkostüm, zum Frühstück schwarzer Rock, geht man zur Yacht, Yacht-Dress ... so daß ich, während ich mich wasche, Depeschen diktiere ...» Er fühlte sich wie «ein Käfer, der in einen Ameisenhaufen» gefallen ist. Aber es gab keine Flucht: Eulenburgs Einfluß beruhte in seiner anregenden und liebenswürdigen Gesellschaft. «Wenn mir schon dieses ewige Tennis und die ‹Christabel› ziemlich heraus sind, so würde ich mir im Interesse des Kaisers schaden, wenn ich stattdessen arbeiten wollte. Er läßt sich eben politisch alles von mir sagen, weil ich mit ihm Tennis spiele und zwischen fliegenden Bällen und bei kleinen Ruhepausen ein gut gestimmtes kaiserliches Ohr vor mir habe, das geneigt ist, schwierige Dinge bei guter Laune zu bewilligen».

Es gab auch andere Begleiterscheinungen, die Eulenburg nicht mochte. Er verabscheute die Umgebung des Kaisers. Als sensibler und geistvoller Mensch fand er die ungehobelte und beschränkte Mentalität der Junker fast unerträglich. Doch gerade dies waren die Leute, bei denen der Kaiser sich wohlfühlte: Er sonnte sich in ihren kriecherischen Bemerkungen, er barst vor Lachen über ihre derben Scherze. Ohne Ausnahmen galten sie als seine «Regimentskameraden». In jedem Juli veranstaltete der Kaiser eine Yachtreise nach Norwegen; nur ein Dutzend ausgesuchter Freunde war an Bord. Abends wurden die Gäste herbeizitiert, um ihren Herrn zu unterhalten. Graf Görtz fand viel Beifall, denn er konnte Tierstimmen nachahmen; Kiderlen-Wächter, Holsteins Mitarbeiter im Auswärtigen Amt, amüsierte den Kaiser durch gewagte Witze; Hülsen-Haeseler führte Zaubertricks vor; andere sangen Lieder und tanzten – einmal machten sich zwei mittels einer gewaltigen Wurst als siamesische Zwillinge zurecht. Morgens bestand der Kaiser darauf, daß alle seine Gäste Freiübungen an Deck vollführten. Es machte ihm Spaß, sich hinter sie zu stellen, wenn sie in der Hocke waren, und sie umzustoßen. «Die alten Knaben tun das so, als ob diese Auszeichnung ihnen eine besondere Freude macht, ballen aber die Faust in der Tasche und schimpfen nachher unter sich über den Kaiser wie alte Weiber», schrieb Kiderlen.

Eulenburg langweilte sich in dieser Gesellschaft. Was ihn geradezu abstieß, das war die Vorliebe des Kaisers für grobe Späße. Dieser Hang wuchs mit den Jahren immer mehr, so daß Graf Zedlitz, der Hofmarschall, befürchtete, es könnten darüber unangenehme Geschichten erzählt werden. Er schrieb: «Der Kaiser hat sich angewöhnt, mit gewissen Leuten sich ganz harmlos, aber doch etwas kindlich zu amüsieren. Wie er den Major von Neumann schon immer als eine Art Clown und Hofnarr behandelt, das wird mir immer unvergeßlich bleiben, aber den Kapitänleutnant von H. kneift und kitzelt er eigentlich jedesmal, wenn er ihn sieht, bis er die merkwürdigsten Laute ausstößt.» Fast alle Mitglieder der kaiserlichen Umgebung mußten sich zu solchen Würdelosigkeiten hergeben – Eulenburg war eine Ausnahme. «Der Kaiser hat mich niemals angerührt; er wußte, daß ich mir das nicht hätte gefallen lassen», schrieb er.

Doch allen Erniedrigungen konnte auch Eulenburg nicht entgehen. Der Kaiser hatte eine Passion für Uniformen. Als er Eulenburg einmal auf dessen Landsitz, Schloß Liebenberg, besuchte, verlieh er ihm feierlich eine von ihm entworfene «Hofjagduniform», die alle seine Freunde tragen mußten. Der Graf beklagte sich darüber, daß sie «ganz unbeschreiblich unbequem ist, weil sie die Form und den Kragen eines echten Uniformrokkes hat. Da ich aber ganz ausgesprochenermaßen ein Zivilmensch bin und bleiben will, so drückt mich der militärische Kragen nicht nur deshalb, weil er mich an ganz unleidliche militärische Stunden mit groben Rittmeistern und noch gröberen Kommandeuren erinnern muß, sondern auch, weil mir übel wird, wenn ich diese infame Kragenerfindung am Halse unter Konvulsionen zuhaken muß. Weshalb aber außerdem zu der Jaguniform hohe gelbe Stiefel mit silbernen Sporen (!!) gehören, ist mir ein Rätsel. In meinem alten Liebenberg, wenn der Kaiser mich besucht, verkleidet herumstelzen, ihm in meinem friedlichen Zimmer mit Sporen Vortrag zu halten und zum Schluß gar noch an meinem friedlichen Flügel in hohen gelben Stiefeln Lieder zu singen!! – nein, das widersteht mir wie geistiger Lebertran. Ich will aber auch nicht angezogen sein wie die ‹kaiserliche Umgebung›. Ich bin jemand anderes». Doch am Ende fügte er sich und trug die Uniform ohne Murren.

Eulenburgs schwierigste Arbeit war, die Neigung des Kaisers zu Indiskretionen nach Möglichkeit zu zügeln. Seine Leidenschaft für das Reden brachte oft Verdruß, denn obwohl er an sich ein guter Redner war, schienen seine Äußerungen oft aus einem anderen Jahrhundert herzurühren. Sie waren mit Hinweisen auf die Glorie der monarchischen Herrschaft – «von Gottes Gnaden» – gespickt; er berief sich auf Größe, Gehorsam, Opfer, Rache und Pflicht. «Wer sich mir entgegenstellt, den zerschmettere ich», erklärte er einmal, und ein anderesmal versprach er: «Ich werde euch herrlichen Zeiten entgegenführen!» Als eine Zeitung unfreundliche Worte über ihn druckte, rechnete er mit der Presse ab: «Es schleicht ein Geist des Ungehorsams durch das Land, gehüllt in schillernd verführerisches Gewand, versucht er, die Gemüter meines Volkes und die mir ergebenen Männer zu verwirren. Eines Ozeans von Druckerschwärze und Papier bedient er sich!»

Aber nicht nur seine Reden verursachten manchen Ärger. Als er im August 1891 München besuchte, schrieb er seinen Namen in das Goldene Buch und dazu «Regis voluntas suprema lex». Da der König von Bayern geisteskrank war, machte Eulenburg dem Kaiser schwere Vorwürfe. «Das Wort hat an höchster Stelle deshalb sehr verletzt, weil hier ‹regis voluntas› – Wahnsinn ist! Auch weil die Leute, hiervon abgesehen, eine Art persönlichen kaiserlichen Willen über den bayrischen Willen herauszulesen meinen. Alle Parteien ohne Ausnahme haben sich durch das Wort Eurer Majestät verletzt gefühlt». Als Eulenburg jedoch so scharf schrieb, mußte er feststellen, daß der Kaiser nicht antwortete. Er hüllte seinen Tadel also von nun an in Komplimente. Nachdem der Kaiser in einer Rede von der «Straße des Ruhms» gesprochen hatte, schrieb Eulenburg ihm: «In der Begabung E. M. für Reden liegt eine Gefahr: daß E. M. zu viel von dieser Begabung Gebrauch machen. Wenn E. M. mit einer solchen Begabung haushälterisch umgehen, wird ein hundertfacher Erfolg erzielt werden. Wenn E. M. bei jeder Gelegenheit sprechen, geben E. M. bei so hoher Begabung einen Vorteil aus der Hand».

Oft sprach die ganze Welt über die Reden des Kaisers. Im Jahre 1891 war er über einige schwache sozialistische Kundgebungen derart erzürnt, daß er seine Worte zu Bismarck vom Jahre zuvor, wonach er der König der Armen zu sein wünsche, vergaß. Er hielt eine ungeheuerliche Ansprache vor Rekruten. «Ihr habt mir Treue geschworen. Das, Kinder meiner Garde, heißt, ihr seid jetzt meine Soldaten, ihr habt euch mir mit Leib und Seele ergeben. Es gibt für euch nur einen Feind, und der ist mein Feind. Bei den jetzigen sozialistischen Umtrieben kann es vorkommen, daß ich euch befehle, eure eigenen Verwandten, Brüder, ja Eltern niederzuschießen – was Gott verhüten möge –, aber auch dann müßt ihr meine Befehle ohne Murren befolgen!» Diese Rede erregte in ganz Europa Aufsehen. Tolstoj meinte dazu, offensichtlich sei der Kaiser geisteskrank.

In der Behandlung der Personen seiner eigenen Umgebung machte Wilhelm beunruhigende Fehler. 1892 scheuchte ein Skandal den Hof auf. Persönlichkeiten aller Rangstufen – einschließlich der Kaiserin – erhielten anonyme Briefe, alle in derselben Handschrift. Sie beschäftigten sich mit Skandalen und Intrigen unter den Höflingen. Es lagen pornographische Bilder bei, deren Köpfe weggeschnitten und durch die Fotos wohlbekannter Leute ersetzt worden waren. Trotz aller Bemühungen, den Täter zu entdecken, wurden solche Briefe zwei Jahre lang geschrieben. Es lag auf der Hand, daß sie von jemandem aus dem intimsten Kreis kommen mußten, denn die Darstellungen kamen der Wahrheit nahe.

Der Kaiser hatte zwei Zeremonienmeister, den Baron von Schrader und den Grafen von Kotze. Der nüchterne Schrader haßte den geselligen Kotze, und eines Tages fand er auf dessen Tisch zwei Blätter Löschpapier mit Schriftzügen, die – wie er aufgeregt behauptete – identisch mit denen der Briefe seien. Er brachte das Löschpapier zum Kaiser und überzeugte ihn. Kotze war gerade zu Besuch bei seiner Mutter auf seinem Landgut, und als er am nächsten Tag ins Schloß kam, sah er sich «im Namen des Königs» unter Arrest gestellt. Obwohl er seine Unschuld heftig beteuerte, wurde er ins Militärgefängnis eingeliefert, wo er seinen Prozeß abwarten sollte.

Man nahm ihm Papier und Bleistift weg und ließ ihn bewachen. Ein paar Tage später trafen neue anonyme Briefe bei Hofe ein. Der Kaiser sah ein, daß er vorschnell gehandelt hatte; es war ein Fehler gemacht worden. Jetzt erst bemühte man sich um einen Graphologen. Der Mann erklärte, daß Kotzes Handschrift keinerlei Ähnlichkeit mit jener der pornographischen Briefe habe. Aber auch jetzt noch wurde nichts getan, um den Prozeß aufzuhalten. «Ich habe mit der Sache nichts zu tun», sagte der Kaiser. Die Untersuchung wurde jetzt vom Justitiar des Hofes weitergeführt.

Zu dieser Zeit war der Skandal bereits publik, der Name «Kotze» bedeutete soviel wie Pornographie. Obwohl der Richter ihn schließlich freisprach, trug Kotze einen Makel davon, dessen er nicht wieder entledigt wurde. Allein der Kaiser hätte seinen besudelten Ruf durch eine nachdrückliche Erklärung wiederherstellen können, aber dazu war Wilhelm nicht geneigt. Stattdessen schickte er ihm ein Ostergeschenk – ein Ei aus Blumen. Kotze forderte Schrader zum Duell und tötete ihn. Dann verließ er Berlin und vergrub sich auf dem Lande.

Eulenburg versuchte den militärischen Einflüssen, denen der Kaiser ausgesetzt war, dadurch entgegenzuwirken, daß er ihn dringend bat, sich weniger autokratisch, aber «konstitutioneller» zu verhalten. War Deutschland etwa kein autokratischer Staat, und wie groß war die tatsächliche Macht des Kaisers? Das war nicht ganz eindeutig zu sagen. Fürst Bismarck hatte 1871 eine Verfassung entworfen, die auf seine eigenen Bedürfnisse zugeschnitten war. Er hatte sie so formuliert, daß er selbst über die volle Herrschergewalt im Namen des Kaisers verfügte. Gleichzeitig aber hatte er den Liberalen vorgegaukelt, die Saat für eine parlamentarische Regierungsform gelegt zu haben. Das Ergebnis war eine Autokratie, die nach außen hin die öffentliche Meinung respektierte, die in Wirklichkeit aber von einer unausgesprochenen Partnerschaft zwischen Kaiser und Kanzler dirigiert wurde.

Leiter der deutschen Politik war der Reichskanzler, der vom Kaiser berufen wurde und ihm allein verantwortlich war. Die gesetzgebende Körperschaft war der Reichstag, der aber vom Bundesrat abhängig war. Der Bundesrat, als eigentlicher Souverän, setzte sich aus den Vertretern der Bundesfürsten zusammen. Diese Herren, denen der Reichskanzler präsidierte, hatten zusammen mit dem Reichstag das Recht der Gesetzgebung, und da der Kanzler in der Regel auch der Ministerpräsident Preußens war (und Preußen konnte immer die Stimmenmehrheit aufbringen), schien das deutsche Kaiserreich eine Diktatur in den Händen des Kaisers zu sein. Aber ganz so einfach war es nicht. Der Kanzler konnte die Fürsten nur durch seine Überredung lenken, es bestand also immer die Gefahr separatistischer Bestrebungen. Außerdem war noch das Abgeordnetenhaus zu berücksichtigen.

Diese Versammlung wurde im gleichen und geheimen Wahlrecht gewählt – ein Privileg, dessen sich erst wenige europäische Länder erfreuten. Die Macht der Abgeordneten war indessen nahezu illusorisch. Sie konnten allein und ohne den Bundesrat kein Gesetz einbringen und hatten bei bedeutsamen Fragen wie den auswärtigen Angelegenheiten oder selbst der Kriegführung nichts zu befinden. Obwohl die Zustimmung des Reichstages bei der Inkraftsetzung von Gesetzesvorlagen also erforderlich war, hatte er doch kaum wirklich entscheidende Probleme zu beraten, da die Regierung in politischen Fragen nicht von ihm abhängig war. Immerhin hatte sich Bismarck gezwungen gesehen, dem Reichstag einen Trumpf in die Hand zu geben: Er hatte das Recht, dem Militärhaushalt zuzustimmen oder ihn abzulehnen. Alle fünf Jahre wurde er ihm vorgelegt. Auf diese Weise konnte die Volksvertretung die Stärke des deutschen Heeres überwachen. Der Kaiser konnte zwar den Reichstag auflösen, wann immer er wollte, die Öffentlichkeit vermochte dann aber ihr Mißfallen dadurch zum Ausdruck zu bringen, daß sie die gleichen Abgeordneten wiederum berief. Dies hätte sich auch um ein Haar im Jahre 1893 ereignet, als Caprivis Militärhaushalt abgelehnt wurde. Neuwahlen fanden statt, und die Vorlage ging dann mit einer Mehrheit von nur elf Stimmen durch.

Der Umstand, daß der Reichstag trotz seiner eingeschränkten Macht ein Spiegelbild der öffentlichen Meinung war, veranlaßte Eulenburg zu der Bitte, der Kaiser möge das Haus nicht rücksichtslos, sondern mit Respekt behandeln. «Diese Dummköpfe», meinte Wilhelm dazu gereizt. Die Abgeordneten stimmten der Militärvorlage mit der knappsten Majorität zu und lehnten es ab, eine Vergrößerung der Flotte zu erörtern, deren Notwendigkeit sie nicht einsehen konnten. Selbst Bismarck hatte wenig Verständnis gezeigt, als Wilhelm – damals noch Prinz – die Angelegenheit mit ihm besprach. Später erzählte der Kaiser, er habe gesagt, es seien Schritte zum Bau einer Flotte zu unternehmen, um Deutschlands auswärtige Interessen nicht ohne Schutz zu lassen. Nachdem der Fürst die deutsche Flagge in fremden Ländern entrollt habe und das Volk hinter ihm stehe, müsse auch eine Flotte vorhanden sein. Aber der Fürst hatte taube Ohren für Wilhelms Darstellung: «Wenn die Engländer auf unserem Boden landen sollten, dann lasse ich sie festnehmen». Wilhelm II. glaubte, dieser Mangel an Verständnis sei ganz einfach auf das hohe Alter des Kanzlers zurückzuführen gewesen. Deutschland trat jetzt in eine neue Ära ein. So lange die Abgeordneten nicht die Notwendigkeit der Flotte einsahen und bereit waren, die Vorlage anzunehmen, blieben sie «Narren und Dummköpfe».

Eulenburg versuchte auch, den Kaiser von den häufigen Einmischungen in die Arbeit seiner Minister abzuhalten. Obwohl es keine klare konstitutionelle Trennung zwischen der Kanzlerautorität und den kaiserlichen Vorrechten gab, glaubten die meisten Deutschen sich auf dem Weg zu einer parlamentarischen Regierung zu befinden. Sie wären erschrocken gewesen, wenn sie erkannt hätten, daß sie zu den Tagen des monarchistischen Absolutismus zurückkehrten. Deshalb mußte der Kaiser alle Handlungen und auch Gesten vermeiden, die den Eindruck der persönlichen Herrschaft machen konnten.

Die Worte Eulenburgs beeindruckten Wilhelm aber nur wenig, denn sie wurden von der militärischen Umgebung erstickt, in der der Kaiser lebte. Das kaiserliche Schloß war von Offizieren überflutet. Dem Haushalt des Kaisers stand der General von Plessen vor, fast alle Hofbeamten waren Militärs, gelegentlich fand sich auch einmal ein Admiral. Nach der Verfassung war die Armee direkt dem Kaiser verantwortlich, der in Kriegszeiten automatisch Oberster Kriegsherr wurde. Das Offizierskorps bildete eine privilegierte Klasse außerhalb des Gesetzes – in manchem ähnlich den mittelalterlichen Ritterorden. Seine Angehörigen konnten nicht von Zivilgerichten belangt, auch nicht von der Polizei festgenommen werden, allein das eigene Ehrengericht durfte sie bestrafen. Als Folge davon neigten die Offiziere – und zumal die preußischen – dazu, sich für Halbgötter zu halten. Sie sahen sich nicht als Diener des Staates an, sondern als Paladine des Kaisers, die durch ihren Treueid an ihren Allerhöchsten Herrn gebunden waren. Als Folge verachteten die meisten von ihnen die zivilen Einrichtungen im allgemeinen und die demokratischen im besonderen; Reichstag und Presse erregten ihre tiefste Geringschätzung. Sie bestärkten den Kaiser in seinen autokratischen Anschauungen durch ihre ungeduldige Forderung nach dem «strengen Regiment». Als einmal eine Flut kritischer Artikel über den Kaiser in einer Zeitung erschien, wurde der General von Plessen gefragt, wie er die Herausgeber zu behandeln gedenke. «Wir müssen die Gewehre auf sie richten. Dann werden sie den Mund halten.» Der Kaiser dachte daran, einen Flügeladjutanten zu den Herausgebern zu schicken, um sie fordern zu lassen. Schließlich ließ er es sein.

In seinen Bemühungen, den Einfluß der Flügeladjutanten zu schwächen, überschritt Eulenburg zuweilen die Grenze. Als Oberst Engelbrecht, der deutsche Militärattaché in Rom, entgegen den Weisungen des Auswärtigen Amtes Berichte direkt an den Kaiser gab, protestierte Eulenburg bei Wilhelm, bekam aber einen scharfen Rüffel. «Betreffs Engelbrechts bist Du nach wie vor auf einem vollkommenen Holzwege. Ich bitte Dich dringend, im Auswärtigen Amt vor weiteren Angriffen gegen ihn zu warnen. Er hat meine vollste Zufriedenheit erworben und ist mein Kamerad und Flügeladjutant! Wird er noch weiterhin schlecht behandelt oder sekiert, so haue ich auch im Auswärtigen Amt einmal dazwischen. Ich will nun einmal ‹Ruhe im Schiff› haben, sonst ist gedeihliche Arbeit unmöglich». Eulenburg schrieb dazu die düstere Glosse: «Und spukt nun gar noch der ungeheuerliche preußische Hohenzollern-Atavismus des 1. Garderegiments in diesen Brief des armen, lieben Kaisers hinein... Aber einen Herrscher mit der ‹energischen Geste› des Kaisers in den Comment des 1. Garderegiments wieder hineingezogen zu sehen, dem er mit großer Mühe und durch meine wirklich unter Aufopferung aller Zeit und Gesundheit geleistete Arbeit wenigstens ein geringes entzogen worden war, ist eine traurige Erfahrung».

Eulenburg hatte wenigstens den Trost, daß der Unruhestifter Waldersee, der einstige Chef des Großen Generalstabes, von der Bildfläche verschwunden war. Waldersee war bitter enttäuscht gewesen, daß er nicht Reichskanzler geworden war, und in seinen Gesprächen mit dem Kaiser wurde er nun unvorsichtig. Als Wilhelm im Herbst 1890 an den alljährlichen Manövern teilnahm, kritisierte Waldersee die Aufstellung der Truppen Seiner Majestät in Gegenwart aller Bundesfürsten. Ein paar Monate danach, im Januar 1891, ließ Wilhelm den Grafen kommen, zeichnete ihn mit dem Großkomturkreuz des Hohenzollern-Ordens aus und teilte ihm mit, daß er eine wichtige neue Aufgabe für ihn habe: Kommandeur eines Armeekorps solle er nun werden. Der Sturz vom Chef des Großen Generalstabes zu dem Posten eines Korpskommandeurs war so arg, daß Waldersee keine Worte der Entgegnung fand. Er ging wütend nach Hause, besprach die Sache mit einem Freund und beschloß, den Abschied zu nehmen. Wilhelm aber bat ihn inständig, im Dienst zu bleiben. «Ich solle doch nicht auf das Gerede der Welt hören», notierte Waldersee in seinem Tagebuch, «sondern mir an seiner Freundschaft genügen lassen. Er werde sie zum Ausdruck bringen, der Welt zeigen, was es heiße, Freund des Deutschen Kaisers zu sein. Jeder, der ein Wort gegen mich zu sagen habe, solle zerschmettert werden, die Presse wolle er zu Paaren treiben und dergleichen mehr. Schließlich ging er so weit, mit zärtlichster Gebärde mich zu bitten. Er faßte meine Hand und sagte: ‹Nicht wahr, Sie nehmen an? Ihr Kaiser bittet Sie›. Ich blieb aber hart und danke Gott, daß er mir die Kraft dazu gab.»

Am Ende nahm Waldersee das Kommando nach Altona an. Er sagte sich, der beste Kurs sei der, die Gunst des Kaisers zurückzugewinnen. Denn in Deutschland waren keine Rosinen zu bekommen, wenn der Allerhöchste Herr nicht wollte.

Im Frühjahr 1894 drohte Caprivi mit dem Rücktritt. Der Kaiser hatte versucht, ihn zum Erlaß von Sozialistengesetzen zu bewegen. Caprivi mißfiel das. Dieses ganze Reichskanzleramt machte ihn krank. Als Holstein die Gerüchte hörte, daß er zu gehen plane, geriet er in eine Panik: Er befürchtete, Bismarck könnte jetzt wieder auftauchen. Seitdem er den Verräter am Eisernen Kanzler spielte, hatte diese Möglichkeit – die nur in seiner Phantasie bestand – ihn stets geängstigt, und er tat alles, den Kaiser in seiner feindseligen Haltung zu bestärken. Die Ereignisse arbeiteten für ihn, denn Bismarck hatte sich durchaus nicht taktvoll zurückgezogen. In einer Serie anonymer Artikel, die in den ‹Hamburger Nachrichten› erschienen, griff er Kaiser, Regierung und Auswärtiges Amt an. Er spottete über den Kaiser, weil er Sansibar gegen einen «Felsen in der Nordsee», wie er es nannte, eingetauscht hatte. Und er deutete dunkel an, daß die Dinge nicht gut mit der deutschen Politik stünden. Mit Nachdruck wies er darauf hin, daß Deutschland nur dann sicher sei, wenn es im guten Einvernehmen mit Rußland stehe.

Diese Attacken brachten die Regierung durcheinander. Viele Leute drängten den Kaiser, er möge den alten Herrn durch eine Aussöhnung besänftigen. Bismarck kandidierte 1891 für den Reichstag. Dann aber klagte er darüber, daß er seinen Sitz nicht einnehmen könne, weil er keine Wohnung in Berlin habe. Man riet dem Kaiser, ihm eines seiner Schlösser anzubieten. Als Holstein davon erfuhr, schrieb er Eulenburg einen aufgeregten Brief. «Die Intrige wegen ‹Bismarcks Aussöhnung› wird mit äußerstem Geschick und mit einer gewissen Aussicht auf Erfolg fortgeführt. Denken Sie sich, daß S. M. dem Reichskanzler, der es mir heute erzählte, gesagt hat, er denke daran, dem Fürsten Bismarck, falls er zum Reichstag komme, Wohnung im Schloß Bellevue anzubieten! Der Kaiser wird in dem Augenblick, wo er den ersten Schritt gegenüber Bismarck tut, aufhören, der erste Mann im Reiche zu sein: das wird wieder Bismarck. Können Sie nicht herkommen, um S. M. zu warnen, bevor er in den Abgrund rutscht? Bedenken Sie die Folgen, wenn S. M. sich überlisten läßt; er erholt sich in seinem ganzen Leben nicht mehr davon». Eulenburg schrieb wie gewünscht an Wilhelm und deutete die Gefahren einer Wiedereinsetzung an; anscheinend aber hatte der Kaiser daran nie im Ernst gedacht, denn er telegrafierte fröhlich: «Die ganzen Prämissen sind halt- und absolut grundlos. ‹Ich bin beständig wie des Nordens Stern›. Philipp, fallen Sie nicht auf jeden Unsinn herein. Wilhelm». Das Ende war, daß Bismarck seinen Sitz zwar gewann, ihn aber nicht einnahm.

Ein Jahr darauf, 1892, führte Holstein einen deutlicheren Schlag gegen Bismarck. Der alte Fürst entschloß sich, nach Wien zu reisen, um an der Hochzeit seines Sohnes Herbert mit einer Österreicherin teilzunehmen. Er schrieb seinem Freund, dem Prinzen Reuss, der in Wien deutscher Botschafter war, und bat um eine Audienz bei Kaiser Franz Joseph. Sobald dies Holstein zu Ohren kam, entwarf er ein Memorandum an Reuss und überredete Caprivi zur Unterschrift. Der Botschafter sollte nicht an der Hochzeit teilnehmen, vielmehr sollte er dem österreichischen Außenministerium andeuten, Bismarck reise als Privatmann, und die deutsche Regierung erwarte deshalb, daß die offiziellen Stellen ihn mit der «größtmöglichen» Reserve empfingen. Vor allem sollte die Audienz beim Kaiser verhindert werden.

Prompt gab sich Wilhelm zu dieser schäbigen Affäre her. «Bismarck», schrieb er an Franz Joseph, «wird Ende des Monats in Wien eintreffen... um sich von seinen Bewunderern bestellte Ovationen bereiten zu lassen... Du weißt auch, daß ein Hauptstück von ihm der geheime Vertrag à double fonds mit Rußland war, der, hinter Deinem Rücken geschlossen, von Mir aufgehoben wurde. Seit der Zeit seines Rücktritts hat der Fürst in der perfidesten Manier gegen Mich, Caprivi, Meine Minister Krieg geführt... Als Hauptstück seines Programms in dieser Angelegenheit hat er sich eine Audienz bei Dir ausgedacht. Ich möchte Dich daher bitten, Mir Meine Lage im Lande nicht zu erschweren, indem Du den ungehorsamen Untertan empfängst, ehe er sich Mir genähert und peccavi gesagt hat[18].»

Die Österreicher taten, worum man sie gebeten hatten. Der Kaiser lehnte es ab, ihn zu empfangen, und seine alten Bekannten waren «indisponiert», «aufs Land gereist» oder «nicht daheim». Bismarck begriff, was geschehen war, und wurde vom Zorn überwältigt. Beleidigt zu werden von einer albernen Gruppe von Pygmäen (denselben Leuten, die den Vertrag mit Rußland hatten unter den Tisch fallen lassen und emsig damit beschäftigt waren, die Sicherheitsmauern einzureißen, die er so mühsam rings um das Vaterland errichtet hatte), das war mehr, als ein Mann ertragen konnte. Der Zar verhielt sich Deutschland gegenüber nicht nur kühl, er wandte sich Frankreich, dem unversöhnlichen Feind des Reiches, zu. Erst vor zwölf Monaten, 1891, hatte die französische Flotte den Hafen von Kronstadt besucht, und der Zar hatte sich erhoben, als die Marseillaise, dieses verhaßte Lied der Revolution, gespielt wurde. Was kommen mußte, lag auf der Hand – aber in der Wilhelmstraße, wo der verrückte Holstein herrschte, faltete man mit selbstgefälliger Zufriedenheit die Hände im Schoß und sah die Folgen nicht.

Bismarck war so erbost, daß er der ‹Neuen Freien Presse› ein Interview gab, das in der Zeit von Geheimverträgen an Verrat grenzte. Als erstes versetzte er Holstein einen Hieb, dann äußerte er sich über den russischen Vertrag: «Bei uns sind Männer in den Vordergrund getreten, die ich früher im Dunkeln hielt, weil eben alles geändert und gewendet werden mußte... Allerdings habe ich gar keine persönlichen Verpflichtungen mehr gegen die jetzigen Persönlichkeiten und gegen meinen Nachfolger. Alle Brücken sind abgebrochen. Der Draht ist abgerissen, der uns mit

Rußland verbunden hat. In Berlin fehlt die persönliche Autorität und das Vertrauen».

Das Interview löste in Berlin eine Krise aus. Nach mehreren aufgeregten Beratungen entschloß sich das Auswärtige Amt, die Weisungen an den Prinzen Reuss – mit Ausnahme jener über den Empfang Bismarcks – zu veröffentlichen, damit man erkenne, daß der alte Herr bloß einen Wutanfall gehabt habe. Dieses Verfahren erwies sich jedoch als Bumerang. Die Öffentlichkeit war empört über das gemeine Memorandum des Auswärtigen Amtes und stellte sich mit ganzem Herzen auf die Seite des Fürsten. Über Nacht gewann er eine Volkstümlichkeit, wie er sich ihrer seit Jahren nicht mehr hatte erfreuen können. Schließlich sah der Kaiser ein, daß es nur einen Ausweg gab: Er mußte seinen eigenen Stolz zurückstecken und Frieden suchen. Einige Monate danach wurde Bismarck krank, und Wilhelm bot ihm ein Schloß an, worin er sich erholen könnte. Aber so leicht war der Fürst nicht zu haben. «In tiefster Ehrfurcht für Allerhöchst Dero huldreichen Ausdruck der Teilnahme ... aber am wahrscheinlichsten in der altgewohnten Häuslichkeit die Heilung finden werde».

Der Kaiser ließ sich nicht entmutigen. Zuerst schickte er Rheinwein, dann – im Januar 1894 – sprach er eine Einladung zu seinem Geburtstagsempfang in Berlin aus. Diesmal nahm Bismarck an und wohnte in Begleitung seines Sohnes Herbert der Zeremonie bei. Die Aussöhnung war nur oberflächlich. Der Kaiser küßte seinen ehemaligen Kanzler auf beide Wangen und zeigte eine unentwegte Aufmerksamkeit, aber er war vorsichtig genug und sprach nur über Belanglosigkeiten. Immerhin war jetzt – zumindest in den Augen der Öffentlichkeit – der Friede wiederhergestellt.

Eulenburg hatte dabei eine führende Rolle gespielt. Holstein fiel es schwer, ihm das zu verzeihen. Seine Briefe strotzten vor feindseligen Bemerkungen; auf einen schrieb Eulenburg: «Verbissener Grimm! Wäre ich nicht, was ich bin, so würde mich Freund Holstein über Bord werfen!» Da der Kaiser sich jetzt wieder mit Bismarck unterhielt, witterte Holstein dessen Rückkehr zur Macht hinter allem, was sich tat. Er brachte Eulenburg fast zur Verzweiflung. Der Graf hatte keine starke Natur, er litt sehr unter seinen Nerven. Manchmal sah es aus, als breche er unter den Belastungen zusammen. Im März 1894 vermerkte er in seinem Tagebuch: «Ich verbringe tatsächlich den ganzen Tag im Auswärtigen Amt, das mir mehr und mehr als Hölle erscheint. Unter dem alten Bismarck war die Angst und Furcht vor Jupiter widerwärtig, und die schlechte, launische Behandlung der Subalternen empörte mich. Jetzt dominiert noch immer die Angst vor ‹Seiner› etwaigen Wiederkunft und Herberts Schreckensregiment alle Räte, alle Sekretäre, alle Subalternen – doch fehlt nun die Einheit der Führung, weil Seine Majestät keine Einheit in sich ist... Alles beißt sich, schlägt sich, haßt sich, belügt und betrügt sich – alles zieht jetzt wohl noch den Staatswagen, aber nicht aus Liebe zu dem armen Kaiser, der es wahrlich gut meint, und der doch immer und unablässig mit einem selbst konstruierten Löffel die Staatssuppe umrührt, die mit diesem Löffel niemals gar werden kann». Einen Monat später entlockte ihm ein Brief Holsteins den Verzweiflungsruf: «Ich habe öfter denn je vorher das Gefühl, in einem Irrenhaus zu leben. Verrückte Borniertheit – verrückte Widersprüche – verrückter Hochmut. Dalldorf – Dalldorf – Dalldorf!»

Anfang 1894 begann der ‹Kladderadatsch› über das «Irrenhaus» in einer Serie anonymer Artikel zu berichten, die höchst amüsant für die Leser waren. Holstein wurde als «Austernfreund» bezeichnet, Kiderlen-Wächter, sein Untergebener im Auswärtigen Amt, als «Spätzle» und Eulenburg als «Graf Troubadour». Die drei Männer wurden als die Clique hingestellt, die des Kaisers Hand führe. Man machte sie nicht nur lächerlich, auch viele ihrer Privatgespräche wurden wiedergegeben. Offensichtlich hatte jemand aus ihrer Umgebung die Artikel geschrieben.

Holstein war außer sich vor Wut. Er beriet sich verschiedene Male mit Eulenburg und Kiderlen und richtete seinen Verdacht zuerst auf diese, dann auf jene Person. Einmal war es sein eigener Chef, der Freiherr von Marschall, dann war es Herbert Bismarck, dann der Graf Henckel, ein Mann, der Geld in einer Zeitung investiert hatte, die mit dem anstößigen Blatt verbunden war. Kiderlen forderte einen Redakteur des «Kladderadatsch» zum Duell und verwundete ihn, aber dadurch wurde Holstein nicht zufriedengestellt – schließlich war der Redakteur nicht der eigentliche Täter. Holstein seinerseits forderte Henckel, aber der Graf bestand darauf, unschuldig zu sein und verweigerte den Kampf. Jetzt nötigte Holstein den Grafen Eulenburg: Der Kaiser solle eingreifen und Henckel zum Duell zwingen.

Eulenburg begann sich zu sorgen. Er fürchtete, «daß Holstein jetzt den Kaiser hassen wird, wenn dieser nicht Farbe gegen Henckel bekennt. Ein Haß Holsteins gegen Seine Majestät aber würde zu sehr bedenklichen Zuständen führen». Der Kaiser lehnte es jedoch ab, sich in die Angelegenheit verwickeln zu lassen, und die Urheber des Angriffs blieben unentdeckt. Jahre später, als es nicht mehr darauf ankam, prahlten zwei jüngere Angehörige des Auswärtigen Amtes (die im Zimmer neben Holstein gesessen hatten), sie seien die Verfasser gewesen.

Philipp Eulenburgs Ahnungen erwiesen sich als zutreffend. Wilhelms Weigerung, den Grafen Henckel in die Affäre zu verstricken, und sein

Versuch, sich mit dem Fürsten Bismarck zu versöhnen, erzeugten in Holstein eine tiefe Feindschaft gegen den Kaiser. Später sollte sie sich auch auf den besten Freund des Kaisers ausdehnen – auf den Grafen Eulenburg selbst.

Der Kaiser und England

Der Kaiser machte eine imponierende Figur bei seinen Besuchen in Cowes, wo er in jedem Sommer an der Regatta teilnahm. Seine Ankunft war stets eindrucksvoll. Wenn die kaiserliche Yacht ‹Hohenzollern›, eskortiert von deutschen Kriegsschiffen, in den Hafen einlief, feuerte die Königliche Marine einundzwanzig Kanonenschüsse Salut, und auf den hunderten von Schiffen, die vor Anker lagen, wurden die Flaggen gedippt. Jetzt begann eine reichhaltige Folge von Festlichkeiten: Die Königin gab ein Staatsbankett in Osborne, der Prinz bewirtete abends im Königlichen Yachtklub, deutsche und englische Musikkapellen wetteiferten miteinander, um der Bevölkerung Abendständchen zu bringen. Die beiden Flotten überboten sich in Gastfreundschaft, und die Wirtinnen beeilten sich, die Gläser wieder aufzufüllen.

Wilhelm II. amüsierte sich in Cowes so gut, daß er von 1889 bis 1895 in jedem Jahr der Regatta beiwohnte. Als die Queen erkannte, daß diese Besuche eine feste Einrichtung wurden, versuchte sie ihn zurückzuhalten, denn sie fürchtete immer, zuviel Intimität mit jemandem von seinem explosiven Naturell könne zu unangenehmen Zwischenfällen führen. 1892 fragte sie Sir Edward Malet, den englischen Botschafter in Berlin, ob er nicht andeuten könne, «daß diese jährlichen regelmäßigen Besuche nicht ganz wünschenswert» seien. Offenbar vermochte Sir Edward dies nicht, denn nichts änderte sich, der Kaiser kam nach wie vor.

Die Minister der Königin begünstigten diese Visiten. Sie meinten, es sei besser, zu wissen, was der Kaiser vorhabe, als überrascht zu werden. Außerdem habe die Königin einen heilsamen Einfluß auf den Kaiser. Sie behandelte ihn mit Takt und Strenge, und er war zu ihr respektvoller als zu irgendjemandem sonst. Als Victoria im Frühsommer 1892 Darmstadt besuchte, erkundigte sich Lord Salisbury, ob sie nicht eine Begegnung mit dem Kaiser ermöglichen könne: Wegen der wachsenden Freundschaft zwischen Rußland und England befand sich Wilhelm nämlich in gereizter Stimmung, und es war möglich, daß er etwas Dummes anstellte, wenn die Queen ihn nicht beruhigte. Victoria lehnte es jedoch ab, der Bitte nachzukommen. «Nein, nein. Ich kann wirklich nicht herumfahren und jeden in Ordnung bringen», sagte sie.

Edward, der Prince of Wales, hatte jedesmal als Gastgeber des Kaisers aufzutreten, doch er wurde dabei von seiner Frau Alexandra sehr wenig unterstützt. Sie konnte die Deutschen nicht ausstehen und Wilhelm schon gar nicht. Verschiedentlich schrieb sie ihrer Schwester, der Zarin, wie wenig vertrauenswürdig er sei; auch ihren Kindern verhehlte sie ihre Ansicht nicht. Seit der Beisetzung Kaiser Friedrichs hatte sie sich geweigert, nach Berlin zu kommen. Als der Prinz 1890 einen Staatsbesuch in Deutschland zu machen hatte, nahm er statt ihrer seinen Sohn Georg mit. «Und jetzt ist mein Georgieboy ein richtiger scheußlicher preußischer Pickelhaubensoldat in blauer Uniform geworden!» schrieb Alexandra, als sie erfuhr, daß ihm die Inhaberschaft eines preußischen Regiments verliehen worden war. «Ich hätte nie geglaubt, daß ich so etwas noch erleben müßte! Aber es schadet nichts. Wie Du sagst, war nichts dagegen zu machen – es war Dein Mißgeschick und nicht Deine Schuld, und alles ist besser – selbst meine zwei Jungen zu opfern! –, als daß Papa zum deutschen Admiral gemacht wird. Das hätte ich nicht überlebt. Du hättest Deine liebe alte Mutter auf dem Meeresgrund suchen müssen, nachdem er sich das erstemal in seiner Uniform bewundert hätte!»

Der Prince of Wales trug also die Hauptlast bei den jährlichen Besuchen des Kaisers. Er hatte ihm ständig den Hof zu machen, am Tage mit ihm die Rennen zu segeln und ihn abends zu bewirten. Auch wenn sein Neffe in seiner umgänglichsten Laune war, kam er doch nicht gänzlich mit ihm zurecht. Er fand seine Scherze recht irritierend und seine plötzlichen Einfälle etwas peinlich. Die Queen Victoria dagegen amüsierte sich sehr über Wilhelms unkonventionelles Benehmen. Als er eines Tages in Osborne mit ein paar Familienangehörigen frühstückte, fragte der Herzog von Connaught die Königin, ob er ihr die neue Ausrüstung vorführen könne, die für die Armee geplant war.

«Wir fanden die königliche Familie im Gespräch», schrieb Sir Frederick Ponsonby, der Sekretär des Prince of Wales, «und plötzlich schickte der Herzog von Connaught nach dem Sergeanten, der beim Eintritt ziemlich unglücklich in seiner dunkelgrünen Uniform aussah, über die verschiedene Gürtel und Riemen geschnallt waren. Das alles sah sehr sonderbar aus. Der Herzog von Connaught ging um ihn herum und erklärte der Königin die Bedeutung der Riemen, während der deutsche Kaiser bloß nickte und etwas brummte, um zu bekunden, daß er die Erklärungen verstehe. Ich dachte, das sei auch alles, was zu tun bleibe, aber noch hatte der Kaiser seine Meinung nicht geäußert. Er rief mich herbei und fragte, ob ich nicht glaubte, daß der aufgerollte Mantel im Rücken zu hoch liege und einen Mann behindere, der im Liegen zu feuern habe. Ohne eine Antwort abzuwarten, befahl er dem Sergeanten, sich hinzulegen und Schußposition einzunehmen. Dann legte er sich neben den Mann und zeigte ihm, daß der Mantel im Wege sei. Er könne ja den Kopf nicht weit genug zurücklegen, nicht einmal mit einer flachen Mütze ginge es, geschweige denn mit einem Helm oder einer Pickelhaube. Es war ein sehr heißer Nachmittag, und Ströme von Schweiß liefen dem Sergeanten übers Gesicht. Der Mann fand sich auf dem Boden vor der Königin liegend, und neben ihm lag der deutsche Kaiser, starrte ihn an und setzte ihm mit Fragen zu, ohne ihm auch nur einmal Zeit zum Antworten zu lassen. Das alles geschah zur Belehrung der Königin, und sie schien sehr amüsiert zu sein».

Der Prince of Wales ärgerte sich über die Aufmerksamkeit, die der Kaiser stets zu erregen wußte. Er empfand es als schikanös, daß er von einem um zwanzig Jahre jüngeren Neffen vom Mittelpunkt der Bühne verdrängt wurde. Wie die meisten königlichen Herrschaften war er in Fragen der Etikette ein Kleinigkeitskrämer; er freute sich über die Lobhudelei und die Ehrfurcht, die seine hohe Stellung hervorriefen. Wilhelm schien es Spaß zu machen, ihm den Ehrenplatz wegzuschnappen, zu dem ihn sein höherer Titel berechtigte. Als Edward ihn zum Ehrenmitglied des Königlichen Yachtklubs machte, begann Wilhelm sofort, sich in alles einzumischen; selbst die Handicaps beanstandete er, und Edward nannte ihn verdrießlich den «Boß von Cowes». Einem Freund sagte er: «Früher war die Regattawoche in Cowes ein Vergnügen und eine Erholung für mich. Jetzt, seitdem der Kaiser das Kommando übernimmt, ist sie für mich nur noch eine Plage.»

Die beiden Männer waren absolut gegensätzliche Naturen. Der Prince of Wales trat prunkvoller im öffentlichen Leben und unkonventioneller im privaten auf. Der Kaiser konnte fast beängstigend offen und freundlich sein, wenn er wollte, aber im Innern blieb er ein Preuße und ein Puritaner. Sein Onkel verkörperte nahezu alles, was Wilhelm nicht mochte. Er war weich und fett und genußsüchtig, und noch mit fünfundfünfzig hatte er ein scharfes Auge auf Frauen. Er bewunderte Paris der Vergnügungen wegen, die es zu bieten hatte – eine Stadt, die Wilhelm für durchaus verderbt und unmoralisch hielt. Und was das Schlimmste war: Edward hatte keinerlei militärisches Wissen und war zu rundlich geworden, um noch ein Pferd besteigen zu können. Einmal titulierte Wilhelm ihn in Gegenwart englischer Würdenträger als «alten Pfau». Bei einer anderen Gesellschaft tadelte er ihn, weil er niemals aktiven Dienst gemacht hatte. 1891 wurde ein Freund des Prinzen beschuldigt, beim Bakkarat betrogen zu haben. Durch einen Beleidigungsprozeß kam die Affäre an die Öffentlichkeit und wurde zu einem nationalen Skandal. Wilhelm konnte sich nicht zurückhalten: Er schrieb seinem Onkel Bertie, es schicke sich für ihn doch nicht, mit Untergebenen zu spielen, die halb so alt seien wie er selbst.

Am meisten aber ärgerte es Wilhelm, daß der Prinz trotz seiner Mängel beliebt war. Als vermutlicher Erbe des englischen Throns wurde er als das inoffizielle Haupt der Gesellschaft angesehen. Wo immer er hinkam, feierte und bejubelte man ihn; oft erregte er mehr Aufsehen als ein regierender Fürst. Seine Kleidung wurde kopiert, man interessierte sich für seine gastronomischen Vorlieben, selbst sein Gehabe wurde nachgeahmt. Seine Popularität verdankte er seinem Charme. «Seine Erscheinung ist würdevoll, sein Profil gut (wie seine Münzen zeigen) und sein Verhalten vornehm. Er vergaß nie, auch dem bescheidensten Besucher, Bedienten oder dem unbedeutendsten Beamten ein Wort zu sagen. Er betrat ein Zimmer, und mit der Gewandtheit eines vollendeten Billardspielers berechnete er die Serie der folgenden Stöße voraus, ohne auch nur einen auszulassen. Seine angemessenen Bemerkungen, die wirkungsvolle Redeweise und der erheiternde Scherz, begleitet von einem glucksenden Lachen gegenüber seinen guten Freunden, bezauberten jeden, der ihm auch nur einmal begegnete[19]».

Das Kuriose an den Beziehungen des Kaisers zu seinem Onkel war die Tatsache, daß Wilhelm ihm mehr Gehirn und größere Fähigkeiten zutraute als das englische Volk. Der Kaiser sah ihn als boshafte Macchiavelli-Figur, die wegen seines geliebten Frankreich Komplotte gegen Deutschland schmiedete; Edwards Scharfsinn und sein Verständnis für auswärtige Fragen zweifelte er nicht an. Die englischen Politiker und Höflinge wären erstaunt über diese Einschätzung gewesen. Sie betrachteten Edward zwar als einen charmanten und gutartigen Prinzen, aber sie standen seiner frivolen Natur und seiner geistigen Begabung höchst kritisch gegenüber. Sie wußten, wie enttäuscht die Königin vom Charakter ihres Sohnes war und daß sie trotz seiner flehentlichen Bitte es noch immer ablehnte, ihn in verantwortlicher Stellung zu beschäftigen oder ihm auch nur Einblick in die Akten zu gewähren. In Cowes war er 1892 so niedergeschlagen, weil seine Mutter ihn geringschätzte, daß sein Sekretär einen Brief an Sir Henry Ponsonby sandte: «Der Prince of Wales schreibt mir, daß es nicht viel Sinn hat, wenn er länger in Cowes bleibt, da er nicht im geringsten von Nutzen für die Königin ist. Alles, was er sagt oder vorschlägt, wird verlacht. Auf seine Schwestern und Brüder werde weit eher gehört als auf ihn. All das ist schade und nicht sehr ermutigend».

Als später im Jahr die Liberalen zur Macht kamen und und der 82 Jahre alte Gladstone eine Regierung bildete, teilte er der Königin mit, er habe vereinbart, der Prinz solle Staatsdokumente einsehen. Er fand dies normal, doch Victoria reagierte scharf. Sie fragte Lord Salisbury, ob eine solche Praxis je geübt worden sei, und als er verneinend antwortete, ließ sie Gladstone wissen, daß in dieser Hinsicht nichts geschehen sei noch geschehen solle. Sir Henry Ponsonby, ihr Sekretär, meinte, sie tue recht damit. «Was öffentliche Angelegenheiten, die Lektüre vertraulicher Dinge und verantwortliche Arbeit des Prinzen betrifft, so war die Königin zweifellos im Recht», schrieb Ponsonbys Sohn und Biograph. «Sie hatte seine Fähigkeiten und Neigungen geprüft und wußte, daß in dieser Beziehung nichts von ihm zu erwarten war».

Die Bewertung von Edwards Fähigkeiten durch den Kaiser kam der Wahrheit jedoch viel näher als das herablassende Urteil der Beamten Victorias. Dennoch war er nicht die Potenz, für die ihn der Kaiser hielt. Es ist interessant, daß Wilhelm keine Ahnung von dem gespannten Verhältnis hatte, das oft zwischen Mutter und Sohn bestand, und nichts von der Angst wußte, die ihn in ihrer Gegenwart befiel. Er selber hatte keine Furcht vor seiner Großmutter, und nie wäre ihm der Gedanke gekommen, der Prinz könne anders empfinden. Einmal brachte er seinen Onkel durch einen charakteristischen Mangel an Überlegung in eine peinliche Lage. «Seine Kaiserliche Majestät der Deutsche Kaiser und Seine Königliche Hoheit der Prince of Wales sollten gestern abend mit der Queen soupieren», berichtete die ‹Times› im August 1893, «aber sie hatten eine unvermeidbare Verzögerung beim Rennen nach Portland und gesellten sich später am Abend zu Ihrer Majestät».

Folgendes hatte sich zugetragen: Der Kaiser veranstaltete eine Wettfahrt seiner Yacht ‹Meteor I› mit dem neuen Kutter ‹Britannia› des Prinzen. Als die Yachten Sandown verlassen hatten, ließ der Wind nach, und es sah nicht danach aus, als kämen sie vor Mitternacht zurück. Baron Eckardstein, ein Mitglied der Deutschen Botschaft, befand sich auf der Yacht des Prinzen und hörte ihn sagen, sie müßten wohl das Rennen aufgeben, da die Königin ein Bankett zu Ehren des Kaisers gebe. Der Prinz signalisierte zur ‹Meteor›: «Schlage Dir vor, Rennen abzubrechen, in Sandown zu landen und mit Eisenbahn nach Cowes zurückzukehren, um pünktlich in Osborne zum Dinner zu sein.» Darauf antwortete der Kaiser: «Bin dagegen, Rennen muß ausgefochten werden, gleichviel, wann wir in Cowes ankommen.»

Der Prinz kam sehr mißmutig zu Baron Eckardstein. «Die Königin», sagte er, «wird für das Verhalten des Kaisers kein Verständnis haben. Der Kaiser scheint auch ganz vergessen zu haben, daß die Königin die große Hoftafel nur ihm zu Ehren arrangiert hat.» Eckardstein schrieb: «Dann fragte mich der Prinz, ob ich denn nicht etwas in dieser Angelegenheit tun und vielleicht an das Gefolge des Kaisers signalisieren könne, damit ihn jemand darauf aufmerksam mache. Obwohl ich selbst sehr betrübt über das Verhalten des Kaisers war, konnte ich mir ein Lächeln über die Zumutung des Prinzen nicht verbeißen. Der Prinz merkte dies und sagte dann ebenfalls lächelnd: ‹Ich nehme an, wenn Sie das täten, was ich Ihnen vorschlage, so würden Sie spätestens übermorgen bei der Gesandtschaft in Timbuktu aufwachen[20].»

Es blieb nichts anderes übrig als das Rennen fortzusetzen. Glücklicherweise kam die Brise wieder auf, aber die Gesellschaft erreichte Cowes nicht vor neun Uhr und Osborne erst um zehn. Die Queen hatte das Essen beendet und trat gerade in den Empfangssalon. «Die Königin nahm auf ihrem Sessel Platz», schrieb Eckardstein, «Prinz Heinrich von Battenberg erzählte mir, sie sei sehr schlechter Laune. Es dauerte nicht lange, da erschien der Kaiser, begleitet von seinem Gefolge, schritt auf die Königin zu, küßte ihr die Hand und entschuldigte sich wegen seiner großen Verspätung. Die Königin lächelte würdevoll, aber man konnte es ihr trotzdem anmerken, daß sie das Verhalten ihres Enkels in ihrem Innern übel vermerkt hatte. Ganz wenige Minuten später erschien auch der Prince of Wales in voller Galauniform. Ich sah ihn in den Saal hereintreten. Zunächst aber blieb er hinter einer Säule stehen, wischte sich mit dem Taschentuch den Schweiß von der Stirn und faßte dann ganz plötzlich den Mut, vor der Königin zu erscheinen, um ihr seine Reverenz zu bezeigen. Die Königin nickte ihm mit steifer Miene zu, und er verschwand so schnell als möglich wieder hinter einer Säule.»

Wilhelm besuchte Cowes nicht nur aus purem Vergnügen. Obwohl Holstein Bismarcks Rückversicherungsvertrag fallen ließ, versuchte er, das von dem Eisernen Kanzler hergestellte Gleichgewicht auf dem Balkan zu erhalten: Er lehnte es ab, Österreich in einem Präventivkrieg gegen Rußland den Rücken zu stärken oder Rußland bei einer Besetzung Bulgariens beizustehen. Zwischen Rußland und Frankreich wurden jedoch 1891 und 1893 Freundschaftsbesuche ausgetauscht, die den Zweibund ankündigten und den Kaiser veranlaßten, seine Bemühungen um England zu verstärken, damit es dem Dreibund Deutschland-Österreich-Italien beitrete. Das war eindeutig der richtige Kurs für Deutschland, um nicht nur das Gleichgewicht zugunsten der Mittelmächte aufrechtzuerhalten, sondern auch um sicher zu gehen, daß England nicht dem feindlichen Lager beiträte. Dies war in den neunziger Jahren zwar noch recht unwahrscheinlich; die Möglichkeit belastete jedoch das Auswärtige Amt wie ein Alptraum.

Deutschlands Schwierigkeit war, Großbritannien davon zu überzeugen, daß es klug sei, seine traditionelle Absonderung aufzugeben. Obwohl England und Deutschland in Frankreich und Rußland gemeinsame Gegner sahen, hatten sich die Engländer doch seit dem Krimkrieg in keine europäische Koalition mehr eingelassen. Großbritanniens Hauptinteresse galt dem Schutz und der Ausdehnung seines weit verstreuten Weltreichs; was am besten dadurch gewährleistet wurde, daß die Engländer geschickt ein Land gegen das andere ausspielten. Jedes Jahr im Juli, wenn Wilhelm in den Solent einlief, begab sich die Deutsche Botschaft von London nach Cowes und vermittelte Gespräche zwischen dem Kaiser und dem Premierminister der Königin. Wilhelm nutzte jede Gelegenheit, um die Vorteile zu betonen, die England – als weitaus stärkste Seemacht – von einer Partnerschaft mit Deutschland – der weitaus stärksten Militärmacht – hätte. Er sprach auch über seine kolonialen Absichten, und hoffte dadurch, England zur Teilung einiger Gebiete als Gegenleistung für diplomatische Rückendeckung zu veranlassen. Eine derartige Unterstützung habe Frankreich von einem Angriff auf Ägypten abgehalten und Rußland daran gehindert, in Persien und Indien allzu abenteuerlustig zu werden. Seine Hauptarbeit war jedoch die Vertiefung der guten Beziehungen. Er war bereit, geduldig zu warten, bis ihm die Ereignisse in die Hände spielten.

Dies geschah unerwartet im Jahre 1893. Der Kaiser traf zu einem kritischen Zeitpunkt in Cowes ein: In Siam drohten die Franzosen mit einer Aggression. Großbritannien argwöhnte, daß die Russen bei den territorialen Forderungen Frankreichs die Hand im Spiele hatten und befürchtete ernsthafte Aktionen gegen Indien. Die Engländer verkündeten, daß sie nicht untätig bleiben könnten, wenn ein Konflikt ausbräche und schickten einige Kanonenboote den Fluß hinauf gegen Bangkok, um ihren Protest zu bekräftigen. Die Königin telegrafierte ihrem Außenminister Lord Rosebery und unterstrich, «die Ehre des Empire» hänge davon ab, daß man fest bleibe. «Deutschland, Österreich und vor allem Italien sollten dringend um Unterstützung gebeten werden».

Der Kaiser legte am 29. Juli in Cowes an, und am nächsten Abend soupierte er mit dem Grafen Eulenburg an Bord der ‹Britannia›. Er war in angriffslustiger Stimmung. Den ganzen Abend erzählte er seinem Onkel, Deutschland sei entschlossen, seinen Kolonialbesitz zu erweitern – besonders in Afrika – und werde als natürliche Folge seine Flotte vergrößern. Er deutete an, daß der Flottenausbau bereits begonnen habe, was nicht ganz der Wahrheit entsprach. Um Mitternacht wurde das Gespräch durch eine Botschaft des Sekretärs der Königin unterbrochen, der eine bestürzende Nachricht für den Kaiser brachte. Es war die Kopie eines Telegramms, das die Königin von Lord Rosebery erhalten hatte. «Französische Regierung fordert Rücknahme unserer Kanonenboote vor Bangkok. Ich habe das abgelehnt. Wünsche sofort den Grafen Hatzfeldt in London zu sehen».

Jetzt war ein Krieg denkbar, und es lag auf der Hand, daß Großbritannien erkunden wollte, ob es mit deutschem Beistand rechnen könne. Deutschland hatte eine Gelegenheit, England dem Dreibund näherzubringen, wenn es Unterstützung leistete. Der Kaiser reagierte sonderbar: Er war mehr als bestürzt. Um seine Panik vor dem Onkel zu verbergen, lachte er laut und schlug dem Prinzen auf den Rücken (andere sagten: auf die Schulter) und rief: «Na, da kannst du ja mit nach Hinterindien ziehen und zeigen, was du als Soldat kannst!» Dann brach er nach der ‹Hohenzollern› auf, um Hatzfeldt nach London zu schicken.

Graf Eulenburg berichtete: «Der Kaiser ging sogleich mit mir in seinen Salon und hatte völlig die Nerven verloren. Ich habe ihn eigentlich niemals so fassungslos gesehen und mußte alle Gedanken zusammennehmen, um ihn mit vernünftigen Argumenten zu beruhigen. Der Kaiser erklärte, daß Englands Flotte schwächer als die Flotte von Rußland und Frankreich zusammen seien. Auch mit Hilfe unserer kleinen Flotte bliebe England schwächer. Die Franzosen wollten jetzt Rußland zu einer Aktion treiben, was bei der feindlichen Haltung Kaiser Alexanders gegen ihn glücken könne. Unsere Armee sei noch nicht stark genug, um gegen Frankreich und Rußland zugleich zu fechten. Die Franzosen hätten den Zeitpunkt geschickt ausgesucht. Untätig abzuwarten, daß die Wellen einem immer über dem Kopf zusammenschlügen, sei unmöglich. Das ganze Prestige Deutschlands ginge verloren, wenn man nicht eine führende Rolle übernehme, und ohne eine Weltmacht zu sein, sei man eine jämmerliche Figur. Was solle man tun?[21]»

Eulenburg beruhigte ihn. Er sagte, England werde sich nicht festlegen. Er rief Metternich und Kiderlen herbei, damit sie seine Ansicht erhärteten. «Als sie gingen, schien der Kaiser ruhiger, aber er sah miserabel aus – blaß und nervös an den Lippen kauend. Er tat mir schrecklich leid. Er fühlte sich, mit seinem großen Schiffstrara hier angelangt, plötzlich in eine gewisse bescheidene Enge getrieben und politisch ausgeschaltet. Und ausgeschaltet zu sein, ist für die liebe Eitelkeit immer ein Butterbrot ohne Butter».

Es war klar, daß der Kaiser schwache Nerven hatte. Während er verzweifelt war, teilte sein Reichskanzler, General Caprivi, diesen Pessimismus wegen der Schwäche Deutschlands durchaus nicht. Am folgenden

Morgen telegrafierte Graf Hatzfeldt nach Berlin und fragte kategorisch, ob ein europäischer Krieg, vor dem man sich auf die Dauer nicht werde drücken können, der deutschen Politik zum gegenwärtigen Zeitpunkt gelegen komme. Caprivi antwortete, vom militärischen Standpunkt gesehen sei er «jetzt genau so gut wie später».

Merkwürdigerweise schwanden die Depressionen des Kaisers ohne ersichtlichen Grund genau so schnell, wie sie gekommen waren. Am nächsten Morgen, als die Kriegsgefahr noch genau so groß wie am Abend zuvor war, kam er in guter Stimmung aus seiner Kabine. In Eulenburgs Gesellschaft verbrachte er den Tag beim Rennen mit seinem Onkel auf der ‹Britannia›. Wilhelm blieb an Deck, um die Regatta zu beobachten, während sich der Prinz und ‹Phili› in den Salon zurückzogen. Auf Eulenburg machte der Prinz keinen günstigen Eindruck. Da Edward «von 10 bis 4 Uhr unaufhörlich frühstückte» – wie Eulenburg schrieb –, «mußte ich stundenlang tête à tête mit ihm sitzen. Ich habe ihn gründlich kennengelernt: ein kluger, liebenswürdiger, aber sehr verschlagener Mensch mit ganz üblen Verbrecheraugen – nicht unser Freund».

Diese Meinung entstand wohl vor allem deswegen, weil der Prinz Seitenhiebe auf seinen Neffen nicht unterlassen konnte. Wenn man bedenkt, daß England für den Kriegsfall die Unterstützung des Kaisers zu gewinnen hoffte, dann erscheint dies als eine Taktlosigkeit Edwards; sie zeigt, daß die Spannung zwischen den beiden Männern nicht allein von Wilhelm ausging. Edward schrieb die Feindseligkeit Frankreichs gegen Siam den Russen zu. Recht einfältig erklärte er, dies sei verständlich wegen der «Antipathie des Zaren gegen meinen Neffen Willy». Dann glaubte er den «Kolonialsport» Wilhelms kritisieren zu müssen. Er sagte, daß er jeden verstehen könne, der gern Diamanten kaufen wolle; wenn einer aber nicht in der Lage sei, große Diamanten zu kaufen, dann sei es wohl praktischer, solch hoffnungslosen Sport zu lassen. Schließlich kam er auf die deutsche Flotte zu sprechen. «Es ist ja ganz nett, daß mein Neffe sich für Schiffe interessiert. Aber wenn man ihn mit seinem lahmen Arm derart hantieren sieht wie oben auf Deck, so muß einem doch Angst werden, daß er sich Schaden tut». Eulenburg schrieb dazu: «Diese Bemerkung war ebenso fein wie boshaft und bei weitem boshafter noch sein Blick».

Als die ‹Britannia› am Nachmittag in den Hafen zurückkehrte, teilte man dem Kaiser mit, die Krise sei vorüber. Die Franzosen und Siamesen hatten sich über den Territorialstreit geeinigt, und das Ultimatum der britischen Kanonenboote wegen war offensichtlich ein Irrtum gewesen.

Wie Bismarck vorausgesehen hatte, brachte Deutschlands Drang nach Kolonien Zwist mit England. Dadurch wurde auch der Plan des Kaisers beeinträchtigt, die Engländer für den Dreibund zu interessieren. Obwohl die beiden Länder im November 1893 eine Übereinkunft schlossen, die Deutschland den Weg von Kamerun zum Tschadsee öffnete, zeigten die Engländer keine Neigung, etwas von dem, was ihnen gehörte, mit andern zu teilen. Wilhelm war besonders ungehalten darüber, daß England ihm nicht die Kontrolle der Samoa-Inselgruppe gestatten wollte, die einer gemeinsamen Oberhoheit Deutschlands, Englands und Amerikas unterstanden. Die USA waren bereit, ihre Rechte aufzugeben, Großbritannien aber lehnte ab. Im September 1893 erzählte Graf Hatzfeldt Lord Rosebery, daß Deutschland gezwungen sei, «größere Zurückhaltung» zu wahren, wenn sich Großbritannien nicht entgegenkommender verhalte, und im folgenden Jahr deutete er an, daß «die Verfechtung englischer Interessen von uns nicht länger erwartet werden kann».

Die Klagen nahmen zu. Deutschland beschuldigte die Engländer, Schwierigkeiten zu machen, sowohl in Singapore beim Rekrutieren chinesischer Kulis für Deutsch-Neuguinea als auch in der Walfischbai beim Ausladen deutscher Gewehre, die zur Unterdrückung eines Aufstandes in Deutsch-Südwestafrika benötigt wurden. Dann folgte eine Auseinandersetzung wegen des britischen Versuches, sudanesisches Gebiet an den Kongo abzutreten, wozu die Engländer – wie die Deutschen mit Recht sagten – nicht befugt waren. Dies führte zu scharfen Maßnahmen auf beiden Seiten und verstärkte die Bitternis.

Trotz dieser Spannungen behielt der Kaiser eine Partnerschaft mit England fest im Auge. Als Frankreich und Rußland 1894 den Zweibund schlossen, fühlte er, daß seine Mission wichtiger denn je war und arbeitete auf eine günstige Gelegenheit hin. Sie schien im Sommer 1895 zu kommen. Die Lage sah vielversprechender als seit Monaten aus, denn die afrikanischen Streitigkeiten waren vorläufig beigelegt, und in England war eine konservative Regierung zur Macht zurückgekehrt, die Deutschland freundlicher gesonnen war als Gladstones «profranzösische» Liberale. Und diesmal waren sogar die persönlichen Beziehungen zwischen dem Kaiser und dem Prince of Wales ungetrübt. Sie konnten beinahe als gut bezeichnet werden, denn Wilhelm hatte eine freundliche Geste gemacht, die seinen Onkel entzückte. Er hatte ihn zum Chef der preußischen Gardedragoner ernannt.

Zu den wenigen gemeinsamen Neigungen des Kaisers und des Prinzen gehörte die Liebe zu königlichem Gepränge. Sie schwärmten für öffentliche Veranstaltungen, für Medaillen, Ordensbänder und vor allem für Uniformen. Keinem von beiden machte es etwas aus, die Kleidung ein dutzendmal am Tag zu wechseln, es bereitete ihnen vielmehr Vergnügen. Der Prinz war von dem Angebot Wilhelms so hingerissen, daß er es ganz in Ordnung fand, als er hörte, sein Neffe hoffe, mit einer «Gegenleistung» rechnen zu können.

Der Kaiser erzählte dem britischen Militärattaché in Berlin, er würde es ungeheuer schätzen, über eine englische Uniform zu verfügen, damit er bei Paraden nicht gezwungen wäre, ein Pferd in der Tracht eines Admirals zu besteigen. Victoria erklärte, das sei ganz unmöglich; sie hatte Wilhelm zum Admiral gemacht, und das sei genug. Der Prinz war noch immer voller Dankbarkeit und plädierte für seinen Neffen. Wilhelm sei der älteste Enkel der Queen und immerhin Kaiser. Außerdem liege es auf der Linie der englischen Politik, mit Deutschland gut zu stehen. Die Königin hielt ihm entgegen, daß Wilhelm schon viel zu verwöhnt sei. Sie hatte auch den Eindruck, man habe ihn ausdrücklich deshalb zum Admiral ernannt, damit er sich nicht in Armeefragen einmischen könne. «Dieses Fischen nach Uniformen auf beiden Seiten ist bedauerlich», schrieb sie ihrem Sekretär. Lord Salisbury regelte dann die Geschichte. Obwohl er nicht im Amt war, empfahl er der Königin, den Kaiser bei guter Laune zu halten. Am Ende gab sie nach, und Wilhelm wurde ehrenhalber zum Chef der 1. Königlichen Dragoner ernannt.

In dieser angenehmen Atmosphäre machte sich der Kaiser Anfang August mit der ‹Hohenzollern› auf den Weg nach Cowes. Englische Zeitungen, die durch den französisch-russischen Pakt beunruhigt waren, begrüßten den Besuch mit Vergnügen, und einige Blätter machten kritische Bemerkungen über die englische Isolationspolitik. Zum erstenmal hörte man im Volk die gleichen Argumente, die der Kaiser so oft vorgebracht hatte: Deutschland und England seien natürliche Partner aus dem einfachen Grund, weil Frankreich und Rußland die gemeinsamen Gegner blieben, die Deutschland in Europa und England im Fernen Osten bedrohten. Wenn die beiden ‹Vettern› mit einer Stimme sprachen, sei die Welt gezwungen, friedlich nebeneinander zu leben.

Ende Juli, kurz vor der Ankunft des Kaisers, machte Lord Salisbury dem Botschafter Graf Hatzfeldt ein Angebot, das mit Freude aufgenommen wurde. Salisbury war vor einem Monat ins Amt zurückgekehrt. In der Zwischenzeit hatte er sich lange mit dem türkischen Problem befaßt. Die Türkei dehnte sich nicht nur über Nordafrika und den Nahen Osten aus, sie reichte mit Besitzungen nach Europa hinein, die heute Albanien und große Teile Griechenlands und Jugoslawiens ausmachen. Obwohl die Großmächte 1878 beim Berliner Kongreß übereingekommen waren, das Osmanische Reich zu garantieren – um sich über das Erreichte nicht zu zanken –, blieb der Balkan ein explosives Gebiet: Unglückliche Minderheiten lebten unter türkischer wie unter österreichischer Herrschaft; hinzu kamen die betont gegensätzlichen Bestrebungen Rußlands und Österreichs. In letzter Zeit war die Lage gefährlicher denn je geworden. Der Sultan hatte derart barbarische Maßnahmen angewandt, daß Salisbury nicht wußte, wie Großbritannien ihn noch unterstützen konnte. Im vergangenen Herbst hatten die kurdischen Truppen ein Blutbad unter den Armeniern angerichtet; sie waren niedergemetzelt oder lebendig in ihren Kirchen verbrannt worden. Aus Konstantinopel kamen Berichte, wonach weitere Greuel bevorstanden*. Lord Salisbury sondierte deshalb bei dem Grafen Hatzfeldt wegen einer möglichen Teilung der europäischen Türkei. England wünsche Ägypten und es sei geneigt, Konstantinopel den Russen zu überlassen und den europäischen Rest des Landes zu teilen, wenn Deutschland mit seinen Dreibundpartnern Österreich und Italien übereinstimme.

Hatzfeldt war geblendet. Wenn Salisburys Vorschlag angenommen wurde, konnten alle Spannungen zwischen Österreich und Rußland schwinden, die schuld an der russischen Feindseligkeit gegenüber Deutschland waren. Deutschland konnte sich dann Rußland wieder nähern, was das Ende der französisch-russischen Allianz bedeuten würde, und zur gleichen Zeit würden England und Deutschland eine echte Partnerschaft begründen, die England den Weg zur Aufnahme in den Dreibund öffnete. Vom deutschen Standpunkt aus war dies zu schön, um wahr zu sein.

Aber man rechnete nicht mit Holstein. In dem Moment, da er die Botschaft Hatzfeldts erhielt, die ihn über das Gespräch mit Salisbury unterrichtete, entschied er, dies sei ein britisches Komplott: England wolle sich dadurch aus der unangenehmen Lage befreien, in die es Frankreich und Rußland gegenüber wegen Ägypten geraten war, indem es Schwierigkeiten in Kleinasien und auf dem Balkan heraufbeschwöre; alle kontinentalen Mächte, einschließlich Deutschlands, würden hineingezogen – weit eher als England selbst. Außerdem sei es ein Komplott, um den Dreibund zu sprengen, denn tödliche Feindschaft müßte zwischen Österreich und Italien bei der Neuaufteilung der türkischen Gebiete entstehen. Er wies Hatzfeldt an, die Sache aufzugeben und schickte eine gleichlautende Nachricht an Kiderlen-Wächter, den Vertreter des Auswärtigen Amtes, der dem kaiserlichen Gefolge an Bord der ‹Hohenzollern› beigegeben war. Er glaube nicht, so schloß er, daß Lord Salisbury seinen Plan, ein Feuer auf dem Balkan zu entfachen, weiterverfolgen werde (denn dies bedeuteten seine Vorschläge), wenn er sich dem entschlossenen Widerstand des Kaisers gegenübersähe und erkenne, «daß Seine Majestät ihn durchschaue».

* Im Herbst 1895 wurden 7000 Armenier am hellen Tag in den Straßen von Konstantinopel abgeschlachtet. Ihre Schädel wurden von den Keulen der Kurden zerschmettert. Die Leichen lagen auf den Straßen herum.

Hatzfeld war bitter enttäuscht. Hier löste sich die Chance, auf die Deutschland gewartet hatte, in Luft auf. Er drahtete Holstein, man dürfe sich nichts vormachen. Wenn er sich jetzt ganz zurückzöge, wenn er weder Aussichten noch Empfehlungen bieten könne, dann dürfe er auch nicht damit rechnen, in Zukunft noch nennenswerten Einfluß auf die Entscheidungen Salisburys in dieser Angelegenheit zu haben. Lord Salisburys Plan erwäge eine große Befriedigung Rußlands im Osten. Der einzige Betrogene wäre offensichtlich Frankreich gewesen. Es wäre wohl kaum Deutschlands Nachteil, wenn ein zufriedenes Rußland keinen Grund mehr sähe, sich die französische Freundschaft auf Deutschlands Kosten zu erhalten.

Wilhelm II. ließ sich immer von dramatischen Erklärungen beeindrukken; er fand Holsteins Argumente anspornender als die von Hatzfeldt. Vor allem war er stolz darauf, daß ihn keiner «hinters Licht» führte, und mehr als einmal hatte er geprahlt, da er «Halb-Engländer» sei, habe er eine besondere Einsicht in die Seele des perfiden Albion.

Als er von Salisburys Plan in der Darstellung Holsteins erfuhr, nannte er ihn «echt englisch» und erklärte, daß er davon nichts wissen wolle. Er sah Salisbury am Tag seiner Ankunft, am 5. August. Eckardstein berichtete, der Kaiser sei unverschämt zu dem Premierminister gewesen. Da sein Bericht jedoch – was Zeiten, Daten und Umstände angeht – ungenau ist, kann man ihm keinen Glauben schenken. Nur eines ist klar: Der Kaiser diskutierte über das türkische Problem und erklärte Lord Salisbury unumwunden, daß Deutschland mit einer Teilung des Osmanischen Reichs nichts zu tun haben wolle. Nach späteren Bemerkungen des Kaisers ist es aber wahrscheinlich, daß er auch die Frage, ob England dem Dreibund beitreten werde, anschnitt und daß Lord Salisbury – gereizt durch die Weigerung, das türkische Problem zu berücksichtigen – entmutigender als üblich antwortete.

Diese Unterhaltung hatte ein Nachspiel. Am nächsten Morgen trug Salisbury sich der Etikette gemäß in das Gästebuch des Kaisers ein. Um 15.30 Uhr erhielt er die Nachricht, daß der Kaiser ihn um 16 Uhr empfangen werde. Da er bereits mit dem Kaiser gesprochen hatte, nahm er an, es handle sich lediglich um eine Höflichkeitsfloskel als Folge seiner Eintragung, und er ließ anworten, daß er eine Audienz bei der Königin habe. Um 16 Uhr brach er nach London auf. Am nächsten Tag empfing er einen Brief von Victoria. Sie schrieb, Wilhelm sei wohl etwas verärgert über Salisburys Fernbleiben. Er habe einige Zeit auf ihn gewartet, denn er habe angenommen, daß der Premierminister nach der Audienz käme. Wilhelm machte viel Aufhebens von dem Vorfall. Er behauptete, Salisbury habe ihn gekränkt, weil er dessen Plänen nicht zugestimmt habe.

Jahrelang sprach das Auswärtige Amt von Salisburys «beleidigendem Betragen». Einige Zeit später bemerkte der Premierminister in eisigem Ton zu Eckardstein: «Ihr Kaiser scheint zu vergessen, daß ich nicht dem König von Preußen diene, sondern der Königin von England».

Der 6. August, an dem Salisbury die Einladung ausschlug, war überhaupt ein unheilvoller Tag. Der Kaiser sollte mit seiner Yacht ‹Meteor I› ein Rennen gegen die ‹Britannia› des Prinzen segeln. Als er jedoch über die Handicaps informiert wurde, sagte er, sie seien zu groß und lehnte die Teilnahme ab. Der Prinz mußte also allein segeln. Das war schon unangenehm genug, aber im Durcheinander des Tages ging Wilhelm an Bord eines der Schiffe, die ihn aus Deutschland begleitet hatten, und hielt eine Rede, die ganz England in Aufregung versetzte. Er hatte in seine Eskorte zwei Kriegsschiffe einbezogen, die ‹Wörth› und die ‹Weißenburg›, die nach zwei Siegen im siebziger Krieg benannt worden waren. Der 4. und der 6. August waren die Jahrestage der Schlachten, und er nutzte die Gelegenheit, vor den Offizieren und Mannschaften die Unüberwindlichkeit der deutschen Armee zu preisen – und zwar in Wendungen, die Frankreichs Gefühle nicht eben schonten. Am folgenden Tag bedauerte die britische Presse seinen Mangel an Takt: Er habe eine fremde Macht auf englischem Boden beleidigt. Der ‹Standard› forderte ihn unverblümt auf, nach Hause zu fahren, bevor es zu weiteren aufreizenden Äußerungen käme.

Alles war falsch gelaufen: die Gespräche mit Lord Salisbury, die Wettfahrten, und selbst der gute Wille der Öffentlichkeit war umsonst gewesen. Eine englisch-deutsche Partnerschaft schien jetzt für lange Zeit in weiter Ferne zu liegen. Wilhelm gab allen die Schuld, nur sich selber nicht. Er beschloß, seinen Aufenthalt abzukürzen. Als Abschiedsgeste nahm er aus Trotz Fühlung mit George Lennox Watson auf, der die ‹Britannia› des Prince of Wales entworfen hatte, und gab eine neue Yacht in Auftrag, die ‹Meteor II› heißen sollte. Eine Bedingung wurde gestellt: Sie mußte die ‹Britannia› überbieten. Dann kehrte er nach Deutschland zurück und nahm die Kaiserin auf eine Reise durch Elsaß-Lothringen mit. Dort machte er seinem Ärger durch eine ganze Serie von Brandreden Luft.

Bei seiner Ankunft in Berlin fand Graf Eulenburg die Hauptstadt in einem Zustand der Unruhe. Caprivi war im Herbst 1894 zurückgetreten und durch den 73jährigen Onkel des Kaisers, den Fürsten Hohenlohe, ersetzt worden, der früher Statthalter von Elsaß-Lothringen gewesen war. Da Hohenlohe fast der gleiche Neuling in auswärtigen Fragen wie Caprivi und der Staatssekretär von Marschall so schwach und unsicher wie er selber war, blieb Holstein Herr der Wilhelmstraße. Doch in ihm schwelte der Groll. Eulenburg wußte, daß der Zwischenfall mit dem ‹Kladderadatsch› einen Haß gegen den Kaiser in Holstein ausgelöst hatte, und er erkannte, welch gefährliche Früchte er trug, als Holstein bitter von den unerträglichen «Einmischungen» Seiner Majestät sprach. Eulenburg stellte außerdem fest, daß seine eigenen Beziehungen zu Holstein getrübt waren, denn der Geheimrat nahm die Tatsache übel, daß Eulenburg ihn nicht bei seiner Vendetta gegen den Kaiser unterstützte. «Er schreibt mir fast gar nicht mehr – hält mich wohl für einen Abtrünnigen seiner Sache», schrieb Eulenburg an Bülow, den deutschen Botschafter in Rom.

Bülow stand in regem Briefwechsel mit Holstein; er versuchte die Dinge zu beschönigen. «Was ihn gegenwärtig beunruhigt und verstimmt, ist, daß er nicht alles weiß, was S. M. politisch schreibt und vorhat», erwiderte er Eulenburg. «Er gab mir willig zu, daß der Kaiser hochbegabt, vom besten Willen erfüllt sei; er lobte dessen Verhalten während des jüngsten Besuchs in England und mit Salisbury. Er möchte nur, daß Du der Neigung des Kaisers, eigene Politik zu machen, noch mehr entgegenträtest[22]».

Dies war ein Versuch, Holsteins Handlungsweise logisch zu interpretieren, aber Holstein war kein logischer Mensch. Er war ein psychopathischer Charakter. Seine Abneigung gegen den Kaiser und seine Eifersucht auf ihn hatten ein solches Ausmaß angenommen, daß er jede Kleinigkeit aufgriff, um ihm eins auszuwischen. Holstein befand sich in der glücklichen Lage, Macht auszuüben, ohne verantwortlich zu sein. Obwohl fast alle Instruktionen, die vom Kanzler und vom Auswärtigen Amt ins Ausland gesandt wurden, von ihm selbst entworfen waren, zögerte er nicht, seine eigenen Ratschläge zu verleugnen, wenn ihm dies tunlich erschien. Bald sickerte es durch, daß der Hauptgrund für seine Stellungnahme gegen Salisburys türkische Vorschläge ganz einfach der war, daß er dem Kaiser einen diplomatischen Triumph vorenthalten wollte. Die Tatsache, daß Wilhelm seinen Empfehlungen folgte, beruhigte ihn nicht – sie veranlaßte ihn lediglich, seinen Standort zu wechseln.

Eulenburg war erstaunt, als er bei seiner Rückkehr in Berlin entdeckte, was geschehen war. Er befragte Graf Hatzfeldt, der sich für einige Tage auf Urlaub in der Hauptstadt befand; er wollte wissen, was der Botschafter über die negative und verschleppende Taktik Holsteins in der Frage einer türkischen Teilung dachte. Der Botschafter meinte, «daß es wohl die Furcht gewesen sei, zu bismarckisch zu erscheinen». Hatzfeldt konstatierte trocken, «daß Holstein nunmehr anderer Ansicht geworden sei und sich über die Art und Weise, wie Seine Majestät Lord Salisbury abfallen ließ, unzufrieden ausspräche». Ungehalten gab Eulenburg diese Geschichte an Bülow weiter; er fügte hinzu: «Das konnte ich selber nachher auch konstatieren. Holstein verstieg sich sogar so weit, zu behaupten, daß das selbständige Politisieren des Kaisers uns wieder einmal in eine schwierige Lage gebracht habe. Dabei weißt Du es so gut wie ich, daß Seine Majestät in seiner Unterhaltung mit Salisbury nur genau die Gesichtspunkte vertreten hatte, die ihm damals von Holstein zugeführt worden waren».

Holstein konnte nicht wissen, daß im Jahre 1914 Krieg ausbrechen würde und daß später alle deutschen Akten – einschließlich seiner eigenen privaten Aufzeichnungen veröffentlicht werden würden. Während des Jahres 1908 begann er mit der Niederschrift politischer Notizen für die Nachwelt, in denen er den Kaiser wegen dessen Fehler scharf angriff und sich selbst in jedem Fall entlastete. Im Januar 1909 erwähnte er die türkische Affäre. Der würdevolle, beherrschte Stil und das Air der Unvoreingenommenheit. enthüllt das ganze Ausmaß seiner Verschlagenheit. «Da es jedoch von größter Bedeutung war, den Kaiser auf eine zu erwartende Anregung in der Orientfrage vorzubereiten, sandte ich meinerseits ein Privattelegramm an Kiderlen, welches ihn, der den Kaiser als Reiserat begleitete, noch in Helgoland erreichte. In der Tat brachte auch Lord Salisbury, als der Kaiser in England kaum gelandet war, die Orientfrage sofort zur Sprache. Einzelheiten über diese Erörterung sind mir nicht bekannt geworden. Nur soviel erfuhr man gleich nachher, daß der Kaiser den Premierminister habe ‹gründlich ablaufen lassen›. Diese ganz unnötige Schroffheit trug ihm Früchte. Lord Salisbury, an derartige Behandlung nicht gewöhnt, entzog sich einer späteren, vom Kaiser gewünschten Unterhaltung, indem er Geschäfte vorschützte und nach London abreiste[23].»

Mit dem Kaiser und Holstein, die einander in den Haaren lagen, war Deutschlands Politik hoffnungslos verworren. Obwohl beide davon sprachen, daß sie England in den Dreibund locken wollten, verfolgten sie ihr Ziel auf absonderlichen Wegen. Holstein betrachtete Freundlichkeit oder Offenheit nicht als Mittel der Politik. Die einzigen diplomatischen Waffen, auf die er sich verstand, waren Drohung und Erpressung. Auf der anderen Seite ging der Kaiser seinen eigenen gefühlsmäßigen Eingebungen nach und ließ sich von ihnen davontragen. Keiner der beiden verstand den Sinn des Wortes «Feinheit». Sie sahen nicht ein, daß eine echte Partnerschaft mit England auf einigen Gebieten – die sich langsam zu einer größeren Allianz entwickeln könnte – der einzige vernünftige Weg zur Erreichung ihrer Absichten war.

Was praktische Dinge betraf, so waren sie gänzlich unfähig zur Zusammenarbeit. Wiederholt schlugen sie bei geringen Anlässen Krach. Als

der Kaiser nach Berlin zurückkam, erfuhr er, daß Sir Edward Malet, der frühere britische Botschafter, die deutsche Politik in Südafrika kritisiert hatte. Der Kaiser grollte noch immer über die Art und Weise, in der Lord Salisbury ihn «behandelt» hatte; er ließ Oberst Swaine, den britischen Militärattaché, kommen und hielt ihm eine Liste ernster Klagen vor. Malet, sagte er, habe nicht nur das deutsche Auswärtige Amt beschuldigt, es entfache in Südafrika Streit mit England; er sei so weit gegangen, das «erstaunliche Wort Krieg» zu gebrauchen. «Wegen ein paar Quadratmeilen mit Negern und Palmen hat England seinen einzigen Freund, den Deutschen Kaiser, den Enkel Ihrer Majestät der Königin von Großbritannien und Irland, beinahe mit Krieg bedroht!»
Der Kaiser fuhr fort: Englands Interesse für die Armenier in der Türkei sei ihm ganz unbegreiflich. War das etwa nur ein Deckmantel, um die Kontrolle über die Dardanellen zu bekommen? Wenn ja, dann sollte sich England ihm offen anvertrauen, und er werde dafür sorgen, daß Österreich und Italien den Engländern die Hände reichten. Nachgerade ginge ihm jetzt aber die Geduld aus. Er spiele mit dem Gedanken, einen Pakt mit Frankreich zu schließen, um den Grundstein zu einer kontinentalen Allianz zu legen, die – wenn sie zustande käme – England nicht sehr befriedigen werde. Er schloß mit einer deutlichen Warnung: England könne seiner gegenwärtigen völligen Isolierung, in die es durch seine selbstsüchtige Einschüchterungspolitik geraten sei, nur entrinnen, wenn es eine offene und freimütige Haltung einnehme. «England muß sich entscheiden, ob es für den Dreibund ist oder gegen ihn.»
Augenblicklich erkannte Holstein, daß hier etwas war, in das er seine Zähne schlagen konnte. Er stürzte sich auf die Großtuerei des Kaisers, daß Deutschland den Engländern geholfen hätte, die Dardanellen in die Gewalt zu bekommen. Was würde Rußland dazu sagen? Lord Salisbury würde wohl kaum versäumen, dem Zaren davon Kenntnis zu geben. Holstein arbeitete sich in eine Raserei hinein. Er bombardierte Eulenburg mit Ermahnungen, seinen Einfluß geltend zu machen, damit das «persönliche Regiment» des Kaisers endlich gebrochen werde. Wieder wurde Bülow herangezogen, der an Eulenburg schrieb: «Ich finde aber doch nicht, daß die Unterhaltung Seiner Majestät mit Swaine an und für sich ein so entsetzlich folgenschweres Ereignis war, wie sie Holstein erscheint, oder wie er sie uns hinstellt. Ernst, sehr ernst aber ist der Antagonismus, welcher bei diesem Anlaß zwischen Holstein und Seiner Majestät hervortritt. Nur Dir sage ich es, und Du sage es Niemandem: läßt sich zwischen so elementaren und subjektiven Naturen ein totaler Gegensatz in Gesamtrichtung und Auffassung der Dinge ausfüllen? Läßt sich derselbe auf die Länge auch nur verdecken[24]?»

Eulenburg antwortete am 29. Dezember: «Die Holsteinsche Aufregung und Erregung gegen Seine Majestät steigert sich in dem Maße, als er ein Einlenken in bismarckische Fahrwasser fürchtet. In dieser Aufregung wird er ungerecht einerseits, und andererseits gerät er aus hastiger Übereilung auf ein falsches Geleise. Die ungeheure Schwierigkeit in diesem Augenblick liegt, wenn man das jetzige System halten will – und ich halte es aus tiefster Überzeugung – darin, daß die gemeinsame Basis des Verständnisses der wichtigsten Faktoren: Seine Majestät, Reichskanzler, Marschall, Holstein – nicht mehr vorhanden ist, resp. kaum mehr rekonstruiert werden kann. Alle sind mehr oder weniger gegeneinander gereizt. Wenn Du Dir die Politik – ganz sans comparaison – als läufige Hündin denkst, so wird Dir das Bild sehr klar werden. Der große schöne Neufundländer (Seine Majestät) kann die andern alle totbeißen, wenn es ihm in den Sinn kommt. Den Einen mit den langen Beinen (Marschall) will er wirklich umbringen, alles andere aber knurrt und murrt, und der kleine graue Pinscher (Holstein) ist ganz exasperiert. Wie sollen wir sein Umsichgreifen, Miefen und Jammern stillen? Wir können ja die Hündin nicht totschlagen – und dabei befindet sie sich in so andauernd aufregendem Zustand[25]».

So war die Stimmung in Berlin, konfus und zerquält, als der Jameson-Raid stattfand. Am 30. Dezember 1895, dem Tag nach Eulenburgs bitterem Resümee, traf die Nachricht in Berlin ein, daß 600 Freischärler – Angestellte der ‹Cecil Rhodes Charter Company› – unter der Führung von Dr. Jameson, dem Administrator von Rhodesien, in die Republik Transvaal eingedrungen waren. Dieser kleine unabhängige Staat in Südafrika war von englischen Territorien umgeben. Obwohl seine Bevölkerung überwiegend englisch war, wurde er von Siedlern holländisch-deutscher Herkunft beherrscht, den Buren. Damit die Regierung in den Händen der Buren blieb, weigerte sich der Präsident, Paul Krüger, den Ausländern – wie er sie nannte – das Wahlrecht zu gewähren und besteuerte sie hoch. Die Eindringlinge unternahmen ihren Überfall in der Hoffnung, einen allgemeinen Aufstand zu provozieren, der als Folge eine neue Regierung und eine gerechtere Behandlung der Nichtburen haben sollte.

Die deutschen offiziellen Stellen gerieten in höchste Aufregung. Augenscheinlich war dies ein Londoner Komplott, um Transvaal in seine Gewalt zu bringen. Deutschland hatte dort 15000 Staatsbürger, es besaß auch umfangreiche Besitzungen in Ostafrika und war nicht bereit, müßig zuzusehen, wenn die Engländer sie angriffen. Sofort streckte Holstein seine Fühler nach Rußland und Frankreich wegen einer gemeinsamen Aktion gegen Großbritannien aus. Da er stets komplizierte Motive für seine

Handlungen anzubieten hatte, erklärte er (in einem Memorandum, das er für Hohenlohe entwarf, damit es an den Botschafter Graf Münster in Paris geschickt wurde), dieser deutsche Schritt gegen England sei nur ein weiterer Versuch, London in den Dreibund zu bringen! England glaube, es könne nicht nur zwischen den beiden feindlichen Blöcken – dem Zweibund und dem Dreibund – ganz glücklich verharren, sondern sich auch noch weiter ausdehnen. So werde es natürlich jeden Vorschlag ablehnen, sich solidarisch mit dem Dreibund zu erklären.

Der Kaiser dagegen hielt nicht inne, um einmal nachzudenken. Immer noch grollte er dem hochmütigen Lord Salisbury. Zuerst und vor allem sah er jetzt eine Gelegenheit, den Premierminister zu demütigen; zum zweiten erblickte er die Chance, eine große kontinentale Vereinigung anzuführen, die weit stärker sein würde als das britische Weltreich; und drittens war dies eine Möglichkeit, in Südafrika eine Flottenbasis zu errichten – gewissermaßen als Belohnung für die Verteidigung der moralischen Rechte der Buren. Die erste Enttäuschung kam, als Lord Salisbury Jamesons Überfall verurteilte und erklärte, daß die englische Regierung nichts davon gewußt habe. Der zweite Schlag fiel, als die Meldung einlief, daß die Truppe Jamesons eingekreist und zur Übergabe aufgefordert war. Es sah so aus, als seien Wilhelms Hoffnungen vereitelt.

Aber der Kaiser ließ sich nicht abschrecken. Die glänzende Rolle, die er für sich selbst zurechtgezaubert hatte, nahm seine Phantasie so sehr gefangen, daß er sie nicht aufgeben wollte. Er bestand darauf, daß Salisburys Haltung nur ein Trick sei. Am 3. Januar berief er einen Kronrat in die Reichskanzlei, um die möglichen Schritte zu erörtern. Der Konferenz wohnten der Kanzler, der Staatssekretär von Marschall und eine Reihe hoher Marine- und Armeeberater bei. Holstein und der Kolonialdezernent Kayser warteten im Vorzimmer, um ihren Rat anbieten zu können.

Holsteins Fühlungnahme mit Rußland und Frankreich hatte zwar keine Unterstützung bewirkt, dennoch war der Kaiser in erregter Verfassung und sprach sich immer noch für eine starke Aktion aus. Er schlug nicht nur die Entsendung eines Kriegsschiffes nach Lourenço Marques vor; er hatte nun auch die Idee, deutsche Truppen aus Ostafrika heranzuführen und ein Protektorat in Transvaal zu erklären. Seine Minister waren wie vom Schlag getroffen. Sie wiesen darauf hin, daß dies die britische Flotte auf den Plan rufen und Krieg mit England bedeuten würde. Jetzt meinte Wilhelm, daß die Angelegenheit lokalisiert werden könne, dann hatte er einen besseren Plan: Warum sollte man nicht einen deutschen Stabsoffizier – verkleidet als Löwenjäger – nach Transvaal schicken, der dem Land helfen würde, seine eigenen Kräfte gegen Großbritannien zu organisieren? Als man so weit war, schlug jemand vor, man solle die englische Öffentlichkeit durch ein Telegramm des Kaisers an den Präsidenten Krüger zurechtweisen. Der bedeutende deutsche Historiker Erich Brandenburg behauptete, dieser Gedanke sei im Vorzimmer entstanden, wo Holstein und Kayser saßen.

Wilhelm gefiel dieser Vorschlag gar nicht. Er war für ein entschiedenes Vorgehen, nicht für Nadelstiche. Im übrigen schrak er vor der Absendung eines Telegramms an Krüger, das seine Unterschrift trug, zurück, da er Englands Zorn damit unweigerlich auf seine eigene Person herabbeschwor. Es war ein Unterschied, ob seine Regierung ein Odium auf sich lud oder ob er persönlich es auf sich zog. Am Ende gab er jedoch der Ansicht seiner Ratgeber nach und ließ dieses Telegramm absetzen: «Ich spreche Ihnen meinen aufrichtigen Glückwunsch aus, daß es Ihnen, ohne an die Hilfe befreundeter Mächte zu appellieren, mit Ihrem Volke gelungen ist, in eigener Tatkraft gegenüber den bewaffneten Scharen, welche als Friedensstörer in Ihr Land eingebrochen sind, den Frieden wiederherzustellen und die Unabhängigkeit des Landes gegen Angriffe von außen zu wahren. Wilhelm I. R.»

Die Deutschen waren erstaunt über die Heftigkeit, mit der die Engländer reagierten. Zuerst war die britische Öffentlichkeit verblüfft, dann aufgebracht. Das also war der Kaiser, der in den vergangenen sieben Jahren als Englands bester Freund paradiert hatte! Beim geringsten Anlaß wandte er sich gegen das Land und gab sogar zu verstehen, daß er – falls der Überfall nicht mißglückt wäre – England den Krieg erklärt hätte. Die Nation erhob sich in einem Sturm der Entrüstung. Die Presse überschüttete den Kaiser mit einem Schwall von Beschimpfungen. Die Offiziere der Königsdragoner kehrten sein Bild zur Wand. Dutzende alter Aristokratinnen nahmen ihre Feder zur Hand und teilten dem Kaiser mit, was sie von ihm hielten.

Durch die Krüger-Depesche entstand ein Bruch in den deutsch-englischen Beziehungen, der nie wieder ganz geschlossen wurde. Obwohl dieser Bruch äußerlich nur drei Jahre lang klaffte, ermutigte er die feindseligen Elemente auf beiden Seiten und schuf eine dauernde Fehde, die jede internationale Schwierigkeit verschärfte und schließlich die Atmosphäre zwischen den beiden Nationen vergiftete.

Als der Kaiser und seine Leute erkannten, daß ihre Intervention nichts als Groll gebracht hatte, beeilte sich jeder, dem andern die Schuld zu geben. Wilhelm erinnerte seine Minister daran, daß er gegen das Telegramm gewesen sei und vergaß dabei ganz die kriegerischen Vorschläge, die er gemacht hatte. In seinen Memoiren kritisierte er streng Marschalls Unkenntnis der englischen nationalen Psyche. Holstein dagegen beharrte darauf, daß Marschall das Telegramm als «Blitzableiter» für des Kaisers gefährliche Energie angesehen habe. In einem Bericht, den er 1908 verfaßt hat, beschreibt er sein Warten mit dem Kolonialdezernenten Kayser im Vorzimmer. «Nach längerer Zeit kam Marschall herein und wies in der ihm eigenen lakonischen Art Kayser an, ein Telegramm, dessen Inhalt er gleichzeitig angab, an Krüger zu redigieren. Als ich, wie natürlich, Bedenken äußerte, sagte er: ‹Ach lassen Sie doch, Sie wissen ja gar nicht, was da drin alles vorgeschlagen wird, dies ist noch das wenigst Schlimme›. So entstand das weltberühmte Telegramm. Nicht Überlegung, sondern kaiserliche Laune war das treibende Element».

Soll man wirklich glauben, daß Holstein die Daumen drehte, während Kayser am Tisch nebenan das gefährliche Telegramm entwarf? Eckardstein glaubte es nicht. Viele Angehörige des Auswärtigen Amtes – schreibt er in seinen Erinnerungen – hielten Holstein für den eigentlichen Verfasser. Selbst zurückhaltende Beobachtungen stimmten darin überein, daß «Holsteins Einfluß, den er seit der Entlassung Bismarcks im Auswärtigen Amt ausübte, so durchschlagend war, daß er zweifellos in der Lage gewesen wäre, solchen groben Unfug zu verhindern, wenn er es wirklich gewollt hätte». Demnach sind wir zu der Folgerung gezwungen, daß er es nicht wollte. Kein Zweifel: Es war ihm ein unwiderstehliches Vergnügen, zuzusehen, wie der Kaiser es mit seiner englischen Verwandtschaft verdarb.

Der Prince of Wales war überzeugt davon, daß Wilhelm und nur Wilhelm allein für das Telegramm verantwortlich sei. Er drängte seine Mutter, ihm einen «gehörigen Rüffel» zu verpassen. Aber Victoria dachte anders darüber. «Diese scharfen schneidenden Entscheidungen irritieren nur und richten Schaden an. Wilhelms Fehler kommen von seinem Ungestüm (und seinem Dünkel). Ruhe und Strenge sind in solchen Fällen die besten Waffen». Dem Kaiser schrieb sie: «Mein lieber Wilhelm, als Deine Großmutter, der Du immer so viel Liebe gezeigt und von deren Beispiel Du immer mit so viel Respekt gesprochen hast, kann ich nicht umhin, Dir mein tiefes Bedauern über das Telegramm auszudrücken, das Du Präsident Krüger geschickt hast. Es wird als sehr unfreundlich gegenüber unserem Land angesehen, was – wie ich bestimmt glaube – nicht Deine Absicht war, und es hat, wie ich bekümmert sagen muß, einen sehr schmerzlichen Eindruck hier gemacht. Die Aktion von Dr. Jameson war natürlich sehr falsch und ganz unverantwortlich, aber wenn man die sehr besondere Lage betrachtet, in der sich Transvaal gegenüber Großbritannien befindet, dann denke ich, es wäre weit besser gewesen, nichts zu sagen. Unser großer Wunsch war immer, die besten Beziehungen mit Deutschland zu unterhalten, aber ich fürchte, Deine Agenten in den Kolonien tun das genaue Gegenteil, was uns tief bekümmert. Laß mich hoffen, daß Du versuchen wirst, dem Einhalt zu gebieten».

Wilhelms Antwort war kindisch, denn anstatt den Standpunkt beizubehalten, den er nun einmal eingenommen hatte, tat er so, als sei er mißverstanden worden. Die Partisanen Jamesons nannte er «Raubgesindel, das den friedlichen Absichten und Befehlen der Allergnädigsten Königin zuwiderhandelte». Dadurch seien auch Frieden und Sicherheit seiner eigenen Untertanen gefährdet worden, was ihn so erzürnt habe, daß er es für nötig hielt, die Öffentlichkeit darauf hinzuweisen. Das sei, wie er fürchte, von der englischen Presse ganz falsch aufgefaßt worden. «Ich stand für Recht, Ordnung und Gehorsam» gegenüber der Souveränin ein, die er verehre und der zu gehorchen er als höchste Pflicht für jeden Untertan betrachte. Aus diesen Gründen habe er gehandelt. «Ich fordere jeden Gentleman auf, mir zu sagen, wo sich irgendetwas gegen England richtet».

Die Königin war ziemlich schockiert über die Heuchelei dieses Briefes. Sie sandte ihn weiter an Lord Salisbury mit dem Kommentar, diese Entschuldigungen seien «lahm und unlogisch». Salisbury stimmte ihr zu, hielt es aber für klug, «alle seine Erklärungen entgegenzunehmen, ohne allzu gründlich nach der Wahrheit zu suchen».

Zweifellos bedauerte Wilhelm den Bruch mit England. Als er seine Unterschrift auf die Krüger-Depesche setzte, hatte er zum Freiherrn von Marschall gesagt: «Sie haben meinen Besuchen in Cowes ein Ende gemacht». Immerhin hatte er eine Genugtuung: Obwohl er an der Regatta im Jahre 1896 nicht teilnahm, «überfuhr» er den Prince of Wales. Die ‹Meteor› machte das Rennen und gewann den Pokal der Königin. Der Prince of Wales sah ein, daß die ‹Britannia› hoffnungslos überholt war und zog sie im nächsten Jahr aus dem Rennen.

Deutsche Weltpolitik

«Mein Traum ist, Alix von Hessen zu heiraten», schrieb Nikolaus, der Erbe des russischen Throns, im Jahre 1889. Seine Eltern waren gegen die Verbindung. Obwohl die Prinzessin Alix eine Enkelin der Queen Victoria und eine leibliche Kusine Kaiser Wilhelms war, meinte der Zar, sein Sohn solle eine glanzvollere Heirat machen. Die Zarin teilte die Ansichten ihrer Schwester, der Princess of Wales. Eine deutsche Schwiegertochter mißfiel ihr. Nikolaus jedoch war unerschütterlich. Fünf Jahre später, als der Vater schwer erkrankte und entschied, daß es für den Jungen nun Zeit zum Heiraten sei, hing dessen Herz noch immer an der hessischen Prinzessin. Er erklärte, es müsse Alix sein oder keine, und schließlich gaben die Eltern nach. Man erlaubte ihm, nach Darmstadt zu reisen, um an der Trauung des Bruders von Alix, des Großherzogs von Hessen, mit Victoria, der Tochter des Herzogs von Edinburgh, teilzunehmen. Ausdrücklicher Zweck der Reise aber war, daß er um die Hand der Prinzessin anhalten sollte.

Die ganze Verwandtschaft – einschließlich der Queen Victoria und des Kaisers Wilhelm – sorgte sich um Nikolaus. Man wußte, weshalb er gekommen war, und man glaubte nicht, daß Alix ihn nehmen würde. Sie war tiefreligiös und hatte wieder und wieder verkündet, daß nichts sie zur Aufgabe ihres protestantischen Glaubens zugunsten des orthodoxen veranlassen könne. Der einzige, der das Ganze als eine simple Sache der Überredung ansah, war der Kaiser. Sofort nahm er die Angelegenheit in die Hand. Er fand einen von Schüchternheit gequälten Nikolaus, der Angst hatte, um Alix anzuhalten, denn er fürchtete, sie könne sich so unnachgiebig zeigen, daß ihm jede Hoffnung genommen werde. Wilhelm ließ sich Zeit, ihm Mut zu machen. Schließlich faßte er ihn «in seiner frischen und zugreifenden Art unter dem Arm, führte ihn in dessen Zimmer, ließ ihn dort seinen Säbel umschnallen, die Pelzmütze in die

Hand nehmen, steckte ihm einige Rosen in die Hand und sagte zu ihm: ‹Nun gehen wir und halten um Alix an›²⁶.»

Wie alle Welt prophezeit hatte, war Nikolaus nicht erfolgreich. «Ich führte eine lange und sehr schwierige Unterhaltung mit Alix», schrieb er seiner Mutter, «in der ich ihr zu erklären suchte, daß es keinen andern Weg für sie gäbe, als einzuwilligen und daß sie mir einfach nicht absagen könne. Sie weinte die ganze Zeit und flüsterte nur ab und zu: ‹Nein, ich kann nicht›. Dennoch wiederholte ich, was ich gesagt hatte, und bestand darauf. Obwohl dieses Gespräch zwei Stunden dauerte, führte es zu nichts, weil weder sie noch ich nachgeben wollten».

Jedermann in Coburg war fasziniert von dem Schauspiel. «Die Verwandten waren rührend in ihrem Eifer», berichtete Nikolaus. Wilhelm aber war entschlossen, die Sache zu einem triumphalen Abschluß zu bringen. Er stürzte sich persönlich in den Kampf und sprach mit Alix. Es war eine kuriose Situation: Denn hier bot der Kaiser seine ganze Überredungskunst auf, um Alix zur Annahme des orthodoxen Glaubens zu bewegen, während er erst drei Jahre zuvor seiner Schwester Sophie gedroht hatte, er werde sie verbannen, weil sie just das gleiche getan hatte. In diesem Fall waren Wilhelms Motive nicht ganz rein. Er wollte zwar Nikolaus einen Gefallen tun, gleichzeitig aber sagte er sich, daß es für sein Vaterland von Vorteil sein könnte, wenn auf dem russischen Thron eine deutsche Prinzessin säße.

Seine Beredsamkeit setzte sich durch. Am 8. April fuhr er Alix zu dem Haus, in dem Nikolaus wohnte, und schob die beiden in ein Zimmer. «Wir wurden allein gelassen», schrieb Nikolaus seiner Mutter, «und mit ihren ersten Worten willigte sie ein! Nur der Allmächtige weiß, was dann mit mir geschah. Ich weinte wie ein Kind, und sie weinte auch, aber ihre Miene hatte sich geändert; ihr Gesicht war von einer stillen Zufriedenheit erleuchtet... Die ganze Welt sieht anders für mich aus: die Natur, die Menschen, alles; und alles schien mir gut und liebenswert und glücklich. Ich konnte kaum schreiben, meine Hand zitterte so».

Als erstes gingen die Brautleute zu den Gemächern der Queen Victoria und erzählten, daß sie sich einig seien. «Ich war wie vom Schlag gerührt», schrieb die Königin in ihr Tagebuch, «denn ich wußte zwar, daß Nicky es so sehr gewünscht hatte, dachte aber, daß Alix sich ihrer nicht sicher wäre». Obwohl die Trauung erst in einigen Monaten stattfinden sollte, lud die Queen die beiden zu einem Besuch nach Windsor im Juni ein. Für Alix war das nichts Neues. Sie war noch ein kleines Kind gewesen, als ihre Mutter starb, und fast in jedem Sommer hatte sie ihre Großmutter besucht. Für Nikolaus dagegen war der Aufenthalt ein Erlebnis. Er war hocherfreut über die Einladung und nach seinem Eintreffen erstaunt über Queen Victorias unkonventionelles Benehmen. «Oma ist sehr freundlich», teilte er seiner Mutter mit, «sie hat uns sogar erlaubt, ohne Anstandsdame auszufahren! Ich gestehe, daß ich das nicht erwartet hätte».

Ein paar Monate später, im November 1894, starb der Zar, und Nikolaus bestieg den Thron. Trotz der tiefen Trauer fand die Heirat mit Prinzessin Alix einige Wochen danach statt, und wieder reiste das Paar nach England, diesmal in die Flitterwochen. «Es scheint fast unmöglich, daß die sanfte, kleine, einfache Alicky die große Kaiserin von Rußland sein soll», notierte Victoria in ihr Tagebuch. Die Königin hoffte, daß Nikolaus das tyrannische russische System liberalisieren werde, aber schon kurz nach seiner Thronbesteigung wurde sie enttäuscht: Sie las, daß er in einer öffentlichen Rede den Liberalismus als «sinnloses Drama» gegeißelt und seine Entschlossenheit bekundet hatte, «zum Besten der ganzen Nation die Prinzipien der absoluten Autokratie zu wahren, so fest und stark, wie es mein betrauerter Vater getan hat».

Wilhelm störte sich nicht am russischen Absolutismus, wohl aber am russisch-französischen Zweibund, der elf Monate zuvor von Nikolaus' Vater unterzeichnet worden war. Er hielt Nikolaus jedoch für einen ungewöhnlich fügsamen Mann und vertraute darauf, daß er ihn sehr beeinflussen könne. Er fand, es sei die richtige Politik, Rußlands Aufmerksamkeit abzulenken. «Wir müssen versuchen», sagte er seinem Auswärtigen Amt im Juli 1895, «Rußland in Asien festzunageln, so daß es sich wenig mit Europa und dem Nahen Osten beschäftigen kann». Das war kein hoffnungsloses Ziel, denn in Rußland war man sehr aufgeregt über die Leichtigkeit, mit der Japan vor zwölf Monaten in China eingefallen war. Der Zar behauptete, seine Interessen seien bedroht, und der Kaiser trat ihm zur Seite, indem er Japan ein scharfes Ultimatum stellte, wobei er im geheimen hoffte, daß sich Nikolaus in einen Krieg im Fernen Osten verwickeln lasse. Aber die Japaner zogen sich klug zurück, und Wilhelm mußte sich etwas Neues einfallen lassen. Vielleicht konnte er Nikolaus den Gedanken einflößen, er diene der Zivilisation im Pazifischen Ozean als Beschützer oder – noch besser – als Verteidiger des Kreuzes.

Es war nicht nur Zynismus, was dem Kaiser diese Idee eingab: Er war stark beeindruckt von der Tüchtigkeit der japanischen Armee und Flotte. Aufgeregt sprach er von der «gelben Gefahr». Mit Überzeugung erklärte er, daß sich eines Tages die heidnischen Rassen vereinen und die ganze Christenheit bedrohen würden. Um seine Sendung ganz klar auszudrücken, gab er bei seinem Hofmaler Knackfuß die Anfertigung eines Bildes in Auftrag, das blutige Horden unter der Führung Buddhas zeigte, während christliche Mächte sie in Schach hielten. Rußland und Deutschland bildeten ihre Vorhut – sie wurden durch zwei Wächter symbolisch dargestellt, die das wahre Evangelium hochhielten. Unter diese künstlerische Absonderlichkeit schrieb Wilhelm: «Völker Europas, wahret eure heiligsten Güter!» Dann schickte er das Gemälde nach St. Petersburg. Der Zar sprach in einem Brief sein Entzücken aus, er habe Order gegeben, das Bild besonders schön einzurahmen. «Also, es wirkt», meinte Wilhelm, «das ist sehr befriedigend.»

Aber Deutschland war nicht das einzige Land, das durch Rußland beunruhigt wurde. Während der Kaiser besorgt seine Ostgrenze im Auge behielt, beobachtete England seine Besitzungen im Fernen Osten mit ähnlichen Bedenken. Im Jahre 1896 reiste Nikolaus durch Europa und besuchte dabei abermals England. Queen Victoria fragte ihn unverblümt, ob der französisch-russische Pakt eine Bedrohung der britischen überseeischen Gebiete bedeute. Er verneinte mit Nachdruck. Es handle sich um ein Schutzbündnis, um dem Dreibund zu begegnen, rein defensiv, und gelte nur für Europa.

Die Königin sah Nikolaus so, wie er war: ein charmanter, gutmütiger, empfindsamer junger Mann, der gewöhnlich der Gnade und Barmherzigkeit dessen ausgeliefert war, mit dem er sich gerade unterhielt. Deshalb nahm sie einen Tag nach seiner Abreise die Feder und versuchte, ihm seine Worte einzuprägen. «Liebster Nicky, Du wirst sehr überrascht sein, schon einen Brief von mir zu bekommen, aber ich brachte es nicht fertig, Dir etwas an dem Tag zu sagen, als Du uns verlassen hast. Ich bin sicher, daß Du freundlicherweise Deinen Einfluß geltend machen wirst, um die Franzosen wissen zu lassen, daß Du nicht beabsichtigst, sie in ihren ständigen Feindseligkeiten gegen England zu unterstützen, was die Ursache von viel Ärger und vielen Schwierigkeiten für uns ist, unter anderem in Ägypten. Ich hätte das nicht geschrieben, wenn Du mir nicht gesagt hättest, daß die Übereinkunft oder Allianz oder wie immer man es nennen mag nur militärischer Natur ist. Ich (und auch Lord Salisbury) sind so besorgt, daß wir – Rußland und England – uns verstehen und die freundlichsten Beziehungen zueinander haben sollten. Ich bin deshalb sicher, daß Du entschuldigst, wenn ich Dich so bald schon wieder belästigt habe ... V. R. I.»

Wilhelm II. sah das Kommen und Gehen zwischen den königlichen Familien von Rußland und England mit eifersüchtigen Augen an. Der Prince of Wales machte mit seiner Frau unzählige Besuche in Rußland und begegnete oft dem Zaren und dessen Mutter, der Kaiserinwitwe, bei Familienzusammenkünften in Dänemark. Aber Wilhelm hoffte, daß sein erfolgreiches Eingreifen bei Nickys Werbung ihm einen Vorteil eingebracht habe. Im Frühjahr 1896 erinnerte er ihn brieflich daran, daß er vor zwei Jahren das Glück gehabt habe, mitzuhelfen, daß Nikolaus «sich den bezaubernden, vollendeten Engel sicherte, der Deine Frau ist».

Wilhelm pochte ziemlich heftig auf den Dienst, den er geleistet hatte; er setzte eine Vertraulichkeit voraus, die er ganz und gar falsch einschätzte. Regelmäßig schrieb er Nikolaus und gab ihm eine ganze Menge unerbetener Ratschläge. Nach einem der Pariser Besuche des Zaren – 1895 – warnte er ihn davor, den Republikanismus ehrbar zu machen. Das ständige Erscheinen von Fürsten, Großherzögen, Staatsmännern und Generalen in voller Uniform bei Paraden, Beerdigungen, Diners und Rennen zusammen mit den Spitzen der Republiken und deren Umgebung ließe die Republikaner – als solche – glauben, daß sie ganz ehrliche, ausgezeichnete Leute seien, mit denen Fürsten verkehren und bei denen sie sich wie zu Hause fühlen könnten. Was aber sei die Folge davon im eigenen Land?

«Die Republikaner sind Revolutionäre von Natur und werden behandelt – auch mit Recht – als Leute, die erschossen oder gehängt gehören, und nun sagen sie unseren andern loyalen Untertanen: ‹O wir sind keine gefährlichen bösen Männer; schaut nach Frankreich. Da könnt ihr die Fürstlichkeiten sehen, wie sie mit den Revolutionären eins trinken! Warum sollte es bei uns nicht genau so sein?› Wir christlichen Könige und Kaiser haben eine heilige Pflicht, die uns vom Himmel auferlegt wurde, und das ist, hochzuhalten das Prinzip ‹durch Gottes Gnaden› ...»

Nikolaus nahm solche Briefe zuweilen krumm, jedesmal aber, wenn er mit Wilhelm zusammentraf, geriet er aufs neue in den Bann von dessen starker Persönlichkeit. Die beiden Kaiser boten einen auffälligen Kontrast: Wilhelm war eindrucksvoll, unstet, großsprecherisch – der Zar dagegen scheu, nervös und zurückhaltend. Als Nikolaus 1896 den Manövern in Breslau beiwohnte, fand die Fürstin Pless, daß er «sehr krank und schwach» aussähe; «die Zarin aber sieht sehr gesund aus. Sie hat ein charmantes und kluges Gesicht mit tiefen blauen Augen und niedrigen geraden Brauen. Ihr Kopf ist schmal und ihr Haar an der Stirn hochgebürstet, nur ein paar Locken sind an den Schläfen. Sie trug eine Menge schöner Diamanten und große Saphire».

Das Äußere der Zarin täuschte: Sie war weit davon entfernt, klug zu sein. Mit jedem Tag machte sie sich in Rußland unbeliebter. Sie verabscheute die Geselligkeit und tat alles, um Nikolaus von der Teilnahme an Veranstaltungen abzuhalten, wenn es sich nur einigermaßen machen ließ. Sie liebte es, die Abende mit Nähen zu verbringen, während er ihr laut vorlas. Die russischen Aristokraten beschwerten sich bei den englischen über die «spießbürgerliche deutsche Mentalität» der Zarin. Deutschen

Adligen gegenüber sprachen sie von ihrer «englischen Steifheit». Sie empfand keinerlei Wärme für irgendjemanden, der nicht zu ihrer Familie gehörte. Dem Kaiser war sie absolut nicht dankbar dafür, daß er ihren Heiratsentschluß beeinflußt hatte. Sie ärgerte sich darüber, daß er glaubte, sie müsse ihm verpflichtet sein und gestand Nikolaus, daß sie den Kaiser gar nicht ausstehen könne.

In dieser Abneigung stand sie nun nicht allein. Die Kaiserinwitwe zeigte sich von den Geschichten ihrer Schwester Alexandra von Wales so beeindruckt, daß sie Wilhelm kaum noch in respektvollem Ton erwähnen konnte. Nikolaus bewunderte seine Mutter, fürchtete sie aber auch nicht wenig. Als Wilhelm II. Rußland im Jahre 1897 besuchte, wußte er kaum, wie er ihr die Nachricht beibringen sollte, daß es nötig sein werde, ihm eine besondere Ehrung zu erweisen. «Liebe Mama», schrieb der Zar am 23. Juli 1897, «ich muß Dir zu meinem Bedauern mitteilen, daß wir Wilhelm den Rang eines Admirals geben müssen. Onkel Alexej erinnerte mich daran, und ich denke, wie unangenehm es auch sein mag, so sind wir doch verpflichtet, ihn unsere Marineuniform tragen zu lassen, besonders, da er mich im letzten Jahr zum Offizier seiner eigenen Flotte gemacht hat und – was das schlimmste ist – ich muß ihn darin in Kronstadt begrüßen. Es macht mich krank, daran zu denken!»

Dennoch verlief der Besuch gut. Wilhelm war entschlossen, seinen Gastgeber zu bezaubern, und er hatte damit so viel Erfolg, daß Nikolaus ihn zum erstenmal im vorteilhaften Sinne bei seiner Mutter erwähnte. Andererseits meinte er jedoch, die deutsche Kaiserin und deren bevorzugte Hofdame, die Gräfin Brockdorff, bedeuteten eine arge Prüfung. «Im ganzen war Wilhelm sehr freundlich, ruhig und höflich, während sie charmant zu sein versuchte und sehr häßlich aussah in prächtigen Gewändern, die ohne Geschmack gewählt waren; die Hüte, die sie abends bei den Vorführungen in Olgano trug, waren besonders unmöglich. Man sagt hier, daß die Kaiserin sehr unter dem Einfluß ihrer Hofdamen stehe, speziell unter dem der Gräfin B., und daß alles, was die letztere mißbillige, auch der Kaiserin mißfalle. In Krasno, am Tag der Abendparade, wurde ‹La vie parisienne› gespielt, weil sonst nichts Passendes zu finden war. Man hatte den dritten Akt für diesen Anlaß gewählt, und danach folgte ein kurzes Ballett. Am nächsten Tag erfuhren wir, daß diese idiotische Gräfin B. das Stück ganz und gar mißbilligt habe, weil sie annahm, es stelle eine Parodie auf die Deutschen dar. Sie dachte, der Schweizer Admiral wäre eine Anspielung auf den Kaiser, da er zum Admiral unserer Flotte ernannt wurde, und *le vieux diplomate* eine Karikatur Hohenlohes, der in der Tat seit dem letzten Jahr sehr verfallen ist. Was hältst Du davon?»

Bevor Nikolaus seinen Brief schloß, fügte er hinzu, daß Wilhelm von der ‹Standart› (der Yacht des Zaren) sehr angetan sei, «daß er sagte, er wäre glücklich, wenn er sie als Geschenk bekäme, und daß er sich schäme, die ‹Hohenzollern› zu zeigen, nachdem er eine solche Yacht gesehen habe. All das war sehr angenehm für uns, wie Du verstehen wirst, liebe Mama.» Aber die Kaiserinwitwe gab ihm zu verstehen, daß sie es durchaus nicht verstehe. «Ich war sicher, daß die schönen Linien der ‹Standart› Wilhelm ein Dorn im Auge sein würden», entgegnete sie. «Doch sein Scherz, daß er glücklich wäre, wenn ihm die Yacht gegeben würde, zeugt von zweifelhaftem Geschmack. Ich hoffe, er wird nicht die Stirn haben, eine ähnliche für sich selbst hier in Auftrag zu geben*. Das wäre wirklich die Höhe, wenn es ihm auch ähnlich sähe bei dem Takt, der ihn auszeichnet!»

Wilhelm ahnte nichts von solcher Kritik. Stolz auf seinen Erfolg kehrte er nach Deutschland zurück. Er hatte noch nicht begriffen, daß Nikolaus immer bereit war, sich einer stärkeren Persönlichkeit zu beugen, um hinterher seine Ansichten wieder zu ändern. Wilhelm schrieb an Philipp Eulenburg, er habe sich mit Nicky «vollkommen über alle großen politischen Fragen geeinigt, so daß wir beide sozusagen über die Welt disponiert haben! Eine Rückgabe der Reichslande an Frankreich mit russischer Hilfe ist absolut, glatterdings ausgeschlossen. Daher ein Krieg zwischen Gallien und uns, so Gott will, nicht mehr zu befürchten. Nicky und ich sind als innig, sich zärtlich liebende und absolut aufeinander bauende Freunde wieder geschieden; und sind augenblicklich unsere Beziehungen so, wie sie unter Bismarck nie, vielleicht in der allerersten Zeit zwischen Nikolaus I. und Großpapa gewesen sind...[27]»

Der Kaiser hatte einen neuen Staatssekretär, den 48 Jahre alten Bernhard von Bülow, der bisher Botschafter in Rom gewesen war, mit nach Rußland genommen. Die Ernennung im Juni 1897 war auf Philipp Eulenburg zurückzuführen, der Bülow im Jahre 1881 kennengelernt hatte, als sie beide der Deutschen Botschaft in Paris angehörten. Sie hatten vieles gemeinsam, denn Bülow war ein Intellektueller, er war geistreich, künstlerisch und weltoffen eingestellt. Wie Eulenburg waren ihm Charme und Takt zu eigen, doch von dessen Freundlichkeit und Treue hatte er nichts. Seine Gefühle waren einem Ehrgeiz unterworfen, der sich über alles hinwegsetzte. Er ging seinen Weg, indem er eine Wärme vortäuschte, über die er nicht verfügte. Wenn er Gefühle zeigte, dann glaubte er nicht an sie, denn er hatte begriffen, daß auch die abscheulichsten Schmeicheleien glaubwürdig erscheinen können – nämlich den Leuten, denen man sie sagt. Als er Karriere machte, trug ihm die bemerkenswerte Gewandt-

---

* Die «Standart» war in Kopenhagen gebaut worden.

heit, mit der er peinlichen Situationen entglitt, den Spitznamen «der Aal» ein.

Bülow und Eulenburg waren in Paris nur ein paar Monate beisammen gewesen, danach begegneten sie einander viele Jahre nicht mehr. Als Bülow jedoch – nicht lange nach Bismarcks Abgang – von der bedeutenden Rolle erfuhr, die Eulenburg spielte, nahm er die alten Fäden wieder auf. «Ich habe eine große Sehnsucht, Sie wiederzusehen, liebster Philipp», schrieb er 1891. «Schon ein Jahrzehnt eilte ins Meer der Ewigkeit, seit wir in Paris zusammen waren». Eulenburg antwortete mit Wärme, und die beiden begannen eine Korrespondenz, die – von Bülows Seite – immer schmeichlerischer wurde. In einem Brief spricht er von Eulenburgs «unendlich feinem Gefühl»; in einem andern vergleicht er ihn mit «einem schönen Edelfalken in einem von Füchsen, Borstentieren und Wildgänsen erfüllten Wald». Im März 1893 schrieb er: «Es kommt mir so natürlich vor, daß wir uns Du nennen, als ob es nicht anders sein könnte. Sieh, äußerlich in manchem unähnlich, sind wir innerlich doch wahrhaft wahlverwandt... Wenn Dir die Himmlischen die Zaubergabe reichen und glänzenden künstlerischen Talents schenkten, so kann ich Dir hierin nicht produktiv zur Seite stehen, wohl aber rezeptiv mich an Dir freuen, Deinen Geist genießen und Dich bewundern...»

Bülow war ein naher Freund Holsteins. Als dessen Zwist mit Eulenburg sich vertiefte, wegen der Weigerung des Grafen, ihm bei der «Knebelung» des Kaisers zu helfen, war es nur natürlich, daß Eulenburg die Dienste Bülows als Mittelsmann suchte. «Was aber Holstein nicht sieht», schrieb Eulenburg, «das ist die Freundespflicht, die mich bindet. Ich bin immer ein anständiger Kerl gewesen. Ich zweifle doch sehr daran, ob ich meinem Vaterland dienen würde, wenn ich den Kaiser sitzen lasse, oder ihn ‹an die Wand drücke›.» Er berichtete Bülow über Holsteins Intrigen gegen den Kaiser; er fürchtete, Holstein werde «vor nichts zurückschrecken». Obwohl Bülow sich Mühe gab, Holstein nicht zu verletzen, antwortete er Eulenburg mit einem überschwenglichen Gefühlsausbruch. «Ich kann nur sagen, daß, wenn ich in derartige Abgründe blicke, ich mich innerlich nur um so solidarischer mit unserm teuern Herrn fühle und ihn nur um so herzlicher lieb habe[28]».

Eulenburg überschätzte Bülows Aufrichtigkeit; er war dankbar für dessen Sympathie. Im Frühjahr 1897 gestand ihm der Kaiser, daß er an Stelle von Marschall einen neuen Staatssekretär des Äußeren ernennen wolle. Daß Eulenburg ihm nun Bernhard von Bülow vorschlug, ist verständlich. Der Wechsel fand im Juni statt, so daß Bülow den Kaiser auf der Rußlandreise begleiten konnte.

Wilhelm war von seinem neuen Ratgeber begeistert. «Bernhard hat sich vorzüglich gemacht und adoriere ich ihn!» schrieb er Eulenburg: «Mein Gott! Welche Freude, mit jemandem zu tun zu haben, der einem mit Leib und Seele ergeben ist und einen auch verstehen will und kann!» Auch Bülow wandte sich wieder an Eulenburg. Es gelang ihm, noch verzückter zu wirken: «Seine Majestät als Mensch reizend, rührend, hinreißend, zum Anbeten...» Und in einem anderen Brief ein paar Monate später: «Ich hänge mein Herz immer mehr an den Kaiser. Er ist so bedeutend!! Er ist mit dem Großen König und dem Großen Kurfürsten weitaus der bedeutendste Hohenzoller, der je gelebt hat. Er verbindet in einer Weise, wie ich es nie gesehen habe, echteste und ursprünglichste Genialität mit dem klarsten bon sens. Er besitzt eine Phantasie, die mich mit Adlerschwingen über alle Kleinigkeiten emporhebt, und dabei den nüchternsten Blick für das Mögliche und Erreichbare und – dabei welche Tatkraft! Welches Gedächtnis! Welche Schnelligkeit und Sicherheit und Auffassung!»

Bülow bewies seine Geschmeidigkeit von allem Anfang an. Er hatte den Kaiser nicht nur geblendet, er brachte es auch fertig, Holsteins guten Willen zurückzugewinnen. Und nicht genug damit, daß er Holstein hielt: Er konnte auch noch seine Intimität mit Eulenburg vergrößern. Privat sympathisierte er abwechselnd mit allen dreien, und trotz seiner «Flitterwochen» mit dem Kaiser trug er Sorge, daß Eulenburg nicht vernachlässigt wurde. «Wie beständig bin ich in Gedanken bei Dir!» schrieb er im Dezember 1897. «Ich sage, schreibe, tue politisch nichts, ohne dabei an Dich zu denken. In Deinem Sinn ist ja alles, was für den teuern, teuern Kaiser geschieht, und der steht mir immer vor Augen, ist für mich Motiv und Ziel, die raison d'être in allem».

Viele Jahre danach, als Bülow sich an die Abfassung seiner Memoiren machte, hatte er diese Gefühle in seinem Gedächtnis ausgemerzt und seine Dankbarkeit für Eulenburg so vollständig vergessen, daß er von ihm nur schrieb, er sei «hochgeschätzt» gewesen, da er in seinem Herrn «einen persönlichen Freund» besessen habe...

Bülow nahm seine Arbeit als Staatssekretär des Auswärtigen in einem kritischen Augenblick der deutschen Geschichte auf. Er betrat die Szene und stellte fest, daß der Kaiser von einem überwältigenden Verlangen beherrscht war: Er wollte eine große Flotte bauen. Der Wunsch war nicht neu: Seit Bismarck gegangen war, hatte er auf Verstärkung der Marine gedrängt. Im Jahre 1894 – als er noch die alljährlichen Ausflüge nach Cowes unternahm – hatte er eine Sprache geführt, die seine Mutter aufregte. «Wilhelms einziger Wunsch», schrieb sie der Queen Victoria, «ist, eine Flotte zu haben, die größer und stärker als die britische ist, aber mir scheint dies der reine Wahnsinn zu sein, und er wird sehen, wie unmöglich und nutzlos sein Vorhaben ist. Eine Seemacht, die für Deutschlands Bedürfnisse groß genug und so gut wie möglich ist, ist alles, was mit Klugheit und Sicherheit erstrebt werden sollte».

Wilhelms Flottenambitionen entsprangen nicht praktischen Bedürfnissen. Er war überzeugt davon, es sei unmöglich, ohne eine große Flotte eine Macht ersten Ranges zu sein. In Wahrheit war er nur von der Größe Englands geblendet. Kein anderer Maßstab hätte ihn befriedigt. Er entsann sich, wie erregt er als Kind gewesen war, als ihn seine Großmutter mit zu einer Flottenparade nahm. Damals hatte er die majestätische Macht des britischen Weltreichs in einer Armada von Panzerschiffen vor sich ausgebreitet gesehen. Ihm war es gewesen, als reichten sie so weit, wie das Auge schauen konnte. Nun, da er Kaiser war, der über ein Land regierte, das vor Tatkraft strotzte, das eine Bevölkerung von beinahe 60 Millionen und eine Industrieproduktion hatte, die sich anschickte, die englische zu überflügeln – nun war er davon überzeugt, es sei seine Pflicht, Deutschland zu einer ähnlichen, wenn nicht noch stärkeren Vormachtstellung zu erheben. Eines Tages würden die Engländer erwachen und feststellen, daß die Deutschen eine Flotte besaßen, die so ehrfurchtgebietend wie die eigene war – und welch ein Tag würde dies für das Haus Hohenzollern sein! «Was Wilhelm I. für die Armee getan hatte, wollte er für die Flotte tun», schrieb Bülow. Während Wilhelm I. mit der Einigung Deutschlands gesegnet war, wollte Wilhelm II. Deutschland Geltung auf den Meeren verschaffen und damit seine Weltmacht begründen.

Für eine Weile waren die Befürchtungen der Kaiserinmutter unbegründet, denn Wilhelms Flottenbestrebungen wurden vom Reichstag blokkiert. Er konnte seine Flotte erst bauen, wenn ihm die Abgeordneten die Mittel bewilligten. Seine Kanzler – zuerst Caprivi, dann Hohenlohe – bedeuteten ihm, es sei unmöglich, die Vorlage durchzubekommen, denn Deutschland war eine Landmacht. Man interessierte sich wenig für die See, und da die Armee ständig vergrößert wurde, weigerten sich die Abgeordneten, auch diese Ausgaben noch zu genehmigen.

Wilhelm tat alles mögliche, um seine Beamten zu belehren. Niemals, so gab er zu verstehen, werde Deutschland ohne Flotte zu wahrer Größe aufsteigen. Er konnte Mahans ‹Influence of Sea Power on History› fast auswendig. Im Januar 1895 hielt er im Neuen Palais vor Journalisten einen Vortrag mit Bildern, und im folgenden Monat gab er vor Militärs in Berlin eine Vorlesung über die Beziehungen zwischen Armee und Marine.

Wenig Fortschritte aber machte Wilhelm mit seinen Ministern und Abgeordneten. Als die Zeit ohne Aussicht auf Flottenmacht verstrich, wurde er immer gereizter. Nach jedem internationalen Zwischenfall, bei dem Deutschland nicht bekam, was es wollte, gab er der fehlenden Flotte die Schuld. Manchmal glaubte er das, was er sagte, manchmal beutete er solche Vorfälle auch nur aus, um bei seinen Ratgebern mehr Interesse für Marinefragen zu erwecken. Zwei Monate vor dem Jameson-Überfall, als zu erkennen war, daß ein Streit zwischen den englischen Siedlern und der Burenregierung in der Luft lag, schrieb er dem Fürsten Hohenlohe, man müsse kräftig Kapital aus der Affäre schlagen für eventuelle Flottenvergrößerungen, um den wachsenden Handel zu schützen. Als England nach der Krüger-Depesche ein Flottengeschwader in die Ostsee entsandte, um Deutschland daran zu erinnern, daß es sich um seine eigenen Geschäfte kümmern möge, sprach er offen von der Demütigung, die sein Vaterland zu erdulden habe. Im kommenden Jahr, 1897, weigerte sich England, den alten Handelsvertrag mit Deutschland zu erneuern; stattdessen sollte ein neuer entworfen werden – auch das wurde auf den Mangel an Schiffen zurückgeführt. «Das Volk wird nun erkennen», schrieb er Hohenlohe, «welche kostbare Zeit in den letzten zehn Jahren meinen Warnungen zum Trotz verlorenging. Hätte die sozialistische Partei nicht jahrelang alle Schiffsbauten auf das heftigste bekämpft und in unbegreiflicher Verblendung zu Fall gebracht, so wären wir jetzt nicht auf See so gut wie wehrlos und den Angriffen auf unseren Handel ganz preisgegeben. Hätten wir eine starke, Achtung gebietende Flotte gehabt, wäre die Kündigung nicht erfolgt. Als Antwort muß eine schleunige, bedeutende Vermehrung unserer Neubauten ins Auge gefaßt werden».

Der alte Fürst Hohenlohe jedoch erklärte noch immer, eine neue große Flottenvorlage sei aussichtslos, das Projekt des Kaisers «totgeboren». Nun aber wollte Wilhelm nichts mehr davon hören. Im Frühjahr 1897 – kurz vor dem Amtsantritt Bülows – ernannte der Kaiser den Admiral von Tirpitz zum Staatssekretär für die Marine. Tirpitz, ein hochgewachsener, bärtiger Seemann, war politisch unerfahren und verfügte nicht über einen ausgesprochen bedeutenden Intellekt, seine Leidenschaft für die Flotte aber traf sich mit derjenigen des Kaisers. Er war ein brillanter und unerschrockener Organisator; Hohenlohes Defaitismus wies er verächtlich zurück. Wenn die deutsche Öffentlichkeit kein Verständnis für die Flotte hatte, dann war es eben zu wecken. Ein Flottenverein war zu diesem Zweck zu gründen, der einen großen Propagandaschwall um sich verbreiten sollte. Die Lehrer mußten unterwiesen, die Fürsten bestochen, die Presse reglementiert werden: Bald würde das ganze Volk aufgerüttelt sein.

Inzwischen wurde Bülow Staatssekretär. Ehe der Kaiser ihn ernannte, fragte er: «Und was ist mit meinen Schiffen?» Bülow gewann das Herz seines Souveräns, als er ihm versicherte, daß er glaube, eine Flottenvorlage im Reichstag durchzubringen. Natürlich, fügte er hinzu, würde es nötig sein, «die nationale Trommel» zu rühren. «Nur zu! Nur zu!» rief der Kaiser freudig: Dies war genau das, was Tirpitz ihm erläutert hatte und was er selbst auch glaubte. Von nun an konferierte der Kaiser regelmäßig mit seinen beiden neuen Ratgebern. Bülow nannte er begeistert einen «Prachtkerl», Tirpitz den «Meister». Sie sprachen von nichts anderem als von der Flotte, sie planten ihre Kampagne und arbeiteten gemeinsam ihre Taktiken aus. Sie stimmten mit dem Kaiser darin überein, daß es unmöglich sei, ohne starke Flotte eine Großmacht darzustellen. Die Hauptaufgabe der Flotte liege in ihrem Machtprestige. Tirpitz erklärte, eine Flotte werde demonstrieren, daß Deutschland genau so «vornehm» sei wie England. Bülow behauptete später im Reichstag, der Tag rücke näher, da gewisse Nationen nicht länger mehr «auf Deutschland herabschauen können wie ein hochnäsiger Kavalier auf den bescheidenen Hauslehrer». Zuweilen klang das wie Parvenusprache.

Das Prestigeargument allein hätte indessen noch immer nicht genügt, den Reichstag umzustimmen, auch konnte es zu Mißdeutungen im Ausland führen. Deshalb lautete das Motto bald «Verteidigung». Deutschlands Bevölkerungszahl stieg an wie seine Industrieerzeugung. Und da es zu einem ernstzunehmenden Konkurrenten wurde, mußte es die Eifersucht der Engländer erregen. «Wir müssen den Risikogedanken als den eigentlichen Zweck des deutschen Flottenbaus in den Vordergrund stellen», gab Bülow dem Kaiser zu verstehen, «immer wieder hervorheben, daß unser Flottenbau keine offensive Bedrohung bedeutet, sondern nur gegenüber fremdem Angriff für den Bedroher unseres Friedens ein stets wachsendes Kriegsrisiko schaffen soll[29].»

Das Schutzbedürfnis vor der englischen Bedrohung wurde das Hauptmotiv der Propaganda des Flottenvereins. Daß man daran aber ernsthaft noch nicht glaubte, beweist die Tatsache, daß nur wenige Hafen- oder Küstenbefestigungen angelegt worden waren. Admiral Tirpitz sprach vom «deutschen Volk, das nahe seiner höchsten Vollendung» sei, und Bülow prägte das berühmte Schlagwort vom ersehnten «Platz an der Sonne». Wenngleich beide den Kaiser vor allzu häufiger Erwähnung der Flottenpläne warnten, konnte er seine Begeisterung nicht zügeln. Wiederholt dröhnte er in seinen Reden los: «Bitter not tut uns eine starke deutsche Flotte», «... unsere Zukunft liegt auf dem Wasser», «... der Dreizack gehört in unsere Faust». Am 20. August 1897 schrieb er ekstatisch an Philipp Eulenburg: «Das Marine- oder ‹Flottengesetz› ist im großen und ganzen fertig, hat meine Billigung, die prinzipielle des Kanzlers schon erhalten. Es sieht vor einen Stand der Flotte, der bis 1905 zu erreichen ist... Tirpitz hat zunächst ein großes Bureau konstruiert, was direkt, teils durch Mittelspersonen, gegen 1 000–1 500 Zeitungen und Blätter mit Maritima versorgt. In den großen Universitätsstädten ist überall das sehr bereitwillig entgegenkommende Professorenelement gewonnen für Mitwirkung, durch Wort, Schrift und Lehre, das Verständnis für die Daseinsberechtigung einer Flotte zu stärken ... Welche herrliche Saat fängt an aufzugehen, und welcher Lohn Gottes für alle die Mühen und Sorgen und den Kummer, den ich auf diesem Gebiet gelitten habe[30] ...»

Die Vorlage, die dann grundsätzlich dem Bau einer deutschen Flotte zustimmte, wurde vom Reichstag am 28. März 1898 mit 212 gegen 139 Stimmen verabschiedet.

Die Kaiserin Friedrich schien der einzige Mensch zu sein, der die Zukunft vorauszusehen vermochte. Sie betrachtete den Bau einer deutschen Flotte nicht als eine natürliche Entwicklung – wie Bülow das hinstellte –, sondern als die vollständige Abkehr von jener Politik, die Deutschland in den letzten fünfundzwanzig Jahren verfolgt hatte. Deutschland war eine zentral gelegene Macht, auf der einen Seite vom feindseligen Frankreich flankiert, auf der anderen von einem expansionsdurstigen, verschlagenen und aggressiven Rußland. Unter Bismarck hatte Deutschland enge Beziehungen mit dem Zaren hergestellt, die zum Teil die Wirkung des Zweibundes abschwächten. Bis dahin hatten sowohl Bismarck als auch Wilhelm II. die Notwendigkeit eingesehen, sich England zu nähern. Eines Tages mochte Großbritannien seine Politik der Isolation aufgeben, und wenn dieser Tag kam, dann mußte es mit Deutschland ein Bündnis eingehen. Dies war der einzige logische und sichere Weg für beide Nationen. Eine konkurrierende Flotte dagegen war mitnichten das Mittel, dies zu erreichen. England mußte sie als eine unfreundliche Provokation ansehen, denn die Briten verfügten über keine Armee. Sie hielten die Vormachtstellung ihrer Flotte für eine Lebensnotwendigkeit, die Sicherheit ihrer Insel und ihres Imperiums zu gewährleisten. Deutschland konnte die Engländer durchaus nicht beeindrucken, aber es mußte sie sich entfremden. Wenn Wilhelm nicht vorsichtig war, dann konnte es geschehen, daß er ganz Europa gegen sich gerichtet fand.

Der Kaiserinwitwe war es unmöglich, auf ihren Sohn einzuwirken. Sie erregte sich über die Flottenvorlage jedoch so sehr, daß sie ihre Freundin Marie Bülow aufsuchte, die Frau des neuen Staatssekretärs. Sie traf Bülow selbst zu Hause an und berichtete ihm von den Gefahren, die sie zu sehen glaubte. Bülow aber war nicht in der Stimmung, ihr lange zuzuhören. Selbst wenn er mit der Kaiserin Friedrich einig gewesen wäre, hätte er seine Zukunft niemals aufs Spiel gesetzt, um Wilhelm von dem Kurs abzubringen, der seinem Herzenswunsch so sehr entsprach. So wies er die Worte der Kaiserinwitwe als englische Propaganda ab. Herablassend bemerkte er in seinen ‹Denkwürdigkeiten›: «Sie glaubte, Deutschland könne sich England und dessen hohen Zielen am besten nützlich machen und sich gleichzeitig selbst veredeln, wenn es sich im Kurs der englischen Politik halte wie ein kleines Boot, das im Kielwasser einer großen Fregatte fährt».

Ohne Hoffnung blickte die Kaiserinwitwe auf die politische Szenerie, die nun ständig trüber wurde. Wenn sich ihre Beziehungen zu ihrem Sohn auch gebessert hatten, konnte der Friede doch nur durch äußerste Mäßigung gewahrt bleiben. Die Kaiserin mischte sich nicht mehr ein, sie kritisierte nicht, sie äußerte nicht einmal ihre Ansicht, falls sie nicht dazu gedrängt wurde. Genau das war es, was der Kaiser wollte. Schließlich hieß er sie mit echter Freundlichkeit willkommen. Ihre Meinung über ihn aber hatte sich nicht geändert. Sie konnte niemals sein Verhalten beim Tode seines Vaters vergessen, aber die Jahre hatten ihre Bitterkeit gemildert, und das mütterliche Band, das so wunderlich unzerreißbar ist, bestand jetzt fast ganz aus Mitleid. Wie naiv und närrisch und eitel er doch war! Während der frühen neunziger Jahre hatte sie sich wegen seiner forschen, prahlerischen Äußerungen, in denen es von Anspielungen auf die Macht und den Ruhm dröhnte, vor Qual gewunden; sie waren ihr als unerträglich erschienen. «Wenn ich den Schatten eines Einflusses hätte», schrieb sie ihrer Mutter, «würde ich Wilhelm anflehen, keine öffentlichen Reden mehr zu halten, denn sie sind zu schrecklich». Und später: «Ich wollte, ich könnte ihm bei allen Gelegenheiten, bei denen er öffentlich sprechen will, ein Schloß vor den Mund hängen. Es hat keinen Sinn, darüber zu sprechen – die bismarckische Erziehung hat ihn zu dem gemacht, was er ist».

Nach und nach resignierte die Kaiserinwitwe immer mehr. Bismarck hatte ihren Sohn zu Grunde gerichtet. Sie begann ihn als einen neurotischen Fall zu betrachten, als einen von Bismarck Verwundeten, als ein Opfer, für das nichts mehr getan werden konnte. Er war durch und durch verderbt, und Bismarcks Coup, ihn seinen Eltern zu entfremden, hatte diese seine Eigenschaft unheilbar gemacht. Welch ein Unterschied zwischen Wilhelms schrillem Appell an Deutschlands Macht und den hochherzigen Empfindungen ihres verstorbenen Mannes! Oft las sie die Botschaft, die Friedrich dem Eisernen Kanzler zu Beginn seiner 99tägigen Regierung gesandt hatte: «Unbekümmert um den Glanz ruhmbringender Großtaten, werde ich zufrieden sein, wenn dereinst von meiner Regierung gesagt werden kann, sie sei meinem Volke wohltätig, meinem Lande nützlich und dem Reiche zum Segen geworden...»

Bismarck hatte ihren Sohn verdorben, dennoch hatte er unabsichtlich dazu beigetragen, daß wieder ein wenig Harmonie zwischen ihnen lebendig wurde. Als Wilhelm den alten Herrn zu verabscheuen begann, der seinen erzwungenen Ruhestand mit der Abfassung anonymer Zeitungsangriffe verbrachte, empfand er die Gesellschaft seiner Mutter als angenehmer. Wenigstens teilten sie eine gemeinsame Abneigung, und wenn sie auch verschiedene Ursachen dazu hatten, so rückte dieses Gefühl sie doch einander näher. Wilhelm war außer sich, als Bismarck im Jahre 1896 alle Regeln brach und Einzelheiten über den Rückversicherungsvertrag mit Rußland enthüllte, der nach seinem Rücktritt nicht erneuert worden war. Aber selbst noch aus dem Grab wurden sie von dem alten Mann verhöhnt. Im Juli 1898, ein paar Monate nach seinem Tod, erschien der erste Band seiner Erinnerungen. Die Kaiserin schrieb Wilhelm, daß sie über das Lügengewebe empört sei. Zum erstenmal antwortete er seiner «geliebten Mama» in warmem Ton, und dann schüttete er sein Herz aus: Er zeichnete ein verblüffendes Porträt, aber nicht etwa das von Bismarck –, es war sein eigenes. Er steht vor uns, ergriffen von Romantik und religiöser Inbrunst, ein von Gott Begnadeter, der seine auserwählte Aufgabe zu erfüllen hat: Wilhelm II. nicht so, wie die Welt ihn kennt, sondern so, wie er selbst sich sah.

Am Anfang des Schreibens leugnete er heftig, daß Bismarck je mit Erfolg ihn seinen Eltern entfremdet habe. «Er hat niemals gewagt, und ich hätte ihm auch niemals gestattet, in meiner Gegenwart über Dich oder den lieben Papa Bemerkungen zu machen.» Dann fährt er fort: «Ich verstand die furchtbare Aufgabe, die Du damals nicht sahst, die der Himmel mir gestellt hatte: die Aufgabe, die Krone zu retten vor dem überwältigenden Schatten ihres Ministers ... Als der Kampf sich erhitzte und Bismarck seine verwegensten Ränke gegen mich anfing, wobei er nicht einmal vor Hochverrat zurückschreckte, ließ ich ihm sagen: Mir schiene, er wolle die Hohenzollern niederreiten zu Gunsten seiner eigenen Familie; sei das der Fall, so wolle ich ihn warnen, denn der Versuch sei vergeblich, und er würde der verlierende Teil sein. Die Antwort war, wie ich sie erwartet hatte. Und ich warf ihn nieder und streckte ihn in den Sand zur Rettung meiner Krone und unseres Hauses! ... Wo ist er jetzt? Der Sturm hat sich beruhigt, die Fahne weht hoch im Winde, ein Trost für jeden ängstlichen Blick, der sich nach oben richtet; die Krone sendet ihre Strahlen durch ‹Gottes Gnade› in Paläste und Hütten, und – verzeih, wenn ich es sage – Europa und die Welt horcht auf, um zu hören, ‹was sagt und was denkt der Deutsche Kaiser?›, und nicht, was ist der Wille seines Kanzlers! ...»

Wilhelm strahlte vor Vergnügen, wenn er an seine große Flotte dachte. Er war sich jedoch nicht darüber im klaren, welche Außenpolitik er verfolgen sollte. 1898 schien er alle Trümpfe in der Hand zu haben. Die Vielfalt der Wahl war geradezu verwirrend. Selbst seine diplomatische Unterstützung Rußlands gegenüber Japan zahlte sich gut aus. Es war ihm nicht nur gelungen, Kiautschau zu erwerben, einen Flottenstützpunkt in China, durch seine Aktion wurden Rußland und Großbritannien bis an den Rand von Feindseligkeiten wegen des zusammengebrochenen Chinas gebracht. Rußland hatte sich Port Arthurs bemächtigt, nachdem die Japaner es verlassen hatten, und nach Verhandlungen mit den Chinesen angekündigt, daß es eine Konzession zum Bau einer Eisenbahn erworben habe, die den Hafen mit dem transsibirischen Netz verbinden sollte.

Die Engländer sagten nicht viel. Da ihre Handelsinteressen in China jedoch größer waren als die aller andern europäischen Nationen, antworteten sie mit der Entsendung ihrer Ostasienflotte in den Golf von Pecheli und besetzten Weihaiwei und Kaulun. Sie rangen der chinesischen Regierung ebenfalls Konzessionen ab, die ihre Stellung festigten. Trotz allem waren sie besorgt, denn es war offensichtlich, daß Rußland noch weitere Pläne mit China hatte. Tatsächlich fuhr der russische Außenminister Graf Witte mit der Hand über eine chinesische Karte und erklärte dem britischen Botschafter, daß der Zar die nördlichen Provinzen einschließlich der Mandschurei zwangsläufig an sich nehmen werde.

Wilhelm freute sich über den Stand der politischen Entwicklung, denn er sah sich selbst in der ausgleichenden Position dessen, der die Balance hält, der – von beiden Seiten hofiert – imstande ist, sein Gewicht zuerst in diese, dann in die andere Schale zu werfen: jenachdem, welche Zugeständnisse man ihm machte. Seine östliche Flanke beunruhigte ihn nicht. Er behauptete ja, daß sein Verhältnis zum Zaren enger sei als jenes, das Bismarck unterhalten hatte. Und jetzt begann England mit einer sanften Ausdauer um ihn zu werben, die etwas gänzlich Neues war. Bülow schrieb seinem Herrn einen Brief, der voll der üblichen Schmeicheleien war und so endete: «Eure Majestät werden dem achtzigsten Geburtstag Ihrer Erhabenen Majestät, Königin Victoria, als arbiter mundi beiwohnen».

Solch eine Position war neu und berauschend, mit Politik hatte sie nichts zu tun. In der Tat war die diplomatische Tätigkeit des Kaisers im Jahre 1898 so kindlich nervös und offenkundig opportunistisch, daß sie an Pantomime grenzte. Joseph Chamberlain, der britische Kolonialminister, erzählte dem Grafen Hatzfeldt, er glaube, daß eine Allianz Englands mit Deutschland das Natürliche sei, da beide Länder Veranlassung hätten, eine französische und russische Aggression zu fürchten. Er erkannte Deutschlands Recht auf koloniale Expansion an, er wollte mit seinem

Einfluß dafür bürgen, daß man den legitimen deutschen Bestrebungen entgegenkomme. Er täuschte nicht vor, daß seine Ansicht auch die der Regierung sei, aber er vertraute darauf, daß er über kurz oder lang die Regierung werde überzeugen können. «Steigen sie jetzt von ihrem hohen Roß herunter, was?» schrieb der Kaiser entzückt auf einen Bericht Hatzfeldts. «Nur ja nicht zugreifen! Warten lassen!»

Nach einer Unterredung mit Bülow, den Holstein davon überzeugt hatte, daß alles «englische Teufelei» sei, ließ die Begeisterung des Kaisers etwas nach. Unter einen anderen Bericht schrieb er, der Kern der Sache sei: Wenn England Weihaiwei besetze und damit Rußland mit der Faust auf die Nase schlüge, fände es sich plötzlich in einer unangenehmen Lage. Rußland habe vorläufig keine so weitreichende Schlagkraft, aber es warte ab. Und das sei der Anfang vom Erwachen John Bulls; dann suche er jemanden, der ihm aus der Patsche helfe. Er werde das gewiß nicht auf Chamberlains Versprechen hin tun: «Wir werden sehen, was später geschieht.»

Chamberlains Brocken brachte den Kaiser jedoch auf die prächtige Idee, England gegen Rußland auszuspielen und Deutschland an den Meistbietenden zu versteigern. Er setzte sich also hin und schrieb Nikolaus einen Brief. England, so führte er aus, habe in Berlin wegen einer Allianz sondiert. Und jetzt ließ er seiner Phantasie die Zügel schießen: «... mit enormen Vorteilen für Deutschland», so daß er es für seine Pflicht ansehe, lange darüber nachzudenken. «Bevor ich die Antwort gebe, möchte ich Dich als meinen geschätzten Freund und Vetter benachrichtigen, da ich fühle, daß es sozusagen eine Frage auf Leben und Tod ist... Jetzt bitte ich Dich, mir zu sagen, was Du mir bieten kannst und willst, wenn ich ausschlage, bevor ich meine Antwort erteile. Klar und offen und ohne Hintergedanken müßten Deine Vorschläge sein, so daß ich sie in meinem Herzen und vor Gott erwägen kann, wie ich muß, da es sich um das Gut des Friedens für mein Vaterland und die Welt handelt. Mit diesem Brief, liebster Nikolaus, lege ich meinen ganzen Glauben in Dein Stillschweigen, jedem gegenüber. Es geht um die nächste Generation».

Alles jedoch erwies sich als Knallfrosch. Nikolaus dachte gar nicht daran, sich in einer so naiven Weise zu exponieren. Er schrieb lediglich zurück, England habe auch Rußland «noch nie dagewesene» Anerbieten gemacht, aber «ohne zweimal darüber nachzudenken» seien die Vorschläge zurückgewiesen worden.

Jetzt befand sich Wilhelm in einer peinlichen Lage, denn er mußte ja dem Zaren etwas vorweisen können, damit seine Geschichte nicht als reine Erfindung erkannt wurde. Bülow hatte den Eifer Chamberlains gebremst: Die englische Flotte, erwiderte er leichtfertig, sei wohl nicht von großem Nutzen, wenn Deutschland an zwei Fronten angegriffen werde, außerdem sei die Stimmung in beiden Ländern seit dem Jameson-Überfall so schlecht, daß die deutsche öffentliche Meinung ein Abkommen mit England nicht gutheißen würde – es sei denn, Großbritannien beweise seinen guten Willen durch Großzügigkeit auf kolonialem Gebiet. Aber Chamberlain gab keine Antwort, und als die Wochen verstrichen, fing Wilhelm an, gereizt zu werden. Schließlich wandte er sich an seine Mutter und bat sie, das Thema bei Queen Victoria zur Sprache zu bringen. «Ich weiß als Tatsache», berichtete die Kaiserin Friedrich am 15. Juli 1898, «daß Wilhelm sehr begierig auf eine Annäherung an England ist und von ganzem Herzen hofft, daß England ihm in irgendeiner Weise auf halbem Weg entgegenkommt».

Zu der Zeit, da die Kaiserin Friedrich diesen Brief schrieb, machte Kaiser Wilhelm den Vorschlag, Deutschland solle seine Ansprüche auf die Tonga-Inseln und den Samoa-Archipel im Pazifischen Ozean aufgeben, wenn England dafür Njassaland und die Walfischbai, eine wichtige strategische Position in Südwestafrika, abträte. Lord Salisbury erwiderte jedoch höflich, der Vorschlag sei nicht annehmbar, da die gefragten Territorien zu ausgedehnt seien. Wilhelm geriet in Zorn. Diesmal schrieb er selbst der Königin Victoria. Seine Annäherung sei «halb im Spaß und halb mit einem Rüffel» beantwortet worden. Danach schrieb er an Nikolaus: «Wie ich Dir im Juni mitteilte, hat England gelegentlich Verhandlungen wieder aufgenommen, aber es hat dabei die Karten nie ganz aufgedeckt. Soviel ich sehen kann, versuchen sie stark, eine kontinentale Armee zu finden, die für ihre Interessen kämpft! Aber ich kann mir vorstellen, sie werden so leicht keine finden, am wenigsten die meine! Ihr neuester Wunsch ist, Frankreich von Euch fortzuziehen und für sich zu gewinnen. Als Folge davon haben sie plötzlich beschlossen, den Herzog von Connaught zu den französischen Manövern zu schicken».

Der Kaiser war verstimmt. Weder England noch Rußland schienen Lust zu haben, ihm irgendwelche Vorteile zu bieten. Also entschloß er sich, es im Nahen Osten zu versuchen. Seit Monaten sprach er über eine Reise nach Konstantinopel und dem Heiligen Land, das unter türkischer Herrschaft war. Am 12. Oktober 1898 machte er sich schließlich in Begleitung der Kaiserin und einem Gefolge von fünfzig Personen auf den Weg. Er reiste auf der ‹Hohenzollern› nach Konstantinopel und verlebte einige Tage als Gast des Sultans. Die Engländer waren entrüstet, daß er sich mit dem «blutbefleckten Ungeheuer» zusammenfand, das die Armenier abgeschlachtet hatte, aber er verließ die Stadt mit einem Vertrag, wonach ein Hafen in Haidar Pascha zu erbauen war, einer Konzession zur Anlage eines deutschen Kabels zwischen Constanza und Konstantinopel sowie einem Projekt, die von den Deutschen gebaute anatolische Eisenbahn bis nach Bagdad weiterzuführen.

Dann bestieg er das Schiff nach Haifa, von wo aus die kaiserliche Gesellschaft sich zu Pferde nach Jerusalem begab. Nachts kampierte man am Straßenrand. Auch die prachtvollen Zelte und die vielen Diener konnten nichts daran ändern, daß die Hitze derartig überwältigend und die Fliegenplage so scheußlich war, daß die Mehrzahl der Teilnehmer die Pilgerreise als eine schwere Strafe ansah. Der Kaiser freilich blieb guter Dinge, und sein Einzug in Jerusalem am 29. Oktober ging als ein großartiges Spektakel über die Bühne. Auf einem schwarzen Streitroß thronend, in leuchtendes Weiß gehüllt und mit einem goldenen Adler auf der Helmspitze, geleitete Wilhelm seinen glanzvoll ausstaffierten Hofstaat durch die Pforten der Heiligen Stadt. Er hatte den Maler Knackfuß mit auf die Reise genommen, und dieser Künstler gab den Auftritt später im Bild wider – zu Nutz und Frommen derer, die daheim geblieben waren.

Alles, was der Kaiser sah, begeisterte ihn. Er schickte dem Sultan ekstatische Telegramme, in denen er für die Abkommen dankte. Als sie Damaskus erreichten, die letzte Station, war er so entzückt, auf derselben Erde zu stehen, auf der einst der berühmte Saladin gestanden, daß er eine ausdrucksvolle Rede hielt, die mit den Worten endete: «Möge Seine Majestät der Sultan und mögen die 300 Millionen Mohammedaner, die, auf Erden zerstreut lebend, in ihm ihren Kalifen verehren, dessen versichert sein, daß zu allen Zeiten der Deutsche Kaiser ihr Freund sein wird». Dies gefiel weder London noch St. Petersburg, denn beide Länder hatten eine ganze Menge Mohammedaner unter ihrer Herrschaft, und man fragte sich, welches neue Unheil Wilhelm wohl im Sinn haben mochte. Außerdem hatte es Rußland von jeher als seine «historische Mission» betrachtet, Zugang zu den türkischen Meerengen zu bekommen. Das neue Interesse des Kaisers am Nahen Osten erweckte allerlei böse Ahnungen.

«Und wie haben Dir die Reden des Deutschen Kaisers während seines Besuches in Palästina gefallen?» fragte der Zar trocken in einem Brief seine Mutter. Die Kaiserin Marie ließ ihn nicht im Zweifel über ihre Gefühle: «Die Bilder von der Reise durch das Heilige Land hätten mich zum Lachen gebracht, wenn die ganze Sache nicht so empörend wäre», antwortete sie Nikolaus. «Alles aus purer Eitelkeit, nur damit darüber gesprochen wird! Diese Pilgerkutte, diese Pose eines Oberpastors, der Frieden auf Erden predigt mit einer Donnerstimme, als ob er seine Truppen kommandierte, und ‹sie› mit dem großen Kreuz in Jerusalem, all das ist vollkommen lächerlich und zeigt nicht eine Spur von religiösem Gefühl – abscheulich!

Und dann, was für ein hübscher Anblick, wie sie beide auf dem Berge Sinai knien und vom Hauslehrer ihrer Kinder gesegnet werden, den man eigens zu diesem Zweck mitgebracht hat!... Aber genug davon – es macht mich zu ärgerlich – es macht mir sogar Herzklopfen, wenn ich davon schreibe, und es lohnt sich auch wirklich nicht».

Wieder in Berlin, überkam den Kaiser sein Unbehagen von neuem, und er erinnerte sich seines Ärgers über England und Rußland, die auf seine Freundschaft nicht den gebührenden Wert legten, denn die erhofften großzügigen Angebote blieben aus. Obwohl Chamberlain versucht hatte, Berlin dadurch versöhnlich zu stimmen, daß er ein Abkommen mit Deutschland über Portugals afrikanische Kolonien unterzeichnete, besserte sich seine Stimmung nicht. (Es handelte sich um ein ungewöhnliches Dokument, mit dem die beiden Länder vorschnell Angola und Mozambique aufteilten für den Fall, daß Lissabon sich um ein Darlehen bemühte und die Rückzahlungsraten nicht einhalten konnte.) Im Frühjahr 1899 ärgerte sich der Kaiser so sehr über die Art und Weise, in der Lord Salisbury das englisch-deutsche Streitgespräch über Samoa behandelte, daß er den britischen Botschafter anbellte: «Sagen Sie Ihren Leuten, daß sie sich anständig benehmen sollen!» In aufgeregten Reden deutete er an, daß England eines Tages die deutsche Flotte vor sich haben werde. Dann schrieb er einen gereizten Brief an seine Großmutter, in dem er Samoa als «eine dumme Insel, die England nicht mehr als eine Haarnadel wert sein kann», bezeichnete, «verglichen mit den tausenden von Quadratmeilen, die es rechts und links jedes Jahr ohne Einsprüche annektiert».

Die Queen antwortete ruhig und meinte, er müsse das Opfer einer «vorübergehenden Nervosität» gewesen sein, «denn ich zweifle, ob jemals ein Monarch in einem solchen Ton an einen andern Monarchen geschrieben hat, und nun gar an seine leibliche Großmutter über ihren Premierminister!»

Auch an dem langen Schweigen von Nikolaus nahm er Anstoß. Er kanzelte Rußland so gründlich bei dem britischen Botschafter in Berlin ab und beschuldigte es des Komplotts gegen England, daß Queen Victoria sich fragte, ob er sich wohl über England etwa in der gleichen Weise vor den Russen äußere. Um ihre Minister zu schützen, schrieb sie am 2. März 1899 an Nikolaus über «etwas, das Du wissen solltest, vielleicht aber nicht weißt. Ich muß leider sagen, daß Wilhelm jede Gelegenheit benutzt, um Sir F. Lascelles einzuschärfen, daß Rußland alles in seiner Macht Stehende tue, um gegen uns zu arbeiten. Ich brauche Dir nicht zu sagen, daß ich kein Wort davon glaube, auch Lord Salisbury und Sir F. Lascelles nicht. Aber ich fürchte, daß Wilhelm herumlaufen und Euch Dinge über uns erzählen wird, gerade so, wie er es bei uns über Euch tut.

Wenn das geschieht, dann bitte ich Dich sehr, es mir offen und vertrauensvoll zu sagen. Es ist so wichtig, daß wir einander verstehen und daß solchen unheilvollen und unaufrichtigen Vorhaltungen ein Ende gemacht wird. Du selbst bist so aufrichtig, daß ich sicher bin, Du wirst über diese Sache schockiert sein».

Queen Victorias Anspielung auf die russische Aufrichtigkeit war diplomatisch, kaum ehrlich gemeint. Alle Großmächte betrachteten Rußland als den allgemeinen Unruhestifter, der verstohlen zu Werke ging und Dinge tat, die nicht vorauszusehen waren. Seiner immensen Ausdehnung wegen wurde Rußlands Stärke stets überschätzt. Man beobachtete das Land mit Sorge und mit Argwohn. Die Taktik war immer die gleiche: Mit der einen Hand rührten die Russen Schwierigkeiten auf, mit der andern schworen sie, daß purer Idealismus sie zum Eingreifen veranlasse. Diese Methode hatte Rußland auch auf dem Balkan angewandt, indem es die slawischen Minderheiten zum Aufstand gegen die österreichische Herrschaft anstachelte; nun drohte in China das gleiche Vorgehen. Bald mochten die Russen die Mandschurei besetzen, um die Ordnung dort aufrechtzuerhalten, danach aber würden sie sich weigern, sie wieder herauszugeben. Derartige Tricks veranlaßten Joseph Chamberlain zu einer Rede, in der er darauf hinwies, daß es klug sei, einen langen Löffel zu gebrauchen, wenn man mit dem Teufel essen wolle.

Nun aber, im Mai 1899, berief eben jener Teufel – als «charmanter Nicky» verkleidet, der sein Land mit hartem Absolutismus regiere – die erste Abrüstungskonferenz der Welt nach Den Haag ein! Was mochte das bedeuten? Die meisten der großen Mächte kamen zu dem Schluß, Rußland sei in einer schweren finanziellen Zwangslage. Wenn es seine Nachbarn zu einer Rüstungseinschränkung bewegen konnte, würde es imstande sein, auf der eigenen Stärke zu beharren und zur gleichen Zeit die wirtschaftlichen Schwierigkeiten zu beheben. Dies war zweifellos der Fall, ebenso aufrichtig aber glaubte Nikolaus II. an den Frieden. Es lag ihm mehr, sich durch ein diplomatisches Manöver einen Vorteil zu verschaffen als durch einen Krieg. Der Abrüstungsvorschlag wurde zwar abgelehnt, es bildete sich jedoch ein ‹Internationaler Schiedsgerichtshof› für alle Fragen, bei denen «Lebensinteressen eines Staates oder seine Ehre» nicht berührt wurden. Er existiert noch heute. Weder die Königin Victoria noch der Kaiser hielten viel von der Konferenz, betrachteten es aber als Politik, Nikolaus seinen Willen zu lassen. Wilhelm schrieb mürrisch nieder, er habe dem Zaren in Wiesbaden versprochen, er werde ihm zu einem befriedigenden Resultat verhelfen. Damit Nikolaus sich nicht zu einem Narren vor ganz Europa mache, müsse er dem «nonsense» zustimmen. «In meiner Praxis werde ich mich aber für später nur auf Gott und mein scharfes Schwert verlassen und berufen! Und sch... auf die ganzen Beschlüsse[31]!»

Wilhelm war seit vielen Monaten mit Rußland und mit England zerstritten. Ganz plötzlich aber teilten sich die Wolken, und wieder einmal war er in Eintracht mit der Welt. Denn Queen Victoria, die im Mai ihren achtzigsten Geburtstag feierte, schrieb ihrem Enkel einen netten Brief und schlug vor, er solle die Gelegenheit wahrnehmen und im Herbst einen Besuch in Windsor machen – seinen ersten seit dem Sommer 1895 in Cowes. Er nahm die Einladung an und fragte, ob er die Kaiserin mitbringen könne. Obendrein kam die Nachricht, daß Bülow Verhandlungen mit Spanien abgeschlossen hatte, durch die Deutschland die Inselgruppen der Karolinen und Marianen im westlichen Stillen Ozean erhielt. Wilhelm dankte ihm erfreut zum Erwerb «dieser Perle für meine Krone» und erhob ihn in den Grafenstand.

Einen Monat vor der englischen Reise, die für November 1899 geplant war, brach der Burenkrieg aus. Der ganze Kontinent nahm Stellung gegen die britische «Willkür», doch nirgendwo war die antibritische Stimmung ausgeprägter als in Deutschland. Zum Teil hing dies damit zusammen, daß es zur Politik des Auswärtigen Amtes gehörte, die periodisch durchs Land gehenden englandfeindlichen Wogen zu nützen, da man glaubte, dies werde die deutsche Verhandlungsbasis stärken; zum andern Teil aber herrschte eine wirkliche Sympathie für die Buren. Die Kaiserin Auguste Viktoria haßte England. Jetzt erkannte sie eine Möglichkeit, den Besuch zu vermeiden, den sie befürchtete. «Wir können doch wirklich nicht hin», schrieb sie Bülow. «Ich habe Ihrem Wunsch gemäß dem Kaiser bisher nichts gesagt – aber nächstens brennt einem der Boden unter den Füßen. Ich fürchte, es wird dem Kaiser kolossal im Lande schaden, wenn wir wirklich reisen. England will uns doch nur benutzen. Natürlich ist es furchtbar schwer für den Kaiser, aber ich glaube, im Grunde wäre er doch gern die Sache los. Ich bin gespannt auf Ihre Antwort[32]».

Die Kaiserin täuschte sich. Der Kaiser wollte fahren, und sie fuhren auch. Bei seinem eigenen Volk war der Besuch äußerst unpopulär, und vor der Abreise versuchte er die Gemüter durch eine schneidige antibritische Rede zu beschwichtigen. In England jedoch war jedermann froh, seine moralische Unterstützung zu verzeichnen, und man sah höflich über den Ausbruch hinweg.

Alles war getan worden, um den kaiserlichen Besuchern den Aufenthalt angenehm und unterhaltsam zu machen. Auf Befehl der Queen umgab man sie mit allem Pomp und Zeremoniell. Der Kaiser liebte das Schloß Windsor. Immer schon hatten ihn die gewaltigen zinnenbewehrten Türme fasziniert, deren Fundamente vor 900 Jahren gelegt worden waren. Vom Augenblick seiner Ankunft an war er tief bewegt. Er rief Bülow zu sich und sagte feierlich: «Dies ist der schönste Einzug und der erhebendste Eindruck meines Lebens. Hier, wo ich als Kind an der Hand meiner Mutter bescheiden und scheu die Herrlichkeiten anstaunte, weile ich heute als Kaiser und König.» Jeden Morgen ärgerte er die Herren seines militärischen Gefolges durch die Bemerkung: «Von diesem Schloß aus wird die Welt regiert[33].»

Der glatt lächelnde Außenminister hatte Verständnis für seine Stimmung, aber er tat nichts, die einander widersprechenden Ideen seines Herrn zu klären oder ihn zur Logik hinzuführen. Tatsächlich stand um die Jahrhundertwende Deutschland nur ein Weg offen: die Allianz mit England. Wilhelms sprunghafte Träume von einem Festland-Bündnis bewegten sich nicht innerhalb des Bereichs praktischer Politik. Wie freundlich auch immer die Beziehung zwischen dem Zaren und dem Kaiser sein mochte – Rußlands Pakt mit Frankreich schloß jedes lohnenswerte Bündnis mit Deutschland aus. Hätte Deutschland jedoch eine Verständigung mit England erreicht, dann wäre es (dies stand fest) für Wilhelm schwierig gewesen, seine Flottenvorlagen im Reichstag durchzubringen, denn es konnte von den Abgeordneten wohl kaum erwartet werden, daß sie riesige Summen für die Verteidigung Deutschlands gegen die englische Flotte bewilligten, wenn die beiden Länder Verbündete gewesen wären.

Das waren die Probleme, die Bülow mit Wilhelm II. hätte gründlich erörtern müssen, doch er schrak davor zurück. Sein Blick war auf die Kanzlerschaft gerichtet, und er vermied alles, was seinen empfindlichen Souverän hätte aufregen können. Ebenso bedacht war er darauf, Holstein nicht ins Gehege zu kommen. Er fürchtete den gefährlichen und skrupellosen Menschen und wünschte durchaus nicht, sich dessen Ungnade zuzuziehen, wie es Philipp Eulenburg widerfahren war. Er befolgte seine Ratschläge so beflissen, daß der Geheimrat sogar seinen Rachedurst gegen den Kaiser aufgab und sich nicht mehr länger über den kaiserlichen Absolutismus beklagte. Obwohl Holstein vorgab, er befürworte eine Allianz mit England, war er jedoch nicht imstande, einen entscheidenden Schritt zu tun. Er war so durchdrungen von Argwohn und Furcht, Großbritannien könne ein gutes Geschäft dabei machen, daß er immer nur jene Gründe anführte, die für ein Nichthandeln sprachen. Eine so negative Politik kam Bülow gelegen. Sie erlaubte es ihm, sowohl für die Flotte einzutreten und gleichzeitig den Kaiser durch die Versicherung zu blenden, daß England – verharre man nur in abwartender Haltung – mit weit größeren Angeboten kommen werde.

Es war ein Unheil von größter Auswirkung für Deutschland, daß Bülow mehr danach trachtete, sich bei den mächtigen Männern seiner Umgebung einzuschmeicheln, als einer vernünftigen Politik für sein Land den Weg zu bahnen. Die Zeit zwischen 1898 und 1902 war kritisch für Europa: Dreimal in diesen Jahren trat England mit einem Bündnisangebot an Deutschland heran, und dreimal wurde es zurückgewiesen. Wenn Wilhelm II. im Herbst 1899 von Bülow ermuntert worden wäre, hätte er wohl ohne Zweifel ein Übereinkommen erzielt. Stattdessen folgte Bülow Holsteins Rat und behauptete, es ginge England (dessen Truppen in Südafrika gebunden waren) nur um eine deutsche Armee, die helfen solle, seine weitverstreuten Besitzungen vor den russischen und französischen Bedrohungen zu schützen. Holstein ging noch weiter: Er setzte ein Memorandum auf, in dem er dem Kaiser anriet, wie er sich seinen englischen Verwandten gegenüber verhalten sollte!

Es ist bezeichnend, daß Bülow seinem Herrn dieses Dokument vorlegte. Die kindischen Instruktionen und unverschämten Schmeicheleien sind beleidigend: «Eure Majestät sind zweifellos begabter als Ihre ganze Verwandtschaft, männlich oder weiblich. Eure Majestät flößen aber Ihrer Verwandtschaft nicht den Respekt ein, der Ihrer hervorragenden Persönlichkeit – auch abgesehen von der Machtstellung des Deutschen Kaisers – entsprechen würde. Dies kommt davon, daß Eure Majestät Ihren Verwandten stets offen und ehrlich entgegengekommen sind, sie in Ihre Pläne und Hoffnungen eingeweiht und dadurch zur Durchkreuzung dieser letzteren die Möglichkeit geboten haben. Denn auch der geschickteste Hieb kann, wenn vorher angesagt, durch einen schwächeren Fechter leicht pariert werden. Die bevorstehende englische Reise bietet Eurer Majestät die Gelegenheit, diese verschobene Lage zurechtzurücken und Eurer Majestät mit einem Schlage diejenige Autorität zu verschaffen, auf welche Allerhöchstdieselben als geistiger und als Machtfaktor Anspruch haben. Dazu brauchen Eure Majestät garnichts weiter zu tun, als daß Sie allen politischen Unterhaltungen ausweichen[34]».

Dann ging Holstein auf das Problem des Lord Salisbury ein, der bestrebt sein würde, über Politik zu sprechen, der jedoch mit «unanfechtbarer Höflichkeit, aber mit alltäglichen Redensarten» behandelt werden müßte, mit «Erkundigungen nach dem Befinden seiner Frau und dergleichen». Und Chamberlain, der «die Lage brüskieren und Eure Majestät allerdings auch gegen nennenswerte Konzessionen seinerseits, stante pede zu festen Versprechungen mit gegen Rußland gerichteter Spitze drängen» wolle, wurde auch nicht vergessen. «Eure Majestät wollen Herrn Chamberlain höflich anhören und dann erwidern, daß die Anregung ernste Erwägung verdient und Eurer Majestät ‹full attention› findet» ... Schließlich werde der Prince of Wales oder «vielleicht auch Ihre

Majestät die Königin Allerhöchstdieselbe» die Frage einer Allianz berühren. «Gerade hier würde es dann, nach meinem alleruntertänigsten Dafürhalten, von weittragender Bedeutung für Deutschlands politische Zukunft sein, wenn Eure Majestät sich auf garnichts Positives einlassen, keinerlei Einblicke in Allerhöchstdero eigene Pläne gestatten...»

Der Kaiser konnte Holsteins Instruktionen, soweit sie Lord Salisbury betrafen, nicht folgen, denn die Frau des Premierministers war ein paar Tage vor dem kaiserlichen Besuch gestorben, und Salisbury – der den Kaiser gern mied – ließ sein Fernbleiben entschuldigen. Immerhin aber befolgten Wilhelm II. und Bülow gehorsam die Weisungen Holsteins bei ihrer Begegnung mit Arthur Balfour, dem designierten nächsten Premier, und mit Joseph Chamberlain. Sie spielten die Rolle des schüchternen unentschlossenen Mädchens vor dem hitzigen Freier: In diesem Augenblick ermunterten sie, im nächsten wichen sie zurück. Chamberlain gab ihnen zu verstehen, daß besonders er eine Allianz fördere, die sowohl Deutschland als auch Amerika einschließen könne. Wenn die angelsächsischen Nationen gemeinsame Sache mit ihrem germanischen Vetter machten, würden Frieden und Ordnung in der ganzen Welt herrschen. Die deutschen Kolonialbestrebungen erkannte er an. Er glaubte, den Beistand seiner Kabinettskollegen zu finden, wenn er Deutschland bei der Errichtung eines Protektorats in Marokko unterstütze. Marokko war ein großes, unentwickeltes Land, aber reich an Eisenerz. Der Sultan war nicht imstande, seine Autorität zu behaupten. Einander befehdende Stämme drohten seine Herrschaft zu stürzen und ein Chaos auszulösen. Es war abzusehen, daß früher oder später eine europäische Macht eingreifen würde, um die Ordnung wiederherzustellen. Der Besitz von Marokko würde Deutschland nicht nur günstige wirtschaftliche Möglichkeiten eröffnen, sondern auch die Gelegenheit, wichtige Seehäfen an der atlantischen Küste zu erlangen, versicherte Chamberlain.

Zieht man Deutschlands ständige Forderung nach kolonialer Expansion in Betracht, dann ist es merkwürdig, daß der marokkanische Köder keine Gegenliebe fand. Holstein war so sehr mit «hoher Politik» beschäftigt, daß er die Sache kaum erwähnte, der Kaiser selbst zeigte völlige Interesselosigkeit. Zu einem Teil mag es daran gelegen haben, daß sich Marokko seit Jahren in einem Zustand der Anarchie befand. Das Land war ausgedehnt und schwer zugänglich, und es ließ sich nur schwer unter Kontrolle halten. Dennoch hatte der Sultan weniger zuwege gebracht, als man ihm zugetraut hatte. Im Jahre 1880 waren die europäischen Mächte von der Gesetzlosigkeit und Korruption in Marokko (die alle Handelsbeziehungen ausschloß) so beunruhigt gewesen, daß sie eine Konferenz nach Madrid einberufen und den Sultan gezwungen hatten, einen Vertrag zu unterzeichnen, der das Leben der Ausländer schützen und gleiche Rechte im Handel garantieren sollte. Doch die Lage besserte sich kaum. «Ich bin in den meisten orientalischen Ländern gewesen», schrieb Arthur Nicolson 1896 dem Foreign Office, «aber ich habe nirgendwo eine so vollständige Finsternis vorgefunden wie dort. Die Hauptpolitik und wichtigste Beschäftigung der Regierung besteht darin, die Stämme gegeneinander aufzuhetzen; dann unterstützt sie die eine Seite und erpreßt schließlich von den Opfern Geld, um sich für die geleistete Hilfe danken zu lassen[35]».

Wilhelm II. erinnerte sich an Bismarck, der gesagt hatte, Marokko sei eine gute Falle, in die man Frankreich locken könne; die Franzosen wären dann dort beschäftigt und hielten in Europa Ruhe. Er wollte nicht, daß Deutschland die Last trage, außerdem war er weniger an kolonialem Besitz als an kolonialer Macht interessiert. Bismarck erstrebte Landgewinn in Schwarzafrika und in China, wo auch die andern großen Nationen konkurrierten, so daß seine Stimme in dem internationalen Konzert gehört wurde, in dem es um bedeutende Fragen ging. Zu Eckardstein sagte er, auf Besitzungen an der Westküste oder irgendwo sonst in Marokko sei er nicht erpicht, und er verstand nie, warum manche Deutsche darauf solches Gewicht legten.

Der Kaiser und Bülow lauschten also den Argumenten Chamberlains verständnisvoll, dann erhoben sie Einwände, die kaum auszuräumen waren. Bülow betonte den Umstand, daß Deutschland ein vorzügliches Verhältnis zu Rußland unterhalte, und daß es unmöglich sei, diese Freundschaft durch eine Allianz mit England zu gefährden, wenn nicht beide Häuser des englischen Parlaments sie billigten und sich für einige Jahre darauf festlegten. Andererseits versicherte er Chamberlain, ein englisch-deutsches Übereinkommen liege seinem Herzen so nahe, daß er sein Bestes tun werde, den Gedanken zu fördern.

Chamberlain war entmutigt. Nachdem die Gäste abgereist waren, beschloß er, einen Versuchsballon steigen zu lassen, um die öffentliche Meinung zu erforschen. Er war sich der Feindseligkeit bewußt, die der Burenkrieg in Deutschland geweckt hatte, aber der Kaiser hatte ihm versichert, daß er und nur er allein die Gefühle der Deutschen steuere. «Ich bin der alleinige Herr der deutschen Politik, und mein Land muß mir folgen, wohin ich auch gehe.» In einer Rede in Leicester deutete Chamberlain an, was er im Sinne hatte: «Jeder weitblickende Staatsmann sorgt sich seit langem, daß wir nicht in ständiger Isolierung vom Festland bleiben, und ich halte ein Bündnis zwischen uns und dem großen deutschen Kaiserreich für das natürlichste.»

Die Äußerung rief einen heftigeren Ausbruch in Deutschland hervor,

Alfred von Tirpitz (1849–1930).

Otto von Bismarck (Zeichnung von Lenbach, 1879).

Bismarcks Entlassungsgesuch vom 18. März 1890.

Fürst von Eulenburg-Hertefeld (1847–1921).

als Chamberlain vorhergesehen hatte. Sollte man einem Tyrannen die Hand reichen, der die hilflosen Buren zusammenschlug? Niemals! Noch überraschender war Bülows Haltung. Anstatt die erhitzten Gemüter zu beruhigen, stimmte er in den allgemeinen Chor ein, ja, er verstärkte ihn noch und erteilte England in einer Reichstagsrede eine Abfuhr. Er verhöhnte die Engländer wegen ihres Hochmuts und ihres Neides: «Die Zeiten politischer und wirtschaftlicher Ohnmacht in Deutschland sind vorbei», erklärte er. Seine Ansprache beendete er mit dem triumphierenden Ausruf: «In dem kommenden Jahrhundert wird das deutsche Volk Hammer oder Amboß sein.»

Warum hatte Bülow diese erstaunliche Attacke geritten? Es ging um eine neue Flottenvorlage vor dem Reichstag. Die erste Vorlage hatte den Gedanken einer Flotte an sich akzeptiert, doch die zweite war jene, auf die es ankam, denn sie legte das Ausmaß und die Ausrüstung der deutschen Flotte für die nächsten siebzehn Jahre fest. Da Holstein gegen das Bündnis mit England war, folgte Bülow nur dem Weg des geringsten Widerstands und machte sich die antibritische Stimmung zunutze. Vor dem Haushaltsausschuß versicherte er, England sei auf Deutschland neidisch, weil es zu einem ernsten Konkurrenten auf dem Weltmarkt geworden sei: «Bei unserer heutigen Schwäche zur See erscheint ein Krieg mit Deutschland der Mehrheit des englischen Volkes als eine verhältnismäßig leichte Aufgabe, zu der England nur seine Flotte braucht.» Auf einer Woge von Englandfeindlichkeit wurde die Vorlage vom Reichstag angenommen.

Bülow ließ sich nicht dadurch aus dem Konzept bringen, daß Chamberlain nun verärgert und gekränkt war. Die Zeit ging mit Deutschland, und alles, was wirklich für ihn zählte, war die Freundschaft des Kaisers. Gegen Ende des Jahres, im Oktober 1900, konnte er den Ehrgeiz seines Lebens verwirklichen: Als Nachfolger des hochbetagten Fürsten Hohenlohe wurde er nun Reichskanzler. Als der große Augenblick näherrückte, erfaßte ihn dennoch Besorgnis: Obwohl er seit vielen Jahren als der kommende Kanzler im Gespräch war, zögerte der Kaiser noch und begann mit verschiedenen Namen zu spielen. «Offen gesagt», meinte er zu Bülow, «wäre mir persönlich Phili Eulenburg durchaus der sympathischste Nachfolger. Er ist mein bester Freund. Ich bin sein Höchstes. Ich weiß nur nicht, ob er die Sache machen kann. Ich habe den Eindruck, daß ihm selbst dies zweifelhaft ist. Er hat mir erst kürzlich gesagt, daß er weder die Kenntnisse noch die Arbeitskraft besitze, um ein großes Ressort leiten zu können. Auch habe er seine Nerven in meinem Dienst zu sehr verbraucht.»

Englands letztes Angebot

Die Deutschen hatten sich an die melodramatischen Posen des Kaisers schon so sehr gewöhnt, daß sie seinen Exhibitionismus beinahe als eine liebenswerte Eigenschaft ansahen. Mit Nachsicht bemerkte dazu eine Hamburger Dame: «Das Ärgerliche am Kaiser ist, daß er die Braut bei jeder Hochzeit und die Leiche bei jeder Beerdigung sein möchte.» Selbst Graf Waldersee mußte zugeben, daß Wilhelm «im großen und ganzen eine populäre Gestalt» sei. «Ganz abgesehen von seinen politischen Sprüngen und von seinen Reden, die man nicht ohne weiteres ernst nimmt», schrieb er im Januar 1900 in sein Tagebuch, «weil man sein lebhaftes Temperament kennt, imponiert sein ganzes Auftreten, seine Beweglichkeit und rastlose Tätigkeit den Massen. Bei der weiblichen Hälfte der Nation ist der Monarch schon als guter Ehemann und Vater von sieben Kindern gut angeschrieben. Daß er für Deutschlands glückliche Entwicklung und für seine Machtstellung das wärmste Interesse hat und dafür lebt, wird allgemein anerkannt, daß er viele Gebiete betritt – anscheinend auch sie beherrscht –, macht Eindruck, und man erkennt seine mehr als gewöhnlichen Fähigkeiten an».

Obwohl die Wilhelmstraße die öffentliche Einschätzung seiner geistigen Fähigkeiten nicht teilte, betrachteten viele Diplomaten seine Anziehungskraft als einen Faktor, mit dem gerechnet werden mußte. «Der Zauber der Persönlichkeit Seiner Majestät» ist eine Floskel, die häufig in offiziellen deutschen Dokumenten auftaucht. Da allgemein zugegeben wurde, daß Wilhelm jedermann bezaubern konnte – wenn er nur wollte –, war niemand überrascht, als Graf Paul Hatzfeldt vom kaiserlichen Besuch in Windsor nach Berlin berichtete, sogar der anspruchsvolle Arthur Balfour habe «nie eine angeregtere Stunde erlebt» als jene, die er mit dem Kaiser verbrachte.

Unglücklicherweise aber konnte Wilhelm nur selten die Wirkung wachhalten, die sein erster starker Eindruck hervorgerufen hatte. Wer ständigen Kontakt mit ihm pflog, entdeckte bald, daß sein Wunsch zu faszinieren, beim ersten Anzeichen von Langeweile schwand. In der Tat war seine gute Laune so flüchtig wie eine Meeresbrise. Der kleinste Ärger konnte ihn zu einem Ausbruch hinreißen, der verletzte Gefühle und bittere Verstimmung hinterließ.

Philipp Eulenburg gehörte zu den wenigen Leuten, die sich persönlich über nichts zu beklagen hatten. 1900 hatte ihn der Kaiser in den Fürstenstand erhoben, um ihm seine Wertschätzung zu zeigen. Aber selbst dieser ergebene Diener war tief enttäuscht über die Oberflächlichkeit des Kaisers und seinen erschreckenden Mangel an Disziplin. Der Mann, den er einst «das hervorragende und begabte Wesen» genannt hatte, war längst zum «armen lieben Kaiser» geworden. Aber noch immer kämpfte Eulenburg mit der unruhigen Stimmung seines Monarchen. Immer noch versuchte er ihn von taktlosen und unnötigen Eingriffen abzuhalten. Als er Wilhelm einmal vor willkürlicher Gewaltanwendung warnte, heuchelte der Kaiser Erstaunen. «Ich – ein absoluter König!» stieß er höhnisch hervor, um einigermaßen unlogisch hinzuzufügen: «Wenn ich wieder in Deutschland bin, werde ich Bernhard veranlassen, daß er diese Irrsinnigen unter Druck setzt, die in mir den ‹absoluten König› sehen.» Eulenburg jedoch hätte sich die Bedenken in dieser Hinsicht sparen können, denn in Wahrheit überging der Kaiser – obwohl Bismarcks Verfassung ihm unbeschränkte Macht gegeben hatte – doch nur selten seine Berater in der Wilhelmstraße.

Viel gefährlicher war des Kaisers Temperament. Eulenburg wurden die Nordlandfahrten von Jahr zu Jahr anstrengender. Die schlechte Laune des Kaisers schien mit zunehmendem Alter zu wachsen. Im Jahre 1900 genügte nahezu jede Störung, einen Sturm zu entfachen – ein Umstand, den Eulenburg bei einem Mann von vierzig alarmierend fand. «Seine Majestät hat sich nicht mehr in der Gewalt, wenn ihn die Wut erfaßt», schrieb er verstört von Bord der ‹Hohenzollern› an Bülow. «Gestern sah er nicht einmal, daß Matrosen in der Nähe standen, als er tobte, die jede Silbe hören konnten... Ich habe das Gefühl, auf einem Pulverfaß zu sitzen und bin äußerst vorsichtig. Beschränke, bitte, die politischen Mitteilungen auf ein möglichst geringes Maß und fordere Entscheidungen nur, wo sie unvermeidlich sind[36]».

Vieles an der Erregung des Kaisers hing mit Minderwertigkeitsgefühlen zusammen. Er hatte den tiefen Drang, Großes für Deutschland zu erreichen, aber sein Kurs war niemals klar. Immer gab es eine ermüdende Begründung dafür, daß er nicht so handeln könne, wie er wolle, weshalb seine Eingebungen unterdrückt, seine Wünsche erstickt werden müßten.

Er konnte keine Allianz mit England zustandebringen aus Furcht vor einer Entfremdung mit Rußland. Er durfte Frankreichs wegen nicht mit Rußland zusammengehen, und er konnte den Engländern zuliebe sein Kolonialreich nicht vergrößern. Welche Richtung er auch einschlug, immer stieß er auf ablehnende Worte und auf die hemmenden Hände seiner eigenen Berater.

Als im Frühjahr 1900 der fremdenfeindliche Boxeraufstand in China ausbrach, sah er endlich eine Gelegenheit zum Eingreifen. Wieder einmal warnte er vor der «gelben Gefahr», und ohne die Wilhelmstraße zu befragen, beschloß er die Entsendung eines Expeditionskorps von 30 000 Mann. Ein paar Wochen später ersuchte er darum, Deutschland die Führung einer internationalen Einsatztruppe zu übertragen. Zu dieser Zeit befanden sich bereits ein paar tausend europäische Soldaten im Fernen Osten – außer den Amerikanern und Japanern –, denn die meisten Großmächte waren in die chinesischen Händel verwickelt und verfügten über ihren eigenen militärischen Schutz. Dennoch lag es auf der Hand, daß jemand die Aktionen aufeinander abstimmen mußte. Da die britische Armee genug in Südafrika zu tun hatte und Rußland und Japan sich gegenseitig daran hinderten, Expeditionen zu entsenden, wurde dem Ersuchen des Kaisers stattgegeben. Überdies war der deutsche Gesandte, der Freiherr von Ketteler, ermordet worden. Wilhelm machte geltend, daß allein deswegen Deutschland einen besonderen Anspruch habe.

Der Kaiser betrachtete die Operation als ein kaiserliches Vorrecht. Er betonte dies durch die Klarstellung, daß militärische Angelegenheiten «kein Geschäft für das Auswärtige Amt» seien, sondern «vom Sattel aus dirigiert» werden müßten. Peking wurde belagert, und er sah Deutschland nicht nur als einen rächenden Engel sondern auch als eine Säule der Christenheit an.

In dieser Gemütsverfassung verließ er am 27. Juli in Bremerhaven die ‹Hohenzollern›, um Matrosen zu inspizieren, die nach dem Fernen Osten eingeschifft wurden. Er ermahnte sie, «der Kultur ein Tor aufzustoßen», aber in seiner Erregung empfahl er höchst andersgeartete Methoden: «Ihr wißt, ihr sollt fechten gegen einen verschlagenen, gut bewaffneten, grausamen Feind. Kommt ihr an ihn, so wird derselbe geschlagen! Pardon wird nicht gegeben! Gefangene werden nicht gemacht! Wer euch in die Hände fällt, sei euch verfallen! Wie vor tausend Jahren die Hunnen unter ihrem König Etzel sich einen Namen gemacht, der sie noch jetzt in Überlieferungen und Märchen gewaltig erscheinen läßt, so möge der Name ‹Deutscher› in China auf tausend Jahre durch euch in einer Weise bestätigt werden, daß niemals wieder ein Chinese es wagt, einen Deutschen auch nur scheel anzusehen!»

Eulenburg und Bülow – die beide anwesend waren – taten alles, um die Rede zu unterdrücken. Sie händigten der Presse eine gereinigte Fassung aus, aber der Reporter einer Lokalzeitung hatte die Geschichte mitbekommen, und im Nu dröhnten die Worte des Kaisers um den Erdball. Als vierzehn Jahre später der Weltkrieg ausbrach, erinnerte man sich dieser Phrasen, und die Bezeichnung «Hunnen» wurde allgemein populär. Der Kaiser jedoch war – wie stets – blind für den Eindruck, den er hinterlassen hatte. Als er die redigierte Version seiner Ansprache in einer deutschen Zeitung las, protestierte er bestürzt bei Bülow: «Sie haben mir ja gerade das Schönste weggestrichen.»

Ein paar Wochen danach traf den Kaiser ein schwerer Schlag. Feldmarschall von Waldersee, der Oberkommandierende des Expeditionskorps, befand sich noch auf hoher See, als die Nachricht eintraf, daß die Truppen in China Peking bereits befreit hatten und daß die kaiserliche Regierung geflohen war. «Natürlich», schrieb Waldersee, «war dies zunächst für den Kaiser eine große Enttäuschung. Er hatte sich fest in den Kopf gesetzt, daß der gemeinsame Vormarsch auf Peking, der bis dahin wegen der Regenzeit als unmöglich angesehen wurde, unter meinem Oberbefehl erst beginne und mir der Ruhm werde, Peking erobert zu haben. Dieser Traum war dahin». Der Kaiser erklärte, daß Rußland und England ihn bewußt «verraten» hätten, und wieder einmal mußten die strapazierten Nerven Eulenburgs den Ausbruch des kaiserlichen Ärgers über sich ergehen lassen.

Oft versuchten Biographen Wilhelms, seinen Charakter in Zusammenhang mit seinem verkrüppelten Arm zu bringen. Emil Ludwig entwirft in seinem 1923 erschienenen Buch über Kaiser Wilhelm II. eine psychologische Studie: Er sei vom Haß auf seine Mutter geformt gewesen, die – wie er geglaubt habe – entsetzt darüber war, daß sie einen verkrüppelten Sohn geboren hatte. Ludwigs Anschuldigung wurde einige Jahre darauf als falsch empfunden, nachdem die Briefe der Kaiserin Friedrich veröffentlicht worden waren. Aus ihren Worten sprechen die Sorgen und Befürchtungen, die wohl auch jede andere Mutter gehabt hätte. Ihre Beziehungen zu Wilhelm seien ungestört und freundlich gewesen bis zu seinem Mannesalter.

Man ist versucht, dieser Heimsuchung des Kaisers die Schuld dafür zu geben, daß seine Natur zwischen zwei Extremen hin- und hergerissen wurde, daß seine Überheblichkeit seinen Minderwertigkeitskomplex verbarg, daß er mit seiner Arroganz nur Hysterie und Schüchternheit verheimlichen wollte. Aber niemand kann natürlich wissen, ob Wilhelms Charakter irgendwie anders geartet gewesen wäre, wenn er über zwei gesunde Arme verfügt hätte. In keiner Aufzeichnung kann der Verfasser ein Zeugnis dafür finden, daß der Kaiser als erwachsener Mann seinen verkrüppelten Arm als Behinderung empfunden hätte. Nahezu der einzige Hinweis darauf, den er je gemacht hat, findet sich nach seiner Landung in Tanger. Er schrieb, daß er auf einem ihm fremden Pferd mit «meinem verkrüppelten Arm reiten mußte». Wilhelm war außergewöhnlich kräftig und gebrauchte seine rechte Hand mit großer Geschicklichkeit. Er hatte ein besonderes Besteck, mit dem er das Fleisch schneiden konnte; er ritt ungezwungen, und im Alltagsleben bewegte er sich mit solcher Leichtigkeit, daß sein Übel kaum wahrgenommen wurde.

Die Fürstin Pless, die ihn oft sah, schrieb in ihren Erinnerungen: «All das Geschreibe, daß der Kaiser an krankhaften Gefühlen wegen der Unfähigkeit, seine linke Hand zu gebrauchen, leide und sich deshalb geschwächt fühle, ist Unsinn. Natürlich würde er es wie jeder andere vorziehen, von seinen Gliedmaßen vollen Gebrauch machen zu können. Seit seiner Geburt hatte er keinen verwendbaren linken Arm; er wurde dazu erzogen, alles mit nur einem zu tun, und er hat – wie ich bestimmt glaube – nie ernstlich etwas vermißt. In der Öffentlichkeit und wenn er sich vor Fotografen in Positur warf, streckte er natürlich den verwachsenen Arm nicht heraus, damit die Leute darüber staunen konnten, privat aber kümmerte er sich nie darum. Ich habe hundertemale neben ihm gesessen und zugesehen, wie er sein speziell angefertigtes Messer mit Gabel benutzte (das er immer mit sich führte), oder ich habe ihm das Fleisch vorgeschnitten. Niemals zeigte er Empfindlichkeit oder Befangenheit».

Trotz der temperamentvollen Ausbrüche im Jahr 1900 betrug sich der Kaiser während des Burenkrieges England gegenüber vernünftig. Eine Ironie wollte es, daß er nur wenig Anerkennung dafür erntete. Sein Verhalten entsprang nicht allein dem Edelmut; er erinnerte sich durchaus des Jameson-Raids, jener Affäre, bei der er sich die Finger verbrannt hatte. Der Kaiser hatte eingesehen, daß Deutschland den Engländern in Afrika nicht wirkungsvoll entgegentreten konnte, solange es keine Flotte hatte. So beschloß er diesmal, von Anfang an strikt neutral zu bleiben. Als die niederländische Königin Wilhelmine ihn im März 1900 bat, er möge im Interesse der Buren intervenieren, erwiderte er, eine Rolle könne er nicht spielen, solange er nicht mehr Schiffe habe. Die Schiffe seien lebenswichtig. Da auch der Herr gesprochen habe «die Rache ist mein», möchte er, Wilhelm, gern eines Tages als «Sein auserwähltes Werkzeug» angesehen werden. «Deshalb liegt es im Interesse des Weltfriedens und dem der holländisch-friesischen Rasse, daß eine mächtige deutsche Flotte auf den Meeren fährt. Bis dahin Ruhe und Arbeit».

Immerhin befand sich England in erheblichen Schwierigkeiten, und der

Kaiser mochte gern seinen Vorteil daraus ziehen. Großbritannien wurde auf dem ganzen Kontinent und besonders in Deutschland als der Unterdrücker eines tapferen kleinen Volkes geschmäht. Aber die konventionellen und einfallslosen Generäle – so hieß es – könnten mit den Partisanen nicht fertigwerden. Anfang Dezember, zwei Monate nach dem Ausbruch der Feindseligkeiten, erlitten die Engländer eine schmähliche Niederlage nach der andern. Diese Tage wurden als die «schwarze Woche» bekannt. Ausländische Politiker fragten sich bereits, ob wohl der Zusammenbruch des britischen Weltreichs begonnen habe.

Zu dieser Zeit – im Januar 1900 – unterhielt sich der russische Botschafter Graf Osten-Sacken mit dem Kaiser; er deutete die Idee einer Festlandkoalition gegen England an. Es fanden mehrere Unterhaltungen statt. Obwohl Osten-Sacken seinem Außenminister, dem Grafen Murawiew, schrieb, daß der Kaiser sich nicht sorgen würde, wenn er ein russisches Unternehmen gegen England im Osten bemerke, versicherte Wilhelm dem Grafen Bülow, daß er den Botschafter nicht ermuntert habe. Stattdessen schrieb er dem Prince of Wales und gab ihm Ratschläge, wie der Krieg zu gewinnen wäre. Er fügte «Gedankensplitter» bei, die – seinen Worten nach – die Expertenmeinung seiner Feldmarschälle zusammenfaßten. Eine zweite Serie von Aphorismen, datiert vom 19. Februar, enthielt bestürzende Empfehlungen. Er schärfte der englischen Armee ein, die Stellung zu halten, bis Verstärkungen aus England eingetroffen seien. Selbstverständlich könne das nur getan werden, wenn England sicher sei, daß es in dieser Zeit nicht von fremden Mächten angegriffen werde – «was bei der gegenwärtigen Weltlage zweifelhaft ist».

Er schloß: «Kann daher die Politik die obenverlangte, absolut sichere Garantie nicht erreichen, dann ist es jedenfalls besser, die Sache zu liquidieren. Auch der schneidigste Fußballclub nimmt, wenn er trotz tapferer Gegenwehr geschlagen wird, schließlich seine Niederlage mit Gleichmut hin. Bei dem großen Match England gegen Australien im vorigen Jahr hat England den Sieg der andern mit ritterlicher Anerkennung ruhig getragen[37]».

Der Brief des Kaisers war taktlos, ja gehässig, aber er war nicht drohend, und es ist schade, daß der Prince of Wales ihn nicht einfach ignorierte. Er antwortete mit einem bemerkenswerten Mangel an Humor: «Ich fürchte, daß ich Deine Meinung nicht teilen kann, wie Du sie im letzten Absatz Deines Memorandums ausdrückst und wo Du unseren Konflikt mit den Buren mit unserem Crickettspiel gegen die Australier vergleichst, wobei die letzteren siegreich waren und wir unsere Niederlage hinnahmen. Das britische Empire kämpft gegenwärtig, wie Dir wohl bekannt sein dürfte, um seine Existenz und um unsere Vormachtstellung in Südafrika. Wir müssen deshalb jede Kraftanstrengung machen, um am Ende siegreich zu bleiben[38]».

Der Kaiser schrieb vergnügt zurück: «Mein letzter Absatz scheint Dich etwas geärgert zu haben! Aber ich denke, ich kann Deine Zweifel leicht zerstreuen! Der Vergleich mit Fußball und Crickett wurde gewählt, um zu zeigen, daß ich nicht zu den Leuten gehöre, die sofort schreien: Das britische Prestige ist in Gefahr oder schon verloren, wenn die englische Armee Rückschläge erleidet oder momentan mit dem Feind nicht fertig wird. Solange Ihr die Flotte in gutem Zustand haltet, und so lange sie als die erste angesehen und als unüberwindlich angesehen wird, schere ich mich den Teufel um ein paar verlorene Gefechte in Afrika[39]».

Wilhelm fand, daß seine neutrale Haltung ihm einige Vergünstigungen durch die Engländer verschaffen könnte. Als er Gerüchte über russische und französische Kabalen hörte, gab er die Information an seinen Onkel weiter, deutete dabei etwas von «Überraschungen und Intrigen gewisser Leute» an und behauptete: «Ich wünsche ein starkes, ungebrochenes England. Es ist für den Weltfrieden unbedingt erforderlich».

Am 3. März hatte er dem Prince of Wales etwas Handfesteres mitzuteilen: «Meine Warnungen kamen nicht zu früh. Gestern abend habe ich eine Nachricht aus St. Petersburg erhalten, in der mich Graf Murawiew in aller Form zur Teilnahme an einer gemeinsamen Aktion Frankreichs und Rußlands gegen England einlädt, um den Frieden zu erzwingen und den Buren zu helfen! Ich habe abgelehnt. Sir Frank wurde von mir über diesen absurden Schritt vertraulich informiert*.» Auch ließ er Königin Victoria wissen, daß er ihr Land gerettet habe – «aus einer sehr gefährlichen Situation, indem ich ein Bündnis abgewehrt habe, das in einem entscheidenden Augenblick einen Schlag gegen England führen sollte. Möge Deine Regierung in meiner Handlung einen neuen Beweis meiner beständigen Freundschaft sehen und ein Zeichen meiner Entschlossenheit, darauf zu achten, daß Ihr fairplay habt. Denn ich bin sicher, daß in Südafrika unter der britischen Flagge Ordnung, Leben, Handel und Frieden mit dem guten Willen gegenüber allen garantiert werden».

In der Zwischenzeit hatte der russische Außenminister Murawiew Wind von den Äußerungen des Kaisers bekommen. Er wies seine Botschafter in London an, man solle das Gerücht ausstreuen, daß die Initiative zu einem Bündnis von Berlin ausgegangen sei und nicht von St. Petersburg. Der Prince of Wales dankte zwar Wilhelm herzlich für seine loyalen Berichte, Lord Salisbury dagegen blieb in der ganzen Angelegen-

---

* Die Russen behaupteten später, daß ihr Plan die Anwendung von Gewalt nicht vorgesehen habe; es sei nur ein Vorschlag zum gemeinsamen Protest beim Foreign Office gewesen.

heit skeptisch; er war eher geneigt, ungünstig über den Kaiser zu urteilen. Jedenfalls fand er nicht, daß Wilhelm den Engländern einen «historischen Dienst» erwiesen habe*.

Wilhelm II. fühlte sich im Kreis seiner Familie wenig behaglich. Sowohl seine Mutter als auch seine Frau schienen die nervöse Spannung, unter der er litt, zu verschlimmern. Seine Mutter hatte Krebs. Sie vertraute sich ihm – bitterer Höhepunkt eines bitteren Lebens – Ende 1899 an. Die Ärzte hatten ihr nur noch zwei Jahre gegeben. Obwohl sie das ganze Jahr 1900 über an großen Schmerzen litt, hielt sie sich in der Politik auf dem Laufenden. Durch eine ihrer Damen führte sie eine ausgedehnte Korrespondenz. Wilhelm besuchte sie regelmäßig und versuchte die Rolle eines pflichtbewußten Sohnes zu spielen, aber es fiel ihm nicht leicht: Trotz der Aussöhnung und ihrer gemeinsamen Abneigung gegen Bismarck hörte Wilhelm noch immer einen kritischen Ton in ihrer Stimme und fühlte sich in ihrer Gesellschaft ungemütlich. Sie bemühte sich um eine resignierende Haltung (einmal schrieb sie ihrer Mutter, sie fühle sich wie «eine alte Henne, die ein Entlein anstatt eines Kückens ausgebrütet habe»), aber hin und wieder reizte es sie zu einem Protest. Als ihr Sohn am 3. Juli 1900 in einer öffentlichen Rede erklärte, daß «in Zukunft keine großen Entscheidungen in der Welt ohne Deutschland und den Deutschen Kaiser getroffen werden können», schrieb sie der Queen Victoria gelangweilt: «Der liebe Wilhelm hat wieder eine neue Rede mit vielem Gedröhn losgelassen. Ich wünschte, die deutsche Regierung gäbe die Politik des fortwährenden Feuerwerks auf».

Wilhelms eigene Frau beunruhigte ihn ebenfalls ständig. Er achtete die fromme, liebende, engstirnige Kaiserin Auguste Viktoria, aber er fand ihre Gesellschaft alles andere als unterhaltend: Sie umgab sich mit Damen, die womöglich noch bigotter und frömmelnder waren als sie selbst; sie alle verbreiteten eine niederdrückende Atmosphäre um sich. Seine kleine Tochter aber – von der man sagte, sie wäre sein Ebenbild – entzückte ihn. An seinen Söhnen dagegen nahm er wenig Interesse. Er bürdete ihnen lediglich den Zwang harter Disziplin auf, während sie ihrerseits zu ihm als zu einer furchterregenden Gestalt aufsahen, die man mied so gut es ging.

Die Kaiserin aber bewunderte ihren Mann und hing an ihm mit einer geradezu unangenehmen Hartnäckigkeit. Bülow beschreibt sie als eine «Deutsche durch und durch», denn abgesehen von ihren offiziellen Ver-

---

* Die Wahrheit über diese Vorgänge ist noch umstritten. Man vergleiche die gegensätzlichen Ansichten bei Sir Sidney Lee, ‹King Edward VII.› und Erich Brandenburg, ‹Von Bismarck zum Weltkrieg›.

pflichtungen beschränkten sich ihre Interessen auf ihren Mann und die Kinder. Sie war ungebildet, provinziell und bekundete Fremden gegenüber die äußerste Geringschätzung. Die Russen waren barbarisch, die Franzosen unmoralisch, die Engländer selbstsüchtig und scheinheilig. Den Prince of Wales mochte sie seiner Frauengeschichten wegen nicht. Die Anekdoten, die sie über ihn hörte, schockierten sie, und sie tat alles, die männlichen Mitglieder ihrer Familie von Besuchen in England abzuhalten, da sie fürchtete, sie könnten unter den verderblichen Einfluß des Prinzen geraten.

Die Kaiserin konnte es nicht ertragen, daß Wilhelm ihr aus dem Blickfeld geriet. In der Tat aber versuchte er ihr auszuweichen, sie verfügte indes über eine besondere Beharrlichkeit. Wie kurz angebunden oder gleichgültig er auch gerade sein mochte – sie drängte sich ihm auf, wann immer sie konnte. Manchmal fand er ihre übertriebene Fürsorge und Anhänglichkeit irritierend. Eines Abends, als er noch spät beim Lesen war, blieb sie neben ihm sitzen und strickte. Plötzlich fragte er: «Willst du eigentlich hier übernachten?» – «Nein, Wilhelm, aber ich wollte dich nicht stören, da du doch den ganzen Abend so beschäftigt bist mit Lesen.» – «Was soll ich denn sonst machen», entgegnete Wilhelm, «wenn es so unglaublich langweilig hier ist[40].»

Die Umgebung des Kaisers war der Ansicht, sein nichtssagendes Familienleben sei Schuld an seiner Unrast. Viele seiner Wochenendpartien als Junggeselle, seiner Kreuzfahrten und Reisen wurden wohl nur gemacht, damit er von der Kaiserin fortkam. «Bei jeder Rückkehr konnte ich das Drückende der Atmosphäre bei ihm bemerken», schrieb der Hofmarschall. «Immer hat er den Wunsch, sich zu absentieren, seine Gemahlin aber, dies so weit als tunlich zu verhindern. Diese Umklammerung hat etwas echt Weibliches und Rührendes, und ich war häufig geneigt, sie für bedrohlich zu halten, denn wer dem andern zu sehr nachläuft, macht sich leicht lästig».

Im September 1900 reiste der Kaiser nach Rominten, dem kaiserlichen Jagdgut. Fürst Eulenburg begleitete ihn, und diesmal wurde der Kaiserin erlaubt, mitzukommen. Bald nach ihrer Ankunft erklärte ihr der Kaiser, daß nun die Zeit gekommen sei, ihre Jungen auf die Militärakademie nach Plön zu schicken. Der Gedanke an die Trennung, vor allem von dem jüngsten Prinzen, entsetzte die Kaiserin. Dieses eine Mal verlor sie die Fassung und machte eine fürchterliche Szene: Sie weinte, flehte und jammerte den ganzen Abend. Der Kaiser geriet in Verlegenheit, denn sonst war er es, der die Szenen machte. Er nahm Eulenburg «in sein Coupé, und es begann ein recht peinlicher, trauriger Herzenserguß». Eulenburg machte einen vernünftigen Vorschlag: Man solle die beiden ältesten Jungen fortgeben und den jüngsten zu Hause lassen. Dann nahm er sein Herz in beide Hände und gab Seiner Majestät den Rat, die Kaiserin doch mit Damen zu umgeben, die gebildet seien. Falls sie in dieser Nacht noch weitere Szenen mache, dann solle der Kaiser kurzerhand in sein eigenes Zimmer gehen, die Tür abschließen und sich hinlegen. Dem Kaiser kam diese simple Empfehlung höchst raffiniert vor. Er nickte und sagte «sehr bedächtig»: «Das könnte man ja versuchen. Das ist kein übler Gedanke.»

Trotz Eulenburgs Ratschlag gingen die Klagen der Kaiserin noch einige Monate weiter. Ein düsterer Anlaß gab dem Kaiser einen Aufschub: Am 18. Januar 1901 erfuhr er aus London, die Queen Victoria liege im Sterben. Er brach sofort auf und traf zwei Tage später in Osborne ein. Er war tief bewegt, denn seine englische Großmutter war nicht nur ein Symbol der Majestät, der Prüfstein für alles, was er verehrte. Sie hatte ihn auch immer mit Würde und Rücksicht behandelt. Obwohl der Burenkrieg noch tobte und die antibritischen Gefühle in Deutschland heftiger denn je waren, hatte Wilhelm nicht gezögert. Die Ehre, die ein Monarch dem andern schuldet, war eine selbstverständliche Pflicht für ihn.

Die Königin starb am 22. Januar. Die Szene – schrieb Lord Esher – «war würdevoll und dramatisch. Die Königin erkannte ab und zu die Umstehenden und sprach sie mit Namen an. Ihre Atemnot war das einzige sichtbare Zeichen ihrer Schmerzen. Reid, der Arzt, legte seinen Arm um sie und stützte sie. Der Prince of Wales kniete neben dem Bett. Der Deutsche Kaiser stand still am Kopfende neben der Königin. Alle Kinder und Enkel waren versammelt, in Abständen riefen sie ihre Namen. Die Königin schlief friedlich ein. Als der König nach London fuhr, kümmerte sich der Kaiser um alles. Seine Güte und Entschlossenheit waren außerordentlich – ganz anders, als man es von ihm erwartet hätte. Er weigerte sich, die Königin wegen des Sarges messen zu lassen; er wies die Männer aus dem Zimmer, schickte nach Reid und nahm die Messungen selbst vor. Er und der König und der Herzog von Connaught hoben die Königin in den Sarg».

Die Bestattung fand erst zwei Wochen nach ihrem Ableben statt. Der Kaiser war so angetan von dem warmen Empfang, daß er beschloß, die ganzen vierzehn Tage in England zu bleiben. Dies beunruhigte nicht nur seine Berater, die glaubten, daß «die Engländer» seine Leichtgläubigkeit ausnützen würden, es bekümmerte auch die Kaiserin, die befürchtete, er könnte dort verführt werden. Sie schrieb an Bülow, er möge den Kaiser «überreden, die Beisetzung aufzugeben. Besonders gefährlich ist es meiner Ansicht nach, daß man jetzt versucht, besonders die Damen, auf seine warme, freundliche Natur einzustürmen, ihm schönzutun (jede will ihn natürlich nur für ihren Zweck gewinnen)[41]».

Wilhelm lehnte es jedoch ab, sich von der Stelle zu rühren. Er wies darauf hin, daß seine Tanten ihn benötigten. «Ich muß ihnen beistehen in vielen Dingen, wo mein Rat nötig ist. Sie sind so lieb und gut zu mir, daß ich von ihnen als Bruder und Freund, nicht als Neffe behandelt werde». Er berichtete auch entzückt über die Worte des Barons Eckardstein. «Als am Abend in London bekannt wurde, daß ich käme, um bei Großmama zu sein, da hätten die Leute vor Freude geweint. Das wäre ein Akt, den mir das englische Volk nie vergessen werde[42]».

In der Zwischenzeit aber waren in Berlin eifersüchtige Federn am Werk, die Böses prophezeiten. Anglophobie war längst eine Art nationaler Kurzweil geworden; jetzt trieb man sie auf die Spitze. Man sah den Kaiser, den keine Berater schützten, wie er sich unter den scheinheiligen, den bösen Engländern bewegte. Sogar Fürst Eulenburg wurde von der allgemeinen Eifersucht und Aufregung angesteckt; er schrieb den gehässigsten aller Briefe – Bülow meinte, er sei mit «viel Flair» verfaßt: «Mir wird bange, wenn ich an den geliebten Herrn in Osborne denke: Was wird er alles reden! – Wie ein Kind zwischen diesen trotz aller Trauer rohen Naturen wandelnd. In ihrer Mitte verliert er auch alle seine sonstige ‹Gerissenheit›. Eine Art treuherzige Verlegenheit tritt ein, und es wäre dem ersten besten leicht, ihm alle seine Seelengeheimnisse (und unsere Staatsgeheimnisse) zu entreißen. Dabei überall im Wege! Die Familie schimpft hinter seinem Rücken, und die eigenen Adjutanten ringen die Hände und wollen nach Hause. Mich macht trotz allen Ernstes und der wahren Trauer, die er empfindet, der Gedanke lächeln, wie er die tote Großmutter ‹ausschlachtet›, um sich eine Zeitlang von ‹Muttern› zu drücken[43]».

«Mutter» – wie Eulenburg die Kaiserin Auguste Viktoria nannte – war außer sich. Als sie erfuhr, daß der neue König, Edward VII., seinen Neffen zum Feldmarschall ernannt hatte, schrieb sie Bülow ungehalten: «Leider ist eingetroffen, was ich befürchtete... Es soll wohl eine Liebenswürdigkeit sein, ich halte es für eine Taktlosigkeit». Sie ärgerte sich noch mehr, als ihr Sohn, der Kronprinz, mit dem Hosenbandorden ausgezeichnet wurde und als man den Prinzen Heinrich, den Bruder des Kaisers, zum Vizeadmiral der britischen Flotte ehrenhalber machte. Was auch immer die Engländer tun mochten, es war falsch. Alle Hoheiten, die an der Beerdigung teilnahmen, wurden geehrt, und wenn man die Deutschen mit geringeren Aufmerksamkeiten bedacht hätte als die andern, dann wäre der Wirbel noch größer gewesen.

General von Plessen, der Kommandant der kaiserlichen Suite, verschlimmerte die Sache noch. Er machte sich die Berliner Besorgnisse zunutze, indem er schrieb, daß «die Engländer unaussprechlich dankbar für unser Herkommen und unseres Kaisers Freundschaftsbeweise in einer Zeit sind, wo sie große Kalamitäten haben ... bei ihrer allgemeinen Verhaßtheit, von der sie offen sprechen. Sie sind momentan so klein, wie sie so bald nicht mehr sein werden! Durch unseren Herrn gehoben, fangen sie sicherlich bald wieder an, ihre historische Unverschämtheit wiederzugewinnen!»

Der Kaiser war aufrichtig bewegt von der Freundlichkeit, die er allenthalben antraf, aber seine liebenswürdige Stimmung kam nicht aus dem Gefühl allein. Als das niederländische Postschiff, das ihn und seine Begleitung durch die Nordsee brachte, England erreicht hatte, wurde er in neue politische Entwicklungen verstrickt, die aufregend genug waren. Baron von Eckardstein, der Geschäftsträger der Deutschen Botschaft, erwartete Seine Majestät am Quai und berichtete, daß Chamberlain erneut auf eine Allianz mit Deutschland dränge. Während der Fahrt nach London erstattete er dem Kaiser Bericht über seine Gespräche mit Chamberlain, die bei einer Wochenendgesellschaft der Herzogin von Devonshire geführt worden waren. Wilhelm geriet in solche Begeisterung, daß er freudig erregt an Bülow telegrafierte: «Jetzt kommen sie! Anscheinend gerade so, wie wir es erwartet haben».

In diesem Telegramm vom 20. Januar 1901 betonte er, daß Chamberlain Eckardstein gewarnt habe: Wenn England zu keinem Einverständnis mit Deutschland kommen könne, dann müsse es sich anderweitig umsehen. Eckardstein habe ihm von Chamberlains vertraulicher Andeutung erzählt, daß es mit der «splendid isolation» vorüber sei. England müsse wählen zwischen dem Dreibund und Frankreich-Rußland. Er sei à tout prix für das erstere, ein Teil des Kabinetts für das letztere, das Foreign Office dagegen für das erste. Nur wenn Deutschland nicht wolle, käme die Schwenkung zum Zweibund in Betracht. Die Verständigung wegen Marokko, die Chamberlain wieder wünsche, könne erreicht werden, sobald Lord Salisbury nach Cannes reise.

Holstein glaubte zu wissen, weshalb Chamberlain abermals ein Bündnis mit Deutschland suchte. Obwohl es jetzt offenkundig war, daß die Engländer in Südafrika siegreich bleiben dürften, konnte niemand behaupten, das militärische Schauspiel wäre besonders eindrucksvoll gewesen. Auf dem europäischen Festland nahm man noch immer Partei für die Buren. Die Franzosen und Russen, denen Englands erneute Besitznahme Mut machte, schauten mit habgierigen Augen zu – ja, die Russen taten mehr als nur zusehen: Sie drangen in Persien ein. Anfang Januar kamen Gerüchte auf (die sich bald als Wahrheit herausstellten), der Zar habe ein Abkommen mit China geschlossen, das praktisch die Einverleibung der Mandschurei bedeutete.

Vier Monate zuvor, am 10. September 1900, hatte Chamberlain in einem Memorandum an das Kabinett geschrieben: «Es liegt sowohl in China als auch anderswo in unserem Interesse, daß Deutschland sich den Russen in den Weg stellt. Ein Bündnis zwischen Deutschland und Rußland, das die Beteiligung Frankreichs nach sich ziehen würde, ist das Einzige, was wir zu fürchten haben. Der Zusammenprall der deutschen und russischen Interessen, entweder in China oder in Kleinasien, wäre die beste Garantie für unsere Sicherheit. Ich hoffe, daß unsere Politik dann klar genug ist, um gute Beziehungen zwischen uns und Deutschland zu födern, ebenso zwischen uns und Japan und den Vereinigten Staaten. Wir sollten uns darum bemühen, den Bruch zwischen Deutschland und Rußland sowie den zwischen Rußland und Japan zu vertiefen[44]».

Chamberlains Memorandum wurde geschrieben, um seine Kabinettskollegen zu beeindrucken; es zeigt natürlich nicht das ganze Bild. Wie Chamberlain dem Grafen Hatzfeldt sagte, erkannte er sehr wohl das Risiko für Deutschland, und er war bereit, einen deutschen Beistand großzügig zu honorieren. Er dachte nicht in militärischen Begriffen, er glaubte, ein politisches Bündnis zwischen der größten Seemacht und der stärksten Landmacht würde ausreichen, Rußland und Frankreich ohne Schwertstreich in Schach zu halten.

Seine Vorstellungen wären nach und nach zu verwirklichen gewesen. Am Anfang mochte Großbritannien den Deutschen auf diplomatischem Wege bei der Durchdringung Westmarokkos behilflich sein, wodurch die französischen Interessen behindert, Deutschlands Anprüche auf einen «Platz an der Sonne» aber befriedigt würden. Das deutsche Kaiserreich hätte tausende von Quadratmeilen hinzu gewonnen.* War dann das gegenseitige Vertrauen wieder gewachsen, sollte die deutsch-englische Zusammenarbeit auf anderen Gebieten ausgedehnt werden. Das Endziel würde schließlich Englands Beitritt zur Triple-Allianz, dem Dreibund, gewesen sein, der nach Chamberlains Plänen auch Japan hätte einschließen können und – vielleicht eines Tages – sogar die Vereinigten Staaten.

Die Deutschen taten recht daran, diese Vorschläge gründlich zu prüfen, ja argwöhnisch zu sein. Sie taten Unrecht darin, sie gänzlich zu verwerfen, Chamberlain als Zyniker abzutun und sich zu weigern, eine Alternative ins Auge zu fassen. Holsteins verworrener Geist machte jede Kontur verschwommen. Er sah anscheinend die Tatsache nicht, daß Deutsch-

* England reservierte Tanger für sich, weil Gibraltar gegenüber lag und weil von dort aus die Mittelmeerküsten zu kontrollieren waren.

land ein quid pro quo liefern mußte, wenn es ein Geschäft machen wollte. Die Vorstellung, England könne aus einer Allianz mit Deutschland einigen Gewinn ziehen, regte ihn derart auf, daß sein ganzes Wesen danach trachtete, diese Nation herabzusetzen. Am 21. Januar, einen Tag vor dem Tod der Königin Victoria, überschwemmte er London mit Depeschen. Zuerst telegrafierte er an Eckardstein, seinen Einfluß geltend zu machen, daß der Kaiser keinerlei politische Gespräche führe und sein Land nicht festlege. Dann half er Bülow beim Entwurf einer Antwort an den Kaiser, die dessen Freudenschrei «Jetzt kommen sie» ersticken sollte. Seine Majestät, schrieb er, habe ganz recht mit seiner Ansicht, daß die Engländer «zu uns kommen müssen». Südafrika sei ihnen teuer zu stehen gekommen, Amerika sei seiner Sache nicht sicher, Japan unzuverlässig, Frankreich voller Haß, Rußland unglaubwürdig, die öffentliche Meinung in allen Ländern feindselig. Während des Diamantenen Regierungsjubiläums im Jahre 1897 sei der englische Dünkel so groß wie noch nie gewesen. Der englische Pfau habe seine stolzeste Vorführung gegeben und sich auf seine «splendid isolation» eine Menge eingebildet. Nun scheine den Engländern langsam das Bewußtsein zu dämmern, daß sie aus eigener Kraft allein nicht imstande seien, ihr Empire gegenüber so vielen Feinden zu behaupten. Die Schwierigkeiten der Engländer würden in den nächsten Monaten zunehmen, und mit ihnen werde der Preis steigen, den Deutschland fordern könne. Seine Majestät könne ein Meisterstück liefern, wenn es ihm gelänge, bei seiner Abreise in seiner englischen Verwandtschaft die Hoffnung zurückzulassen, daß in Zukunft feste Beziehungen zu Deutschland bestehen würden – ohne daß der Kaiser sich zum gegenwärtigen Zeitpunkt vorschnell binde und verpflichte...

Die Vorstellung, Großbritannien könnte eine Übereinkunft mit Rußland und Frankreich erreichen, versetzte Holstein in Zorn. «Die ganze Drohung ist ja Unsinn und Schwindel», drahtete er Hatzfeldt, «wenn England an Rußland und Frankreich große Konzessionen an Einflußsphären macht, so würde es damit die beiden Gegner nur in Appetit setzen und den Kampf ums Dasein, wenn auch einige Jahre später, erst recht unvermeidlich machen; ein geschwächtes England gegen gestärkte Feinde[45]». Ebenso telegrafierte er an den Grafen Metternich, der als Nachfolger Hatzfeldts zum Botschafter in London vorgesehen war und der den Kaiser begleitet hatte, die angedrohte Verständigung mit Rußland und Frankreich sei ein offenkundiger Schwindel. Konzessionen (an Frankreich und Rußland) könnten Englands Existenzkampf um ein paar Jahre hinausziehen, aber er würde umso unvermeidlicher, wenn seine Widersacher gestärkt seien. Macht und Ansehen der Engländer würden abnehmen: «Wir können warten. Die Zeit ist auf unserer Seite».

Es war tragisch, daß der führende Kopf hinter den Kulissen der deutschen Außenpolitik einem Mann gehören mußte, den die Zeitgenossen von Bismarck abwärts als «verrückt» ansahen. Man muß es erstaunlich nennen, daß ein so unausgeglichener Geist der Wilhelmstraße einzureden vermochte, Großbritannien bluffe, wenn es von Rußland und Frankreich als einer möglichen Alternative spreche. Die deutschen Dokumente beweisen, daß niemand – mit Ausnahme Hatzfeldts und Eckardsteins – diesen irrigen Machtspruch auch nur in Zweifel zog. Hatzfeld focht tapfer, aber er glich einem Boot, das von einem Sturm beiseite gefegt wird. Am 10. Februar schrieb er Holstein, die englischen Minister und besonders Chamberlain seien nicht so töricht, zu verkennen, daß Deutschland keine Hilfe in China geben könne und geben wolle, wenn ihm nicht eine Kompensation woanders gemacht und vor allem Schutz gegen die Gefahr eines französisch-russischen Angriffs zugesichert werde. Holstein solle die Möglichkeit einer britisch-russischen Verständigung nicht von sich weisen. Hatzfeldt fügte hinzu, er betrachte es als seine Pflicht, zu warnen, «bevor die Tür zugefallen ist».

Der Kaiser war unterdes unruhig geworden. Als er einen vorübergehenden Ärger mit dem Zaren hatte, verurteilte er Rußlands Expansion im Fernen Osten und reagierte auf die englische Annäherung wohlwollend. Aber er schreckte vor der Verantwortung zurück, die Dinge selbst in die Hand zu nehmen. Wilhelm hatte keine Ahnung, daß die ablehnende Haltung seines Auswärtigen Amtes fast allein Holsteins Einfluß zuzuschreiben war. Tatsächlich war er sich Holsteins Vorhandensein kaum noch bewußt. Er war ihm nur ein einzigesmal begegnet und nahm an, daß er nach Bülows Berufung wohl im Hintergrund verschwunden wäre. Holsteins Telegramme waren stets vom Kanzler oder vom Staatssekretär unterzeichnet. Als sein Name doch einmal auftauchte, bemerkte der Kaiser erleichtert: «Wer spricht jetzt noch von Herrn von Holstein?»

Dem Kaiser wurde oft vorgeworfen, er habe sich seinen Beratern widersetzt. In Wirklichkeit machte er mehr Fehler, wenn er ihrem Rat folgte, als wenn er seinem eigenen Urteil vertraut hätte. In dieser kritischen Zeit setzte er seinen Willen nicht durch; stattdessen grämte er sich. Am Tag nach der Beisetzung der Königin Victoria protestierte er verdrießlich bei dem Grafen Metternich: «Ich kann nicht ewig zwischen Rußland und England schwanken. Schließlich würde ich zwischen zwei Stühlen sitzen». Am 5. Februar, dem Tag seiner Abreise, verlor er alle Zurückhaltung.

Am Morgen fuhr er durch die Straßen Londons. Die empfindsamen Leute waren noch beeindruckt von der Ergebenheit, die der Kaiser seiner

Großmutter gezeigt hatte, und feierten ihn mit einer stürmischen Ovation. Die Menge stand dicht gedrängt. Ein Mann rief: «Thank you, Kaiser!» Wilhelm war entzückt. Lord Esher schrieb: «Der Deutsche Kaiser hatte heute einen noblen Empfang durch die Bürger Londons. Nach seinem Verhalten während der letzten zehn Tage haben sie ihm die Krüger-Depesche verziehen. Ich war in der St. James-Street. Das Gefolge bot einen prächtigen Anblick. Der Himmel war blau. Sehr wenig Polizei. Viele Menschen. Viel Beifall. Sehr herzlich. Der Kaiser dankte für die Hochrufe. Der König saß still an seiner Seite, was feinen Takt bewies. So begann die neue Regierung unter guten Vorzeichen[46]».

Das Treffen endete mit einem großen Frühstück in Marlborough House. Wilhelm verärgerte seine Suite (und die deutsche Öffentlichkeit) dadurch, daß er Lord Roberts, dem Oberbefehlshaber der britischen Armee, den Schwarzen Adlerorden verlieh. Dann hielt er – noch unter dem Eindruck der morgendlichen Fahrt – eine Rede, in der er die deutsche Flotte und Tirpitz' «wirkliche Weltmacht» vergaß. Er sprach wieder einmal die Gefühle aus, die seinen Vater so oft bewegt hatten. «Ich glaube an eine Vorsehung, die beschlossen hat, daß zwei Nationen, die so große Männer hervorbrachten wie Shakespeare, Schiller, Luther und Goethe, eine große Zukunft vor sich haben müssen. Ich glaube, daß die beiden germanischen Nationen sich nach und nach besser kennenlernen werden und daß sie einander helfen werden, den Weltfrieden zu bewahren. Wir müssen eine englisch-deutsche Allianz schaffen – Sie, um die Meere zu überwachen, während wir für das Land verantwortlich sein würden. Mit einer solchen Allianz könnte keine Maus sich in Europa ohne unsere Erlaubnis rühren. Und die Nationen würden mit der Zeit einsehen, daß die Rüstungen beschränkt werden müssen.»

Bülow sorgte sich nicht wegen der Gefühle seines leicht zu beeindruckenden Herrn. Mitglieder des kaiserlichen Haushaltes kritisierten oft die widerliche Schmeichelei, mit der Bülow den Monarchen überschüttete, aber der Kanzler war erfahren im Mischen von Honig und Gift, wodurch er zu einer eigenen Denkungsart fand. Kurz nach seiner Rückkehr begann der Kaiser den Standort zu wechseln. Als Eckardstein erkannte, was geschah, geriet er in Verzweiflung. In seinem Eifer, die Verhandlungen wiederzubeleben und eine Übereinkunft zu sichern – sein Lebensziel –, wählte er eine neue Methode: Er erzählte Lord Lansdowne, dem britischen Außenminister, Deutschland sei an einer «Verteidigungs-Allianz» interessiert. Gleichzeitig gab er Berlin zu verstehen, daß diese Anregung von London ausgehe. Jede Seite bat nun die andere, ihre Vorschläge schriftlich zu fixieren. Nach beträchtlicher Verwirrung ließ die Wilhelmstraße wissen, daß die einzigen Bedingungen, die Deutschland erwägen könne, auf einen pauschalen Verteidigungspakt zwischen den drei Mitgliedern des Dreibundes und dem britischen Weltreich hinausliefen. Der Pakt solle jede Gruppe zur gegenseitigen militärischen Hilfe verpflichten, falls ein Angriff durch mehr als eine Großmacht erfolge – zum Beispiel durch Rußland und Frankreich. Der Vertrag sollte vom englischen Parlament gebilligt werden und auf mindestens fünf Jahre gelten.

Die Wilhelmstraße wußte, daß derartige Bedingungen eine Unmöglichkeit waren. Keine demokratische Regierung konnte ihre Opposition in einer solchen Weise binden. Abgesehen davon hatte die Schwenkung von der Isolation zu so weitgehenden militärischen Verpflichtungen ohne Kontrolle über Aktionen, die einen Krieg auslösen konnten, keine Chance, vom Parlament angenommen zu werden. Lord Salisbury hatte mehr als einmal auf die Pflichten hingewiesen, die aus der Garantie des österreich-ungarischen Kaiserreichs erwuchsen. Die wirkliche Ursache für die Unannehmbarkeit des Berliner Angebotes aber war der Grund, weshalb es gemacht worden war: Es band Deutschland nicht, es ließ die Tür offen, es blieb (mit Bülows Worten) «ein Hoffnungsschimmer an der Oberfläche», und es gab London die Verantwortung für ein Versagen.

Bülow und Holstein waren die Hauptverantwortlichen für Deutschlands Weigerung, sich mit England zu verständigen. Die meisten Historiker sind sich darin einig, daß Deutschland durch die Fehleinschätzungen dieser beiden Männer vermutlich eine Möglichkeit zur Vorherrschaft in der Welt mit friedlichen Mitteln eingebüßt habe. Aber auch ohne diese beiden sonderbaren Persönlichkeiten ist es fraglich, ob Deutschland ein Bündnis erlangt hätte, denn Bülow und Holstein drückten lediglich die öffentliche Meinung aus. Eifersucht und Mißgunst herrschten zu Anfang des Jahrhunderts in Deutschland vor. Die Feindseligkeit war schon beinahe chronisch, sie war 25 Jahre lang sorgsam gepflegt worden, zuerst von Bismarck, um den Einfluß des Kronprinzen Friedrich und seiner Frau einzudämmen, dann vom Kaiser, der England Zugeständnisse abringen wollte.

Diese unguten Gefühle loderten wie eine Flamme empor, als 1897 der Flottenverein gegründet wurde, der dem Volk beibringen sollte, eine Flotte sei lebenswichtig. Ein Propagandastrom wurde entfesselt, Professoren, Politiker, Militärs und Journalisten taten sich zusammen, um Großbritannien als verrucht und böswillig zu brandmarken: Stets liege es auf der Lauer nach einer Gelegenheit, Deutschland aus Handelsneid zu zermalmen. Die Schriften Treitschkes (deren Lektüre starken Eindruck auf Tirpitz gemacht hatte) wurden an den deutschen Schulen eingeführt. Der Professor predigte die deutsche Weltherrschaft. Die Unterordnung des Individuums unter den Staat und eine mächtige Flotte seien die beiden Hauptfaktoren, England zur Unterwerfung zu zwingen*.

«Die Beschimpfungen, die von der deutschen Presse wegen allem und bei jeder Gelegenheit gegen England ausgestoßen werden, sind ganz unerhört», schrieb die Kaiserin Friedrich im Frühjahr 1898 ihrer Tochter Sophie, «ich fürchte, daß dies in England zu dem betrüblichen Schluß führen könnte, daß es keinen größeren Feind als Deutschland und keinen schlimmeren Widersacher als Wilhelm habe. Das ist in diesem Maß nicht der Fall. Wenn dadurch aber England enger an andere Mächte gebracht wird, dann wird das wirklich traurig für beide Länder sein».

Als der Burenkrieg ausbrach, der die Lage noch verschärfte, waren die Deutschen das Opfer ihrer eigenen Propaganda geworden. Ihr Bild von England war derart verzerrt, daß sie außerstande waren, dessen Zielsetzung richtig einzuschätzen. Selbst Bülow war bestürzt über die Englandfeindlichkeit. Im Herbst 1899 schrieb er aus Windsor an Holstein: «Wenn das englische Publikum über die in Deutschland gerade herrschende Stimmung klar sähe, würde das eine große Wandlung in seiner Auffassung des Verhältnisses von Deutschland zu England herbeiführen».

König Edward spürte diese Feindseligkeit am eigenen Leibe, als er kurz nach seiner Thronbesteigung die Kaiserin Friedrich besuchte. Ihm war berichtet worden, sie werde nicht mehr lange leben. Ihr einziger Wunsch sei, ihren Bruder noch einmal zu sehen. Während der Fahrt den Rhein aufwärts nach Kronberg warteten fast an jeder Station mürrische Menschenansammlungen und sangen die Nationalhymne der Buren. Einige Male schrien zornige Demonstranten dem König persönliche Beleidigungen ins Gesicht. Als Edward später Bülow in Bad Homburg traf, sprach er: «Die Leute sind ja hier wie verrückt. Lassen sich die Leute in Deutschland denn gar nicht beruhigen? Sie scheinen einen Knacks zu haben, sie sind wie verrückt.»

Ein sonderbarer Vorfall ereignete sich während der Reise des Königs, der zu einem nicht ganz unerheblichen Ereignis im Rahmen der gespannten Beziehungen zwischen England und Deutschland werden sollte. Am dritten Tag des Besuches erhielt Sir Frederick Ponsonby, der Sekretär Edwards VII., eine Nachricht der Kaiserin: Sie wünsche ihn zu sehen. Er wurde die Treppen hinaufgeführt und traf die Kaiserin, umgeben von Kissen, in einem Sessel an. Ihr Gesicht war verzerrt von Schmerz. «Ich

* Als Tirpitz nach dem Krieg seine Erinnerungen schrieb, nannte er Treitschke einen «herrlichen Mann» und erklärte: «Warum Treitschkes Geist in der deutschen Historie fast erloschen ist, verstehe ich nicht». Das Versäumte wurde unter Hitler nachgeholt.

möchte Sie um einen Dienst bitten», sagte sie. «Ich wünsche, daß Sie meine Briefe an sich nehmen und nach England zurückschaffen.» Sir Frederick erwiderte, daß er dies gern täte, und sie fuhr fort: «Ich werde sie Ihnen heute Nacht um ein Uhr schicken. Ich weiß, daß ich mich auf Ihre Verschwiegenheit verlassen kann. Niemand darf wissen, daß Sie die Briefe mitgenommen haben. Auf keinen Fall darf Wilhelm sie bekommen oder jemals erfahren, daß sie in Ihrem Besitz sind.»

Lange nach Mitternacht wurde an Sir Fredericks Tür gepocht. Zu seiner Überraschung traten vier Männer ein, die zwei große Kisten – eingeschlagen in schwarze Ölleinwand – trugen. Er hatte einige Päckchen mit Briefen erwartet, aber später hörte er, daß die Kisten sämtliche Briefe enthielten, die die Kaiserin ihrer Mutter in all den Jahren geschrieben hatte. Königin Victoria hatte sie ihrer Tochter zurückgeschickt, damit sie die Schreiben im Hinblick auf eine spätere Veröffentlichung überprüfen könne. Jetzt wollte die Kaiserin sie in England geborgen wissen. Sir Frederick klebte Zettel auf die Kisten, adressierte sie an sich selber und vermerkte darauf «Porzellan – Vorsicht!» Obwohl er nervös wurde, als er bemerkte, daß sich Soldaten um das Gepäck der königlichen Suite kümmerten, passierten die schweren Kisten unbemerkt die Schloßtore.

Im Juli hatte Alfred Rothschild an Eckardstein geschrieben, daß Chamberlain «völlig entmutigt» sei; «er wolle mit den Leuten in Berlin nichts mehr zu tun haben». «Wenn sie so kurzsichtig sind und nicht sehen können, daß eine ganz neue Weltkonstellation davon abhängt, so ist den Leuten nicht zu helfen». Dennoch machte das britische Auswärtige Amt einen letzten Versuch, die Verhandlungen wiederaufleben zu lassen. Der Herzog von Devonshire war davon überzeugt, daß die Wilhelmstraße die Gespräche hinter dem Rücken des Kaisers sabotierte. Man legte König Edward nahe, die Angelegenheit in einer persönlichen Unterhaltung mit dem Kaiser aufzugreifen, wenn er im August Bad Homburg besuche. Bevor jedoch die Gespräche stattfinden konnten, starb die Kaiserin Friedrich, und der König fuhr nach Friedrichshof.

Es war offensichtlich, daß sich die Stimmung des Kaisers in den sechs Monaten seit seiner englischen Reise geändert hatte. Nach seiner Rückkehr von der Beisetzung der Königin Victoria hatte ihn Bülow «noch ganz im Banne seiner englischen Eindrücke» gefunden. Der Reichskanzler schrieb: «Während er sich sonst nicht genug tun konnte im Wechseln militärischer Uniformen, zeigte er sich jetzt nur in Zivil, wie er sich in England gekleidet hatte. Dazu trug er eine Krawattennadel mit der Chiffre seiner verewigten Großmutter. Die zur Mittags- oder Abendtafel befohlenen Militärs waren sehr erstaunt, ihren Obersten Kriegsherrn im bürgerlichen Gewande zu erblicken. Sie schienen nicht immer angenehm berührt von den wiederholten Kundgebungen zugunsten Englands und alles Englischen, das ‹hoch über deutscher Art und Sitte› stünde.» Es dauerte indessen nicht lange, bis Bülow die Laune seines Herrn gewandelt hatte. Bald wetterte der Kaiser wiederum gegen die britischen Pläne. Von Salisbury, Chamberlain und Lansdowne sprach er als von «grenzenlosen Idioten» – eine Bemerkung, die Edward hinterbracht wurde und diesen weniger amüsierte. Verdrossen klagte er: «Was um alles in der Welt würde Ihr Kaiser dazu sagen, wenn ich mir ähnliche Titel für seine Minister erlaubte!»

Der König sollte sein Möglichstes bei dem Neffen versuchen, aber die Umstände bei der Beisetzung seiner Schwester lösten nicht gerade freundliche Gefühle aus. Bittere Erinnerungen an das Begräbnis seines Schwagers wurden wach, denn die Vorgänge wiederholten sich. Wiederum wurde ein Schloß von Soldaten umstellt, wiederum wurden Privatgemächer nach Papieren durchsucht. Sir Frederick schaute den Bemühungen mit einem gelassenen Lächeln zu: Die Briefe der Kaiserin waren unversehrt in seinem Haus in England eingetroffen. Nach der Beisetzung kam Graf August Eulenburg zu ihm und fragte diskret, ob die Briefe in den Archiven von Windsor seien. Sir Frederick erbot sich in verbindlicher Weise, bei Lord Esher, dem Archivdirektor, anzufragen; Esher antwortete wahrheitsgemäß, daß er keine Ahnung von ihrem Verbleib habe*.

Die Haltung des Kaiser verhieß wenig Erfolg. Die beiden Monarchen kamen überein, sich auf Schloß Wilhelmshöhe zu ihren politischen Gesprächen zu treffen. Kurz vor der Ankunft des Königs schrieb Wilhelm an Bülow: «Der Bau unserer Flotte muß so stark wie möglich beschleunigt werden. Die Engländer werden schön überrascht sein, und vielleicht ist das der Zweck. Ich bin gespannt auf den Anblick des Königs und Lascelles', die am Freitag mit mir essen werden.»

* Die Sache hatte ein Nachspiel. Als nach dem Kriege Emil Ludwigs Kaiser-Biographie erschien, die ein grausames Bild der Kaiserin zeichnete, fand Sir Frederick die Zeit gekommen, die Briefe selbst sprechen zu lassen. Der Kaiser im holländischen Exil tat alles, die Veröffentlichung zu verhindern. Er behauptete, als Erbe seiner Mutter der gesetzliche Eigentümer des Copyrights zu sein. Nach einer langen gerichtlichen Auseinandersetzung entschieden die Richter, die Kaiserin habe das Copyright Sir Frederick übertragen, und daß er nach Gutdünken über die Briefe befinden könne. Der Kaiser schrieb für die deutsche Ausgabe des Buches ein Vorwort, worin er sagte, daß seine Mutter «alle Zeit ein sehr starkes Temperament» gehabt habe und daß nach dem tragischen Tod ihres Mannes «ihre Nerven schwer gelitten» hätten. «Überall sah sie Feinde, Abneigung gegen sich, ja, selbst an Haß glaubte sie. Sie war empfindlich. Alles verwundete sie. Sie war an schnelle Worte gewohnt und schrieb sie nieder».

Alles lief verkehrt. Lord Lansdowne hatte dem König ein Memorandum zum persönlichen Gebrauch mitgegeben, das die Diskussionsgegenstände enthielt. Marokko war das Hauptthema, aber es sollte auch über China, Südafrika und Kuweit gesprochen werden. Infolge eines Mißverständnisses hatte der König das Memorandum dem Kaiser überreicht, als sie sich bei der Beisetzung trafen. Wilhelm schickte es sofort zur Wilhelmstraße. Er für sein Teil hatte ein Gegenmemorandum skizziert, das er jetzt seinem Onkel gab. Es war nicht sehr ermutigend: Was China betraf, so wollte Deutschland dort den «Vermittler» spielen. In Kuweit hatte es «keine Interessen», in Marokko «setzte es das Urteil aus».

Es war jedoch nicht das Memorandum, das Edward aufbrachte: es waren die versteckten Drohungen des Kaisers, seine jovialen, aber scharfen Bemerkungen, seine häufigen Hinweise auf das «perfide Albion». Er teilte seinem Onkel mit, der bevorstehende Besuch des Zaren in Paris werde wahrscheinlich auf Berlin ausgedehnt, und er deutete an, daß dies unangenehme Folgen für England haben könne. In düsteren Tönen verkündete er, Großbritannien dürfe die starke Bewegung nicht übersehen, die eine wirtschaftliche Union auf dem Festland anstrebe, um dem britischen Einfluß zu begegnen. England tue gut daran, dies in Rechnung zu ziehen.

Was der König sich auch immer von diesem Treffen erhofft haben mag, es war der letzte Versuch, mit Deutschland einen Weg zur Einigung zu finden. Von jetzt an verschlechterten sich die Verhältnisse stetig. Mit den Verhandlungen war es zu Ende, nachdem Deutschland darauf bestanden hatte, allein der Beitritt Englands zum Dreibund komme in Frage. Aber Edward hielt es für klüger, dem Kaiser zu schreiben, daß die Gespräche beendet seien, damit kein Mißverständnis entstehe, wenn England an andere Länder herantrete. Er sandte Wilhelm deshalb durch Sir Frank Lascelles eine Botschaft, in der er seiner Hoffnung Ausdruck gab, daß Deutschland und Großbritannien eine «echte entente cordiale» beibehielten. Die Vereinbarung einer solchen Zusammenarbeit durch einen förmlichen Vertrag würde jedoch des Unterhauses wegen zu schwierig sein.

Deutschland war kein Staat, mit dem sich leicht verhandeln ließ. Wenngleich Holstein der Hauptsaboteur der Gespräche war, beschloß er augenblicklich, Anstoß zu nehmen. Er teilte dem ‹Times›-Korrespondenten Valentine Chirol mit, Deutschland wisse, wie es seinen Dank dafür auszudrücken habe, «daß unser Heiratsantrag zurückgewiesen wurde». Dann grub er eine Rede aus, die Joseph Chamberlain mehrere Monate zuvor gehalten und in der er Großbritannien gegen den Vorwurf verteidigt hatte, Grausamkeiten in Südafrika begangen zu haben. Der Kolonialminister behauptete, daß England niemals die Beispiele wiederholt habe, die «in Polen, im Kaukasus, in Algerien, Tongking, Rußland und im deutsch-französischen Krieg» gegeben worden seien. Bülow bezog sich am 8. Januar 1902 im Reichstag auf diese Erklärung. Er beschuldigte Chamberlain, ein «schiefes Urteil» zu haben und erheiterte seine Kollegen durch ein Zitat Friedrichs des Großen, der auf eine Kritik an der preußischen Armee geantwortet hatte: «Laßt den Mann gewähren, und regt euch nicht auf; er beißt auf Granit.»

Es war aber nicht klug von Bülow, sich mit jenem englischen Politiker zu verfeinden, der bis dahin Deutschlands größter Freund gewesen war. Die Folgen zeigten sich schnell. «Am 8. Februar», schrieb Eckardstein, «fand in Marlborough House, wo König Edward damals noch wohnte, ein großes offizielles Diner statt, bei welchem sämtliche englischen Kabinettsminister und die fremden Botschafter anwesend waren. Da mein Botschafter außerhalb Londons krank darniederlag, war ich als Vertreter der Deutschen Botschaft auf ausdrücklichen Befehl des Königs zu diesem Diner eingeladen. Als nach Beendigung der Tafel der Kaffee eingenommen und geraucht wurde, sah ich plötzlich Chamberlain mit dem französischen Botschafter Cambon in das Billardzimmer verschwinden. Ganz unauffällig beobachtete ich sie dort und konnte feststellen, daß sie genau 28 Minuten in der lebhaftesten Weise miteinander verhandelten. Was sie sprachen, konnte ich natürlich nicht genau verstehen, nur hörte ich die Worte ‹Marokko› und ‹Ägypten›. Kurz nachdem sich der französische Botschafter von Chamberlain getrennt hatte, knüpfte ich mit letzterem eine längere Unterhaltung an. Er beklagte sich sehr über das unflätige Gebaren der deutschen Presse gegen England und ihn selbst, kam auch auf die Rede des Reichskanzlers im Reichstage zu sprechen und sagte: ‹Schon früher einmal hat mich Graf Bülow im Reichstag blamiert. Jetzt habe ich genug von solcher Behandlung, und von einem Zusammengehen Deutschlands und Englands kann keine Rede mehr sein[47].»

Als Eckardstein Marlborough House verlassen wollte, teilte ihm ein Kammerherr mit, daß der König ihn in seinem Arbeitszimmer zu sprechen wünsche. Edward VII. schenkte Whisky und Soda ein und sagte seinem Gast traurig, daß er nicht imstande sei, die künftigen Beziehungen zwischen Großbritannien und Deutschland mit Zuversicht anzusehen. «Sie wissen ja, was in der letzten Zeit alles passiert ist. Wenn auch der Kaiser mir jetzt lange Briefe schreibt, in denen er mich seiner Freundschaft für England versichert, so bin ich leider nicht in der Lage, etwas darauf zu geben. Die erneuten Schmähungen der deutschen Presse gegen England, wie auch die unfreundlichen sarkastischen Bemerkungen des Grafen Bülow im Reichstag haben bei meinen Ministern und in der öffentlichen Meinung solch tiefe Entrüstung hervorgerufen, daß zum mindesten auf lange Zeit hinaus von einem Zusammengehen Englands und Deutschlands, gleichviel in welchen Fragen, keine Rede mehr sein kann. Mehr als je werden wir jetzt von Frankreich dazu gedrängt, uns in allen kolonialen Differenzpunkten mit ihnen zu einigen, und es wird schließlich wohl auch das beste sein, wenn wir zu einem Ausgleich gelangen, denn England wünscht weiter nichts, als Ruhe zu haben und mit allen anderen Staaten auf freundschaftlichem Fuß zu leben. Wie Sie ja genau wissen, wäre ich selbst sowie die meisten meiner Minister sehr gerne in allen kolonialen und sonstigen Fragen mit Deutschland gegangen, aber es geht eben nicht. Bei jedem Arrangement, welches wir mit anderen Ländern in Zukunft treffen sollten, würde es bei alledem selbstverständlich unser Prinzip sein, jede Spitze gegen Deutschland zu vermeiden. Wir wünschen, wie gesagt, weiter nichts als den Frieden der Welt und selbst Ruhe[48].»

Im Januar 1902 unterzeichnete England einen Vertrag mit Japan. Die Deutschen freuten sich darüber, denn sie glaubten, diese Allianz bringe Großbritannien in einen Konflikt mit Rußland. Sie erkannten nicht, daß England den ersten entschlossenen Schritt von Deutschland hinweg gemacht hatte – und daß die lange Zeit seiner Isolierung zu Ende war.

Der Kaiser und der Zar

«Gott weiß alles», pflegten die Berliner zu sagen, «aber der Kaiser weiß es besser.» Des Kaisers Glauben an seine eigene Unfehlbarkeit war nicht überraschend: Kritik schlug sich hinter seinem Rücken in Privatbriefen und Tagebüchern nieder, seine Person aber überschüttete man mit Schmeicheleien. Hohe Beamte, Generäle, Marineoffiziere, Industrielle und Fürsten bemühten sich, das kaiserliche Gefallen zu finden, die kaiserliche Eitelkeit zu nähren, den kaiserlichen Wünschen zu willfahren. Graf Bülow gab das Tempo an. «Die unendlich geschickte Art, von einer ausgesprochenen Ansicht, die nicht ganz den Beifall des Kaisers fand – der weniger aufmerksame Beobachter hätte dies kaum wahrgenommen –, zu der Auffassung von Seiner Majestät hinüberzugleiten, konnte Bewunderung, aber auch Mißtrauen erregen», schrieb Graf Zedlitz-Trützschler, der Hofmarschall, im Jahre 1903 in sein Tagebuch. Später, in einem Brief an seinen Vater, wurde er noch deutlicher: «Ein Reichskanzler, der auf der ‹Hohenzollern›, sobald ihm gesagt wird: ‹Sie verderben mit Ihren hellen Hosen noch die besten Wetteraussichten›, sofort in seine Kabine geht und dunkle Hosen anzieht, ein Reichskanzler, der bei allen Gelegenheiten Notizen auf seiner Manschette macht, um nur ja nichts von den im Gespräch hingeworfenen Wünschen zu vergessen, ein Kanzler, dem dann doch einmal die Unvorsichtigkeit passiert, eine diametral entgegengesetzte Ansicht auszusprechen, dies bemerkend, nur einen kurzen Augenblick schweigt, um sofort das gerade Gegenteil seiner früheren Auffassung mit den Worten einzuleiten: ‹Wie Eure Majestät so treffend bemerkten, verhält sich die Angelegenheit...›, ein solcher Kanzler macht eben trotz größter Begabung, trotz vorhandener größter Machtmittel die denkbar schlechteste Politik[49]».

Selbst der arrogante, dynamische Tirpitz und der ehrliche, fleißige Moltke – der zukünftige Chef des Großen Generalstabs – scheuten sich, mit dem Kaiser die Klingen zu kreuzen. Als Wilhelm 1904 Schiffswerften besuchte, fiel ihm auf, daß die Deckwinker (eine Erfindung, die mit seiner Hilfe in der Flotte als Nachrichtenmittel zu anderen Schiffen eingeführt worden war) nicht mehr verwendet wurden. Er verlangte eine Erklärung. Vier Admirale, darunter Tirpitz, erwiderten, man habe neue und bessere Methoden entwickelt. Der Kaiser schien zu merken, daß man sein Urteil erwartete: Er befahl, die Deckwinker wieder zu verwenden. Nach dem Frühstück, das an Bord eines Schiffes eingenommen wurde, gesellten sich die Admirale in einer aufgeregten Gruppe zueinander und berieten, wie man diesen unsinnigen Befehl umgehen könne. Plötzlich erschien der Kaiser an Deck. Er begriff, daß hier kritisiert wurde und kam verärgert herbei: «Wieso diese Aussprache? Werden in meiner Marine meine Befehle noch befolgt oder nicht?»

Am Abend meldeten die Admirale, daß die Deckwinker wieder eingeführt worden seien.

Noch kriecherischer waren die Industriellen und Professoren. Ballin, der Eigentümer der ‹Hapag›, der Hamburg-Amerika-Linie, und die Gebrüder Mendelssohn, führende Berliner Bankiers, betitelten den Kaiser als ein «Genie», während der Professor Slaby dem Kaiser oft versicherte, daß jedermann, der einmal gewagt hätte, seinem Allerhöchsten Herrn zu widersprechen, schließlich doch bewogen gewesen wäre, seinen Irrtum einzusehen. «Es war nur natürlich, daß der Kaiser schließlich erklärte: ‹Ja, das ist es ja; meine Untertanen sollten einfach tun, was ich ihnen sage, aber meine Untertanen wollen immer selber denken, und daraus entstehen dann alle Schwierigkeiten›.»

Wilhelm II. las keine Zeitungen. Er zog es vor, sich unnötige Arbeit zu ersparen und begnügte sich mit den Ausschnitten des Auswärtigen Amtes. Täglich wurden Zeitungsspalten auf große, mit Goldrand versehene Bogen geklebt und ins Schloß geschickt. Valentine Chirol, der ‹Times›-Korrespondent in Berlin, schaute dem Pressebüro einmal bei der Arbeit zu, als ein Angehöriger des Auswärtigen Amtes ihn in sein Büro einlud und ihm eine Sammlung von Zeitungsmeldungen zeigte, die dem Kaiser zugestellt werden sollten: «Ich bemerkte, daß sie einen wichtigen Artikel nicht enthielten, den ich irgendwo gelesen hatte», schrieb Chirol, «und er antwortete ziemlich belehrend: ‹Mein lieber Herr, Sie scheinen nicht zu verstehen, daß Majestät solche Artikel vorgelegt werden, die in das Konzept passen. Der Artikel, den Sie meinen, könnte den Eindruck stören, der in des Allerhöchsten Kopf hervorgerufen werden soll[50]».

Wilhelm schwelgte in der Illusion der Autokratie. Er merkte nicht, daß seine Ratgeber ihn wie ein schwererziehbares Kind behandelten, das bei geschickter Bearbeitung dahin gebracht werden konnte, daß es tat, was man ihm gesagt hatte. Graf Bülow wußte in all seinem Byzantinismus genau, wie saftige Phrasen zusammenzubrauen waren, auf daß sein Herr bei der Stange blieb. Dennoch liefen die Dinge nicht immer so, wie der Kanzler es erwartete. Wilhelm war derartig impulsiv, daß er – selbst Auge in Auge mit seinen Beratern – die Angelegenheiten oft in seine eigenen Hände nahm. Durch eine ungestüme Rede oder ein plötzliches Gespräch gab er den Ereignissen dann eine Bedeutung oder eine überraschende Wendung, die nicht beabsichtigt gewesen waren. Zudem war der Kaiser in gewissen Fragen unerbittlich. Für seine Beziehungen zum Zaren aber ließ er sich von niemandem einen Rat geben. Obwohl er gewillt war, Bülows weitgreifende Politik zu akzeptieren, duldete er keine Einmischung in deren Ausführung. Er beharrte darauf, daß allein seine persönliche Wirkung auf Nikolaus sie durchsetzen könne.

Wer regierte denn nun in Berlin? Man muß es den fremden Regierungen nachsehen, wenn sie die deutsche Politik verwirrend fanden und fortwährend Mutmaßungen darüber anstellten, wer eigentlich in Wahrheit die Zügel der Macht in Händen hielt. Holsteins Auffassungen beherrschten die Szenerie. Da er jedoch über keinerlei Autorität verfügte, war er nicht verantwortlich zu machen. Bülow hatte die Autorität, aber er wagte es nicht, sie offen zu beanspruchen, denn er fürchtete, Holstein oder den Kaiser zu verletzen; und wenn die Dinge schlecht liefen, leugnete er sie sogar. «Mehrfach hat Bülow bei aufsehenerregenden Maßnahmen ganz harmlos erklärt: ‹Ich kann nichts dafür, das ist allein vom Kaiser ausgegangen› und ähnliches», schrieb Waldersee im Jahre 1902. «Er gesteht also ruhig ein, daß er eigentlich gar nicht Kanzler ist, sondern der Kaiser die Geschäfte führt».

Solche Anerkennung befriedigte den Kaiser. Gelegentlich, wenn er in überschwenglicher Stimmung war, schenkte er Bülow Glauben. Im Juli 1901 schrieb er Eulenburg: «Bernhard lasse ich ruhig schalten. Seit ich ihn habe, kann ich ruhig schlafen. Ich lasse ihn gewähren und weiß, daß alles gut geht». (Eulenburg kritzelte an den Rand: «Ja, das wäre recht schön, wenn der Gute es so machte».) Für gewöhnlich aber nahm Wilhelm den entgegengesetzten Standpunkt ein, wobei er verkündete, daß er, und nur er allein, das Reich beherrsche. Im Dezember 1901 teilte er Edward VII. mit: «Ich bin der *sole arbiter* und Herr der deutschen Außenpolitik, und die Regierung und das Land müssen mir folgen, selbst wenn ich die Suppe auszulöffeln habe. Meine Regierung vergißt das nie.» Doch wenn Fehler gemacht wurden, wollte er die Verantwortung so schnell loswerden wie Bülow. Dann verfiel er auf die Entschuldigung, er sei ja nur ein konstitutioneller Monarch. In seinen Memoiren erklärt er die verhängnisvolle Krügerdepesche mit den Worten: «Der Reichskanzler bemerkte, daß ich mich als konstitutioneller Herrscher nicht in Gegensatz zum Volksbewußtsein und zu meinen verfassungsmäßigen Ratgebern stellen dürfte».

Wer regierte in Berlin? Der Kaiser regierte, von Bülow gelenkt, der seinerseits von Holstein dirigiert wurde, und jeder gab jedem die Schuld, wenn die Geschäfte einen falschen Weg nahmen. Immerhin stimmten sie alle darin überein, daß es England niemals gelingen werde, eine Übereinkunft mit den Ländern des Zweibunds zu erreichen. Und deshalb konnte keiner von ihnen den Schnitzer dem andern in die Schuhe schieben, als sich diese Annahme als irrig herausstellte: wenigstens nicht für lange.

1903. In diesem Jahr berief sich Wilhelm auf den Herrgott als den «großen Alliierten». Tatsächlich schien Gott auf Deutschland hinabzulächeln. Es war ein goldenes Jahr – kaum eine Wolke zeigte sich am Horizont. Die deutsche Armee war führend, die deutsche Flotte erstarkte. Der Wohlstand Deutschlands steigerte sich, die deutsche Überheblichkeit schwoll. Die politische Lage war mehr als zufriedenstellend. Deutschland und seine beiden Verbündeten – Österreich und Italien – waren stärker als Rußland und Frankreich, und die Hoffnung stieg, daß Rußland ganz und gar von der Seite Frankreichs fortgezogen werden könne. England aber war isoliert. Alles, worüber die Engländer verfügten, war ihre Allianz mit Japan, und sie brachte ihnen lediglich die Feindschaft der Russen ein. Deutschland war stets gut dran, wenn Großbritannien Zwist mit Rußland hatte, und der Kaiser rieb sich dann frohlockend die Hände. Zuweilen sah sich England gezwungen, mit dem Hut in der Hand um Gutwetter zu bitten – Wilhelm aber mochte dann nicht viel Begeisterung zeigen. Erst wenn seine Flotte gebaut war, wünschte er sich zu einem Bündnis herabzulassen, und zwar mit Deutschland als dem beherrschenden Partner. Folglich pries Wilhelm II. im Juni 1903 den Herrgott als den Fürsprecher der deutschen Sache: «Die Augen auf! Den Kopf in die Höhe! Den Blick nach oben! Das Knie gebeugt vor dem großen Alliierten, der noch nie die Deutschen verlassen hat und der sie, wenn er sie zu Zeiten auch hart prüfte, immer wieder aus dem Staub erhoben hat!»

Knapp vier Wochen vor dieser Rede hatte König Edward Paris einen Besuch abgestattet, der auf beiden Seiten des Kanals als ein großer Erfolg begrüßt wurde. Die Stimmung in Frankreich war noch immer feindselig gegenüber den Engländern. Die Interessen der beiden Länder prallten in Ägypten und im Sudan aufeinander; der Burenkrieg erregte nach wie vor die Leidenschaften.

Als der König in Paris eintraf, säumten mürrische Massen die Straßen,

Raufbolde empfingen ihn mit Pfuirufen und Pfiffen. Edward lächelte jedoch nur. Wohin er während der nächsten drei Tage ging: zu Rennen, in die Oper, zu Banketten, er machte sich ein Vergnügen daraus, den «französischen Genius» zu preisen, die «französische Anmut» und den «französischen Geist». Durch seine Leutseligkeit und durch seine guten Manieren allein gewann er Paris. Als er abreiste, fanden sich wiederum die Massen ein. Diesmal bereiteten sie ihm eine Ovation. Der Deutsche Botschafter nannte diesen Besuch in einem Bericht an die Wilhelmstraße «eine höchst auffällige Angelegenheit».

Seit mehr als einem Jahr hatten die Deutschen gewußt, daß sich die Franzosen und Engländer miteinander in Gesprächen befanden. Im Januar 1902 hatte Hatzfeldt gemeldet, er habe vertraulich erfahren, daß etwa zehn Tage lang zwischen Chamberlain und dem französischen Botschafter Verhandlungen stattgefunden hätten, um alle Differenzen in Kolonialfragen zwischen Frankreich und England beizulegen. Niemand in Berlin machte sich deswegen Sorgen. Die Gespräche wurden von Delcassé eifrig begrüßt, den man in Berlin seiner Annäherungsversuche an England wegen als Erzfeind betrachtete. Bülow und Holstein aber vertrauten darauf, daß bei dieser Sache nichts herauskommen werde.

Nach Edwards Pariser Besuch begann Bülow die Warnungen Hatzfeldts und Eckardsteins ernster zu nehmen. Dem Botschafter in St. Petersburg telegrafierte er, daß die Nachricht von einer grundsätzlichen englisch-französischen Verständigung, die nach Eckardstein eine neue Dreier-Entente einleiten sollte, «durchaus nicht optimistisch» sei.

Die Entwicklung der nächsten Monate verringerte die deutschen Befürchtungen. Rußland weigerte sich nicht nur, die Mandschurei zu räumen, es schien auch Absichten auf Korea zu haben, weshalb Japan Kriegsvorbereitungen traf. Der Kaiser tat alles, was er konnte, um den Zaren zur Verteidigung seiner «Rechte» zu ermutigen. Es sei die Pflicht des heiligen Rußlands, einen Kreuzzug gegen die Heiden zu führen. Er schickte weitere Gemälde, die der Hofmaler Knackfuß nach Entwürfen des Kaisers verfertigt hatte. Eines davon stellte Wilhelm in glitzernder Rüstung mit einem riesigen Kreuz in der hoch erhobenen Rechten dar. Der Zar duckte sich in einem byzantinischen Gewand (das wie ein Morgenrock aussah) zu seinen Füßen und starrte ihn mit demütiger Bewunderung an. Deutsche und russische Kriegsschiffe kreuzten im Hintergrund. Die Gemälde waren von enthusiastischen Briefen des Kaisers begleitet, die vom «Admiral des Atlantik» unterzeichnet waren und in denen Nikolaus stets als der «Admiral des Pazifik» angeredet wurde. Am 4. Dezember 1903 gab er dem Zaren technische Ratschläge für seine Schiffe und Kanonen. Er fügte einen Bericht bei, in dem er die geheime Hilfeleistung beschrieb, die Japan von den Chinesen erhielt. «Ich hoffe, der Admiral des Pazifik wird nicht ungehalten sein über die Signale des Admirals des Atlantik, der stets auf Wache ist. Ta, ta. Herzliche Grüße für Alix von Deinem ergebenen Freund und Vetter toujours en vedette. Willy.»

Die Motive des Kaisers für dieses Anspornen Rußlands waren zum Teil idealistischer Natur. Er war wieder zu seiner Theorie von der Gelben Gefahr zurückgekehrt und sprach darüber in tiefer Bewegung, aber er hatte auch noch andere Gründe. England war als der Verbündete der Japaner zu militärischem Beistand verpflichtet, wenn Japan sich im Kriegszustand mit mehr als einer Macht befand. Das bedeutete: Wenn Frankreich die Russen unterstützte, dann mußte England den Japanern helfen. Die beiden Sekundanten – weit entfernt von einer dauernden Verständigung – würden dann in einen Konflikt miteinander geraten. Die Engländer klebten an der Angel, und je mehr sie zappelten, umso fester waren sie gefangen. Allein schon deswegen schauten sie nach Berlin, und aus diesem Grund nannte Holstein die Lage «höchst vorteilhaft».

Man muß den Deutschen Dispens gewähren, wenn sie der englischen Politik mißtrauten und sie als unklar empfanden, da sie sich keinem gewohnten Muster anbequemte. Im Gegensatz zu den Deutschen hatten die Engländer wenig Vertrauen zu dem geschriebenen Wort. In der Tat vermieden sie es nach Möglichkeit, denn es bedeutete ein haargenaues Festlegen auf zu viele A's und O's. Sie waren dahintergekommen, daß derlei oft zu unangenehmen Konsequenzen führte. Sie haßten es, sich an nicht voraussehbare Verpflichtungen zu binden, lieber improvisierten sie im Laufe der Zeit. Deshalb hatten die Engländer den Beitritt zum Dreibund abgelehnt. Sie sahen nichts Unlogisches in ihrer gegenwärtigen Position, denn sie betrachteten deren Zweckmäßigkeit als logisch an sich. Sie waren erpicht darauf, die kolonialen Probleme mit Frankreich zu lösen – also begannen sie Gespräche darüber, und wenn sie später einmal in ein besseres Verhältnis zu Rußland kommen konnten, warum nicht? Sie fanden daran nichts Vernunftwidriges oder Sonderbares. Sie hielten es für gesunden Menschenverstand.

England betrieb deshalb eine Politik auf zwei getrennten Geleisen. Im Februar 1904 brach der russisch-japanische Krieg aus, und zwei Monate später verkündete London gelassen die Unterzeichnung der englischfranzösischen Entente. Man betonte, daß das Übereinkommen kein militärisches sei, sondern nur die Beilegung von Meinungsverschiedenheiten über Neufundland, Siam, Afrika und die Neuen Hebriden bedeute. Der einzige Punkt, der viel Aufmerksamkeit erregte, war Frankreichs Verzicht auf Ägypten als Gegenleistung für eine freie Hand in einem großen

Teil Marokkos. Und da dies derselbe Köder war, den Deutschland 1901 abgelehnt hatte, konnte Bülow von der Sache schwerlich Aufhebens machen. Außerdem beruhigte Graf Metternich, der neue deutsche Botschafter in London. Er war davon überzeugt, daß die britische Regierung durch die fortschreitende Versöhnung mit Frankreich (die ihr so geschickt «in den Schoß gefallen» sei) keine Verwicklungen mit Deutschland beabsichtige. Demzufolge instruierte die deutsche Regierung die halboffizielle ‹Norddeutsche Allgemeine Zeitung›, sie möge melden, daß an dem Abkommen nichts sei, woran Deutschland Anstoß nehmen könne. Den gleichen Ton schlug Bülow im Reichstag an: «Dagegen haben wir vom Standpunkt deutscher Interessen nichts einzuwenden. Deutschland sucht in Marokko nicht politischen Einfluß, sondern hat bloß die Interessen der deutschen Volkswirtschaft zu schützen».

Diese ungewöhnliche Fügsamkeit war auf den Umstand zurückzuführen, daß Deutschland noch immer hoffte, die Entente werde England und besonders Frankreich in Schwierigkeiten mit Rußland verwickeln. Holstein schrieb, sie könne sogar den Zweibund spalten. Seine Überlegung hätte sich vielleicht als richtig erwiesen, wenn nicht ein Faktor sich als irrig herausgestellt hätte: Der russisch-japanische Krieg verlief nicht wie vorgesehen. Seiner riesigen Bevölkerungszahl und seiner unbegrenzten Mittel wegen war Europa stets versucht gewesen, Rußland als einen ungeheuren Gegner anzusehen; die Militärexperten hatten Japan eine vernichtende Niederlage vorausgesagt. Indessen ereignete sich das Gegenteil. Japan eröffnete den Kampf mit einem überraschenden Angriff auf die russischen Kriegsschiffe in Port Arthur und versenkte drei von ihnen*; im August zerstörten die Japaner die russische Pazifikflotte, einige Tage darauf das Geschwader von Wladiwostok, wonach nur noch die Baltische Flotte übrigblieb. Im Herbst errangen sie einen entscheidenden Sieg bei Mukden. Diese Situation veränderte die politischen Anschauungen grundlegend. Für England bestand keine Gefahr, in eine Auseinandersetzung verwickelt zu werden. Frankreich, das nie den Wunsch gezeigt hatte, miteinbezogen zu werden, befürchtete jetzt weniger denn je Komplikationen. Noch wichtiger war, daß Rußland sich nicht in der Lage befand, irgend jemandem Vorschriften zu machen.

Der Kaiser jedoch ließ sich nicht entmutigen. Rußland kämpfte trotz seines Mißgeschicks weiter. Wilhelm hoffte, daß die Umstände es Berlin vielleicht erlaubten, die Russen von Frankreich zu lösen und ins deutsche

---

* Japan versenkte die russischen Schiffe vor der Kriegserklärung. Diese Aktion sah man im Gegensatz zu dem Überfall auf Pearl Harbour 37 Jahre später nicht als einen heimtückischen Akt, sondern als einen brillanten militärischen Handstreich an.

Netz zu ziehen. Jetzt war der Augenblick zum Zuschlagen da. Nikolaus II. sollte sehen, welch einen wertlosen und schwachen Freund er an Frankreich hatte. Wenn Wilhelm ihn zur Unterzeichnung eines Vertrages mit Deutschland überreden konnte, mußte Frankreich ihm nachlaufen, da es nicht wagen durfte, allein auf dem Festland zu sein; der Zweibund hätte dann die Rolle eines Juniorpartners des Dreibundes zu spielen. Endlich hätte Wilhelm die kontinentale Koalition, mit der er so lange in Gedanken gespielt hatte – und das einzige isolierte Land wäre das hochnäsige Großbritannien.

Mit diesem Ziel vor Augen erbot sich die Hapag, das Baltische Geschwader der Russen mit Kohlen zu versorgen. Da Deutschland offiziell neutral war, protestierte England scharf, eingedenk seiner Vertragsverpflichtungen gegenüber Japan. Dies verhalf Wilhelm zu einer günstigen Gelegenheit. Am 27. Oktober telegrafierte er Nikolaus: «Es ist nicht unmöglich, daß die japanische und englische Regierung gegen das Bunkern Deiner Schiffe protestieren werden, verbunden mit dem Ersuchen, weitere Unterstützung zu unterlassen. Das Ergebnis wäre die absolute Unbeweglichkeit Deiner Flotte und deren Unfähigkeit, aus Mangel an Brennstoff weiterzufahren. Dieser neuen Gefahr müßte von Rußland und Deutschland gemeinsam ins Auge gesehen werden, die beide Deinen Verbündeten Frankreich an die Verpflichtung zu erinnern hätten, die es mit dem Zweibund auf sich genommen hat ... Auf diese Weise würde eine mächtige Koalition der drei stärksten kontinentalen Nationen geformt, die anzugreifen sich die angelsächsisch-japanische Gruppe zweimal überlegen würde».

Eine Woche vor der Absendung dieses Telegramms spielte ein merkwürdiger Vorfall dem Kaiser in die Hände. Das Baltische Geschwader der Russen verwechselte auf der Fahrt durch die Nordsee ein paar englische Schleppnetzfischer an der Doggerbank mit japanischen Torpedobooten und eröffnete auf sie das Feuer. Eines der Boote wurde versenkt, zwei Männer wurden getötet, andere verwundet. Selbst als die Russen ihren Irrtum erkannten, stoppten sie nicht, um die Verwundeten zu bergen. Diese Nachricht löste Aufregung in London aus. Der Zar übermittelte dem König zwar sofort telegrafisch sein Bedauern und erklärte, er habe Warnungen erhalten, wonach «die Japaner in den Fischgründen lauerten, um unser Geschwader auf seinem Anmarschweg zu vernichten»; Edward jedoch war erbost über das gleichgültige Benehmen des Admirals Roschdjestwensky. Lord Lansdowne erklärte dem russischen Botschafter, England werde eine umfassende Entschuldigung, Reparationen und die Bestrafung der schuldigen russischen Offiziere verlangen, wenn eine Untersuchung deren Fahrlässigkeit erwiesen habe.

Der Zar beantwortete in höchster Erregung Wilhelms Nachricht: «Ich habe keine Worte, um meine Empörung über Englands Verhalten [wegen des Doggerbank-Zwischenfalls] auszudrücken... Ich stimme völlig mit Deinen Klagen über Englands Betragen überein, die das Bunkern unserer Schiffe durch deutsche Dampfer betreffen. Es wird tatsächlich höchste Zeit, hier einen Riegel vorzuschieben. Der einzige Weg wäre, wie Du sagst, daß Deutschland, Rußland und Frankreich sich sofort... vereinigen. Würdest Du, bitte, den Entwurf eines solchen Vertrages skizzieren? Sobald er von uns angenommen ist, muß Frankreich seinem Verbündeten beitreten».

Am selben Tag, da des Zaren Antwort eintraf, setzten der Kaiser und Bülow einen Vertragsentwurf auf und schickten ihn nach Rußland. Der wichtigste Artikel lautete: «Wenn eines der beiden Kaiserreiche angegriffen werden sollte, muß ihm sein Verbündeter mit allen seinen Streitkräften zu Lande und zur See beistehen. Vorkommendenfalls würden die beiden Verbündeten gemeinsame Sache machen, um Frankreich zur Beachtung der Verbindlichkeiten aufzufordern, die es nach dem Wortlaut des französisch-russischen Bündnisvertrages übernommen hat».

Kaum war der Entwurf abgesandt, da fing Wilhelm zu schwanken an. Vielleicht war die Sprache etwas heftig? Er telegrafierte Änderungen: Obwohl das Abkommen gegen England gerichtet war, wäre es wohl nicht gut, durch zu scharfe Worte provozierend zu wirken. In der Zwischenzeit dachte auch der Zar etwas anders, denn das Foreign Office hatte unter der Einwirkung Edwards seinen Ton geändert. Der König erwog die Möglichkeit einer künftigen Entente mit Rußland und schlug Lord Lansdowne vor, er möge die Dinge sich beruhigen lassen, denn «vielleicht stehen wir später mit Rußland auf einem besseren Fuß».

Demnach schrieb der Zar jetzt Wilhelm, daß er zwar zuversichtlich glaube, Frankreich werde seiner Führung folgen, andererseits könne er den Vertrag nicht unterschreiben, ohne ihn Paris vorgelegt zu haben. Der Kaiser wußte, daß dies unheilvoll sein würde: Tatsächlich war der Pakt unvereinbar mit dem Geist der französisch-russischen Allianz. Rundweg lehnte er seine Zustimmung ab. «Meine Meinung über das Abkommen ist noch dieselbe: Es ist unmöglich, Frankreich ins Vertrauen zu ziehen, bevor wir einen endgültigen Vertrag erreicht haben. Loubet und Delcassé sind zweifellos erfahrene Staatsmänner. Aber da sie nicht Fürsten oder Kaiser sind, bin ich außerstande, sie – in einer Vertrauensfrage wie dieser – auf gleichen Fuß mit Dir, meinem Gleichberechtigten, meinem Vetter und Freund, zu stellen». Der Zar konnte sich nicht entschließen, was er tun sollte. Also tat er gar nichts. Während der nächsten sechs Monate blieb die Angelegenheit in der Schwebe.

Zu dieser Zeit – Ende 1904 – kamen Bülow und Holstein zu einem ernsten Urteil über die englisch-französische Entente. Berichte der deutschen Botschaft in London behaupteten immer wieder, daß die Engländer die Verständigung mit Frankreich als einen Schritt zu einem Übereinkommen mit Rußland ansahen. Da es Deutschland nicht gelungen war, Frankreich mittels eines Spezialvertrags mit Rußland abzusondern, entschied Holstein, Deutschland müsse versuchen, die englisch-französischen Flitterwochen durch rauhere Methoden zu ruinieren. Marokko schien die beste Gelegenheit zu bieten. Wenn Deutschland die französische Expansion in Marokko blockieren konnte, mußte man in Paris erkennen, daß die englische Unterstützung wenig wert war und sich Berlin zuwenden.

Holstein arbeitete einen Marokko-Feldzug anhand der Argumente aus, wonach der Madrider Vertrag von 1880, den alle Großmächte unterzeichnet hatten, allen Nationen die gleichen Handelsrechte garantierte. Frankreich führte jedoch stets ein System wirtschaftlicher Protektion in seinen Kolonien ein – demnach hatte man allen Grund zu der Annahme, daß es in Marokko dasselbe versuchen werde. Deutschland hatte 1890 einen Handelsvertrag mit dem Sultan geschlossen, durch den es eine besondere Stellung einnahm. Obwohl die Deutschen keine so großen Geschäfte mit Marokko machten wie die Engländer, war ihr Handel dennoch umfangreicher als der Frankreichs: Ohne Zweifel hatten sie deshalb das Recht, gefragt zu werden, ehe hinter ihrem Rücken etwas unternommen wurde.

Wilhelm II. rief eine Verwirrung hervor: Er stimmte Holsteins Plan nicht zu, wie die Wilhelmstraße gehofft hatte. Vor allem glaubte er immer noch, daß Frankreich umso weniger Unruhe in Europa stiften werde, je stärker es in Marokko gebunden sei. «Nach der Ansicht Seiner Majestät», schrieb Bülow, «lag es im deutschen Interesse, daß sich Frankreich in Marokko engagiere und festlege. Dadurch würden die Blicke der Franzosen von den Vogesen abgelenkt. Sie würden so allmählich Elsaß-Lothringen vergessen und verschmerzen. Auch würde Frankreich durch die Eroberung und Behauptung Marokkos militärisch geschwächt werden». Außerdem glaubte der Kaiser, daß eine französische Besatzung den deutschen Handel fördern könne, denn die Zustände im Innern des Landes waren noch immer so rechtlos, daß es schwierig war, Geschäfte zu machen. Selbst Bülow hatte 1902 dem französischen Botschafter Bilhourd in Berlin versichert, Deutschland habe «praktisch kein Interesse an Marokko, so geringfügig und belanglos wie es zum gegenwärtigen Zeitpunkt ist».

Jetzt änderte der Reichskanzler – von Holstein angestachelt – seine Meinung. Er beschloß, um einen Keil zwischen Paris und London zu treiben, aus Marokko eine Staatsaktion zu machen. Trotz des Kaisers Wunsch, die

Beziehungen mit Frankreich zu bessern, trotz Delcassés Versicherung, daß das Prinzip des freien Handels aus dem Madrider Vertrag gewahrt bleibe, begann der Kanzler, einen verschlagenen Plan auszuhecken. Im Februar ereignete sich ein Zwischenfall, der ihm gelegen kam. Ein französischer Emissär aus Paris traf in Fes ein und nötigte den Sultan, seine Rechte in französische Hände zu legen und französischen Offizieren die Organisation seiner Truppen zu gestatten. Anstatt Deutschlands Einwände öffentlich kundzutun, fragte Bülow den Kaiser, der zu einer Mittelmeerkreuzfahrt aufbrach, ob Seine Majestät nicht Tanger besuchen wolle.

Wilhelm war entsetzt. Ein Besuch des Deutschen Kaisers beim Sultan von Marokko würde eine Sensation verursachen. Er würde nicht nur der Welt zeigen, daß Deutschland die Absicht hatte, Frankreich entgegenzuarbeiten und England herauszufordern; das ganze konservative Ausland würde dies als einen verräterischen Akt empfinden. Daß ein Herrscher, der ein Kolonialreich anstrebte, zugunsten von Arabern und gegen seine europäischen Nachbarn sein Gewicht in die Wagschale warf, würde in England als «empörende Niedertracht» verdammt werden. Abgesehen von solch hitzigem Tadel seiner Politik schreckte Wilhelm vor einer Wiederholung der Affäre mit dem Krüger-Telegramm zurück; er wollte nicht wieder Zielscheibe persönlicher Angriffe werden.

Rundweg lehnte er das Ansinnen ab. Bülow bat flehentlich und wortgewandt, er blieb hart. Dann blendete ihn der Kanzler mit der Vision eines diplomatischen Triumphs, der sich aus dem Besuch ergeben könne, und Wilhelm sagte, er werde «darüber nachdenken». Auf dem Weg nach Lissabon versteifte er sich jedoch wieder. «Auf der Fahrt hatte ich mit Freiherrn von Schön, der mich als Vertreter des Auswärtigen Amtes begleitete, mehrere Besprechungen über die Opportunität des Besuchs», schrieb er in seinen Erinnerungen. «Wir kamen dahin überein, daß es besser sei, ihn zu unterlassen». Nachdem Wilhelm den König von Portugal in Lissabon besucht hatte, telegrafierte er also, daß Tanger, wie man höre, voller Anarchisten stecke und daß er dort unmöglich einen Besuch machen könne. Bülow antwortete mit Nachdruck, wie der Kaiser schrieb, «daß ich der Meinung des deutschen Volkes und des Reichstages, die sich nun einmal für einen solchen Schritt erwärmt hätten, Rechnung tragen müsse; es sei notwendig, daß ich nach Tanger führe. Schweren Herzens gab ich nach».

Das Schiff des Kaisers warf bei schwerer See und scharfem Ostwind vor der marokkanischen Küste Anker. Er hoffte, sein Gefolge werde finden, daß es zu stürmisch sei, um landen zu können. Sein Kammerherr unternahm jedoch eine Probefahrt und berichtete mit aufreizender Sicherheit, daß es durchaus nicht schwierig sei. Die Geschichte wurde genau so widerlich, wie Wilhelm befürchtet hatte: die Straßen gesäumt von «italienischen und südfranzösischen Anarchisten, Betrügern und Abenteurern». Der dunkelhäutige Onkel des Sultans empfing ihn mit einem weißen arabischen Hengst, der so lebhaft war, daß der Kaiser seine Mühe hatte, das Biest mit seinem Arm zu bändigen. Der Ritt glich einem Alptraum, denn das Pferd reagierte lebhaft auf die brodelnden Menschenmassen, die ihrer Begeisterung dadurch Ausdruck gaben, daß sie die Luft mit ohrenbetäubendem Gebrüll und wildem Geschieße in alle Richtungen zerrissen – wie Baron von Schön sich ausdrückte. Eine Militärkapelle, die der Sultan geschickt hatte, machte das Durcheinander vollkommen. Das Pferd wurde so unruhig, daß Schön einen französischen Offizier, der das Kommando zu haben schien, fragte, ob er denn nicht die Schießerei einstellen lassen könnte. Der antwortete düster, daß er zwar einigen Einfluß auf die Handvoll regulärer Truppen habe, die ihm anvertraut seien, aber nicht den geringsten auf die halbwilden Kabylen.

Der Kaiser blieb nicht lange. Er riet dem Onkel des Sultans, «nicht blindlings dem französischen Druck nachzugeben»; er erzählte dem französischen Vertreter, daß er gekommen sei, um die Unabhängigkeit Marokkos und das Prinzip einer Politik der «offenen Tür» für alle Nationen zu bewahren; er besuchte die deutsche Legation und betonte, daß die wirtschaftlichen Interessen Deutschlands geschützt würden. Dann reiste er beträchtlich erleichtert wieder ab.

Er hatte die Sensation nicht unterschätzt, die der Besuch hervorrufen würde. Zuerst schienen die europäischen Mächte jedoch weniger schokkiert als verblüfft. Was hatte Deutschland vor? Bis jetzt hatte es Marokkos wegen keinen Protest erhoben. König Edward sprach von einer «böswilligen Posse», Präsident Loubet von einer «ausgesprochenen Beleidigung». Das Motiv war nicht ersichtlich, bis der Sultan Frankreichs Verwaltungsvorschläge ablehnte und Deutschland beipflichtete, das nun eine Konferenz aller Mächte forderte, die den Madrider Pakt von 1880 unterzeichnet hatten.

Delcassé wies den Vorschlag zurück, und Berlin konterte mit der Andeutung, daß es auf Gewaltanwendung vorbereitet sei, wenn Frankreich in seiner unnachgiebigen Haltung verharre. Das war die Kraftprobe: der Sultan, dem Deutschland den Rücken stärkte, und Frankreich, das von England unterstützt wurde. Aber wurde Frankreich von England denn unterstützt? Welche Hilfe konnte England gewähren, wenn Deutschlands zweiundzwanzig Armeekorps nach Paris marschierten? Und auf Rußland war noch weniger zu zählen. Seine Truppen hatten eine schmähliche Niederlage bei Mukden erlitten, und erst eine Woche zuvor, am 27. Mai, hatte Japan das Baltische Geschwader (das letzte der zaristischen

Flotte) in der größten Seeschlacht seit Trafalgar praktisch vernichtet. Jetzt wurden die Friedensbedingungen ausgehandelt.

Frankreich geriet in eine Panik. Man schwankte zwischen dem Wunsch nach Widerstand und dem nach Beschwichtigung. Die Majorität war auf Seiten derer, die den Frieden um jeden Preis bewahren wollten. Präsident Loubet und Delcassé führten die Gruppe der «Standfesten», während Ministerpräsident Rouvier, der die Masse des Volkes vertrat, das Kabinett ersuchte, sich mit Delcassé zu verständigen. Die englische Flotte fahre nicht «auf Rädern», sagte er, und es gäbe nichts, was die deutschen Armeen daran hindern könne, nach Paris zu gelangen.

Der britischen Regierung war das Spiel Deutschlands nicht mehr so unklar. Marokko hatte mit dem Streit wenig zu tun. Berlin versuchte, Delcassé zu stürzen und sich eines neuen Außenministers zu versichern, der mit der englisch-französischen Entente Schluß machte. «Damals so wenig wie vorher oder nachher wollte ich den Krieg mit Frankreich. Aber ich scheute mich nicht, Frankreich vor die Kriegsfrage zu stellen, weil ich mir das Geschick und die Kraft zutraute, es nicht zum Äußersten kommen zu lassen», schrieb Bülow in seinen ‹Denkwürdigkeiten›, «wohl aber Delcassé zu Fall zu bringen, damit den aggressiven Plänen der französischen Republik die Spitze abzubrechen, Edward VII. und der Kriegsgruppe in England ihren festländischen Degen aus der Hand zu schlagen und so gleichzeitig mit dem Frieden die deutsche Ehre zu wahren und das deutsche Ansehen zu stärken».

Die deutschen Drohungen wurden gefährlicher. Sondergesandte aus Berlin ließen wissen, daß weder Delcassé noch seine Politik länger geduldet werden könnten. Am 6. Juni teilte Ministerpräsident Rouvier dem Staatspräsidenten Loubet mit, das Kabinett habe zwischen ihm selbst oder Delcassé zu wählen. Loubets Sekretär notierte sich einen Teil dieses Gesprächs in seinem Tagebuch: «Heute morgen kam M. Rouvier ernstlich bestürzt in das Arbeitszimmer des Präsidenten. Er hatte die aufregendsten Nachrichten über die Verfassung Wilhelms II. erhalten. Der Krieg droht über unseren Köpfen. Der Kaiser kann binnen vierundzwanzig Stunden in Frankreich einfallen. Die schlimmsten Möglichkeiten sind zu befürchten. Wenn Krieg ausbricht, wird dies innerhalb weniger Tage den Ausbruch der Revolution in Paris und den großen Städten bedeuten».

Am selben Tage noch fand eine Kabinettssitzung statt. Die Mehrheit stimmte gegen Delcassés Politik. Delcassé trat zurück; Frankreich nahm die deutschen Vorschläge für eine Konferenz an*. Arthur Balfour sprach

---

* Präsident Roosevelt gratulierte dem Kaiser, daß er «diesen Schuft Delcassé» losgeworden sei und pries Wilhelms Weitblick, weil er eine Konferenz wegen Marokko einberufen habe.

grimmig zu König Edward VII.: «Die Entlassung oder der Rücktritt des französischen Außenministers unter dem Druck der deutschen Regierung offenbart eine solche Schwäche Frankreichs, daß zur Zeit mit ihm nicht als mit einer wichtigen Macht in der internationalen Politik zu rechnen ist.»

König Edward war dermaßen erzürnt, daß er sich bei seiner Auslandsreise im Sommer bemühte, seinem Neffen nicht zu begegnen. Eine deutsche Witzzeitschrift zeigte den König, wie er sich über eine Karte von Europa beugte und eine Reise plante. «Wie komme ich nach Marienbad, ohne meinem lieben Neffen in die Arme zu laufen?» grübelte er. «Flushing, Antwerpen, Calais, Rouen, Madrid, Lissabon, Nizza, Monaco? Nein – sehr gefährlich ... Ah, gut, ich fahre kurzerhand über Berlin. Da bin ich sicher, daß ich ihn nicht finde. All right!»

Der Kaiser war sehr aufgeregt. Deutschlands Triumph hatte ihn so hingerissen, daß er seine Dankbarkeit über die Wilhelmstraße ausschüttete. Bülow wurde aus diesem und aus Anlaß der Kronprinzenhochzeit in den Fürstenstand erhoben. Der Triumph erfüllte Wilhelm mit Selbstvertrauen. Seine Phantasie quoll von neuen Einfällen über. Insgeheim beschloß er, während seiner jährlichen Nordlandreise im Juli ein Rendezvous mit dem Zaren herbeizuführen und den Vertrag durchzusetzen, der im Jahr zuvor beinahe unterzeichnet worden wäre. Bülow argwöhnte diese Absicht; er war verärgert, als er davon hörte, daß der Kaiser ihn trotz seines jüngsten Meisterstücks nicht dabeihaben wollte. Statt seiner nahm Wilhelm den untergeordneten Tschirschky mit, der bald Staatssekretär werden sollte. In Wahrheit glaubte Wilhelm, daß er mehr ausrichten könne, wenn er allein mit dem Zaren war und keine prominenten Beamten bei sich hatte – am wenigsten eine Primadonna wie Bülow, der Nikolaus nur befangen zu machen schien.

Der Kaiser meinte sich Nikolaus in einem psychologisch günstigen Moment zu nähern. Rußland hatte nicht nur seine gesamte Flotte in dem furchtbaren japanischen Krieg verloren, das Land war auch durch revolutionäre Anschläge beunruhigt. Einige Monate zuvor hatten die Bauern einen Generalstreik erklärt. Im Januar hatten sich Tausende vor dem Winterpalais zusammengerottet, um dem Zaren eine Petition zu überreichen – die Wachen hatten das Feuer eröffnet. Dieses Blutbad schüchterte das Volk zwar ein, immer noch aber lösten Anarchistengruppen Attentate aus. Es war unwahrscheinlich, daß Nikolaus in einem so schweren Augenblick eine stärkende und freundliche Hand zurückweisen würde. Außerdem mußte er für Wilhelms unerschütterliche Treue während des unseligen Krieges dankbar sein. Als Admiral Togo den aufsehenerregenden

Sieg im Mai errang, hatte Wilhelm trostreich geschrieben, selbst Friedrich der Große und Napoleon hätten Niederlagen erlitten.

Mit großen Hoffnungen machte er sich also auf die Reise in den Norden. Er war sich dessen bewußt, daß Deutschland einer neuen Krise entgegenging, denn erst vor sieben Monaten, im Dezember 1904, hatte Graf Schulenburg, der deutsche Militärattaché in London, geschrieben, Englands künftige Politik bedeute eine Union mit Rußland, wodurch Deutschland isoliert werde. Es sei ganz und gar unwahrscheinlich, daß zwischen England und Deutschland wieder freundliche Beziehungen aufgenommen würden. Das einzige Mittel gegen einen Konflikt mit England sei ein Pakt mit Rußland. England und Deutschland wetteiferten um die Gunst Rußlands, wie sie um jene Frankreichs buhlten, und das Schicksal beider Nationen hing von dem Ergebnis ab. So sah es Wilhelm, und wenn er die Erfolgschancen bedachte, wurde er gefühlvoll. Wenn Nikolaus zur Unterzeichnung des Vertrages überredet werden konnte, dann würde Frankreich dieser Vereinigung beitreten, danach würden vielleicht auch andere kontinentale Nationen sich hinzugesellen, und am Ende mochte sogar Amerika sich beteiligen. Nicht Deutschland, sondern das überhebliche Großbritannien wäre dann isoliert, und Wilhelm II. stände als der Führer der stärksten Koalition in der Weltgeschichte da.

Der Kaiser spielte seine Karten vorsichtig aus. Wie beiläufig telegrafierte er dem Zaren und schlug ein freundschaftliches Treffen irgendwo in der Ostsee vor. Nikolaus drahtete ebenso beiläufig zurück und nannte die Bucht von Björkö vor der finnischen Küste. Daraufhin depeschierte Wilhelm an Bülow und bat um eine Kopie des Vertragsentwurfs, der seit sechs Monaten bei den Akten lag. In der Nacht schrieb er den Text eigenhändig ab. Am folgenden Tag, dem 23. Juli, glitt die ‹Hohenzollern› in die Bucht von Björkö und ging neben dem ‹Polarstern› des Zaren vor Anker.

Es war sehr einsam: Keine menschliche Ansiedlung so weit das Auge reichte, grauer Himmel, graues Meer, und eine unendliche Verlassenheit. Im kaiserlichen Gefolge befand sich General von Moltke, der erstaunt darüber war, wie schnell der scheue und zurückhaltende Nikolaus dem reichlich ungestümen Charme des Kaisers erlag. Je länger sie am Tisch saßen, umso mehr taute er auf. Schließlich strahlte er vor Vergnügen, lachte und sprach lebhaft; man konnte leicht erkennen, wie glücklich er war, in zuverlässiger Gesellschaft zu sein. Er und seine Suite waren von geflissentlicher Liebenswürdigkeit. Plötzlich konnten sie auch alle deutsch sprechen; die deutschen Herren erkannten sie kaum wieder.

Die Unterhaltung wurde gewürzt durch Schmähungen Edwards VII. Der Zar sei ungewöhnlich befriedigt über die marokkanische Angelegenheit, schrieb der Kaiser an Bülow, denn eine Konferenz in Algeciras öffne den Weg zu dauerhaftem Verständnis mit Frankreich. Als Wilhelm darauf hingewiesen habe, daß Frankreich trotz der Aufputschung durch England «glatt refüsiert habe, mit uns auf die Mensur zu gehen, und sich also um die Reichslande nicht mehr schlagen wolle», habe der Zar schnell gesagt: «Ja, das habe ich gesehen; es ist ganz klar, daß die Elsaß-Lothringen-Frage ein für allemal erledigt ist; Gott sei Dank!» Dann habe sich das Gespräch England zugewandt, und sehr bald sei offenbar geworden, daß der Zar einen tiefen persönlichen Groll auf die Engländer und den König habe. Er nannte Edward VII. den größten «Unheilstifter» und unaufrichtigsten sowie gefährlichsten Intriganten in der Welt. Der Kaiser vermochte dem nur beizustimmen. Er fügte hinzu, daß besonders er unter diesen Intrigen in den letzten Jahren zu leiden gehabt hätte. Edward habe eine Leidenschaft für das Komploteschmieden, für den Abschluß «kleiner Vereinbarungen». Hier habe der Zar ihn unterbrochen, mit der Faust auf den Tisch geschlagen und gesagt, er könne nur versichern, daß Edward mit ihm keine Vereinbarung abschließen könne und «niemals in seinem Leben eine gegen Deutschland oder gegen Dich, mein Ehrenwort darauf!»

An diesem Abend erwähnte der Kaiser den Vertrag nicht, aber am nächsten Morgen kam er zum Zug, «denn es war Gottes Wille». Wilhelm erhob sich früh und stärkte sich durch ein Gebet für sein Werk. Er schlug die Bibel aufs Geratwohl auf und las die prophetischen Worte: «Ein jeglicher wird seinen Lohn empfangen nach seiner Arbeit.» Dann, als er mit dem Zaren über das Deck spazierte, kam er auf den Vertrag zu sprechen. «O ja, natürlich, ich erinnere mich gut, aber ich habe den Inhalt vergessen. Wie schade, ich habe ihn nicht bei mir.» Wilhelm klopfte auf seine Tasche und erwiderte triumphierend, daß er ihn dabei habe. «Er faßte mich beim Arm», schrieb Wilhelm an Bülow, «und zog mich aus dem Saal in seines Vaters Kajüte und schloß sofort alle Türen selbst. ‹Zeig ihn mir, bitte.› Dabei funkelten die träumerischen Augen in hellem Glanze.

«Ich zog das Kuvert aus der Tasche, entfaltete das Blatt auf dem Schreibtisch Alexanders III. vor dem Bild der Kaiserinmutter inmitten einer Menge Photographien von Fredensborg und Kopenhagen, und legte es vor den Zaren hin. Er las es einmal, zweimal, dreimal. Ich betete ein Stoßgebet zum lieben Gott. Er möge jetzt bei uns sein und den jungen Herrscher lenken. Es war totenstill; nur das Meer rauschte, und die Sonne schien fröhlich und heiter in die trauliche Kabine, und gerade vor mir lag leuchtend weiß die ‹Hohenzollern› und hoch in den Lüften flatterte im Morgenwind die Kaiserstandarte auf ihr. Ich las gerade auf deren schwarzem Kreuz die Worte ‹Gott Mit Uns›, da sagte des Zaren Stimme neben mir: ‹Das ist ganz ausgezeichnet. Ich stimme völlig zu›.

«Mein Herz schlug so laut, daß ich es hörte; ich raffte mich zusammen und sagte so ganz nebenbei: ‹Möchtest Du es gern unterzeichnen? Es wäre ein sehr schönes Souvenir an unser Treffen.› Er überflog nocheinmal das Blatt. Dann sagte er: ‹Ja, ich will.› Ich klappte das Tintenfaß auf, reichte ihm die Feder, und er schrieb mit fester Hand ‹Nikolaus›, dann reichte er mir die Feder, ich unterschrieb, und als ich aufstand, schloß er mich gerührt in seine Arme und sagte: ‹Ich danke Gott, und ich danke Dir; es wird die wohltätigsten Folgen für mein Land und das Deine haben. Du bist Rußlands einziger wahrer Freund in der ganzen Welt, ich habe das während des ganzen Krieges gefühlt, und ich weiß es.› Mir stand das helle Wasser der Freude in den Augen – allerdings rieselte es mir auch von Stirn und Rücken herab – und ich dachte, Friedrich Wilhelm III., Königin Luise, Großpapa und Nikolaus I., die sind in dem Augenblick wohl nahe gewesen...

«Als ich den Zaren darauf aufmerksam machte, es werde sich empfehlen, vielleicht noch zwei Gegenzeichnungen zu haben, das sei so Sitte bei dergleichen Instrumenten, stimmte er zu und wir befahlen sofort Tschirschky herüber und Admiral Birilow herab. Beiden teilten wir das Faktum des Vertrages mit, und der alte Seemann faßte stumm meine Hand mit seinen beiden Händen und küßte sie ehrerbietig. So ist der Morgen des 24. Juli 1905 zu Björkö ein Wendepunkt in der Geschichte Europas geworden, dank der Gnade Gottes, und eine große Erleichterung der Lage für mein teures Vaterland, das endlich aus der scheußlichen Greifzange Gallien-Rußlands befreit werden wird[51]».

Der Kaiser wurde nicht gut behandelt. Wie melodramatisch seine Sprache, wie zweifelhaft sein Versuch auch sein mochte, Frankreich auszuschalten, indem er den Zaren zur Aktion trieb – kein Zweifel kann darüber bestehen, daß ein solcher Vertrag, wäre er wirksam geworden, «eine neue Seite im Buch der Weltgeschichte» aufgeschlagen hätte, wie der Kaiser sagte*. Wilhelm hatte jedoch eine Änderung im Text des wichtigsten Ar-

---

* Wie der Kaiser über sein Werk dachte, ersieht man aus einem Telegramm, das er an den Präsidenten Roosevelt aufsetzte und dessen Absendung Bülow verhinderte. Er schrieb darin, Zar Nikolaus II. und er hätten ein Abkommen geschlossen, um sich gegenseitige Hilfe zu gewähren für den Fall, daß irgendeine europäische Macht einer der beiden Nationen angriffe; Frankreich werde das Pakt ebenfalls zu unterzeichnen haben. Tatsächlich trete Deutschland dem Zweibund – der ursprünglich gegen Deutschland gerichtet gewesen sei – als dritter Partner bei. Der Dreibund und der Zweibund, anstatt sich gegenseitig ohne Sinn zu belauern, reichten sich also die Hände, und der Friede in Europa sei gesichert. Dies

tikels vorgenommen, der Folgendes besagte: «Falls eines der beiden Kaiserreiche von einer europäischen Macht angegriffen werden sollte, wird sein Verbündeter ihm mit allen seinen Streitkräften zu Land und zu Wasser Hilfe leisten». Hinter «Verbündeter» hatte Wilhelm «in Europa» eingefügt. Er hatte keine Lust, im Fernen Osten für Rußland zu kämpfen.

Die Vorgänge, die sich zutrugen, nachdem Bülow und Holstein das Dokument studiert hatten, geben dem Leser einen tiefen Einblick in die hoffnungslose Verwirrung, in der Deutschland regiert wurde. Holstein erklärte Bülow, daß der Zusatz «in Europa» den Vertrag beeinträchtige. Wenn die Engländer Deutschland angriffen, mußte man sicher sein, daß Rußland seinerseits in Afghanistan und Indien angreife. In der Tat: Wo sonst konnte Rußland den Deutschen gegen die Engländer behilflich sein? Gewiß nicht in Europa. Holsteins Aufmerksamkeit entging, daß England höchstwahrscheinlich eine deutsch-russische Koalition nicht angegriffen hätte und noch weniger eine deutsch-russisch-französische.

Bülow machte sich Holsteins Zweifel zynisch zu eigen, und zwar aus dem einfachen Grund, weil sie ihm gelegen kamen. Er hatte erkannt, daß des Kaisers Klausel «in Europa» die große Entscheidung seiner Karriere bedeutete. Jahrelang war er unterwürfig und schmeichlerisch zum Kaiser gewesen – nicht aus Bewunderung, sondern aus Sorge. Jetzt bot sich ihm die goldene Chance, jene Art von Macht zu erwerben, wie Bismarck sie ausgeübt hatte. Wenn er die Gegenzeichnung des Vertrages ablehnte und seinen Rücktritt anbot, würde er den Kaiser in echte Furcht versetzen und ihn lehren, daß es klüger wäre, seinen Reichskanzler nicht auszuschließen, wenn er zu einem Treffen mit dem Zaren fuhr. Bülow wußte, daß sein Rücktrittsgesuch nicht angenommen würde. In der Sonne seines marokkanischen Triumphs war er sicher. Wilhelm hatte gerade erst der Welt seine Wertschätzung des Kanzlers durch dessen Erhebung zum Fürsten gezeigt – er würde ihn wohl kaum jetzt fallenlassen können, ohne sich lächerlich zu machen. Holstein begünstigte den Schritt. Er mochte den Kaiser nicht; stets war er bei der Hand, wenn es galt, einen Streich gegen ihn zu führen; seit Jahren auch empfahl er den Ministern, sich der Rücktrittsdrohung zu bedienen, um diesen aufreizenden Eingriffen ein Ende zu machen.

Bülow schickte also dem Kaiser einen langen, schlecht begründeten Brief, in dem er auf die Kanzlerschaft verzichtete.
sei die Frucht der deutsch-französischen Verständigung über Marokko, zu der Roosevelt ihn so freundlich beglückwünscht hatte. Er sei sicher, daß diese Kräftegruppierung zu einer allgemeinen Entspannung führen und den amerikanischen Präsidenten in der Ausübung seiner großen Friedensmission stärken werde, die von der Vorsehung in dessen Hände zum Wohl der Welt gelegt worden sei.
(Sidney Fay: ‹Origins of The Second World War›)

Kampf im Dunkel

Der Kaiser erlitt einen hysterischen Anfall, als ihm Bülows Rücktrittsgesuch vorgelegt wurde. Er setzte sich an seinen Schreibtisch und bedeckte Blatt um Blatt mit Sätzen heftiger Ermahnung. «Wenn dies Bismarck gelungen wäre», behauptete er, «so wäre er außer sich vor Freude gewesen und hätte sich von allem Volke feiern lassen». Dann brach er in eine Flut von Klagen und Selbstbemitleidung aus, die bis zur Androhung von Selbstmord gingen. «Vom besten und intimsten Freunde so behandelt zu werden ... das hat mir einen solchen fürchterlichen Stoß gegeben, daß ich vollkommen zusammengebrochen bin und befürchten muß, einer schweren Nervenkrankheit anheim zu fallen! Sie sagen, die Situation durch den Vertrag mit ‹en Europe› sei so ernst geworden, daß Sie keine Verantwortung übernehmen können. Vor wem? Und im selben Atemzuge glauben Sie es vor Gott verantworten zu können, in der von Ihnen als besonders verschärft und ernst angesehenen Lage Ihren Kaiser und Herrn, dem Sie Treue geschworen, der Sie mit Liebe und Auszeichnungen überhäuft hat, Ihr Vaterland und, wie ich glaube, Ihren treuesten Freund in derselben sitzenzulassen!? Mein lieber Bülow, das werden Sie uns beiden nicht antun! Wir sind beide von Gott berufen und füreinander geschaffen, für unser liebes deutsches Vaterland zu arbeiten und zu wirken! Ist wirklich – was Ich nicht glaube – durch einen Fehler von Mir eine Ihrer Ansicht nach bedenklichere Situation geschaffen, so ist das im vollsten guten Glauben geschehen! So weit werden Sie Mich doch wohl kennen, um das anzunehmen! Ihre Person ist für Mich und unser Vaterland 100 000mal mehr wert als alle Verträge der Welt ... Vergessen Sie nicht, daß Sie Mich persönlich gegen Meinen Willen in Tanger eingesetzt haben, um einen Erfolg in Ihrer Marokko-Politik zu haben ... Ich bin Ihnen zuliebe, weil es das Vaterland erheischte, gelandet, auf ein fremdes Pferd, trotz Meiner durch den verkrüppelten linken Arm behinderten Reitfähigkeit, gestiegen, und das Pferd hätte mich um ein Haar ums Leben gebracht, was Ihr Einsatz war! Ich ritt mitten zwischen den spanischen Anarchisten durch, weil Sie es wollten und Ihre Politik davon profitieren sollte! Und jetzt wollen Sie, wo ich das alles – und wie Ich zuversichtlich glaube, noch weit mehr – für Sie getan, Mich einfach fahrenlassen, weil eine Situation Ihnen zu ernst erscheint!! Aber Bülow, das habe Ich nicht um Sie verdient!... Sie können und dürfen Mir nicht versagen, damit wäre Ihre ganze diesjährige Politik von Ihnen selbst desavouiert und Ich auf ewig blamiert. Was Ich nicht überleben kann. Gönnen Sie Mir ein paar Tage erst der Ruhe und Sammlung, ehe Sie kommen, denn die durch Ihre Briefe verursachte Nervenaufregung ist zu groß. Ich bin jetzt außerstande, in Ruhe zu debattieren. Ihr treuer Freund Wilhelm I. R.

P. S. Ich appelliere an Ihre Freundschaft für Mich, und lassen Sie nicht wieder etwas von Ihrer Abgangsabsicht hören. Telegrafieren Sie Mir nach diesem Briefe: ‹Allright›, dann weiß Ich, daß Sie bleiben! Denn der Morgen nach dem Eintreffen Ihres Abschiedsgesuches würde den Kaiser nicht mehr am Leben treffen! Denken Sie an meine arme Frau und Kinder. W.»

Bülow erklärte in seinen Erinnerungen, der Brief habe ihn so übermannt, daß er sich zum Bleiben und zur Gegenzeichnung des Vertrages entschloß. In Wahrheit fühlte er sich jetzt selbst als der Herr. Wilhelm war derart erleichtert, daß er gehorsam wie ein kleines Kind wurde. «Seine Majestät», triumphierte der Kanzler gegenüber Holstein, «wird dem Zaren genau das schreiben, was wir ihm vorschlagen». Jetzt war er auch zu dem Versuch bereit, den Vertrag in Kraft setzen zu lassen. Nikolaus hatte versprochen, daß er das Dokument seinen Ministern erst nach Unterzeichnung der russisch-japanischen Friedensbedingungen zeigen werde, die in einem Monat stattfinden sollte. Die Reaktion des Außenministers Lambsdorff war wichtig, denn er würde den Zaren über die Möglichkeit beraten, wie man Frankreich für das Übereinkommen gewinnen könne.

Alles hing davon ab, daß die Begeisterung des Zaren nicht nachließ. Wilhelm schickte ihm deshalb ermunternde Briefe, die von Bülow überprüft wurden; der Kanzler hieß offenbar die Mischung von Feuereifer und List gut. «Der Erzintrigant und Unheilstifter in Europa, wie Du den König Edward so richtig genannt hast, war in den letzten Monaten fleißig am Werk»... «Der kontinentale Zusammenschluß, flankiert von Amerika, ist das einzige Mittel, um zu verhindern, daß die ganze Welt John Bulls Privateigentum wird»... «Großbritannien will Frankreich nur zu einem Handlanger gegen uns machen, so wie es Japan gegen Dich benutzt hat». Und zu dem englischen Flottenbesuch in Swinemünde: «Ich habe meiner Flotte befohlen, der britischen auf dem Fuße zu folgen, und wenn sie Anker legt, sich nahe zu halten, ihnen ein Diner zu geben und sie betrunken zu machen, und so bald als möglich ausfindig zu machen, um was es sich handelt».

Doch die Bemühungen des Kaisers waren der Sache nicht dienlich. Als der Zar im September 1905 seinen Ministern den Björkö-Vertrag zeigte, war Graf Lambsdorff entsetzt und «konnte seinen Augen und Ohren nicht trauen». «Hat Seine Majestät vergessen, daß wir einen Vertrag mit Frankreich haben?» fragte er. Später bemerkte er zu einem Kollegen: «Diese Details sind Seiner Majestät bei all dem Geschwätz Kaiser Wilhelms entfallen». Graf Witte, der Finanzminister, erklärte ironisch: «Die Worte ‹in Europa› bedeuten einen ungeheuren Vorteil für Deutschland.»

Schließlich mußte der Zar dem Kaiser telegrafieren, daß der Vertrag für unvereinbar mit den Bedingungen des Zweibundes gehalten werde. Am 29. September antwortete Wilhelm: «Die Funktion des Vertrages steht nicht, wie wir in Björkö übereingekommen sind, im Widerspruch zu der französisch-russischen Allianz, vorausgesetzt, daß die letztere nicht direkt gegen mein Land gerichtet ist. Dein Verbündeter hat Dich offenkundig während des ganzen Krieges im Stich gelassen, wogegen Deutschland Dir in jeder Weise geholfen hat, soweit es konnte, ohne die Gesetze der Neutralität zu verletzen. Das verpflichtet Rußland moralisch gegenüber uns. Ich stimme mit Dir ganz darin überein, daß es Zeit, Arbeit und Geduld kosten wird, ehe wir Frankreich dazu bewegt haben, sich uns anzuschließen. Unser Vertrag ist eine sehr gute Basis zum Aufbau. Wir reichten uns die Hände und unterzeichneten vor Gott, der unser Gelübde hörte. Ich denke deshalb, daß der Vertrag sehr gut verwirklicht werden kann. Was unterschrieben ist, das ist unterschrieben; Gott ist unser Zeuge».

Der Zar begrub nun die Affäre von Björkö unter einem drückenden Schweigen. Er wich aus, wollte nicht einmal auf die Angelegenheit zurückkommen.

Der Kaiser gab die Hoffnung nicht auf, denn er hatte noch ein zweites Eisen im Feuer. Er beschloß, um Frankreich auf der Algeciras-Konferenz zu werben, die Mitte Januar 1906 stattfinden und die Zukunft Marokkos regeln sollte. Es war geplant, den Franzosen die Wege zu ebnen, damit das prodeutsche Element in der französischen Regierung gestärkt würde. Wenn man Paris vom Vorteil einer Freundschaft mit Deutschland überzeugen könnte, ginge die Entente, die nach Tanger rissig geworden war, vielleicht ganz in Trümmern, und an ihre Stelle träte der Björkö-Vertrag.

Holstein jedoch hatte eine ganz besondere Vorstellung davon, wie man jemandem am besten den Hof machte. Auch er wollte eine engere Bindung an Frankreich; er bestand aber darauf, dies sei nur nach der klaren Feststellung zu erreichen, daß die englische Unterstützung nicht stark genug sei, um die Inbesitznahme Marokkos durch Frankreich zu verbürgen. Er war für die Taktik des Niederknüppelns, die Delcassés Sturz herbeigeführt hatte. Folglich beorderte er zwei sehr unangenehme Delegierte zu der Konferenz, die ihre Zeit mit drohendem Geflüster hinbrachten: Wenn die Verhandlungen an der Unnachgiebigkeit Frankreichs scheitern sollten, dann werde sich Deutschland zur Gewaltanwendung gezwungen sehen.

Die Konferenz begann demnach in einer von bösen Vorzeichen erfüllten Atmosphäre. Alle Unterzeichner des Madrider Paktes waren vertreten: Marokko, die Mitglieder des Dreibundes sowie die des Zweibundes, Großbritannien, Spanien, Portugal, Holland, Belgien, Schweden und die Vereinigten Staaten. Die englische Delegation war sich wohl bewußt, daß Deutschlands Ziel der Zusammenbruch der Entente war; man war gespannt, wie das Spiel gemacht werde. Als Verfechter der wirtschaftlichen Unabhängigkeit Marokkos verfügte Berlin über gute Karten; die Befürchtung, die Deutschen könnten die Majorität hinter sich bringen, war beträchtlich. In der Tat hatte Bülow seinen beiden Abgesandten, den Grafen Tattenbach und Radowitz, eingeschärft, daß sie sich – was auch immer geschehen möge – nicht benachteiligen lassen dürften. Prestige war das allerwichtigste. Sie mußten verhindern, daß über Fragen abgestimmt wurde, bei denen sie keine Mehrheit finden konnten. Bülow schrieb: Wenn in einer Frage, in der Deutschland einmal Stellung bezogen habe, die andern – oder deren Mehrheit – opponierten, dann dürften weder Ungestüm noch Drohungen etwas ausrichten, da die Lage der Deutschen sonst nach allem, was geschehen sei, ziemlich lächerlich werde.

Bülow rechnete jedoch nicht mit der Persönlichkeit seiner Vertreter. Graf Tattenbach war bei jedermann verhaßt. «Wirklich ein schrecklicher Kerl», schrieb Arthur Nicolson, der englische Delegierte, «prahlerisch, grob und verlogen. Der schlimmste Typ eines Deutschen, den ich je getroffen habe». Obwohl Radowitz nicht so aufdringlich war, machte er sich schwerlich beliebt, als er düster bemerkte: «Wir haben nicht den Wunsch zu kämpfen, aber wenn wir dazu gezwungen sind, werden wir sie wie die Fliegen zerquetschen». Als am 3. März eine harmlose Verfahrensfrage aufgeworfen wurde und die Deutschen um eine Vertagung ersuchten, sah Nicolson seine Gelegenheit: Blitzschnell ließ er über die Sache abstimmen. Zu spät erkannten die Deutschen ihren Fehler. Alle Nationen, mit Ausnahme der Österreicher und der Marokkaner, wandten sich gegen Deutschland.

Deutschland war isoliert worden – es war deutlich, daß es keine Freunde hatte. Die Tatsache, daß selbst Italien, einer der Partner im Dreibund, gegen die Deutschen gestimmt hatte, verriet, wie stark die Stimmung umgeschlagen war*. Die Demütigung schien vollkommen zu sein. Die Deutschen konnten nichts anderes tun, als ihren Ärger hinunterzuschlucken und eine versöhnliche Haltung anzunehmen. Alles in allem fanden sie hinreichendes Entgegenkommen in Fragen, die Staatsbank, Zölle und Hafenkontrolle betrafen, um ihr Gesicht wahren zu können. Auf alle Fälle beeindruckten sie die Amerikaner, die von den Streitfragen nichts zu verstehen schienen: Sie nahmen die Konferenz für bare Münze und glaubten, es handle sich lediglich um wirtschaftliche Dinge. Die Tatsache, daß alle Mächte einschließlich Frankreichs die Algeciras-Akte unterzeichneten und feierlich gelobten, die Unabhängigkeit des marokkanischen Sultans zu wahren, sowie die Politik der offenen Tür fortzusetzen, machte tiefen Eindruck auf das Weiße Haus. Der deutsche Botschafter in Washington drahtete nach Berlin, daß Präsident Roosevelt ihn gebeten habe, «S. M. dem Kaiser seine herzlichsten Glückwünsche zum epochemachenden politischen Erfolg von Algeciras» auszusprechen. «Auch wenn das Vorstehende nicht mit den Tatsachen übereinzustimmen scheint», kommentierte der Botschafter wehmütig, «bin ich doch davon überzeugt, daß die Worte des Präsidenten von Herzen kommen».

Der Kaiser war bitter enttäuscht. Er wetterte gegen die Handhabung der Konferenz. Zu Bülow sagte er, daß Algeciras dessen marokkanischen Erfolg zerstört habe. Dies traf zu, denn die Entente war nicht nur repariert, sondern sichtbar gestärkt worden**. Bülow war entschlossen, das Vertrauen des Kaisers nicht zu verlieren. Er entschied, daß die Zeit gekommen sei, seinen Freund Holstein zu opfern. Er teilte Wilhelm mit, daß Holstein vorsätzlich die Instruktionen mißachtet habe, die ihm gegeben worden seien, und daß er vollverantwortlich für den Fehlschlag sei. Der Kaiser akzeptierte diese Erklärung. Am 17. April schrieb er an den Rand eines Berichtes, Herr von Holstein habe in seiner klugen Art seine völlig klaren Befehle und Vereinbarungen mit dem Kanzler in einer solchen Weise durcheinandergebracht, daß das genaue Gegenteil herausgekom-

* Der Abfall Italiens war auf eine geheime Übereinkunft mit Frankreich zurückzuführen, in der eine Unterstützung in der marokkanischen Frage versprochen worden war als Gegendienst für französische Hilfe bei den Plänen Italiens in Tripolis.
**Unter dem Eindruck der deutschen Kriegsdrohungen hatten Paris und London geheime militärische Gespräche begonnen, die regelmäßig bis 1914 weitergeführt wurden.

men sei. Holstein habe ständig neues Gift gegen Frankreich angerührt und den Kanzler so heftig bedrängt, daß Bülow im Garten dem Kaiser wiederholt dieselbe Frage zu dessen Erstaunen gestellt habe, ob Wilhelm Krieg mit Frankreich wünsche. Dabei habe seine Instruktion ausdrücklich gelautet: Algeciras muß die Stufe zu einer Verständigung zwischen Frankreich und Deutschland werden.

Hätte der Kaiser um die Macht gewußt, die Holstein mit Duldung Bülows ausübte, dann hätte er diese Entschuldigung des Reichskanzlers nicht gelten lassen. So entlastete er Bülow, sagte aber, daß er nicht weiter betrübt wäre, wenn Holstein aus dem Amt verschwände. Bülow begrüßte die Idee: Längst zweifelte er Holsteins Urteilsfähigkeit an. Mehr noch: Es wurde nachgerade unmöglich, mit ihm zusammenzuarbeiten, da er endlose Szenen machte und ständig mit dem Rücktritt drohte. Tschirschky, der zum Staatssekretär ernannt wurde, nachdem Freiherr von Richthofen im Januar gestorben war, mochte es nicht, wenn Holstein unangemeldet in sein Zimmer trat; er schloß seine Tür jetzt stets ab. Holstein nahm daran Anstoß und legte eines seiner vielen Rücktrittsschreiben auf Bülows Schreibtisch. Auch mit Otto Hammann, dem Leiter des Pressebüros im Auswärtigen Amt, hatte er Streit bekommen: Diese Abteilung, so forderte er, gehöre unter seine Aufsicht. «Ich verstehe vollkommen Ihren moralischen Widerwillen gegen diesen Erpresser», bemerkte Bülow zu Hammann. «Nach dem Ende der Konferenz werde ich ihn entfernen, jetzt muß ich ihn noch halten, er könnte durch Stänkereien das Reichsinteresse bedenklich schädigen[52].»

Aber die Frage war: Wie wurde man Holstein los? Bismarck hatte sich gescheut, ihn ziehen zu lassen, «weil er im Ausland plaudern» könnte, und Bülow hatte keinerlei Verlangen danach, sich Holsteins pathologischen Haß und seine Rachsucht auf den Hals zu laden. Er würde vor nichts zurückschrecken, das wußte jeder. Bülow dachte über den Fall mit großer Umsicht nach – später erklärten seine Freunde, daß dieses Manöver sein diplomatisches Meisterstück gewesen sei. Am 5. April, dem Tag, da Bülow vor dem Reichstag über das Ergebnis von Algeciras sprechen mußte, fischte er das drei Monate alte Rücktrittsgesuch Holsteins aus seiner Schublade und wies Tschirschky an, es dem Monarchen vorzulegen. Der Kaiser war darauf vorbereitet und unterschrieb. Holstein erfuhr vierundzwanzig Stunden lang nichts davon.

An diesem Nachmittag verlor Bülow plötzlich während seiner Rede das Bewußtsein; man brachte ihn nach Hause. Der Zeitpunkt dieser Erkrankung kam für Bülow derart günstig, daß manche Leute behaupteten, der Anfall wäre planmäßig vorbereitet gewesen. Sie enthob den Reichskanzler nicht nur der Notwendigkeit, eine Bankrottpolitik zu verteidigen, sie ersparte ihm auch Holsteins Zorn, als der Geheimrat endlich erfuhr, daß sein Abschied bewilligt worden sei. Außerdem wurde Holstein von der richtigen Fährte abgelenkt. Bülow versicherte ihm nach seiner Genesung, er habe nichts mit der Angelegenheit zu tun gehabt. Wer also konnte es gewesen sein? Er hatte ja krank im Bett gelegen. Augenscheinlich hatte einer von Holsteins Feinden den Augenblick von Bülows Dienstunfähigkeit benutzt, um den Kaiser zu bewegen, den Geheimrat gehenzulassen. Bülow tröstete ihn: Wenn Holstein auch sein Amt verloren hatte, er, Bülow, würde weiterhin seinen Rat einholen, denn was konnte der Reichskanzler ohne seinen vertrauten Freund schon ausrichten?

Holstein war nicht im geringsten vorbereitet gewesen. Er war außer sich wegen der Entlassung; alles in ihm bebte vor Entschlossenheit, den Mann zu vernichten, der für seinen Sturz verantwortlich war. Obwohl sein unterdrückter Haß gegen den Kaiser neu ausbrach, wußte er doch, daß Wilhelm einen solchen Schritt nicht aus eigenem Antrieb getan haben konnte. Es ist bemerkenswert, daß er Bülows Unschuldsbeteuerung glaubte. Fieberhaft begab er sich auf die Suche nach dem Schuldigen. Wer war es? Hammann nicht: Der war zu gering, um beim Kaiser Gehör zu finden. Auch Tschirschky nicht: Der war zu neu im Auswärtigen Amt. Jemand in hoher Stellung, jemand mit Einfluß, der ihn haßte, mußte es gewesen sein. Als er erfuhr, daß Fürst Philipp Eulenburg an jenem Tag, da der Kaiser seine Entlassung gegengezeichnet, im Schloß gefrühstückt hatte, war seine Suche zu Ende. Augenblicklich erklärte er, Eulenburg sei der Mann, der ihn verfolge.

Holstein war Eulenburg seit Jahren nicht mehr begegnet. Ihre Freundschaft endete, weil Eulenburg in seiner Loyalität zum Kaiser standhaft blieb und sich wiederholt weigerte, an Holsteins Intrigen mitzuspinnen, die «Seiner Majestät willkürliche Macht» beschränken und dem Auswärtigen Amt größere Autorität verleihen sollten. Eines Tages, als Eulenburg einen Besuch bei Holstein machen wollte, äußerte der Geheimrat seinen Unwillen deutlich: Er ließ bestellen, daß er «nicht zu Hause» sei. Dies war das Ende ihrer Beziehungen gewesen. Die Wege der beiden Männer kreuzten sich nicht mehr, nicht einmal zufällig, denn kurz danach legte Eulenburg seinen Botschafterposten in Wien wegen seiner angegriffenen Gesundheit nieder. Obwohl Bülow ihn bewogen hatte, dem Auswärtigen Amt auch weiterhin zur Verfügung zu stehen, besuchte er selten die Wilhelmstraße und zeigte sich an den Tagesfragen nur noch oberflächlich interessiert.

Doch dem Kaiser blieb Eulenburg verbunden. Jeden Sommer lud Wilhelm ihn zur Nordlandfahrt ein, und kaum ein Herbst verging, ohne daß der Monarch Eulenburg auf dessen Gut Liebenberg aufsuchte. Jedesmal, wenn Eulenburg sich in Berlin aufhielt, frühstückte oder dinierte er im Schloß, und er war auch bei den alljährlichen Jagdgesellschaften des Kaisers in Rominten zugegen. «Ich sehe noch sein bleiches Gesicht, wie es zwischen den roten Portieren der Galerie auftauchte, wenn er an den Teetisch der Kaiserin trat und sich niederließ, um uns mit dem Schatz seiner literarischen und künstlerischen Erinnerungen zu unterhalten», schrieb ein Mitglied des Haushalts. «Man konnte leicht verstehen, daß die robuste Persönlichkeit des Kaisers, der so freimütig, großzügig und offenherzig war, sich angezogen fühlte von der etwas zurückhaltenden, geheimnisvollen, sanften Natur dieses brillanten Mannes[53]». Als der russische Finanzminister Graf Witte auf der Rückkehr aus dem Fernen Osten nach St. Petersburg Station in Rominten machte, trug er das Bild Eulenburgs mit sich fort: Ein verbindlicher und lächelnder Mann, der würdevoll in einem schweren Sessel lehnte – jeder Zoll ein Kaiser, während der tatsächliche Kaiser sich auf den Arm stützte und plapperte und lachte.

Eulenburg verfügte über einen Schönheitssinn und eine geistige Großzügigkeit, wie sie im Deutschland jener Jahre nicht oft anzutreffen waren. Er wollte nichts für sich selbst; mit allem Ernst versuchte er, Wilhelm klug und leidenschaftslos zu beraten. Allenfalls ließe sich sagen, daß er zu hochgesinnt war, denn er drohte den Kaiser nur dann zu langweilen, wenn er ihn über die Tugenden der Wahrheit und des Edelmutes belehrte.

Holsteins Feldzug zu Eulenburgs Vernichtung war nicht allein widerlich, er war auch aufschlußreich. Er wirft ein bezeichnendes Licht auf die Charaktere jener Männer, die damals Deutschlands Geschicke bestimmten. Den ersten Hinweis darauf, daß er als «Opfer» ausersehen war, bezog Eulenburg am 1. Mai 1906: Er empfing einen Brief Holsteins, der mit den Worten begann: «Mein Phili – Sie brauchen diesen Anfang nicht als ein Kompliment aufzufassen, denn heutzutage einen Mann ‹Phili› zu nennen, bedeutet – nun, nichts sehr Schmeichelhaftes. Ihr langjähriges Ziel, meine Beseitigung, ist nun endlich erreicht». Es hieß in dem Brief weiter, daß niemand, der Wert auf seinen Ruf lege, mit einer solch «verächtlichen Person» wie Eulenburg gesehen werden wolle.

«Ist er wahnsinnig geworden?» vermerkte Eulenburg in seinem Tagebuch. Doch er wußte sofort, welches Spiel Holstein trieb. Homosexualität kam in Deutschland und Österreich damals nicht selten vor, und während der vergangenen Jahre hatten sich einige Skandale zugetragen, in die Offiziere und andere hochgestellte Persönlichkeiten verwickelt gewesen waren. Einer solchen Anklage wegen war ein Bruder des Kaisers Franz Joseph ins Exil getrieben worden, das gleiche war dem Bruder des Fürsten

Eulenburg widerfahren. Sexuelle Abartigkeit war ungeachtet ihrer Häufigkeit ein kriminelles Delikt und konnte zu Gefängnisstrafen führen, noch schlimmer, sie wurde als eine solche Schande angesehen, daß sie den sozialen Ruin bedeutete. Demnach war es die schwerste Anschuldigung, kurz vor der des Mordes, die jemand gegen einen andern erheben konnte. Mehr als einmal hatten skrupellose Gegner versucht, unschuldigen Männern derlei in die Schuhe zu schieben.

Eulenburg hielt Holsteins Brief für eine Sache «um Leben und Tod». – «Ich telegrafiere sofort an Axel Varnbüler, der in Ehrensachen stets hyperschneidig ist», schrieb er in sein Tagebuch, «und fahre mit dem Brief in dem nächsten Zug nach Berlin». Varnbüler schrieb an Holstein und stellte eine entsprechende Forderung: Kugelwechsel bis zur völligen Kampfunfähigkeit oder Tod.

«Ich gehe in das Auswärtige Amt, um von dem Vorgang Meldung zu machen, da ich ‹z. D.› bin, also dem Amt unterstellt. Bülow ist noch nach seinem kleinen Schlaganfall am 5. April dienstunfähig. Tschirschky vertritt ihn. Dieser fällt buchstäblich in einen Stuhl hinein, als ich ihm die Forderung mitteile! Er behauptet, die Sache würde einen der größten Skandale der Welt abgeben – ich sollte um Gottes und des Kaisers willen die Forderung zurückziehen. Ich erkläre, daß mir dieses nicht im Traum einfallen könne, und gehe zu Varnbüler zurück[54]».

Als am 2. Mai kein Wort von Holstein zu hören war, und da das Auswärtige Amt einen Skandal verhüten wollte, bat man Eulenburg, Holstein eine Gelegenheit zur Entschuldigung zu geben. Am 3. Mai sandte Holstein die folgende Erklärung: «Nachdem der Fürst zu Eulenburg auf sein Ehrenwort erklärt hat, daß er zu meiner Entlassung in keiner Weise mitgewirkt hat, auch allen gegen mich gerichteten Presseangriffen völlig fernsteht, ziehe ich die in meinem Briefe an ihn am 1. d. M. gebrauchten verletzenden Ausdrücke hiermit zurück[55]». Aber Eulenburg war nicht beruhigt. Er kannte Holstein zu gut, um anzunehmen, daß die Angelegenheit damit erledigt wäre. «Daß ich die Angriffe Holsteins für tatsächlich erledigt hielt, kann ich nicht behaupten. Er wird sich rächen auf seine Art», schrieb er schwermütig.

Der nächste Akt des Dramas war peinlich. Seit Jahren war Holstein ein bitterer Feind Maximilian Hardens gewesen, des Herausgebers der radikalen Zeitschrift ‹Die Zukunft› – plötzlich aber wechselten die beiden in der Öffentlichkeit freundschaftliche Briefe. «Was werden nun diese beiden brauen?» fragte sich Eulenburg. «Das Bündnis Holstein-Harden halte ich für eine verhängnisvolle Tatsache».

Seine Vorahnungen erwiesen sich als richtig, denn ein paar Wochen später sprach das Blatt von der «Liebenberger Tafelrunde». Eulenburg, so erfuhren die Leser, sei «das Haupt einer unheilvollen und unmännlichen Kamarilla, die eine unerwünschte Politik treibe und den Kaiser in seinem Absolutismus bestärke». Zur Zeit arbeite die Kamarilla auf den Sturz Bülows und die Ernennung eines Kanzlers hin, der ihren Absichten zugänglicher sein werde. «Jetzt soll ich nun gar der große Intrigant, der ‹Kanzlermacher›, der Verbrecher sein, der den Kaiser absolutistisch macht! Die Welt ist wirklich zu verrückt!», schrieb der Fürst.

Eulenburg eilte zu Bülow, um ihm zu versichern, die Anschuldigungen seien falsch und um ihn zu fragen, wie er sich verhalten solle. Der Reichskanzler legte ihm nahe, Deutschland zu verlassen und einige Zeit im Ausland zu bleiben. Dies war ein sonderbarer Rat von einem Manne, der in dauerndem Kontakt mit Holstein stand und genau wußte, daß Holsteins Rachedurst auf der irrtümlichen Annahme beruhte, Eulenburg habe seine Entlassung verschuldet. Wenn irgend jemand, dann wäre es Bülow gewesen, der Holstein zum Abblasen seiner Attacke hätte überreden können – aber der Reichskanzler rührte keinen Finger, um seinen Freund zu retten.

Allmählich versandete die Pressekampagne, aber der Fürst wurde noch immer von Befürchtungen und Ahnungen gequält. Die Briefe, die er an Freunde schrieb, erwecken Teilnahme. «Das Gefühl, daß ein neuer Sturm losbrechen könnte, erfüllt mich deshalb mit Unruhe, weil ich körperlich zu arg darnieder bin, um mit dem erforderlichen Nachdruck und mit Aufmerksamkeit und Gleichmut zugleich auftreten zu können... Zu den starken Naturen, die den Stier bei den Hörnern packen können, habe ich niemals gehört... Ich habe rastlos und treu für König und Vaterland gearbeitet; gearbeitet, bis die Gesundheit zusammenbrach... Aber zum Dank wurde ich mit Schmutz beworfen und zu Tode gehetzt... Jetzt aber hat der arme gehetzte Rehbock einen Schuß durch die Lunge und sitzt im Dickicht. Aber die Freunde rufen alle: Hopp, es hilft nichts! Du mußt über die Gräben springen wie früher[56]!»

Wiederum zeigte sich, daß seine Ahnungen berechtigt gewesen waren. Am 27. April 1907 brachte die ‹Zukunft› einen scharfen Artikel mit der Enthüllung, daß drei ältliche Flügeladjutanten des Kaisers homosexuell veranlagt seien. Dies entsprach zwar der Wahrheit, nicht wahr dagegen war die Behauptung, daß Eulenburg und Moltke enge Freunde dieser Männer seien und daß sie allesamt zu der «Liebenberger Tafelrunde» zählten. Man braucht nicht zu betonen, daß der Artikel eine Sensation auslöste, niemand aber wagte es, ihn dem Kaiser vorzulegen. Eine Woche oder zwei vergingen, ehe der General von Hülsen-Haeseler, der Eulenburg haßte, auf den glücklichen Gedanken kam, dem Kronprinzen diese schwierige Mission anzuvertrauen. «Niemals im Leben werde ich das verzweifelte, entsetzte Gesicht meines Vaters vergessen, das mich fassungslos anstarrte, als ich ihm im Garten des Marmorpalais von den Verfehlungen seiner nahen Freunde sprach. Dabei war die sittliche Reinheit des Kaisers so groß, daß er sich die Möglichkeit solcher Verirrungen kaum vorstellen konnte», schrieb der junge Wilhelm[57].

Der Kaiser verlor den Kopf. Obwohl er es seit Jahren ablehnte, die schmähenden Spalten der ‹Zukunft› zu lesen und Leute tadelte, die ihren schändlichen Behauptungen Aufmerksamkeit schenkten, fürchtete er plötzlich, daß der Schmutz an ihm hängen bleiben könnte. Er forderte die Verabschiedung der drei Adjutanten (Graf Lynar und die Grafen Hohenau, zwei Brüder) sowie des Grafen Kuno Moltke. Er glaubte zwar nicht einen Augenblick an die Schuld Eulenburgs, dennoch ließ er durch einen Adjutanten bei ihm anfragen, weshalb er keine Schritte unternähme, um sich zu rechtfertigen. In einer Order an Bülow drückte er seinen Unwillen aus und schrieb: «Ich erwarte hiernach, daß Eulenburg sofort seine Pensionierung nachsucht. Sofern die gegen ihn erhobenen Anschuldigungen wegen perverser Neigungen unwahr sind und sein Gewissen Mir gegenüber vollständig frei und klar ist, sehe Ich einer unzweideutigen Erklärung von ihm hierüber entgegen, worauf er gegen Harden vorzugehen hat. Andererseits erwarte ich, daß er unter Rückgabe des Schwarzen Adlerordens und Vermeidung jeden Aufsehens alsbald das Land verläßt und sich ins Ausland begibt».

Eulenburg war am Ende. Er hatte einen Anwalt genommen, gab sein Amt aber auf und schickte seine Auszeichnungen zurück. «Den langjährigen kaiserlichen Freund zu verlieren», schrieb er an Bülow, «war nicht die grausame Enttäuschung, die Du vielleicht in mir vermutet hast, denn ich kenne den Seefahrer zu gut, der das Ölzeug stets anzieht, noch lange bevor es nötig ist. Und doch bin ich objektiv genug, zu verstehen, daß ein Monarch bei der widerlichen Wendung, die meine Sache dank der Kompagnie Holstein-Harden nahm, so schnell als möglich einen unbequemen Freund lossein will. Ich fühle mich vollkommen unschuldig und kann abwarten, aber falsche Zungen fürchte ich, weil es Holstein nicht auf 10 000 Mark ankäme, wenn er dafür einen einwandfreien Zeugen bekäme[58]».

Die schroffe Art, in der der Kaiser seinen ergebenen Freund behandelte, war nicht gerade rühmlich, Bülows kriecherische Einwilligung aber war verächtlich, denn damals glaubte er noch an Eulenburgs Unschuld. «Ich war fest überzeugt, daß der gegen Eulenburg erhobene Vorwurf perverser Neigungen unbegründet wäre», schrieb er in seinen Memoiren. «Sein überaus herzliches Verhältnis zu seiner Frau und zu seinen Kindern, die schwärmerische Liebe, mit der seine gute, ausgezeichnete Frau an ihm hing, ließen mir diese Verdächtigung als eine Ungeheuerlichkeit erscheinen». Dennoch tat er nichts, um dem Freund zu helfen, dem er seine ganze Karriere verdankte. Stattdessen beglückwünschte er den Kaiser zu dessen Schritt; er schrieb ihm: «In diesen peinlichen Angelegenheiten müßten wir darauf achten, daß die Krone ex nexu gehalten und aus der Sache ganz herausgebracht würde». Dies war so viel wie eine Bestätigung von Eulenburgs Schuld.

Eulenburg und Graf Moltke hatten einige Wochen zuvor Anzeige beim Staatsanwalt erstattet und ihn um die Einleitung eines Verfahrens gegen die ‹Zukunft› ersucht. Hätte der Staatsanwalt zugestimmt, dann wären die beiden zweifellos völlig gerechtfertigt worden. Obwohl der Fürst Botschafter en disposition und Graf Moltke Stadtkommandant von Berlin war, erklärte der Staatsanwalt, daß er außerstande sei, der Bitte nachzukommen, da kein öffentliches Interesse vorliege*.

Jetzt hätte Bülow eingreifen können, wenn er es gewollt hätte, aber der Reichskanzler hatte nicht die Absicht, seinen Freund Holstein zu verärgern. Eulenburgs einziger Ausweg wäre deshalb eine Privatklage gegen Harden gewesen. Seine Anwälte rieten ihm davon ab, vor Gericht zu gehen; sie wiesen darauf hin, daß Harden falsche Zeugen beibringen werde. Die große Publizität einer Verhandlung würde – gleichgültig, wie die Sache ausging – für Eulenburgs Ansehen fatal sein.

Moltke dagegen lehnte es ab, auf berufenen Rat zu hören und belangte Harden wegen Beleidigung. Der Fall wurde noch unheilvoller, als die Anwälte vorausgesagt hatten. Die Verhandlung begann am 23. Oktober 1907 vor dem Schöffengericht in Berlin. Ein junger, unerfahrener Amtsrichter, flankiert von einem Metzger und einem Milchhändler als Schöffen, leitete den Vorsitz. Harden wurde durch einen Münchner Anwalt, den Justizrat Bernstein, vertreten, einen klugen und skrupellosen Advokaten, der die Offensive ergriff und Moltke sowie Eulenburg – ohne den Schatten eines Beweises zu haben – in Zusammenhang mit homosexuellen Ausschweifungen brachte, die sich zehn Jahre zuvor ereignet haben sollten. Der ungeschickte Vorsitzende versäumte es, Bernstein zur Ordnung zu rufen, er gestattete dem Verteidiger, weit über den Sachverhalt hinauszugehen und Zeugen zu zitieren, die nicht dem Kreuzverhör ausgesetzt worden waren. Das Verfahren wurde zu einer juristischen Farce, über die man in der ganzen Welt sprach; die Londoner ‹Times› berichtete

---

* Anders lagen die Dinge freilich, als Fürst Bülow zur gleichen Zeit von einem Kauz namens Brandt der Homosexualität beschuldigt wurde. Diese Sache verfolgte der Staatsanwalt, und an Bülows Namen blieb kein Makel haften. Er hatte nicht nur den Vorteil einer fairen Behandlung; sein halbwahnsinniger Ankläger konnte auch nicht mit Eulenburgs finsteren Feinden verglichen werden.

ihren Lesern ausführlich darüber unter der Schlagzeile «Preußische Hofskandale».

Vom ersten Tage an hatte sich Bernsteins Angriff gegen den sogenannten «Eulenburg-Kreis» gerichtet. Harden, so betonte Bernstein, habe seine Artikel geschrieben, um den verderblichen politischen Einfluß einer degenerierten Clique auszuschalten. Dann rief er die geschiedene Frau des Grafen Moltke auf, eine rachsüchtige und halbverrückte Person, die dem Gericht erzählte, Fürst Eulenburg habe vor ihr auf den Knien gelegen und sie gebeten, ihren Mann aufzugeben. Als sie Moltke gefragt habe, was der Kaiser zu einer Scheidung sagen werde, habe er erwidert, daß der Kaiser nur wisse, was er zu hören wünsche (Sensation im Zuschauerraum), denn der Eulenburg-Kreis habe einen undurchdringlichen Ring um ihn gelegt (große Sensation). Dann kam Bernstein auf das berüchtigte Treiben der drei Grafen zu sprechen, die der kaiserlichen Umgebung angehörten und von der ‹Zukunft› als pervers bezeichnet worden waren. Obwohl er nicht beweisen könne, daß Moltke oder Eulenburg sich «unnatürlichen Lastern» hingegeben hätten, hoffte er doch zeigen zu können, daß sie besser mit den Grafen – deren abnorme Lebensführung außer Frage stehe – bekannt seien, als sie zugäben. «Die Zeugenaussage eines früheren Kürassiers wurde angehört», schrieb der ‹Times›-Korrespondent am 28. Oktober 1907, «der von abscheulichen Orgien berichtete, die im Jahre 1896 in der Potsdamer Wohnung des Grafen Lynar stattgefunden haben sollten, zu jener Zeit Hauptmann in seinem Regiment. Der Zeuge glaubte Graf Kuno Moltke als einen der dabei Anwesenden zu erkennen. Er glaubte auch Philipp Eulenburg zu erkennen».

Ein anderer Zeuge erzählte dem Gericht, er sei vor zehn Jahren im Hause des Grafen Lynar von einem Herrn verführt worden, der vielleicht Fürst Eulenburg «gewesen sein könnte», doch war er sich dessen nicht sicher. Die Zeugen, die Bernstein beibrachte, wurden nicht ins Kreuzverhör genommen. Dann gestattete das Gericht ihm, eine zweistündige politische Attacke gegen Eulenburg zu reiten, die offenbar aus der Feder Holsteins stammte: «Ich möchte nicht König sein», sollte Eulenburg gesagt haben, «ich ziehe es vor, Königsmacher zu sein.» Auch der Korrespondent der ‹Times› fand, daß Bernstein seine Kompetenzen überschritt: «Es ist ungewöhnlich, daß eine Anklage von solcher Bedeutung – die einige der wichtigsten Züge deutscher Innen- und Außenpolitik enthüllt – vor solch einem unbedeutenden Gericht verhandelt wird, das aus einem jungen Richter und zwei Schöffen besteht, die in diesem Falle ein Milchhändler und ein Metzger sind».

Bernstein war lediglich imstande gewesen, seine Anschuldigungen durch übles Geschwätz zu bekräftigen, aber er legte am letzten Verhandlungstag viel Nachdruck auf den Umstand, daß Moltke und Eulenburg ihren Abschied als Stadtkommandant von Berlin und als Botschafter en disposition erhalten hatten. Wenn der Kaiser an ihre Unschuld glaubte, warum hatte er sie dann um diesen Schritt ersucht? Die Frage war nicht zu beantworten, denn man konnte nicht erklären, daß den Kaiser die Panik erfaßt und daß er, um sich selbst zu schützen, beschlossen hatte, seine Freunde den Wölfen vorzuwerfen. Bernsteins Argument beeindruckte das Gericht: Harden wurde freigesprochen.

Der Prozeßausgang war jedoch nicht mehr wesentlich, denn die Öffentlichkeit war nicht länger in der Lage, Wahrheit von Lügen zu trennen und erinnerte sich kurzerhand des alten Sprichworts: «Wo Rauch ist, da ist auch Feuer.» «Leider lebe ich noch», schrieb der Fürst seinem Vetter, dem Grafen August Eulenburg. «Ich mache Furchtbares durch. Diejenigen, die mich verurteilen, daß ich im Sommer nicht Harden verklagte, sondern nur den Staatsanwalt anrief, werden nun wohl verstehen, weshalb ich so handelte ... Ich wußte auch, für wen ich so furchtbar bluten würde. So furchtbar, daß ich kaum weiß, wie ich wieder auf die Beine kommen kann, wenn ich auch tausendmal vor Gott erkläre, daß mein Gewissen rein ist».

Der Kaiser verfolgte den Prozeß mit dem gleichen Schrecken. Seine Unruhe kam jedoch nicht davon, daß die Justiz sich zu einem Zerrbild hergab und seine Freunde in Bedrängnis geraten waren, sondern aus der Furcht, seine eigene Redlichkeit könnte angezweifelt werden. Überdies wollte er zu einem Staatsbesuch nach England reisen. «Plötzlich rief der Kaiser mich ans Telefon», schrieb Bülow, «um mir mitzuteilen, daß er einen Unfall gehabt hätte. Er habe sich schwindlig gefühlt und auf ein Sofa ausgestreckt. Plötzlich wäre er, offenbar von einer kurzen Ohnmacht befallen, vom Sofa heruntergefallen. ‹Mein Kopf schlug so hart auf dem Boden auf, daß meine Frau, von dem Lärm erschreckt, voll Angst hereinstürzte›. Der Kaiser fügte hinzu, daß er bei so angegriffenem Gesundheitszustand unmöglich die ermüdende Reise nach England unternehmen könne und dies seinem Onkel, dem König, telegrafiert habe. Bald nachher erschien der Oberhofmarschall Graf August Eulenburg bei mir, um im Auftrag der Kaiserin zu sagen, daß der ‹Unfall› nicht schlimm gewesen wäre. Die Ohnmacht und das Aufschlagen des Kopfes auf dem Boden hätten nur in der Phantasie Seiner Majestät existiert».

Der Fürst erklärte, der Prozeß habe den Kaiser sehr bestürzt, und es sei ihm peinlich, jetzt seinen englischen Verwandten zu begegnen. In der Zwischenzeit war ein Telegramm von König Edward eingetroffen, der indigniert mitteilte, daß alle Vorbereitungen für die Reise getroffen seien und dringend um Aufklärung ersuchte. Bülow schrieb dem Kaiser und bat ihn, sich die Sache noch einmal zu überlegen. Ein paar Stunden später erhielt er eine Einladung, den Kaiser am Abend im Theater aufzusuchen. «Ich fand ihn sehr munter, ganz unbefangen. Er war wirklich eine Stehauf-Natur. Er meinte, die Indisposition wäre überwunden. Er habe einen ihn erfrischenden Spazierritt gemacht und gut gegessen. Er fühle sich wieder ganz unternehmungslustig und sei bereit, überall hinzureisen, wohin ich ihn im Interesse unserer Politik schicken wolle», heißt es in Bülows Erinnerungen.

Der Prozeß gegen Moltke war so schlecht geführt worden, daß die Regierung sich verpflichtet fühlte, einen Staatsanwalt eingreifen zu lassen. Dieses Mal wurde der Fall hinter verschlossenen Türen verhandelt. Eulenburg sagte für Moltke aus und erklärte unter Eid, daß er niemals abnorme Handlungen begangen habe. Moltkes geschiedene Frau wurde als Lügnerin überführt, die Aussagen der anderen Zeugen im früheren Prozeß wurden zerpflückt. Die Verhandlung endete mit Hardens Verurteilung zu vier Monaten Gefängnis, aber es war ein schaler Sieg: Wie die Anwälte vorausgesagt hatten, war Moltke trotz des Freispruchs ein ruinierter Mann. Zwar hatten die vielen üblen Anschuldigungen nicht nachgewiesen werden können, doch betrachtete man ihn als einen Verfemten, und er zog sich auf sein Landgut zurück.

Fürst Eulenburg wußte, daß er die eigentliche Zielscheibe war und daß man die Angelegenheit nicht fallenlassen würde. «Hardens und Bernsteins Ideal wäre, mich wegen Meineids verhaften zu lassen. Moltkes Prozeß war ja nur die Sauce zu dem Braten. Bülow liegt nichts daran, mich herauszuziehen, er wird sich nicht stärker fühlen als das ‹Hauptquartier› und ein kurzsichtiger, von total unbrauchbaren Generälen eingesponnener Monarch. Der Prozeß wird lange dauern und ungeheure Schmutzwolken erzeugen. Ich bin das Opfer und alle, die zu mir gestanden haben. Komme ich nicht zur Verhandlung, so bin ich am ersten Tage gerichtet; komme ich hin, so wird man zum Schluß Bernstein die Pferde ausspannen und mich im Rinnstein totschlagen. So steht die Sache, und Gott will mich immer noch nicht sterben lassen».

Die Pferde wurden im Frühjahr 1908 ausgespannt, als Bernstein zwei Zeugen fand, die bereit waren, gegen Eulenburg auszusagen. Sie tauchten während eines Beleidigungsprozesses in München auf, den Harden gegen eine Lokalzeitung angestrengt hatte, und sie bezeugten, daß Eulenburg mit ihnen anstößige Handlungen begangen habe, während er Gesandter in München gewesen war – vor fast fünfundzwanzig Jahren. Jetzt konnte der Feldzug beginnen. Am 8. Mai ordnete das Preußische Staatsministerium auf Antrag des Fürsten Bülow die Verhaftung Eulenburgs wegen Meineidverdachtes an. Er war so leidend – teils an einer Arthritis, teils an Nervenlähmung –, daß er auf einer Bahre aus seinem Haus getragen werden mußte. Man beschloß, ihn in der Berliner Charité unterzubringen und täglich ins Gericht zu fahren.

Harden und Bernstein hatten 145 Zeugen zusammengebracht. Die meisten von ihnen gehörten der untersten Schicht an: Diebe, Erpresser, Perverse, geistig Minderwertige. Dutzende wurden in Eulenburgs Krankenzimmer geführt, um ihn zu identifizieren. Bevor der Prozeß begann, war die Zahl auf zwölf zusammengeschrumpft, und nach der ersten Verhandlungswoche waren aus den zwölf angeblichen Belastungszeugen zwei geworden. Beide waren Fischer in München gewesen. Der eine von ihnen, ein gewisser Riedl, hatte 32 Vorstrafen zu verzeichnen. Er wurde abgelehnt, als sich herausstellte, daß er auch wegen Annahme von Bestechungsgeldern verurteilt war – selbst nach Eröffnung des Verfahrens hatte er noch Eulenburg zu erpressen versucht. Also blieb nur noch einer übrig, ein Subjekt namens Jakob Ernst, der viele Jahre als Faktotum in Eulenburgs Diensten gewesen war. Es war ein Mann mittleren Alters, der eine Familie von acht Köpfen hatte. Er war dem Trunk ergeben und brachte seine Aussage stockend vor. Wie verhielt es sich mit ihm in Wahrheit? Eulenburg behauptete, er sei ein neurotischer, geistig beschränkter Mensch, den Bernstein «bearbeitet» habe und der durch Überredung und Drohung schließlich selber glaubte, etwas Falsches getan zu haben. Nach den Presseangriffen im Frühjahr und bevor Bernstein sich ihm genähert, hatte er dem Fürsten diesen Brief geschrieben:

«Hätten Sie niemals geglaubt, Herr Fürst, das es man einem solchen guten Mann auf der Welt so macht? wie Sie sind. Ich nicht. Ich hätte mir das Gegenteil gehofft. Ich kenn Ihnen Herr Fürst schon lange. Sie haben mir nur gutes, auch meiner Familie erwissen ohne auch nur im geringsten von Ihnen belästigt zu werden. Haben Sie Mut es wird sich machen. Den Paragraf habe ich mir auslegen lassen über was es sich handelt es ist einfach scheußlich Ihnen sowas zuzumuten. Einen solchen normalen gesunden Mann wie Sie sind. Ich beschließe mein Schreiben, das Sie den Skandal der keinen Schuß Pulver werd ist überwinden usw[59]».

Bernstein behauptete, der Brief sei auf Veranlassung des Fürsten geschrieben worden. Wenn dies zutraf, welch ein Zeuge mußte dieser Ernst dann sein, der zuerst Eulenburg und danach Harden mit einander widersprechenden Erklärungen unterstützte! Als Ernst vor das Berliner Gericht trat, begann er seine Münchner Aussagen abzuleugnen. Er schwor, nie im Leben anstößige Beziehungen zu Eulenburg unterhalten zu haben. Nach einem einstündigen Kreuzverhör und nachdem Bernstein ihm damit gedroht hatte, er werde ihn wegen Meineids ins Gefängnis bringen, kehrte er zu seiner ursprünglichen Geschichte zurück. Im Jahre 1883 – während seiner Münchner Gesandtenzeit – sei Eulenburg gern im Boot auf den See gefahren, um zu komponieren und Liedertexte zu dichten; dabei habe er den Fischer Ernst als Bootsführer mitgenommen. Einmal habe sich Eulenburg ihm genähert, und Ernst sei darauf eingegangen.

Bernstein machte viel Lärm wegen eines Briefes, den Eulenburg am 22. Dezember 1907 (einen Tag nach der Aussage des früheren Fischers gegen ihn vor dem Münchner Gericht) an Ernst geschrieben und in dem er dessen Behauptung getadelt hatte; es hieß darin: «Dazu kommt, daß, wenn so etwas wirklich vorgekommen wäre, die Sache längst verjährt ist, also von irgendwelcher Strafe überhaupt nicht die Rede sein kann». Aus dem Zusammenhang gerissen, muten diese Worte belastend an. Eulenburg wies jedoch daraufhin, daß er sie wohl kaum mitten im Verfahren geschrieben hätte, wenn sie einen Nebensinn enthielten, der auf seine Schuld schließen ließe. Er glaubte, daß Ernst verwirrt war und nur versuchte, Eindruck zu schinden, damit Bernstein ihn nicht mehr quälte.

Was auch immer zutreffend an jenem Vorfall gewesen sein mochte, der sich angeblich fünfundzwanzig Jahre zuvor abgespielt hatte, eines war nicht zu leugnen: Fürst Eulenburg war jedenfalls kein Homosexueller im gewöhnlichen Sinn des Wortes. Trotz seiner monatelangen Untersuchungen konnte Bernstein keine Aussage gegen ihn herbeischaffen – mit Ausnahme jener einen, der zweifelhaften des ehemaligen Fischers. Niemand vermag Eulenburgs Briefe ohne Mitgefühl für seine Qualen zu lesen. Immer wieder beteuerte er seine Unschuld und betete zu Gott um Erlösung von seinen Leiden. «Wenn nur Er mich nicht mehr erwachen ließe! Ach, wollte mir Gott Erlösung geben!... Aber nicht das Schrecklichste: meinen Geist verwirren. Was will nur Gott mit mir? Ich werde es einmal erfahren, aber nicht mehr hier, denn mein Leben ist zertrümmert».

Die Fürstin hielt mit leidenschaftlicher Inbrunst zu ihrem Mann. Sie war von seiner Unschuld überzeugt. «Ich erkläre bei meiner Ehre als Frau und Mutter, daß die sämtlichen hier zusammengetragenen Anklagen von A bis Z erfundene Lügen von neidischen Feinden und falschen Freunden sind, und daß ich in der ganzen langen Zeit unserer bald 34jährigen Ehe niemals das geringste Anzeichen eines nicht völlig normalen Empfindungslebens oder gar Lebenswandels beobachtet habe. Ich wüßte auch nicht, wie irgendein vernünftiger Mensch von Anormalität zu reden wagen kann gegenüber der Tatsache, daß uns in den ersten 10 Jahren unserer Ehe (1876 bis 1886) 8 gesunde Kinder geboren sind. Aber man ist in Deutschland soweit heruntergekommen, daß selbst die normalsten und glücklichsten Ehen vor solchen modernen Verdächtigungen nicht schützen, eher schon ein offenkundiges ‹Verhältnis› ... Es ist jedenfalls eine bequeme Art, sich eines Ehrenmannes zu entledigen, den man stürzen will, dem man auf ehrliche Weise nicht beikommen kann[60]».

Dies war ein Teil ihrer Zeugenaussage, die die Fürstin vor Gericht verlesen wollte, aber sie wartete Tag für Tag vergeblich, daß man sie aufriefe. Am 13. Juli war Eulenburg so krank geworden, daß er zusammenbrach. Ein Bein war stark geschwollen, die Ärzte stellten eine Thrombose fest und lehnten einen Transport zum Gerichtsgebäude ab. Jetzt trat das Gericht im Krankenhaus zusammen. Niemals hatte man eine solch phantastische Szene erlebt wie diesen schamlosen Wahnsinn, der nichts anderes bezweckte als die Vernichtung des kaiserlichen Günstlings. Der Zustand Eulenburgs wurde immer schlechter, und das Gericht vertagte sich. Auch im September ging es ihm noch nicht besser. Der Fall wurde auf unbestimmte Zeit ausgesetzt. Man hatte geglaubt, daß die Richter auf nicht schuldig erkennen würden, aber Eulenburg wußte, daß dies nichts an seiner Lage geändert hätte. Sein Sturz war vollkommen. Er kehrte nach Liebenberg zurück. Dort hauste er als Halbinvalider bis zu seinem Tod, der ihn erst vierzehn Jahre später erlöste.

«In Rominten kannte man ihn nicht mehr», schrieb die englische Gouvernante, die des Kaisers Tochter betreute. «Aber vermutlich wurde niemand schmerzlicher vermißt als jener, dessen Namen man hier nie wieder erwähnte».

Die deutsche Flotte

In Wirklichkeit war es der englische König, der den Kaiser in dessen eigenem Spiel schlug. Zwei Jahre zuvor, in Björkö, hatte Wilhelm eine Festlandkoalition gegen England gepredigt. Triumphierend hatte er dem Zaren nach seiner Abfahrt geschrieben: «Holland, Belgien, Dänemark und Schweden werden von diesem neuen Schwerpunktzentrum angelockt. Sie werden sich in der Einflußsphäre des großen Machtblocks bewegen (Rußland, Deutschland, Frankreich, Österreich-Ungarn und Italien), Vertrauen in der Anlehnung finden und sich um diese Masse drehen». Weiterhin hatte er vorausgesagt, selbst Amerika werde beitreten und auf diese Weise John Bull daran hindern, «den Rest der zivilisierten Völker zu seinem Nutzen gegeneinander aufzuhetzen».

Björkö aber war ein totgeborenes Kind gewesen, und Algeciras hatte, anstatt England und Frankreich zu trennen, die Entente gefestigt. Und jetzt sah es aus, als trachte Großbritannien nach einem Freundschaftsabkommen mit den Russen. Das war zuviel. Das war ein unheilvoller Anschlag. Das Reich wurde eingekreist. Wilhelms Unzufriedenheit fand den Weg in die Presse. Bald griffen die Zeitungen Edward VII. und seine «dunklen Machenschaften» an. Am 15. April fragte die ‹Neue Freie Presse›, ob es denn noch jemand gäbe, der nicht glaube, daß ein diplomatisches Duell zwischen England und Deutschland unter den Augen der Welt ausgefochten werde. Der englische König scheue sich nicht, seinen ganzen Einfluß in die Waagschale zu werfen, wenn es gelte, deutsche Interessen zu durchkreuzen. Auch das Treffen in Gaëta (mit dem König von Italien) hänge mit der brennenden Eifersucht auf Deutschland zusammen. Schon fragten sich die Leute: Was bedeutet diese dauernde Betriebsamkeit, die ganz offen vor sich geht? Wer will einen engen Ring um Deutschland legen? Dieser Ausdruck wurde aufgegriffen. In der Diplomatensprache wurde daraus die «Einkreisung».

Die Deutschen wurden fast ausschließlich durch die Person des Kaisers repräsentiert. Sie traten in diesem Augenblick drohend und polternd auf, im nächsten gaben sie sich gequält und vorwurfsvoll. Sie waren tüchtig, ungestüm und unklug – sie hatten eine verwundbare Stelle auf dem Schulterblatt. Sie sehnten sich nach Geltung und Beifall. Sie neigten zur Niedergeschlagenheit, die über Nacht in Selbstüberheblichkeit ausarten konnte. «Die meisten von uns Deutschen», erklärte ein Diplomat seinem englischen Kollegen, «können das Gefühl nicht abschütteln, daß wir einer Parvenu-Nation angehören. Deshalb stehen wir immer auf Posten, um achtzugeben, ob nicht irgendein Land uns kränken will[61].»

Und genau so verhielt sich der Kaiser: empfindlich, neidisch, überheblich und gleichzeitig unsicher. Selbst nach seinem Triumph von Tanger (vor der Niederlage von Algeciras) hatte er sich bemitleidet, weil die englische Presse sich feindselig verhielt; er klagte darüber, als er mit der Fürstin Pless sprach: «Er wurde sehr aufgeregt, und während unserer Unterhaltung über England hatte er Tränen in den Augen», schrieb sie in ihr Tagebuch. «Die beiden Völker sind von derselben Rasse, doch in jeder Hinsicht absolut verschieden. Auf dem einen Thron der Neffe, auf dem andern der Onkel. Beide Völker glauben sich im Recht, und beide glauben im Ernst, daß jedes das andere beherrschen will. Für den Kaiser ist es eine bittere Enttäuschung, verkannt zu werden und unbeliebt zu sein – und immer will er der Erste sein. Er kann sich in eine solche Erregung hineinsteigern, daß seine Minister ihrer kaum Herr werden. Sie sagen ihm deshalb nicht alles, aus Furcht vor dem, was er anstellen könnte. Der König mag den Kaiser ganz einfach nicht. Ich bin überzeugt, daß er keine gefährlichen Absichten gegen Deutschland hat. Aber er zeigt die Zähne, wenn ein Deutscher sich ihm nur schon nähert. Es werden auf beiden Seiten viele Fehler gemacht».

Diese Fehler auf beiden Seiten waren oft lächerlich und kindisch, und keineswegs war an ihnen nur der Kaiser immer schuld. Edward war nach dem Besuch Wilhelms in Tanger so verärgert, daß er seinem Sohn Georg die Teilnahme an der Hochzeit des Kronprinzen in Berlin verbot: wegen des spanischen Königsbesuchs müsse er zu Hause bleiben. Drei Monate später schickte der König dem Kronprinzen einen Brief und lud ihn und seine Braut zu einem Besuch Englands ein. Wilhelm II. geriet in Aufregung und beklagte sich beim Zaren: «Er bringt es fertig und lädt meinen Sohn hinter meinem Rücken nach England ein. Ich habe natürlich dieser Sache Einhalt geboten». Er bot ihr nicht nur Einhalt; er sagte ab mit der Begründung, daß der König von Spanien Deutschland besuchen würde. Damit nicht genug, belehrte er den englischen Botschafter, solche Einladungen seien an das «Haupt des Hauses Hohenzollern» zu adressieren. Im übrigen bezweifle er nach dem letzten Besuch des Kronprinzen, der im «unziemlichen Herumtollen auf unbeleuchteten Korridoren» bestanden habe, die wohltuenden Einflüsse einer englischen Umgebung, und schließlich argwöhne er auch, daß der König den Kronprinzen für seine eigenen finsteren Zwecke in die Hände zu bekommen wünsche. «In Wahrheit», erklärte Edward hitzig Lord Knollys, «ist er eifersüchtig, weil ich seinen Sohn überhaupt eingeladen habe. Natürlich weiß auch ich, daß der junge Mann nicht ohne die Genehmigung seines Vaters hätte herüberkommen können».

Der König war nicht so unschuldig, wie er vorgab, und es war nicht nur Eifersucht. Der Kronprinz war charakterschwach und leicht beeinflußbar. Edward gab sich, wann immer er ihn sah, so angenehm wie möglich, und brachte den jungen Mann dadurch ganz in seinen Bann. Er konnte nichts Ärgeres tun, als ihn des Lobes auf Edward voll nach Berlin zurückzuschicken. Später schrieb der Kronprinz in seinen Erinnerungen, daß der König zu ihm stets sehr freundlich gewesen sei. Er habe sich stark für seine Entwicklung interessiert. Oft hätten sie stundenlang in zwanglosester Weise beisammengesessen, der König in einem bequemen Sessel ausgestreckt und eine riesige Zigarre rauchend. Kaum je, meinte der Kronprinz, habe er einen Menschen getroffen, der es so wie Edward verstand, die Menschen zu bezaubern.

Der Kronprinz war nur eine der Sorgenquellen. Viel ernster war der Klatsch, den die Höflinge der beiden Monarchen aufschnappten und ihren Herren weitergaben. Der König machte Witze über Wilhelm. Nach Algeciras nannte er ihn «die brillanteste Niete der Geschichte», und der Kaiser zahlte ihm das heim, indem er sich an Bord der ‹Hohenzollern› in Gegenwart einiger Amerikaner lautstark über die Liederlichkeit der englischen Moral und die Beziehungen des Königs zu Mrs. Keppel verbreitete. Dieser Pfeil erboste Edward. Er ließ seinen Neffen wissen, daß ihm dessen Bemerkungen zu Ohren gekommen waren. Durch seinen Sekretär teilte er dem englischen Botschafter in Berlin mit, «Seine Majestät wisse nicht, ob der Kaiser noch Zuneigung für ihn empfinde. Nach ein oder zwei Dingen, die er neulich gehört habe, würde er sagen, wohl nicht...»

Immerhin fand Edward im Jahre 1906, daß der Riß zu tief geworden war, und er unternahm etwas, um das Einverständnis wiederherzustellen. Im Januar schrieb er dem Kaiser einen Geburtstagsbrief, in dem es hieß: «Wir sind, mein lieber William, so alte Freunde und nahe Verwandte, daß ich sicher bin, die herzlichen Gefühle, die immer bestanden haben, werden unveränderlich fortdauern». Wilhelm antwortete dankbar: «Der ganze Brief atmete eine solche Freundlichkeit und eine so warme, wohltuende Freundschaft, daß er die am höchsten geschätzte Gabe unter meinen Geschenken ist». Vier Monate später jedoch, als Graf Metternich aus London schrieb und eine Zusammenkunft der beiden Monarchen vorschlug, um die deutsch-englischen Beziehungen zu verbessern, kritzelte der Kaiser an den Rand: «Ich glaube es nicht. Treffen mit Edward haben keinen dauernden Wert, weil er zu neidisch ist, propter invidiam.»

Dennoch trafen sich Onkel und Neffe im August in Deutschland und verbrachten drei Tage mit liebenswürdigen Gesprächen, wobei sie peinlich die Politik vermieden. Es gab keinerlei Zwischenfälle, und nach außen hin war das herzliche Verhältnis wiederhergestellt. Unter der Oberfläche aber grollte es weiter. 1906 war das Jahr von Algeciras, und privat donnerte der Kaiser gegen den Unruhestifter Edward, dem er allein alle deutschen Sorgen zuschrieb. «Über die Umtriebe seines Onkels, des Königs von England, ist er sehr gereizt», schrieb Graf Zedlitz. «Von den Russen sagt er, es sei unerhört, daß sie sich bei dieser Gelegenheit ohne jedes Besinnen bei der Konferenz auf die Seite der uns feindlichen Mächte gestellt hätten. Die Italiener haben ihn durch ihre Haltung besonders gereizt und er meint: ‹Sie haben von jeher die deutschen Kaiser im Stich gelassen und verraten.› In Wirklichkeit liegt die Sache so, daß das einmütige Auftreten der Mächte auf der Konferenz gegen Deutschland von ihm als gegen ihn gerichtete persönliche Spitze gefühlt wird[62]».

Während des Jahres 1907 nahm das Kapital des Kaisers weiter ab, während Edward von ausländischen Botschaftern als «der scharfsinnigste Diplomat Europas» gefeiert wurde. In diesem Jahr unterzeichnete England ein Abkommen mit Rußland, das als ein neuer Triumph des Königs angesehen wurde. Obwohl die englisch-russische Konvention keine militärische Allianz war, sondern nur ein bescheidenes, ziemlich anfechtbares Übereinkommen wegen einiger strittiger Punkte wie Persien und Afghanistan, wurde es mit Recht für eine Vorstufe zu größeren Regelungen gehalten. Die neutralen Diplomaten beobachteten schadenfroh das ungleiche Duell zwischen Onkel und Neffen. Es war dem Kaiser nicht nur nicht gelungen, Großbritannien und Frankreich in Algeciras auseinanderzubringen, er hatte auch mit seinem Umgarnungsversuch in Björkö keinen Erfolg gehabt. Jetzt hingegen schritt Edward ein und schnappte ihm den Bissen vor dem Munde weg.

Dieser Eindruck verstärkte sich im Jahre 1908, als Edward den Zaren in Reval besuchte. Es handelte sich zwar nur um einen Höflichkeitsbesuch und es wurde nicht über politisch Bedeutsames gesprochen, doch Edwards Ansehen als führender Kopf war so gestiegen, daß die Deutschen in der Begegnung ein verhängnisvolles Ereignis sahen. «Es ist amüsant, wie England – natürlich ist es nur der König – es versteht, alles zu bekommen, was es haben will», schrieb Fürst Gottfried Hohenlohe, ein österreichischer Diplomat, der Fürstin Pless. «Er wollte Rußlands Freund sein, und er verstand es ausgezeichnet, mit Iswolskij, dem russischen Minister, umzugehen, der ein Snob ist und sich gern englisch gibt. Nach allem, was mir der Zar gegen England sagte, muß ich darüber lachen. Ich schrieb einigen russischen Damen und fragte, ob sie schon kleine *Saints Edouards* in den Zimmerecken hätten. Wie Sie wissen, müssen die Russen immer einige neue Heilige haben, die sie in die Wandnischen stellen».

Die Person des Kaisers, die bis jetzt – wenigstens von den Deutschen – als ein Aktivposten angesehen worden war, wurde nun heftig kritisiert. Vergessen war der «unleugbare Charme», den Bülow gepriesen, der «große und originale Geist», den die Fürstin Pless bewundert hatte. Jetzt klagte sie, daß er «schrecklich taktlos, laut und theatralisch» sei. «Er hat keine guten Manieren», schrieb sie in ihr Tagebuch. «Er versteht es nicht, seine Freunde auszuwählen. Er ist spießbürgerlich, und doch hat er manchmal noch den Zauber der Jugend». Andere englische Damen beschwerten sich darüber, daß er am erschreckendsten sei, wenn er sich in so spaßiger Laune befände, daß er ihre Hände packe, bis sie vor Schmerz zusammenzuckten. Dann rief er fröhlich: «Haha! Die eiserne Faust! Was?» Auch deutsche Damen fanden seine Scherze quälend. Als seine Schwägerin an der Tafel einmal husten mußte, schlug er ihr so heftig auf den Rücken und sagte dabei: «Das wird dir helfen», daß sie fast vom Stuhl fiel. Öfter als früher jammerte Graf Zedlitz, der Kaiser kränke hohe Würdenträger, indem er sie «Esel, Idioten und Schafsköpfe» nenne. Wenn er ausgelassen war, demütigte er selbst Generale: Er stieß sie in den Schnee oder drosch ihnen mit seinem Marschallstab eins hinten drauf.

Wilhelm II. wußte, welche Wirkung seine Person auf andere Leute ausübte. Dies war der Preis, den ein König zu zahlen hatte: Er bewegte sich in einer Welt der unverhüllten Schmeichelei und der verborgenen Kritik. Miß Anne Topham, die englische Gouvernante, die dem Haushalt des Kaisers im Jahre 1902 angehörte, um die neun Jahre alte Prinzessin Viktoria zu unterrichten, berichtete, daß keiner der Höflinge ihn wirklich mochte oder auch nur auf gutem Fuß mit ihm stand. Sein explosives Temperament beunruhigte die Umgebung, die ständig in Furcht vor unerwarteten Wünschen lebte. Andererseits – wenn er zufrieden war mit der Welt – gab es niemanden, der so einfach, einnehmend und zwanglos sein konnte wie er. Oft hänselte er Miss Topham wegen England. Er las regelmäßig den ‹Punch›, und zuweilen sprang er am Abend auf, wenn die Erzieherin nähend bei der Kaiserin saß, kam zu ihr mit der Zeitschrift in der Hand und zeigte ihr eine politische Karikatur von sich: stets mit der Pickelhaube und gesträubtem Schnurrbart, häufig auch als Seeschlange dargestellt. «Was halten Sie davon?» fragte er dann. «Hübsch, nicht wahr? Große Ähnlichkeit, eh?» Worauf die arme Frau natürlich nichts zu sagen wußte.

Ob der Kaiser seinen Sinn für Humor bewahren konnte, war im voraus nie zu sagen. Einmal machte er mit der Kaiserin einen Spaziergang außerhalb der Schloßanlagen in Potsdam. Als er zurückkam, stand ein neuer Posten am Tor. Der Soldat redete ihn mit «Herr Leutnant» an und verweigerte den Eintritt. Doch der «Herr Leutnant» überzeugte den Posten schließlich davon, daß er eine dienstliche Angelegenheit bei dem Flügeladjutanten des Kaisers zu erledigen habe, und das Tor wurde geöffnet. Wilhelm II. fand den Vorfall unbeschreiblich komisch. «Wenn man an die Zahl der Postkarten mit dem Bild des Deutschen Kaisers denkt», sagte er lachend, «muß man sich fragen: Wo hat der Mann sein ganzes Leben lang gesteckt?» An einem andern Tag aber hätte dasselbe Vorkommnis ihn vielleicht in einen Wutausbruch versetzt. Oft verlor er bei unvermeidlichen Pannen den Kopf. Als König Edward und Königin Alexandra Berlin besuchten, wurden die Pferde vor der Staatskarosse durch die Salutschüsse scheu und brachen aus. Wilhelm ärgerte sich darüber so sehr, daß er seinen Platz verließ, um dem König seinen Stallmeister mit den Worten vorzustellen: «Das ist der Mann, der den Zug verpfuscht hat».

Die Söhne des Kaisers wurden von ihm genau so eingeschüchtert wie seine Höflinge. Obwohl man Wilhelm oft als vorbildlichen Ehemann und Vater pries, führte er fast so gut wie gar kein Familienleben. 1907 waren der Kronprinz und Prinz Eitel Friedrich Offiziere, Prinz Adalbert diente bei der Marine, Prinz August Wilhelm und Prinz Oskar besuchten die Universität, Prinz Joachim beendete seine Kadettenausbildung in Plön. Nur die 15jährige Prinzessin Viktoria Luise konnte noch als Kind angesehen werden. Doch alle sechs Söhne verstummten in Gegenwart des Kaisers. Wie die meisten Eltern dieser Epoche lehnte Wilhelm Vertraulichkeit ab, doch nicht deswegen – auch nicht wegen religiöser Hemmung oder puritanischer Erziehung – verharrten sie in gequälter Stille: Sie waren gehemmt, weil Wilhelm ihnen keine persönliche Selbständigkeit erlaubte. Die einzige Ausnahme war die Prinzessin, denn sie vergötterte ihren Vater und brachte es deshalb fertig, eine etwas begünstigtere Stellung zu gewinnen, die Söhne dagegen waren in ihre Schranken verwiesen. Wenn einer von ihnen eine Meinung zu äußern wagte, konnte es geschehen, daß der Kaiser ihn wegen seiner Unverschämtheit rüffelte oder – was noch schlimmer war – ihn mit Hohn überschüttete, wogegen es keine Abhilfe gab. Die Kaiserin tröstete sie hinter seinem Rücken, griff aber niemals ein, denn noch immer sah sie zu Wilhelm wie zu einem Orakel auf: Unaufgefordert und weitschweifig äußerte er seine Ansichten zu jeder Angelegenheit unter der Sonne – über Musik und Kanonen, über Archäologie und das Verlegen von Rohren. Er produzierte sich sogar als Fachmann für Damenmoden. In jedem Jahr wählte er ein Dutzend Hüte zum Geburtstag der Kaiserin aus. Es waren Gedichte von Hüten, mit Früchten und Federn, mit Borten und Blumen geschmückt. Bevor sie in die Garderobe der Kaiserin gebracht werden durften, mußten sie in einem der Empfangsräume zur Schau gestellt werden, damit das Gefolge den Kaiser zu seinem erlesenen Geschmack beglückwünschen konnte. Jahr um Jahr begrüßte die ergebene Kaiserin die Gabe als einen Beweis für die glückliche Hand ihres Mannes.

Ein Charakteristikum Wilhelms war seine Rastlosigkeit. Er schien wie eine alles verzehrende Flamme zu brennen. Selbst bei einem belanglosen Gespräch warf er seinen ganzen Körper in die Unterhaltung. Er nickte mit dem Kopf, wippte von einem Bein auf das andere und bewegte einen Finger vor der Nase seines Zuhörers. Sein Mangel an Gelassenheit hielt ihn fast dauernd in Bewegung. Obwohl er das Neue Palais in Potsdam als sein eigentliches Heim betrachtete, besaß er mehr als dreißig Burgen und Schlösser in Deutschland und legte Wert darauf, ein Drittel davon in jedem Jahr aufzusuchen – manchesmal nur für ein Wochenende. Am allerliebsten schien er in seinen creme- und goldfarbenen Hofzug zu steigen, um in der Finsternis der Nacht durch Deutschland zu brausen. Dieses Vergnügen wurde von seiner Umgebung mitnichten geteilt, die den kaiserlichen Zug als eine Tortur erachtete: Es bestand der allgemeine Eindruck, daß er heftiger rattere und stoße und schwanke als jede andere Eisenbahn im ganzen Reich. Die Damen stellten fest, daß es unmöglich war, sich an- und auszukleiden (geschweige denn, ein Korsett zu schnüren oder das Haar zu richten). Meist schliefen sie in den Kleidern und starrten der Welt am nächsten Morgen blaß und übernächtigt ins Antlitz.

Noch gefürchteter als der Zug war jedoch des Kaisers jährlicher Ferienaufenthalt auf Schloß Wilhelmshöhe. Da er sich hier weder mit Jagd noch mit Segeln beschäftigen konnte, reagierte er seine Energie dadurch ab, daß er sich auf eine ziemlich rauhe Weise Bewegung zu machen wußte. Er tat nie etwas allein, also war sein Gefolge gezwungen, sich ihm anzuschließen. Jedermann hatte um halb sieben wach zu sein, und mit ihm auszureiten. Nach dem Kaffee wurde Tennis gespielt (was anscheinend eine schwere Plage war, denn die Adjutanten hüteten sich so sehr, einen Ball gegen den kaiserlichen Bauch zu schmettern, daß von einem Spiel kaum die Rede sein konnte). Anschließend widmete man sich für eine Stunde oder zwei Ausgrabungen in den römischen Ruinen der Nachbarschaft. Dann wurde gefrühstückt und zwar stets im Freien, gleichgültig, wie kalt es sein mochte, und die Damen hatten dabei immer wie bei einem Staatsempfang in Satinkleidern und Schleppen zu erscheinen. Die Nachmittage waren womöglich noch erschöpfender, denn sie waren der Bergsteigerei gewidmet oder langen Wanderungen durch die Wälder. «Wir gleichen dem Judenvolk aus dem Exodus», klagte eine der Hofdamen. «Wir müssen stets für alles gerüstet sein, mit den Schuhen an den Füßen – Schuhen, die für alle und jede Gelegenheit passend sind, für Palastparkett und schmutzige Straßen –, den Stock haben wir in der Hand; niemand wagt es, sich zu entspannen oder es sich bequem zu machen.»

Die Ruhelosigkeit des Kaisers, seine Nervosität, seine Launenhaftigkeit verwirrten nicht nur seine Umgebung, sie beunruhigten auch – was nicht verwunderlich war – die Öffentlichkeit. «Manchmal verfällt er in napoleonische Allüren», schrieb die englische Gouvernante, «gelegentlich versucht er, einen besonderen Freund ins Ohr zu kneipen.» Das war der Mann, mit dem Europa zu rechnen hatte. Es verwundert nicht, die Diplomaten Meere von Tinte verströmen zu sehen, um sein Wesen zu ergründen. «Dem Charakter des Kaisers kann gar nicht genug Aufmerksamkeit geschenkt werden», stellte der britische Gesandte in München und Stuttgart, Cartwright, am 12. Januar 1907 in einem Memorandum an Außenminister Grey fest. «Seine Stimmungen und Gedanken sind der Angelpunkt, um den sich die deutsche Innen- und Außenpolitik dreht. Unter gutinformierten Leuten scheint die Überzeugung zu herrschen, daß die Spannungen, denen das Nervensystem Seiner Majestät in den letzten Jahren ausgesetzt war, den Kaiser in einen körperlichen Zustand versetzt haben, der sehr zu bedauern ist. Ihm wird viel vom Auf und Ab seiner Stimmungen, dem Wechsel zwischen Optimismus und Niedergeschlagenheit, zugeschrieben. Da er nur Männer ohne eigene Meinung in seiner Nähe hat, ist er außerstande, ernsthafte Probleme zu erfassen. Da er keinen Widerspruch erfährt, kennt er die Wahrheit nicht. Zeitweilig jedoch ahnt er künftige Gefahren. Dann fühlte er sich entmutigt, obwohl sein Selbstvertrauen so groß ist, daß er sich nicht zu der Einsicht durchringen kann, er habe den falschen Weg gewählt. Er hält dann verzweifelte Reden, wie jene in Breslau während der letzten Herbstmanöver, wo er mit starken Worten alle Oppositionellen als Schwarzseher und Staatsfeinde brandmarkte. Es ist diese Ungewißheit seiner Launen und Stimmungen – die meist der Öffentlichkeit verborgen bleiben –, die es so schwer macht, allen Wendungen der deutschen Politik zu folgen[63]».

In dieser Atmosphäre von Erregung, Eifersucht und gegenseitigen Beschuldigungen trafen sich die beiden Monarchen zweimal im Jahre 1907, das einemal in Deutschland, ein andermal bei dem Staatsbesuch, den der Kaiser und seine Gemahlin im November England abstatteten – jene Visite, die Wilhelm wegen des Eulenburg-Skandals beinahe abgesagt hätte. Es war eine Art Wunder, daß beide Treffen harmonisch verliefen, denn der Kaiser sprach zwischen den Besuchen freimütig von den schändlichen Versuchen seines Onkels, Deutschland einzukreisen. Als er in England eingetroffen war, hielt er in der Guildhall eine bewegende kleine Rede, wobei er sagte, daß «die Hauptstütze und die Basis des Friedens in der Welt die Aufrechterhaltung guter Beziehungen zwischen unseren beiden Ländern ist. Blut ist dicker als Wasser. Die Wünsche des deutschen Volkes stimmen mit den meinen überein.» Dann reiste er nach Highcliffe bei Bournemouth, um sich ein paar Wochen bei seinem Freunde, dem Obersten Stuart-Wortley, zu erholen. Dort sprach er viel davon, wie er mißverstanden werde, über die «Mißdeutung seines Charakters» und seine Gefühle England gegenüber. Er kehrte nach London zurück, frühstückte mit König Edward im Buckingham Palast und reiste nach Deutschland ab. Am Tag nach seiner Abfahrt gab die deutsche Regierung ihre Absicht bekannt, ihre Schiffe künftighin alle zwanzig Jahre – anstatt alle fünfundzwanzig – zu ersetzen, wodurch die Schlagkraft der deutschen Flotte um zwanzig Prozent erhöht werde. Das bessere Einvernehmen, das der Besuch des Kaisers hervorgerufen hatte, schwand über Nacht.

Der Kaiser hatte gewußt, daß die Ankündigung der Flottenverstärkungen bevorstand, und er empfand Genugtuung darüber. In früheren Tagen hatte er seine Flotte als ein schönes Spielzeug angesehen, als ein Prestigesymbol, das seine englischen Verwandten zu neidvoller Bewunderung hinreißen würde. Bülow schrieb boshaft: «Das Bild, das der Phantasie Wilhelms II. als schönste Zukunftsperspektive vorschwebte, war, daß er an der Spitze einer großen, einer sehr großen deutschen Flotte eine friedliche Fahrt nach England antreten würde. Auf der Höhe von Portsmouth würde den Deutschen Kaiser der englische Souverän an der Spitze seiner Kriegsflotte erwarten. Die beiden Flotten würden aneinander vorbeidefilieren, jeder der beiden Souveräne auf der Kommandobrücke seines Flaggschiffs in der Marineuniform des anderen und mit dem Ordensband des anderen. Dann würde nach dem Austausch der obligaten Umarmungen und Küsse in Cowes ein Galadiner mit herrlichen Reden stattfinden[64]».

Dies mochten die Gefühle des Kaisers um die Jahrhundertwende gewesen sein, 1908 aber hatte er sich längst eingeredet, Ansehen und Zukunft Deutschlands hingen von der Flotte ab. Jeder Schritt, der die Entente gegen ihn festigte, jeder Erfolg, den Edward errang, überzeugte den Kaiser davon, daß es die Seeherrschaft war, auf die es wirklich ankam. Es war unmöglich, mit eindrucksvoller Stimme in den Weltaffären mitzureden, wenn man keine Flotte hatte. Als er mit König Viktor Emmanuel in

Neapel zusammentraf, bemerkte er bitter, seine Kollegen, die europäischen Monarchen, hätten seinen Reden wenig Aufmerksamkeit geschenkt – trotz seiner langen Regierungszeit nicht –, doch vertraue er darauf, daß eine mächtige deutsche Flotte den Worten des Deutschen Kaisers schon noch den nötigen Nachdruck verschaffen werde.

Bis 1908 hatte die britische Regierung keinen Versuch unternommen, sich mit Deutschland über den Schiffsbau zu verständigen. König Edward hatte im Jahre 1906 seinen Neffen gefragt, ob er glaube, daß eine Einigung möglich sei. Wilhelm hatte mit einem unzweideutigen «Nein» geantwortet. Danach war die Sache nicht weiter verfolgt worden, und die englische Admiralität hatte sich auf Erneuerung und Ausbau ihrer eigegenen Marine konzentriert. Alte Schiffe wurden verschrottet, die atlantische und die Kanalflotte wurden zur «Home Fleet» vereinigt, und der erste Dreadnought, ein Super-Schlachtschiff, das gewaltiger war als alles, was man bislang gesehen hatte, lief vom Stapel. «Wir werden um dreißig Prozent schlagkräftiger sein», erklärte Sir John Fisher, der Erste Seelord, «und wir werden damit sofort für den Krieg gerüstet sein.»

Der deutsche Nachtrag von 1907 jedoch sauste wie ein betäubender Schlag hernieder. Admiral Tirpitz vergrößerte die deutsche Flotte nicht nur um zwanzig Prozent, er begann zudem mit einem Bauprogramm, das den englischen Anstrengungen gleichzukommen oder sie gar zu übertreffen drohte. Er wollte von 1908 bis 1911 vier Schlachtschiffe pro Jahr vom Stapel lassen und danach – bis 1917 – zwei im Jahr. Plötzlich sah man ein, daß die übergroßen Schlachtschiffe, die konstruiert worden waren, um die britische Vorherrschaft ein für allemal zu sichern, ein arger Irrtum gewesen waren: Denn jetzt erklärte die Admiralität, daß nach dem Dreadnought alle andern Typen veraltet seien. Wenn dies so war und wenn Deutschland mit England Kopf an Kopf im Rennen lag, dann gehörte die britische Vorherrschaft auf den Meeren der Vergangenheit an.

Panik überschwemmte das Land. Alle Verdächtigungen der letzten Jahre verhärteten sich zu Anklagen. Jedermann fragte: Weshalb wollte Deutschland eine riesige Flotte haben, da es doch über eine Armee von vier Millionen Mann verfügte? Warum baute man sie als Schlachtflotte, wenn sie zur Verteidigung dienen sollte? Warum blickten die Deutschen so finster auf das Inselimperium? Gegen wen konnte die Flotte gerichtet sein, wenn nicht gegen England*?

---

* Selbst die deutsche Öffentlichkeit fand, daß diese Fragen schwer zu beantworten seien. «Dem Mann auf der Straße ist der Verwendungszweck der deutschen Flotte unklar», schrieb der englische Gesandte in München im Januar 1907. «Aber er vertraut der Wirkung, die sie auf ausländische Mächte haben kann, mehr als der gegenwärtigen Diplomatie der Wilhelmstraße zum Schutz des Landes.

Die «Gefahrenzone», die Tirpitz im Jahre 1900 vorausgesagt hatte, war nun erreicht, doch nahm sie eine gänzlich andere Gestalt an, als er geglaubt hatte. Die englische Öffentlichkeit – weit davon entfernt, die Offensive zu ergreifen und über einen Angriff auf die deutsche Flotte nachzusinnen – kam zu der Folgerung, Deutschland sei gut auf eine Invasion Englands eingestellt und verlangte lautstark nach einer angemessenen Verteidigungsplanung. Die konservative Opposition hielt leidenschaftliche Reden im Parlament, die Presse lamentierte unaufhörlich, Romanschriftsteller und Stückeschreiber wurden vom Fieber erfaßt. Die Erregung nahm ungeheuerliche Formen an. Überall argwöhnte man deutsche Spione. Einmal erzählte man sich von 40 000 geschulten Agenten, die als Kellner verkleidet seien, dann von Schiffen, die den Humber hinauffuhren, dann von einem geheimnisvollen Flugzeug, das Großbritannien nächtliche Besuche abstatte. Die billigen Magazine wimmelten von haarsträubenden Abenteuergeschichten, die Titel trugen wie ‹Der Überfall der germanischen Geier›, ‹Der große Sturm›, ‹Der unvermeidliche Krieg›, ‹Die Eindringlinge›, ‹Wie die Deutschen London nahmen›, ‹Während England schlief› und ‹Die Geschichte einer Invasion, die England bis ins Mark aufwühlen wird›. Auf einer Londoner Bühne wurde ein Stück gespielt, das sich ‹Das Heim eines Engländers› nannte. Es zeigte einen Haushalt, in dem über nichts anderes geredet wurde als über Vergnügen und Sport. «Plötzlich wurde das ‹Heim› von Soldaten einer fremden Armee umringt, deren Uniformen man zuerst für englische hielt. Welche Armee war das? Die Armee des ‹Kaisers des Nordens›. Einer der Helden des Stückes griff nach einer Jagdflinte, um sich zu verteidigen und wurde auf der Stelle niedergeschossen, weil er die Kriegsgesetze gebrochen habe. Die Landwehr betrat die Szene nur, um sich lächerlich zu machen. Schließlich trat die reguläre Armee auf und rettete die Situation; jedermann aber wußte, daß dieser Ausgang konventionell und daß die wirkliche Haltung des Autors eine hoffnungslos pessimistische war[65]».

Das Erstaunen des Kaisers und des Admirals Tirpitz über die britischen Invasionsbefürchtungen war echt. Eine Invasion stand nicht auf ihrem Programm, ja, sie wurde als ein absurdes Hirngespinst angesehen. Tirpitz erläuterte dem britischen Militärattaché, daß keine Nation, die ihre fünf Sinne beisammen habe, eine Invasion in Betracht ziehen könne,

Die Stimmung gegen England ist zu einem großen Teil erkünstelt, aber sie wird unglücklicherweise von der Reichsregierung zum Zwecke der Einschüchterung gefördert, damit die Öffentlichkeit der Bewilligung der Mittel zum Bau der großen Schiffe zustimmt. Wenn der Kaiser Gelder für den Schiffsbau anfordert, erhält er sie». (‹British Documents on the Origins of War›) wenn sie nicht über eine ungeheure Überlegenheit zur See verfüge, und selbst dann wisse er nicht, wie eine Armee viele Meilen weit übers Meer versorgt werden solle. Der Kaiser unternahm einen ungewöhnlichen Schritt: Er schrieb höchstpersönlich an Lord Tweedmouth, den Ersten Lord der Admiralität. Er nannte «dieses beständige Zitieren der ‹deutschen Gefahr›» etwas «beinahe Lächerliches». «In andern Ländern mag man leichtfertig daraus schließen, daß die Deutschen eine ausnehmend merkwürdige Gesellschaft sein müssen, da sie anscheinend imstande sind, die Engländer in Schrecken zu versetzen, die ihnen zur See doch fünfmal überlegen sind». Er konnte einen Seitenhieb auf Lord Esher nicht unterlassen, einen Hofbeamten, der Edwards Haushaltung vorgestanden und einen Brief über Marinefragen an die ‹Times› geschrieben hatte. Offensichtlich wußte Wilhelm nicht, daß Esher auch Mitglied des Verteidigungsausschusses war, denn er erkundigte sich spitz, «ob die Überwachung der Grundmauern und der Kanalisation in den königlichen Schlössern jemanden in die Lage setze, auch über Marinefragen sachverständig zu urteilen».

Lord Tweedmouth antwortete höflich, aber Edward VII. war über Wilhelms Anmaßung empört und schickte seinem Neffen einen frostigen Brief: «Dein Schreiben an meinen Ersten Lord der Admiralität ist ein ‹neues Verfahren›, und ich weiß nicht, wie er unsere Presse davon abhalten kann, der starken Vermehrung deutscher Kriegsschiffe Aufmerksamkeit zu schenken – was die Verstärkung meiner eigenen Flotte nötig macht. Glaube mir. Dein Dich liebender Onkel Edward. R.»

Der Kaiser war etwas verdutzt. Als er Sir Frank Lascelles, dem britischen Botschafter begegnete, erklärte er ihm frohgemut, er sei, da er ja den Rang eines Admirals der englischen Flotte innehabe, so frei gewesen, und habe Tweedmouth einen Brief geschrieben.

Unterdessen fühlte sich der deutsche Botschafter Graf Metternich in London recht fehl am Platze. Wiederholt hatte er Berlin ein englisches Argument präsentiert, das ihm sehr einleuchtend erschien. Asquiths liberale Regierung wünsche nicht ihr Geld für die Ausrüstung aufzuwenden; sie sei gewählt worden, um ein umfangreiches Sozialprogramm durchzuführen. Da England jedoch keine Armee unterhielte, seine Flotte also die einzige Sicherheit bedeute, könne es keine britische Regierung hinnehmen, daß die Flottenüberlegenheit in Frage gestellt werde. Für jedes Super-Schlachtschiff, das Deutschland baute, war Großbritannien entschlossen, zwei weitere auf Kiel zu legen. Aber wäre es denn für die beiden Länder nicht wünschenswerter, ein Abkommen über das Flottenverhältnis zu erreichen und sich ruinöse Ausgaben zu ersparen? Metternich erklärte mit Nachdruck, wenn Deutschland auf einem Wettrüsten bestehe, werde sich ein gefährlicher und dauernder Bruch zwischen beiden Nationen auftun, der Englands Feindschaft für den Fall eines Konfliktes außer Frage stelle. Metternichs Berichte verärgerten Wilhelm. Sein Grimm nahm fast pathologische Formen an. Im Laufe der Wochen versetzte ihn die bloße Anwendung des Begriffs «Diskussion» in maßlosen Zorn. Er kritzelte an den Rand des Botschafterschreibens: Niemals werde er sich einem Diktat darüber beugen, wie die Rüstung betrieben werden sollte. «Ich sollte mit Granaten antworten!» ... «Das ist eine Sprache, wie man sie China oder Italien oder ähnlichen Kreaturen gegenüber gebraucht. Unerhört!!!» Er wünsche gute Beziehungen zu England nicht für den Preis, daß die deutsche Flotte litte, die gegen niemanden gerichtet sei, also auch gegen England nicht. Die eigenen Erfordernisse verlangten sie. Dies sei im Flottengesetz klar ausgesprochen, und elf Jahre lang sei es von niemandem angefochten worden. Das Gesetz werde bis zum letzten Tüpfelchen ausgeführt, ob das die Engländer nun wollten oder nicht, den Deutschen sei es gleich. «Wenn sie Krieg wollen, dann sollen sie ihn beginnen, wir fürchten ihn nicht». Die Behauptung, daß die deutsche Flotte gewissermaßen ins Leere gebaut werde, ohne Rücksicht auf die Stärke irgendeiner andern Flotte, war zu töricht, um glaubwürdig zu sein. Selbst Wilhelm glaubte nicht daran. Wie war es auch möglich, ein «Erfordernis» festzustellen, wenn es sich auf nichts bezog? In der Tat hieß es in der Präambel des Flottengesetzes, die deutsche Flotte habe so mächtig zu sein, daß die stärkste Seemacht bei einem Angriff ihre eigene Vorrangstellung gefährde.

Der Plan Wilhelms und des Admirals von Tirpitz sah die «Neutralisierung» der englischen Flotte vor. Wenn sie die Differenz zwischen beiden Flotten ausgleichen konnten, würde England es nicht wagen, sich gegen Deutschland zu wenden oder sich seinen Ansprüchen entgegenzustellen. Tirpitz war überzeugt davon, daß dieses Ziel zu erreichen war – auch wenn die Engländer das Gegenteil behaupten mochten. Er rechnete damit, daß Großbritannien die finanzielle Bürde als zu schwer empfinden würde, um den Vorsprung halten zu können. Freimütig eröffnete er dem Kaiser, wenn die britische Flotte im wesentlichen zu dem Zweck gebaut und unterhalten würde, um bei einem Angriff auf Deutschland so stark zu sein, daß keine übergroße Gefahr bestände, dann wäre der deutsche Flottenbau, vom historischen Standpunkt aus gesehen, ein Fehler und die Politik Seiner Majestät ein Fiasko. Um den Kaiser bei der Stange zu halten, fügte er hinzu, daß Deutschlands Stellung in der Welt bei der gegenwärtigen politischen Lage von Englands Wohlwollen abhängig bleiben würde.

Englands Wohlwollen, das war die verhaßte Triebfeder, die den Kaiser zu seinen Schiffsbauten bewog. Er hatte nicht die Absicht, die britische

Flotte anzugreifen, und es war ihm nie in den Sinn gekommen, die britischen Inseln zu überfallen. Er wollte die Flotte um ihrer Pracht willen: Eine Flotte, die groß genug war, um den Worten des deutschen Kaisers Weltgeltung zu verschaffen, eine Flotte, die so mächtig war, daß er nicht länger mehr auf den guten Willen Englands angewiesen blieb. Was er dagegen nicht begriff, das war die Tatsache, daß eine Flotte, die England die Stirn zu bieten vermochte, eine ständige Bedrohung der englischen Sicherheit darstellen mußte. Der Kaiser weigerte sich, dieses Argument gelten zu lassen. Er überlegte auch nicht einen Augenblick, daß man mit der andern Seite über diese Dinge reden müsse. «Sie werden sich an unsere Flotte gewöhnen müssen», schrieb er hochmütig; von Zeit zu Zeit müsse man ihnen versichern, daß sie nicht gegen sie gerichtet sei.

In dieser Stimmung befand sich der Kaiser, als Edward VII. im Sommer 1908 auf der Reise nach Österreich durch Deutschland reiste. Vor seiner Abfahrt fragte ihn Sir Edward Grey, der Außenminister, ob er das Thema der Flottenrüstungen anschneiden werde, wenn er dem Kaiser in Kronberg begegne – das Foreign Office wollte wissen, ob die Mauer, gegen die es stieß, von Tirpitz oder vom Kaiser selbst errichtet worden sei. Edward lehnte nachdrücklich ab. Seit dem unseligen politischen Gespräch mit Wilhelm im Jahre 1901 – als er seinem Neffen das falsche Dokument des Auswärtigen Amtes ausgehändigt hatte – weigerte er sich, die Rolle eines Schlichters zu übernehmen. Er sei für derlei nicht geeignet, und es sei auch seiner konstitutionellen Stellung nicht angemessen. Zudem fand er, daß es aussichtslos sei, mit Wilhelm eine vernünftige Aussprache zu führen. Er gedachte nicht, diese Begegnung zu einer bitteren Szene ausarten zu lassen. Immerhin war er bereit, Sir Charles Hardinge mitzunehmen, den ständigen Unterstaatssekretär im Foreign Office. Wenn sich die Gelegenheit böte, könnte Hardinge selbst das Problem zur Sprache bringen.

Das tat er denn auch, als der Kaiser sich nach dem Frühstück mit ihm unterhielt. Wilhelm schien in liebenswürdiger Stimmung zu sein. Obwohl er ein gänzlich anderes Bild von der Flottenstärke gab als jenes, das Sir Charles vom Foreign Office empfangen hatte, gerieten die beiden Männer bald in ein angeregtes Gespräch. Hardinge wurde so interessiert, daß er sich eine Blöße gab. Er sagte: «Aber Sie müssen langsamer bauen.» Der Kaiser verstand es vortrefflich, demütigende Rügen zu erteilen. Augenblicklich nahm er an dieser Ausdrucksweise Anstoß. Er richtete sich steif auf und gab zu verstehen, daß niemand das Wort «müsse» dem Deutschen Kaiser gegenüber anzuwenden hätte. «Dann werden wir kämpfen», entgegnete er, «denn das ist eine Frage der nationalen Ehre und der Würde.» Frohgemut berichtete er Bülow von der Szene. «Ich habe ihm fest und scharf in die Augen gesehen.» Hardinge habe einen feuerroten Kopf bekommen, eine Verbeugung gemacht und um Entschuldigung für seine «unabsichtliche Bemerkung» gebeten, die Seine Majestät ihm vergeben und vergessen möge. Am Abend sei Sir Charles ein ganz anderer gewesen. Als er ihm schließlich den Roten Adlerorden I. Klasse verliehen habe, wäre Hardinge «windelweich» geworden. «Die offene Aussprache mit mir, in der ich ihm scharf die Zähne gezeigt habe, hat ihre Wirkung nicht verfehlt. Mit Engländern muß man immer so verkehren.»

Des Kaisers Ansicht, daß Deutschland keine wirkliche Großmacht sei, wenn es keine Flotte habe, wurde von andern europäischen Herrschern nicht geteilt. Die ausländischen Gäste, die den jährlichen Kaisermanövern beiwohnten, reisten gewöhnlich mit einem sehr gesunden Respekt vor der Macht Deutschlands und der Majestät Wilhelms II. zurück. 1908 war der Handelsminister Winston Churchill einer der Besucher gewesen. Der Kaiser erschien ihm als das vollkommene Symbol irdischer Größe. «Wie er da auf seinem Pferd saß, umgeben von Königen, Prinzen und Fürsten, während seine Legionen in scheinbar endlosem Aufmarsch an ihm vorbeizogen, war er der Inbegriff alles dessen, was diese Welt an materiellen Gütern zu bieten hat. Das Bild, welches sich mir am lebhaftesten im Gedächtnis erhalten hat, ist sein Einzug in die Stadt Breslau zu Beginn der Manöver. Er ritt ein prachtvolles Pferd an der Spitze einer Schwadron Kürassiere in ihren weißen Uniformen und adlergeschmückten Helmen. Die Straßen der schlesischen Hauptstadt waren dicht gedrängt mit seinen Untertanen, und das Spalier zu beiden Seiten bildeten nicht Soldaten, sondern, was noch eindrucksvoller war, Tausende alter Kriegsveteranen in altmodischen schwarzen Röcken und hohen Ofenrohr-Zylindern, als ob die große Vergangenheit Deutschlands ihre noch herrlichere Zukunft grüße[66]».

Diese herrliche Zukunft begann sich bereits zu verdüstern. Wilhelms Flottenbesessenheit und die gewundene Außenpolitik des Fürsten Bülow kennzeichneten die Jahre 1908 bis 1909 als einen Markstein auf dem Weg zur Katastrophe von 1914. Dem Bruch mit England folgte eine ähnlich gefährliche Entfremdung mit Rußland. Als der Kaiser im Oktober 1908 erfuhr, daß Österreich die Annexion Bosniens und der Herzegowina angekündigt hatte, erfolgte ein Zornesausbruch. Obwohl Kaiser Franz Joseph die beiden slawischen Provinzen in Übereinstimmung mit dem Berliner Kongreß seit fast dreißig Jahren verwaltet hatte, gehörten sie nominell der Türkei. Wilhelm war wütend, weil er nicht ins Bild gesetzt worden war und weil einer seiner Verbündeten es für angebracht gehalten hatte, sich so eigenmächtig zu verhalten. «Räuberei und Verbrechen», schrieb er auf den Bericht, «Wien hat uns in unerhörter Weise düpiert. Wenn der Sultan in seiner Not Krieg erklärt und in Konstantinopel die grüne Fahne des Heiligen Krieges hißt, werde ich ihm keine Vorwürfe machen».

Der eigentliche Konflikt war jedoch nicht zwischen Österreich-Ungarn und der Türkei entstanden, denn Franz Joseph gelang es alsbald, den Sultan durch hohe Entschädigungen zu besänftigen; der Streit war weitaus ernsterer Natur: Er leitete die gefürchtete Auseinandersetzung zwischen Rußland und Österreich ein, die Bismarck so eifrig zu vermeiden gesucht hatte. In Franz Josephs Reich gab es starke slawische Minderheiten; sie wurden von den Russen zur Loslösung und zum Zusammenschluß mit andern slawischen Staaten aufgewiegelt. Das unabhängige Serbien war der Anführer im Streit. Unterstützt durch russisches Geld und russischen Einfluß träumte es seit vielen Jahren von einem Großserbien, das eines Tages mit Bosnien und der Herzegowina zu errichten wäre. Österreich-Ungarn hatte die Annexion ausgesprochen, um alle derartigen Entwicklungen zu verhindern – doch hatte es dabei den Berliner Vertrag gebrochen und den ganzen Balkan in Unruhe gestürzt.

Die erste Reaktion des Kaisers war, neutral zu bleiben und zur Zurückhaltung zu mahnen. Bülow war für eine Unterstützung Österreichs, aber er spielte seine Rolle mehrere Monate lang besonnen. Die Lage verschlechterte sich jedoch. Die Serben waren sehr aufgeregt. Sie ließen ihre Agenten arbeiten, um Aufstände in Bosnien herbeizuführen. Österreichische Truppen wurden an die Grenze verlegt. Der Generalstabschef Graf Conrad von Hötzendorf schlug Franz Joseph vor, die «gefährliche kleine Natter» zertreten zu dürfen. Petersburg befürchtete, sein Schützling könnte angegriffen werden, und der Zar berief einen Kronrat, um eine mögliche Intervention zu prüfen. Doch die Generale lehnten entschieden ab. Rußland hatte sich noch nicht von der Niederlage erholt, die ihm Japan zugefügt hatte; es war zur Kriegführung nicht imstande. Der Zar gab einem Freund zu verstehen, die Situation sei so elend, «weil Rußland auf einen Krieg nicht vorbereitet ist und eine russische Niederlage das Ende des Panslawismus wäre». Er glaubte, die Deutschen spornten Österreich-Ungarn zu seiner streitlustigen Haltung an, und er befürchtete sogar, daß Berlin nach einer Gelegenheit Ausschau hielt, um Rußland anzugreifen.

Dies war mitnichten der Fall. Bis dahin hatte sich Deutschland umsichtig verhalten. Sobald aber Fürst Bülow aus Geheimberichten erfuhr, daß sich der Kronrat gegen die Kriegführung ausgesprochen hatte, gleichgültig, wie die Umstände waren, konnte er sich den Griff nach einem billigen

Sieg doch nicht versagen. Er gestattete der Wilhelmstraße die Absendung einer scharfen Note, so scharf, daß sie einem Ultimatum gleichkam: Falls die Russen nicht unverzüglich und eindeutig die Annexion Bosniens und der Herzegowina anerkannten, werde Berlin Österreich-Ungarn von einem Angriff auf Serbien nicht zurückhalten. Rußland hatte keine andere Wahl, als diese bittere Demütigung hinzunehmen.

Fürst Bülow versuchte listig, die Dinge beizulegen, indem er Gerüchte ausstreuen ließ (die er in seinen Memoiren wiederholte), sein «Diktat» sei eine freundliche Geste gewesen, mit dem Ziel, Rußland aus der peinlichen Lage zu befreien, mitansehen zu müssen, wie Serbien von Österreich gezüchtigt wurde. Der Zar jedoch hatte nicht das Gefühl, daß Deutschland ihm einen Gefallen getan habe. Am 18. März schrieb er seiner Mutter, die ihre Schwester, die Königin Alexandra, in London besuchte und erwähnte dabei das Ultimatum mit herben Worten: «Da die Angelegenheit nun einmal so definitiv und zweideutig dargestellt wurde, blieb mir nichts zu tun, als den Stolz zu bezwingen, nachzugeben und zuzustimmen. Die Minister waren einstimmig dieser Meinung. Wenn diese Konzession von unserer Seite Serbien vor der Zerschlagung durch Österreich retten kann, dann ist es – so glaube ich fest – die Sache wert. Unsere Entscheidung war umso unvermeidbarer, als wir von allen Seiten darüber informiert wurden, daß Deutschland absolut bereit zur Mobilmachung war. Gegen wen? Augenscheinlich nicht gegen Österreich! Aber die Öffentlichkeit bei uns erkennt das nicht, und es ist schwer, ihr klarzumachen, wie verhängnisvoll die Dinge vor ein paar Tagen aussahen...»
Am folgenden Tag schrieb der Zar an seinem Brief weiter: «Es ist wahr, daß Form und Methode der deutschen Aktion – ich meine: gegen uns – ganz einfach brutal waren, und wir werden das nicht vergessen. Ich nehme an, daß sie wieder versucht haben, uns von Frankreich und England zu trennen – aber wieder einmal ist es ihnen unzweifelhaft mißlungen. Solche Methoden führen zum entgegengesetzten Resultat».

Der Kaiser hatte nur eine kleine Rolle in diesem unglücklichen Schauspiel gespielt. Er traf den Zaren im Sommer in finnischen Gewässern und bemühte sich weiter, ihn zu beschwichtigen. Wir wissen nicht, ob er Erfolg hatte oder nicht; wir wissen nur, daß er bei seinem Besuch in Österreich im Oktober 1909 die Situation verschlimmerte. Er hielt eine flammende Ansprache, in der er sich auf die bosnische Krise bezog. Deutschland, erklärte er, habe hinter seinem Verbündeten Österreich-Ungarn in «schirmender Wehr» gestanden. All jene, die geargwöhnt hatten, daß die Annexion Bosniens und der Herzegowina ein Komplott zwischen Berlin und Wien gewesen sei, waren dessen nun sicher. Diese Überzeugung hatte weitreichende Folgen. Bismarck hatte stets betont, die deutsch-österreichische Allianz sei rein defensiver Natur. Er hatte als Grundsatz festgelegt, Deutschland werde Österreich bei aggressiven Absichten auf dem Balkan nicht unterstützen, da eine solche Politik Deutschland in Schwierigkeiten mit Rußland bringen müßte. Jahrelang war die Wilhelmstraße diesem Kurs gefolgt – nicht im Prinzip, doch in der Praxis. Nun schien es, als wende Deutschland plötzlich ein neues Verfahren an: Mit einem Schlag verwandelte es das Bündnis in einen Offensivpakt. In St. Petersburg hielt man diese Wendung für ein hochwichtiges Ereignis. In diesem Augenblick begann Rußland mit der Wiederaufrüstung. Mit der Finanzhilfe des verbündeten Frankreichs wurde der Bau einer strategischen Eisenbahn zur Westgrenze in Angriff genommen: ein Erfordernis für einen Krieg gegen Deutschland.

Das Interview

Mitten in der bosnischen Krise verübte der Kaiser eine Torheit, die ihn fast den Thron gekostet hätte und sein Vaterland zum Gegenstand des Gespötts der ganzen Welt machte. Zum erstenmal erhob sich die deutsche Öffentlichkeit gegen ihn und die Krone im Zorn. Vergessen war der Zank mit England wegen der Schiffbauten, vergessen der Streit mit Rußland wegen Serbien. Wochenlang sprach man nur noch von dem umstrittenen Verhalten des Deutschen Kaisers.

Die Geschichte begann Mitte Oktober 1908, als Fürst Bülow, der sich im Urlaub auf Norderney mit der bosnischen Affäre befaßte, eine Nachricht des Freiherrn von Jenisch erhielt, dem Vertreter des Auswärtigen Amtes im Gefolge des Kaisers in Rominten. Jenisch fügte einen Artikel von Oberst Stuart-Wortley bei, dessen Gast im Jahr zuvor der Kaiser in Highcliffe gewesen war. Der Oberst hatte Wilhelms Bemerkungen über die Mißverständnisse zwischen England und Deutschland niedergeschrieben und sie nun in die Form eines Interviews mit dem Kaiser gebracht. Er bat um die Genehmigung zur Veröffentlichung in einer englischen Zeitung. Da der Kaiser so «stark proenglisch» sei, nahm der Oberst an, daß die Äußerungen manchen Argwohn beseitigen und zu einer besseren Atmosphäre beitragen würden.

Der Kaiser hieß den Gedanken gut. Er wünschte jedoch von Bülow zu hören, ob irgendwelche Bedenken bestünden. Der Reichskanzler erzählt in seinen Erinnerungen, daß er zu überlastet gewesen sei, um «das umfangreiche und mit ganz unleserlicher Schrift auf dünnem und schlechtem Durchschlagpapier geschriebene Manuskript» lesen zu können. «Völlig ahnungslos, was das Schriftstück enthielt, ließ ich den Brief des Gesandten von Jenisch mit Anlage dem Auswärtigen Amt mit nachstehender eigenhändiger und bestimmter Weisung zugehen: ‹Ich bitte, den Artikel sorgsam zu prüfen, den Artikel sodann auf gebrochenem Bogen mit Kanzleihand (oder noch besser mit Schreibmaschine) abschreiben und wünschenswerte Korrekturen, Zusätze und Weglassungen (mit derselben Handschrift) am Rand eintragen zu lassen. Ferner soll eine Abschrift mit dem veränderten Text zurückbehalten werden für Seine Majestät. Ich bitte um strengste Geheimhaltung und möglichste Beschleunigung der Übersendung an mich›. Die beiden Worte ‹sorgsam› und ‹Weglassungen› hatte ich dick unterstrichen».

Der Unterstaatssekretär Stemrich las das Manuskript als erster. Er hielt es für zu «heikel», um von ihm beurteilt zu werden; deshalb brachte er es Herrn Klehmet, der Legationsrat war. Klehmet entnahm den Instruktionen, daß der Artikel nicht als Ganzes begutachtet werden sollte; er glaubte, es sollten nur Streichungen gemacht werden. Er fand den Artikel in Ordnung. Danach kam das Schriftstück zu Baron von Schön, dem Staatssekretär, der ebenfalls zustimmte.

«Nach einigen Tagen gelangte die Pièce von seiten des Auswärtigen Amtes wieder an mich zurück», schrieb Bülow, «mit der Meldung, daß sich nur einige geringfügige und unerhebliche Korrekturen empföhlen, die sich auf den Namen des nach Fez entsandten deutschen Konsularbeamten und einige ähnliche Quisquilien bezogen. Ich übergab das Schriftstück noch einmal dem mich als Vertreter des Auswärtigen Amtes begleitenden Gesandten von Müller. Als mir Herr von Müller am nächsten Tage die Pièce zurückreichte, frug ich wiederum und mit Nachdruck, ob die Publikation des Artikels auch wirklich ganz unbedenklich wäre. Der Gesandte von Müller bejahte mit Emphase meine Frage, und ich ermächtigte ihn, die Anfrage aus Rominten zu beantworten. Ich ahnte nicht, daß diese Sendung aus dem kaiserlichen Jagdlager eine Dynamitbombe war, deren Explosion nicht lange nachher die schwierigste innere Krise hervorrufen sollte, der ich während meiner Amtszeit zu begegnen hatte[67]».

Es erscheint unglaubwürdig, daß nun, da das Manuskript in sauberer Maschinenschrift vor ihm lag, Bülow nicht die Zeit zum Lesen gefunden haben sollte. Er kannte des Kaisers Neigung für sensationelle Äußerungen nur zu gut. Er wußte, daß der Artikel hochpolitisch war und daß er in einer englischen Zeitung veröffentlicht werden sollte – und zwar zu einer Zeit, in der die Beziehungen zwischen den beiden Ländern besonders heikler Natur waren. In der Tat war dies das erste «Interview», das der Kaiser je gewährt hatte. Soll man wirklich glauben, daß Bülow den Artikel einfach nicht gelesen hat? Der Verfasser neigt zu der Ansicht, daß Bülow das Schriftstück nur überflog (wie es die Beamten des Auswärtigen Amtes auch getan hatten) und dabei nichts Gefährliches entdeckte.

Nicht nur die Deutschen indes machten sich der Sorglosigkeit schuldig:

Auch Oberst Stuart-Wortley war davon überzeugt, daß der Artikel Gutes bewirken werde. Das Interview wurde mit einer begeisterten Einleitung von ihm veröffentlicht. «Manchmal gibt es in der Geschichte der Nationen Augenblicke, in denen eine berechnete Indiskretion einen außerordentlichen Dienst der Öffentlichkeit gegenüber bedeutet. Deshalb habe ich mich entschlossen, die Grundgedanken einer längeren Unterredung bekanntzugeben, die mit Seiner Majestät dem Deutschen Kaiser zu führen ich unlängst den Vorzug hatte. Ich tue es in der Hoffnung, daß es dazu beitragen mag, das hartnäckige Mißverständnis über die Art der Gefühle des Kaisers für England zu beseitigen».

Bülow dachte längst nicht mehr an die Sache. Am 29. Oktober erhielt er ein Pressetelegramm aus London, das die Äußerungen des Kaisers zusammenfaßte. «Ihr Engländer seid verrückt», begann der Artikel, «verrückt, verrückt, wie Märzhasen. Was ist über euch gekommen, daß ihr euch so völlig einem Argwohn überlassen habt, der einer großen Nation ganz unwürdig ist?» Die deutsche Flotte werde nicht gegen England gerüstet; ihr einziger Zweck sei, Deutschlands wachsenden Handel und seine Interessen im Fernen Osten zu schützen. Vielleicht wären die Engländer, betrachteten sie das immer stärker werdende Japan, eines Tages froh, daß es eine deutsche Flotte gäbe. Der Kaiser faßte es als «persönliche Kränkung» auf, daß seine «wiederholten Freundschaftsangebote an England» von der britischen Presse «mißverstanden und entstellt» würden. Eine solche Haltung erschwere seine Aufgabe als Herrscher – «keine von den leichtesten» – sehr, denn das Volk in beiden Ländern sei zu Feindseligkeiten geneigt, und in Deutschland befände er sich wegen seiner Vorliebe für England «sozusagen in der Minderheit».

Dann kam er auf den Burenkrieg zurück. Zu jener Zeit hätten ihn Rußland und Frankreich gedrängt, die Burenrepublik dadurch zu retten, daß er einer Koalition beiträte, die England «in den Staub demütigen» würde. Aber er habe erwidert, daß «Deutschland immer eine Politik vermeiden müsse, die es in Verwicklungen mit einer Seemacht wie England bringen könne». Und er habe den Text der russischen und französischen Noten sowie seine Antworten der Queen Victoria gesandt, die sie in den Archiven von Windsor habe deponieren lassen. Als im Dezember 1899 die britischen Truppen schwere Niederlagen durch die Buren erlitten, habe er versucht, seiner verehrten Großmutter zu helfen. Er habe sich durch einen Offizier «einen möglichst genauen Bericht über die Zahl der Kämpfer auf beiden Seiten in Südafrika und über die momentane Stellung der einander gegenüberstehenden Streitkräfte» beschaffen lassen. «Mit den Zeichnungen von mir» habe er den Plan ausgearbeitet, der ihm unter diesen Umständen der beste schien, und ihn seinem Generalstab zur Kritik vorgelegt. Dann habe er ihn nach England geschickt. Auch er liege jetzt in den Archiven von Windsor und erwarte «den ruhigen und unparteiischen Spruch der Geschichte». Es sei, fuhr er fort, «ein merkwürdiges Zusammentreffen» gewesen, daß der von ihm entworfene Plan «dem sehr nahe kam, der wirklich von Lord Roberts angenommen und von ihm erfolgreich ausgeführt wurde». Dies, so hoffe er, beweise doch wohl, welch ein treuer Freund und Fürsprecher Englands er sei. «Was kann ich mehr tun? Ich habe immer wieder gesagt, daß ich Englands Freund bin, aber Sie machen es mir sehr schwer».

Der Aufschrei der Entrüstung war ungeheuer. Die Japaner fragten verärgert, warum Deutschland sie bedrohe. Die Russen und Franzosen bestritten hitzig und voll Sorge, daß sie jemals eine Koalition gegen England geplant hätten. Als der britische Botschafter, Sir Arthur Nicolson, den Zaren besuchte, ließ Nikolaus eine Abkanzelung Wilhelms vom Stapel. «Auf dem Schreibtisch am Erkerfenster lag ein Exemplar des ‹Daily Telegraph› vom 28. Oktober. Es war mit blauen Bleistiftstrichen bedeckt. Der Zar war außer sich über diesen Vertrauensbruch. Er teilte Nicolson mit, daß es der Kaiser Wilhelm gewesen sei, der eine Intervention vorgeschlagen habe und daß alles, was Rußland angeregt, nur eine freundliche Vermittlung dargestellt habe».

Die Reaktion in England war noch verheerender, denn anstatt ärgerlich zu sein, war man ganz einfach ausgelassen. Es stimmte, daß der Kaiser seine englischen Verwandten (nicht die Queen Victoria, sondern den Prince of Wales) von einer angeblichen Koalition Rußlands gegen England unterrichtet hatte. Lord Salisbury jedoch hatte (wie erinnerlich) diese Information mit Skepsis aufgenommen – er glaubte eher, daß es Deutschland und nicht Rußland sei, das die Initiative gegen Großbritannien ergriffen habe und daß Berlin – als die Sache nicht klappte – auf die glückliche Idee gekommen sei, sich auf Kosten anderer in ein gutes Licht zu rücken.

Was den «Feldzugsplan» betraf, so stimmte es ebenfalls, daß Wilhelm dem Prince of Wales (nicht der Queen) ein paar «Aphorismen» über den Burenkrieg geschickt hatte, aber sie konnten schwerlich als Feldzugsplan bezeichnet werden. Wilhelm hatte seinen Onkel durch den Vorschlag in Rage versetzt, es sei das beste für England, die Kampfhandlungen einzustellen und auf Verstärkungen zu warten, selbst auf die Gefahr hin, daß sich unterdessen eine kontinentale Koalition bildete. Er hatte in frohgemutem Ton auf das Crickettspiel Englands gegen Australien verwiesen, bei dem die Engländer ihre Niederlage ja auch mit ritterlicher Anerkennung ihres Gegners hingenommen hätten.

Kriegsminister Haldane wurde im Unterhaus über den Kriegsplan des

Kaisers befragt. Man wollte wissen, ob er ihn bekanntmachen werde. Haldane antwortete, daß ein solches Papier weder in den Archiven des Kriegsministeriums noch an einem anderen Ort zu finden sei. «Demnach bin ich nicht in der Lage, den Wünschen nach einer Veröffentlichung zu entsprechen.» (Lautes und allgemeines Gelächter).

Wilhelm II. hatte sich zu einem kompletten Narren gemacht. Wie konnte er so hemmungslos übertreiben, wenn es kinderleicht war, ihn zu widerlegen? Eulenburg hatte einst Bülow geschrieben, der Kaiser werde, was die Wahrheit angehe, in seinen Erzählungen unvorsichtig. Wilhelm log nicht vorsätzlich, aber er konnte es sich nicht verkneifen, Geschehnisse nach seinem Geschmack zurechtzufrisieren; er veränderte und bauschte auf, wenn es ihm so in den Sinn kam. Je häufiger er eine verfälschte Version weitererzählte, um so mehr glaubte er daran. Seit Jahren sagte er den Leuten, wie sehr er den Engländern während des Burenkrieges zur Seite gestanden hätte. Niemand hatte das angezweifelt, aber selbst wenn es einer getan hätte, wäre er dennoch bereit gewesen, die Wahrheit zu beschwören. Erst vor zwei Monaten, bei seinem famosen Gespräch über Marinefragen mit Hardinge in Kronberg, hatte Wilhelm mit solchen Behauptungen renommiert: «Der Kaiser bemühte sich um den Nachweis, was für ein guter Freund Englands er in der Vergangenheit gewesen sei», drahtete damals Hardinge am 16. August nach London. «Er wiederholte die Bemerkung, die er – wie ich glaube – früher schon vor Seiner Majestät Botschafter in Berlin gemacht hat, daß er im Burenkrieg von der französischen und der russischen Regierung angesprochen worden sei, um eine Koalition gegen Großbritannien zu bilden. Er habe dies aber entschieden abgelehnt und jeder Macht den Krieg zu erklären gedroht, die einen grundlosen Angriff auf England unternehme. Ich hielt es nicht für erwähnenswert, daß diese Darstellung nicht ganz mit der von Delcassé und derjenigen der russischen Regierung übereinstimmt. Auch berichtete mir Seine Majestät, daß er nach unseren anfänglichen Rückschlägen im Burenkrieg einen Brief der verstorbenen Queen Victoria erhalten habe, der voller Trauer über die Verluste der englischen Truppen gewesen sei. Das habe ihn tief gerührt. Sofort habe er seinen Generalstab angewiesen, einen Feldzugsplan auszuarbeiten, den er der Queen dann schickte. Dieser Plan sei von Lord Roberts in allen Einzelheiten ausgeführt worden. ‹Und doch sagt man, ich sei Englands Feind!› erklärte Seine Majestät zum Schluß[68].»

Die Reaktion in der deutschen Presse war noch weit heftiger als die ausländische. Die meisten Deutschen hatten sich mit Wärme für die Sache der Buren eingesetzt. Jetzt mußten sie hören, daß ihr eigener Kaiser einen Kriegsplan für die Engländer entworfen hatte, und sie gerieten natürlich außer sich. Die Taktlosigkeit des Interviews wurde auch weniger intelligenten Leuten klar. Warum mußte man den Japanern sagen, daß die deutsche Flotte für «Eventualitäten im Fernen Osten» gebaut wurde? Warum mußten die Russen und Franzosen wissen, daß ihre vertraulichen Noten nach London geschickt worden waren? Warum mußte man den Engländern erzählen, daß die meisten Deutschen sie nicht mochten? Alle Zeitungen waren der Meinung, daß das Interview höchst ärgerniserregend war, und alle taten sich zu einem Großangriff auf des Kaisers «persönliches Regiment» zusammen. Die ‹Deutsche Tageszeitung› schrieb, es sei an der Zeit, daß der Kaiser aufhöre, seine Finger in die Geschäfte des Auswärtigen Amtes zu stecken und die Nation der Lächerlichkeit preiszugeben. Der ‹Börsenkurier› schrieb, das Interview zeige, daß es unmöglich sei, die Einmischungen des Kaisers in Schranken zu halten und verlangte eine Verfassungsänderung. Selbst die monarchistischen Blätter stimmten darin überein, daß es «ein beklagenswerter Schnitzer» sei.

Die Karikaturisten aber waren am unbarmherzigsten. In einer Zeitung war der Kaiser als «kleiner Willy» zu sehen, der am tintenbekleckstesten Schreibtisch saß und sich selber mit Tinte beschmierte, während Vater Bülow und Mutter Germania ihn anschrien: «Haben wir dir's nicht gesagt, du sollst nie mehr Korrespondenz spielen!» Auf einer andern flehte der alte Kaiser den lieben Gott um Gnade für seinen Enkel an: «Er ist doch von Gottes Gnaden», und Gott erwiderte: «Jetzt wollt ihr mir wieder die Schuld zuschieben!» Auf einer dritten Karikatur hob ein Hofprediger die Bibel in die Höhe und rief: «O könnte ich ein Schloß an meinen Mund legen und ein fest Siegel auf mein Maul drücken!» Alle möglichen Spottverse waren im Umlauf.

Als Bülow am 29. Oktober das Wolff-Telegramm aus London erhielt und ihm die schreckliche Erkenntnis dämmerte, daß es sich hier um dasselbe Interview handelte, das durch seine eigenen Hände gegangen war, bangte er als erstes um seine Stellung. Er eilte von Norderney nach Berlin, stürmte ins Auswärtige Amt und befahl die Beamten zu sich, die den Originalentwurf gutgeheißen hatten. Der Staatssekretär von Schön war nicht zu finden. Stattdessen lag ein Brief seiner Frau vor, in dem es hieß, daß ihr Mann nach einer Herzattacke krank im Bett liege. Bülow behauptet, daß er auf der Stelle seinen Hausarzt zu Schön geschickt habe. Der Doktor kam nach einer halben Stunde lächelnd zurück: Die Krankheit des Staatssekretärs hänge bloß mit den Nerven zusammen, die nicht mehr ganz in Ordnung seien, seit er die Schwierigkeiten fürchtete, die seine Nachlässigkeit heraufbeschworen hatte.

In der Zwischenzeit hatten sich die übrigen Beamten mit beschämten Gesichtern in Bülows Arbeitszimmer versammelt. Als der Reichskanzler sie befragte, wie es denn habe möglich sein können, daß sie dem Manuskript ihre Zustimmung gegeben hätten, antwortete der Legationsrat Klehmet für sie alle: «Wir dachten, daß Seine Majestät der Kaiser die Veröffentlichung lebhaft wünsche.» Fürst Bülow krächzte: «Haben Sie noch nicht erfaßt, daß die persönlichen Wünsche Seiner Majestät bisweilen Narreteien sind?»

Bülow blieb nichts anderes übrig, als dem Kaiser einen honigleckerischen Brief zu schreiben. Er berichtete von den ungünstigen Kommentaren, die das Interview hervorgerufen hatte. Er versuchte zu erklären, wie das Schriftstück unbeanstandet seine Hände hatte passieren können: «Wenn Eure Majestät mein Verhalten darin mißbilligen, daß ich im Drange der Geschäfte das englische Manuskript nicht selbst geprüft habe, und den vom Auswärtigen Amt bewiesenen Mangel an Umsicht mir zum Vorwurf machen, so bitte ich alleruntertänigst, mich aus meiner Stellung entfernen zu wollen. Wenn ich aber das Vertrauen Eurer Majestät nicht verloren habe, kann ich nur bleiben, sofern ich in die Lage versetzt werde, den ungerechtfertigten Angriffen gegen meinen Kaiserlichen Herrn offen und nachdrücklich entgegenzutreten[69]».

Bülows Spitzname ‹der Aal› war noch nie so angebracht gewesen wie jetzt, da es ihm gelang, sich durch das stürmische Fahrwasser der sogenannten «Kaiserkrise» zu lavieren. Er gab eine kurze Erklärung an die Presse heraus, in der er die Schuld geschickt auf andere Schultern schob. Er sagte nicht, daß der Artikel ihm zur persönlichen Beurteilung übersandt worden war. Gleichzeitig erklärte er sich jedoch bereit, die Verantwortung zu übernehmen. «Der Kaiser ließ den Entwurf des Artikels an den Reichskanzler gelangen, der das Manuskript dem Auswärtigen Amt mit der Weisung überwies, dasselbe einer sorgfältigen Prüfung zu unterziehen. Nachdem in einem Bericht des Auswärtigen Amtes Bedenken nicht erhoben worden waren, ist die Veröffentlichung erfolgt. Als der Reichskanzler durch die Publikation des ‹Daily Telegraph› von dem Inhalt des Artikels Kenntnis erhielt, erklärte er Seiner Majestät dem Kaiser, er hätte den Entwurf des Artikels nicht selbst gelesen. Andernfalls würde er Bedenken erhoben und der Veröffentlichung widerraten haben; er betrachte sich aber als für den Vorgang allein verantwortlich und decke die ihm unterstellten Ressorts und Beamten».

Freilich war die Art und Weise, in der er seine Beamten «deckte», sehr originell: Zehn Tage später wurde bekannt, daß der Reichskanzler den Rücktritt des Herrn Klehmet angenommen hatte und daß dem Staatssekretär von Schön Krankheitsurlaub bewilligt worden war. Vorläufig war er durch den bisherigen Gesandten in Bukarest, den Freiherrn von Kiderlen-Wächter, ersetzt worden.

Bülows Erklärung machte die Sache für den Kaiser nicht besser. In Norddeutschland, wo man stolz auf die Tüchtigkeit der Beamtenschaft war, entsetzte die Torheit der Wilhelmstraße die Leute. Bald jedoch begann man zu flüstern, Wilhelm II. habe auf der Veröffentlichung bestanden und Bülow versuche ihn nur zu verteidigen. Eines war klar: Bülow hatte es fertiggebracht, heil davonzukommen. Er erkannte das am Tag nach der Publikation seiner Verlautbarung. Am Nachmittag empfing ihn der Kaiser, der aus Rominten nach Potsdam zurückgekehrt war, und schon begann Bülow wieder, sein überlegenes Wesen zur Schau zu tragen. Wilhelm war ganz klein, er hatte einen Schock erlitten; die Kritiken hatten ihn derart aus der Fassung gebracht, daß er eine bejammernswerte Figur darbot. Zum erstenmal versuchte er keine Ausflüchte zu machen. Er unterließ jeden Vorwurf gegen Bülow, erwähnte auch das Auswärtige Amt nicht, er klagte nur gebrochen, der Reichskanzler müsse irgendetwas unternehmen, die verfahrene Situation zu retten: «Bringen Sie mich nur durch, vor allem bringen Sie uns durch!» beschwor er ihn. Bülow meinte, daß alles von seiner Rede im Reichstag abhänge, die für den 10. November angesetzt war, und daß er zuversichtlich hoffe, die Kritiker besänftigen zu können.

Dann aber machte der Reichskanzler wiederum einen Fehler. Er riet dem Kaiser, wie vorgesehen den Erzherzog Franz Ferdinand von Österreich und danach den Fürsten Max von Fürstenberg zu besuchen, einen reichen süddeutschen Großgrundbesitzer, der in Donaueschingen residierte und der inzwischen Eulenburgs Platz als naher Freund des Kaisers eingenommen hatte. Wilhelm war froh, dem Sturm entgehen zu können und machte sich am nächsten Tag auf die Reise. Der Reichskanzler berichtet, er habe diesen Rat in der Erwägung gegeben, «daß ich die Schwierigkeiten besser überwinden würde, wenn ich nicht täglich von Berlin nach dem Neuen Palais in Potsdam zu fahren brauchte».

Die Spannung wurde dadurch, statt nachzulassen, noch stärker: Man kritisierte den Kaiser nun heftig, weil er zu einer Vergnügungsreise aufgebrochen war, während die Reichstagsdebatte bevorstand. Maximilian Harden, der Mann, der Eulenburg ins Verderben gehetzt hatte, startete in der ‹Zukunft› eine Kampagne, von der es hieß, auch sie sei auf Holstein zurückzuführen. Alle Schwächen des Kaisers wurden gebrandmarkt; Harden beschuldigte ihn nahezu des Verrats, da er insgeheim den englischen «Gegner» unterstützt habe, während das deutsche Volk für den Sieg der Buren gebetet hatte. Das Blatt wurde zwar beschlagnahmt und aus dem Handel gezogen, andere Zeitungen aber griffen die Anschuldigungen in verschleierter Form auf. Der neue englische Botschafter, Sir Edward Goschen, war gerade in der Hauptstadt eingetroffen. Diese

Ergüsse verblüfften ihn: «Für einen Neuling wie mich, der von der Vorstellung durchdrungen ist, daß Seine Majestät mehr oder weniger außerhalb der öffentlichen Kritik steht, sind diese starken Angriffe eine unerhörte Überraschung».

Der Kaiser tat sein Bestes, um sich die Geschichte aus dem Kopf zu schlagen. Er genoß seinen Ferienaufenthalt, hin und wieder aber zeigte ihm jemand Zeitungsausschnitte und erinnerte ihn an sein Unglück. Er setzte sein ganzes Vertrauen auf Bülow. Der Kanzler hülfe ihm sicherlich aus der Klemme: «Die zwei Tage hier verliefen sehr harmonisch und heiter», telegrafierte er ihm aus Wien. «Die Jagd verlief glänzend, ich streckte 65 Hirsche. Ich gedenke Ihrer stets in meinem Morgen- und Abendgebet. Er half uns aus allem Menschenhaß und Neid doch durch! There is a silverlining to every cloud. Gott mit Ihnen! In alter Freundschaft Wilhelm I. R.»

Auf dem Schloß des Fürsten Fürstenberg in Donaueschingen las Wilhelm dann die mit Ungeduld erwarteten Berichte über die Reichstagsdebatte. Zur Überraschung von aller Welt war die Sitzung recht friedlich verlaufen. Die Abgeordneten gaben zu verstehen, daß sie keine grundlegenden Veränderungen wünschten. Das deutsche Volk war verärgert und gedemütigt, im Herzen jedoch war es durchaus monarchistisch gesinnt. Man wollte Dampf ablassen, aber das war auch alles. Ein Sprecher nach dem andern stand auf, um die Unzuverlässigkeit des Auswärtigen Amtes oder das Ungestüm des Kaisers anzugreifen, niemand aber hatte etwas Positives vorzuschlagen. Ein paar Abgeordnete sprachen von einer Verfassungsänderung, damit die Autorität des Kaisers beschränkt werde, sie fanden aber keine Unterstützung. Die konservative Partei fühlte sich «verpflichtet, in aller Ehrerbietung den Wunsch auszusprechen, daß der Kaiser in Zukunft eine größere Zurückhaltung in seinen Gesprächen wahre». Die Absicht der Sozialdemokraten, eine Adresse mit der Forderung nach einer Art von Zensur an den Kaiser zu richten, wurde nicht ausgeführt, und das Wort «Abdankung» wurde nur getuschelt. Immerhin waren alle der Meinung, daß der Kaiser zu einer so kritischen Zeit besser in Berlin geblieben wäre.

Die schwerste Anklage gegen Seine Majestät erhob jedoch der Fürst Bülow. Er hüllte sie in jene sprichwörtlich schönen Worte, die vernichten können. Bülow stellte seinen Herrn als einen vollkommenen Narren hin. Er berichtete dem Reichstag, wie hart der Kaiser für sein Land arbeite und wie eifrig er sich um die Verbesserung der Beziehungen mit England bemühe. Dann nahm er sich das Interview vor und zerpflückte es Punkt für Punkt: «Die Farben sind zu stark aufgetragen». Zum Schluß erklärte er: «Meine Herren, die Einsicht, daß die Veröffentlichung seiner in England geführten Gespräche die von Seiner Majestät dem Kaiser gewollte Wirkung nicht hervorgerufen, in unserem Land aber tiefe Erregung und schmerzliches Bedauern verursacht hat, wird – diese feste Überzeugung habe ich in diesen Tagen gewonnen – Seine Majestät den Kaiser dahin führen, ferner auch in Privatgesprächen jene Zurückhaltung zu beobachten, die im Interesse einer einheitlichen Politik und für die Autorität der Krone gleich unentbehrlich ist (Beifall auf der Rechten). Wäre es nicht so, so könnte weder ich noch einer meiner Nachfolger die Verantwortung tragen (anhaltender Beifall der Konservativen und Nationalliberalen). Für den Fehler, der bei der Behandlung des Manuskripts begangen wurde, übernehme ich die volle Verantwortung. Es widerstrebt meinen Gefühlen, Beamte als Sündenböcke zu brandmarken, die ein Leben lang ihre Pflicht getan haben, weil sie in einem Falle zu sehr sich stillschweigend auf die Tatsache verließen, daß ich beinahe alles selbst lese und entscheide. Als der Artikel des ‹Daily Telegraph› erschienen ist, dessen verhängnisvolle Wirkung mir nicht einen Augenblick zweifelhaft sein konnte, habe ich mein Abschiedsgesuch eingereicht. Dieser Entschluß war geboten, er ist mir nicht schwer geworden. Der ernsteste und schwerste Entschluß, den ich in meinem politischen Leben gefaßt habe, ist, dem Wunsche des Kaisers folgend, im Amte zu bleiben. Ich habe mich hierzu nur entschlossen, weil ich es für ein Gebot der politischen Pflicht ansehe, gerade in dieser schwierigen Zeit Seiner Majestät dem Kaiser und dem Lande weiter zu dienen (lauter Beifall)».

Der Kaiser war sprachlos. Er hatte erwartet, daß Bülow ihn verteidigen, nicht aber entschuldigen werde. Stattdessen hatte sich sein Kanzler entschlossen, die eigene Haut zu retten. Daß er so tat, als stelle er sich schützend vor seine Mitarbeiter, war nichts als ein Vorwand, sein eigenes Verdienst herauszustreichen. Er hatte dem Reichstag mit vielen Worten gesagt, jedes Kind (mit Ausnahme des Kaisers) müsse erkennen, welch einen Sturm der Artikel hervorrufen würde und daß er nicht im Amte bliebe, wenn Wilhelm sich in Zukunft nicht still verhielte. Mit keinem Wort hatte er angedeutet, daß Wilhelm also für Bülows eigene Fahrlässigkeit zahlen sollte. Der Kanzler protestierte allein gegen des Kaisers Eigensinn.

Am meisten ärgerte es Wilhelm, daß Bülow seine Versuche, das englische Volk freundlich zu stimmen, nicht genug würdigte. Vor dem Fürsten Fürstenberg brach er in Tränen aus, als sie in den Wäldern waren. Aus Highcliffe habe er lange Berichte an Bülow geschickt und ihn über sein Vorhaben auf dem Laufenden gehalten. Bülow habe seine Geschicklichkeit jedoch gelobt. Dies war möglicherweise zutreffend. Was Wilhelm II. aber nicht zu verstehen schien, war der Umstand, daß ein großer Unterschied zwischen privaten Äußerungen und solchen Verlautbarungen bestand, die sich eine Prüfung durch die Öffentlichkeit gefallen lassen mußten.

Der Kaiser wußte nicht, was er tun sollte. Seine Empörung über Bülow wurde durch die Überlegung gemildert, daß der Kanzler vielleicht so weit hatte gehen müssen, um die Situation überhaupt retten zu können. Mit seinem endgültigen Urteil wollte er bis zur Rückkehr nach Berlin warten. In der Zwischenzeit versuchte er sich zu amüsieren.

Aber auch das wollte ihm nicht gelingen. Sein Gastgeber hatte zwar für allerlei Zerstreuungen – darunter eine Kabarettaufführung – gesorgt, doch am Abend des letzten Tages ereignete sich eine Tragödie, die alles verdarb. Der Graf Hülsen-Haeseler, ein enger Freund des Kaisers und Chef des Militärkabinetts (der Mann, der die Angriffe des Hofes gegen Eulenburg angeführt hatte), wollte die Gesellschaft auf seine Weise unterhalten: Er trat als Balletteuse auf und gab einen Solotanz zum besten. «Wir hatten das übliche Diner», schrieb darüber Graf Zedlitz, «die Damen in großer Toilette: Fürstin Fürstenberg, Prinzeß Hohenlohe usw. mit strahlendem Schmuck, die Herren in grünen und schwarzen Fracks mit schwarzen Eskarpins, da gerade in der Nähe eine Reitjagd gewesen, auch in roten Fracks. Diese wirklich ungewöhnliche, glänzende und elegante Gesellschaft war nach Tisch in der schönen Versammlungshalle des prachtvollen Schlosses versammelt, während auf der Treppe eine Kapelle musizierte. Plötzlich erschien Graf Hülsen-Haeseler, als Ballettänzerin kostümiert, was er auch sonst gelegentlich getan hatte, und begann nach den Weisen der Musik zu tanzen. Alles war aufs höchste amüsiert, denn der Graf tanzte großartig, und es hatte ja auch etwas Eigenartiges, den Chef des Militärkabinetts als Dame kostümiert einen Ballettanz aufführen zu sehen».

Nach dieser anstrengenden Vorführung begab sich der Graf in die Galerie, um Luft zu schöpfen. Dort stürzte er jäh zu Boden. Zedlitz eilte hin, um zu helfen. Eine gespenstische Szene begann. Der Stabsarzt wurde geholt; er arbeitete fünfviertel Stunden lang, um den Ohnmächtigen ins Bewußtsein zurückzurufen. Die Fürstin Fürstenberg hatte sich weinend in einen Stuhl geflüchtet. Der Kaiser schritt unweit des hingestreckten Körpers auf und ab. Ein zweiter Arzt kam aus der Stadt herbei, aber um 23 Uhr gab man die Wiederbelebungsversuche auf und erklärte, der Graf sei einem Herzschlag erlegen: «Der Tote wurde nun in dem großen Saal, ein Stockwerk höher, wo wir sonst nur die glänzenden Diners hatten, aufgebahrt». Die Ärzte und ihre Helfer hatten Mühe, dem General das Ballettkostüm abzustreifen und ihn wieder in seine Uniform einzukleiden, denn die Totenstarre hatte bereits eingesetzt. Mit viel Geduld gelang das endlich. «Mit dem Geistlichen, der herbeigerufen war, unterhielt sich der Kaiser lange Zeit. Plötzlich sah ich, wie der Kaiser sich bückte, dann zu mir hinwinkte – von dem Geistlichen sah ich auf einmal nichts mehr, und als ich herankam, lag der Geistliche hingestreckt regungslos vor dem Kaiser. Er war umgefallen, weil ihn das so plötzliche Herausgeholtwerden aus dem Bett und das lange Stehen vor dem Kaiser überanstrengt hatte. Ich sah sogleich, daß es nicht schlimm war, ließ einen Kognak bringen, und bald kam auch der Geistliche wieder zu sich. Es wurde ihm nun aufgetragen, am nächsten Tag keine Rede, sondern nur eine kurze Andachtsfeier zu halten[70]».

In der Zwischenzeit hatte der Kaiser nach Hause telegrafiert, daß er «seinen besten Freund» verloren habe und die für den Nachmittag geplante Reise nach Kiel abgesagt. Er wollte stattdessen nach Baden-Baden fahren, um die Kaiserin zu treffen. Nach kurzer Zeit änderte er abermals seine Reisedispositionen. Zedlitz machte darauf aufmerksam, daß es bedenklich sei, die Festlegungen für die Sonderzüge zweimal in derselben Nacht zu ändern. «Der Kaiser legte mir die Hand auf die Schulter», schrieb Zedlitz, «sah mich ganz traurig an und sagte so, als ob ich ihm immer das Leben erschwerte: ‹Und in diesem Augenblick wollen Sie mir Schwierigkeiten machen?›»

Unterdessen aber wuchs das Unbehagen des Fürsten Bülow weiter an. Am Tag der Reichstagsdebatte hatte er sich noch als Triumphator gefühlt: «Als ich unter starkem Beifall schloß, fühlte ich, daß die Partie gewonnen war». Er glaubte, daß er die Plage überstanden, den Kaiser gerettet und wunderbarerweise noch sein eigenes Ansehen gestärkt habe. Wenn auch der Kaiser sein Verhalten schwerlich besonders gutheißen mochte, befand er sich doch kaum in der Lage, Einwände zu erheben. Auf alle Fälle war Bülow sicher, daß er den Kaiser zu seiner Ansicht würde bekehren können. Als er Sir Edward Goschen empfing, war sein Selbstvertrauen schon wieder so kräftig, daß er sich eine Neckerei auf Kosten des Kaisers erlaubte. «Der Fürst war ziemlich erheitert über den Feldzugsplan für den Burenkrieg», schrieb Goschen an Sir Edward Grey, «er betonte, sich die Mühe gemacht zu haben, ihn aus den Archiven herauszusuchen. ‹Aber fragen Sie mich, bitte, nicht nach meiner Meinung darüber›, fügte er hinzu. ‹Ich müßte Ihnen sonst sagen, daß es ein sehr kindisches Erzeugnis war, das zum Teil Auszüge aus einem bekannten Werk über die Kriegskunst enthielt und zum andern Teil einige eigene Gedanken des Kaisers über dieses Thema. Sie hätten wohl kaum den Beifall der Militärexperten gefunden›».

Goschen hatte nicht den Eindruck, daß Bülows Reichstagsrede ein so großer Erfolg war, wie der Kanzler glaubte. Er berichtete nach London, daß die Ausführungen als «unbefriedigend» angesehen würden. «Jeder ärgert sich über jeden. Die große Öffentlichkeit ist empört, weil Fürst Bülow nicht genug gesagt hat, und die Konservativen sind verärgert, weil er zuviel gesagt hat, aber den Kaiser nicht genügend verteidigt habe». Offenbar nahm diese letzte Kritik zu, denn eine Woche später berichtete der Botschafter über die «weitverbreitete Auffassung», der Kaiser werde die «reichlich laue» Art nicht vergessen, wie der Kanzler den Kaiser in Schutz genommen habe. «Ob Fürst Bülow noch sehr lange im Amt ist, bleibt abzuwarten». Das ‹Berliner Tageblatt› benutzte die Gelegenheit, um den Kaiser anzugreifen: «Wir haben eine Bevölkerung von mehr als 60 Millionen, eine hochintelligente Nation, und doch beruht das Schicksal des Reichskanzlers und die Wahl seines Nachfolgers auf einem Mann!» Eine solche Situation sei für eine Nation mit Selbstachtung unerträglich. Die Ereignisse der letzten Tage hätten eines deutlich gemacht: Das deutsche Volk werde nicht länger dulden, daß seine Lebensinteressen von den Launen eines einzelnen Mannes abhingen, dessen Impulsivität man wieder einmal habe erleben müssen.

Trotz dieser und ähnlicher Verteidigungen begann das Gerede Bülow zu beunruhigen. Er entschloß sich, den Kaiser um die Unterschrift einer Erklärung zu bitten, die seine Ausführungen im Reichstag guthieß. Dadurch würde es Wilhelm später unmöglich sein, ihn zu verleugnen.

Sie traten sich in Potsdam am 17. November gegenüber – beide voller Argwohn. Als Bülow im Palais erschien, wurde er von der Kaiserin begrüßt, die ihm zuraunte: «Seien Sie recht gut zum Kaiser, recht milde. Er ist ganz gebrochen». Das war eine Erleichterung für Bülow – wenigstens würde es keine heftigen Szenen mit seinem Herrn geben. Er fand den Kaiser so zerquält und gehorsam wie bei ihrem letzten Gespräch. Wilhelm war überrascht, daß die Presse den Vorfall noch immer erwähnte; fast schien er gedankenverloren zu sein. «Worüber haben sich denn die Menschen so geärgert?» fragte er wie ein Kind. Der Kanzler hielt ihm eine längere Vorlesung über die kaiserlichen Taten, die das Vertrauen untergraben hätten. Dann sagte er, die Öffentlichkeit erwarte eine Erklärung von ihm und zog seinen Entwurf aus der Tasche. «In der dem Reichskanzler gewährten Audienz hörte Seine Majestät der Kaiser und König einen mehrstündigen Vortrag des Fürsten von Bülow. Der Reichskanzler schilderte die im Anschluß an die Veröffentlichung des ‹Daily Telegraph› im deutschen Volk hervorgetretene Stimmung. Er erläuterte die Haltung, die er in den Verhandlungen des Reichstags über die Interpellationen eingenommen hatte. Seine Majestät nahm die Darlegungen und Erklärungen des Reichskanzlers mit großem Ernst entgegen und gab Seinen Willen dahin kund: Unbeirrt durch die von ihm als ungerecht empfundenen Übertreibungen der öffentlichen Kritik, erblicke Er Seine vornehmste Kaiserliche Aufgabe darin, die Stetigkeit der Politik des Reichs unter Wahrung der verfassungsmäßigen Verantwortlichkeiten zu sichern. Demgemäß billigte Seine Majestät der Kaiser und König die Ausführungen des Reichskanzlers im Reichstag und versicherte den Fürsten von Bülow Seines fortdauernden Vertrauens[71]».

Bülow schreibt in seinen Erinnerungen, es habe ausgesehen, als wäre der Kaiser erleichtert gewesen, weil so wenig von ihm verlangt wurde. Mit ganzem Herzen habe er der Unterzeichnung zugestimmt. Bülow behauptete, Wilhelm habe ihn beim Abschied auf beide Wangen geküßt und gesagt: «Ich danke Ihnen! Ich danke Ihnen von Herzen!» Die Memoiren des Kaisers geben allerdings ein anderes Bild: «Nach meiner Rückkehr erschien der Kanzler, hielt mir eine Vorlesung über meine politischen Sünden und verlangte die Unterzeichnung des bekannten Aktenstückes, das nachher der Presse mitgeteilt wurde. Ich unterschrieb das Aktenstück schweigend, wie ich auch schweigend die Presseangriffe über mich und die Krone habe ergehen lassen».

Gleichviel, welcher der beiden Berichte stimmt – Bülow hatte das Falsche getan. Im Reichstag hatte er den Mittelweg eingeschlagen (der ihm stets am Herzen lag) und den Kaiser weder verteidigt noch fallenlassen. Da er es unterließ, den Kaiser mit all seinem großen Geschick zu decken oder aber eine Verfassungsänderung zu fordern, die die Krone ihrer Macht beraubte, hatte er das schlechteste Teil erwählt und seinen eigenen Sturz besiegelt.

Es folgte ein merkwürdiges Nachspiel. Kaum war Bülow gegangen, da erlitt der Kaiser einen Nervenschock und mußte sich mit «Schüttelfrost und Weinkrämpfen» zu Bett begeben. Seine Demütigung schien vollkommen zu sein. Nach zwanzig Jahren der Lobpreisung und Vergötterung war der jähe grausame Wechsel in der Stimmung seines Volkes zu viel für ihn. Wie konnte er je das Haupt wieder erheben? Was war in die Deutschen gefahren? Warum verhielt sich Bülow so kritisch? Der Reichskanzler wußte doch sehr gut, was der Kaiser in Highcliffe gesprochen hatte – Wilhelm erinnerte sich, daß er es ihm mitgeteilt und daß Bülow nicht das geringste dagegen einzuwenden gehabt hatte. Der Kaiser fühlte sich von aller Welt im Stich gelassen. Stundenlang weinte er in einem fort wie ein Kind. Plötzlich glaubte er es nicht länger aushalten zu können. Er wollte abdanken. Er schickte nach dem Kronprinzen, damit er auf der Stelle nach Potsdam komme. Er befahl dem Kammerdiener Schulz, dem Fürsten Bülow seinen Entschluß mitzuteilen.

Die Kaiserin war so verstört, daß sie einen Lakaien aussandte, der Bülow suchen und ihn bitten sollte, sofort zu kommen: zuerst aber möge er mit ihr sprechen. Der Reichskanzler erhielt die Nachricht im Reichstag, als er sich gerade zu einer Rede erheben wollte. Als er später das Gebäude verließ, fing ihn der Lakai ab, und er begab sich nach Potsdam. «Ihre Majestät die Kaiserin empfing mich im Erdgeschoß. Sie hatte rotgeweinte Augen, aber ihre Haltung war durchaus königlich. Sie frug mich sofort: ‹Muß denn der Kaiser abdanken? Wollen Sie, daß er abdankt?›» Bülow entgegnete, daß ihm ein solcher Gedanke fernliege. Er blieb eine Weile bei ihr und versuchte sie zu beruhigen, aber sie schien absolut nicht zu wissen, was sie tun sollte.

Dann traf der Kronprinz ein. «Ich stürzte die Treppe hinauf. Meine Mutter empfing mich sogleich. Sie war erschüttert, hatte rote Augen. Sie küßte mich, hielt meinen Kopf vor sich in beiden Händen. ‹Du weißt, mein Junge, warum du hier bist?› – ‹Nein, Mutter.› – ‹Dann geh hinein zum Vater. Und prüfe dein Herz, ehe du dich entscheidest.› Da wußte ich, worum es ging. Minuten später war ich beim Vater, der zu Bette lag. Um Jahre schien er mir gealtert, war hoffnungslos, fühlte sich verlassen von allen, war zusammengebrochen unter der Katastrophe, die ihm den Boden unter den Füßen fortgenommen, sein Selbstbewußtsein und Vertrauen zertrümmert hatte. Er redete drängend, anklagend und sich überstürzend von diesen Vorgängen. Enttäuschung, Mutlosigkeit und Resignation hielten ihn umfaßt. Wohl eine Stunde habe ich damals an seinem Bette gesessen. Nie vorher, seit ich denken kann, war das geschehen[72]».

Aber Wilhelm sprach gar nicht über seine Abdankung. Er dachte im Ernst nicht daran, den entscheidenden Schritt zu tun. Die Depressionen konnte er jedoch nicht abschütteln. Er stand zwar auf und ging einigen unbedeutenden Geschäften nach; nur seine Eitelkeit war so schwer verletzt worden, daß er über das Geschehene nicht hinwegkam. «Der Trübsinn am preußischen Hof ist kaum zu beschreiben», meinte die englische Gouvernante. «Der Kaiser versucht nicht, seine Niedergeschlagenheit zu verbergen. Er hüllt sich – dieser sonst so redselige, mit sich und der Welt zufriedene Mann – in düsteres Schweigen. Er spricht selten und dann nur halblaut, als ob jemand, den er geliebt hat, gestorben wäre. Auch alle andern flüstern nur. Keiner wagt die gespenstische Stille zu stören, die das Palais wie frostige Luft umgibt. Die jungen Prinzen eilten zu kurzen Besuchen nach Hause, um ihren Vater abzulenken».

Am Neujahrstag 1909 kam der Umschwung. Als der Kaiser an einer Veranstaltung in Berlin teilnahm, bereitete man ihm stürmische Ovationen. Die Gärung gegen ihn war vor allem von den Intellektuellen ausgegangen, der wohlhabendere Mittelstand indes war über die Kritik am Kaiser stets schockiert gewesen. Nun schwang das Pendel nach der anderen Seite aus, die Sympathien für den Kaiser stiegen an. Man habe ihn falsch beurteilt und mißverstanden, erzählten sich die Leute; er habe die «Zigarre» für den Reichskanzler einstecken müssen, der keinen Finger gerührt habe, um ihm beizustehen. Der Kaiser trage sein Los mit Ruhe und Würde. Der wahre Schuldige sei Bülow, der «seinen Herrn verraten» habe.

Der Berliner Empfang war der erste öffentliche Beweis des Mitgefühls für den Monarchen, viele andere folgten. Ende Januar kamen die Prinzen geschlossen nach Berlin, um den fünfzigsten Geburtstag des Kaisers zu feiern. Sie gaben ein schönes Beispiel der Anhänglichkeit. Ein paar Monate darauf, beim Deutschen Sängerfest in Frankfurt, übertrafen die leidenschaftlichen Huldigungen der Massen alles, was Wilhelm in seiner langen Regierungszeit erlebt hatte. Wenn er durch die Straßen fuhr, schlugen ihm die Hochrufe entgegen, und es schien, als kämen sie aus vollerem Herzen als je zuvor. «Da haben Sie's», sagte er triumphierend. «Ich habe immer gewußt, daß das Volk hinter mir steht.»

Das Geraune über Bülow wurde dem Kaiser zugetragen; es bestätigte seine geheimsten Gedanken. Mit einemmal war sein Selbstbewußtsein wieder hergestellt: Bülow, nicht der Kaiser, hatte sich falsch benommen. Es dauerte nicht lange, bis Wilhelm behauptete, daß er der Verfassung gemäß gehandelt habe. Alles, was er sagte, war gutgeheißen worden. Die Ursache allen Übels war lediglich, daß Bülow seinen König verraten hätte. Von nun an äußerte Wilhelm kein gutes Wort mehr über seinen Kanzler. Wahrscheinlich hatte Bülow das Manuskript gelesen und vorsätzlich zur Veröffentlichung freigegeben, um seine eigene Autorität zu stärken. Kein Zweifel: Es war eine Verschwörung gewesen, von Holstein ausgebrütet, damit er sich für seine Entlassung am Kaiser rächen konnte.

Über Bülow konnte gar nicht schlecht genug gesprochen werden. Der Kaiser wütete auch in Gegenwart seiner Offiziere gegen ihn. In bitterem Ton unterstrich er immer wieder, Bülow habe ihn im Stich gelassen. An den Rand von Berichten schrieb er sarkastische Bemerkungen: «Ich nehme an, er will auch noch Hofmarschall werden». Der Verdacht des Kaisers wurde zur Anklage, und binnen kurzem war aus der Anklage eine ungeheuerliche Tatsache geworden. Im neuen Jahre beunruhigte er den Grafen Zedlitz weiter durch «vernichtende Urteile»: «Er erwähnte sogar, daß es seit Cesare Borgia einen so heuchlerischen und verlogenen Menschen nicht mehr gegeben habe. Auch schob ihm der Kaiser die ganze Schuld an dem Skandal mit dem Fürsten Eulenburg zu. Er habe diese ganze Angelegenheit so schlecht gemanagt, daß es zum Skandal gekommen sei, wahrscheinlich habe er auch noch persönliche Motive gehabt, die ihm diesen Skandal erwünscht erscheinen ließen».

Vor diesem unseligen Hintergrund wurde die deutsche Politik von Januar bis Juli 1909 gemacht. Jede Entscheidung wurde durch die gespannten Beziehungen zwischen den beiden Männern beeinflußt, die am Steuer der Nation standen. Jede Situation erfuhr dadurch eine Wendung, die sie normalerweise vielleicht nicht genommen hätte. Obwohl Wilhelm offiziell natürlich weiter mit Bülow zu tun hatte, weigerte er sich, ihm privat zu begegnen. Wenn sie einander gegenüberstanden, war er höflich, beinahe liebenswürdig, wahrte aber eine Zurückhaltung, die Bülow verwirrte. Wenn der Kanzler an die anrüchigen Geschichten dachte, die hinter seinem Rücken erzählt wurden, dann konnte er über den tiefen Verdruß des Kaisers nicht mehr im Zweifel sein. Als Bülow erkannte, daß die Stimmung des Volkes sich wieder dem Kaiser zuwandte, wuchs seine Besorgnis. Wiederum bemühte er sich, dem Kaiser zu Gefallen zu sein, ihn zu beeindrucken und alles aus dem Wege zu räumen, was Seine Majestät etwa aufbringen konnte.

In einer Hinsicht kam die Furcht des Fürsten Deutschland zugute. Im Februar gelang ihm ein Abkommen mit Frankreich, das den marokkanischen Zank beilegen sollte. Auch dies war ein Versuch, Wilhelm versöhnlich zu stimmen. Im Oktober (kurz nach der Annexion Bosniens und der Herzegowina durch die Österreicher) hatte der Kaiser dem Auswärtigen Amt geschrieben, daß Deutschland – wenn es Gefahr lief, Schwierigkeiten mit Rußland zu bekommen – sich endlich mit Frankreich verständigen müsse. Die endlosen Diskussionen über Marokko ermüdeten ihn. Ständig gab es Revolten und Ausschreitungen gegen Europäer in Nordafrika. Die Franzosen landeten Truppen, um die Ordnung wiederherzustellen. Die Deutschen beschuldigten sie des Bruchs der Algeciras-Akte und schickten eine drohende Note: Man werde nicht gleichgültig etwaigen französischen Übergriffen zusehen.

Solche Nadelstiche irritierten nicht nur die Franzosen –, auch Wilhelm ärgerte sich darüber. «Diese elende marokkanische Affäre muß zum Abschluß gebracht werden, schnell und endgültig», hatte er Bülow geschrieben. «Es ist nichts zu machen, französisch wird es doch. Also mit Anstand aus der Affäre heraus!» Die Spannung mit Frankreich müsse beseitigt werden, zumal jetzt große Aufgaben auf dem Spiele ständen. Im gleichen Sinn schrieb er an Baron von Schoen, der dem französischen Botschafter Cambon mitteilte, daß es Zeit für Deutschland und Frankreich sei, sich Marokkos wegen einig zu werden, «wie der Kaiser es wünscht». Im Januar wurde ein Abkommen entworfen, worin Deutschland Marokko als französische Einflußsphäre anerkannte. Frankreich garantierte abermals die marokkanische Unabhängigkeit und sicherte den Deutschen besondere wirtschaftliche Vorteile zu. Das Dokument wurde am 9. Februar unterzeichnet. Am gleichen Tag trafen König Edward VII. und seine Gemahlin Alexandra zu einem Staatsbesuch in Berlin ein. Es war die erste offizielle Visite des Königs in seiner achtjährigen Regierungszeit.

Der Kaiser war erpicht darauf, seinem Onkel das Abkommen unter die Nase zu halten. Cambon wurde nach seiner Rückkehr aus Paris sofort von Wilhelm empfangen. Die Unterschriften wurden hastig hinzugefügt. Danach dekorierte der Kaiser den Botschafter mit dem Roten Adlerorden (der vielen Leuten verliehen wurde) und schenkte ihm seine Fotografie, auf die er geschrieben hatte: «... weil der Weg, den ich für unsere Marokko-Politik befohlen habe, einen so großen Erfolg in der ganzen Welt hatte, und weil wir dem ergebenen und selbstlosen Wirken Cambons ebenso viel schulden wie seiner Loyalität».

Edward sah alt und krank aus. Er hatte die Mühen der Reise nur auf sich genommen, weil er der Welt zeigen wollte, daß das ‹Daily Telegraph›-Interview keine Feindschaft heraufbeschworen habe. Aber obwohl er sich um Frieden bemühte, reizte ihn Wilhelm ständig, und so konnte er sich einiger scharfer Bemerkungen nicht enthalten. Nach dem Staatsbankett beglückwünschte er den Reichskanzler zu dem Abkommen mit Frankreich. Er hoffe, daß Bülow die bosnische Affäre mit gleichem Erfolg werde beilegen können. «Aber haben Sie ein scharfes Auge auf ihn», fügte er mit einem schiefen Blick hinzu, «und sorgen Sie dafür, daß er nicht zu hochnäsig wird.» Der König war sich der Spannung zwischen Bülow und dessen Herrn wohl bewußt. Am nächsten Tag, nach einem Frühstück in der britischen Botschaft, fragte er den Reichskanzler einigermaßen unverschämt: «Wie kommen Sie mit Ihrem Kaiser aus? Mir scheint, es ist für seine Minister nicht sehr leicht, mit ihm auszukommen.»

Bülow erwiderte boshaft, daß Seine Majestät trotz seiner fünfzig Jahre noch sehr jung sei.

Der Kaiser ließ sich nichts von dem Druck anmerken, unter dem er stand. Die Gegenwart seines Onkels schien ihn jedesmal aufzuputschen, und er war redseliger als seit Wochen. «Im Gespräch übt er eine große Faszination aus, da er stets eifrig und interessiert ist», schrieb Sir Frederick Ponsonby nieder. «Er steht einem praktisch auf den Füßen, starrt einem in die Augen und brummt zustimmend, was ermuntern soll. Sein Sinn für Humor ist von lauter Art. Er war außerstande, feinen Witz zu genießen, aber ich hörte ihn Geschichten erzählen, die sich ganz komisch anhörten».

Wilhelm II. benutzte jede Gelegenheit, seine Besucher durch seine überlegenen Kenntnisse über England zu imponieren. Ponsonby hatte den Verdacht, daß er «vorausahnte, welche Themen auftauchen könnten und seinen Stab in den Statistiken nachschlagen ließ». Der Kaiser fragte ihn über die Tafel hinweg, wieviel Leute im Londoner Grafschaftsrat säßen, wer wahlberechtigt sei und wieviele Jahre zwischen den Wahlen vergingen. «Ich hatte nur sehr vage Vorstellungen von all diesen Fragen, aber ich beantwortete sie tapfer, wenigstens versuchte ich es. ‹Ich glaube nicht, daß Sie darin recht haben›, versetzte der Kaiser, und dann fing er an, die Paragraphen herunterzuleiern. Ich muß sagen, es war sehr eindrucksvoll, und alle Anwesenden bewunderten seine Kenntnisse».

Während des Hofballs bekam der König einen so schweren Hustenanfall, daß die Fürstin Pless befürchtete, er werde zusammenbrechen. Mit Anstrengung erholte er sich, doch sollte dies das letzte Beisammensein von Onkel und Neffe gewesen sein. Der König verstarb im Jahr darauf.

Den ganzen Winter hindurch weigerte sich der Kaiser, Bülow in Audienz zu empfangen. Es war nahezu unmöglich geworden, die Amtsgeschäfte unter diesen Umständen noch reibungslos zu erledigen. Verschiedentlich ersuchte der Reichskanzler dringend darum, empfangen und angehört zu werden. Am 11. März gab der Kaiser endlich nach. Die Audienz fand in der Bildergalerie des Berliner Schlosses statt. Nachdem er Vortrag über die auswärtigen Angelegenheiten gehalten hatte, bat Bülow, über persönliche Dinge sprechen zu dürfen: «Ich ging in der Bildergalerie des Schlosses auf und ab», schrieb Wilhelm später, «zwischen den Bildern meiner Ahnen, der Schlachten des Siebenjährigen Krieges sowie der Kaiserproklamation von Versailles, und war erstaunt, als der Kanzler auf die Vorgänge vom Herbst 1908 zurückkam und sein Verhalten zu erklären unternahm». Der Kaiser erklärte Bülow ins Gesicht hinein, daß er ihn nicht genügd verteidigt hätte: «In der Reichstagsdebatte vom 10. November würde Froben anders gesprochen haben als Sie». Er blieb vor dem Gemälde Frobens stehen, des königlichen Stallmeisters, der sich bei Fehrbellin auf den Schecken des Großen Kurfürsten geworfen hatte, um seinen Herrn vor den Kugeln zu schützen. Wenn Froben statt Bülow Reichskanzler gewesen wäre, sagte der Kaiser, dann hätte er wohl erklärt, daß er es gewesen sei, der dem Kaiser geraten habe, in England so zu sprechen.

Bülow war so verblüfft, daß es ihm die Sprache verschlug. In seinen Memoiren behauptet er (was kaum glaubwürdig ist), er habe sich dahingehend ausgedrückt, damals sei die Wahrheit und nur die Wahrheit der einzige Ausweg gewesen. Kein Mensch in England oder Deutschland hätte geglaubt, daß er, Bülow, dem Kaiser geraten habe, so zu reden, wie er es getan hatte. «Das heißt so viel, als daß Sie mich für ein Rindvieh halten, dem man Dummheiten zutraut, die man Ihnen nicht zutrauen würde», erwiderte der Kaiser. Ein solcher Meinungsaustausch klingt nicht sehr wahrscheinlich. Die Version des Kaisers kommt der Wahrheit vermutlich näher. Nach dem Gespräch drahtete er seinem Bruder, dem Prinzen Heinrich: «Ich habe Bülow verziehen, nachdem er mich unter Weinkrämpfen um Pardon gebeten hat».

Am nächsten Abend dinierte das Kaiserpaar bei den Bülows. Alle gaben sich sehr herzlich, fast gefühlvoll, und die Affäre schien im Guten beigelegt zu sein. «Was war das für ein schrecklicher Winter!» seufzte Wilhelm. «Nun ist aber alles wieder in schönster Ordnung.» Kaum aber hatte er Bülow den Rücken gekehrt, da überkam der alte Groll ihn wieder. Ein gewisser Rudolf Martin hatte ein Pamphlet veröffentlicht, in dem er «die Gemeinheit des Fürsten Bülow entlarvte». Er behauptete, der Kanzler habe den Kaiser vorsätzlich zu seinen «pro-englischen» Äußerungen veranlaßt und deren Veröffentlichung im ‹Daily Telegraph› begrüßt. Bülow habe die Kompromittierung des Kaisers und dessen Abdankung aufs Spiel gesetzt, um die Republik mit sich selbst an der Spitze auszurufen. Der Kaiser nannte Martins Arbeit «ein sehr gutes Buch» und empfahl es zur Lektüre jedem, der ihm über den Weg lief.

Es war nun offensichtlich, daß Wilhelm die erstbeste Gelegenheit wahrnehmen würde, seinen Reichskanzler loszuwerden. Sie ließ nicht lange auf sich warten. Der Kanzler stand vor der Aufgabe, eine Finanzreform im Reichstag durchzubringen, mit der zusammen zum erstenmal eine Erbschaftssteuer eingeführt werden sollte. Die Konservativen widersetzten sich heftig. Im Mai hatten sie soviel Unterstützung gefunden, daß Bülows Erfolgsaussichten gering waren. Da der Reichskanzler nur dem Kaiser, nicht aber dem Reichstag verantwortlich war, wäre eine Niederlage nicht weiter bedenklich für ihn gewesen, solange der Kaiser hinter ihm stand. Bülow wußte jedoch, daß der Kaiser ihn nicht unterstützen würde, wenn er sich nicht behauptete. Es blieb ihm also keine Wahl, als vom Ausgang der Abstimmung sein Verbleiben im Amt abhängig zu machen. Der entscheidende Tag war der 24. Juni 1909. Wie Bülow befürchtet hatte, lehnte das Haus die Gesetzesvorlage mit 195 zu 187 Stimmen ab. Und wie er prophezeit hatte, nahm Wilhelm II. seinen Rücktritt an.

Der Kaiser entließ Bülow fast in der gleichen schroffen Form wie einst Bismarck. Nach einem kurzen Treffen an Bord der ‹Hohenzollern›, bei dem er jedem ernsthaften Gespräch auswich, schleppte er den unglücklichen Bülow zu einem Frühstück auf die Yacht des Fürsten von Monaco. Drei Wochen lang wußte Bülow nicht, woran er war: Erst dann ließ der Kaiser den Rücktritt bekanntgeben. Bülow ging mit bitteren Gefühlen. Er liebte die Arbeit, die Macht, das Prestige der Reichskanzlerschaft, und er hatte eine sehr geringe Meinung von Bethmann Hollweg, dem bisherigen Innenminister, der seinen Platz einnehmen sollte. Nach diesen quälenden Wochen war es nur natürlich, daß er gehofft hatte, der Kaiser würde es sich noch einmal anders überlegen.

Wilhelm blieb fest. Der Rücktritt wurde am 14. Juli verkündet. Gleichzeitig bekam Bülow ein nettes Dankschreiben des Kaisers und die Nachricht, daß ihm der Schwarze Adlerorden mit Brillanten verliehen worden war. Bülow nahm seinen offiziellen Abschied im Garten des Berliner Schlosses. Der Kaiser überraschte ihn durch die Mitteilung, daß er sich selbst und die Kaiserin zu einem Abschiedsessen in Bülows Wohnung für den folgenden Abend einlud.

Wilhelm wollte sich großzügig zeigen, indessen behielt die dunkle Seite seines Wesens die Oberhand. Schon bald erzählte er seiner Umgebung – wie er es nach Bismarcks Abgang getan hatte –, daß er gezwungen gewesen sei, Bülow gehen zu lassen: Der Kanzler habe das Gedächtnis verloren. Er sei so wirr geworden, beinahe senil, daß er sich nicht mehr an das erinnern könne, was er am Tag zuvor gesagt habe. Einen notorischen Spieler und Trinker habe er zum Botschafter vorgeschlagen! Bülows geminderte Fähigkeiten schrieb er der Überarbeitung zu. Natürlich sei es seine «Christenpflicht», dem Menschen nicht die Abkehr ins Privatleben zu verweigern.

Selbst das Abschiedsdiner litt unter der Undankbarkeit des Kaisers. Er erschien zwar mit einem Rosenbukett, das er selbst erstanden haben wollte, und überreichte es zusammen mit einem goldenen Armband, das auf Emaille sein Porträt, umgeben von Brillanten, trug, der Fürstin. Wenig später aber brachte er sie durch seine Bemerkungen in Zorn. Als sie niedergeschlagen meinte, es sei ein Jammer, daß allein die Erbschaftssteuer zum Stein des Anstoßes geworden sei, konnte sich der Kaiser nicht mehr bremsen: «Sie müssen nicht glauben, daß die Erbschaftssteuer oder der Block Bernhard gestürzt haben. Den wahren Grund müssen Sie in den Novemberereignissen suchen. Sehen Sie, die Herren haben mich unter der Hand wissen lassen, daß sie sich in die Erbschaftssteuer hineingefunden hätten. Aber sie haben ihn gestürzt, weil sie gefunden haben, daß er seinen kaiserlichen Herrn nicht genug verteidigt hätte.»

Die Fürstin Bülow versuchte mit dem Kaiser die Klingen zu kreuzen. Schließlich machte sie sich Luft: «Majestät, ich bin keine Politikerin, aber das eine weiß ich, und ich schwöre darauf, daß Bernhard Euer Majestät mit Leib und Seele ergeben ist. Er hat seit zwölf Jahren keinen anderen Gedanken gehabt, als Ihnen treu zu dienen. Im November hat er schwer gelitten, er hat sich Tag und Nacht gewissenhaft überlegt, wie er Eure Majestät retten könnte und das Verhältnis zwischen Euer Majestät und der Nation wiederherstellen. Das ist ihm gelungen, und Eure Majestät stehen wieder hochverehrt da.»

«Jawohl», unterbrach der Kaiser, «ich stehe hoch da, weil die Leute einsehen, daß sie mir Unrecht getan haben.»

«Aber was finden Eure Majestät, das Bernhard im Novembersturm hätte tun sollen?»

«Er hätte im Reichstag aufstehen und erklären müssen: Ich verbitte mir eine solche unverschämte Sprache gegen den kaiserlichen Herrn. Was untersteht ihr euch, so zu sprechen? Marsch, hinaus! Bernhard hätte sich mit mir solidarisch erklären müssen. Er wußte genau, was im ‹Daily Telegraph› stand. Ich habe es ihm geschrieben aus Highcliffe.»

«Aber Bernhard hat einen solchen Brief nie erhalten.»

«Wenn ich ihm nicht geschrieben habe, so habe ich es ihm gesagt. Ich kann Ihnen den Baum in Ihrem Garten zeigen, wo ich es ihm sagte».

Schließlich endete das Gespräch damit, daß der Kaiser der Fürstin Bülow empfahl, das Buch von Rudolf Martin zu lesen, wenn sie wirklich alle Einzelheiten dieser «politischen Quertreibereien» wissen wolle!

Fürst Bülow gab sein Amt vor Zorn kochend auf; wie nachhaltig der Zorn war, wurde erst sehr viel später bekannt: als nach seinem Ableben die Memoiren erschienen. Aus jeder Seite spricht der Groll, jedes Kapitel beleuchtet sein eigenes Genie, jede Seite soll seine Unfehlbarkeit beweisen. Er behauptet, Deutschland auf den Gipfel des Ruhmes und der Macht geführt zu haben. Er erklärt, daß der Weltkrieg hätte vermieden werden können, wenn er noch im Amt gewesen wäre. In Wirklichkeit waren die zwölf Jahre seiner Tätigkeit verhängnisvoll gewesen. Seine ‹Diplomatie› hatte die Schaffung der Entente heraufbeschworen. Deutschland und Österreich-Ungarn standen jetzt isoliert und ohne Freunde da. Sein verspätetes Abkommen mit Frankreich hatte die Feindseligkeit nicht aus der Welt geschafft, die seine mehrfachen Kriegsdrohungen Marokkos wegen wachgerufen hatten. Nicht nur Frankreich war ein Gegner: Die verletzende Abfuhr, die er dem Zaren in der bosnischen Krise erteilt hatte, sollte in Rußland zu tiefer Erbitterung führen. Und daß er den kaiserlichen Schiffsbau so enthusiastisch bis fast zum Ende seiner Amtszeit gefördert hatte, entfremdete Großbritannien. Beispiellos schlecht waren Deutschlands auswärtige Beziehungen während seiner Kanzlerschaft geworden. Sein persönlicher Ruf war nicht viel besser. Er hatte Holstein, Eulenburg und zuletzt den Kaiser verraten. Und nun, da er schließlich selbst gestürzt war, klagte er jedermann der Mißgunst und des Verrats an.

Nach seinem Abgang erhielt er zahlreiche Briefe. Es meldete sich auch von weither eine einsame Stimme zu Wort, die Erinnerungen aus vergangener Zeit wachrief – ein Brief des Mitgefühls kam von Philipp Eulenburg. Am Anfang standen gedämpfte Schmeichelworte, doch dann wurde eine solch bittere Anklage laut, daß dieser Brief kaum trostreich gewesen sein dürfte. Nachdem er Bülows Rücktritt beklagt und angedeutet hatte, daß Max Fürstenberg «die verantwortliche Person» sei, schrieb er in tödlicher Harmlosigkeit: «Wie unausgesetzt man in Briefen über Briefen versucht hat, mich zu überzeugen, daß Du der Urheber alles meines und der Meinen Unglück bist, kannst Du Dir ja denken. Es ist vielen Menschen geradezu ein Greuel, feste und unwandelbare Treue zu sehen, die sich durch nichts beirren läßt. Es nutzte durchaus nichts meine Versicherung, daß Du der letzte seist, der auf sein Gewissen die Schuld laden könnte, gerade mich und die Meinen zu verraten . . .»

Statist auf der Bühne

«Eigentlich verläuft noch alles in demselben Geleise wie früher», stellte der Graf Zedlitz recht trübsinnig im Februar 1910 fest. Der Kaiser war genau so überschäumend wie immer. Von neuem nahm er Paraden ab, hielt donnernde Reden und eilte in seinem Hofzug durch die deutschen Lande. Zuweilen behaupten Historiker, der Zwischenfall mit dem ‹Daily Telegraph› habe das Ende des «persönlichen Regiments» Wilhelms bedeutet. Das ist keineswegs sicher. Im Gegenteil: Nach Bülows Abgang im Juli 1909 setzte sich Wilhelm II. stärker durch als in den vergangenen zehn Jahren. Dies hing vor allem damit zusammen, daß Bethmann Hollweg, der neue Reichskanzler, von auswärtigen Angelegenheiten nichts verstand. Dem Herkommen nach Jurist neigte er zu Pedanterie und Behäbigkeit. Nur langsam erfaßte er die Zusammenhänge verwickelter Situationen. Die Leitlinien einer bestimmten Politik legte der Kaiser freilich nicht fest, da er zu deren Ausarbeitung nicht in der Lage war. Nicht ein einzigesmal während all dieser Krisen hatte er ein ernsthaftes Staatsdokument verfaßt, niemals eine Verfahrensweise ausgearbeitet oder sie auch nur angedeutet. Stattdessen machte er den Männern der Wilhelmstraße mit seinen Meinungsäußerungen und Kommentaren das Leben schwer.

Der Kaiser war kein Staatsmann, aber er war ein brillanter Dilettant. Er glich seiner Mutter weit mehr, als die Leute wirklich begriffen hatten. Das künstlerische Temperament in ihm überwucherte das preußische Fürstenbewußtsein. Er malte etwas, arrangierte auch Balletts; gelegentlich versuchte er sich in Versen. Von der Archäologie verstand er ebenfalls eine ganze Menge. Jedes Jahr reiste er im März nach Korfu, wo er das ‹Achilleion› bewohnte, das die Kaiserin von Österreich hatte erbauen lassen. Dort beschäftigte er sich vorwiegend mit Forschungsproblemen und mit Ausgrabungen.

Zweierlei Dinge aber zogen den Kaiser am meisten an: Oberflächliche

Zerstreuung und Reisen. Der Graf Zedlitz klagte darüber, daß er nur zwei Monate im Jahr in Berlin oder Potsdam sei. In der übrigen Zeit war er im Lande unterwegs, um seine Besitzungen aufzusuchen und sich als Gast bei reichen Fürstlichkeiten einzufinden, die eine angenehme Unterhaltung verhießen. Viel Zeit nahmen auch die Kreuzfahrten mit der ‹Hohenzollern› und der Besuch bei fremden Herrschern in Anspruch. Einer seiner Lieblingsaufenthalte war Schloß Fürstenstein in Schlesien, das Heim der Fürstin Pless. Diese gebürtige Engländerin fand die Etikette reichlich tyrannisch, denn jedesmal, wenn der Kaiser mit jemandem sprach oder auch nur ins Zimmer trat, mußte alles aufspringen, die Frauen hatten ihren Knicks zu machen und die Männer ihre Hacken zusammenzuschlagen. Im übrigen hatte alles stets einen militärischen Anstrich, denn die Herren traten niemals in Zivil auf. Am Tage kleideten sie sich in der vom Kaiser entworfenen Jagduniform und am Abend in Gala, wobei die Orden und Ehrenzeichen glitzerten. Die Uniformleidenschaft des Kaisers erlahmte niemals. Die Berliner scherzten, er trage Admiralsuniform, wenn er sich ein Aquarium ansehe, und er steige in die Kluft eines englischen Feldmarschalls, wenn er einen Plumpudding essen wolle. Die Fürstin Pless fragte sich, ob wohl irgendein Sterblicher – mit Ausnahme der Kaiserin in der Stille des Boudoirs – den Kaiser je in legerem Aufzug gesehen haben möchte. Ein bissiger Mensch meinte einmal, der Monarch gehe wohl in einer Interimsuniform zu Bett.

Trotz aller Förmlichkeit gestattete der Kaiser seiner Gesellschaft, es sich nach Tisch bequem zu machen, während er selbst sich zu einem Nickerchen zurückzog. «An den Abenden unterhielten wir uns – oder vielmehr der Kaiser tat es», notierte die Fürstin Pless in ihr Tagebuch. «Ich habe niemals einen Menschen gekannt, der sich so wie der Kaiser an eine Unmenge von Sachen zur gleichen Zeit erinnern konnte, selbst an irische Witze. Er muß sie wohl in England gehört haben. Er erzählte sie auf Deutsch – ich habe mich fast totgelacht. Eines Abends ging es so in einem fort von elf bis viertel vor ein Uhr. Und nach dem Tee bleibt er oft, bis es fast Zeit zum Essen ist».

Stets reiste der Kaiser mit großem Gefolge. Einige Angehörige des Auswärtigen Amtes waren ihm ständig beigeordnet; Minister kamen aus Berlin angereist, um seine Entscheidung einzuholen; täglich traf ein Kurier mit Akten ein. Im Februar 1910 war er hocherfreut, als er hörte, der Expräsident Theodore Roosevelt wolle Berlin besuchen. Er verblüffte seine Umgebung durch die Ankündigung, er selbst in eigener Person werde Roosevelt am Bahnhof abholen. Es war unerhört, daß ein Kaiser einem Bürgerlichen eine solche Aufmerksamkeit erwies – noch unerhörter, da Roosevelt ja nicht mehr im Amt war. «Der Kaiser scheint die Absicht gehabt zu haben, Roosevelt auf dem Bahnhof zu treffen», schrieb Sir Edward Goschen am 23. April. «Ich kann es kaum glauben, aber Stemrich erzählt es. Ich weiß, daß Seine Majestät es tun wollte, aber wie ich erfahren habe, war seine Umgebung so sehr dagegen, daß er es aufgegeben hat. Wenn Seine Majestät dies wirklich noch tun will, wird das ziemlich weitgehend sein. Ich kann es noch immer nicht glauben».

Schließlich redete man Wilhelm die Sache aus. Er gab jedoch im Neuen Palais ein großes Essen für Roosevelt. Seit Björkö korrespondierte er mit dem amerikanischen Präsidenten, der nun von den Auffassungen seines Gastgebers tief beeindruckt war und über eine amerikanisch-deutsch-englische Allianz redete. Roosevelt war ebenso wie Wilhelm ein Säbelrassler, er trat herausfordernd auf und schockierte. Ein eigentliches Interesse für die internationale Politik ging ihm ab; was in Europa eigentlich gespielt wurde, blieb ihm verschlossen. Man erinnert sich, daß er Wilhelm nach der Algeciras-Konferenz gratuliert hatte, obwohl ganz Europa wußte, daß Deutschland dabei in Wirklichkeit schlecht abgeschnitten hatte. Jetzt erklärte er lauthals, eine kriegerische Auseinandersetzung zwischen Deutschland und England sei deshalb höchst unwahrscheinlich, weil es durch sie nichts zu gewinnen gäbe: Die Deutschen könnten kaum damit rechnen, Kanada, Indien oder Australien zu erobern, und die Engländer wären allenfalls ein oder zwei Jahre lang dazu imstande, den deutschen Handel zu behindern. Ehe er 1909 das Weiße Haus verließ, hatte er den britischen Botschafter in Washington, James Viscount Bryce, heftig verstimmt. Er hatte ihm nämlich erzählt, der Kaiser sei zwar «eine unberechenbare Persönlichkeit» und habe ihm einige «ungewöhnliche Briefe» geschrieben, die beunruhigende und gefährliche Vorschläge enthalten hätten; er, Roosevelt, glaube aber nicht, daß Wilhelm bösartige Absichten hege. Der Kaiser werde lediglich von einer Art Größenwahn und dem Verlangen nach einer netten Flotte angetrieben. Er könne sich auch nicht vorstellen, daß das deutsche Volk anderes als den Frieden im Sinn habe.

Was den Expräsidenten und den Kaiser einander näherbrachte, war ihr gemeinsamer Glaube an die «Gelbe Gefahr». Sie war noch immer eines von Wilhelms Lieblingsthemen, und er freute sich von Herzen, daß er endlich einen gefunden hatte, der seine Befürchtungen teilte. Roosevelt ging freilich noch weiter als der Kaiser. Er war der Ansicht, der Hader und das Gezänk in Europa seien lächerlich: Die gesamte Christenheit müsse sich gegen die Schwarzen und die Gelben zusammentun. Er unterhielt sich häufig mit Beamten der deutschen Botschaft in Washington, und die Berichte über diese Gespräche wurden vom Kaiser mit Sorgfalt studiert. «Wenn Japan die Vereinigten Staaten mit starken Kräften angreift, wird unsere Armee anfangs eine überwältigende Niederlage hinnehmen müssen», verkündigte er dem deutschen Botschafter. «Diese Lektion wird eine gründliche Reorganisation unseres Militärs zur Folge haben. [Randbemerkung des Kaisers: ‹Das ist nicht gut in einem Krieg›.] ·Wenn sie vollzogen ist, wird die japanische Armee vollständig aufgerieben, und danach wird Amerika seine Rache nehmen. [Der Kaiser: ‹Sehr optimistisch›.]»

Man sieht: Roosevelt hielt zwar manche Ideen des Kaisers für ein bißchen verrückt, diese Einschätzung beruhte jedoch auf Gegenseitigkeit. Der Expräsident machte auf seiner Reise nach Berlin auch in London Station und versicherte den britischen Staatsmännern, Deutschland führe gegen niemanden Böses im Schilde. Es baue seine Flotte nur zum Schutz seines wachsenden Handels. Die Engländer sollten die Hand der Deutschen ergreifen und ihr Augenmerk besser auf den Fernen Osten richten. Da England vertraglich an Japan gebunden war, wurde dieser Rat nicht sehr begeistert aufgenommen. Anscheinend gab Lord Londonderry zu verstehen, daß er durchaus nicht Roosevelts Ansicht sei, denn der Expräsident schimpfte sich bei Bethmann Hollweg über Londonderry aus: Dieser Mann habe «nicht mehr Gehirn als ein Meerschweinchen» und sei «so stumpfsinnig wie ein Laternenpfahl. Ich hätte mich genau so gut mit dem Stuhl da drüben unterhalten können. Wenn die erblichen Gesetzgeber im House of Lords im Durchschnitt so sind wie er, dann möge der Herrgott Gnade mit England haben.» Selbstverständlich waren solche Betrachtungen Wasser auf die Mühlen des Kaisers. Wunderbar, wie tapfer dieser Roosevelt die deutsche Flotte in Schutz genommen hatte!

Im August 1910 hielt Wilhelm wieder eine unbesonnene und herausfordernde Rede in Königsberg. Sie war auf jene Kritiker gemünzt, die ihm im November 1908 vorgeworfen hatten, er regiere mit «göttlichem Recht». Er erinnerte seine Zuhörer daran, sein Großvater Wilhelm I. «habe sich die preußische Krone mit eigener Hand aufs Haupt gesetzt». Er habe dies getan, um zu unterstreichen, daß sie ihm allein durch den Willen Gottes verliehen sei und weder vom Parlament, von irgendeiner andern Volksversammlung noch durch eine Wahl. Also betrachte er, Kaiser Wilhelm II., sich als der auserwählte Diener des Allerhöchsten und übe als ein solcher lediglich seine Pflichten als Regent und als Souverän aus: «Ich betrachte mich als das Werkzeug Gottes. Ohne Rücksicht auf Tagesstreitereien gehe ich meinen Weg, der einzig und allein der Wohlfahrt und der friedlichen Entwicklung meines Vaterlandes gewidmet ist».

Hier sprach der echte Wilhelm: der gefühlvolle Mystiker, das Instrument des Allmächtigen, der leidenschaftlich an das monarchische System

Glaubende. Bei solchen Überzeugungen erstaunt es nicht, daß er im Mai 1910 bei der Nachricht vom Tod des verabscheuten Onkels Edward VII. augenblicklich beschloß, an der Trauerfeier teilzunehmen. Seine Ehrfurcht vor dem Herrschertum überstieg alle Vorliebe und Abneigung: Der Tod eines Monarchen erheischte die Gebete seiner erlauchten Kollegen, wie beschaffen auch immer die persönlichen Beziehungen gewesen sein mochten.

Wieder einmal fuhr Wilhelm durch die Straßen von London, und alle Welt blickte auf ihn. Und wieder einmal besiegten ihn die Noblesse und die Solidität dieses Landes, das seiner Mutter Heimat gewesen war. In einem Brief an seinen neuen Reichskanzler Bethmann Hollweg beschrieb er die Aufbahrung in Westminster, «dieser großen alten Halle»: «Die Strahlen der Sonne fielen auf die tote Gestalt und auf die glitzernde Krone». Es sei die eindrucksvollste Trauerbekundung einer Nation um ihren geliebten König gewesen, die er jemals erlebt habe. Er legte einen Kranz auf den Sarg und ergriff impulsiv die Rechte des neuen Königs Georg V., als sie Seite an Seite vor dem Katafalk standen. Später sagte einer seiner Verwandten zu ihm: «Über diesen Händedruck spricht ganz London. Das Volk ist zutiefst dankbar und beeindruckt.» Auch dies teilte er Bethmann Hollweg mit und fuhr dann fort: «Ich hatte im Schloß Windsor die Zimmer meiner Eltern zugewiesen bekommen, in denen ich als kleiner Junge oft gespielt. Es waren mannigfache Erinnerungen, die mein Herz durchzogen. Sie riefen mein altes Heimatgefühl von neuem wach, welches mich an diesen Ort so fest bindet, und das mir persönlich im Hinblick auf die politische Seite die letzten Jahre besonders schwer zu tragen gemacht hat. Ich bin stolz, diesen Ort meine zweite Heimat zu nennen und ein Mitglied dieser königlichen Familie zu sein. Auch fand ich noch einen Platz, wo ich als Kind infolge des vielen Puddingessens mich kolossal übergeben habe. Besten Gruß[73]».

Nach seiner Rückkehr kam sich Wilhelm mit einemmal einsam und verlassen vor. Der Tod des Königs Edward hatte eine Epoche abgeschlossen. Vor fast allen großen Widersachern und Freunden, deren Spiel bei seiner Thronbesteigung die Bühne beherrscht hatte, war inzwischen der Vorhang gefallen, und sie waren abgetreten. Bismarck war schon lange tot; der ränkevolle Holstein war im Frühling 1909 verschieden; jetzt lag der falsche Edward im Grab. Eulenburg lebte in der Verbannung; Kuno Moltke hatte es nicht besser; den Grafen Hülsen-Haeseler hatte der Tod beim Tanz gefällt, und Bülow war entlassen worden. Das Leben verhieß etwas langweilig zu werden. Der neue König Georg V. versprach auch nicht annähernd ein so aufregender Widerpart zu werden wie der verruchte Onkel, Bethmann Hollweg nicht im entferntesten so anregend wie Bülow, Fürstenberg um alles in der Welt nicht so geistreich wie Philipp Eulenburg. Aber mochte das Leben jetzt auch eintöniger werden, Wilhelm tröstete sich mit der Einsicht, daß es auch weniger aufreibend sein dürfte. Es war wohltuend, daß an die Stelle des verschlagenen, bösartigen Edward ein etwas fader, offenherziger Seemann getreten war. Der Kaiser glaubte nicht, daß der neue König viel Einfluß auf die Politik nehmen oder imstande sein werde, Englands Kurs in irgendeiner Weise zu ändern. Auf alle Fälle konnten nun keine «Intrigen» mehr die Dinge verschlimmern. Den Kondolenzbrief des Reichskanzlers beantwortete Wilhelm mit den Worten: «Die Intrigenwirtschaft wird sich legen, die Europa in stetem Atem hielt. Ich glaube, im ganzen wird mehr Ruhe in die europäische Politik kommen; wenn nichts weiter, wäre das schon ein Gewinn».

Mehr Ruhe? Bethmann Hollweg hatte kein leichtes Erbe angetreten. Er fand die Luft frostig und mit Mißtrauen umwölkt. Sie war so frostig, daß nahezu jedes politische Ereignis einen Alarm in ganz Europa auslöste, und war so stickig, daß jedes Geschehnis auch gleichzeitig entstellt wurde. Die Deutschen behaupteten, die Engländer hätten ihnen eine Schlinge um den Hals geworfen und warteten nur auf den rechten Augenblick, um sie zuzuziehen. England dagegen befürchtete, es werde durch die wiederholten deutschen Kriegsdrohungen auf eine Bahn gedrängt, die keine Umkehr offenließe. Die glänzende Erscheinung des Kaisers in seinem Adlerhelm und den schönen Umhängen verkörperte für allzu viele Leute den unbeherrschten Ehrgeiz: Er gab sich nicht einmal mit der mächtigsten Armee der Welt zufrieden, obendrein wollte er mit der stärksten Marinemacht wetteifern. Man konnte nicht daran glauben, daß die endlosen Kolonnen, die Jahr um Jahr vor ihm paradierten, sich auf die Dauer damit begnügen würden, immer nur innerhalb der deutschen Grenzen zu marschieren. Ebensowenig konnte man sich damit abfinden, daß die Schiffe, die in Kiel unter ungeheuren Kosten vom Stapel liefen, nur die eine Aufgabe haben sollten, stets bloß in der Nordsee umherzuschwimmen. Man hatte den Verdacht, Wilhelm II. warte lediglich seine Zeit ab, ehe er sich um die Vorherrschaft in Europa bewarb.

Selbst der ungeschickte Bethmann Hollweg erkannte die Gefahren. Er war ein ehrenwerter Mann mit guten Absichten, dem eine Entspannung ehrlich am Herzen lag. Sein innigster Wunsch war die Wiederaufnahme freundlicher Beziehungen zu England. Gern hätte er den Flottenbau eingeschränkt, um als Gegenleistung eine wirkliche Annäherung zu erreichen, getraute sich aber nicht, dem Kaiser solche Vorstellungen zu machen. Das Flottenprogramm war das einzig beständige Element während

Wilhelms Regierung gewesen, es war auf eine gefährliche Weise mit seinem persönlichen Stolz verknüpft. Mehr als einmal sagte er dem Reichskanzler, die deutsche Flotte werde das bleibende Denkmal des Hauses Hohenzollern sein. Immerhin hatte Bülow ihn kurz vor seinem Rücktritt bewogen, ein langsameres Bautempo ins Auge zu fassen, wenn man dadurch Englands Neutralitätsgarantie für den Kriegsfall erlangen könne. Bethmann Hollweg versuchte auf dieser Basis zu verhandeln. Da eine derartige Zusage aber nichts anderes als die Anerkennung der deutschen Vormachtstellung bedeutet hätte, winkte das Foreign Office ab.

Der Kaiser sah im Bau von Schlachtschiffen und der gleichzeitigen Aufrechterhaltung verwandtschaftlicher Bande keineswegs etwas Widersprüchliches. Er wies den Kanzler an, Metternichs Warnungen aus London nicht zu beachten. Das Verhältnis zwischen den beiden Ländern werde von selbst besser, sobald die deutsche Flotte stark genug sei. Diese absonderliche Folgerung beruhte auf dem Glauben, Großbritannien werde die Deutschen als Partner umwerben, wenn es eingesehen habe, daß sie sich nicht abschrecken ließen.

Im Frühjahr 1911 nahm er mit Freuden eine Einladung seines Vetters Georg V. an, der ihn zur Enthüllung eines Denkmals für die Queen Victoria vor dem Buckingham Palace nach London bat. «Ich danke Dir sehr herzlich für den freundlichen Brief, in dem Du Dona und mich zur Teilnahme an der Denkmalsenthüllung für die liebe Großmama einlädst. Du kannst Dir nicht vorstellen, wie überglücklich ich bei der Aussicht auf ein baldiges Treffen mit Dir bin. Du hast vollkommen recht, wenn Du auf meine Ergebenheit und Ehrfurcht für meine geliebte Großmama hinweist, mit der ich ein so ausgezeichnetes Verhältnis hatte. Ich werde niemals vergessen, wie freundlich diese große Dame immer zu mir war, und niemals die Verbindung vergessen, die sie zu mir aufrechterhielt, obwohl ich soviel jünger war; sie hat mich noch auf ihren Armen getragen! Niemals in meinem Leben werde ich die feierlichen Stunden an ihrem Totenbett in Osborne vergessen, als sie ihren Atem in meinen Armen aushauchte! Diese geweihten Stunden haben mein Herz fest mit Deinem Haus und Deiner Familie verbunden, der anzugehören mich stolz macht. Und die Tatsache, daß ich in ihren letzten Stunden die geweihte Last ihres Leibes – die Schöpferin der Größe Britanniens – in meinen Armen hielt, schuf in meiner Seele ein unzerstörbares Band zwischen ihrem Land und ihrem Volk und mir, das ich zärtlich in meinem Herzen pflege...»

Der Besuch wurde auf den Mai festgesetzt. Bevor er indessen stattfinden konnte, tauchte die zermürbende marokkanische Frage wieder einmal auf und gab der Reise eine unerwartete Wendung. Arabische Aufständische hatten den Sultan veranlaßt, französische Hilfe zu erbitten. Anfang April unterrichtete Cambon die deutsche Regierung von der beabsichtigten Entsendung eines Expeditionskorps, um Rabat zu besetzen, die Ordnung in Fes wiederherzustellen und ein Strafdetachement in das Gebiet von Shawia zu beordern. Der Kaiser erhielt die Nachricht auf Korfu. Er telegrafierte dem Auswärtigen Amt, er habe nichts dagegen einzuwenden. Es könne Deutschland nur recht sein, wenn die Franzosen sich mit Truppen und Geld in Marokko festlegten, ließ er den neuen Staatsekretär für Auswärtiges, Kiderlen-Wächter, wissen. Falls die Franzosen die Algeciras-Akte verletzten, solle man getrost andern Mächten, besonders Spanien, den ersten Protest überlassen. Wahrscheinlich wollten «die Leute daheim» wieder ein Kriegsschiff entsenden. Mit Kriegsschiffen sei jedoch nichts Nützliches auszurichten, da Tanger nicht bedroht werde und der Schauplatz der Ereignisse im Innern liege. Mit Nachdruck riet er vom Einsatz eines Schiffes ab.

Der Kaiser hatte die Stimmung richtig beurteilt – nicht die der «Leute daheim», sondern diejenige von Kiderlen-Wächter, den der Kaiser nicht leiden konnte. Vor langer Zeit hatte dieser kecke Diplomat jenem Trio im Hintergrund (mit Holstein und Eulenburg) angehört, das in der Presse als die geheime Macht hinter dem Thron verspottet worden war. Kiderlen war witzig, laut, und er trank ein wenig viel. Man nannte ihn «Spätzle». Als seine Selbstsicherheit ihn einmal dazu verführte, den Kaiser nachzuahmen, fand er sich plötzlich als Legationsrat nach Bukarest verbannt. Dort vertrödelte er jahrelang seine Zeit. Als der Staatsekretär von Schön nach dem ‹Daily Telegraph›-Interview erkrankt war, ließ Bülow ihn wieder nach Berlin kommen. Von Kiderlen hieß es, er habe eine gewisse Rolle bei der Abfassung des unheilvollen Ultimatums an Rußland wegen der Annexion Bosniens gespielt. Bethmann Hollweg bat den Kaiser nach seiner Berufung zum Reichskanzler um Kiderlens Ernennung zum Staatsekretär. Wilhelm protestierte. Bethmann Hollweg gab jedoch zu bedenken, daß seine eigene Unerfahrenheit ihn zwinge, sich nach einem Fachmann umzusehen. Am Ende hatte der Kaiser widerwillig zugestimmt. «Also nehmen Sie ihn», hatte er gebrummt. «Aber Sie wissen gar nicht, welche Laus Sie sich mit dem Kiderlen in den Pelz setzen.»

Hätte es sich bei Kiderlen-Wächter nur um eine Laus gehandelt, dann wäre seine Ernennung nicht so schlimm gewesen. Er brannte jedoch darauf, sich für die vertanen Jahre im Exil zu entschädigen: Durch einen dramatischen Coup wollte er seinen Namen in ganz Deutschland bekanntmachen. Überdies kam er aus Holsteins Schule. Der Historiker Erich Brandenburg meinte, Kiderlen habe geglaubt, es gäbe nur einen Weg,

Staatsaffären richtig zu handhaben: Man müsse «mit der Pistole in der Hand verhandeln» oder mit dem Lauf zumindest die Tasche ausbeulen.

Bethmann Hollweg war zu naiv, feinere Verästelungen zu erkennen. Als der Kaiser aus Korfu zurückkehrte, wurde er vom Kanzler gebeten, Kiderlen zu empfangen, der ihm die marokkanischen Pläne unterbreiten wolle. Der Staatssekretär erklärte, er stimme mit den Ansichten des Kaisers überein, der Frankreich in Marokko halten lassen wolle. Es sei klar, daß der Sultan seine Autorität nur mit Hilfe französischer Bajonette behaupten könne, also sei eine Unabhängigkeit im Sinne der Algeciras-Akte ein Wahn. Deutschland müsse jedoch eine Entschädigung für den Verzicht auf seine Rechte erhalten. Um zu garantieren, daß diese Kompensation großzügig ausfalle, müsse man unter dem Vorwand des Schutzes deutscher Staatsbürger Kriegsschiffe nach Mogador und Agadir entsenden – genau so, wie die Franzosen ihre Landsleute in Fes beschützten, meinte Kiderlen. Die Anwesenheit der Schiffe werde die Verhandlungen beschleunigen und der Welt zeigen, daß Deutschland sich nicht mit einer Bagatelle abspeisen lasse. Kiderlen gab zu verstehen, daß er eigentlich den ganzen französischen Kongo im Auge habe.

Der Kaiser war bestürzt über das Ausmaß dieser Forderung. Mit Recht wies er darauf hin, daß Großbritannien, schlösse man es von solchen Vorhaben aus, aufs äußerste erbittert sein werde. Schließlich meinte er, eine endgültige Stellungnahme könne er erst nach seinem bevorstehenden Treffen mit König Georg abgeben, dem er dieses Thema vortragen wolle.

Die Reise erhielt also eine unerhoffte Bedeutung. In gesellschaftlicher Hinsicht verlief sie recht günstig. Da Edward nicht mehr da war, der ihr Moralempfinden hätte verletzen können, entschloß sich die Kaiserin, ihren Mann zu begleiten. Der warme Empfang beglückte sie. In London wehten die Fahnen, die Menge stand Kopf an Kopf, die Kapellen spielten, die Leute ließen die Gäste hochleben. König Georg V. teilte die Antipathie seiner Eltern gegenüber dem deutschen Kaiser nicht, es fielen demnach auch keine stichelnden Bemerkungen. Man war nett zueinander. Kurz vor seiner Abreise kam Wilhelm auf Marokko zu sprechen. «Ich fragte ihn, ob er der Ansicht sei, daß die französische Handlungsweise sich noch mit der Algeciras-Akte vertrage», schrieb er später in seinen Erinnerungen. «Der König meinte, eigentlich bestehe die Akte nicht mehr, und man tue wohl am besten, sie der Vergangenheit anheimzugeben. Die Franzosen machten ja im Grunde in Marokko nichts anderes, als was die Engländer ihrerseits in Ägypten auch getan hätten; man solle sich mit dem fait accompli der Besetzung abfinden und sich wegen kommerzieller Sicherungen mit Frankreich arrangieren». Der Kaiser sagte seinem Vetter, Deutschland gedenke nicht, einen Krieg Marokkos wegen zu führen, aber es werde Entschädigungen verlangen. Auf diese Bemerkung habe der König nichts geantwortet, berichtete Bethmann Hollweg. Der Kaiser glaubte wie ein Kind an die Macht der Könige, selbst an die der konstitutionellen Monarchen. Da der englische König freundlich zu ihm war, ließ er sich zu der Annahme verleiten, eine Einschüchterung der Franzosen werde die Engländer nicht weiter stören. Am 26. Juni fuhr Kiderlen-Wächter nach Kiel zum Kaiser, der sich zu seiner üblichen Nordlandfahrt an Bord seiner Yacht begab. Wilhelm stimmte der Entsendung eines Kriegsschiffes nach Marokko zu. Kiderlen berichtete von seinen Verhandlungen mit Cambon: Sie stünden kurz vor dem Abschluß. Der französische Botschafter habe vorgeschlagen, Frankreich werde einen Teil des französischen Kongo im Tausch gegen Togo an Deutschland abtreten. Ein gewisser Druck in Form eines deutschen Schiffes sei – nach Kiderlens Ansicht – noch nötig, um die Verhandlungen zu einem glücklichen Ende zu bringen. Am 1. Juli warf der ‹Panther›, ein kleines Kanonenboot mit 150 Mann Besatzung, vor der Reede von Agadir Anker.

Der Kaiser hatte sich wie immer in solchen Fällen verhalten: Zuerst war er leidenschaftlich bei der Sache, dann befielen ihn Zweifel, und schließlich kapitulierte er. Erstaunlicherweise merkten weder er noch Bethmann Hollweg, daß Kiderlens Streich nichts anderes war als eine Wiederholung der Tanger-Affäre. Es kam ihnen auch nicht zu Bewußtsein, daß Holsteinsche Erpresserpraktiken immer das gleiche unglückliche Resultat zeitigen mußten. Eine derartige Handlungsweise war im Jahr 1911 besonders töricht, denn im Frühjahr hatte der französische Außenminister Cruppi über eine deutsche Beteiligung am Projekt einer Kongo-Kamerun-Eisenbahn gesprochen, und von dem französischen Ministerpräsidenten Caillaux – der im Juni sein Amt antrat – wußte man, daß er großzügige Entschädigungen befürwortete und außerdem als Gegner der Entente galt.

Als Botschafter Metternich das Foreign Office vom Eintreffen des Kanonenbootes ‹Panther› vor Agadir zum Schutz deutscher Staatsbürger unterrichtete, sahen die Engländer eine neue Krise auf sich zukommen. Der ständige Unterstaatssekretär Nicolson machte darauf aufmerksam, daß es in Agadir ja gar keine deutschen Staatsangehörigen gäbe. Außenminister Grey stellte fest, die englischen Finanzinteressen in Marokko seien größer als die deutschen. England sei nicht bereit, irgendeine Abmachung hinzunehmen, ohne befragt worden zu sein. Er verlangte zu wissen, weshalb das Kanonenboot entsandt worden war.

Kiderlen lehnte eine Antwort ab. Er glaubte, ein langes Schweigen der Ungewißheit sei in einem Nervenkrieg die beste Methode. Er hoffte, die

Moral der Franzosen werde die Spannung nicht ertragen. Außerdem rechnete er damit, daß England – wenn er schweige – absolut nicht wisse, was zu unternehmen sei. Wie er richtig vorausgesagt hatte, begannen in London und Paris wilde Gerüchte umzugehen. «Suchte Deutschland nach einem Vorwand zum Krieg mit Frankreich, oder versuchte es nur, durch Druck und Ungewißheit seine koloniale Lage zu verbessern?» fragte Winston Churchill, der damalige Innenminister. «Es war schwer, aus der langen Reihe der Telegramme, die täglich von allen europäischen Botschaften einliefen, die wahre Ursache der deutschen Handlungsweise zu erraten.»

Der erste, dessen Nerven nachgaben, war der Kaiser. Kiderlen hatte ihm gesagt, daß die Verhandlungen mit Frankreich bald beendet sein würden. Als Kiderlen und Cambon jedoch am 9. Juli zusammentrafen, wurde das Thema Kongo und Togo nur oberflächlich berührt, denn der Staatssekretär wollte, daß der Franzose als erster mit der Sprache herausrückte. «Was zum Teufel soll denn nun gemacht werden?» schrieb der Kaiser verärgert. «Sie verhandeln und verhandeln, aber keiner sagt etwas! Wenn wir so viel kostbare Zeit verlieren, dann stärken die Briten und Russen den erschreckten Galliern den Rücken und diktieren ihnen, was sie uns nur höchst gnädig gewähren sollen. Anfang Mai hat mir der Kanzler in Karlsruhe das große Programm für unsere Verhandlungen über Marokko entwickelt, und ich sagte: Einverstanden, und jetzt, Ende Juli, sind wir noch genau so weit! Diese Art von Diplomatie ist für mein Hirn zu fein und zu hoch!»

Das Verhalten des Kaisers zwang Kiderlen, seine Karten auf den Tisch zu legen. Als Cambon am 15. Juli wieder von der Kongo-Kamerun-Eisenbahn zu reden anfing, breitete der Staatssekretär eine Landkarte aus, deutete auf den Kongo und erklärte, daß Deutschland ihn gern ganz haben möchte. Cambon war so verblüfft, daß es ihm die Sprache verschlug. Dann meinte er matt, wohl keine Regierung könne eine ganze Kolonie einfach aus der Hand geben, Frankreich werde jedoch geneigt sein, einen Teil davon im Tausch gegen Togo oder ein Stück von Kamerun abzutreten. Kiderlen hielt den Augenblick zur Tat für gekommen, den er insgeheim so lange schon ersehnte. Dem Reichskanzler hatte er geschrieben, eine zufriedenstellende Regelung könne nur erreicht werden, wenn man bereit sei, dem Schlimmsten ins Auge zu sehen und wenn die andern dies wüßten. Wer im voraus erkläre, daß er zum Kampf nicht entschlossen sei, dürfe in der Politik auch nicht mit Erfolgen rechnen: «Wir müssen den ganzen französischen Kongo haben.»

Der Kaiser war entsetzt über diesen Bericht. Es fiel ihm nicht ein, wegen Marokko einen Krieg zu riskieren. Von Bord der ‹Hohenzollern›

Die Verlesung des »Zustands drohender Kriegsgefahr« in den Straßen von Berlin am 31. Juli 1914.

Ansprache des Kaisers Wilhelm II. am Nachmittag des 31. Juli 1914 vom Balkon des Stadtschlosses, Berlin.

Hindenburg und Ludendorff bei einer Lagebesprechung mit Wilhelm II. im Hauptquartier zu Spa während des Ersten Weltkriegs.

Wilhelm II. in der eroberten Stadt Lyck am 14. Februar 1915.

telegrafierte er Bethmann Hollweg, in seiner Abwesenheit dürften keinerlei drohende Schritte gegen Frankreich unternommen werden. Er wies ihn an, Verhandlungen nur innerhalb der Richtlinien zu führen, die der Botschafter vorgeschlagen habe. Außerdem kündigte er seine sofortige Rückkehr nach Berlin an. «Ich kann meine Regierung nicht so auftreten lassen, ohne an Ort und Stelle zu sein, um die Konsequenzen genau zu übersehen und in der Hand zu haben! Das wäre sonst unverzeihlich und zu parlamentarisch. Le roi s'amuse! Und derweilen steuern wir auf die Mobilmachung los!» England werde sich unangenehm bemerkbar machen.

Kiderlen brauste auf, als er diese Instruktion erhielt und erklärte, der Kaiser durchkreuze seine Pläne. Er drohte mit Rücktritt. Bethmann Hollweg beruhigte ihn, vor allem, als sich des Kaisers Voraussage – soweit sie London betraf – als zutreffend erwies. Das Foreign Office konnte nicht glauben, daß der deutsche Kongo-Vorschlag bona fide gemacht worden sei. Die Forderung ging so weit, daß London der Ansicht zuneigte, sie sei mit Absicht erhoben worden, um Widerstand zu provozieren. Siebzehn Tage des Schweigens waren vergangen, seit Grey den Grafen Metternich zu sich gebeten und um eine Erklärung wegen des ‹Panther›-Zwischenfalls ersucht hatte. Nun ließ Grey den Botschafter abermals kommen und fragte ihn unumwunden, ob Deutschland Gebiete in Afrika oder einen Hafen an der atlantischen Küste begehre. Metternich, der ohne Informationen war, wußte keine Antwort.

Kiderlens Plan enthielt einen bösen Fehler. Er berücksichtigte die Tatsache nicht, daß sein Schweigen bei den Engländern die Befürchtung erwecken könnte, ihre Interessen wären noch stärker bedroht als die der Franzosen. Die britische Regierung war nun ernstlich beunruhigt. Selbst Angehörige des radikalen liberalen «Friedensflügels» erklärten, die Deutschen irrten sich, falls sie glaubten, sie könnten die Engländer auf die Seite drängen und unter ihren Augen einen Atlantikhafen in Besitz nehmen. Schatzkanzler Lloyd George sah eine Katastrophe kommen, wenn England nicht sofort eindeutig Stellung beziehe. «Wenn uns eine Situation aufgezwungen würde, in der der Friede nur durch das Aufgeben der großen und wohltätigen Stellung erhalten werden könnte, die England sich in Jahrhunderten des Heroismus und des Erfolges erworben hat – und nur dadurch, daß Großbritannien in Fragen, die seine Lebensinteressen berühren, in einer Weise behandelt würde, als ob es im Rate der Nationen gar nicht mehr mitzählt –, dann, ich betone es, würde ein Frieden um jeden Preis eine Erniedrigung sein, die ein großes Land, wie das unsrige, nicht hinnehmen könnte.»

Die Sprache der Diplomaten war vor dem Ersten Weltkrieg so würdevoll und gelassen, beinahe säuselnd, daß die heutige Generation, die an die Schimpfkanonaden moderner Diktatoren gewöhnt ist, kaum die Sensation nachempfinden kann, die durch diese gemessene Rede ausgelöst wurde. Sie erregte einen Sturm der Empörung in Deutschland. Das war eine Drohung und Beleidigung, der dreiste Versuch Englands, sich in deutsch-französische Angelegenheiten einzumischen! Da diese Worte obendrein von einem Radikalen ausgesprochen wurden, den man für einen Friedensfreund gehalten hatte, waren sie der schlagende Beweis dafür, daß England weit kriegslüsterner war, als irgendjemand angenommen hatte. Der Reichskanzler Bethmann Hollweg sandte eine scharfe Protestnote nach London. Sie war so scharf, daß die britische Regierung eine Zusammenziehung der Flotte anordnete. Der Kaiser, der noch immer auf der ‹Hohenzollern› war, wollte sich die gute Laune nicht verderben lassen und telegrafierte der Wilhelmstraße, es handle sich nur um einen «kleinen Akt der Höflichkeit gegenüber Paris, das in London um Hilfe schreit».

Das Verhalten der Engländer hatte indessen weitreichende Folgen: Obwohl die deutsche Öffentlichkeit nicht recht wußte, was die Diplomaten in Berlin eigentlich vorhatten, herrschte doch das dumpfe Gefühl, das Land habe eine Demütigung durch die Briten hinnehmen müssen. Die Verärgerung in Deutschland ging so tief, daß das Gespenst des Krieges jene zwei Monate lang den Engländern im Nacken saß, die Kiderlen und Cambon noch miteinander verhandelten. Whitehall fürchtete, die deutsche Regierung könne sich zu einer unüberlegten Aktion hinreißen lassen, um ihr Prestige wiederherzustellen. Am 4. November wurde schließlich eine Übereinkunft erzielt. Frankreich erklärte sich bereit, 100 000 Quadratmeilen ziemlich wertlosen Landes im Kongo abzutreten. Dieses Gebiet wurde jedoch von zwei Flußläufen durchzogen, die Deutschland dringend zum Export von Waren aus Kamerun benötigte.

Keine der beiden Regierungen war befriedigt. In Frankreich wurde Ministerpräsident Caillaux durch Poincaré abgelöst. In Deutschland verhöhnten die Militärkreise die Regierung wegen ihrer Zaghaftigkeit. Kiderlen tat, als liege die Schuld beim Kaiser, der «die Nerven verloren und gekniffen» habe. Die Berliner Morgenpost fühlte sich zu der aufgeregten Frage veranlaßt, ob Deutschland denn «ein Volk von Weibern» geworden sei. Hardens ‹Zukunft› meldete sich mit einer Attacke gegen «Wilhelm den Friedfertigen», die mit der Feststellung schloß, hier ende der Hohenzollern glorreiche Geschichte, und ein König sei gefallen – aber nicht in der Schlacht.

Der Kronprinz goß auch Öl ins Feuer. Im Reichstag applaudierte er den kriegerischen und antifranzösischen Reden des Abgeordneten Heydebrand, der die konservative Fraktion führte. Der junge Wilhelm stand mit seinem Vater auf keinem guten Fuß. Abgesehen von jener Szene am Krankenbett, als Wilhelm mit dem Gedanken an Abdankung spielte, hatte er niemals ein vertrauliches Gespräch mit seinem Vater geführt. Die meiste Zeit verbrachte er auf der Jagd, was seinen Vater ärgerte, oder er flirtete herum, was seine Mutter aus der Fassung brachte. Und nun fing er auch noch an, sich mit Politik zu beschäftigen, und das erzürnte sie alle beide. Der Kaiser befahl seinen Sohn ins Schloß und beauftragte Bethmann Hollweg, ihm in seiner Gegenwart eine Standpauke zu halten. Der Reichskanzler tat, wie ihm geheißen wurde, und gewann dadurch nicht eben die Zuneigung des jungen Mannes. In seinen Erinnerungen nannte er ihn schwerfällig und wankelmütig.

Der Kaiser hatte zweifellos einen Kriegsfall ausgelöscht. Er wünschte aber nicht, daß es bekannt wurde. Die Welt brauchte nicht zu wissen, daß er den Ruhm eines Eroberers zwar beanspruchte, vor einem Krieg jedoch zurückschrak – daß er, um ein Wort Churchills zu gebrauchen, ein Napoleon zu sein wünschte, ohne den Degen Napoleons zu ergreifen. Um das Gesicht zu wahren, begann er gegen England vom Leder zu ziehen. Er verbreitete die Geschichte, während seines Aufenthalts im Buckingham Palace habe er König Georg mitgeteilt, er gedenke ein Kriegsschiff nach Marokko zu entsenden, und der König habe zugestimmt. Als das Schiff dann tatsächlich vor Marokko ankerte, habe England ihn bewußt hintergangen und in einen Krieg mit Frankreich zu verwickeln getrachtet.

Georg V. hörte von diesen Äußerungen und war überrascht. «Ich will nicht leugnen, daß er vielleicht etwas von einem Schiff gesagt hat», meinte er im Gespräch mit dem österreichischen Botschafter Graf Mensdorff, «obgleich ich mich nicht daran erinnern kann. Wenn er es getan hat, dann dachte ich an Mogador. Jedenfalls erwähnte er Agadir nicht. Und ich habe durchaus nicht meine Zustimmung oder die meiner Regierung zu einem solchen Schritt gegeben.» Der König sagte auch, seiner Überzeugung nach sei der deutsche Kaiser ein Mann des Friedens. Die Schwierigkeit bestehe darin, daß er vielleicht eines Tages nicht stark genug sein könnte, um die Militaristen im eigenen Land zurückzuhalten, denn ihre Kritik an seinem unkriegerischen Zögern verletze ihn.

König Georg wußte nicht, daß die jüngste Spannung von Staatssekretär Kiderlen ausgegangen war und nicht von Wilhelms Militärberatern. Der gutmütige und phantasielose Seekönig hatte den wahren Charakter seines Vetters besser erkannt als die meisten andern Leute, und er beendete seine Unterhaltung mit den Worten: «Niemand hat es gern, wenn man ihn für einen Feigling hält.»

Agadir hatte den Krieg in Reichweite gebracht. Daß Bethmann Hollweg trotz seiner Friedensbemühungen die Praktiken Bülows anwandte, ernüchterte viele, die jetzt fürchteten, eine Auseinandersetzung werde unvermeidlich. Die kritische Lage gab Großadmiral Tirpitz die gute Gelegenheit, eine Flottennovelle zur Vergrößerung der Marine einzubringen. Er war der Ansicht, man müsse die Nerven behalten, in großem Stil rüsten, alle Provokationen vermeiden und ruhig abwarten, bis die deutsche Seemacht gefestigt sei und die Engländer sich gezwungen sähen, «die Deutschen in Frieden atmen zu lassen». («Nur in Frieden atmen!», meinte Churchill. «Welch ein furchtbarer Atmungsapparat!»)

Der Kaiser unterstützte Tirpitz ganz und gar. Die Tatsache, daß die Briten auf dem Höhepunkt der Krise ihre Flotte zusammengezogen hatten, zeigte, wie er behauptete, daß sie keinen Wert auf «unsere Freundschaft» legen. «Deshalb sind wir jetzt noch nicht stark genug. Nichts beeindruckt sie als Kraft und Stärke.» Botschafter Metternich wies darauf hin, daß England seine Flottenbemühungen verstärke, wenn Deutschland mehr Schiffe baue, aber der Kaiser strafte ihn mit Verachtung. «Metternichs Standpunkt ist derselbe wie bei den Zusatzvorlagen von 1904 und 1908», schrieb er am 27. November. «Hätte ich ihm damals gefolgt, so hätten wir jetzt überhaupt keine Flotte! Seine Deduktion gestattet auf unsere Marine-Politik die Ingerenz eines fremden Volkes, wie ich sie mir als Oberster Kriegsherr und Kaiser nun und nimmer gefallen lassen kann noch werde! und die für unser Volk eine Demütigung bedeutet! Es bleibt bei der Novelle!»

Die Nachrichten über die deutsche Flottenverstärkung veranlaßten Lloyd George zu einem Versuch, das schlechte Verhältnis zwischen den beiden Nationen zu verbessern. Der neuernannte Erste Lord der Admiralität, Winston Churchill, schrieb: «Wir wußten, daß ein gewaltiges neues Flottengesetz vorbereitet wurde und bald erlassen werden sollte. Wenn sich Deutschland zur Feindseligkeit gegenüber Großbritannien entschlossen hatte, mußten wir die Herausforderung annehmen. Es konnte aber auch möglich sein, diese gefährliche Entwicklung durch freundliche, ernste und vertrauliche Gespräche zu verhindern. Wir waren nicht gegen eine deutsche Kolonialexpansion, und wir hätten auch Schritte unternommen, um ihnen in dieser Hinsicht behilflich zu sein. Es mußte etwas geschehen, damit die Kette dieser blinden Zufälligkeiten unterbrochen wurde. Wir berieten deshalb gemeinsam mit Sir Edward Grey, und danach baten wir mit Zustimmung des Premierministers Sir Ernest Cassel, nach Berlin zu reisen, um direkten Kontakt mit dem Kaiser aufzunehmen. Wir versahen ihn mit einem kurzen aber prägnanten Memorandum, das nicht besser als mit Bethmann Hollwegs eigenen Worten umrissen werden kann: Anerkennung der englischen Überlegenheit zur See – keine Vermehrung des deutschen Flottenprogramms – von Englands Seite keine Behinderung unserer Kolonialexpansion – Diskussion und Förderung unserer Kolonialbestrebungen – Vorschläge für eine beiderseitige Erklärung, daß die beiden Mächte sich nicht an aggressiven Plänen und Koalitionen gegen einander beteiligen.»

Cassel kehrte nach zwei Tagen aus Berlin zurück, und Churchill berichtete Grey, der Kaiser und der Reichskanzler schienen «sehr befriedigt über die Annäherung» zu sein. Bethmann sei «ernst und herzlich», der Kaiser «hingerissen, beinahe kindlich froh» gewesen. Cassel meinte, sie schienen nicht genau zu wissen, was sie in kolonialer Hinsicht wollten. Eine Expansion interessierte sie offenbar nicht allzu sehr. Es gäbe zehn große Unternehmen in Deutschland, die ausländische Arbeitskräfte beschäftigten; an Übervölkerung litte das Reich nicht. Kaiser und Kanzler seien sehr gespannt, «wieder von uns zu hören».

Nach diesem verheißungsvollen Auftakt beschloß die britische Regierung, einen Kabinettsminister nach Berlin zu entsenden, der das Terrain sondieren solle. Die Wahl fiel auf den Kriegsminister Lord Haldane: Er kannte Deutschland gut und sprach fließend deutsch. Aber in Berlin verstand man nicht so recht, weshalb ein Kriegsminister geschickt wurde, wenn über Flottenfragen gesprochen werden sollte und war von Anfang an argwöhnisch.

Die Gespräche hatten kaum begonnen, da tauchten bereits Hindernisse auf. Die Engländer wünschten, Deutschland solle die neue Flottennovelle aufgeben; die Deutschen verlangten, England möge sich im Kriegsfall neutral verhalten. Der Kaiser führte die Verhandlungen über die Marinefrage. Was er anzubieten hatte, war bloß eine Verzögerung der geplanten Neubauten, und das war zu wenig. Die Engländer fanden sich nicht einmal bereit, die Neutralitätsgarantie abzugeben. Es verblüffte sie, daß Berlin auf dieser aussichtslosen Forderung bestand. Deutschlands Ziel war der Verzicht Englands auf die Dreier-Entente – und das nur für die geringe Verzögerung des Bauprogramms.

Die Wirklichkeit sah so aus: Das Foreign Office hätte die Entente auch dann nicht aufgegeben, wenn ihm die halbe deutsche Flotte geschenkt worden wäre. Weshalb entsandte die englische Regierung dann überhaupt Lord Haldane nach Berlin? Die Politiker hatten sich zur Bestürzung der Diplomaten in deren Angelegenheiten eingeschaltet. Eine tiefe Kluft trennte das Foreign Office vom Kabinett. Das Auswärtige Amt behauptete, Deutschland sei stärker als Frankreich und Rußland zusammen. Allein Englands drohender Schatten halte das Reich davon ab, die Macht über ganz Europa anzutreten. Der Zusammenhalt der Dreier-entente sei deshalb eine Frage über Leben oder Tod. Noch war die Entente kein Militärbündnis, sondern nur eine zwanglose Partnerschaft. Unterstaatssekretär Nicolson wurde von der dauernden Befürchtung gequält, sie könne wegen einiger Meinungsverschiedenheiten auseinanderbrechen. Seit 1909 bat er Grey, dem Kabinett die Tatsachen zu unterbreiten. Seine Kollegen müßten davon überzeugt werden, daß es unbedingt erforderlich sei, der Entente den Charakter einer militärischen Allianz zu verleihen, was die Gemeinschaft fester zusammenschweißen würde. Deutschland wüßte dann, wo England stehe, und es würde wohl keine gefährlichen Risiken mehr auf sich ziehen.

Grey entgegnete indessen, die Mehrzahl seiner Kabinettskollegen wolle den harten Tatsachen nicht ins Auge sehen. Einige waren Pazifisten, einige Radikale, die niemals einem offiziellen Bündnis mit dem reaktionären zaristischen Rußland zustimmen würden. «Ich halte es nicht für tunlich, unser Abkommen mit Rußland in ein Bündnis zu verwandeln», schrieb er 1909 an Nicolson. «Die Ansichten über eine Bindung unter ungünstigen Umständen in einem Festlandkrieg gehen zu weit auseinander, um uns den Abschluß eines Bündnisses zu gestatten. Rußland muß sein inneres System weniger reaktionär gestalten. Bis dahin wird die liberale Meinung hier sehr kühl bleiben».

England hätte unzweideutig Stellung beziehen müssen – darin lagen die größten Chancen für den Frieden. Vielleicht wäre es Grey in der Tat nicht möglich gewesen, seine Minister von dieser Notwendigkeit zu überzeugen. Aber er versuchte es ja gar nicht erst: Er zog es vor, in einer «ausgleichenden Position» zu verharren oder – um sich seines Lieblingsausdruckes zu bedienen – «seine Hände frei zu halten.» Wenn England kein Militärbündnis einging, konnte es sein Gewicht je nach den Verhältnissen einmal auf diese, dann auf die andere Seite legen. Es konnte Deutschland, aber auch Frankreich und Rußland zügeln. Das Foreign Office erklärte diese Ansicht für falsch. Sir Edward Grey gebe sich Illusionen hin: Die Hände der Engländer seien nicht mehr frei. Moralisch sei England den Franzosen tief verpflichtet. Zwischen den Generalstäben der beiden Länder fänden seit Jahren regelmäßige Gespräche statt, bald sollte auch eine gemeinsame Flottengliederung vorgenommen werden. Doch selbst wenn keine moralischen Bindungen bestünden, könnte Großbritannien es niemals zulassen, daß Frankreich zerschlagen werde: Wenn die Deutschen erst einmal die Vorherrschaft in Europa besäßen –, wer könne sie dann noch von einer Bedrohung Englands abhalten?

Grey ließ sich nicht erschüttern. Solche Überlegungen, meinte er, könne man doch nur anstellen, wenn man unbedingt an die «deutsche Bedrohung» glaube. Wenn man andererseits den guten Absichten der

Deutschen nicht traue, tue man recht daran, den toten Punkt zu überwinden. Eben deswegen heiße er Haldanes Mission gut. Das Foreign Office war verärgert und beunruhigt, weil ein Minister über die Köpfe der Diplomaten hinweg verhandeln sollte. Die Franzosen erwiesen sich als besorgt, die Russen als aufgeregt. Wenn den Deutschen ein Abkommen mit England gelang, selbst ein harmloses nur, konnte die Entente, die Kriegsdrohungen und Kanonenbooten widerstanden hatte, in Scherben zerfallen.

In Berlin erkannte man die Chance nicht. Der Kaiser und Tirpitz waren ebenso argwöhnisch zu England, wie die englischen Diplomaten zu Deutschland eingestellt. Sie prüften die Vorschläge zur Förderung der deutschen Kolonialexpansion mit Skepsis. Haldane deutete die eventuelle Abtretung Sansibars und Pembas, zweier Inseln vor der afrikanischen Ostküste, an, verweilte jedoch mit größerem Nachdruck auf Belgisch-Kongo und Portugiesisch-Angola. Was die Neutralitätsgarantie betreffe, so könne er lediglich das Versprechen bieten, daß «England keinen unprovozierten Angriff auf Deutschland unternehmen und keine Aggressionspolitik gegenüber dem Reich verfolgen werde». Das sei wertlos, antwortete der Kaiser, denn wer wollte definieren, was ein «unprovozierter Angriff» sei? Die Deutschen stellten klar, daß sie an nichts anderem als an Englands bedingungsloser Neutralität interessiert seien. Als Gegenleistung erklärten sie sich bereit, das neue Flottenprogramm zwar zu verlangsamen, nicht aber zu kürzen.

Das Foreign Office war hocherfreut, als Haldane mit diesem mageren Ergebnis nach Hause kam. Grey teilte dem deutschen Botschafter mit, daß England dem Neutralitätsverlangen nicht nachgeben könne. Er war sich bewußt, daß Bethmann Hollweg viel getan hatte, um Tirpitz zum Verzicht auf die Flottenvermehrung zu bewegen, deshalb versuchte er, die Pille zu versüßen: Er äußerte seine Zuversicht, daß es keinen Krieg geben werde, solange der gegenwärtige Reichskanzler im Amt sei. Aber man müsse sich vorsehen – neue Männer könnten eine neue Politik in Deutschland machen.

Als der Kaiser von diesen Äußerungen hörte, kannte seine Empörung keine Grenzen. «So mißtraut er mir!! Ich habe noch nie gehört, daß man ein Abkommen nur mit einem und auf einen bestimmten Staatsmann hin, unabhängig vom jeweiligen Souverän, abschließt. Aus obigem geht hervor, daß Grey keine Ahnung hat, wer eigentlich der Herr ist, und daß Ich herrsche!...»

Die Versuche des Foreign Office, von Haldanes Kolonialofferten abzurücken, erregten den Zorn des Kaisers noch mehr. Die Beamten fürchteten, daß Haldanes Vorschläge durchsickern und Ärger verursachen könnten. Sie entwarfen deshalb ein Memorandum, in dem betont wurde, daß Haldane keine direkten Angebote gemacht, sondern sich nur erboten habe, Deutschland bei den Verhandlungen mit den betreffenden fremden Mächten zu unterstützen. «Es fiel ihm gar nicht ein», schrieb der Kaiser*. «Er machte das Angebot *sans phrase* über den Tisch!»

Man war in eine Sackgasse geraten, und das verdroß den Kaiser. Er zog über das perfide Albion her, das mit dem Eigentum fremder Nationen Schacher treibe. Haldanes Darstellung klänge so, als habe England der deutschen Regierung ein transkontinentales Kolonialreich in Afrika angeboten (Gebiete, die fremden Nationen gehörten und gar nicht Englands Besitz waren, und kein Mensch wisse, ob diese Nationen überhaupt bereit seien, zu Deutschlands Gunsten auf sie zu verzichten). Außerdem habe er darauf gedrängt, daß die Zusatznovelle fortfalle. Gleichzeitig aber sei die Neutralitätsklausel abgelehnt worden, weil es zu kompliziert sei, sie zu definieren. Haldane sei im Triumph nach Hause gefahren. Die englische Regierung, die in den gegenwärtigen unangenehmen Zeiten einen Erfolg benötigte, habe viel Wirbel im Parlament gemacht und diesen «großen Triumph über Deutschland» verkündet; man habe sie deswegen gepriesen und verherrlicht. So sei, kurz gesagt, Haldanes Mission in Wirklichkeit gewesen.

Im Mai 1912 brachte Tirpitz die Flottennovelle ein, und im Juli rächte sich Churchill mit einem erhöhten Budget für die britische Flotte. Vor dem Parlament erklärte er, dies sei die direkte Folge der deutschen Handlungsweise. Noch bedeutsamer aber war, daß England seine Schlachtschiffe aus dem Mittelmeer abzog, um die Homefleet zu verstärken, während Frankreich seine großen Schiffe ins Mittelmeer verlegte. Diese sichtbare Kräftevereinigung knüpfte die Entente noch enger. «Aber alles machte keinen Eindruck auf Tirpitz», schrieb Churchill. «Dieser aufrechte, querköpfige und kurzsichtige Preuße glaubte fest daran, daß die Vermehrung seiner geliebten Flotte in den Engländern die Angst vor dem Kriege vergrößern werde. Sie löste aber ganz einfach nur ebenfalls Flottenverstärkungen und diplomatische Reaktionen aus, wodurch unsere Streitkräfte mächtiger und die Reihen der Entente enger geschlossen wurden».

---

* Als die Kolonialgespräche ein paar Monate später wiederaufgenommen wurden, stellte sich heraus, daß die Engländer den Deutschen eine Art Würgegriff auf Angola angeboten hatten: Es war an Kredite für die hart bedrängte portugiesische Regierung als Gegenleistung für Hypotheken auf die Kolonie Angola gedacht. Der Plan erinnerte an den von 1898, doch war er umfangreicher: Grey stimmte zu, daß England den Portugiesen nicht helfen werde, falls sie durch Mißwirtschaft in Schwierigkeiten gerieten und eine fremde Macht zur Wiederherstellung der Ordnung anrufen mußten.

So sorgenvoll und niedergeschlagen wie in den Jahren 1912 und 1913 war Wilhelm II. nie zuvor gewesen. Agadir hatte gezeigt, daß seine Flotte noch nicht schlagkräftig genug war, um England von der Einmischung in einen Festlandkrieg abzuhalten. Die Bewahrung des Friedens war also wichtiger denn je. Noch immer war die Lage auf dem Balkan gefahrvoll. Sie war unlösbar, und Wilhelm lebte in der ständigen Furcht, Deutschland könne durch einen Zufall in einen Konflikt verwickelt werden. Er wußte nicht, was auf dem Balkan zu machen sei. Bismarck war noch imstande gewesen, einen Vertrag mit Rußland zu haben, der Österreich an einer Grenzausweitung hinderte. Er hatte sich gewissermaßen mit zwei Pferden, die doppelt geschirrt waren, selbst bewacht, denn er brachte es fertig, zuerst das eine und danach das andere, anzutreiben und beide doch vor dem Wagen im gleichen Schritt zu halten. Nach Holsteins unverzeihlichem Fehler, den Rückversicherungsvertrag nicht zu erneuern, war Rußland die Entente mit Frankreich eingegangen. Deutschland aber hatte keine Gelegenheit versäumt, um mit dem Zaren in gutem Einvernehmen zu bleiben. Erst bei der bosnischen Krise hatte sich Berlin auf die Seite Österreichs gestellt und Front gegen Rußland gemacht. Seit damals hatte der Kaiser bei jedem Treffen mit dem Zaren alles getan, um ihn diese unangenehme Erinnerung vergessen zu lassen. Stets gewann er Nikolaus aufs neue, sie verkehrten in freundschaftlichem Ton miteinander, und der Kaiser glaubte, er habe sein Vertrauen zurückgewonnen.

Würden aber die Ereignisse es Deutschland erlauben, mit beiden Ländern weiterhin gut zu stehen, oder würden Österreich und Rußland in einen Konflikt geraten, der eine Entscheidung unausweichlich machte? Diese Sorge peinigte den Kaiser. Die Situation glich nicht mehr derjenigen zu Bismarcks Zeiten, denn der Panslawismus, den Rußland allerorten unterstützte, war zu einer Macht geworden: ein Bund von Balkanstaaten hatte sich unter Förderung von St. Petersburg gebildet. Frankreichs Marokkopolitik brachte die Italiener auf den Gedanken, sich Tripolis anzueignen, das den Türken gehörte, und dies wiederum veranlaßte alsbald die Balkanföderation, über das absterbende türkische Reich herzufallen, um endlich dessen europäische Besitzungen an sich zu reißen.

Der Krieg begann im Herbst 1912 und dauerte mit Unterbrechungen ein Jahr lang. Er endete mit einem Sieg der slawischen Verbündeten. Die Bulgaren kamen bis vor die Forts von Konstantinopel, die Griechen besetzten Saloniki, und die Serben fluteten in das Tal der oberen Vardar und in das nördliche Albanien. Serbien verkündete, es gedenke Albanien seinem eigenen Königreich einzuverleiben, um einen wichtigen Hafen an der Adria zu gewinnen. Sofort meldete sich Österreich. Dies würde ein Großserbien bedeuten, das die slawischen Elemente in Österreich-Ungarn unweigerlich auf den Plan rufen mußte. Die Spaltung und der Niedergang der Doppelmonarchie wären die Folge. Nicht allein Österreich glaubte, seine Existenz stehe auf dem Spiel. Seit Jahren predigte die serbische radikale Partei, daß die Zerschlagung des österreichisch-ungarischen Kaiserreichs die Voraussetzung zur Befreiung und Vereinigung aller Südslawen sei. Der russische Außenminister Sasonow äußerte die gleiche Ansicht am 6. Mai 1913 gegenüber seinem Belgrader Vertreter: «Serbiens gelobtes Land liegt innerhalb der Grenzen der gegenwärtigen österreichisch-ungarischen Monarchie. Es ist ein Lebensinteresse Serbiens, sich durch Hartnäckigkeit und geduldige Arbeit auf einen unvermeidbaren Krieg vorzubereiten.» Als jedoch die serbischen Truppen in Albanien eindrangen, ließ Wien verlautbaren, daß es eine Vereinigung Albaniens mit Serbien verhindern werde – und sei es um den Preis eines Krieges.

Wilhelm erkannte die Gefahr und schrak zurück. Sein Botschafter in Wien berichtete, Franz Joseph nenne die Lage «ernster als 1866». Wilhelm schrieb an den Rand: «Für uns alle! Ich werde nicht gegen Paris und Moskau marschieren wegen Albanien und Durazzo». Und in einem Schreiben an sein Auswärtiges Amt stellte er fest, daß Österreich die Gefährlichkeit aufbausche. Deutschland sei nicht verpflichtet, Österreich in einem Balkankonflikt zu unterstützen. Er sehe in einem serbischen Adriahafen absolut keine Bedrohung Österreichs. Er halte es nicht für ratsam, den serbischen Wünschen zu widerstehen. Zwar gebe er zu, daß auf dem Balkan durch den Krieg Veränderungen entstanden seien, die Wien nicht gefallen könnten, aber keine sei so ernsthaft, daß Deutschland deswegen ein Kriegsrisiko eingehen könne. «Das würde ich weder vor meinem Volke noch vor meinem Gewissen verantworten können».

Da niemand den Krieg wollte, stimmten alle einer Botschafterkonferenz zu, die von Grey nach London einberufen wurde. Im Frühsommer 1913, während die Diplomaten noch beratschlagten, fiel Bulgarien über Serbien her. Die Rumänen und Griechen kamen den Serben zu Hilfe, um Bulgarien zur Herausgabe des Löwenanteils an der türkischen Beute zu zwingen. Als der Frieden endlich geschlossen wurde, war die Landkarte nicht wiederzuerkennen. Die Türkei hatte fast ihre ganzen europäischen Besitzungen verloren, Bulgarien war zu Boden geworfen, Serbien und Griechenland hatten sich stark vergrößert, Rumänien sah aus, als wollte es die stärkste Macht auf dem Balkan werden. Das Problem Albanien freilich war noch immer nicht gelöst. Die Londoner Botschafterkonferenz hatte zwar die Unabhängigkeit Albaniens bestätigt, die serbischen Truppen hielten jedoch ungerührt auch weiterhin den nördlichen Teil des Landes besetzt. Österreich entschloß sich zu guter Letzt, die Dinge in die eigenen Hände zu nehmen: Im Herbst bedrohte es Serbien mit Krieg, wenn es seine Soldaten nicht binnen acht Tagen zurückzöge. Rußland war auf eine Intervention nicht vorbereitet, und wieder einmal mußte Serbien nachgeben. Die Botschafterkonferenz wurde ihrer schwachen Verhandlungsweise wegen gerügt. In Europa aber herrschte Frieden.

Zweifel nagten am Kaiser, wenn er an Englands Rolle dachte, falls Deutschland Krieg gegen Rußland führen müßte und auch Frankreich gegen sich hatte. Grey versicherte im Unterhaus wiederholt, England habe auf dem Festland keine Verpflichtungen, und es könne sich in einem Krieg je nach Lage zum eigenen Vorteil neutral verhalten. Zuweilen glaubte Wilhelm II. an eine solche Absonderung, zuweilen aber erklärte er auch, Grey treibe ein doppeltes Spiel und versuche, ihn in eine Falle zu locken, damit die Entente über ihn herfallen könne. Im August 1912 bat der Kaiser seinen Bruder, den Prinzen Heinrich, der nach England reisen wollte, bei König Georg zu sondieren. «Prinz Heinrich fragte mich unverblümt, ob in einem Krieg Deutschlands und Österreichs gegen Rußland und Frankreich wir den beiden letzteren Mächten zu Hilfe kämen», schrieb der König an Grey. «Ich antwortete: ‹Ohne Zweifel ja – unter gewissen Umständen.› Er äußerte Überraschung und Bedauern, fragte aber nicht, was unter ‹gewissen Umständen› zu verstehen ist. Er meinte, er werde dies dem Kaiser mitteilen. Deutschland müsse natürlich wissen, daß wir nicht zusehen, wie unsere Freunde kampfunfähig gemacht werden.»
Prinz Heinrich versuchte, die Gefühle seines Bruders zu schonen: Er schwächte die Äußerung ab, indem er sagte, Deutschland könne «vielleicht auf englische Neutralität rechnen, aber nicht darauf, daß England die Partei Deutschlands ergreife, und wahrscheinlich werde es sein Gewicht zugunsten der schwächeren Partei einsetzen». In derselben Woche scheuchte Fürst Lichnowsky, der neue deutsche Botschafter in London, den Kaiser durch die Nachricht auf, Grey habe Haldane gesagt, er wünsche eine unparteiische Lösung des Balkanproblems; sollte jedoch ein Krieg ausbrechen, werde England sich zur Unterstützung Frankreichs gezwungen sehen. «Er bleibt aber doch Parteigänger der Gallo-Slaven gegen die Germanen!» schrieb der Kaiser an den Rand des Berichts. «Weil England zu feige ist, Frankreich und Rußland offen in diesem Falle sitzen zu lassen, und zu sehr neidisch ist auf uns und uns haßt, deswegen sollen andere Mächte (Österreich) ihre Interessen nicht mit dem Schwert verteidigen dürfen, da es dann doch gegen uns gehen will. Das richtige Krämervolk! Das nennt es Friedenspolitik! Balance of Power! Der Endkampf der Slaven und Germanen findet die Angelsachsen auf Seiten der Slaven und Gallier». Dem Auswärtigen Amt schrieb er, daß ein militärisches Bündnis

mit Bulgarien und der Türkei sowie mit Rumänien abgeschlossen werden müsse. «Jede Macht, die zu haben ist, ist gut genug, uns zu helfen. Es geht um Sein oder Nichtsein Deutschlands!»

Der Kaiser betrachtete Grey nun als einen Schurken übelster Sorte. «Lügner, Heuchler, scheinheiliger Esel» kritzelte er auf die Londoner Depeschen. Das Auswärtige Amt war höflicher, doch nicht minder kritisch. Man beklagte die irreführende Haltung des Ministers. Grey war allerdings ein Heuchler, aber er war es nicht wissentlich. Er gehörte zu jenen Engländern, die ein Ausländer einfach nicht verstehen kann. Er war ein hochgesinnter Mann voller Skrupel, intellektuell unehrlich, weil er an sich faul war. Seine liberale Gesinnung sträubte sich gegen die Triple Entente. Der ‹Manchester Guardian› verdammte die Unterstützung französischer Interessen, deren Ziel die Vernichtung des deutschen Imperialismus sei. Die ‹Westminster Gazette› trat für ein englisch-deutsches Bündnis ein, um dem reaktionären russischen Regime Widerpart zu bieten.

Das Foreign Office vertrat die entgegengesetzte Ansicht. Obwohl Grey dem starken antideutschen Tenor beipflichtete, der in allen diplomatischen Noten angeschlagen wurde, unterzog er seine liberalen Impulse doch niemals der Dusche einer kalten Überlegung: Er hielt die Dinge einfach auseinander. In seinen Memoiren versucht er sein Verhalten durch das peinliche Argument zu rechtfertigen, daß bedeutsame Entscheidungen nicht in weitsichtigen Auffassungen, großen Konzeptionen oder großen Plänen zu finden seien, sondern «in den unmittelbaren Interessen des Landes», ohne daß man dabei «komplizierte Berechnungen der Zukunft» anstelle.

Eine Neueinschätzung der Lage und der Versuch, die liberalen Anschauungen zu ändern, hätten eine beträchtliche geistige Anstrengung verlangt, und Grey war nicht der Mann, der harte Arbeit schätzte. Er liebte sein Landhaus und seine Vögel; er sprach von seiner hohen Stellung als von seinem «Dienst». Ausländische Besucher wunderten sich stets über die Menge Zeit, die er offiziellen Anlässen zuwandte: Er erzählte gern von seiner Lieblingsbeschäftigung, dem Angeln. Einige Diplomaten waren der Meinung, es handle sich hier um eine typisch britische Pose. Sie konnten sich nicht vorstellen, daß ein Mann, von dessen Entscheidungen soviel abhing, sich allen erregenden politischen Geschehnissen mit solcher Leichtigkeit entwand, um den Genüssen des Landlebens zu frönen. Es war indessen keine Pose. Mitten in der Balkankrise des Jahres 1913 verschwand Sir Edward kurzerhand für ein paar Tage. Er teilte Nicolson mit: «Wir haben hier einige Aussicht auf Regen. Es wird also ein gutes Angelwetter zu erwarten sein. Beinahe scheint es, als verlange man zuviel, wenn man hofft, daß beides – Balkankrise und Lachse – sich gleich gut entwickeln. Aber die Dinge scheinen in meiner Abwesenheit so gut zu laufen, daß es nicht im öffentlichen Interesse läge, wenn ich meinen Aufenthalt abkürzen wollte. Meine Gesundheit ist unverwüstlich. Ich habe Appetit auf alles – mit Ausnahme der Dienstgeschäfte».

Trotz der Abneigung des Kaisers gegen Grey begannen sich die deutsch-englischen Beziehungen zu bessern: An der Oberfläche waren sie zu Ende 1913 und in der ersten Hälfte des Jahres 1914 erträglicher als seit einigen Jahren, was vor allem auf das Verhalten des Reichskanzlers während der Londoner Konferenz zurückzuführen war. Churchill hatte einige Male vorgeschlagen, die beiden Länder sollten ein Jahr lang «Flottenferien» einlegen, doch die Flottenrüstung war in eine solch ausweglose Situation geraten, daß sie aufgehört hatte, ein Diskussionsobjekt zu sein. Der Kaiser antwortete auf Churchills Vorschlag nicht, man ließ die Angelegenheit auf sich beruhen. Im Dezember 1913 berichtete Bethmann Hollweg dem Reichstag von der «Verbesserung unserer Beziehungen zu England, die sich zufriedenstellend entwickeln». Er hielt die Hoffnung auf «eine dauernde Annäherung der beiden Nationen von gleicher Rasse» aufrecht. Premierminister Asquith sprach in ähnlichem Ton. Grey bezeichnete die englisch-deutsche Zusammenarbeit als «ausgezeichnet». Churchill erwähnte die «absolut friedliche Basis» der Verständigung. Der Professor Hans Delbrück meinte, weder wirtschaftlicher Wettbewerb noch Schiffsbauten könnten das Verhältnis zwischen Deutschland und England trüben, und Großadmiral Tirpitz erklärte, die wachsende deutsche Flotte habe die «Friedensaussichten verbessert».

Der Kaiser wußte nicht, was er davon halten sollte und wechselte von einer Stimmung in die andere. Manchmal wuchs die Zuversicht in ihm, manchmal ergriff ihn tiefe Niedergeschlagenheit. «Er war sehr herzlich», schrieb Bischof Boyd Carpenter nach einem Besuch in Berlin im Juni 1913, «aber er sprach in einem Ton, der mir neu war. Er schien besorgt zu sein. Er sprach über die gefährliche Lage Deutschlands zwischen zwei Mächten, die sich feindselig verhalten könnten. Als ich mich verabschiedete, hatte ich den Eindruck, eine große Furcht bedrücke ihn». Bethmann Hollweg erinnerte sich später, daß der Kaiser seit Anfang 1913 von einer Koalition gesprochen habe, die sich – gleich der von Kaunitz – «gegen uns bilde und die über uns herfallen werde».

Nein, Wilhelm II. wollte keinen Krieg. Deutschland war wohlhabender als jemals zuvor in seiner Geschichte. Während der sechsundzwanzig Jahre, die Wilhelm jetzt regiere, hatte sich die Bevölkerung von 41 auf 66 Millionen vermehrt. Die deutsche Industrieproduktion hatte sich verdreifacht, das Volkseinkommen verdoppelt. Die deutschen Chemieerzeugnisse waren führend in Europa, das deutsche Eisenbahnnetz war das beste der Welt. Deutschland hatte die Roheisenproduktion Englands übertroffen, die britische Kohlenförderung fast eingeholt und alle Konkurrenten in der Düngemittelerzeugung geschlagen. Aus dem einstigen Auswandererstrom war ein dünnes Rinnsal geworden. Deutsche Firmen beschäftigten ausländische Arbeitskräfte. Das Streben nach Kolonien, die man einst für notwendig gehalten hatte, um den Bevölkerungsüberschuß aufzunehmen, war jetzt lediglich noch eine Prestigefrage. Deutschland war reich und mächtig, mit Recht stolz auf seine Geisteskraft und seine Energie, die dem Volk goldene Jahre beschert hatten. Der Kaiser zweifelte nicht daran, daß Deutschland jene Vormachtstellung erringen werde, die er mit friedlichen Mitteln anstrebte. Aber war der Frieden zu bewahren?

In Rußland sah Wilhelm die große Gefahr. Während sich das Verhältnis zu England gebessert hatte, wurde das zu Rußland mit jedem Monat schlechter. Im Dezember 1913 gerieten die Russen außer sich, als Berlin ankündigte, General Liman von Sanders werde auf Bitten des Sultans die türkische Armee reorganisieren, die sich nach der Niederlage im Balkankrieg in einem traurigen Zustand befand. Ihr Außenminister Sasonow erblickte in diesem Schritt eine Bedrohung der «historischen Mission» Rußlands zur Erlangung der Kontrolle über die Meerengen, und er protestierte scharf. Die deutsche Regierung wies darauf hin, daß die Stellung des Generals nicht bedeutender sei als die des Admirals Limpus, des englischen Instrukteurs der türkischen Flotte. Sasonow versuchte, die Ernennung von Sanders zu einer internationalen Streitfrage zu machen und erklärte den Briten, dieser Punkt stelle «die Probe auf den Wert der Triple Entente» dar, doch die Engländer versagten sich ihm.

Am Neujahrstag 1914 erschien in einer russischen Militärzeitschrift ein Artikel, der Ansichten aussprach, die in Offizierskreisen umliefen. «Wir wissen alle, daß wir uns auf einen Krieg im Westen vorbereiten. Nicht nur die Armee, sondern die ganze Nation muß sich an den Gedanken gewöhnen, daß wir für einen Vernichtungskrieg gegen die Deutschen rüsten». Dennoch glaubte der deutsche Generalstab nicht, daß Rußland vor 1916 kriegsbereit sein werde. Der deutsche Botschafter in St. Petersburg, Graf Pourtalès, war der Meinung, die Russen prahlten und hätten nur ihre Verteidigung im Sinn. Der Kaiser war anderer Ansicht. «Als Soldat habe ich nach allen erhaltenen Nachrichten nicht den geringsten Zweifel, daß sich Rußland systematisch auf den Krieg gegen uns vorbereitet, und ich richte meine Pläne danach», schrieb er dazu am 11. März.

Die Beziehungen zu Rußland verschlechterten sich zusehends; im Mai bedrohte eine neue Krise den Balkan. Wiederum bewies Wilhelm II. die größte Vorsicht. Serbien, dem noch immer russische Gelder zuflossen, und das noch immer die Angriffsspitze des zaristischen Panslawismus war, sprach von einem Bündnis mit Montenegro, wodurch es einen Zugang zur See erhalten würde. Österreich antwortete darauf mit einem entschiedenen Nein. Der Kaiser äußerte seinen Verdruß, als er den Bericht in den Händen hielt: «Unglaublich!» Ein solches Bündnis sollte nicht verhindert werden. Wenn Wien dies versuche, begehe es eine große Dummheit und beschwöre die Gefahr eines Krieges mit den Slawen herauf, der «uns ganz kalt lassen würde». Den Kreis der Unnachgiebigen in Wien führte Außenminister Graf Berchtold an, ein Elegant, dessen geistige Fähigkeiten jedoch beschränkt waren; er stand unter dem Einfluß des vorandrängenden Generalstabschefs Conrad von Hötzendorf. Der Kaiser telegrafierte Berchtold und Franz Joseph: Es sei absolut notwendig, daß Wien die Möglichkeit einer Union zwischen Serbien und Montenegro ernsthaft erwäge. Die Doppelmonarchie müsse einen modus vivendi finden, der die Serben befriedige. Die Gespräche über ein Bündnis schliefen ein, aber Wilhelm blieb nach wie vor nervös. Im Juni 1914 meinte er, das dritte Kapitel des Balkankrieges werde bald beginnen, und dank der umfangreichen russisch-französischen Vorbereitungen werde es alle Nationen angehen. Unbedingt müsse man jetzt den englischen Standort kennenlernen.

Gab sich der Kaiser denn noch immer Illusionen über die Haltung Englands hin? Trotz Greys zwiespältigem Gebaren ließ das Foreign Office den deutschen Botschafter nicht im unklaren. Sir Arthur Nicolson erklärte wiederholt – vermutlich um Greys verschwommenem Verhalten entgegenzuwirken –, England sei bei Ausbruch eines europäischen Krieges auf der Seite Frankreichs und Rußlands verpflichtet. Jahrelang hatte Metternich in diesem Sinne nach Berlin berichtet. Nachdem er 1911 abgelöst worden war, vertrat sein Nachfolger, der Freiherr von Marschall, dieselbe Auffassung, und nach ihm warnte Fürst Lichnowsky, der seinen Posten im Jahre 1913 antrat.

Der neue Staatssekretär v. Jagow, der Nachfolger des 1912 verstorbenen Kiderlen-Wächter, fragte Lichnowsky im Mai 1914, wie seine Meinung, England werde sich in einen europäischen Krieg einmischen, mit Greys Versicherungen in Einklang zu bringen sei, wonach Großbritannien zu keiner bestimmten Handlungsweise verpflichtet wäre. Lichnowsky erwiderte, das Hauptprinzip der englischen Außenpolitik sei allzubekannt, um Zweifel zu erlauben. Es beruhe vor allem auf dem Gleichgewicht der Kräftegruppen. Weder liege es im Interesse Englands, einer Macht auf dem Festland die Vorherrschaft zu gönnen, noch eine Mächtegruppe die Oberhand gewinnen zu lassen. Die anwachsende deutsche Seemacht habe zweifellos die englische Friedenssehnsucht gestärkt. Gleichzeitig aber habe sie die Erkenntnis vertieft, daß es im britischen Interesse liege, jene Mächtegruppe zu unterstützen, die sich gegen Deutschland richte. Jede Schwächung Frankreichs (besonders durch eine Niederlage im Krieg, die Deutschland von weiteren Rüstungen zu Lande befreie und eine noch größere Flottenrüstung ermögliche) sei für England von Nachteil.

Bethmann Hollweg aber war noch immer nicht beunruhigt. Er glaubte persönlich ein besseres Klima zwischen Deutschland und England geschaffen zu haben. Als der Krieg auf dem Balkan ausbrach, schrieb er Lichnowsky, Deutschland und England müßten entschlossen als Wächter des europäischen Friedens zusammenstehen. Weder die Verpflichtungen gegenüber der Triple Entente noch der Entente könnten daran etwas ändern, wenn nach einem gemeinsamen Plan vorgegangen werde.

Der Kaiser schwankte in seiner Einschätzung Englands. Gelegentlich wiederholte er die beruhigenden Worte seines Reichskanzlers, viel häufiger aber äußerte er sich über die feindseligen Machenschaften jenseits des Kanals. Als im Mai 1914 Oberst House als Abgesandter des Präsidenten Wilson nach Europa kam, um die Möglichkeiten einer Entspannung im fieberhaften Wettrüsten zu erkunden, gab ihm der Kaiser zu verstehen, Deutschland sei von England eingekreist worden, von allen Seiten werde es bedroht, «die Bajonette Europas sind gegen uns gerichtet». Mit Hohn wies er jeden Optimismus von sich. Als einer seiner Botschafter die Unvermeidbarkeit eines Krieges mit Rußland bezweifelte, aber bemerkte, im übrigen könne kein Mensch in die Zukunft blicken und voraussagen, was in drei oder in fünf Jahren sein werde, versetzte der Kaiser trocken: «Diese Begabung kommt manchmal vor. Unter Monarchen häufig, unter Staatsmännern selten, unter Diplomaten fast nie!»

Aber leider fehlte dem Kaiser nicht nur die Gabe des Zweiten Gesichts – innerhalb weniger Tage schlug er auch die Vorsicht in den Wind, die ihn so lange beschützt hatte.

Sarajewo

Im Juni 1914 war das Wetter ungewöhnlich schön. In ganz Europa lagen die Feriengäste in der warmen Sonne und vergaßen ihre Furcht vor dem Krieg. Nur in London war man besorgt, was aber nicht mit dem Wettrüsten zusammenhing: Die Regierung hatte das Home-Rule-Gesetz für Irland vorgelegt; das Parlament teilte sich in zwei Lager; Irland stand vor einem Bürgerkrieg. Der Konflikt mit Deutschland war in den Hintergrund gerückt.

Am 12. Juni reiste der Kaiser nach Konopischt in Böhmen, um ein paar Tage bei dem österreichischen Thronfolger Franz Ferdinand zu verbringen und dessen wundervolle Rosenzucht zu bewundern. Reisen nach Österreich hatten Wilhelm immer Freude gemacht. Schon bei seinem ersten Besuch in Wien als kleiner Junge war er vom Anblick des Schlosses Schönbrunn hingerissen gewesen; die Kaiserin Elisabeth hat er sein Leben lang als die schönste Frau der Welt bezeichnet. Der alte Kaiser Franz Joseph, der nun 88 Jahre zählte, war ihm stets ein guter Freund geblieben. Nie hatte die Treue Österreichs zu seinem deutschen Bundesgenossen nachgelassen, nie war ein scharfes Wort zwischen den beiden Monarchen gefallen. Wilhelm verehrte den Kaiser nicht nur, er bewunderte auch die seelische Kraft, mit der er die schweren Prüfungen seines langen Lebens getragen hatte. Seinen Bruder Maximilian hatten die Mexikaner an einem Berghang erschossen. Sein einziger Sohn Rudolf, der Thronfolger, war – ein Jahr nach Wilhelms Thronbesteigung – tot neben seiner Geliebten im Jagdschloß Mayerling aufgefunden worden. Seine Gemahlin, die Kaiserin Elisabeth, war 1898 in Genf von einem italienischen Anarchisten niedergestochen worden.

Der gegenwärtige Erbe der Krone war ein Neffe des Kaisers, ein strenger, zurückhaltender Mann in mittleren Jahren, den kaum jemand mochte. Franz Ferdinand hatte seine Verwandten tief gekränkt, als er eine «Unebenbürtige», die Gräfin Sophie Chotek, geheiratet hatte. Die österreichische Aristokratie war die unnahbarste und snobistischste Europas, und obwohl die Frau des Erzherzogs einer alten böhmischen Familie entstammte, wurde die Ehe als eine unerhörte Mesalliance betrachtet. «Mir bleibt nichts erspart!» soll der alte Kaiser gesagt haben, als er von der Verbindung hörte.

Die Trauung durfte nur morganatisch erfolgen, und der Erzherzog mußte auf die Thronrechte seiner Söhne verzichten. Man gewährte der Gräfin zwar den Titel einer Herzogin von Hohenberg, in der Rangfolge stand sie jedoch unter der jüngsten Erzherzogin. An der Hoftafel setzte man sie ans Tischende, sie durfte den Raum erst als letzte betreten. Die Herzogin war eine stolze, selbstbewußte Frau und fand diese Demütigungen unerträglich. Franz Ferdinand machte seinen Angehörigen vergeblich die heftigsten Vorhaltungen – sie blieben unnachgiebig. Mit der Zeit zog sich das Paar immer mehr vom Hof zurück.

Der Kaiser erwarb sich die tiefe Dankbarkeit des Erzherzogs, da er der Herzogin offen seine Wertschätzung bekundete. Wenn das Ehepaar Berlin besuchte, wurde die Hoftafel aus dem Speisezimmer entfernt, und man stellte kleine Tische in den Raum. Der Erzherzog speiste mit seiner Gemahlin und dem Kaiserpaar zu viert – auf diese Weise konnte sich keine königliche Prinzessin beklagen, man habe sie gegenüber der Herzogin placiert.

In Konopischt teilte der Erzherzog dem Kaiser mit, daß er und seine Frau einen Besuch in Sarajewo, der Hauptstadt Bosniens, planten. Er wollte einem Manöver beiwohnen. Seit der willkürlichen Annexion Bosniens vor sechs Jahren hatte es dort Unruhe gegeben. Franz Ferdinand war ein politisch aufgeklärter Mann. Er hatte erkannt, daß der slawische Nationalismus nicht für ewig niedergehalten werden konnte und setzte sich für eine Ausdehnung des österreichisch-ungarischen Dualismus in Form eines Trialismus ein, der deutschen, ungarischen und slawischen Staatsbürgern gleiche Rechte gewähren sollte.

Der Kaiser kehrte am 16. Juni nach Berlin zurück. Acht Tage später traf er zur Regatta in Kiel ein, an der in diesem Jahr auch ein englisches Geschwader teilnahm. Am Nachmittag des 28. Juni, einem Sonntag, ging er an Bord der ‹Meteor›, um ein Rennen mitzufahren. Plötzlich näherte sich eine Barkasse der Yacht, und der Kaiser erblickte den Admiral von Müller, den Chef seines Marinekabinetts, der ein Blatt Papier schwenkte. Wilhelm beugte sich über das Heck, und Müller rief, er sei der Überbringer einer wichtigen Nachricht; er werde die Meldung an Bord werfen. Der Kaiser wollte aber augenblicklich wissen, was geschehen sei. Müller rief ihm aus seinem Boot zu, der Erzherzog und seine Gemahlin seien vor drei Stunden durch die Kugeln eines serbischen Attentäters getötet worden, als sie im offenen Wagen durch die Straßen von Sarajewo fuhren.

Der Kaiser war tief betroffen. «Mit tiefster Erschütterung empfing ich die Kunde von dem ruchlosen Morde», telegrafierte er an Bethmann Hollweg. Und an die Großherzogin Luise: «Das unglaubliche Unglück hat mich zutiefst erschüttert. Erst vor vierzehn Tagen war ich bei ihm und sah ihn in seinem glücklichen Familienkreis. Gott behüte die unglücklichen Kinder und den armen alten Kaiser».

Wilhelm II. hatte unter schrecklichen Umständen einen Freund verloren. Deutschlands Bundesgenosse Österreich-Ungarn war von einem schweren Verlust betroffen worden. Noch mehr aber zählte für ihn die Tatsache, daß ein Fürst von königlichem Geblüt niedergestreckt worden war. In seiner Person wurde das monarchische Prinzip getroffen, das Erlauchteste, das es auf Erden für den Kaiser gab. Ihm galt Fürstenmord als das schändlichste und unverzeihlichste aller Verbrechen.

Er sagte die Regatta ab und eilte nach Berlin zurück. Am 30. Juni, als er eine Depesche des deutschen Botschafters in Wien las, war er noch immer in heftiger Gemütsbewegung. Graf Tschirschky berichtete, er versuche die österreichische Regierung von vorschnellen Aktionen gegen Serbien abzuhalten. Tschirschky schlug naturgemäß nur jene Politik der Zurückhaltung ein, die der Kaiser bei der Behandlung österreichisch-serbischer Meinungsverschiedenheiten seit zwei Jahren verfolgt hatte. Jetzt war Wilhelm anderer Meinung geworden und schien die Kontrolle über sich zu verlieren. Empörung bestimmte seine Gedanken und Worte. «Hier höre ich, auch bei ernsten Leuten, vielfach den Wunsch, es müsse einmal gründlich mit den Serben abgerechnet werden», schrieb Tschirschky. «Ich benutze jeden solchen Anlaß, um ruhig, aber sehr nachdrücklich und ernst vor übereilten Schritten zu warnen. Man solle die Chancen irgendeiner Aktion sorgfältig erwägen und sich vor Augen halten, daß Österreich-Ungarn nicht allein in der Welt stehe, daß es Pflicht sei, neben der Rücksicht auf seine Bundesgenossen die europäische Gesamtlage in Rechnung zu ziehen». – «Jetzt oder nie», kritzelte der Kaiser aufgebracht an den Rand. «Wer hat ihn dazu ermächtigt? das ist sehr dumm! geht ihn gar nichts an, da es lediglich Österreichs Sache ist, was es hierauf zu thun gedenkt. Nachher heißt es dann, wenns schief geht, Deutschland hat nicht gewollt! Tschirschky soll den Unsinn gefälligst lassen! Mit den Serben muß aufgeräumt werden, und zwar bald[74]».

Die Einwände des Kaisers wurden Tschirschky übermittelt, der daraufhin seine Tonart ändern mußte. Bis jetzt hatte er zu dem Grafen Tisza gehalten, dem einflußreichen ungarischen Ministerpräsidenten, der einen schweren Kampf um Mäßigung mit Außenminister Graf Berchtold führte. Berchtold war für Einmarsch in Serbien, Tisza dagegen hielt es für einen verhängnisvollen Fehler, das Verbrechen von Sarajewo zum Anlaß einer endgültigen Abrechnung mit Serbien zu nehmen: Österreich prangere sich dadurch vor aller Welt als Friedensstörer an; außerdem bedeute dies den Beginn eines großen Krieges unter ungünstigen Umständen. Der Graf Berchtold war über Tschirschkys veränderte Haltung sehr erfreut. Da Österreich ohne deutsche Hilfe nichts unternehmen konnte, gedachte er zunächst herauszufinden, wie weit der deutsche Kaiser gehen werde, ehe er die Auseinandersetzung mit Tisza fortsetzte. Er legte Franz Joseph den Entwurf eines Briefes an Wilhelm vor. Das Handschreiben wurde dem österreichischen Botschafter Graf Szögyény übersandt, der es dem Kaiser am Sonntagmorgen, dem 5. Juli, in Potsdam überreichte.

Die Botschaft begann in gemessenem Ton. «Das gegen meinen armen Neffen verübte Attentat ist die direkte Folge der von den russischen und serbischen Panslawisten betriebenen Agitation, deren einziges Ziel die Schwächung des Dreibundes und die Zertrümmerung meines Reiches ist. Nach allen bisherigen Erhebungen hat es sich in Sarajewo nicht um die Bluttat eines einzelnen, sondern um ein wohlorganisiertes Komplott gehandelt, dessen Fäden nach Belgrad reichen, und wenn es auch vermutlich unmöglich sein wird, die Komplizität der serbischen Regierung nachzuweisen, so kann man wohl nicht im Zweifel darüber sein, daß ihre auf die Vereinigung aller Südslawen unter serbischer Flagge gerichtete Politik solche Verbrechen fördert, und daß die Andauer dieses Zustandes eine dauernde Gefahr für mein Haus und für meine Länder bildet». Erst der letzte Absatz enthielt das Dynamit. Franz Joseph schloß: Da Serbien «den Angelpunkt der panslawistischen Politik bildet, sollte es als politischer Machtfaktor am Balkan ausgeschaltet werden*».

Die Bedeutung dieser Bemerkung entging Wilhelm nicht. Er gewann sein Gleichgewicht zurück und antwortete zurückhaltend. Da die vor-

---

* Die Vermutung des Kaisers erwies sich als richtig. Jahre später erfuhr die Öffentlichkeit, daß die Ermordung des Erzherzogs von Oberst Dimitrijevic organisiert worden war, dem Chef des Nachrichtendienstes im serbischen Generalstab, dem Führer der Untergrundbewegung ‹Die schwarze Hand›. Der Oberst hatte eine Anzahl armer junger Männer aus Bosnien angeworben, die den Erzherzog als «Unterdrücker des serbischen Volkes» töten sollten. Es war eine Ironie, daß nicht die Härte des Erzherzogs sondern seine Nachsicht den Obersten veranlaßt hatten, ihn als Opfer auszuwählen. Dimitrijevic wußte von den Plänen des Thronerben, wonach den Slawen eine größere Beteiligung an der Regierung zugestanden werden sollte, und er fürchtete, die liberale Haltung des Erzherzogs könnte den Bestrebungen nach einem ‹Großserbien› einen tödlichen Schlag versetzen. Mit diesen komplizierten Überlegungen machte er die naiven jungen Attentäter freilich nicht bekannt.

gesehene Aktion ernste Verwicklungen befürchten ließe, könne er erst nach Beratung mit dem Reichskanzler Stellung nehmen. Der arme Kaiser Wilhelm! Sein Charakter war so schwankend, daß es Graf Szögyény, der zum Frühstück blieb, binnen einer Stunde gelang, seine moralische Empörung und seine Bereitschaft zu unbesonnenen Entschlüssen wieder anzufachen. Szögyény berichtete nach Wien, er habe noch einmal den Ernst der Lage betont. Seine Majestät habe ihn daraufhin zu der Mitteilung befugt, Österreich könne in diesem Fall mit der vollen Unterstützung Deutschlands rechnen. Der Kaiser verstehe, wie schwer es Franz Joseph bei dessen allgemein bekannter Friedensliebe fallen müsse, in Serbien einzumarschieren. Falls Österreich aber entschieden habe, daß eine militärische Aktion wirklich notwendig sei, dann würde er es bedauern, wenn der gegenwärtige für Österreich so günstige Zeitpunkt ungenutzt bliebe.

Bethmann erschien am Nachmittag und erhob – wie der Kaiser angenommen hatte – keine Einwendungen gegen Wilhelms «Blankoscheck». Österreich müsse selbst bestimmen, was zu tun sei, um die Beziehungen mit Serbien zu bereinigen, berichtete Szögyény seiner Regierung. Wie auch immer Österreichs Entscheidung ausfalle, es könne mit Sicherheit darauf zählen, daß Deutschland seinem Freund und Bundesgenossen beistehen werde.

Was veranlaßte den Kaiser zu diesem leichtsinnigen Schritt? Vor allem glaubten er und Bethmann Hollweg, Deutschlands Lebensinteressen seien betroffen. So lange Serbien nicht unterworfen war, mußten die serbischen Minderheiten unter Franz Joseph immer stärker und unbändiger werden. Eines Tages mußte die Doppelmonarchie ausgehöhlt sein und zusammenbrechen. Da Österreich der einzige verläßliche Bundesgenosse Deutschlands war, konnte der Kaiser einer solchen Entwicklung nicht tatenlos zusehen. Außerdem war er der Ansicht, eine russische Kriegserklärung sei nicht zu erwarten.

Wilhelm II. hatte die unglückliche Neigung, das zu glauben, was er glauben wollte. Ohne Zögern warf er die Ängste der vergangenen beiden Jahre hinter sich. Er vergaß seine Bemühungen um das gefährdete Gleichgewicht in Europa. Er vergaß die Einkreisung. Er vergaß seine Warnungen an Österreich, sich nicht in einen überstürzten Konflikt mit Serbien, dem Schützling des Zaren, verwickeln zu lassen. Krieg mit Rußland, sagte er sich, war jetzt sehr unwahrscheinlich: Immer wieder wurde ihm ja versichert, daß die militärischen Vorbereitungen St. Petersburgs erst in zwei Jahren abgeschlossen sein würden. Schwerer aber wog die Überlegung, der Zar werde ebensowenig wie er selbst den Fürstenmord entschuldigen. Bethmann bestärkte den Kaiser in seiner Meinung. Der Kanzler rechnete damit, daß die guten Beziehungen Deutschlands zu England London veranlassen werde, jede russische Kriegslust zu dämpfen. Im übrigen werde es sich Nikolaus überlegen, die öffentliche Meinung in Europa herauszufordern, die auf Seiten Österreichs war und die Bestrafung Serbiens erwartete.

Weder der Kaiser noch der Reichskanzler begriffen, daß Europa zwischen einer Bestrafung Serbiens und dessen Vernichtung einen Unterschied machte. Obwohl dieser Gedanke Bethmann offenbar nicht kam, fühlte sich der Kaiser doch ein wenig unbehaglich. Krieg schien zwar nicht wahrscheinlich zu sein, aber er vermochte dessen Möglichkeit nicht gänzlich auszuschließen. Wie gering das Risiko auch sein mochte, er räumte ein, daß eines vorhanden war. Folglich befahl er noch am Sonntagnachmittag den Kriegsminister General v. Falkenhayn und den Kapitän Zenker vom Admiralstab nach Potsdam. Er berichtete Zenker, daß Österreich eine Aktion gegen Serbien plane; der Zar werde jedoch von einer Unterstützung der serbischen Königsmörder Abstand nehmen, da er selbst von Königsmördern umgeben sei. Er wies die beiden Offiziere an, ihre Stäbe ins Bild zu setzen, hielt es aber nicht für erforderlich, daß sie ihre Ferien abkürzten. Falkenhayn schrieb an diesem Abend General von Moltke, dem Chef des Generalstabs, der zur Kur in Karlsruhe weilte, Seine Majestät habe ihn ins Neue Palais befohlen, um ihm mitzuteilen, daß Österreich-Ungarn entschlossen scheine, die Intrigen auf dem Balkan nicht länger zu dulden. Es gedenke, bald in Serbien einzumarschieren, falls dies nötig werde. Auch wenn Rußland nicht damit einverstanden sei, werde Österreich nicht nachgeben. Der Kaiser glaube, zu dieser Auffassung kommen zu müssen, nachdem der österreichische Botschafter heute früh ein Memorandum der Wiener Regierung und ein Handschreiben Franz Josephs überbracht habe.

Schon vor Monaten hatte der Kaiser seine Abreise zur jährlichen Nordlandfahrt auf Montag, 6. Juli, festgesetzt. Nun wollte er sie verschieben, Bethmann Hollweg aber bat ihn, dennoch zu fahren. Der Kaiser erhob Einwände, und sie diskutierten einige Stunden lang miteinander. Am Ende setzte sich der Kanzler durch: Deutschland müsse unter allen Umständen den Eindruck des geheimen Einverständnisses vermeiden. Die deutsche Regierung müsse darauf bestehen, daß Österreich mit Serbien so verfahre, wie es dies für richtig hielte. Berlin könne sich nicht einmischen, da die wichtigsten österreichischen Interessen auf dem Spiele stünden. Die Herren des Generalstabs sollten ihren Urlaub fortsetzen, und auch der Staatssekretär für Auswärtiges, von Jagow, dürfe nicht von seiner Hochzeitsreise zurückberufen werden. Wenn eine militärische Auseinandersetzung zwischen Wien und Belgrad beginne, sei Deutschland stark genug, den Konflikt zu lokalisieren.

Widerstrebend trat Wilhelm am 6. Juli um 9.15 Uhr seine Sommerreise an. Er hinterließ den Auftrag, alle Telegramme auf die ‹Hohenzollern› weiterzuleiten.

Am 10. Juli depeschierte Botschafter Tschirschky aus Wien, Graf Berchtold wolle der serbischen Regierung ein Ultimatum schicken, das so scharf gehalten sei, daß es unmöglich angenommen werden könne: Auf diese Art wolle er Österreich einen Grund zum Einmarsch verschaffen. Die Frist zur Antwort werde auf achtundvierzig Stunden beschränkt, so daß Belgrad auch keinen Rat in St. Petersburg einholen könne. Berchtold sagte zu Tschirschky, es werde ihm «sehr unsympathisch» sein, wenn Serbien alle Forderungen erfülle, und er überlege noch die schärfste Formulierung, damit Serbien ja keine Möglichkeit habe, den Forderungen nachzukommen. «Der Minister klagte schließlich wieder über die Haltung des Grafen Tisza, die ihm ein energisches Vorgehen gegen Serbien erschwere. Graf Tisza behaupte, man müsse ‹gentlemanlike› vorgehen, das sei aber, wenn es sich um so wichtige Staatsinteressen handele und besonders einem Gegner wie Serbien gegenüber, schwerlich angebracht». Auf dieses Telegramm schrieb Wilhelm an Bord der ‹Hohenzollern›: «Mördern gegenüber nach dem, was vorgefallen ist!» Und er fügte ein Zitat Friedrichs des Großen hinzu: «Ich bin gegen die Kriegsräthe und Berathungen, sintemalen die timidere Parthey allemal die Oberhand hat».

Bis jetzt hatte Graf Tisza wacker gefochten. Berchtolds Beteuerung, Kaiser Wilhelm habe die nachdrückliche Versicherung der bedingungslosen deutschen Hilfe gegeben und Österreich müsse den Moment zum Losschlagen ergreifen, beeindruckte ihn nicht. Er entgegnete scharf, es sei nicht Deutschlands Sache, zu entscheiden, ob Österreich jetzt oder gar nicht anzugreifen habe. Österreich-Ungarn solle den Krieg nicht erstreben, sondern sich mit einem diplomatischen Erfolg zufriedengeben. Natürlich müßten Forderungen an Serbien gestellt werden, aber es müßten erfüllbare Forderungen sein, nicht die unmöglichen Berchtolds, die bewußt den Krieg provozierten.

Man weiß nicht, was Tisza umstimmte – beim Ministerrat am 14. Juli zog er jedenfalls seinen Einspruch zurück. Der Kaiser las Tschirschkys Bericht mit Befriedigung. Tisza hatte erklärt: «Ich habe mich schwer entschlossen, zum Kriege zu raten, bin aber jetzt fest von dessen Notwendigkeit überzeugt, und ich werde mit aller Kraft für die Größe der Monarchie einstehen.» Tschirschky meldete weiter: «Glücklicherweise herrsche jetzt unter den hier maßgeblichen Persönlichkeiten volles Einvernehmen und Entschlossenheit. S. M. Kaiser Franz Joseph beurteile, wie auch Baron Burian, der S. M. noch dieser Tage in Ischl gesprochen habe, berichte, die

Lage sehr ruhig und werde sicher bis zum letzten Ende durchhalten. Graf Tisza fügte hinzu, die bedingungslose Stellungnahme Deutschlands an der Seite der Monarchie sei entschieden für die feste Haltung des Kaisers von großem Einfluß gewesen.

«Die an Serbien zu richtende Note sei heute noch nicht in ihrem letzten Wortlaut festgestellt worden. Dies werde erst Sonntag geschehen. In Betreff des Zeitpunktes der Übergabe an Serbien sei heute beschlossen worden, lieber bis nach der Abreise Poincarés aus Petersburg zu warten, also bis zum 25.» («Wie schade», kommentierte der Kaiser.) «Dann würde aber, sofort nach Ablauf der Serbien gestellten Frist, falls dieses nicht unbedingt alle Forderungen annehmen sollte, die Mobilmachung erfolgen. Die Note werde so abgefaßt sein, daß deren Annahme so gut wie ausgeschlossen sei. Zum Schluß drückte mir Graf Tisza warm die Hand und sagte? ‹Wir wollen nun vereint der Zukunft ruhig und fest ins Auge sehen›». («Na doch mal ein Mann!» lobte der Kaiser.)

«Ich bezweifle, daß Österreich eine ernste Aktion unternehmen wird, und ich hoffe, der Sturm wird sich verziehen», schrieb Sir Arthur Nicolson am 9. Juli. England wußte, daß Österreich nichts ohne Zustimmung der Deutschen unternehmen konnte, und da Berlin während der vergangenen Jahre Wien stets gebremst hatte, bestand kein Grund zu der Annahme, es werde sich diesmal anders verhalten. Am 17. Juli hielt Lloyd George im Mansion House eine Rede, in der er auf Abrüstung drängte. Im übrigen erklärte er, die internationale Lage sei 1913 ernster gewesen. Er versicherte seinen Zuhörern, daß es einen «völlig blauen Himmel in auswärtigen Angelegenheiten» niemals gäbe. Selbst noch am 20. Juli war Sir Edward Grey optimistisch. Alles hänge von der Art der Genugtuung ab, die Österreich verlange, sagte er dem deutschen Botschafter Lichnowsky. Er hoffe, daß der Streit beigelegt und lokalisiert werden könne, denn die Vorstellung eines Krieges zwischen den europäischen Großmächten müsse unter allen Umständen zurückgewiesen werden.

Lichnowsky war voller Sorge. Er wußte, daß die Formulierung der österreichischen Forderungen einen Krieg provozieren würde. In der Tat ließen Angehörige der österreichischen Botschaft in London höchst unbedachte Äußerungen hören. Graf Mensdorff prophezeite die völlige Zerstückelung Serbiens: ein Teil werde Rumänien gegeben, ein anderer Bulgarien, ein Stückchen behalte Österreich selbst. Am 16. Juli riskierte Lichnowsky seine Karriere. Er schrieb Staatssekretär v. Jagow einen langen Brief, in dem er offen fragte, was Deutschland sich denn von einer Unterstützung Österreichs bei einem so gefährlichen Unternehmen verspreche. Er persönlich glaube nicht, daß die Zerschlagung Serbiens die panslawischen Bestrebungen in Österreich beenden werde. Im Gegenteil fürchte er, eine österreichische Invasion werde den panslawischen Nationalismus auf den ganzen Balkan hochschlagen lassen und das Problem noch schwieriger machen.

Jagow antwortete am 18. Juli: «Ob wir bei dem Bündnis mit dem sich immer mehr zersetzenden Staatengebilde an der Donau ganz auf unsere Rechnung kommen, läßt sich diskutieren. Daß eine absolute Stabilisierung der russischen Hegemonie im Balkan indirekt auch für uns nicht admissabel ist, werden Sie mir wohl zugeben. Österreichs Erhaltung, und zwar eines möglichst starken Österreichs, ist für uns aus inneren und äußeren Gründen eine Notwendigkeit. Daß es sich nicht ewig wird erhalten lassen, will ich gern zugeben. Aber inzwischen lassen sich vielleicht Kombinationen finden».

Lichnowskys Besorgnisse waren gerechtfertigt, denn am 22. Juli erhielt Grey ein Telegramm des britischen Botschafters in Wien, der ihm mitteilte, das österreichische Ultimatum werde so schroff sein, daß es den Konflikt bewußt herausfordere. Der Außenminister war nun in großer Unruhe. Er rief Lichnowsky zu sich und erteilte ihm eine höfliche und kühle Warnung. Großbritannien werde versuchen, Rußland zurückzuhalten, wenn die österreichischen Forderungen maßvoll und mit der serbischen Unabhängigkeit vereinbar seien. Er vertraue darauf, daß Deutschland auf einer gemäßigten Sprache beharren werde. Lichnowsky telegrafierte unglücklich nach Berlin: «Ich begegne der Erwartung, daß es unserem Einfluß in Wien gelungen ist, unerfüllbare Forderungen zu unterdrücken. Man rechnet mit Bestimmtheit damit, daß wir mit Forderungen, die offenkundig den Zweck haben, den Krieg herbeizuführen, uns nicht identifizieren würden, und daß wir keine Politik unterstützen, die den Sarajewoer Mord nur als Vorwand benutzt für österreichische Balkanwünsche und für die Vernichtung des Friedens von Bukarest».

Lichnowskys Depesche wurde dem Kaiser durchgegeben. Wilhelm reagierte auf die höflichen und zweischneidigen Bemerkungen Greys mit einer Aufregung, aus der die Furcht sprach. Einfluß in Wien? «Wie käme ich dazu! geht mich garnichts an! was heißt unerfüllbar? die Kerls haben Agitation mit Mord getrieben und müssen geduckt werden. Das ist eine ungeheuerliche Britische Unverschämtheit! Ich bin nicht berufen, à la Grey S. M. dem Kaiser Vorschriften über die Wahrung seiner Ehre zu machen! Das soll Grey aber recht ernst und deutlich gesagt werden! Damit er sieht, daß ich keinen Spaß verstehe. Grey begeht den Fehler, daß er Serbien mit Österreich und anderen Großmächten auf eine Stufe stellt! Das ist unerhört! Serbien ist eine Räuberbande, die für Verbrechen gefaßt werden muß! Ich werde mich in nichts einmischen, was der Kaiser zu beurtheilen allein befugt ist! Ich habe diese Depesche erwartet und sie überrascht mich nicht! Echt Brit. Denkungsweise und herablassend befehlende Art, die ich abgewiesen haben will! Wilhelm, I. R.».

Der Kaiser wies einen Adjutanten an, diese Kommentare nach Berlin zu telegrafieren. Dies geschah in der Nacht zum 24. Juli. Am Abend war das österreichische Ultimatum in Belgrad überreicht worden.

Die Kreuzfahrt des Kaisers auf der ‹Hohenzollern› wurde zu einem Albtraum. Plötzlich konnte er es nicht länger ertragen, fern von Berlin zu weilen. Er war ärgerlich auf den Reichskanzler, weil er ihm nicht zu einer richtigen Beurteilung der Gesamtlage verhalf und ihm nicht einmal den Text des Ultimatums übermittelt hatte. Obwohl die Note am Abend des 23. Juli mit einer Antwortfrist von achtundvierzig Stunden überreicht worden war, erfuhr er die Einzelheiten erst am Abend des 25. Juli durch die ‹Norddeutsche Nachrichten-Agentur›. Die Hauptpunkte verlangten eine schwere Bestrafung aller, die auf den Zerfall der Doppelmonarchie hinarbeiteten, die Unterdrückung jeglicher feindseliger Propaganda, die Kontrolle des Schulunterrichts, die Auflösung der Geheimorganisation ‹Narodna Odbrana›, die Entlassung aller kompromittierten Offiziere und Beamten, deren Namen Wien angeben werde, die Mitwirkung der k. und k. Regierung bei der Suche nach den Verschwörern, die das Attentat begangen hatten. Diese Forderungen bedeuteten nichts weniger als die Etablierung eines Polizeiregimes in Belgrad, das alle Strömungen bekämpfen sollte, die den Lebensnerv Serbiens ausmachten.

Wilhelm war vom Nachdruck der österreichischen Note befriedigt. Als er aus Belgrad die Meldung erhielt, der «energische Ton» sei für die Serben gänzlich unerwartet gekommen, schrieb er: «Bravo! Man hatte es den Wienern nicht mehr zugetraut».

An diesem Tage, dem 25. Juli, empfing der Kaiser weitere Depeschen aus Berlin, die über die Reaktion der Großmächte berichteten. Er war sehr aufgeregt, schritt an Deck auf und ab und sprach in einem fort. Wenn wiederum eine Depesche einlief, verschwand er in seiner Kabine, um sie zu studieren und mit Randglossen zu versehen. Er war wie besessen. Um seine wachsende Besorgnis zu verbergen, wappnete er sich mit gespielter Tapferkeit, die ihn taub gegen fremde Überlegungen machte. «Sir Edward Grey war sichtlich stark unter dem Eindruck der österreichischen Note», drahtete Lichnowsky, «die seiner Ansicht nach alles überträfe, was er bisher in dieser Art jemals gesehen habe. Ein Staat, der so etwas annehme, höre doch eigentlich auf, als selbständiger Staat zu zählen». («Das wäre sehr erwünscht. Es ist kein Staat im Europ. Sinne, sondern eine Räuberbande!» stellte der Kaiser fest.) «Die Gefahr eines europäischen Krieges sei, falls Österreich serbischen Boden betrete, in nächste

Nähe gerückt. Was Sir E. Grey am meisten beklagt, neben dem Ton der Note, ist die kurze Befristung, die den Krieg beinahe unvermeidlich mache. Er sagte mir, er würde bereit sein, mit uns zusammen im Sinne einer Fristverlängerung in Wien vorstellig werden, da sich dann vielleicht ein Ausweg finden lasse. Ferner regte er an, daß für den Fall einer gefährlichen Spannung zwischen Rußland und Österreich, die vier nicht unmittelbar beteiligten Staaten England, Deutschland, Frankreich und Italien zwischen Rußland und Österreich-Ungarn die Vermittlung übernehmen sollten.» («Ist überflüssig», vermerkte der Kaiser. «Da Österreich Rußland schon orientiert hat, und Grey ja nichts anderes vorschlagen kann. Ich tue nicht mit, nur wenn Österreich mich ausdrücklich darum bittet, was nicht wahrscheinlich. In Ehren- und vitalen Fragen konsultiert man Andere nicht».

Noch weitere Telegramme vom 24. Juli wurden dem Kaiser vorgelegt. Aus Paris traf eine Feststellung des Botschafters v. Schön ein: «Man sei hier der Ansicht, daß Österreich-Ungarn gut tue, falls etwa Serbien nicht alle Forderungen sofort erfülle, sondern über einzelne Punkte zu diskutieren wünsche, diese Wünsche nicht ohne weiteres abzuweisen». (Der Kaiser: «Ultimata erfüllt man oder nicht! aber man diskutiert nicht mehr! Daher der Name!» und: «Verklausuliertes Blech!»)

Am meisten ärgerte den Kaiser ein Bericht von Tschirschky. «Graf Berchtold hat heute vormittag den russischen Geschäftsträger zu sich gebeten, um ihm eingehend den Standpunkt Österreichs-Ungarns Serbien gegenüber auseinanderzusetzen». («Gänzlich überflüssig! Wird Eindruck der Schwäche erwecken und Eindruck der Entschuldigung hervorrufen, was Rußland gegenüber unbedingt falsch ist, und vermieden werden muß. Österreich hat seine guten Gründe, hat darauf hin den Schritt gethan, nun kann er nicht hinterher quasi zur Diskussion gestellt werden!») Tschirschky fuhr fort, Berchtold habe dem Russen erklärt, «Österreich werde keinerlei serbisches Territorium beanspruchen». (Der Kaiser: «Esel! Den Sandschak muß es wiedernehmen, sonst kommen die Serben an die Adria.») «Es liege ihm, Berchtold, weiter fern, eine Verschiebung der bestehenden Machtverhältnisse am Balkan oder in Europa herbeiführen zu wollen. Die monarchistisch regierten Staaten sollten sich in der Zurückweisung der serbischen, mit Revolver und Bomben geführten Politik solidarisch zusammenfinden». (Der Kaiser: «Dies kommt ganz von selbst und muß kommen. Österreich muß auf dem Balkan präponderant werden den Anderen kleineren gegenüber auf Kosten Rußlands; sonst giebts keine Ruhe. Schwächlich!»)

Konnte die deutsche Politik, die einen österreichisch-serbischen Konflikt nicht vermeiden, sondern ihn nur lokalisieren wollte, Erfolg haben? Am

23. Juli hatte Lichnowsky aus London geschrieben, »die Lokalisierung, falls es zu einem Waffengange mit Serbien kommt, gehört dem Gebiete der frommen Wünsche an». Und ein paar Tage danach hatte Nicolson seinem Petersburger Kollegen berichtet, «eine Lokalisierung des Krieges bedeutet, daß die Mächte die Stellung halten, während Österreich in Ruhe Serbien abwürgt. Das ist meiner Meinung nach grotesk, um nicht zu sagen: schändlich».

Doch noch immer klammerte sich der Kaiser an die Hoffnung, der Zar werde nicht zugunsten von Fürstenmördern intervenieren, Rußland und Frankreich seien nicht kriegsbereit, England werde auf Mäßigung drängen, um den status quo aufrechtzuerhalten. Selbst die heftige Reaktion des russischen Außenministers Sasonow nach Kenntnisnahme des österreichischen Ultimatums diente ihm nicht als Warnung. Sasonow begrüßte seinen Mitarbeiter Baron von Schilling im Außenministerium mit der grimmigen Ankündigung: «Das ist der europäische Krieg», und als der österreichische Botschafter Szápáry zur Erläuterung des Ultimatums erschien, rief Sasonow ihm aufgeregt entgegen: «Tatsache ist, daß Sie den Krieg wollen und die Brücken verbrannt haben!» Szápáry beteuerte, Österreich sei ein friedliches Land, das nur in Selbstverteidigung handle. «Man sieht jetzt, wie friedliebend Sie sind, da Sie Europa in Brand setzen.»

Am Nachmittag empfing Sasonow den deutschen Botschafter, Graf Pourtalès. Sasonow, «der immer gereizter und nervöser wurde und sich dabei in den maßlosesten Anklagen und Verdächtigungen gegen die österreichisch-ungarische Regierung erging», stellte mit Entschiedenheit fest, daß es Rußland unmöglich sei, einer Beilegung des österreichisch-serbischen Konflikts durch die beiden betroffenen Länder zuzustimmen. Er wischte Pourtalès' Behauptung, Österreich wolle Serbien nur «züchtigen», beiseite. «Erst soll Serbien verspeist werden», sagte er, «dann wird Bulgarien darankommen, und dann werden wir ‹sie› am Schwarzen Meer haben. Österreich sucht nur nach einem Vorwand, um Serbien zu verschlingen. In diesem Falle aber wird Rußland mit Österreich Krieg führen.» (Der Kaiser: «Na, denn zu!»)

Am Abend des 25. Juli erfuhr der Kaiser, Österreich habe die serbische Note als «unbefriedigend» zurückgewiesen, die diplomatischen Beziehungen seien abgebrochen worden und beide Länder machten mobil. Er befahl, die ‹Hohenzollern› Heimatkurs aufnehmen zu lassen und kümmerte sich nicht länger um Bethmanns Bitten, Berlin fernzubleiben. Er wies die Hochseeflotte, die in norwegischen Gewässern kreuzte und in norwegischen Häfen ankerte, zur beschleunigten Kohlenaufnahme an: Sie möge sich bereithalten, sofort die Heimreise anzutreten.

Bethmann Hollweg wurde durch diese Nachricht aufs höchste alarmiert. Seine Politik wollte Deutschland als uninteressierten Partner darstellen. Außer Wilhelm hatte er auch Tirpitz, Moltke und andere hohe Persönlichkeiten von der Rückkehr nach Berlin abgehalten. Er fürchtete, die deutschen Flottenbewegungen könnten das harmlose Bild trüben, das er zu malen versuchte. Er telegrafierte dem Kaiser: Obwohl Seine Majestät den Befehl an die Flotte «mit Rücksicht auf ein Wolfftelegramm» gegeben habe, möchte er darauf hinweisen, daß «die englische Marine keinerlei auffällige Maßnahmen trifft». Den Kaiser versetzte die Erwähnung der Wolffschen Depesche in Wut. «Unglaubliche Zumuthung!» schrieb er an den Rand. «Unerhört! ist mir garnicht eingefallen!!! Auf die Meldung meines Gesandten von der Mobilmachung in Belgrad! Diese kann Mobilmachung Rußlands nach sich ziehen; wird Mobilmachung Österreichs nach sich ziehen! Ich pflege im Übrigen militärische Maßnahmen nicht nach einem Wolfftelegramm zu treffen, sondern nach der Allgemeinen Lage und die hat der Civilkanzler noch nicht begriffen! Wenn Rußland mobil macht, muß meine Flotte schon in Ostsee sein, also fährt sie nach Haus! W.».

Die pedantische und beschwichtigende Art des Reichskanzlers ging ihm auf die Nerven. «Ich glaube, daß unsere auf eine Lokalisierung gerichtete Haltung auch eine ruhige bleiben muß», telegrafierte Bethmann am nächsten Tag. «Ruhe ist die erste Bürgerpflicht!» höhnte Wilhelm. «Nur Ruhe, immer nur Ruhe!! Eine ruhige Mobilmachung ist eben auch was Neues».

Der Kaiser erkannte die Gefahr früher als Bethmann. Nachdem Sasonow das österreichische Ultimatum studiert hatte, bat er den Zaren um Einberufung des Kronrats. Am 25. Juli, nachmittags, zur Stunde, da die ‹Hohenzollern› Kurs auf Kiel nahm, trat der Rat zusammen. Das Ultimatum lief in ein paar Stunden ab, und die russischen Generale befanden sich in großer Aufregung: Sie rechneten fest damit, daß die österreichischen Truppen nach Ablauf des Termins in Serbien einmarschierten. Um sechs Uhr schaute einer der Offiziere auf seine Uhr und sagte: «Die Kanonen an der Donau werden jetzt zu feuern beginnen, denn man schickt kein solches Ultimatum, wenn die Kanonen nicht geladen sind». (Er berücksichtigte die mangelnde Leistungsfähigkeit der österreichischen Armee nicht: Obwohl Wien mit seinem Ultimatum einen Krieg zu provozieren gedachte, war seine Armee doch erst nach zwei Wochen imstande, in Serbien einzufallen.)

Im Kronrat herrschte die Ansicht, es sei für Serbien politisch und moralisch unmöglich, sich unterdrücken zu lassen. Man war sich jedoch über die nächsten Schritte nicht einig. Die Generale wünschten, der Zar möge die allgemeine Mobilmachung befehlen, Sasonow aber wollte keinen europäischen Krieg, falls er sich vermeiden ließe, und bestand darauf, daß zuerst alle nur denkbaren Anstrengungen unternommen werden sollten, damit Österreich diplomatisch nachgab. Er überredete den Zaren zur Unterzeichnung einer «partiellen» Mobilmachung. Dies bedeutete, daß die Armeekorps im Südosten in Bereitschaft standen und den Kampf aufnehmen konnten, wenn die Österreicher die Grenze überschritten. Die Generale waren über diese Entscheidung bestürzt, denn der Aufmarschplan sah keine teilweise Mobilmachung vor; man war nur auf die allgemeine eingerichtet. Es bestand demnach die Gefahr eines großen Durcheinanders. Sasonow setzte sich jedoch durch. Um die Generale zu besänftigen, stimmte der Zar einer «Periode der Kriegsvorbereitungen» zu. Das hieß: allgemeine Urlaubssperre, Verstärkung der Grenzposten, Abbruch der Sommerlager, «Beschlagen der Pferde und Arretierung der Spitzel».

Am Mittag des 27. Juli traf der Kaiser in Potsdam ein. Er ärgerte sich noch immer über den Reichskanzler. Bülow berichtet, Bethmann habe den Kaiser am Bahnhof erwartet und seinen Rücktritt angeboten, worauf Wilhelm geantwortet habe: «Sie haben mir diese Suppe eingebrockt, nun sollen Sie sie auch ausfressen!» Diese Geschichte mutet wenig wahrscheinlich an. Bis jetzt war der Kaiser mit der Handlungsweise Bethmanns nicht unzufrieden. Er konnte lediglich seine herablassende Art nicht vertragen, und er fand es nicht richtig, daß der Kanzler auf der Abwesenheit vieler hoher Persönlichkeiten bestanden hatte. Auch ärgerte ihn Bethmanns Unkenntnis militärischer Belange. Am meisten aber verstimmte es ihn, daß Bethmann seinen Kaiser nicht oft genug um Rat anging. Obendrein hatte Wilhelm das ungute Gefühl, Bethmann gehe die Wendigkeit und das Geschick ab, alle Konsequenzen seines Handelns zu erfassen und sich neuen Gegebenheiten anzupassen.

Bethmann Hollweg dagegen war über das plötzliche Auftauchen des Kaisers beunruhigt. Durch Jagow ließ er dem britischen Botschafter mitteilen, er bedaure die Rückkehr des Kaisers, denn er befürchte, sie könne Spekulationen und Nervosität verursachen. Seine Majestät habe aus eigenem Antrieb gehandelt. In Wirklichkeit bangte er vor einem unbesonnenen Schritt des Kaisers, der die Lage verschlimmern könnte.

Am Nachmittag des 27. Juli fand in Potsdam eine Sitzung beim Kaiser statt, an der Moltke und v. Jagow teilnahmen. Bethmann bemühte sich, ein zuversichtliches Bild der Situation zu zeichnen. Die serbische Antwortnote habe «beinahe alle österreichischen Forderungen erfüllt». Obwohl Österreich sie zurückgewiesen habe, weil die Serben nicht in die bedingungslose Annahme des Ultimatums eingewilligt hatten, war Rußland bereit, direkte Gespräche mit Wien in der Hoffnung aufzunehmen, es erreiche in den strittigen Punkten einen Vergleich. England, Frankreich und Italien ließen den starken Wunsch nach Frieden erkennen. Und da Österreich erst gestern den Russen nachdrücklich bestätigt hatte, daß es keine territorialen Forderungen gegenüber Serbien habe, war Bethmann davon überzeugt, seine Politik der Lokalisierung werde erfolgreich sein.

Der Reichskanzler legte dem Kaiser ein Telegramm aus London vor, in dem gesagt wurde, daß Grey abermals ein Treffen der Botschafter Englands, Deutschlands, Italiens und Frankreichs anrege. Lichnowskys Depesche war in starken Worten gehalten. Die einzige Möglicheit zur Vermeidung eines großen Krieges «liege im Vorschlage Sir E. Greys, hier Konferenz zu viert abzuhalten; die in Berlin erhoffte Lokalisierung des Konflikts sei vollkommen unmöglich und müsse aus der praktischen Politik ausscheiden». Lichnowsky schloß mit einer persönlichen Mahnung: «Ich möchte dringend davor warnen, an die Möglichkeit der Lokalisierung auch fernerhin zu glauben, und die gehorsamste Bitte aussprechen, unsere Haltung einzig und allein von der Notwendigkeit leiten zu lassen, dem deutschen Volke einen Kampf zu ersparen, bei dem es nichts zu gewinnen und alles zu verlieren hat».

Dieses Telegramm paßte schlecht zu Bethmann Hollwegs rosigem Optimismus: Er strich den letzten Absatz, bevor er es dem Kaiser vorlegte. Ohne Zweifel murmelte er dabei etwas von der «gefühlvollen Einstellung» des Botschafters, denn später vermerkte er auf dem Aktenstück: «Seiner Majestät vorgelegt. Seine Majestät mißbilligt Lichnowskys Ansicht». Danach fiel es ihm nicht mehr schwer, Wilhelm die Antwort zu zeigen, die er am Morgen Lichnowsky gegeben hatte: «An einer solchen Konferenz könnten wir uns nicht mehr beteiligen, da wir Österreich in seinem Serbenhandel nicht vor ein europäisches Gericht ziehen können. Unsere Vermittlungstätigkeit muß sich auf eventuellen österreichischrussischen Konflikt beschränken». Bethmanns negativer Standpunkt war natürlich darauf zurückzuführen, daß jede Verhandlung Österreich von seiner «endgültigen Abrechnung mit Serbien» abhalten werde. Um England aber nicht zu verärgern, schlug er direkte Gespräche zwischen Österreich und Rußland vor. Schließlich erteilte er Lichnowsky einen Rüffel. «Ich bitte deshalb dringend, dort die Notwendigkeit und Möglichkeit der Lokalisierung zu vertreten».

Es findet sich kein Anhaltspunkt dafür, daß der Kaiser Bethmanns Verfahren gerügt hätte. Seine Befürchtungen waren indessen wohlbegründet, denn der Kanzler verabschiedete sich gegen 19 Uhr, um nach Berlin zurückzueilen, wo er den ganzen Abend hindurch Fehler beging, die nicht wiedergutzumachen waren. Der 27. Juli sollte in die Geschichte als ein Wendepunkt der Ereignisse eingehen, die zum Ersten Weltkrieg geführt haben.

Bethmann erfaßte nicht, daß die Schärfe der österreichischen Forderungen Zweifel an den deutschen Absichten auf dem Balkan erweckt hatten. Er merkte nicht, daß sich das Klima geändert hatte. Auf seinem Schreibtisch lag der Text der serbischen Antwortnote. Da dieses Dokument vor sechsunddreißig Stunden der Wiener Regierung überreicht und prompt als «unbefriedigend» zurückgewiesen worden war, warf er kaum noch einen Blick darauf. Die Note war noch versöhnlicher, als Tschirschky vorausgesehen hatte. Tatsächlich hatte die serbische Regierung fast alle der unmöglichen österreichischen Forderungen geschluckt. Auch als sie Bedenken gegen die Einrichtung einer österreichischen Untersuchungskommission in Belgrad äußerte, da dies die Souveränität verletzen würde, war der Ton noch entgegenkommend. «Wenn die kaiserliche und königliche Regierung mit dieser Antwort nicht zufrieden sein sollte, ist die serbische Regierung in der Erwägung, daß es nicht im öffentlichen Interesse liegt, die Lösung dieser Frage zu überstürzen, wie immer bereit, eine friedliche Verständigung zu akzeptieren, entweder dadurch, daß diese Frage dem Internationalen Gerichtshof in Den Haag oder den Großmächten vorgelegt wird».

Der wohlmeinende Bethmann Hollweg sollte sich als ein ebenso unseliger Politiker wie der skrupellose Fürst Bülow entpuppen. Er war gänzlich außerstande, die Bedeutung der serbischen Antwort zu ermessen. Diese Willfährigkeit änderte ja die gesamte Lage! Die österreichischen Forderungen waren so formuliert worden, daß sie zu einer Zurückweisung führen mußten. Da die Serben sie faktisch annahmen, warfen sie den Österreichern einen Knüppel zwischen die Beine. Der Argwohn, der in ganz Europa wachgeworden war, schien jetzt vollauf berechtigt zu sein: Wenn die Österreicher eine solch fügsame Antwort ablehnten und die Mobilmachung anordneten, bewiesen sie, daß sie an der Wiedergutmachung eines Unrechts nicht interessiert waren, sondern lediglich ihren Einfluß auf dem Balkan ausdehnen wollten. Und da sie sich in einer so anmaßenden Weise nicht ohne die Rückendeckung Berlins benehmen konnten, lag es auf der Hand, daß Deutschland sie antrieb.

Die Krise nahm augenblicklich sehr ernste Formen an. Maßvolle Persönlichkeiten wie Sir Francis Bertie, der britische Botschafter in Paris, der noch am Morgen des 27. Juli einen Druck auf die russische Regierung gefordert hatte, «damit sie nicht die absurde und veraltete Pose des Beschützers aller slawischen Staaten, ungeachtet deren Verhaltens, annimmt», mußte plötzlich feststellen, daß ihm der Boden unter den Füßen weggezogen wurde. Gleichzeitig gewannen Männer wie Sir Eyre Crowe, der zweite Unterstaatssekretär im Foreign Office, ein wütender Deutschenhasser, der seit Jahren vor der «deutschen Bedrohung» warnte, immer mehr Einfluß. Es sah aus, als sei Deutschland entschlossen, den Krieg zu entfesseln, um die Vorherrschaft in Europa zu erringen.

Der in seiner engen Vorstellungswelt lebende Bethmann Hollweg blieb blind gegenüber dem Umschwung der Stimmung, die sich jetzt gegen Deutschland zu richten begann. Obwohl die roten Warnlichter blinkten, nahm er sie nicht wahr. Selbst ein frostiges Kommunique aus London vermochte ihn nicht mehr zum Kurswechsel zu bewegen. Die friedliche Antwort der Serben veranlaßte Rußland zu seinem Druck, meinte Grey zu Lichnowsky. Sollte die Note nicht angenommen werden, «so sei es vollkommen klar, daß Österreich nur nach einem Vorwand suche, um Serbien zu erdrücken. Es sei klar, daß Rußland dem nicht gleichgültig zusehen könne und es als eine direkte Herausforderung auffassen müsse. Daraus würde der fürchterlichste Krieg entstehen, den Europa jemals gesehen habe, und niemand wisse, wohin ein solcher Krieg führen könne». Lichnowsky bemerkte am Schluß seines Berichts: «Ich fand den Minister zum ersten Male verstimmt. Auch ist hier alle Welt davon überzeugt, daß der Schlüssel der Lage in Berlin liegt und, falls man dort den Frieden ernstlich will, Österreich davon abzuhalten sein wird, wie Sir E. Grey sich ausdrückt, tollkühne Politik zu treiben».

Bethmann blieb starr und unbeweglich. Deutschland hatte versprochen, es werde Österreich bei jeder Aktion, die es für angemessen halte, unterstützen, und Deutschland konnte sein Wort nicht brechen. Es entging ihm, daß die serbische Note neue Verhältnisse geschaffen hatte, die Deutschland eine vom Himmel gesandte Gelegenheit boten, sich aus der gefährlichen Situation zu befreien. Lediglich einen Kompromiß ging er ein: Er leitete das Telegramm nach Wien weiter, wobei er den Grafen Berchtold fast entschuldigend bat, er möge es doch berücksichtigen, damit London sich nicht verstimmt fühle.

Aber er bemühte sich nicht, Berchtold von der schicksalhaften Kriegserklärung an Serbien abzuhalten. Er hatte ein Telegramm von Tschirschky vor sich, das ihn davon in Kenntnis setzte, daß Berchtold diesen Schritt innerhalb der nächsten achtundvierzig Stunden zu tun gedenke, um dem lauterwerdenden Ruf nach Verhandlungen ein Ende zu setzen. Bethmann Hollweg aber war noch immer in dem phantastischen Glauben befangen, der Konflikt ließe sich lokalisieren.

Der große Krieg

Der Kaiser reagierte auf die serbische Antwortnote ganz anders als sein Kanzler. Der Text kam erst am nächsten Tag, dem 28. Juli, in seine Hände. «Eine brillante Leistung für eine Frist von bloß 48 Stunden. Das ist mehr als man erwarten konnte! Ein großer moralischer Erfolg für Wien; aber damit fällt jeder Kriegsgrund fort, und Giesl hätte ruhig in Belgrad bleiben sollen! Daraufhin hätte ich niemals Mobilmachung befohlen!»

Wilhelm handelte stets aus dem Gefühl, und da ihn nicht die hölzerne Logik Bethmanns plagte, war er auch weit elastischer. Sofort erkannte er, daß Deutschland und Österreich durch ihre unnachgiebige Haltung in eine peinliche Lage geraten waren. Und sogleich ergriff ihn auch die Sorge. Er dachte an Greys eisiges Gespräch mit Lichnowsky. Der Außenminister hatte nachdrücklich betont, daß der Schlüssel zu allem Geschehen in Berlin läge. Er sei überzeugt, Berlin könne Wien zurückhalten, wenn es den Frieden wolle. Offenbar hatte Bethmann Hollweg mit der Übermittlung dieser alarmierenden Depesche gezögert, denn auf dem Schriftstück befand sich Jagows Anfrage: «Soll dieses Telegramm S. M. vorgelegt werden?», und Bethmann hatte geantwortet: «Morgen früh durch Kurier zum Neuen Palais».

Der Bericht beeindruckte Wilhelm stark. Er wünschte keinen europäischen Krieg, allenfalls einen Sieg über Europa. Und mit einemmal begriff er, daß er viel näher am Abgrund stand, als er geglaubt hatte. Im Nu fiel der ganze militärische Eifer von ihm ab. Die Unzahl seiner Randglossen mit ihren herrischen Forderungen und ihrer gespielten Tapferkeit war im nächsten Augenblick vergessen. Von jetzt an war der Kaiser nur noch an der Erhaltung des Friedens interessiert. Von jetzt an entsprang alles, was er tat, dem krampfhaften Bemühen, die schwerfällige Maschinerie noch rechtzeitig anzuhalten, um einen grauenhaften Zusammenstoß zu vermeiden. Eine überwältigende Furcht erfüllte sein Herz.

Um 14.10 Uhr setzte er sich hin und schrieb ein Memorandum an Bethmann Hollweg – das erste seit Beginn der Krise überhaupt. «Nach Durchlesung der Serbischen Antwort bin ich der Überzeugung, daß im Großen und Ganzen die Wünsche der Donaumonarchie erfüllt sind. Die paar Reserven, welche Serbien zu einzelnen Punkten macht, können m. Er. nach durch Verhandlungen wohl geklärt werden. Aber die Kapitulation demüthigster Art liegt darin orbi et urbi verkündet, und durch sie entfällt jeder Grund zum Kriege ... Dennoch ist dem Stück Papier, wie seinem Inhalt nur beschränkter Werth beizumessen, solange er nicht in die That umgesetzt wird. Die Serben sind Orientalen, daher verlogen, falsch und Meister im Verschleppen. Damit diese schönen Versprechungen Wahrheit und Thatsache werden, muß eine douce violence geübt werden. Das würde dergestalt zu machen sein, daß Österreich ein Faustpfand (Belgrad) für die Erzwingung und Durchführung der Versprechungen, besetzte und solange behielte bis thatsächlich die petita durchgeführt sind. Falls Ew. Exz. diese meine Auffassung theilen, so würde Ich vorschlagen: Österreich zu sagen: Der Rückzug Serbiens in sehr demüthigender Form sei erzwungen, und man gratuliere dazu. Natürlich sei damit ein Kriegsgrund nicht mehr vorhanden. Wohl aber eine Garantie nöthig, daß die Versprechungen ausgeführt werden. Das würde durch die militärische vorübergehende Besetzung eines Theils von Serbien wohl erreichbar sein. Daher wollen Ew. Exz. in dem skizzierten Sinne einen Vorschlag Mir unterbreiten; der nach Wien mitgetheilt werden soll».

Endlich versuchte Wilhelm, Wien zur Mäßigung aufzurufen. Bethmann erhielt die Botschaft des Kaisers erst am frühen Abend, und um diese Zeit war auch er besorgt. Österreich hatte um elf Uhr den Krieg erklärt, und schon zeigten sich Auswirkungen in Rußland. Um ein Uhr mittags traf eine Meldung aus St. Petersburg ein: Die Reservisten wurden zu den Fahnen gerufen. Bethmann wandte nichts gegen die Instruktionen des Kaisers ein, sondern entwarf eine Depesche nach Wien. Aber er brachte es nicht über sich, in der klaren und festen Sprache des Kaisers zu reden. Er sagte nicht, daß «jeder Grund zum Kriege entfallen» sei. Er dämpfte den Ton – bis die Depesche schließlich keine Anweisung mehr war, sondern nur noch ein Vorschlag. Außerdem verlagerte er das Gewicht: Anstatt zu schreiben, es handele sich hier um eine Frage des gesunden Menschenverstandes, deutete er nur an, ein friedlicher Schritt sei taktisch zu empfehlen, denn auf diese Weise treffe «die Verantwortung für das eventuelle Übergreifen des Konflikts unter allen Umständen Rußland». Er wies den Botschafter an, «sich umgehend in diesem Sinne dem Grafen Berchtold gegenüber nachdrücklich aussprechen zu wollen», setzte aber sofort die Dringlichkeit durch die Warnung herab: «Sie werden es dabei sorgfältig zu vermeiden haben, daß der Eindruck entsteht, als wünschten wir Österreich zurückzuhalten».

Welches Spiel trieb Bethmann Hollweg? Die Details hypnotisierten ihn so sehr, daß er in der Wahrung des Gesichts gegenüber Österreich seine Hauptaufgabe sah. Bis zur letzten Stunde war seine Verstörtheit so groß, daß er den Abgrund des großen Krieges nicht gewahrte, vor dem er stand. Noch immer hoffte er im Stillen, seine guten Beziehungen zu Grey würden die Situation retten können. Tirpitz schrieb: «Bethmanns und Berchtolds Einmarschpolitik beruhte auf der Erwartung, daß Englands in den letzten Jahren gezeigte Friedensliebe soweit ginge, daß sie im äußersten Fall den Zaren veranlaßte, entweder den Serben die überlieferte Gönnerschaft zu verweigern oder einen Festlandskrieg ohne englische Hilfe zu wagen».

Die Vorstellung des Reichskanzlers, er fahre in einem zwar geräuschvollen, aber sicheren Zug, den England steuere, hatte mit der Wirklichkeit nichts mehr zu tun. Der Wagenführer war bereits vor drei Tagen abgesprungen, und der Zug fegte blindlings durch Europa – vielleicht hielt ihn durch Zufall ein Retter noch irgendwo an. Am 25. Juli, als Österreich die serbische Antwort zurückwies, hatte Sir Eyre Crowe dem Foreign Office ein Memorandum gesandt, dessen Inhalt sich mit der englischen Politik deckte. «Der Augenblick ist vorbei, wo es noch hätte möglich sein können, die Hilfe Frankreichs zu einem Versuch, Rußland zurückzuhalten, heranzuziehen. Es ist klar, daß Frankreich und Rußland entschlossen sind, die Herausforderung anzunehmen, die ihnen entgegengeschleudert wurde. Was immer wir auch über den Inhalt der österreichischen Forderungen an Serbien denken mögen, Frankreich und Rußland halten sie für einen Vorwand und glauben, der Bündnisfall der Triple Entente contra Dreibund sei gegeben. Ich halte es für unklug, um nicht zu sagen gefährlich für England, wenn es versucht, dieser Ansicht zu widersprechen, oder wenn es sich bemüht, den klaren Fall durch seine Vertreter in St. Petersburg und Paris verdunkeln zu wollen».

Grey setzte seine Bemühungen um eine friedliche Lösung fort, aber er nahm diesen entscheidenden Machtspruch hin. Er versuchte nicht, Rußland zu beeinflussen und ihm Einhalt zu gebieten. Dadurch verlor er die Kontrolle über die Krise. Er ließ es zu, daß England ins russische Schlepptau geriet – genau so, wie Deutschland sich von Österreich ziehen ließ. Jede der Großmächte glaubte, die andere säße am Schalthebel. Und so taumelte und stolperte Europa in den Krieg.

Am späten Abend des 28. Juli gelangten Meldungen über russische Truppenbewegungen nach Berlin. Noch immer versuchte Bethmann Hollweg, Wien an den Verhandlungstisch zu bringen. Aber langsam fing nun auch der Kanzler an, sich unbehaglich zu fühlen. Er schlug dem Kaiser ein privates Telegramm an den Zaren vor.

«Mit der größten Beunruhigung höre ich von dem Eindruck, den das Vorgehen Österreichs gegen Serbien in Deinem Lande hervorruft. Die gewissenlose Wühlarbeit, die seit Jahren in Serbien am Werke war, hat schließlich zu dem abscheulichen Verbrechen geführt, dem Erzherzog Franz Ferdinand zum Opfer gefallen ist. Der Geist, der die Serben zu Mördern ihres Königs und seiner Gemahlin machte, herrscht noch im Lande*. Du stimmst sicher mit mir darin überein, daß wir beide, Du und ich, sowie alle Souveräne ein gemeinsames Interesse daran haben, darauf zu bestehen, daß alle für diesen feigen Mord moralisch verantwortlichen Personen ihre verdiente Strafe erhalten. In diesem Falle spielt die Politik keinerlei Rolle.

Andererseits verstehe ich vollkommen, wie schwierig es für Dich und Deine Regierung ist, den Strömungen Eurer öffentlichen Meinung entgegenzutreten. Im Hinblick auf die herzliche und innige Freundschaft, die uns beide seit langem mit festem Bande verbindet, biete ich daher meinen ganzen Einfluß auf, um Österreich zu veranlassen, durch sofortiges Handeln zu einer befriedigenden Verständigung mit Dir zu kommen. Ich hoffe zuversichtlich, daß Du mich in meinen Bemühungen unterstützen wirst, die Schwierigkeiten, die noch entstehen können, zu beseitigen. Dein sehr aufrichtiger und ergebener Freund und Vetter Willy».

Das Telegramm des Kaisers, das gegen Mitternacht aufgegeben wurde, kreuzte sich mit einem dringenden Appell des Zaren – zwei Hilferufe, die in der Finsternis stumm aneinander vorbeiglitten.

«Palast Peterhof, 29. Juli 1914
Seiner Majestät dem Kaiser, Neues Palais

Ich bin froh, daß Du zurück bist. In diesem äußerst ernsten Augenblick wende ich mich an Dich um Hilfe. Ein unwürdiger Krieg ist an ein schwaches Land erklärt worden. Die Entrüstung in Rußland, die ich völlig teile, ist ungeheuer. Ich sehe voraus, daß ich sehr bald dem auf mich ausgeübten Druck erliegen und gezwungen sein werde, äußerste Maßnahmen zu ergreifen, die zum Kriege führen werden. Um ein solches Unheil wie einen europäischen Krieg zu verhüten, bitte ich Dich im Namen unserer alten Freundschaft, alles Dir Mögliche zu tun, um Deinen Bundesgenossen davon zurückzuhalten, zu weit zu gehen.

Nicky.»

Das Telegramm des Zaren traf um 1.15 Uhr in der Nacht ein. Der Druck, von dem er sprach, war das Verlangen seiner militärischen Rat-

---

* Der Kaiser meinte die Ermordung des Königs Alexander und seiner Gemahlin im Jahr 1903.

geber nach der allgemeinen Mobilmachung. Dieser Befehl mußte mit Sicherheit den großen Krieg auslösen. Die Generale behaupteten, die österreichische Kriegserklärung an Serbien habe einen Konflikt unausweichlich gemacht. Da die russische Mobilisierung langsamer als die aller andern Nationen vor sich gehe, dürfe keine Zeit mehr verloren werden. Aber obwohl die Sorge der Hauptantrieb war, gab es auch angriffslustige Stimmen: Sie verspotteten das Gerede über die Selbstverteidigung und forderten offen den Krieg gegen Deutschland. Diese Stimmen waren die der ultrakonservativen Armeeführer, die sich vom Schlachtfeld die Lösung aller inneren sozialen Fragen versprachen, während die Panslawisten von den Gewinnen träumten, die der Balkan böte, wenn Deutschland erst einmal geschlagen wäre. Wie im einzelnen die Argumente auch sein mochten, in einem Punkt stimmten fast alle überein: daß Rußland noch nicht genügend vorbereitet sei für einen Krieg, um zur großen Kraftprobe anzutreten. Man tröstete sich indessen: Frankreich würde ja seinem Verbündeten beistehen, und alles deutete darauf hin, daß England wiederum den Franzosen beistünde.

Bisher hatte sich Sasonow geweigert, den Militärs nachzugeben. Er hatte zwar den Zaren zur Unterzeichnung der teilweisen Mobilmachung bewogen, war aber so sehr um Vermittlung bemüht gewesen, daß er sie noch nicht hatte in Kraft treten lassen. Er wartete noch immer auf die Wiener Antwort auf seinen Vorschlag wegen direkter Verhandlungen. Nachdem er von der österreichischen Kriegserklärung an Serbien erfuhr, widersetzte er sich dem Oberkommando nicht länger.

Neun Stunden nach Absendung seines Telegramms an den Kaiser legte man dem Zaren die allgemeine Mobilmachungsorder wiederum vor. Widerstrebend und bedrückt gab er nach. Ehe der Befehl in Kraft treten konnte, waren noch die Unterschriften dreier Minister erforderlich. Einer von ihnen, der Marineminister, war nicht anzutreffen; er wurde erst gegen Abend in der Hauptstadt zurückerwartet. In der Zwischenzeit erhielt der Außenminister eine Depesche aus Wien: Die vier Tage alte russische Einladung zu Vermittlungsgesprächen war leichthin abgelehnt worden. Der österreichische Botschafter Szápáry suchte Sasonow auf, um den Standpunkt seiner Regierung zu erklären. «Während wir uns im vertraulichen Meinungsaustausch befanden, erfuhr Sasonow telefonisch, daß wir Belgrad beschossen hatten. Er geriet außer sich. ‹Sie wollen nur Zeit durch Verhandlungen gewinnen, aber machen Sie nur so weiter und beschießen Sie eine ungeschützte Stadt!› Er verurteilte Österreich sehr aufgeregt».

Bei Anbruch der Nacht hatten die Militärs auch die dritte Unterschrift, und einer der hohen Offiziere machte sich auf den Weg zum Postamt, um die verhängnisvolle Botschaft aufzugeben. Er war kaum fort, als der Zar ein zweites Telegramm des Kaisers erhielt. «Es wäre für Rußland durchaus möglich, bei dem österreichisch-serbischen Konflikt in der Rolle des Zuschauers zu verharren, ohne Europa in den entsetzlichsten Krieg zu verwickeln, den es je gesehen hat», schrieb Wilhelm. «Ich halte eine direkte Verständigung zwischen Deiner Regierung und Wien für möglich und wünschenswert und, wie ich Dir schon telegrafiert habe, setzt meine Regierung ihre Bemühungen fort, diese Verständigung zu fördern. Natürlich würden militärische Maßnahmen von seiten Rußlands, die Österreich als Drohungen ansehen würde, ein Unheil beschleunigen, das wir beide zu vermeiden wünschen, und meine Stellung als Vermittler gefährden, die ich auf Deinen Appell an meine Freundschaft und meinen Beistand bereitwillig übernommen habe».

Der friedfertige Zar beriet sich mit zwei Generälen. Danach widerrief er die allgemeine Mobilmachung und bestand auf der teilweisen Mobilisierung, die nur die Truppen in den vier südöstlichen Bezirken betraf. Ein Kurier wurde zum Postamt gehetzt. Es gelang ihm, um neun Uhr abends das verhängnisvolle Telegramm aufzuhalten, das soeben in alle Teile des weiten russischen Reiches durchgegeben werden sollte. Noch einmal taumelte Europa vom Abgrund zurück.

An diesem 29. Juli warteten Kaiser und Kanzler den ganzen Tag auf eine Antwort auf ihren «Friedensvorschlag» vom vorangegangenen Abend. Die Telegramme brauchten viele Stunden, denn sie mußten zuerst verschlüsselt, dann übermittelt und schließlich wieder entziffert werden. Am Ende des Tages war die einzige neue Nachricht eine Meldung von Tschirschky vom Tage zuvor, die mit den Worten endete: «Graf Berchtold ist in sehr guter Stimmung und stolz auf die zahlreichen Glückwunsch-Telegramme, die ihm aus allen Teilen Deutschlands zugehen!»

Der Kaiser war mit seinen Nerven fast am Ende. Seit dem Morgen ging er auf den Korridoren des Neuen Palais hin und her. Als die Spannung wuchs, begann er den Kanzler wegen seines fehlerhaften Verhaltens während der ganzen Krise zu tadeln: Jetzt, da alles falsch lief, machte er ihm Vorwürfe, weil er den Österreichern erlaubt hatte, den Bissen zwischen die Zähne zu bekommen; er hätte dafür sorgen müssen, daß die Kontrolle nicht den deutschen Händen entglitt. Abends kam der Großadmiral von Tirpitz dazu. Der Kaiser klagte ihm aufgeregt, er wisse nicht, was die Österreicher tun wollten. Die Serben hätten doch allem – außer ein paar Kleinigkeiten – zugestimmt. Seit dem 5. Juli weigerten sich die Österreicher, ihre Absichten klar auszudrücken. Auch Tirpitz war der Meinung, Bethmann verhalte sich nicht richtig – er riet dem Kaiser, selbst jetzt, in letzter Stunde, einen neuen Reichskanzler zu ernennen. Wilhelm II. sagte nein: Das wäre ein Fehler, da Bethmann das Vertrauen Europas genieße. Der Kaiser wußte überhaupt nicht mehr, was er machen sollte.

Ein Lichtblick allerdings tauchte noch auf: Prinz Heinrich, der Bruder des Kaisers, war am Tag zuvor nach einem kurzen Aufenthalt in England wieder in Kiel eingetroffen. Er berichtete dem Kaiser in einem Brief über ein Gespräch mit König Georg V. ‹Georgie› ließe nichts unversucht, um den Streit zwischen Österreich und Serbien zu lokalisieren. Er hoffe, Deutschland werde den Vorschlag einer Intervention der vier Großmächte annehmen, «um Rußland im Zaume zu halten». «Er sagte weiter wörtlich: ‹We shall do all we can to keep out of this and shall remain neutral.› Daß diese Äußerung ernstgemeint war, davon bin ich überzeugt, ebenso wie davon, daß England anfangs auch neutral bleiben wird, ob es dies jedoch auf die Dauer wird tun können, darüber kann ich nicht urteilen, hege aber meine Bedenken, wegen des Verhältnisses zu Frankreich».

Eine heiße Hoffnung schlug in Wilhelm hoch. Es mutet sonderbar an, daß Wilhelm II. – der Sohn einer englischen Prinzessin, die sich mit ihrer Kenntnis des britischen Parlamentarismus gebrüstet hatte – soviel Vertrauen in die beiläufige Äußerung eines konstitutionellen Monarchen setzte, die vor drei Tagen gemacht worden war. Man muß sich jedoch daran erinnern, daß der Kaiser Edward VII. für einen politischen Machtfaktor gehalten hatte, nicht für eine Repräsentationsfigur, und damit hatte er ja auch recht. Nicht recht aber hatte er, diese Rolle auf seinen Sohn Georg V. zu übertragen. Als Tirpitz warnte, man dürfe nicht allzuviel Gewicht auf die Bemerkung des Königs legen, richtete sich der Kaiser auf und erklärte: «Ich habe das Wort eines Königs; das genügt mir.»

Georg wäre erstaunt gewesen, hätte er um das Aufsehen gewußt, das seine kurze Unterhaltung mit Prinz Heinrich hervorrief. Bevor er sich am 26. Juli schlafen legte, notierte er lakonisch in sein Tagebuch: «Prinz Heinrich von Preußen kam am Sonntag, 26. Juli, um 9.30 Uhr zu mir und fragte mich, ob es Neuigkeiten gäbe. Ich sagte, die Neuigkeiten seien sehr schlecht, und es sähe nach einem europäischen Krieg aus; er reise besser sofort nach Deutschland zurück. Er antwortete, er führe nach Eastbourne, um seine Schwester [die Königin von Griechenland] zu treffen und reiste heute abend nach Deutschland zurück. Dann fragte er, was England in einem europäischen Krieg tun würde. Ich antwortete: ‹Ich weiß nicht, was wir machen werden, wir haben mit niemandem Streit, und ich hoffe, wir werden neutral bleiben. Wenn aber Deutschland den Krieg an Rußland erklärt und Frankreich sich mit Rußland verbündet, dann fürchte ich, daß wir hineingezogen werden. Aber Du kannst Dich darauf verlassen, daß ich und meine Regieruung alles tun werden, um einen europäischen Krieg zu verhindern.› – Er meinte dann: ‹Nun, wenn unsere beiden Länder gegeneinander kämpfen werden, hoffe ich doch, daß es unsere persönliche Freundschaft nicht beeinträchtigen wird.› – Darauf schüttelte er mir die Hand und verließ den Raum, nachdem er etwa acht Minuten bei mir gewesen war*».

An diesem Abend, während der Kopf des Kaisers voll war von Georgs «Friedensversprechen» – wie er es nannte –, traf Bethmann Hollweg im Neuen Palais ein. Laut Tirpitz war auch er einem Zusammenbruch nahe, denn jetzt endlich hatte er eingesehen, daß seine Lokalisierungspolitik keine Aussichten hatte. Um 21 Uhr war eine Depesche aus London angekommen, die in deutlichen Worten darauf aufmerksam machte, daß England bei Ausbruch eines großen Krieges nicht beiseitestehen werde. Grey hatte Lichnowsky zu sich rufen lassen und ihm gesagt, er wünsche nicht, daß ihre privaten guten Beziehungen den Botschafter irreführten; auch wolle er sich einen späteren Vorwurf der Unaufrichtigkeit ersparen. Deshalb wünsche er jetzt seinen Standpunkt so klar wie möglich herauszustellen. Die britische Öffentlichkeit sei anfangs Österreich wohlgesonnen gewesen und habe verstanden, daß Wien Genugtuung verlangen müsse. Durch Österreichs Hartnäckigkeit aber habe sich die öffentliche Meinung nun geändert, sie sei «vollkommen umgeschlagen». Dennoch werde Großbritannien vermutlich neutral bleiben, wenn der Konflikt sich auf Österreich und Rußland beschränke. «Würden wir aber und Frankreich hineingezogen, so sei die Lage sofort eine andere und die britische Regierung würde unter Umständen sich zu schnellen Entschlüssen gedrängt sehen. In diesem Falle würde es nicht angehen, lange abseits zu stehen und zu warten».

Bethmann informierte den Kaiser über den Inhalt der Depesche. Tirpitz berichtet, der Kanzler habe vorgeschlagen, der Kaiser möge die deutsche Flotte opfern, damit England neutral bleibe. Eine bis ins Einzelne gehende Darstellung der Ereignisse in Potsdam gibt es nicht. Man weiß nur, daß Bethmann am gleichen Abend den britischen Botschafter Sir Edward Goschen zu sich bat und sich verzweifelt um die Neutralität Englands bemühte. «Der Kanzler ist gerade aus Potsdam zurückgekommen», telegrafierte Goschen um Mitternacht nach London. «Er bat mich wieder um mein Kommen und unterbreitete mir das folgende nachdrückliche Ersuchen um die englische Neutralität. Soweit er in der Lage sei, die Grundlinien der englischen Politik zu beurteilen, erkenne er, daß England die

---

* Prinz Heinrich gab später selbst zu, daß er in der damaligen Aufregung eine Bemerkung, die nicht mehr als der beiläufige Ausdruck ängstlicher Hoffnung war, für eine entschiedene Versicherung gehalten haben kann. (Harold Nicolson: ‹King George V.›)

Vernichtung Frankreichs niemals gestatten werde. Falls Großbritannien neutral bleibe, sei die kaiserliche Regierung bereit, der englischen Regierung jede Zusicherung zu geben, daß Deutschland im Falle eines siegreichen Krieges keine Gebietsforderungen auf Kosten Frankreichs erstrebe. Auf meine Frage sagte S. Exz., es sei ihm nicht möglich, eine solche Zusicherung auch für die Kolonien zu geben.»

In London war man über diesen Vorschlag erstaunt. Daß Bethmann Hollweg Frankreichs Unversehrtheit garantieren, die gleiche Versicherung für dessen Kolonialbesitz aber nicht leisten könne, erschien dem Foreign Office unglaubhaft. Grey drahtete Goschen: «Dieser Handel mit Deutschland auf Kosten Frankreichs bedeutete eine Schande für uns, von der sich der gute Name Englands niemals erholen würde». Bethmanns Vorschlag löste in London nicht nur Entrüstung aus, er schien überdies die Kriegsentschlossenheit Deutschlands zu bestätigen.

In Berlin herrschten Furcht und Verwirrung. Zum erstenmal versuchte Bethmann ernstlich, Österreich zu bremsen. Zwischen elf und drei Uhr nachts schrieb er eine Reihe von Telegrammen: Eines forderte die sofortige Beantwortung des «Faustpfand-Vorschlages». In einem zweiten bezog er sich auf Greys Äußerung, Serbien werde vielleicht auch alle Punkte des österreichischen Ultimatums annehmen; er wies den Wiener Botschafter an: «Bitte Grafen Berchtold vorstehendes sofort mitteilen und hinzufügen, daß wir ein derartiges Nachgeben Serbiens als geeignete Basis für Verhandlungen ansehen auf Grund einer Besetzung serbischer Gebietsteile als Faustpfand». Das nächste Telegramm war schärfer. Es beantwortete einen Bericht aus St. Petersburg, wonach Berchtold direkte Gespräche mit Rußland abgelehnt hatte. «Wir sind zwar bereit, unsere Bündnispflicht zu erfüllen, müssen es aber ablehnen, uns von Wien leichtfertig und ohne Beachtung unserer Ratschläge in einen Weltbrand hineinziehen zu lassen. Bitte sich gegen Graf Berchtold sofort mit allem Nachdruck und großem Ernst aussprechen».

Das letzte Telegramm, das er um drei Uhr früh absandte, war das deutlichste von allen. Bethmann hatte jetzt eingesehen, daß er seinen Stolz zurückstecken und Österreich klarmachen mußte, daß Deutschland trotz aller starken Worte vor einem großen Krieg zurückschrak. «Wir stehen, falls Österreich jede Vermittlung ablehnt, vor einer Conflagration, bei der England gegen uns, Italien und Rußland nach allen Anzeichen nicht mit uns gehen würden und wir zwei gegen vier Großmächte ständen. Deutschland fiele durch Gegnerschaft Englands das Hauptgewicht des Kampfes zu. Österreichs politisches Prestige, die Waffenehre seiner Armee, sowie seine berechtigten Ansprüche Serbiens gegenüber, könnten durch Besetzung Belgrads oder anderer Plätze hinreichend gewahrt werden. Es würde durch Demütigung Serbiens seine Stellung im Balkan wie Rußland gegenüber wieder stark machen. Unter diesen Umständen müssen wir der Erwägung des Wiener Kabinetts dringend und nachdrücklich anheimstellen, die Vermittlung zu den angegebenen ehrenvollen Bedingungen anzunehmen. Die Verantwortung für die sonst eintretenden Folgen wäre für Österreich und uns eine ungemein schwere».

Aber es war zu spät. Wäre Bethmann vor dreißig Stunden den Instruktionen des Kaisers gefolgt und hätte er den Österreichern gesagt, daß kein Kriegsgrund mehr vorhanden sei, dann wäre seine Intervention vielleicht noch erfolgreich gewesen. Jetzt aber war der verantwortungslose Berchtold von der Rolle, die er spielte, berauscht: Er weigerte sich kurzerhand, Bethmanns Vorstellungen ernstzunehmen. Mit fast unglaublicher Frivolität entgegnete er, es komme nicht mehr darauf an, ob Belgrad alle Forderungen des Ultimatums erfülle oder nicht; es sei Österreich nicht länger möglich, auf der Basis der serbischen Antwort zu verhandeln. «Die Annahme der Forderungen sei für hier, solange friedliche Austragung des Konflikts zwischen Serbien und Monarchie noch in Frage stand, genügend gewesen. Jetzt, nach Eintritt des Kriegszustandes, müßten die Bedingungen Österreichs naturgemäß anders lauten». Was den Gedanken des «Faustpfandes» anging, so bat er um etwas Zeit zum Nachdenken.

Während Bethmann seine aufgeregten und fruchtlosen Depeschen entwarf, verbrachte der Kaiser unruhige Stunden im Neuen Palais. Um ein Uhr dreißig des 30. Juli, ehe er zu Bett ging, erhielt er ein Telegramm des Zaren, das die teilweise Mobilmachung gegen Österreich ankündigte. «Die militärischen Maßnahmen, die jetzt in Kraft getreten sind», ließ Nikolaus wissen, «wurden vor fünf Tagen zum Zwecke der Verteidigung wegen der Vorbereitungen Österreichs getroffen. Ich hoffe von ganzem Herzen, daß diese Maßnahmen in keiner Weise Dein Amt als Vermittler stören werden, das ich sehr hoch anschlage. Wir brauchen Deinen starken Druck auf Österreich, damit dieses zu einer Verständigung mit uns kommt».

Wilhelm konnte natürlich nicht wissen, wie nahe Rußland vor der allgemeinen Mobilmachung stand und daß der Zar noch im allerletzten Augenblick eingegriffen hatte, als der Befehl gerade in alle Richtungen telegrafiert werden sollte. Anstatt Nikolaus dankbar zu sein, geriet er aufs neue in Wut. «Und diese Maßnahmen seien zur Vertheidigung gegen Austria, das ihn gar nicht angreift!!! Ich kann mich nicht auf Mediation mehr einlassen, da der Zar der sie anrief zugleich heimlich mobilgemacht hat, hinter meinem Rücken. Es ist nur ein Manöver, um uns hinzuhalten und den schon gewonnenen Vorsprung zu vergrößern. Mein Amt ist aus!»

Die Nachricht von der russischen Mobilmachung war schon schlimm genug. Als er jedoch das warnende Telegramm Greys las, das der Kanzler ihm um 11 Uhr am Morgen vorlegte, wurde seine Empörung noch größer. Greys Erklärung, Großbritannien werde «nicht lange abseits stehen und warten», paßte durchaus nicht zu dem, was der König dem Prinzen Heinrich gesagt hatte. Greys Bemerkung, er spreche offen, um sich den «Vorwurf der Unaufrichtigkeit» zu ersparen, entlockte dem Kaiser die Randbemerkung: «Aha, der gemeine Täuscher!!» An den unteren Rand der Depesche schrieb er: «England dekouvriert sich im Moment wo es der Ansicht ist, daß wir im Lappjagen eingestellt sind und so zu sagen erledigt! Das gemeine Krämergesindel hat uns mit Diners und Reden zu täuschen versucht. Die gröbste Täuschung, die Worte des Königs für mich an Heinrich: ‹We shall remain neutral and try to keep out of this as long as possible.› Grey straft den König lügen, und diese Worte an Lichnowsky sind der Ausfluß des bösen Gewissens, daß er eben das Gefühl gehabt hat uns getäuscht zu haben. Zudem ist es tatsächlich eine Drohung mit Bluff verbunden, um uns von Österreich loszulösen und an der Mobilmachung zu hindern und die Schuld am Kriege zuzuschieben. Er weiß ganz genau, daß wenn er nur ein einziges, ernstes, scharfes abmahnendes Wort in Paris und Petersburg spricht und sie zur Neutralität ermahnt, beide sofort stille bleiben werden. Aber er hütet sich das Wort auszusprechen, sondern droht uns statt dessen! Gemeiner Hundsfott! England allein trägt die Verantwortung für Krieg und Frieden nicht wir mehr! Das muß auch öffentlich klargestellt werden. W.»

Diese Ergüsse beweisen, daß Wilhelm II., der die Macht hatte, nicht imstande war, sie auch auszuüben, während Bethmann Hollweg, dem die Regierungsautorität anvertraut war, vor klaren Entscheidungen zurückwich. Beide legten die Hände in den Schoß. Der eine erging sich in Schmähungen, der andere begnügte sich mit nutzlosen Gesten, und beide ließen den Dingen ihren Lauf. Am 30. Juli, dem letzten Tag, an dem der Friede vielleicht noch hätte gerettet werden können, wußten Kaiser und Kanzler, wie unwahrscheinlich es war, daß Österreich noch Verhandlungen zustimmen würde. Sie wußten, daß Deutschland, Frankreich und England in den Konflikt hineingezogen würden. Deutschland wollte keinen Weltkrieg. Die Regierung wußte, daß Wien alles Verlangte durch Verhandlungen erlangen würde. Weshalb um alles in der Welt nahmen die verantwortlichen Männer denn nicht die Dinge in die Hand und zwangen Österreich zu einem Vergleich? Erich Brandenburg, der namhafte deutsche Historiker, meint, selbst zu diesem Zeitpunkt sei das letzte Wort noch nicht gesprochen und der Bündnisfall nicht gegeben gewesen, wenn Österreich sich durch die Ablehnung einer Intervention als Angreifer kennzeichnete.

Die Wahrheit ist erschreckend einfach: Der hysterische Kaiser und der unfähige Kanzler waren nicht die Männer, die mit dieser Situation hätten fertigwerden können. Wilhelm hatte Bethmann zwar veranlaßt, in Wien auf Verhandlungen zu drängen, er hätte sich jedoch darum kümmern müssen, daß dieser Befehl nicht nur entgegengenommen, sondern auch ausgeführt wurde. Dazu hätte es freilich einiger Energie bedurft – und Energie ging Wilhelm II. ab. Er hatte niemals richtig regiert, er hatte sich immer nur eingemischt, und jetzt war es zu spät, die Gewohnheiten eines ganzen Lebens zu ändern. Bethmann Hollweg war zu unbeweglich, um sich neuen Umständen geschmeidig anzupassen. Laut Brandenburg wagte er aus Furcht, das verbündete Österreich zu entfremden, nicht, seine Politik umzustellen. Die Gefahr, den letzten Bundesgenossen zu verlieren, lag seit dem Entstehen der Entente wie eine Last auf den deutschen Politikern. Dieses Argument überzeugt aber nicht. Wenn Deutschland Österreich benötigte, dann benötigte Österreich doch ganz gewiß Deutschland noch weit mehr. An wen sollte sich Österreich denn wenden? An die Entente? Das hätte bedeutet: in die Arme der Russen. Österreich hatte gar keine andere Wahl, als der Partner Deutschlands zu sein.

Ein kluger Diplomat hätte nicht nur das Gesicht beider Nationen gewahrt, er hätte überdies die Lage zum eigenen Vorteil ausgenützt – und das zur unendlichen Erleichterung von England und Frankreich. Statt dessen versagte die deutsche Diplomatie katastrophal. Sowohl Rußland als auch Großbritannien hatten Deutschland mehr als eine Ausweichmöglichkeit geboten. Am 28. Juli hatte Fürst Trubetzkoj den persönlichen Militärbevollmächtigten des Kaisers in St. Petersburg, General von Chelius, gebeten, er möge seinem kaiserlichen Herrn vorschlagen, den Konflikt vor das Haager Internationale Schiedsgericht zu bringen. Am folgenden Tag telegrafierte der Zar selbst an den Kaiser: «Es würde sich empfehlen, das österreichisch-serbische Problem der Haager Konferenz vorzulegen. Vertraue auf Deine Weisheit und Freundschaft. Dein Dich liebender Nicky».

Der Umstand, daß der Haager Gerichtshof sich als ein unerprobtes Tribunal noch kein Ansehen erworben hatte, durfte nicht zählen. Auch die Serben hatten bereits seiner Anrufung zugestimmt. Vielleicht hätte der Gerichtshof – der seine Existenz schließlich einer Initiative des Zaren verdankte – den einzigen Weg gezeigt, auf dem die russische militärische Intervention zu bremsen gewesen wäre. Der Kaiser faßte den Vorschlag jedoch fast als Beleidigung auf. Daß eine Großmacht einem Gerichtshof die Entscheidung über lebenswichtige Fragen überlassen sollte, kam ihm lächerlich vor. «Danke, gleichfalls», schrieb er unter den freundschaftlichen Gruß des Zaren, und Bethmann Hollweg meinte knapp: «Der Gedanke der Haager Konferenz wird in diesem Falle natürlich ausgeschlossen». Der Kaiser wollte zwar eine Lösung finden, es mußte aber seine eigene sein.

Am Nachmittag dieses 30. Juli fuhr Sasonow zum Zaren, um ihn endgültig zur Allgemeinen Mobilmachung zu bewegen. Die Generale behaupteten, es sei unmöglich, allein die vier südöstlichen Bezirke mobilzumachen. Der ganze Aufmarschplan sei gefährdet, wenn der Zar bei seiner Haltung bleibe. Die Beschießung Belgrads am Vortage hatte Sasonow empört*. Er teilte dem Generalstabschef Januschkjewitsch mit, er werde alle militärischen Forderungen unterstützen. Folglich rief der General den Zaren an und versuchte ihn wieder für die allgemeine Mobilmachung zu gewinnen. Der Zar wollte jedoch nicht nachgeben und drohte, das Gespräch abzubrechen. Schnell erklärte Januschkjewitsch, Sasonow, der neben ihm stehe, habe eine Frage an Seine Majestät. Sasonow bat um eine sofortige Audienz, aber der Zar entgegnete, er sei «zu beschäftigt». Nach einer Pause fragte er: «Macht es Ihnen etwas aus, wenn Sie zur gleichen Zeit wie Tatischtchew, um 3 Uhr, kommen, denn sonst habe ich heute keine freie Minute?» Sasonow bedankte sich. Er werde kommen.

Die Generale bestürmten Sasonow, jedes Argument, das ihm einfiele, ob politischer oder militärischer Natur, ins Feld zu führen. Wenn er Erfolg habe, solle er noch vom Schloß aus General Januschkjewitsch anrufen, damit die teilweise Mobilmachung sofort in die allgemeine umgewandelt werden konnte. Danach wollte der Generalstabschef das Telefon zertrümmern und sich «unsichtbar machen»: Man dürfe ihn nicht mehr finden, keine Gegenorder dürfe ihn erreichen, sonst werde die allgemeine Mobilmachung womöglich abermals aufgeschoben.

Der Zar war bleich und nervös, als der Außenminister bei ihm eintrat. Nikolaus war sich der furchtbaren Verantwortung bewußt, die er trug: Jeder Militär wußte, daß die Mobilmachung den Krieg bedeutete**. Sie mußte die gleiche Maßnahme in Deutschland hervorrufen. War der Mechanismus einmal im Rollen, dann konnte ihn nichts mehr aufhalten. «Denken Sie an die Verantwortung, die ich durch Ihren Rat auf mich nehme!» sagte der Zar. «Bedenken Sie, daß es sich darum handelt, Tausende und Abertausende Menschen in den Tod zu schicken!» Sasonow erwiderte, der Krieg sei jetzt unvermeidlich geworden. «Weder das Ge-

---
* Die Beschießung erfolgte durch Artillerie von österreichischem Gebiet aus.
** General Dobrorolski schrieb in seinen Memoiren: «Der ganze Mobilmachungsplan ist bis ins Detail ausgearbeitet. Wenn der Augenblick gewählt ist, dann ist alles vorgeschrieben. Es gibt kein Zurück mehr. Er bedeutet automatisch den Krieg».

wissen Eurer Majestät noch das meinige werden sich etwas vorzuwerfen haben, wenn der Krieg ausbricht. Eure Majestät und deren Regierung werden alles Erdenkliche getan haben, um der Welt diese furchtbare Prüfung zu ersparen. Von jetzt ab heißt es, an die Sicherheit des Reiches zu denken». Die Verweigerung der allgemeinen Mobilmachung werde den gesamten Militärapparat erschüttern und Rußlands Bundesgenossen verwirren. Sasonow erklärte, man müsse alles tun, um den Krieg wohlgerüstet und unter den «für uns günstigsten Umständen» zu erwarten. Es sei besser, einen Krieg ohne Furcht durch die eigenen Vorbereitungen auszulösen und diese Vorbereitungen sorgfältig fortzusetzen, als aus Furcht den Anlaß zu einem Krieg zu geben und von ihm dann völlig überrascht zu werden.

Der Zar starrte schweigend vor sich hin. Noch brachte er es nicht fertig, das entscheidende Wort auszusprechen. Nach einer guten Stunde meinte General Tatischtchew: «Ja, es ist schwer, sich zu entscheiden.» In einer plötzlichen Anwandlung von Reizbarkeit verkündete der Zar: «Ich werde mich entscheiden» – und gab den Befehl zur allgemeinen Mobilmachung. Sasonow stürzte zum Telefon, benachrichtigte Januschkjewitsch und sagte zum Schluß: «Jetzt können Sie Ihr Telefon zertrümmern. Erteilen Sie Ihre Befehle, und verschwinden Sie dann für den Rest des Tages.»

Vielleicht wäre der Weltkrieg vermieden worden, wenn England die Kontrolle über die Krise behalten hätte. Grey beurteilte die Lage in Berlin jedoch falsch, während Berlin die Stimmung in London nicht richtig einschätzte. In seinen Memoiren schrieb Grey, er habe in der damaligen Situation angenommen, die Wiener Regierung sei deshalb so rücksichtslos gegen Serbien vorgegangen, weil sie geglaubt habe, ein Ereignis wie die Annexion Bosniens und der Herzegowina ließe sich wiederholen. Als Österreich erkannte, daß eine Parallele zu 1909 nicht gezogen werden konnte und die Lage ernst wurde, hätte es versucht, aus den Schwierigkeiten herauszukommen. Daraufhin hätte nun Deutschland den Krieg heraufbeschworen und den Österreichern klargemacht, sie dürften sich als Bundesgenosse nicht aus der Sache heraushalten. «Es schien unmöglich, zu einer andern Schlußfolgerung zu kommen». So habe sich ihm damals der wahre Anlaß zum Krieg dargestellt.

Hätte sich Grey entschlossener gezeigt, hätte er sich die Verantwortung nicht aus den Händen nehmen lassen, dann wäre ihm eine friedliche Lösung vielleicht gelungen. Auf beiden Seiten hielt man Großbritannien für das Land, das den Ausschlag geben konnte. Hätte Grey die Russen vor der Mobilmachung gewarnt, da eine Vermittlung noch möglich war und die österreichischen Truppen die serbische Grenze noch nicht überschritten hatten, wäre der Krieg wohl bis zum 12. August aufgeschoben worden. Frühestens an diesem Tag war die österreichische Mobilmachung beendet. Deutschland hatte vier Tage benötigt, um die Theorie von der Lokalisierung aufzugeben und sich zur Vermittlung zu entscheiden. Hätte es noch einmal vier Tage gebraucht, um die Vermittlung nicht nur vorzuschlagen, sondern auf ihr zu bestehen? Wir wissen es nicht. Sicher ist, daß es am 30. Juli, als Rußland im Aufbruch war, nur wenige Anzeichen dafür gab. Am Nachmittag las der Kaiser ein Telegramm des Zaren, das mit den Worten schloß: «Wir brauchen Deinen starken Druck auf Österreich, damit dieses zu einer Verständigung mit uns kommt». Er vermerkte darauf: «Nein, davon ist gar keine Rede!!!»

Eines ist jedoch gewiß: Wien hätte nicht nachgegeben, solange Deutschland keinen Druck ausübte und klarstellte, daß der Bündnisfall nicht gegeben war, wenn Österreich Verhandlungen ablehnte. Nachdem der deutsche Botschafter Bethmann Hollwegs Vorstellungen am 30. Juli nach einem Frühstück Berchtold übermittelt hatte, drahtete er nach Berlin, «der Minister, der bleich und schweigend der zweimaligen Vorlesung zuhörte, äußerte zum Schluß, er werde sofort seinem Kaiser darüber Vortrag halten». Die Dokumente beweisen freilich, daß dieser Eindruck täuschte: Nach seiner Audienz bei Franz Joseph (fast zur gleichen Zeit, da Sasonow den Zaren um die allgemeine Mobilmachung anflehte) war Berchtold mit dem Generalstabschef Conrad von Hötzendorf völlig einer Meinung. Beide versicherten sich der Zustimmung des Kaisers in zwei Punkten: Der Krieg gegen Serbien sollte ausgetragen werden. Die allgemeine Mobilmachung sollte am 1. August erklärt werden. Berchtolds versöhnliche Unterhaltung mit dem deutschen Botschafter am Morgen, die Wilhelm glauben ließ, Österreich werde dem «Faustpfandvorschlag» beistimmen und von der Zerstückelung Serbiens Abstand nehmen, war lediglich eine List, um Deutschland einzulullen, bis es zu spät zum Eingreifen sein würde.

Weshalb verhielt sich die Wiener Regierung so widersetzlich? Seit Jahren wurde Österreich als Schwächling hingestellt – jetzt war es von seiner eigenen Energie hingerissen; Wien geriet nach dem Abbruch der Beziehungen zu Serbien in einen Freudentaumel. Riesige Menschenschlangen wälzten sich während der ganzen Nacht durch die Straßen und sangen vaterländische Lieder. Selbst der alte Kaiser, der anfangs so zaghaft gewesen war, erhielt durch die spontane Reaktion des Volkes Auftrieb. Nicht einmal ein Telegramm Wilhelms, das ihn dringend bat, seine Entscheidung reiflich zu erwägen, schreckte ihn ab. Das Blatt hatte sich ganz und gar gewendet: Jetzt verhöhnten die Österreicher die Deutschen, weil sie «kalte Füße» bekämen. Feldmarschalleutnant Conrad von Hötzendorf schrieb: Während der Kaiser Franz Joseph in der schwersten Stunde seines Lebens mit tiefem Ernst und ruhiger Entschlossenheit den Schritt unternommen habe, dessen Folgen ihm ebenso klar gewesen seien wie ihre Unvermeidbarkeit, habe es geschienen, als denke Kaiser Wilhelm an Rückzug. Conrad von Hötzendorf beschloß daher, die Mobilmachung um einen Tag vorzuverlegen, um jede Schwächung zu verhindern.

In der Zwischenzeit führte in Berlin der Generalstabschef Graf Moltke eine hitzige Debatte mit dem Reichskanzler. Moltke war ein Neffe des großen Feldherrn aus dem siebziger Krieg, aber er hatte außer dem Namen wenig Gemeinsames mit seinem berühmten Onkel. Er war ein nervöser, scheuer Mann. Als der Kaiser ihm 1906, nach dem Ausscheiden des Grafen Schlieffen, den Posten des Generalstabschefs anbot, war er vor der Verantwortung zurückgeschreckt. Damals hatte er den Fürsten Bülow gebeten, dem Kaiser diesen Gedanken auszureden. Ihm fehle die rasche Entschlußkraft, er sei zu bedenklich. Aber der Kaiser hatte nichts davon hören wollen. Acht Jahre lang war Moltke gewissenhaft seiner Arbeit nachgegangen. In ruhigen Zeiten war er ein brauchbarer Mann, brach jedoch eine Krise aus, dann peinigte ihn Unsicherheit. Jetzt, da der Krieg vor der Tür stand, packte ihn die Furcht, die deutschen Armeen könnten in eine bedrängte Lage geraten. Seit sechsunddreißig Stunden drängte er Kaiser und Kanzler, den «drohenden Kriegszustand» auszurufen, doch sie lehnten ab, weil die Unterhandlungen dadurch beeinträchtigt werden könnten. Am Abend des 30. Juli – in jenen Stunden, da die russische Mobilmachung einsetzte – wurde Moltke von einer Panik erfaßt, und er beschloß, die Initiative zu ergreifen. Er fürchtete, Deutschland würde dem Hauptstoß des russischen Angriffs ausgesetzt sein, wenn Österreich nicht alsbald mobilisiere und telegrafierte nach Wien, die Österreicher sollten fest bleiben und sofort gegen Rußland mobilisieren. Auch Deutschland werde mobilmachen. Zur gleichen Zeit drahtete der österreichische Militärattaché an Conrad von Hötzendorf, Moltke halte die Situation für kritisch, wenn die Doppelmonarchie nicht auf der Stelle zu den Fahnen rufen lasse. Man möge auf die neuen englischen Schritte zur Erhaltung des Friedens nicht eingehen. Die feste Haltung in einem europäischen Krieg sei die letzte Chance, Österreich-Ungarn zu retten. Deutschland werde bedingungslos an seiner Seite stehen.

Berchtold hielt eine Ministerkonferenz ab, als Conrad von Hötzendorf mit seinen Telegrammen eintrat. Berchtold las sie und rief überrascht: «Wer regiert in Berlin: Moltke oder Bethmann?» Dann wandte er sich an seine Kollegen und sagte: «Ich habe Sie herbitten lassen, weil ich den Eindruck hatte, daß Deutschland zurückweicht. Nun habe ich aber von maßgebender Seite eine beruhigende Erklärung.»

Wer regierte in Berlin? Moltke oder Bethmann oder der Kaiser? – Niemand regierte in Berlin.

Um 19 Uhr, als in Wien Berchtold mit seinen Ministerkollegen beriet, erhielt der Kaiser eine alarmierende Depesche des Grafen Pourtalès aus St. Petersburg. Der allgemeine Mobilmachungsbefehl wurde darin nicht erwähnt (Neuigkeiten von solcher Bedeutung erreichten die Außenwelt erst am nächsten Tag), aber die Nachricht bezog sich auf die Teilmobilmachung, über die Nikolaus den Kaiser bereits telegrafisch informiert hatte. Sasonow hatte dem deutschen Botschafter erklärt, die militärischen Maßnahmen könnten nicht widerrufen werden. «Sasonow war nicht davon abzubringen, daß Rußland Serbien nicht im Stich lassen könne». Sasonows Sprache war so drohend, daß Wilhelms Optimismus dahinschwand. Nun gab es keinen Zweifel mehr für ihn: Das Drama näherte sich seinem schrecklichen Höhepunkt. Indessen nicht Rußland erregte seinen Zorn, auch nicht Österreich oder Frankreich: Seine ganze Bitterkeit richtete sich gegen England. Den Engländern wäre es möglich gewesen, die Russen zu bremsen, wenn sie es gewollt hätten. England hatte ihn hereingelegt und betrogen. Er schrieb: «England, Rußland und Frankreich haben sich verabredet – unter zu Grunde Legung des casus foederis für uns Österreich gegenüber – den Österreichisch-Serbischen Konflikt zum Vorwand nehmend gegen uns den Vernichtungskrieg zu führen. Das ist in nuce die wahre nackte Situation, die langsam und sicher durch Edward VII. eingefädelt und schließlich durch George V. zum Abschluß gebracht und ins Werk gesetzt wird. Also die berühmte ‹Einkreisung› Deutschlands ist nun doch endlich zur vollsten Thatsache geworden, trotz aller Versuche unserer Politiker und Diplomaten sie zu hindern. Das Netz ist uns plötzlich über dem Kopf zugezogen und hohnlächelnd hat England den glänzendsten Erfolg seiner beharrlich durchgeführten pure antideutschen Weltpolitik, gegen die wir uns machtlos erwiesen haben, indem es uns isolirt im Netze zappelnd aus unserer Bundestreue zu Österreich den Strick zu unserer politischen und ökonomischen Vernichtung dreht. Eine großartige Leistung, die Bewunderung erweckt, selbst bei dem, der durch sie zu Grunde geht! Edward VII. ist nach seinem Tode noch stärker als ich, der ich lebe! Und da hat es Leute gegeben, die geglaubt haben, man könnte England gewinnen oder beruhigen, durch diese oder jene kleinen Maßnahmen!!! Unsere Consuln in Türkei und Indien, Agenten etc. müssen die ganze Mohammedanische Welt gegen dieses verhaßte, verlogene, gewissenlose Krämervolk zum wilden Aufstande entflammen; denn wenn wir uns verbluten sollen, dann soll England wenigstens Indien verlieren. W.»

Die Nachricht von der allgemeinen Mobilmachung Rußlands traf erst am Mittag des 31. Juli in Berlin ein. Obwohl Moltke nun außer sich geriet, gab Wilhelm noch nicht seinerseits den Mobilmachungsbefehl, sondern ließ lediglich den «Zustand der drohenden Kriegsgefahr» proklamieren. Bethmann depeschierte an Pourtalès: Nähme der Zar die Mobilmachung nicht zurück, sei Deutschland gezwungen, ebenfalls mobilzumachen. Diese Mitteilung wurde Sasonow um Mitternacht zugestellt – er antwortete nicht darauf. Um 17 Uhr am 1. August befahl Wilhelm II. die allgemeine Mobilmachung. Eine Stunde später suchte Pourtalès den Außenminister Sasonow auf, um ihm die Kriegserklärung zu überreichen. Dreimal fragte der Botschafter, ob der Minister ihm keinen günstigen Bescheid auf seine Anfrage aus der Nacht geben könne, und dreimal antwortete Sasonow mit Nein. Daraufhin zog Pourtalès das Dokument hervor. «In diesem Fall, Exzellenz, bin ich angewiesen, Ihnen diese Note auszuhändigen.» Der Botschafter trat ans Fenster und brach in Tränen aus: «Ich hätte nie geglaubt, daß ich St. Petersburg unter solchen Umständen verlassen müßte.»

Am späten Nachmittag des 1. August befanden sich Deutschland und Rußland miteinander im Kriegszustand, Frankreich machte mobil. Jetzt stand die Entscheidung unmittelbar bevor: Die Blicke Europas waren auf England gerichtet – in welche Waagschale würde es sein Gewicht werfen? Waren die Befürchtungen Wilhelms berechtigt, oder blieb England neutral, wie Bethmann Hollweg im Stillen noch immer hoffte? Um 17 Uhr traf ein erregendes Telegramm des Fürsten Lichnowsky in Berlin ein. Der Botschafter berichtete, Grey habe ihn telefonisch gefragt, «ob ich glaubte, erklären zu können, daß für den Fall, daß Frankreich neutral bliebe in einem deutsch-russischen Kriege, wir die Franzosen nicht angriffen. Ich erklärte ihm, die Verantwortung hierfür übernehmen zu können, und wird er diese Erklärung in der heutigen Kabinettssitzung verwerten».

Verblüfft und überglücklich wie ein zum Tode Verurteilter, der im letzten Augenblick begnadigt wird, rief der Kaiser Moltke zu sich, setzte ihm die Lage auseinander und wies ihn an, neue Befehle zu geben: Der Aufmarsch fände im Osten, nicht im Westen, statt. Moltke, aufs höchste erregt, war so entsetzt, wie es die russischen Generale über die teilweise Mobilmachung gewesen waren. Die Armee war ein riesiger und komplizierter Mechanismus, in den nicht hineingepfuscht werden durfte. «Das ist unmöglich, Majestät», erklärte er aufgebracht. «Der Aufmarsch eines Millionenheeres läßt sich nicht improvisieren. Wenn Eure Majestät darauf bestehen, das gesamte Heer nach dem Osten zu führen, so werden Sie nur einen wüsten Haufen ungeordneter bewaffneter Menschen ohne Verpflegung haben.» Der Kaiser versetzte ärgerlich: «Ihr Onkel hätte mir eine andere Antwort gegeben!» Aber der gegenwärtige Moltke beharrte auf seiner Meinung. «Es ist völlig unmöglich, anders als planmäßig aufzumarschieren: stark gegen Westen, schwach gegen Osten.» Darauf drahtete der Kaiser dem König von England: «Aus technischen Gründen muß meine heute nachmittag schon angeordnete Mobilmachung nach zwei Fronten, nach Osten und Westen, vorbereitungsgemäß vor sich gehen. Gegenbefehl kann nicht gegeben werden. Ich fürchte, Dein Telegramm kam zu spät. Ich hoffe, Frankreich wird nicht nervös werden».

Unbekümmert um Moltke gab der Kaiser einem Adjutanten den Auftrag zu der folgenden Depesche: «Die 16. Division in Trier soll nicht nach Luxemburg.» Moltke, der diese Szene beschrieb, gestand: «Mir war zumut, als ob mir das Herz brechen sollte. Abermals lag die Gefahr vor, daß unser Aufmarsch in Verwirrung gebracht werde. Zu Hause angekommen, war ich wie gebrochen und vergoß Tränen der Verzweiflung. So saß ich in dumpfer Stimmung untätig in meinem Zimmer, bis ich um 11 Uhr abends wieder zu S. M. befohlen wurde».

Im Neuen Palais wußten sich der Kaiser und sein Kanzler vor Freude kaum zu fassen. England hatte sich also im letzten Moment zurückgezogen, Österreich konnte seinen Streit mit Serbien beilegen, Deutschland hatte freie Hand, um mit Frankreich und Rußland fertigzuwerden. Wie durch ein Wunder war alles gerettet. Dann fiel der Schlag. König Georg telegrafierte, Lichnowsky müsse Grey mißverstanden haben: Grey habe offenbar lediglich erkunden wollen, wie die Stellung Englands in einem Krieg zwischen Deutschland und Frankreich sein werde*. Der Kaiser schickte nach Moltke und sagte grimmig zu ihm: «Jetzt können Sie machen, was Sie wollen». Der Generalstabschef war jedoch durch die früheren Forderungen des Kaisers noch so benommen, daß er sich kaum zurechtfand. «Ich habe die Eindrücke dieses Erlebnisses nicht überwinden können», vertraute er seinem Tagebuch an. «Es war etwas in mir zerstört, das nicht wieder aufzubauen war, Zuversicht und Vertrauen waren erschüttert».

Einige Stunden zuvor hatte die britische Regierung in Paris und Berlin angefragt, ob die beiden Länder die belgische Neutralität achten würden. Frankreich gab eine bedingungslose Zustimmung, Berlin antwortete ausweichend. Die Militärs in aller Welt nahmen an, Deutschland werde Frankreich von Belgien her angreifen. Seit langem lag allen Planungen des

---

* Lichnowsky erklärt in seiner Schrift ‹Meine Londoner Mission›, das Mißverständnis sei aufgekommen, weil Greys Vorschlag nicht nur die deutsche Neutralität gegenüber Frankreich, sondern auch gegenüber Rußland eingeschlossen habe.

deutschen Generalstabs die These des Grafen Schlieffen zugrunde, wonach Deutschland in einem Zweifrontenkrieg Frankreich blitzschnell schlagen und ausschalten müsse, damit sich die deutschen Armeen den gewaltigen Menschenmassen Rußlands entgegenwerfen könnten. Alles hing von der Schnelligkeit ab, mit der Deutschland zuschlagen konnte. Deshalb durfte der Weg nach Frankreich nicht über die stark befestigte französisch-deutsche Grenze führen, sondern durch Belgien, wo die französische Grenze kaum verteidigt war*.

Nachdem Grey die unbefriedigende deutsche Antwort erhalten hatte, bat er Lichnowsky zu sich und verlas ihm eine unzweideutige Warnung des britischen Kabinetts. Falls Deutschland belgisches Territorium verletze, werde es der englischen Regierung schwerfallen, «eine freundliche Neutralität einzunehmen». Lichnowsky fragte Grey, ob Großbritannien neutral bleiben werde, wenn Deutschland verspreche, die belgische Souveränität nicht zu verletzen. Grey schrieb später, er habe gesagt, diese Frage könne er nicht beantworten. «Noch waren unsere Hände frei, und wir überlegten noch, welche Haltung wir einnehmen würden». Der Botschafter erkundigte sich, ob Grey die Bedingungen formulieren könne, unter denen England neutral bliebe. Er deutete an, die Unversehrtheit Frankreichs und seiner Kolonien könnten vielleicht garantiert werden. Grey entgegnete, er fühle sich verpflichtet, jedes Neutralitätsversprechen zu ähnlichen Bedingungen entschieden abzulehnen. «Ich kann nur sagen, daß wir unsere Hände freihalten müssen». Lichnowsky depeschierte nach Hause: «Vorläufig bestände nicht die geringste Absicht, gegen uns feindlich vorzugehen». «Gelogen!» kommentierte der Kaiser. «Er hat es ja selbst vor 4 Tagen Lichnowsky gesagt!»

Wilhelm sah ein, daß der Einmarsch in Belgien den casus belli liefern würde. «Davon wird das Eingreifen Englands gegen uns abhängen», schrieb er auf eine Depesche aus Brüssel. Doch er wußte auch, daß dies nicht der wahre Grund war: Selbst wenn er Belgiens Neutralität respektierte, fände England sicher einen andern Grund zum Kriegseintritt. Tatsächlich hatte sich Großbritannien schon teilweise gebunden: Am 2. August gab die britische Regierung bekannt, sie werde die französische Küste gegen alle Angriffe der deutschen Flotte schützen. An diesem Tag übergab der deutsche Botschafter in Brüssel ein Ultimatum, das vor vier Tagen in einem versiegelten Umschlag eingegangen war, der belgischen Regierung. Darin wurde der freie Durchmarsch gefordert, gleichzeitig enthielt das Ultimatum das Versprechen, Deutschland werde Kriegsentschädigung

---

* General Sir Henry Wilson referierte im Jahr 1911 vor dem englischen Kabinett über den Schlieffenplan. Im selben Jahr wurde der Plan auch bei einer französisch-russischen Militärkonferenz diskutiert.

zahlen und nach Kriegsende alle entstandenen Schäden wiedergutmachen. Außerdem hieß es, die Souveränität und Unabhängigkeit Belgiens würden garantiert. Die belgische Regierung wies das Ultimatum am 3. August zurück und ersuchte England um diplomatische Intervention.

Am selben Tag erklärte Deutschland Frankreich den Krieg. Grey hielt vor dem Unterhaus eine aufsehenerregende Rede. Er lobte die Tapferkeit der Belgier und wies auf die Gefahren hin, die sich ergäben, wenn die Kanalhäfen in deutsche Hände fielen. Er betonte die enge Verbundenheit mit Frankreich. Die Ehre Englands erlaube es nicht, abseits zu stehen und zuzusehen, wie seine Freunde vernichtet würden. Der starke Beifall, der seinen Worten folgte, stattete ihn mit der Autorität aus, die er für die letzten Schritte brauchte. Am Tag darauf, dem 4. August, überschritten deutsche Truppen die belgische Grenze. Am Abend, um 19 Uhr, suchte Goschen den Reichskanzler auf und erklärte, falls Deutschland sein Ultimatum nicht zurückziehe und seine Truppen aus Belgien nicht zurückhielte, würden die friedlichen Beziehungen zwischen Deutschland und England um Mitternacht enden.

An diesem Abend umlagerte eine Menschenmenge das Berliner Schloß. Wilhelm II. trat auf den Balkon. Er war bleich und erschöpft. «Ich kenne keine Parteien mehr. Ich kenne nur noch Deutsche!» Dann bat er die Leute, nach Hause zu gehen und zu beten.

Oberster Kriegsherr

Tirpitz schrieb, man habe den Kaiser nie zuvor «so tragisch und zerstört» gesehen wie in den ersten Wochen des Krieges. Bülow war «bis ins Innerste ergriffen von seinem bleichen, erschrockenen, verstörten Antlitz. Er schien um zehn Jahre gealtert». Wilhelm hatte eine böse Ahnung im Herzen. Jede Äußerung, jede Randnotiz, jeder Gefühlsausbruch während der letzten drei Julitage offenbarte seine Unsicherheit und Verzweiflung. Aber dennoch fand er nicht den Mut zum Zurückweichen. Als Italien und Rumänien in den ersten Tagen des August Mittel und Wege fanden, sich ihren Vertragsverpflichtungen zu entziehen und die Neutralität erklärten, schrieb er bitter: «Die Verbündeten fallen schon vor dem Kriege von uns ab, wie die faulen Äpfel! Ein totaler Zusammenbruch der auswärtigen deutschen bzw. auch österreichischen Diplomatie. Das hätte vermieden werden müssen und können*».

Mit diesen Worten beschämte der Kaiser – was nicht oft vorgekommen war – seine eigenen Mitarbeiter. Da er der Herrscher war, fielen alle Fehler logischerweise auf ihn zurück. Aber er schob den Gedanken an Metternich beiseite, der ihm jahrelang vorgehalten hatte, der deutsche Flottenbau treibe England in die Arme Frankreichs und Rußlands. Ebensowenig wollte er an Lichnowskys wiederholte Versicherung erinnert werden, Rußland fände, wenn es in einen europäischen Krieg verwickelt werde, Frankreich an seiner Seite, und ebenso sicher sei, daß dann England die Franzosen unterstütze. Er dachte auch nicht an die Empörung über Deutschland, die in Frankreich und Rußland nach den Vorfällen von Tanger, Algeciras und Bosnien laut geworden war. Noch weniger wollte er über den «Blankoscheck» nachgrübeln, den er Österreich am 5. Juli zu Maßnahmen gegen Serbien gegeben hatte. Es war nicht zu leugnen, daß

---

* Rumänien und Italien hatten geheime Bindungen an die Triple-Entente.

er an diesem Tage seinen Generalen das Risiko eines großen Krieges nicht verhehlt hatte.

Stattdessen kehrte er zu seiner alten These zurück, wonach England den Zusammenbruch Deutschlands angezettelt habe. Seine Ausdrucksweise wurde etwas ruhiger, und seine Stimmung hob sich, denn bald fühlte er alle Verantwortung von sich genommen. Während er noch Depeschen mit dem Zaren austauschte und mit Wien verhandelte, machte Rußland mobil, weil England – das gar nicht daran dachte, St. Petersburg zu mäßigen – das Signal zur Eröffnung der Feindseligkeiten gab. Edward VII. hatte die Falle gelegt, und Georg V. hatte sie zuschnappen lassen. Georg hatte den Prinzen Heinrich über die englische Neutralität belogen und in seinem Telegramm an Wilhelm so getan, als übe seine Regierung einen Druck auf Rußland aus, damit der Faustpfand-Plan angenommen wurde. Und zur gleichen Zeit bereitete sein Foreign Office die Frage der belgischen Neutralität (die vor dem 1. August mit keinem Wort erwähnt worden war) als casus belli vor. Der Kaiser erzählte seiner Umgebung, Georg und Nikolaus hätten das Komplott gegen Deutschland in Berlin selbst geschmiedet, und zwar bei ihrem Aufenthalt im Jahre 1913, als sie an der Hochzeit der Kaisertochter Viktoria Luise mit dem Herzog von Braunschweig teilnahmen. Wilhelm konnte sich genau entsinnen, daß er Georgs Räume betreten und die beiden bei einer angeregten Unterhaltung überrascht hatte. Sie hatten jäh geschwiegen und waren verwirrt aufgefahren – jetzt verstehe er, warum. Er meinte zu Bülow, die Geschichte kenne keine größere Niedertracht als diese: Seine «Vettern und Kollegen» führten seine eigene Tochter, das arme Kind, «mit Tücke und Verrat im Herzen» vor Gottes Altar. Queen Victoria müsse sich im Grabe umdrehen, da der britische Enkel den Fehdehandschuh dem deutschen Enkel vor die Füße werfe.

Nicht nur der Kaiser gab den Engländern die Schuld. Es dauerte nicht lange, und in ganz Deutschland sprach man von Englands Schurkerei. Ein Weißbuch mit ausgewählten Berichten wurde veröffentlicht, das jedermann bewies, wie sehr der Kaiser sich um den Frieden bemüht hatte. Das Weißbuch überzeugte davon, daß England den Krieg aus Habgier und Eifersucht vom Zaune gebrochen hatte. Man sagte, Deutschland führe einen Verteidigungskrieg, denn die Russen hätten sich in einen Streit gemischt, der sie nichts anging, um Deutschland zu vernichten und ihre eigenen Interessen auf dem Balkan und in der Türkei zu verfolgen. Weshalb aber fiel England, das doch germanisch in Blut und Sprache war, dem Blutsverwandten in den Rücken? Warum half es den wilden Serben, die große Kultur Luthers und Kants, Goethes und Beethovens anzugreifen? Der Professor Harnack von der Berliner Universität erklärte, England habe den Schutzwall durchstoßen, der Westeuropa und seine Zivilisation vor der Öde Rußlands und des Panslawismus schützte. Man müsse aushalten, denn man verteidige das Werk von 1500 Jahren für ganz Europa und auch für Großbritannien. Die Ursache allen Übels sei Neid, Neid auf die deutsche Flotte, die deutsche Industrie, den Handel. Der Hellenist Professor Ulrich von Wilamowitz-Moellendorf sagte am 27. August 1914: «Und dann England! Das schickt nicht, wie Frankreich, alle seine Söhne, sondern es schickt angeworbene Mannschaft. Dort ist der eigentlich treibende böse Geist, der diesen Krieg emporgerufen hat aus der Hölle, der Geist des Neides und der Geist der Heuchelei.» Der Jurist Dr. Otto von Gierke sprach von «der Krämerseele der entarteten englischen Nation, des eigentlichen Anstifters und hinterlistigen Drahtziehers bei dem verruchten Plan» (18. September 1914) und meinte, «die gemeine Nation» möge nur heranstürmen mit ihren serbischen und gallischen Komplicen.

Der Kaiser war der Oberste Kriegsherr und die oberste Autorität. Ohne seine Billigung fiel keine Entscheidung und wurde nichts unternommen. Er verkörperte die zivile Staatsgewalt ebenso wie die militärische in seiner Person, und man war allgemein der Ansicht, für einen preußischen König zieme es sich, die Truppen zu führen – eine Auffassung, die sich als seit einem Jahrhundert überholt erweisen sollte. Am 16. August verließ Wilhelm II. die Hauptstadt und begab sich mit großem Gefolge nach Koblenz, wo er sich im Großen Hauptquartier einrichtete. «Kein anderer Weg ist für einen Souverän in der Blüte seiner Jahre möglich», bemerkte der betagte Franz Joseph zu Reichskanzler Bethmann Hollweg.

Der Kaiser traf in einem kritischen Augenblick ein. Der Schlieffenplan, der Schlüssel zum schnellen Sieg, auf den sich die ganze Hoffnung des Generalstabs gründete, war angelaufen. Der Entwurf sah eine riesige Schwenkung durch Belgien vor, die das französische Heer mit einem starken rechten Flügel umfassen sollte. Das ganze deutsche Heer sollte in die Schlacht geworfen werden. Es spielte keine Rolle, ob die Russen in Ostpreußen einfielen und die Franzosen in Lothringen durchbrachen. Jede verfügbare Division mußte in die große, alles entscheidende Schlacht geführt werden, die Frankreich binnen sechs Wochen kampfunfähig machen und das Gebäude der Alliierten zu Fall bringen mußte. Rußland wäre dann außerstande, sich allein auf dem Festland zu behaupten, und England bliebe keine andere Wahl, als Frieden zu machen. Der britische Generalstab vermutete dieses Vorhaben schon seit 1911 und hatte diese Operation dem Kabinett fast genau so vorausgesagt, wie sie 1914 begonnen wurde. Die Franzosen jedoch glaubten nicht, daß es den Deutschen gelingen werde, die große Schwenkung zu vollziehen und ließen die französisch-belgische Grenze weitgehend unverteidigt, während sie ihre Offensive in Lothringen in Gang setzten.

Der deutsche Angriff begann mit dem Sturm auf Lüttich unter dem Kommando des Generals Ludendorff. Die stark befestigte Stadt fiel nach zwei Tagen, und nach zehn Tagen befanden sich auch alle Außenforts in deutscher Hand. Die Belgier gingen auf ihr Hauptbollwerk Antwerpen zurück. Das deutsche Feldheer von 39 Armeekorps strömte durch den südöstlichen Zipfel des Landes nach Frankreich ein.

Die Nachrichten von der Front waren also befriedigend. Die Gegenwart des Kaisers wirkte im Hauptquartier jedoch lähmend, denn Wilhelm stand ganz unter dem Eindruck der bösen Berichte aus dem Osten. Dem Oberkommandierenden, Generaloberst von Prittwitz, waren nur vierzehn Divisionen zugeteilt worden, mit denen er die russische Sturmflut aufhalten sollte. Die russischen Generale Rennenkampf und Samsanow marschierten in Ostpreußen vor, und jeder hatte eine Armee hinter sich, die größer als die 8. von Prittwitz war. Obwohl der Schlieffenplan äußerste Konzentration im Westen verlangte und anfängliche Einbußen an anderen Fronten in Kauf nahm, klagte der Kaiser empört über die Schändung «unserer schönen Masurischen Seen». Am 20. August, vier Tage nach der Ankunft des Kaisers, rief Prittwitz in höchster Erregung im Großen Hauptquartier an und brachte Moltke derart auf, daß er auf der Stelle seines Postens enthoben wurde. Danach telegrafierte Moltke an den General von Hindenburg, der im Ruhestand lebte, und an den Generalmajor Ludendorff, der sich beim Sturm auf Lüttich ruhmvoll hervorgetan hatte: Er betraute beide mit dem Oberbefehl über die im Osten stehenden Truppen.

Deutschland trauerte um Ostpreußen, wo Schwert und Feuer herrschten. Wilhelms Stolz war tief verletzt. Es quälte ihn, daß auf seine Führereigenschaft ein Makel gefallen war. Am Morgen des 21. August war er von Schwermut heimgesucht. Bei einem Spaziergang im Garten schlug er seinen Kabinettchefs Müller und Lyncker vor, einen Augenblick auf einer Bank Platz zu nehmen. Da die Bank für drei Personen zu kurz war, wollte einer der Herren einen Stuhl holen. «Verachtet Ihr mich schon so, daß sich niemand mehr neben mich setzen will?» fragte der Kaiser. Admiral von Müller schrieb später: «Das war nicht nur eine Redensart. Er sah sich gemieden, weil seine Politik dazu geführt hatte, daß große Teile seines Landes vom Feinde überschwemmt wurden[75]».

Während der Kaiser sich in Selbstbemitleidung erging, stießen die deutschen und französischen Armeen (2 bzw. 1,3 Millionen Mann stark) in mehreren großen Grenzschlachten aufeinander. 300 000 französische Soldaten fielen, wurden verwundet oder gerieten in Gefangenschaft. Die

Festung Namur kapitulierte. Die Engländer, die Stellung bei Mons bezogen hatten, gingen zurück. Bald befand sich die gesamte alliierte Armee auf dem Rückzug, die Deutschen folgten dichtauf. «Der Kaiser strahlend!» schrieb Müller. «Erzählt auf dem Reitwege jedem davon und teilt die Siegesnachricht auch den auf der Rheininsel exerzierenden Rekruten mit».

Man weiß nicht, wie stark der Druck war, den der Kaiser auf Moltke ausübte, Divisionen aus dem Westen an die Ostfront zu verlegen. Man weiß nur, daß Wilhelm den Einfall der Russen in Ostpreußen als eine Schmach empfand, während er über den Vormarsch seiner Truppen im Westen frohlockte. Moltkes Nerven waren zu stark belastet, die Begeisterung des Kaisers war ihm unerträglich. In ätzenden Worten sprach er vom Hurrapatriotismus Seiner Majestät. Er vertraute sich Müller an: Es sei herzzerreißend, mit ansehen zu müssen, daß der Kaiser den Ernst der Lage absolut nicht erfasse.

Doch am 25. August vergaß der nervöse und unsichere Generalstabschef, den der Kaiser wegen seiner Ehrlichkeit und seiner höfischen Qualitäten gewählt hatte, den Ernst der Lage selbst und paßte sich den Wünschen seines Obersten Kriegsherrn an. Da die Franzosen und Engländer zurückgingen, ließ Moltke sich von seiner Hauptaufgabe ablenken und befahl die Verlegung von zwei Armeekorps nach Ostpreußen. Ludendorff warnte ihn vor einer Schwächung der Westfront; er wies darauf hin, daß die Verstärkungen doch nicht mehr rechtzeitig zur bevorstehenden Schlacht kämen. Tatsächlich traf vier Tage später (der Generalstab war gerade dabei, nach Luxemburg überzusiedeln) die Nachricht ein, daß die Schlacht geschlagen sei. Hindenburg und Ludendorff hatten bei Tannenberg zwei russische Armeen vernichtet. Eine Million Mann war gefallen oder in Gefangenschaft geraten. Einer der größten Siege des Ersten Weltkrieges war erstritten. Über Nacht wurden die beiden Feldherren zu Nationalhelden*.

Das Glück schien auf Deutschlands Seite. Doch der Kaiser und Moltke sollten für die sinnlose Truppenverlegung teuer bezahlen. Auf der Bahnfahrt nach Luxemburg erzählte Wilhelm in gehobener Stimmung fortwährend blutrünstige Geschichten von deutschen Heldentaten. Sie machten den neurotischen Moltke krank, der wieder einmal von Zweifeln gepeinigt wurde. «Wir haben die Franzosen zurückgetrieben, aber sie sind nicht geschlagen», bedeutete er dem Admiral von Müller. Dennoch sah die Lage vielversprechend aus: Die französische Armee war fast vor die Tore von Paris zurückgedrängt, die Regierung flüchtete nach Bor-

---

* Die Schlacht an den Masurischen Seen – vom 5. bis 15. September – wurde ebenfalls ein großer Sieg, und General Rennenkampfs Armee erlitt dort eine ähnliche entscheidende Niederlage.

deaux, die deutschen Spähtrupps machten schon den Eiffelturm am Horizont aus. Die deutschen Truppen hatten indessen kein Interesse an Paris. Ihr Ziel war die Vernichtung der französischen Armee. Deshalb begannen die beiden vordersten deutschen Heeresgruppen, die 1. Armee unter Generaloberst v. Kluck und die 2. Armee unter General von Bülow, nach Südosten einzudrehen und sich zwischen Paris und Verdun zu bewegen.

Am 7. September fuhr der Kaiser eine weite Strecke im Auto, um das Hauptquartier Bülows zu erreichen. Als er sich Châlons näherte, wurde ihm gesagt, französische Kavallerie könne jeden Moment die Straße überqueren. «Deshalb sei der Weg für den Kaiser unsicher», vermerkte Müller in seinem Tagebuch. «Um 5.30 Uhr nachmittags, nach im ganzen 480 Kilometer Fahrt, wieder in Luxemburg».

Bei seiner Rückkehr fand der Kaiser schlimme Nachrichten vor. Die 2. und 3. Armee waren auf unerwarteten Widerstand gestoßen, der Vormarsch geriet ins Stocken. Am nächsten Morgen erfuhr man, daß auch die drei anderen Heeresgruppen unter dem Kommando des Kronprinzen, des Herzogs von Württemberg und des Kronprinzen Ruprecht von Bayern zum Stehen gekommen waren. Die Oberste Heeresleitung fand bald heraus, was geschehen war. Gegen neun Uhr traf ein Kurier mit einer abgefangenen Kopie von General Joffres Tagesbefehl ein. Die gesamte französische Armee hatte eine Schwenkung vollzogen. Die Schlacht an der Marne hatte begonnen.

Der Generalstab war über den Verlauf der Operationen noch nicht weiter besorgt. Was aber Sorgen machte, war der Umstand, daß Bülow und Kluck bei ihrer Schwenkung zum Flankenschutz vor Paris eine Lücke von fast fünfzig Kilometern zwischen sich offen gelassen hatten. In diese Lücke drangen englische Streitkräfte in Stärke von 120 000 Mann ein*. Die deutschen Armeen waren in Gefahr, getrennt zu werden. Wo standen die Verstärkungen, die in diese Lücke geworfen werden konnten? In dieser Stunde wurden zwei Armeekorps, frisch von der Westfront abgezogen, Hunderte von Kilometern entfernt in Ostpreußen ausgeladen. Oberst Bauer vom Großen Generalstab berichtete, Panikstimmung habe sich bei der Obersten Heeresleitung ausgebreitet. Moltke sei gänzlich zusammengebrochen. Ein verbrauchter Mann, mit verfallenem Gesicht habe auf die Karte gestarrt. Der General von Stein, sein Vertreter, habe erklärt, man dürfe doch den Kopf nicht verlieren. Schließlich habe Moltke ohne jedes Selbstvertrauen gesagt, man könne nicht mehr wissen, wie alles ausgehen werde. Die jüngeren Offiziere waren nicht zu Wort gekommen.

Der Kaiser war zugegen gewesen. Jetzt hatte der Oberste Kriegsherr

* Der Generalstab konnte nicht wissen, daß die Engländer durch Zufall in diese Lücke einmarschiert waren.

Gelegenheit, die Initiative zu ergreifen. General von Moltke weinte. Er war außerstande, weiterzumachen. Wilhelms Pflicht wäre es gewesen, die Stabsoffiziere zusammenzurufen, mit ihnen gemeinsam die Situation in aller Nüchternheit zu prüfen und nach Anhören ihrer Meinung den Weg zu bestimmen, der einzuschlagen war. Aber der Kaiser war wie gelähmt. Er weigerte sich, etwas zu unternehmen. Er wollte keine Verantwortung tragen. Der verstörte Moltke blieb im Amt. Er beauftragte Oberstleutnant Hentsch, Chef des Nachrichtendienstes, zu den Armeen Klucks und Bülows zu fahren, um festzustellen, ob die Engländer die Marne überschritten hatten. Sie waren tatsächlich über den Fluß vorgedrungen. Hentsch empfahl den allgemeinen Rückzug auf die Aisne. Der Kronprinz war darüber so empört, daß er sich weigerte, dem Befehl Folge zu leisten, ehe er keine schriftliche Order habe. Am nächsten Tag wurde ihm ein Telegramm zugestellt.

«Majestät, der Krieg ist verloren», soll Moltke dem Kaiser gesagt haben. Da er die Nerven verloren hatte, war seine Entscheidung die denkbar schlechteste. Hätten sich die Deutschen eingegraben, wäre die Situation leichter zu retten gewesen. Die Engländer hätten sich ihrerseits in einer Falle wiedergefunden und wären im flankierenden Feuer vernichtet worden. Aber mochte auch Moltke einen verhängnisvollen Fehler gemacht haben, noch niederschmetternder war das Versagen des Kaisers. Den Chefs der Waffengattungen entging natürlich nicht, daß er außerstande war, seine Autorität durchzusetzen. «Der Kaiser sucht seine eigene Aufregung zu unterdrücken», schrieb Großadmiral von Tirpitz am 11. September, «aber er ist ausgeschaltet in militärischer Hinsicht. Wenn man an 1870 denkt, diese Würde, dieser Ernst, dann der kristallklare Mann, der wägen konnte und wagen konnte, und schließlich der ‹Eiserne›. Angst und bange kann einem werden.» Und ein paar Tage später klagte er: «Die furchtbaren Opfer sind ohne Erfolg gebracht worden. Alles ist letzten Endes der Spielerei zu verdanken[76]».

Einen Entschluß faßte Wilhelm am Ende doch: Er entließ Moltke und ersetzte ihn durch den bisherigen Kriegsminister General von Falkenhayn. Der neue Generalstabschef versuchte die Lage durch einen kühnen Vorstoß auf die Kanalhäfen zu wenden. Antwerpen fiel am 10. September. Die englischen Streitkräfte, die von der Marne abgezogen worden waren, und die Reste der belgischen Armee hielten jedoch stand. Die erste Ypernschlacht brachte den Deutschen wenig ein; es gab schwere Verluste auf beiden Seiten. Im November hatte der deutsche Angriff seine Stoßkraft eingebüßt, und die Marneschlacht war vorüber. Der rasche Sieg, den der Schlieffenplan forderte, war nicht errungen worden. Die deutschen Berechnungen, die von einem kurzen harten Krieg ausgingen, mußten revidiert werden. Die Alliierten wußten, daß sie der Vernichtung entgangen waren und sprachen vom «Wunder an der Marne».

Diese berühmte Schlacht brachte den Bewegungskrieg bis zum Jahr 1918 zum Stehen. Während der kommenden drei Jahre blieben die Gegner auf der Stelle festgenagelt. Die wiederholten Bemühungen, sich aus der Umklammerung zu lösen, kosteten den schrecklichsten Blutzoll, den die Menschheit bis dahin erlebt hatte. Die Franzosen verloren an Toten, Verwundeten und Gefangenen mehr als 850 000 Mann, die Engländer 85 000 und die Deutschen 650 000: mehr als eineinhalb Millionen Menschenleben – ungerechnet die Opfer an der Ostfront. Und das alles in acht Wochen!

Der Kaiser verbrachte seine Tage im Großen Hauptquartier, das jetzt in Charleville-Mezières in Frankreich lag. Die Generale staunten über ihren Obersten Feldherrn. Viele von ihnen hatten ihn niemals zuvor aus der Nähe beobachten können, hatten nie – wie seine politischen Berater – unmittelbar mit ihm zusammengearbeitet. Sie wußten, daß er temperamentvoll und rastlos war, hatten ihn aber für einen Mann von brillanter Begabung gehalten. Daß er während der Krise Moltkes jede Eigenschaft zur Menschenführung vermissen ließ, hatte sie bereits verwirrt. Nun aber mußten sie mit Schrecken erkennen, daß er zu jeder ernsthaften Überlegung unfähig war. Wenn sie mit ihm über den Krieg zu sprechen versuchten, unterbrach er sie mit einer Flut von belanglosen Redensarten oder Anekdoten. Selbst bei einem Kronrat wollte er nur kurze Zeit stillsitzen. Er dachte gar nicht daran, der Konferenz eine bestimmte Richtung zu geben; er trommelte auf den Tisch, sobald ihn die Diskussion bedeutsamster Dinge zu langweilen begann. Zuweilen beendete er Unterhaltungen über brennende Probleme mit der Feststellung: «Meine Herren, wir dürfen nicht zu spät zum Frühstück kommen.»

Einige Offiziere vermuteten, der Krieg habe einen bestürzenden Wandel bei ihm bewirkt, während andere sich die Behauptung des Kronprinzen zu eigen machten, wonach die Daily-Telegraph-Affäre sein Selbstvertrauen zerstört habe. In Wirklichkeit war er derselbe Mensch, der er immer gewesen war. Seit die Anforderungen an ihn jedoch größer als in Friedenszeiten geworden waren, traten seine Mängel in einem schärferen Licht hervor: Er war unsicher, reizbar, egoistisch, gänzlich ungeeignet für die ungeheure Aufgabe, vor die er sich gestellt sah. Der Generalquartiermeister General v. Freytag-Loringhoven schrieb: «Der Abstand zwischen dem äußeren Schein und einer starken Persönlichkeit, den er zu erwecken suchte und auch suchen mußte, und dem Fehlen der inneren Kraft wurde immer größer bis zum bitteren Ende. Es war sein und Deutschlands Unglück, daß sich nicht von ihm wie von seinem Großvater sagen ließ, daß er kein bloßer Kriegsherr, sondern ein wirklicher Kriegsmann gewesen[77]».

Dennoch wollte Wilhelm als Soldat behandelt werden. Obwohl er vor jeder Verantwortung zurückschreckte, war es ihm unerträglich, die Illusion zu verlieren, er sei ein großer Feldherr. Unermüdlich spielte er den Obersten Kriegsherrn. Er besuchte die Fronten, verlieh Orden, reiste in seinem Hofzug – umgeben von einer glänzenden Suite – zwischen dem östlichen und dem westlichen Hauptquartier hin und her. Die Generale hatten ihn endlich durchschaut; sie gingen still ihrer Aufgabe nach und befragten ihn kaum noch. Obwohl keine Entscheidung ohne ihn getroffen werden konnte, präsentierten sie ihm die fertigen Pläne und baten um seine Unterschrift als reine Formalität. Der Kaiser drückte sich vor jedem Entschluß. Andererseits aber bemerkte er sofort, wenn seine Autorität umgangen wurde und beschwerte sich: Der schuldige Respekt vor seiner Person als dem Oberbefehlshaber werde ihm nicht erwiesen.

Das deutsche Volk kämpfte um seine Existenz. Das Große Hauptquartier, in dem es von Stabsoffizieren wimmelte, war viel zu beunruhigt, um Zeit zu schönen Worten zu finden, die dem lieben Ich des Kaisers hätten schmeicheln können. Wilhelm trauerte um seinen alten Freund Moltke. Er hatte den energischen Falkenhayn zwar selbst berufen, beklagte sich aber bald über dessen kurzangebundene Art. Am 6. November schrieb Admiral von Müller in sein Tagebuch: «Abends Prinz von Baden zu Tisch. Hierbei merkwürdige Offenheit Sr. Majestät. Es wurde eine der unendlich vielen Fliegergeschichten erzählt. Der Kaiser kannte sie noch nicht und sagte zu dem Prinzen: ‹Sieh einmal, so etwas erfahre ich nur gelegentlich. Der Generalstab sagt mir gar nichts und fragt mich auch nicht. Wenn man sich in Deutschland einbildet, daß ich das Heer führe, so irrt man sich sehr. Ich trinke Tee und säge Holz und gehe spazieren, und dann erfahre ich von Zeit zu Zeit, das und das ist gemacht, ganz wie es den Herren beliebt. Der einzige, der ein bißchen netter zu mir ist, ist der Chef der Feldeisenbahnabteilung, der erzählt mir alles, was er macht und beabsichtigt.› Das war scherzhaft gesagt und doch tragische Wahrheit.»

Die drei Kabinettchefs des Kaisers, deren Amt es war, ihn über die zivilen und militärischen Angelegenheiten und die der Flotte auf dem Laufenden zu halten, hatten die schlimmste Aufgabe. Sie stellten nicht nur fest, daß sie mit einem Mann zu tun hatten, der weder fähig noch willens war, sich mit wichtigen Fragen zu befassen; sie mußten auch erkennen, daß es gefährlich war, ihm zu viel zu sagen. Gute Nachrichten übertrieb er über alle Maßen, durch schlechte ließ er sich tagelang entnerven. Die Kabinettchefs, die Tag für Tag um ihn waren, empfanden seinen Mangel an Gleichgewicht als geradezu abstoßend. Admiral Müller führte ein genaues Tagebuch und registrierte bitter die kaiserlichen Stimmungen.

«26. Oktober 1914. Der Kaiser gegen 6 Uhr Nachmittags zurück. War bei Heeringen und Kluck (AOK 1) gewesen, hatte viele Generale gesprochen und das Grenadier-Regiment 12 (Frankfurt a. d. Oder) begrüßt. Seine Majestät sehr gehobener Stimmung... Alles kampfesfreudig».

«28. Oktober 1914. Der Kaiser sehr deprimiert, sah auch sehr schlecht aus. Sagte unter anderem: ‹Es kommt uns niemand zu Hilfe. Wir stehen ganz allein und müssen eben mit Anstand untergehen›».

«8. November 1914. Der Kaiser mit kleinstem Gefolge nach Stenay zum Feldgottesdienst beim Kronprinzen. Er war sehr niedergeschlagen über den ihm am Abend vorher gemeldeten Fall von Tsingtau».

«1. Dezember 1914. Der Kaiser, der die erwarteten Siegesnachrichten von Ost und West nicht erhalten hatte, sehr bedrückt. Er sagte: ‹Wo soll das noch hin? Nirgends Siege, sondern nur Rückschläge›».

«17. Dezember 1914. Um 1 Uhr zum Frühstück beim Kaiser, der eben von Hindenburg Meldung erhalten hat vom endgültigen Sieg über die Russen. Es soll geflaggt werden! Der Kaiser sehr erfreut...»

15. Februar 1915. Lötzen. Entschluß Sr. Majestät, vorläufig in Ostpreußen zu bleiben. Begründung: ‹Ich will der Befreier von Ostpreußen sein, sonst wird es wieder nur als Tat von Hindenburg angesehen›».

Der Kaiser war entschlossen, sich die Kontrolle über die Marine nicht ebenso aus der Hand nehmen zu lassen wie die über die Armee. Schon bald nach Ausbruch des Krieges sagte er zu Tirpitz: «Ich werde nicht zwischen mich und meine Marine einen andern setzen». Weder Großadmiral Tirpitz als Staatssekretär der Marine noch Admiral Pohl als Chef des Admiralstabs hätten das Recht, Angriffsbefehle zu geben. «Ich brauche keinen Oberkommandierenden, das kann ich selber machen.»

Der Kaiser wollte die Flotte nicht einsetzen, er wollte sie schonen. Sein erster Befehl an die Marine lautete, lediglich einen «Guerillakrieg» gegen die Engländer zu führen, bis deren Flotte so geschwächt wäre, daß der Kaiser seine eigene unbesorgt hinausschicken konnte. Dieser Beschluß verblüffte nicht nur Tirpitz, sondern auch die britische Admiralität. Deutschland besaß zwar nur sechzehn überschwere Schlachtschiffe, dagegen standen England vierundzwanzig zur sofortigen Verfügung, aber die deutsche Admiralität wußte, daß nie wieder ein so günstiger Augenblick zum Losschlagen gegen die englische Flotte kommen würde. Die Engländer transportierten nicht nur ununterbrochen Truppen über den Kanal, was sie verwundbar machte; durch das Requirieren von Schiffsneubauten, die auf englischen Werften für fremde Mächte gebaut wurden, würden sie zusammen mit den eigenen Neubauten in drei Monaten sieben neue Schlachtschiffe und in sechs Monaten zwölf weitere haben. Das Verhältnis wäre dann vierunddreißig zu neunzehn, beziehungsweise neununddreißig zu einundzwanzig.

«Wir warteten auf die offene Schlacht», schrieb Churchill, der Erste Lord der Admiralität, «wir suchten sie, aber nichts geschah. Die Grand Fleet blieb auf See, die deutsche Flotte verließ nicht den Schutz ihrer Häfen». Als am 28. August Einheiten der englischen Marine zu einem Überfall in der Helgoländer Bucht ansetzten, wobei die deutschen Schiffe natürlich zurückschlugen, war der Kaiser über deren Feuer aufgebracht. Einige deutsche Kreuzer kamen der beschossenen Flottille zu Hilfe und erlitten schwere Beschädigungen, aber der Kaiser beglückwünschte die Besatzungen nicht zu ihrer Tapferkeit. Eigenmächtigkeiten dieser Art werde er nicht dulden, erklärte er und erließ einen Befehl, der die Kommandogewalt noch weiter einschränkte. In Zukunft müsse bei Ausfällen der Flotte die Zustimmung des Kaisers eingeholt werden. Tirpitz meinte dazu: «Nachdem ich hiervon mündlich Kenntnis erhalten hatte, nahm ich die erste Gelegenheit wahr, um dem Kaiser das grundsätzlich Fehlerhafte einer solchen Knebelung darzulegen. Einen Erfolg hatte der Schritt nicht, im Gegenteil entstand von diesem Tage ab eine wachsende Entfremdung zwischen dem Kaiser und mir».

Tirpitz debattierte, kämpfte und zürnte. Am 16. September 1914 schrieb er dem Chef des Admiralstabs: «Den Nutzen eines Intakthaltens unserer Flotte bis zum Friedensschluß vermag ich nicht einzusehen». Am 1. Oktober: «Verharrt unsere Flotte auch weiterhin in ihren bisherigen zurückhaltenden Stellungen, so wird ihre moralische Stärke und Leistung mit nicht absehbaren Folgen herabgehen». Am 11. Oktober: «Die Direktive, daß die Flotte sich zurückhalten soll, wird zur Folge haben, daß sich für die Flotte die Gelegenheit einer Schlachtentscheidung überhaupt nicht bieten wird».

Wilhelm II. ließ sich nicht umstimmen. Die deutsche Flotte war sein Beitrag zu Deutschlands Größe. Er konnte den Gedanken nicht ertragen, sie solle überlegenen Kräften ausgesetzt werden. In politischer Hinsicht waren dies die kostspieligsten Schiffe, die jemals geschaffen wurden. Sie hatten Deutschland um die Freundschaft Englands gebracht, und ohne Frage waren sie jener Faktor, der das Foreign Office am nachhaltigsten zu der Überzeugung veranlaßt hatte, Großbritannien könne in einem Krieg nicht abseits stehen. Und nun lagen – mit Ausnahme gelegentlicher Flottenausfälle und der Skagerrakschlacht im Jahre 1916, die Englands Seeherrschaft nicht beeinträchtigte – diese riesigen Schlachtschiffe während des ganzen Krieges vor Anker. Das war mehr als nur Ironie. Warum hatte England sich so gefürchtet? Warum hatten die Engländer 1908 eine deutsche Invasion für möglich gehalten? Warum hatte sich England nach der Affäre von Agadir gegen einen deutschen Flottenüberfall gewappnet*?

Die Antwort lautet: Obwohl die Engländer in heimischen Gewässern eine Übermacht von acht großen Schlachtschiffen hatten, gab es, wie Churchill schrieb, dennoch keinen großen Vorsprung, falls Mißgeschicke äußerer Art oder technische Schäden eintraten. Ein oberflächlicher Betrachter, der von den Felsen von Dover und Portland auf ein Schlachtschiffgeschwader von sechs oder sieben Schiffen herabgeschaut hätte, das so winzig da unten in der Tiefe lag, hätte sich wohl Gedanken über die dürftige Grundlage gemacht, auf der das britische Weltreich dahintrieb.

Konnten die Engländer denn auch wissen, daß der immer aufgeregte, schillernde und anmaßende Kaiser Angst im Herzen barg? Seit dreißig Jahren hatte er gewettert und gedroht. Jedermann wußte zwar, daß die deutsche Armee das furchtbarste Militärinstrument auf Erden war; durch seine kriegerische Pose hatte der Kaiser die Engländer aber endlich auch davon überzeugt, daß seine Flotte eine ebenso große Gefahr wie seine Heere bedeutete. Die britische Admiralität kannte die ungefähre Stärke der deutschen Flotte, dennoch fürchtete man Überraschungen und unbekannte neue Waffen. «Keine der düsteren Prophezeiungen, die der Gegenstand so vieler Debatten und Artikel gewesen waren, verwirklichten sich», schrieb Churchill vergnügt.

Als Tirpitz erkannte, daß der Kaiser seine schönen Schlachtschiffe riskanten Zusammenstößen mit der englischen Flotte nicht aussetzen wollte, begann er, sich mit dem Gedanken des U-Bootkrieges vertraut zu machen. Dies schien ihm das einzige Mittel zu sein, das die Blockade brechen könnte. Im Frieden hatte Tirpitz den Bau von U-Booten freilich versäumt, und 1915 besaß Deutschland nur fünfundzwanzig dieser Schiffstypen, und das hieß, daß immer nur sieben auf Fahrt sein konnten. Die deutsche Flottenführung leitete nun ein umfangreiches U-Bootprogramm ein, das die Flotte bis 1916 mit fünfzig und bis 1917 mit 200 U-Booten ausrüsten sollte.

Trotz der wenigen vorhandenen Boote sprach sich Tirpitz für einen sofortigen Einsatz aus. Der Kaiser aber war gegen den uneingeschränkten U-Bootkrieg – sowohl jetzt als auch für die Zukunft, und Bethmann Hollweg bestärkte ihn in dieser Ansicht. Sie befürchteten mit Recht,

---

* «Es war damals nicht bekannt», schrieb Harold Nicolson, dessen Vater, Sir Arthur Nicolson, von 1910 bis 1916 Leiter des Foreign Office war, «daß wir vom 8. bis 22. September 1911 ständig Feindseligkeiten erwarteten und daß Tunnels und Brücken der South Eastern Railways Tag und Nacht bewacht wurden».

daß das rücksichtslose Versenken nicht nur die Beziehungen zu Holland und den skandinavischen Ländern verschlechtern, sondern auch einen Konflikt mit den Vereinigten Staaten heraufbeschwören werde. Dem kühlen und unschuldsvollen Präsidenten Wilson, der erklärt hatte, Amerika stände «über dem Krieg», lag viel an der «Freiheit der Meere». Im November hatte er dagegen protestiert, daß die Engländer ein Schiff nach Konterbande untersuchten und Lebensmittel beschlagnahmten, die für Deutschland bestimmt waren – beides war eine Verletzung der Londoner Deklaration, einem Abkommen über die Regeln der Seeblockade, das von den europäischen Mächten und den Vereinigten Staaten 1909 unterzeichnet worden war. Die deutsche Regierung verkündete am 4. Februar 1915, sie werde als Vergeltungsmaßnahmen feindliche Handelsschiffe in den Gewässern um die britischen Inseln versenken lassen. Dies wiederum gab den Engländern eine Trumpfkarte in die Hand: Asquith erklärte nun, nach dieser deutschen Verlautbarung werde England eine totale Blockade gegen Deutschland verhängen, die alle Ein- und Ausfuhren betreffe, gleichgültig, welcher Art sie seien.

Wilson ärgerte sich über die Regierungen beider Länder. Wie Churchill sagte, bestand ein Unterschied zwischen der Beschlagnahme eines Schiffes und dessen Versenkung. Als danach der große Dampfer ‹Lusitania› im Mai 1915 vor der irischen Küste auf den Grund des Meeres geschickt wurde, wobei 1200 Passagiere ertranken, war die zivilisierte Welt empört. 124 Amerikaner kamen dabei um, die Vereinigten Staaten sahen sich bereits am Rande des Krieges. Berlin machte darauf aufmerksam, daß das Schiff Munition an Bord gehabt hatte. Diese Erklärung machte jedoch nur wenig Eindruck. Der amerikanische Außenminister gab zu verstehen, daß ein zweites Vorkommnis dieser Art Feindseligkeiten nach sich ziehen werde.

Folglich weigerten sich Kaiser und Kanzler beharrlich, dem uneingeschränkten U-Bootkrieg zuzustimmen, auf den Tirpitz drängte. Der Admiral war außer sich. Ununterbrochen klagte er über die Ängstlichkeit des Kaisers und die schwächliche Haltung Bethmann Hollwegs. «Es ist hoffnungslos», schrieb er am 22. März 1915. «Da liegt eine Flotte von 40 gepanzerten Schiffen, davon mehr als die Hälfte schwere Dreadnoughts, über 100 Torpedoboote, und verrostet im Hafen*, während Deutschland in einem Existenzkampf sich befindet. Ich sitze dabei und bin machtlos. In der Marine, in der Armee, in der Politik kein Zusammenarbeiten, fast alles immer nur bestrebt, nach dem Kaiser zu schielen, der umgeben ist von weichen Leuten». Und fünf Tage später: «Ich sehe

---

* Die Zahlen waren übertrieben.

nur ein Mittel, der Kaiser muß auf 8 Wochen oder mehr sich krank melden, an Stelle Bethmanns muß Hindenburg kommen und diesem alles unterstellt werden, zugleich Armee und Marine».

Der Gedanke des Großadmirals, Hindenburg zum Diktator zu machen, fand die Unterstützung des Kronprinzen – vor allem deshalb, weil er den Kanzler verabscheute, ohne Zweifel aber sah er auch eine Chance für sich selbst, wenn sein Vater für eine Weile in den Hintergrund trat. Tirpitz mußte jedoch bald erkennen, daß der junge Wilhelm ein zweifelhafter Helfer war. Sein Ansehen im Offizierskorps war in Fetzen gegangen. Seine Kaiserliche Hoheit kommandierte zwar eine Heeresgruppe, alle Welt wußte jedoch, daß sein Stabschef die Arbeit machte, während der Prinz seinem Vergnügen nachging und hinter den Frauen her war. Sein Biograph Klaus Jonas schreibt: «Oft hatte er die aus vorderster Front zurückkehrenden Soldaten dadurch gereizt, daß er sie in sportlicher Kleidung, mit einer schmalen Reitgerte in der Hand, umgeben von seinen indischen Windspielen, begrüßte. Wenn er, gekleidet in seine weiße Litewka, ihnen bisweilen Zigaretten zuwarf, dann glaubten manche voller Empörung, er komme gerade vom Tennisspiel. Jedesmal, wenn ihm junge Französinnen zuwinkten, ließ er sein grellrotes Auto auf der Straße halten, nahm sie mit und hörte sich voller Interesse ihre Sorgen um das Los ihrer Ehemänner oder Verlobten an. Nicht selten versprach er dann, ihretwegen im Großen Hauptquartier vorstellig zu werden, wodurch er seinem Ruf bei der Heeresleitung noch mehr schadete»[78].

Nicht genug damit: Der Kronprinz nahm sich eine junge Französin nach der andern zur Geliebten und fand sich sogar im Hause einer Witwe in Stenay ein. Er versuchte, an General Joffre zu telegrafieren, um Nachricht über den Vater dieser Dame zu erhalten. Das Telegramm wurde jedoch abgefangen und dem Reichskanzler zugestellt. Bethmann Hollweg wies den Kronprinzen wütend zurecht. Sein unverantwortliches Verhalten könne die Alliierten zu einer Propaganda veranlassen, die den schlimmsten Schaden anrichten würde.

Der Plan des Großadmirals mit dem Kronprinzen gedieh nicht weiter. Er gewann indessen eine Menge Anhänger für den uneingeschränkten U-Bootkrieg. Der Admiral, der im Frieden immer wieder betont hatte, der Bau der großen Flotte sei nicht die Ursache für Englands Feindschaft, blieb jetzt bei der Vorstellung, der U-Bootkrieg könne die Vereinigten Staaten in den Krieg verwickeln, gelassen. Er tadelte das ewige Kotaumachen aufs heftigste. Der versöhnliche Ton der deutschen Note nach der Versenkung der ‹Lusitania› widerte ihn an. Am 25. Juli 1915 schrieb er: «Amerika ist so unverschämt, so unverhüllt probritisch, daß es schwer zu glauben ist, wir würden zu Kreuze kriechen. Doch halte ich in der Beziehung alles für möglich. Eine Bemerkung in der Note weist darauf hin, daß wir schon unter der Hand Versprechungen gemacht haben, den Ubootkrieg einzuschränken. Ich kann m. E. ein formelles Abschwören des Ubootkrieges nicht mitmachen. Wir geben damit auch die jetzt einzige Zukunftswaffe gegen England aus der Hand».

Tirpitz vermochte Falkenhayn und Admiral Holtzendorff, den neuen Chef des Admiralstabs, von der Notwendigkeit des U-Bootkrieges zu überzeugen. Er fand indessen niemanden, der ihn bei seinem Versuch, Hindenburg zum Kanzler zu machen, unterstützt hätte. Nach wie vor blockierten der Kaiser und Bethmann Hollweg seine U-Bootpläne. Dennoch gelang es ihm Anfang 1916, das Thema wieder in den Vordergrund zu schieben. Im Januar fand sich Admiral von Müller als des Kaisers persönlicher Berater in einem Kreuzfeuer der Meinungen. Bethmann sagte ihm, falls Deutschland mit dieser Art von Kriegführung beginne, täten sich die Neutralen zu einem Kreuzzug zusammen und brandmarkten Deutschland als «tollwütigen Hund» unter den zivilisierten Nationen. Holtzendorff dagegen beharrte auf seiner Ansicht, England werde innerhalb von sechs Monaten um Frieden nachsuchen müssen. Und wenn England erst einmal mattgesetzt sei, werde die Hilfe Amerikas nicht mehr viel Wert haben, gleichviel, ob es den Krieg nun erkläre oder nicht.

Wieder einmal begann Wilhelm zu schwanken. Am 15. Januar vermerkte Müller in seinem Tagebuch, Seine Majestät nähme den menschlichen Standpunkt ein, daß das Ertränken unschuldiger Passagiere ein Gedanke sei, der ihn entsetze. Er trage auch vor Gott die Verantwortung für die Art der Kriegführung. Andererseits müsse er sich fragen: Könne er seinen militärischen Ratgebern widersprechen und den Krieg aus menschlichen Überlegungen auf Kosten vieler tapferer Männer verlängern, die das Vaterland verteidigten?

Schließlich fand der Kaiser einen Kompromiß. Am 6. März hielt er eine Konferenz ab, in der beschlossen wurde, den U-Bootkrieg gegen «bewaffnete Handelsschiffe» zu eröffnen und die Wirkung auf die Neutralen abzuwarten, ehe mit aller Macht versucht werden sollte, England von der Versorgung mit allen lebenswichtigen Gütern abzuschneiden, die sich seinen Küsten näherten. Tirpitz war derart verärgert, daß er seinen Abschied einreichte, der ihm auch gewährt wurde. Ein paar Wochen später torpedierten U-Boote jedoch das Passagierschiff ‹Sussex› mit einigen Amerikanern an Bord im Kanal. Wieder drohten die Vereinigten Staaten mit dem Abbruch der Beziehungen, und wiederum gab Deutschland den U-Bootkrieg auf.

Der Streit des Kaisers mit Tirpitz erregte nicht viel Aufsehen, denn im ganzen gesehen waren die ersten achtzehn Monate des Krieges für Deutschland recht zufriedenstellend verlaufen, und in Berlin herrschte Optimismus. Professor Delbrück ließ sich mit der Forderung vernehmen, beim Friedensschluß müsse Deutschland vor allem ein großes Kolonialreich bekommen, ein «zweites Indien», das stark genug wäre, um sich in einem Krieg selbst zu verteidigen. Es müsse aus dem belgischen und dem französischen Kongo und dem englischen Zentralafrika bestehen. Wenn dies nicht genüge, könne Deutschland der Türkei mit Geld und Ratschlägen Entwicklungshilfe leisten. Belgien verbleibe natürlich beim Reich. Viele Intellektuelle sprachen sich auch für die Einbehaltung Nordfrankreichs aus.

Die Zuversicht des Professors nährte sich aus der Tatsache, daß Deutschland zwar noch keinen entscheidenden Schlag getan hatte, England aber auch nicht, und Deutschland hatte immerhin mehr erreicht, als nur seinen Besitz vor dem Zugriff der Alliierten zu bewahren. In beinahe allen Fällen drehte sich die Teilnahme neutraler Länder am großen Krieg um die Frage des materiellen Gewinns. Im August 1914 gesellte sich Japan an die Seite Englands und Frankreichs und nahm sich die fernöstlichen Stützpunkte Deutschlands. Doch im Oktober trat die Türkei wegen ihrer Feindschaft zu Rußland den Mittelmächten bei. Griechenland schwankte hin und her, blieb aber neutral. Italien schlug sich 1915 nach einem monatelangen üblen Feilschen mit beiden Seiten zu den Alliierten, da es schließlich mit riesigem Gebietszuwachs rechnete, den England auf Kosten Österreichs, der Türkei und (insgeheim) Serbiens versprochen hatte. Bulgarien dagegen gelüstete es nach Serbien; es nahm den Kampf gegen die Aliierten auf.

Die deutsche Politik bemühte sich im Jahre 1915, die Armeen in Frankreich in der Defensive zu halten, während die Feinde bei heftigen aber erfolglosen Angriffen in der Champagne, im Artois, bei Ypern und Loos einen schrecklichen Tribut zahlen mußten*. Falkenhayn schickte Verstärkungen an die Ostfront, worauf Hindenburg und Ludendorff die Russen aus Polen, Litauen und Kurland vertreiben konnten. Die Österreicher, deren Regierung den Weltkrieg am leichtfertigsten heraufbeschworen hatte, wurden 1914 teilweise von den Russen und Serben überrannt. Nun entrissen die deutschen Truppen Galizien den Russen, während die Bulgaren (die dem Kampf beitraten, nachdem es den Engländern mißlungen war, die Dardanellen in die Hand zu bekommen) Serbien und Montenegro

---

* 1915 betrug die ungefähre Zahl der Toten, Verwundeten und Gefangenen bei den Franzosen 1 300 000, bei den Deutschen 600 000 und bei den Engländern 400 000.

niederwarfen. Deutschland besaß nun eine Eisenbahnverbindung nach der Türkei und war Herr auf dem Balkan.

Im Jahre 1916 beging Falkenhayn jedoch einen verhängnisvollen Fehler. Er glaubte den Stillstand im Westen durch eine anhaltende Offensive bei Verdun überwinden zu können, die nach stundenlangem konzentriertem Artilleriefeuer begann. Er wollte die Franzosen zum «Weißbluten» bringen, da es ihr Stolz verbieten werde, diese historische Festung aufzugeben. Die deutschen Truppen sollten im Schirm der Kanonen Schritt für Schritt vordringen. Das Leben von zwei oder drei Gegnern käme auf ein deutsches. Langsam sollte der Widerstandswille gebrochen und der völlige Zusammenbruch erreicht werden.

Die Schlacht begann am 21. Februar. Der erste und fürchterlichste Ansturm endete am 1. März, aber der Kampf dauerte mit kurzen Unterbrechungen fast sechs Monate an. Noch lange bevor die Herbstblätter fielen, war jedoch zu erkennen, daß Falkenhayn nicht ans Ziel kommen werde. Obwohl die Verluste der Alliierten anderthalbmal so hoch wie die der Deutschen waren, hatte die Moral der Franzosen dem Sturm von Verdun widerstanden, und die englischen Truppen an der Somme waren ebenfalls nicht zurückzuwerfen. Das Jahr 1916 endete mit mehr als zwei Millionen Gefallenen, Verwundeten und Gefangenen: 964 000 Deutschen, 876 000 Franzosen und 621 000 Engländern.

Die Zweifel Hindenburgs und Ludendorffs an der Taktik Falkenhayns begannen im März, als der erste Stoß abgeklungen war. Der Kaiser war tief deprimiert. «Man darf es nicht sagen», vertraute er Müller am 11. März an, «ich werde es auch Falkenhayn nicht zugeben, aber dieser Krieg wird nicht mit einem großen Sieg enden.» Die öffentliche Meinung war noch nicht so pessimistisch, aber im Mai überschwemmten Gerüchte Berlin: Verdun sei ein blutiger Fehler. Zum erstenmal nagten Zweifel am Volk, ob denn Deutschland noch imstande sei, den Krieg zu gewinnen. Die Opfer waren ungeheuerlich. Der erbarmungslose Würgegriff der englischen Seeblockade hatte dem Land bald ein strenges Rationierungssystem aufgezwungen. Die Verlustlisten wurden mit jedem Tag länger. Mitte 1916 betrug die Gesamtzahl der deutschen Verluste zwei und eine halbe Million Mann. Waren diese grauenhaften Anstrengungen für nichts und wieder nichts gemacht worden? Langsam sah das deutsche Volk ein, daß es die Augen öffnen mußte. Der nüchterne Blick der Öffentlichkeit, die Rechenschaft forderte, traf den Kaiser. Die kaiserliche Führung, auf die man bisher stolz gewesen war und auf die man vertraut hatte, war plötzlich in Frage gestellt.

Die Kritik kam reichlich spät, denn es fällt schwer, sich eine Großmacht vorzustellen, die exzentrischer regiert worden wäre, als Deutschland während des Ersten Weltkrieges. Wilhelm war der Staatschef, aber er tat nichts, um die Geschäfte des Staates in die Hand zu nehmen und die Interessen des Volkes einem Gesamtplan unterzuordnen. Die Armee hatte keine Ahnung von den Absichten der Politiker, während der Reichskanzler seinerseits von den Vorhaben der Armee oft nur durch Zufall erfuhr. Bethmann Hollweg schrieb, während seiner ganzen Amtszeit habe keinerlei Kriegsrat stattgefunden, bei dem die Politiker und Militärs sich hätten aufeinander abstimmen können.

Der Kaiser behauptete, politische Angelegenheiten seien von zweitrangiger Bedeutung. Immer noch versuchte er den lächerlichen Eindruck zu erwecken, er sei der Oberbefehlshaber. Er war ruheloser denn je. Jetzt brachte ihn der Hofzug nicht nur quer durch Deutschland von einem Hauptquartier zum andern, sondern auch nach Cadinen in Ostpreußen, wo er sein Mustergut inspizierte, nach Bad Homburg, wo er Liegekuren machte, nach Potsdam, wo er die Kaiserin besuchte. Ein Schwarm von Kurieren verfolgte ihn, um Antwort auf dringliche Fragen zu erhalten. Dann und wann, wie ihn gerade die Laune ankam, berief er einen Kronrat im Großen Hauptquartier ein, meist aber bedeutete er den Abgesandten, die Dinge in der Schwebe zu halten, oder er verwies sie an seine Kabinettchefs. Die Marine erhob immer wieder Vorstellungen, denn die Flotte konnte sich ja ohne das Einverständnis des Kaisers nicht rühren. Zuweilen ärgerte sich Wilhelm über solche «Zudringlichkeiten». Als der Flottenchef einmal um die Erlaubnis bat, ein Geschwader in die Ostsee entsenden zu dürfen, um die russischen Schiffe vor Riga anzugreifen, gab der Kaiser zur Antwort, er lehne es ab, sich mit derlei Bagatellen zu befassen; der Chef der Ostseeflotte möge gefälligst auf eigene Initiative handeln. «Und doch besteht er darauf, daß er selbst der Oberste Befehlshaber ist», meinte Admiral Müller.

Noch stärker aber sprangen die Unterlassungen des Kaisers an der Heimatfront ins Auge. Lebensfragen bedurften der sorgfältigsten Überlegung und der behutsamsten Behandlung: die Propaganda, das diplomatische Verhalten gegenüber den Neutralen, die Zusammenfassung der Wirtschaftskräfte, die Finanzen, die Ernährung, die Moral der Zivilbevölkerung. Wilhelm II. hüllte sich in die kindische Pose des Obersten Kriegsherrn und wollte nicht einmal seine Hauptstadt besuchen, um sich den Mitgliedern seiner Regierung zu zeigen. Mit Verachtung sprach er von den «Zivilisten». Den Reichstag, der als Sprachrohr der Öffentlichkeit immer bedeutsamer wurde, nannte er «Affenhaus». Albert Ballin, der einflußreiche Reeder, schrieb am 12. Mai 1916 an Admiral von Müller: «Ich vermag es nicht einzusehen, weshalb Se. Maj. der Kaiser Männer wie

Wangenheim, Graf Schwerin-Löwitz etc. sich nicht gelegentlich ins Hauptquartier kommen läßt und ihre Sorgen und Wünsche anhört*. Ich kann Ihnen überhaupt nicht verhehlen, daß die Abgeschlossenheit des Kaisers in der Nation schwer empfunden wird. Ich halte im Interesse unseres Kaiserlichen Herrn es für sehr erwünscht, daß er mehr persönliche Fühlung nähme und daß die Regie eine erhebliche Verbesserung erfahre, mit dem Ziele, daß dem deutschen Volke über die Wirksamkeit seines Kaisers mehr gesagt wird. Eine Meldung aus dem Hauptquartier, daß der Kaiser diese oder jene Persönlichkeit in längerer Audienz empfangen habe, eine Meldung, daß er über die gegenwärtige Lebensmittelfrage sich erneut habe Vortrag halten lassen etc. etc. genügt vollkommen, um die patriotischen Gefühle wieder in den richtigen Kanal zu lenken».

Müller berichtete dem Kaiser über den Inhalt des Schreibens. Die Antwort war: «Jetzt, wo ich gerade anfange, mich zu erholen!» Der Admiral fuhr in seinem Tagebuch fort: «Er meinte auch, Schloß Bellevue sei noch gar nicht fertig, alle Teppiche seien herausgerissen etc. Ich sprach gleich Gontard [Hausmarschall] darüber, der sagte, Bellevue sei in einer Nacht wieder wohnfertig herzustellen, und das gleich der Kaiserin meldete». Schließlich gab Wilhelm schroff zurück, er werde am 19. fahren, falls nicht etwas militärisch Wichtiges dazwischenkäme.

Wilhelm II. begriff nicht, daß auch in einem autokratisch regierten Staat die Macht vom Willen, zumindest vom Gehorsam des Volkes abhängt. Seine Autorität war niemals angezweifelt worden. Er glaubte, die Stärke des Reiches und die Sicherheit seiner Dynastie seien allein der Armee zu verdanken. Niemals war ihm der Gedanke gekommen, der Krieg könne auch anders als mit einem militärischen Sieg abgeschlossen werden – durch die diplomatische Überlistung der Feinde etwa, durch Einfallsreichtum und Geschick, durch die Geisteskraft und Energie von Zivilisten. Ebensowenig kam es ihm jemals in den Sinn, die Entbehrungen der Zivilbevölkerung könnten die militärische Leistungsfähigkeit schwächen. Aber selbst wenn er dies begriffen hätte, er hätte doch nicht erkannt, wie die Zügel zu ergreifen und der Krieg mit Nachdruck zu führen war. Er war für seine Stellung geboren, er hatte nicht um sie zu kämpfen, er war sich aber nicht bewußt, daß sie ständig neu zu bestätigen war.

Es wäre ihm nicht möglich gewesen, mit den monarchischen Traditionen zu brechen und plötzlich für jedermann ansprechbar zu sein, seinen patriarchalischen Absolutismus abzuwerfen und um seine Untertanen zu werben, ihnen beizupflichten, wie ein Politiker es hätte tun müssen. Er

---

* Wangenheim war der Vorsitzende des Bundes der Landwirte, Graf Schwerin-Löwitz Präsident des Preußischen Abgeordnetenhauses; beide waren konservative Reichstagsabgeordnete.

entsprach zwar der Bitte des Admirals Müller und verbrachte ein paar Tage in Berlin, empfing einige wichtige Männer des Reichstags, aber er schien nicht zu begreifen, was man von ihm erwartete. Er hinterließ auch wenig Eindruck.

Vielleicht hätte es nur der klaren Formulierung einer Politik bedurft und des Willens, sie auch durchzusetzen, aber dies ging über seine Kraft. Er hatte niemals fremden Einflüssen widerstehen können. Spielerisch zog er Entscheidungen hinaus, oft traf er sie wahllos nach dem Rat eines Untergebenen. Stets war er auf der Flucht vor seinen Besorgnissen. Die Seeschlacht am Skagerrak, dieser heftigste Zusammenstoß der deutschen und der englischen Flotte, gab ihm etwas Auftrieb. Die britische Admiralität erfuhr, daß die Hochseeflotte die Häfen verließ, und befahl Admiral Jellicoe, auszulaufen und sich ihr zu stellen. Der Admiral handelte unbesonnen. Es gelang ihm nicht, seine Übermacht ins Spiel zu bringen. Das Resultat war, daß die Deutschen 6 englische Großkampfschiffe und 8 kleine Schiffe versenkten, während die Engländer nur einen deutschen Schlachtkreuzer, einen alten Kreuzer und 9 kleine Schiffe zerstörten.

Die Tatsache, daß die deutsche Flotte mit schwächeren Kräften mehr Schiffsraum versenkt hatte als die Engländer, rief Jubel in Deutschland hervor, der gerechtfertigt war. «Der Bann von Trafalgar ist gebrochen», erklärte der Kaiser in Wilhelmshaven. Da die deutsche Flotte jedoch nicht mit den Großkampfschiffen der Engländer die letzte Auseinandersetzung gesucht hatte, gewann das Treffen wenig Einfluß auf die Kriegsereignisse.

Die Kriegsbegeisterung in Berlin ließ nach. Im Sommer rief die Nachricht, Rumänien trete auf Seiten der Alliierten in den Krieg ein, dumpfe Sorge hervor, denn diese Meldung kam kurz nach den entsetzlichen Todeszahlen von Verdun. «Wie schlecht werden wir geführt», – diese Meinung griff immer weiter um sich. Der Kaiser wurde offen getadelt, weil er keinen drastischen Wechsel in der Führung vornahm. Der Reichstag verlangte, daß Falkenhayn durch Hindenburg und Ludendorff ersetzt werde, und die Chefs der Waffengattungen griffen Bethmann Hollweg wegen seiner Schwäche und Lauheit an. Der Kaiser wußte um die wachsende Unzufriedenheit, er wollte sich jedoch damit nicht auseinandersetzen. Als Bethmann Hollweg dringend um Audienz bat, ließ ihm der Kaiser sagen, er sei «zu beschäftigt». Im übrigen seien politische Fragen «jetzt nicht wichtig».

Endlich ließ er sich dennoch zum Empfang des Reichskanzlers in Pless bewegen, auch stimmte er einer Konferenz mit seinen Ministern in Berlin zu. Diese Aussprache wurde indessen ein völliger Fehlschlag, denn der Kaiser wollte nicht mehr als eine dreiviertel Stunde opfern, und auch diese kurze Zeit vergeudete er noch mit Erzählungen über «die Ernte in Pleß, die Geburt eines Zebukalbes in Cadinen und die Instruktionen, die er Hindenburg gegeben hatte».

Die Herren waren verblüfft. Einer der Kabinettchefs meinte, man solle den Kaiser in Zukunft gar nicht mehr auffordern, nach Berlin zu fahren, aber Müller, der noch immer nicht verstand, mit wem er es zu tun hatte, bestand darauf, daß der Kaiser gezwungen werden müsse, seine Pflicht zu erfüllen. Der Hofmarschall Freiherr von Reischach versuchte dem Admiral klarzumachen, daß Seine Majestät einen langen Erholungsaufenthalt in Bad Homburg benötige, wenn man den gänzlichen Zusammenbruch verhindern wolle, doch Müller wollte davon nichts wissen. Er behauptete, der Kaiser brauche keine physische Erholung, man müsse ihm eine verantwortliche Tätigkeit geben, um ihn aus seiner Lethargie zu reißen. Bald danach mußte er gestehen, daß der Kaiser erschöpft und krank aussähe. Er war nur noch von zwei Gedanken beherrscht: Laßt mich in Frieden und: Der Kanzler muß selbst entscheiden.

Ende August trat Rumänien in den Krieg ein. Bethmann Hollweg erklärte dem Kaiser, Falkenhayn sei zu entlassen; an seiner Statt sollte er Hindenburg zum Generalstabschef und Ludendorff zum Ersten Generalquartiermeister berufen – anders könne der Reichskanzler den Bestand der Dynastie nicht garantieren. Obwohl der Kaiser in mancher Hinsicht dankbar war, wenn starke Hände sich der Geschäfte annahmen, brach er nun in Tränen aus: Die Vorstellung, die berühmten Generäle könnten in den Augen des Volkes seine eigene Person verdunkeln, war ihm unerträglich. Als die Ernennung bekanntgegeben wurde, versuchte Bethmann Hollweg ihn mit der Feststellung zu trösten, das Volk sei begeistert über die Maßnahme. Wilhelm versetzte steinern, das ginge ihn nichts an. Immerhin verstand es Hindenburg, seinen kaiserlichen Herrn mit beträchtlichem Takt zu nehmen. Im Oktober bemerkte der Kaiser in mattem Ton zu Müller, er, der Oberste Kriegsherr, sei nicht einen Augenblick der Herrscher. Während des Krieges müsse er in den Hintergrund treten. Hindenburg habe gesagt, für die Politik sei im Hauptquartier kein Platz.

Fünfundzwanzig Jahre lang hatte Wilhelm II. als Soldatenkönig posiert und das Volk durch romantische Redensarten von der «schirmenden Wehr» und dem «blitzenden Schwert» aufgebracht. Dieser rücksichtslose Krieg aber war das letzte, was er gewollt hatte. Er hatte geglaubt, es werde ein kurzer, harter Kampf, nach dessen siegreichem Ende der Deutsche Kaiser seine Armeen im Triumphzug durch das Brandenburger Tor heimführen werde, wie es sein Vater und sein Großvater vor ihm getan hatten. Stattdessen errangen die Armeen zwar Erfolge, aber keine Siege, und die Generale stießen ihren Kaiser auf die Seite. Das Schlimmste aber war, daß kein Ende abzusehen war. So erfreulich das Vordringen im Osten auch sein mochte, wie war dem Dilemma an der Westfront zu begegnen? Die meiste Zeit des Krieges hatte Wilhelm II. gegen das Schreckgespenst einer Niederlage anzukämpfen. Jetzt ermutigte er den Reichskanzler zu Friedensfühlern.

Bethmann Hollweg und die meisten Herren des Auswärtigen Amtes sprachen sich seit langem für einen Verhandlungsfrieden aus. Er hatte vor allem deswegen auf Hindenburgs Ernennung gedrängt, weil er glaubte, die Gestalt und das Prestige des Generalfeldmarschalls seien nötig, um die Monarchie vor jeder Kritik zu schützen, die laut werden könnte. Er hatte seine Pläne Hindenburg anvertraut, und der Feldmarschall hatte seine stillschweigende Zustimmung erteilt. Bethmann Hollweg mußte indessen bald feststellen, daß Ludendorff noch immer auf den großen Sieg hoffte und einen immer größeren Einfluß auf den alten Mann an seiner Seite gewann. Der einzige Frieden, der für Ludendorff in Frage kam, war der Frieden, der einem Sieg auf dem Schlachtfeld folgte.

Man war der Meinung, ein Friedensschritt werde nach der Niederwerfung Rumäniens größere Erfolgsaussichten haben. Sie ließ nicht lange auf sich warten. Rumänien begann den Krieg am 28. August, und am 6. Dezember marschierten die deutschen und österreichischen Truppen in Bukarest ein. Eine Woche danach übermittelte der Kanzler den Feindmächten eine kurze Note. Die jüngsten Ereignisse hätten gezeigt, daß der Widerstand der Mittelmächte nicht zu brechen sei. Da sie jedoch nicht die Vernichtung ihrer Gegner wünschten, schlügen sie Verhandlungen vor. Die Mittelmächte, schrieb Bethmann Hollweg, seien sicher, daß die Vorschläge, die sie zu machen hätten, als Grundlage zur Wiederherstellung eines dauerhaften Friedens dienen könnten. Falls trotz dieses Friedensangebots der Kampf weiterginge, seien die Mittelmächte entschlossen, ihn bis zum Ende auszufechten. Feierlich wiesen sie alle Verantwortung dafür vor der Menschheit und vor der Geschichte zurück.

Am selben Tag erließ Ludendorff jedoch einen flammenden Tagesbefehl an die Truppen, so daß Bethmanns Friedensbemühungen von vornherein wenig Erfolg zu versprechen schienen. Er teilte den Soldaten mit, die Alliierten hätten «im Bewußtsein des Sieges, den Ihr errungen habt», ein Friedensangebot gemacht. Man werde abwarten müssen, was dabei herauskomme. Mit Gottes Hilfe habe die Truppe dem Feind standzuhalten und ihn zu schlagen.

Auf Lloyd George, der dem gestürzten Asquith als Premierminister erst vor wenigen Tagen gefolgt war, machten weder Ludendorffs starke Worte noch Bethmann Hollwegs selbstbewußte Behauptungen Eindruck.

Vor einem großen Zuhörerkreis erklärte er in London: «Wenn wir auf Einladung Deutschlands, das sich siegreich wähnt, eine Konferenz beginnen, ohne zu wissen, welche Vorschläge es zu machen hat, dann bedeutet dies, daß wir den Kopf in eine Schlinge stecken. Was läßt uns nach den Worten des Kanzlers hoffen, daß der arrogante Geist der preußischen Militärkaste nicht genau so beherrschend bleiben wird, wenn wir jetzt einen Frieden zusammenstoppeln?» Zehn Tage später, am 30. Dezember, lehnten die Alliierten formell ab.

In der Zwischenzeit hatte Präsident Wilson die Szene betreten. Noch bevor die deutsche Regierung die alliierte Antwort erhalten hatte, ersuchte er die Kriegführenden um Bekanntgabe der Bedingungen, unter denen sie glaubten, den Krieg beenden zu können. Deutschland kam der Bitte nicht sofort nach, die Alliierten jedoch schickten eine überhebliche Note, die nur eines verhieß: Krieg bis zum bitteren Ende. Sie verlangten die Abtretung von Elsaß-Lothringen, die Auflösung Österreichs, die Teilung der Türkei, die Abtretung des deutschen und des österreichischen Teils von Polen an Rußland. Außerdem versuchten sie, einen Keil zwischen das deutsche Volk und seine Führer zu treiben. «Es ist unnötig zu sagen, daß die Alliierten, wenn sie Europa vor der brutalen Habgier des preußischen Militarismus schützen wollen, niemals die Ausrottung und das politische Verschwinden des deutschen Volkes planen».

Wilson war von dieser Note enttäuscht. Seit Monaten predigte er Mäßigung und den «Frieden ohne Sieg», und alles, was London darauf zu sagen wußte, war eine Serie von unmöglichen Forderungen. Am 6. Januar 1917 erhielt der amerikanische Botschafter in Deutschland, Gerard, die Anweisung, den Alliierten auf die Finger zu klopfen. «Unsere Beziehungen waren niemals unfreundlich», erklärte er vor der amerikanischen Handelskammer in Berlin, «und ihre Fortdauer ist sichergestellt, solange Männer wie Bethmann Hollweg, Helfferich, Zimmermann, Hindenburg und Ludendorff am Ruder sind».

Hier bot sich eine goldene Gelegenheit für Deutschland, aber weder der Kaiser noch der Kanzler, weder die Diplomaten noch die Abgeordneten und die Chefs der Waffengattungen waren klug genug, sie zu erkennen, geschweige denn, sie zu ergreifen. Präsident Wilson wollte den Krieg beenden, und die Vereinigten Staaten waren die einzige Macht, die Einfluß auf England hätte ausüben können. England konnte ohne den Strom von Nahrungsmitteln und Munition, der über den Atlantik kam, nicht weiterkämpfen. Hätte die deutsche Regierung auf Wilsons Einladung geantwortet und vernünftige Friedensbedingungen unterbreitet, dann hätte der Präsident England zu Verhandlungen zwingen können. Die Engländer hätten gar nicht ablehnen können. «Ein diplomatischer Fehler wäre für die Sache der Alliierten verhängnisvoll gewesen, aber er wurde nicht gemacht», schrieb Sir Edward Grey in seinen Memoiren. «Der Kardinalfehler wäre der Bruch mit den Vereinigten Staaten gewesen, notwendigerweise nicht ein Bruch, sondern ein Stand der Dinge, der die amerikanische Einmischung in die Blockade provoziert oder zu einem Embargo des Munitionsexports aus den Vereinigten Staaten geführt hätte. Deutschland aber machte diesen Kardinalfehler».

Erkannten der Kaiser und Bethmann die Bedeutung des Vorschlages von Wilson nicht? Sie hielten den amerikanischen Präsidenten für «probritisch». Er hatte die Engländer getadelt, als sie auf der totalen Blockade bestanden und die Lieferung von Lebensmitteln nach Deutschland nicht erlaubten, was ein krasser Bruch der Londoner Deklaration war. Andererseits war Ludendorff gegen jeden Verhandlungsfrieden, und er fürchtete einen eventuellen Kriegseintritt Amerikas durchaus nicht. Immer noch glaubte er leidenschaftlich an den Sieg der deutschen Waffen. Über die amerikanische Armee, von deren Existenz ja kaum die Rede sein konnte, sprach er mit Hohn. Die Zurückweisung der Bethmannschen Friedensfühler nannte er eine «verächtliche Abfuhr». Nach der Rede Lloyd Georges telegrafierte er dem Kaiser, jetzt sei es höchste Zeit, den U-Bootkrieg zu eröffnen.

Seit achtzehn Monaten widersetzte sich Wilhelm hartnäckig diesem Vorhaben. Nun fühlte er den Boden unter seinen Füßen wanken. Er war in Sorge, der U-Bootkrieg könne weitere Neutrale zum Kriegseintritt veranlassen, doch er hatte keine Wahl mehr: Seine Marine versicherte ihm zuversichtlich, England werde dadurch bis zum Sommer an den Verhandlungstisch genötigt. Ferner befürchtete er – und das war vielleicht noch ausschlaggebender – einen Zusammenstoß mit Hindenburg und Ludendorff. Also tat er, was er so oft in der Vergangenheit schon getan hatte: Anstatt darauf zu bestehen, daß die politischen Interessen den militärischen Erfordernissen angepaßt wurden, vermied er alle Schwierigkeiten. «Unerwartet plötzlich» entschloß er sich für den U-Bootkrieg. «Er ist sehr entschieden dafür», schrieb Müller am 6. Januar 1917, «sogar, wenn der Kanzler ihn ablehne. Er stellt sich dabei auf den sehr merkwürdigen Standpunkt, daß der U-Bootkrieg eine rein militärische Sache sei, die den Kanzler gar nichts anginge».

Welche Gesichtspunkte sprachen für den U-Bootkrieg? Die englische Blockade dauerte jetzt schon länger als zwei Jahre und verursachte der Zivilbevölkerung schweres Leid. Der Winter 1916/17 wurde als der «Steckrübenwinter» bekannt, denn etwas anderes gab es kaum zu essen, und Zusammenrottungen vor den Bäckerläden waren an der Tagesordnung. «Wir sind alle mager und knochendürr», schrieb die Fürstin Blücher, eine geborene Engländerin. «Wir haben tiefe Schatten unter den Augen, und unsere Gedanken beschäftigen sich in erster Linie mit der Frage: Woraus wird unser nächstes Mahl bestehen?» Der Hunger war schon schlimm genug, aber die bittere Kälte machte das Elend noch größer. Es gab keine Kohlen, viele Wasserleitungen in Berlin waren geborsten. «Und da keine Klempner zu finden sind, die sie reparieren könnten, sagen sich die Leute, daß die Torturen von Dantes Inferno wohl wenig sind im Vergleich zu den Mühsalen dieses grausamen Winters. Es gibt so gut wie keine Autos mehr. Die paar vorsintflutlichen Droschken werden von halbverhungerten jämmerlichen Pferden gezogen, die – wenn sie stürzen – gar nicht mehr versuchen, wieder hochzukommen, sondern still auf der kalten gefrorenen Erde liegen bleiben und dankbar sind, daß sie nicht mehr zu arbeiten brauchen. Was die Stimmung der Leute angeht, so ist die heroische Haltung längst verschwunden. Jetzt sieht man Gesichter, die wie Masken sind, blau vor Kälte und verzerrt vom Hunger, mit dem gequälten Ausdruck derer, die ständig über die Möglichkeiten einer Mahlzeit nachgrübeln».

Hindenburg glaubte, die Moral der Truppen sei nur aufrechtzuerhalten, wenn ein schwerer Schlag gegen das verhaßte England geführt werde. Außerdem hatten ihn die Marineoffiziere davon überzeugt, daß Deutschland mit den U-Booten eine Trumpfkarte in der Hand habe. Großbritannien mußte siebzig Prozent seiner Nahrungsmittel einführen, und da bereits eine Rationierung bestand, rechnete die deutsche Admiralität damit, daß die Engländer innerhalb weniger Monate an den Rand des Hungertodes gebracht werden könnten, wenn die Deutschen auch nur fünfundzwanzig Prozent der Handelsschiffe, die Lebensmittel geladen hatten, versenkten. Da die Vereinigten Staaten so gut wie keine Armee besaßen, werde es mindestens achtzehn Monate dauern, ehe sie genügend Soldaten einberufen und ausgebildet hätten, die zu etwas taugten – und bis dahin würde der Krieg zu Ende sein. Wenn Deutschland die Schiffe versenkte, wie wollten die Amerikaner dann ihre Truppen über den Atlantik bringen?

Die Entscheidung fiel bei einem Kronrat, der am 9. Januar im Hauptquartier zu Pless abgehalten wurde. Zugegen waren der Kaiser, der Reichskanzler, Hindenburg, Ludendorff und die drei Kabinettchefs. Der Kanzler und der Chef des Zivilkabinetts, von Valentini, waren die einzigen, die gegen den U-Bootkrieg stimmten. Admiral von Müller berichtete, daß Bethmann Hollweg – obwohl er «aufgeregt und niedergeschlagen» gewesen sei – seine Überzeugung nicht verfochten habe. Die Forderung des Generalstabs und der Admiralität nach dem uneingeschränkten U-Bootkrieg habe er widerspruchslos hingenommen. Holtzendorff habe sehr begeistert gesprochen, und Hindenburg habe bestätigt, daß die Soldaten im Schützengraben die Eröffnung des U-Bootkrieges sehnlichst erwarteten. Dann verlas der Kaiser statistische Zahlen über Getreide und Verschiffung, die er einem Zeitungsartikel entnommen hatte, der den uneingeschränkten U-Bootkrieg befürwortete. Danach unterzeichnete er das Dekret. Er bemerkte noch, daß er jetzt mit der Kriegserklärung Amerikas rechne. Wenn sie erfolge – und der Kanzler möge, falls nötig, amerikanischen Passagierschiffen Konzessionen machen, um sie zu vermeiden –, «dann umso besser...»

Präsident Wilson ahnte nichts von dem Beschluß, den U-Bootkrieg am 1. Februar zu eröffnen. Am 22. Januar betonte er abermals seinen Glauben an den «Frieden ohne Sieg» und trat nachdrücklich für das Recht der «Selbstbestimmung» ein – jene Gedanken, die seinen berühmten vierzehn Punkten als Grundlage dienen sollten. Vier Tage später sandte er den kriegführenden Mächten eine Botschaft, in der er sich als Vermittler anbot. In der Zwischenzeit geriet der deutsche Botschafter in Washington, Graf Bernstorff – wie so mancher andere deutsche Botschafter vor ihm – außer sich. Er hatte die Weisung erhalten, den Präsidenten über den Beschluß des uneingeschränkten U-Bootkrieges zu informieren. Aufgeregt jagte er Telegramm um Telegramm nach Berlin und bat dringend um einen Aufschub. «Wilson hält die Bedingungen der Entente für unmöglich. Wenn wir nur Vertrauen zu ihm haben, ist der Präsident davon überzeugt, daß er eine Friedenskonferenz zustande bringt. Wenn der U-Bootkrieg jetzt ohne weitere Umstände beginnt, würde der Präsident dies als einen weiteren Schlag ins Gesicht empfinden, und der Krieg mit den Vereinigten Staaten ist unvermeidlich. Wenn wir andererseits Wilsons Vorschlag annehmen und das Vorhaben am Eigensinn unserer Gegner scheitert, wird es für den Präsidenten sehr schwierig sein, in den Krieg gegen uns einzutreten, auch wenn wir dann den uneingeschränkten U-Bootkrieg beginnen. Wir brauchen deshalb nur einen kurzen Aufschub».

Aber diese Dienste Wilsons wurden verschmäht. Deutsche Autoren erklären häufig, das Angebot sei zu spät gekommen, denn einundzwanzig U-Boote hätten sich bereits im Einsatz befunden. Dieser Einwand ist nicht stichhaltig, denn Deutschland stand im Begriff, 200 U-Boote in die Schlacht zu schicken. Nichts wäre leichter gewesen, als dem Präsidenten klarzumachen, daß die einundzwanzig Boote schon ausgelaufen waren, als sein Vorschlag eingegangen war, und daß man sie so schnell wie möglich zurückrufen werde. Wilhelm hatte jedoch Bethmann Hollweg im Stich gelassen und sich auf Gedeih und Verderb mit den Militärs verbunden, um eine Krise zu vermeiden, und die Militärs wünschten keinen

Berliner Revolution, 1919.

Die Kämpfe im Zeitungsviertel während der Berliner Revolution.

Wilhelm II. mit seiner Gattin Hermine im holländischen Exil.

Die Beisetzung Wilhelms des II. in Doorn, 1941.

Frieden, sondern den Sieg. Wenn überhaupt je, dann wäre jetzt die Stunde gewesen, die politischen Erwägungen beim Oberkommando geltend zu machen.

Hätte der Kaiser seine Dynastie durch die Zurücknahme des Befehls in letzter Stunde gefährdet? Der Kanzler und das Auswärtige Amt wären auf seiner Seite gewesen, und den Berichten über die Stimmung des Volkes nach zu urteilen, hätte er nicht nur der Unterstützung weiter Kreise der Zivilbevölkerung, sondern auch der Soldaten sicher sein dürfen. Überdies war das Heer ein Instrument des Kaisers, und Hindenburg war – wie jeder Angehörige des Offizierkorps – ein überzeugter Verfechter des monarchischen Prinzips. Die Vorstellung, das Oberkommando hätte den Kaiser stürzen können, ist phantastisch. Wer hätte auch an Stelle Wilhelms II. regieren sollen? Der Kronprinz etwa? Er hatte sich durch sein Verhalten und durch seine amourösen Neigungen alle Sympathien verscherzt. Es gibt kaum einen Zweifel daran, daß sich der Wille des Kaisers durchgesetzt hätte. Es war die Tragödie Wilhelms II., stets der lautesten Stimme zu unterliegen, und es war die Tragödie Deutschlands, nie zum rechten Zeitpunkt das Richtige zu tun. «Wenn Deutschland die Politik Wilsons akzeptiert hätte», schrieb Grey nach dem Krieg, «dann hätten die Alliierten sie nicht zurückweisen können. Sie waren von der Unterstützung Amerikas abhängig; sie konnten die Feindschaft der amerikanischen Regierung nicht riskieren, noch weniger ein rapprochement zwischen den Vereinigten Staaten und Deutschland».

Aber nichts geschah. Der Kaiser hieß die ablehnende Antwort des Staatssekretärs Zimmermann auf die Depesche des Botschafters in Washington – «Verzögerung unausführbar» – gut. Admiral v. Müller vermerkte in seinem Tagebuch: «Der Kaiser glaubt, Wilson habe nur Aufschub im Interesse Englands haben wollen, weil er wisse, wie schwer die Nahrungsmittelsorge auch in England drückt. Er ist in dieser Ansicht bestärkt durch einen heute eingegangenen Brief des Getreidehändlers Newman aus Hamburg an den Flügeladjutanten, den dieser Sr. Majestät vorgelegt hat».

Auf diese Weise traf Wilhelm II. die folgenschwerste Entscheidung des Weltkrieges. Einem Ertrinkenden gleich übermittelte Bethmann Hollweg die deutschen Friedensziele zur privaten Information Wilsons nach Washington. Sie waren maßvoll: Die besetzten Gebiete sollten wieder freigegeben werden, aber auf einem «Kolonialgebiet, das der Bevölkerung Deutschlands und seinen wirtschaftlichen Interessen entsprach», wurde bestanden. Reparationen für Schäden, die durch deutsche Unternehmungen entstanden waren, wurden zugesichert. Als der deutsche Botschafter Wilson davon in Kenntnis setzte, daß der uneingeschränkte U-

Bootkrieg am nächsten Tag eröffnet werde, zeigte der Präsident freilich keine Neigung mehr, sich über diesen Punkt zu unterhalten. Er brach die diplomatischen Beziehungen zu Deutschland ab. Zwei Monate später trat Amerika in den Krieg ein*.

* Es war nicht allein die «Freiheit der Meere», die Amerika in den Krieg trieb. Dem englischen Secret Service fiel ein Dokument in die Hände, das den Versuch des Staatssekretärs Zimmermann enthüllte, ein Bündnis mit Mexiko für den Fall eines Krieges zwischen den Vereinigten Staaten und Deutschland zu schließen. Als Anreiz wurden Mexiko die nordamerikanischen Bundesstaaten Texas, Arizona und Neu-Mexiko angeboten. Dieses Schriftstück, das auch die Möglichkeiten erwähnte, Japan zu einem Schlag gegen die Vereinigten Staaten zu bewegen, wurde am 1. März 1917 von der amerikanischen Regierung veröffentlicht.

Die Entmachtung

Zu spät erkannte der Kaiser, daß er sich in eine noch größere Abhängigkeit von den Militärs begeben hatte, als er seinen Kanzler in der U-Boot-Frage nicht unterstützte. Die Sorge um seine persönliche Stellung ließ ihn nicht mehr los, denn Ludendorff nutzte die neue Situation: Er begönnerte den Kaiser auf unglaubliche Art und Weise. Im Februar, als Wilhelm sich im Neuen Palais aufhielt und die Oberste Heeresleitung nach Berlin kam, teilte Ludendorff Seiner Majestät mit, der Feldmarschall von Hindenburg könne die Zeit für die täglichen Fahrten nach Potsdam nicht erübrigen, um Vortrag beim Kaiser zu halten. Der Kaiser schlug vor, Ludendorff möge dann an seiner Stelle erscheinen. Der Generalquartiermeister gab zur Antwort, auch er sei «zu beschäftigt». Schließlich einigte man sich: ein Stabsoffizier sollte die Lageberichte übernehmen.

Wilhelms Unruhe wuchs, als er von einem «Anti-Kanzler-Treffen» hörte, das im Hotel Adlon auf Einladung von Industriellen stattgefunden hatte, die behaupteten, die Heeresleitung stünde hinter ihnen. Die Generale konnten mit Bethmann Hollweg in der Tat nichts anfangen. Obwohl der Kanzler selbst den Kaiser bewogen hatte, Hindenburg und Ludendorff mit der Befehlsgewalt zu betrauen, bezeichneten sie ihn als Defaitisten. Da er sich nicht einmal dazu hatte aufraffen können, sie in der Frage des U-Bootkrieges zu unterstützen, verachteten sie ihn noch mehr. Sie waren entschlossen, eine Gelegenheit abzuwarten, um ihn loszuwerden. Er ziehe einen potenteren Mann an diesem Platz vor, gab Hindenburg zu verstehen.

Der Kaiser fürchtete Ludendorffs Absicht, ihm Tirpitz als Reichskanzler aufzudrängen. Erregt versicherte er seiner Umgebung, dazu werde er niemals seine Zustimmung geben. «Seine Majestät ist sehr verärgert über die verräterische Hetzerei gegen den Kanzler, in der er eine Bedrohung der Rechte des Monarchen sieht, sich seine eigenen Minister zu wählen».

Immer noch nahm er nicht die Führung der Heimatfront in die Hand, immer noch blieb er im Großen Hauptquartier. Zwar wußte er, daß seine Rolle als Oberster Kriegsherr eine Illusion war, aber er machte sich nicht klar, daß seine Untertanen dies ebenfalls wußten. Der Kaiser gefiel sich in der Vorstellung, das Volk blicke zu ihm als dem großen Schlachtenlenker auf.

Die Wirklichkeit sah anders aus. Im Januar 1917 hatte die Kritik der Öffentlichkeit nachdrücklichere Formen denn je angenommen. «Ich glaube kaum, daß sich die Leute in England die verstohlene Geringschätzung vorstellen können, mit der vom Kaiser gesprochen wird», schrieb die Fürstin Blücher. «Die Bemerkungen erstaunen mich oft. ‹Laßt ihn reden, als hätte er die Schlachten gewonnen, und laßt ihn glauben, daß er die ganze Armee führt. Schickt ihn nach dem Osten, dort kann er ein paar Gefangene an sich vorbeimarschieren lassen, dann wird er zufrieden sein, und danach soll er wieder nach dem Westen fahren, um sich einen kleinen Erfolg zeigen zu lassen, und dann wird er so zufrieden wie immer sein›».

Die Unzulänglichkeit des Kaisers war so herzbewegend, daß sie fast tragisch wirkte. Als preußischer Prinz war er in dem Gedanken erzogen worden, er habe im Krieg seine Pflicht inmitten seiner Soldaten zu erfüllen. Jetzt erschien ihm das Hauptquartier wie eine Stätte der Zuflucht, die ihn von den Drangsalen der Welt schützte. Er hatte kein rechtes Vertrauen in den U-Bootkrieg. Er glaubte auch im Ernst nicht mehr daran, daß Deutschland den Krieg gewinnen könne. Er kämpfte gegen seine Kleinmütigkeit an, begriff aber nicht, was von ihm erwartet wurde. Alle Führerschaft wurde bei ihm zu bloßer Schaustellerei.

Noch immer klammerte er sich wie im Fieber an jedes Häppchen Macht. Er weigerte sich, einer Autorität zu entsagen, die doch seinen zögernden Händen entglitt. Tirpitz offenbarte Wilhelms Dilemma, als er niederschrieb, Seine Majestät bete darum, daß man ihn von aller Verantwortung erlöse und sie anderen aufbürde, dann aber renne er wieder gegen Wände, die er selbst um sich aufgerichtet habe, und gegen seinen Eigendünkel an.

Die Ratgeber des Kaisers wunderten sich über seine Absonderung. Aber er dachte nicht daran, seinen dynastischen Kult aufzugeben und die Schranken zu beseitigen, die ihn von jeder Vertraulichkeit zurückhielten. Der einzige sichtbare Wandel war seine Abhängigkeit von der Kaiserin, die sich unermüdlich Werken der Nächstenliebe widmete. Sie entfaltete eine Charakterstärke, die auch Wilhelms Zuversicht stärkte, wenn er bei ihr war. Im März 1917 stand er dichter vor dem Zusammenbruch als in den zweieinhalb Kriegsjahren vorher und zog sich auf sein Schloß in

Bad Homburg v. d. H. zurück, wo ihm die Kaiserin Gesellschaft leistete. Ungeachtet der Proteste seiner Kabinettschefs rührte er sich einen Monat lang nicht von der Stelle. In Homburg erhielt er die bestürzende Nachricht von der russischen Revolution und von der Abdankung des Zaren. Er war zu niedergeschlagen, um Genugtuung darüber empfinden zu können. Zu düster erschienen ihm die Ereignisse. «Se. Majestät ganz unter dem Eindruck, daß die Revolution kriegsverlängernd wirkt, weil sie das Werk der Entente, speziell Englands», schrieb Müller. Monatelang wußte niemand, was in Rußland eigentlich vor sich ging. Die neue Regierung setzte sich aus Konservativen, Liberalen, Sozialisten und dem ersten Sowjet, einem Arbeiter- und Soldatenrat, zusammen. Der konservative Fürst Lwow wurde Ministerpräsident, der Sozialist Kerenskij Justizminister. Nach und nach war zu erkennen, daß die neuen Männer den Krieg weiterführen wollten und eine Offensive in Richtung Lemberg vorbereiteten.

Am 3. April 1917 traf in Bad Homburg der neue Kaiser von Österreich, begleitet von seinem Außenminister, dem Grafen Czernin, ein. Der alte Kaiser Franz Joseph war im November 1916 gestorben. Thronfolger war der Erzherzog Karl, ein Neffe Franz Ferdinands, dessen Ermordung die Katastrophe ausgelöst hatte. Dieser junge Mann indessen verspürte keine rechte Neigung zur Kriegführung. Unverblümt erklärte er Wilhelm, Österreich könne höchstens noch bis zum Herbst durchhalten. Falls sich bei Friedensverhandlungen die Frage einer Abtretung Elsaß-Lothringens an die Franzosen stellen sollte, gliche Österreich das deutsche Opfer dadurch aus, daß es Galizien zu jenem Teil von Polen schlage, der unter deutsche Hoheit komme. Der Kaiser entgegnete jedoch, er könne nichts unternehmen, da die Alliierten im Dezember sein Verständigungsangebot abgelehnt hätten. «Ich sehne mich nach dem Frieden», gab er Czernin zu verstehen, «aber ich kann nicht darum bitten». Czernin prophezeite dem Admiral Müller, wenn der Krieg nicht binnen drei Monaten zu Ende ginge, würden die Völker ihn ohne die Regierungen beenden. «Ich kann nicht mit Ihnen wetten –, denn wenn das eintritt, könnten wir die Wette kaum austragen».

Czernins Warnung vor revolutionären Umtrieben kam nicht von ungefähr. Im Januar hatte ein sozialdemokratischer Abgeordneter im Reichstag ausgerufen: «Das Volk will keinen Krieg, das Volk will Frieden und Brot und Arbeit!» Im Februar und März gab es Hungermärsche. Es kam zu Zusammenstößen mit der Polizei; es gab Tote. Im April streikte eine halbe Million Arbeiter in Berlin. Die Zielscheibe der Wut wurden im wachsenden Maß die Junker, die auf ihren Gütern keinen Hunger zu leiden hatten. Und auch die Soldaten, die von der Front kamen, beschwerten sich über das bessere Essen der Offiziere. «Überall hört man die Leute murren: ‹Jetzt müssen wir still sein, aber wartet nur bis nach dem Krieg! Dann kommen wir an die Reihe›». Amerikas Kriegseintritt am 6. April wurde kaum in seiner Bedeutung erfaßt.

Die Äußerungen Czernins beunruhigten den Kaiser. Am 5. April versicherte er Müller, «es müßten da dem Volke Zusicherungen gegeben werden in liberaler Richtung, und zwar gleich». Er dachte an die unverzügliche Verkündung einer Reform des Preußischen Abgeordnetenhauses, das im Dreiklassenwahlrecht gewählt wurde. Es sicherte den höchsten Steuerzahlern, also den Wohlhabendsten, die Mehrheit. Schon vor Jahren war eine Reform entworfen worden, und Bethmann Hollweg hatte sie auch befürwortet. Am 7. April, einem Ostersamstag, gab der Kaiser seine Konzessionen als «ein Osterei» dem Volk bekannt: Nach dem Krieg sollte eine Wahlreform in Preußen die Bürgerrechte erweitern.

Es war ein Schritt, der freilich wenig zur Hebung der allgemeinen Moral beitrug. Während der Monate Mai und Juni baten die Berater des Kaisers ihn immer wieder von neuem, er solle doch seine Residenz in Berlin nehmen. Jetzt machte sich auch die Admiralität keine Illusionen mehr über den U-Bootkrieg, denn die Engländer hatten inzwischen ein Geleitschutzsystem entwickelt, das allen Torpedoangriffen gewachsen schien. Am 20. Juni schrieb Ballin einen verzweifelten Brief an Admiral Müller: «Er schimpfte auf den Reichskanzler, der, der Straße nachgebend, sich auf den uneingeschränkten U-Bootkrieg eingelassen habe, auf Holtzendorff, der durch die Handhabung des U-Bootkrieges immer mehr Neutrale zu Feinden mache, auf den Kaiser, der sich im Wolkenkuckucksheim befinde». Eine Woche später beharrte Wilhelm noch immer auf dem Standpunkt, sein Platz sei «an der Front» und er beschuldigte Müller, ihn «zweimal gezwungen» zu haben, die Hauptstadt zu besuchen. «Und was habe er davon gehabt! Es fiele ihm nicht ein, wieder in das ... zu gehen. Als ich darauf erwiderte, der Besuch Sr. Majestät in Berlin sei doch sehr dankbar begrüßt worden, hieß es nur: ‹Kein Mensch ist mir dankbar.›»

Am Ende aber gab er doch wieder nach und erklärte sich zur Fahrt nach Berlin am 7. Juli bereit. Am Tag zuvor hatte der katholische Reichstagsabgeordnete Erzberger eine aufsehenerregende Rede vor einem Gremium der Zentrumspartei gehalten. Erzberger wußte um den Inhalt eines flehenden Memorandums, das Czernin dem Kaiser gesandt hatte, und er verlas es während der Versammlung. Czernin schrieb, die militärische Kraft Österreichs sei bald am Ende. Es müßten Verhandlungen begonnen werden, ehe die Alliierten sich der Erschöpfung voll bewußt seien. Ein weiterer Kriegswinter käme nicht in Frage; es drohe die Gefahr der Revolution. Die Last, die dem Volk aufgebürdet werde, sei untragbar.

Der Bogen sei so überspannt, daß er jeden Augenblick platzen könne. Man solle ihm doch nicht erklären, der monarchische Gedanke sei in Berlin und Wien so festgewurzelt, daß die Dynastien nicht gestürzt werden könnten. Dieser Krieg sei ohne jedes geschichtliche Beispiel. Wenn die Monarchen nicht in den nächsten Monaten Frieden schließen würden, kämen die Völker über deren Köpfe zum Schluß mit dem Krieg, und dann ginge die Revolution über alles hinweg, für das die Söhne heute kämpften.

Es war klar, daß keine Hoffnung auf Frieden bestand, solange die Annexionspolitik nicht aufgegeben wurde. Seit Monaten befürworteten die Sozialdemokraten diesen Kurs, und der Umstand, daß der bürgerliche Abgeordnete Erzberger nun ebenfalls gewillt war, alle Eroberungspolitik aufzugeben, hinterließ im Reichstag einen starken Eindruck. Er beeindruckte auch Hindenburg und Ludendorff. Sie begriffen, daß die «Defaitisten» sich frei machten und ihnen gefährlich zu werden begannen. Sie warfen Bethmann Hollweg vor, er habe das Ruder nicht fest in der Hand – mit der Demokratisierung des Preußischen Abgeordnetenhauses habe es begonnen – dies sei das Resultat. Nur drakonische Maßnahmen könnten die Lage retten. Die Militärs erklärten dem Kaiser in Berlin, sie seien zum Rücktritt entschlossen, wenn er den Reichskanzler nicht entließe. Wilhelm gab schließlich nach, aber empört meinte er zu Müller, «dieses Verhalten preußischer Generale sei das Unerhörteste, was je in der Geschichte Preußens passiert» sei.

Die Rücksichtslosigkeit seiner Oberkommandierenden verletzte ihn so tief, daß er es ablehnte, beratend an der Wahl des neuen Kanzlers teilzunehmen. Es schien fast gleichgültig, wen man wählte: Von jetzt an hatte alles den Generalen zu gehorchen. Die Kabinettschefs des Herrschers blätterten auf der Suche nach einem geeigneten Kandidaten stundenlang im Gotha und in den Adels-Almanachen. Es schien jedoch niemand zu existieren, dessen Talente jedermann befriedigten und der gleichzeitig harmlos genug war, nirgendwo anzuecken. Die Herren wollten schon aufgeben, da stürzte der General von Plessen, Generaladjutant des Kaisers, herein und schlug einen Herrn Professor Michaelis vor, der nicht einmal Reichsminister, sondern lediglich preußischer Landwirtschaftsminister war. Beträchtlich erleichtert atmeten die Kabinettschefs auf. Sie präsentierten dem Kaiser also ihren Favoriten, doch der bemerkte nur lakonisch, dies sei doch bloß «ein kleiner, unscheinbarer Mensch» – und im gleichen Atemzug gab er auch schon seinen Segen dazu. Michaelis war in der Tat so unscheinbar, daß nach kaum drei Monaten seiner Regierung alle Welt zu der Ansicht kam, der jedenfalls werde es gewiß nicht schaffen. Daraufhin übernahm der dreiundsiebzigjährige Graf Hertling – bislang bayrischer Ministerpräsident – den Posten des Kanzlers des Deutschen Reiches.

Michaelis hatte die Flut nicht aufhalten können, die Erzberger in Bewegung gesetzt hatte. Am 19. Juli nahm der Reichstag mit 212 gegen 126 Stimmen eine «Friedensresolution» an, die auf alle Eroberungen verzichtete. Zu dieser Zeit waren jedoch die Meinungen der Reichstagsabgeordneten alles andere als maßgeblich geworden.

«Der Kaiser wird mit jedem Tag mehr zum Schatten eines Herrschers», schrieb die Fürstin Blücher im Juli 1917. «Die Leute sprechen ganz offen von einer Abdankung». Und der Admiral Müller stellte fest, der Kaiser sei kaltgestellt – nicht etwa, weil er seine Rechte aufgegeben, sondern weil er seine Pflichten nicht erfüllt habe. Das war vielleicht nicht das richtige Wort, denn Wilhelm hatte alles, was er an nervöser Energie besaß, aufgebraucht. Er war der Aufgabe einfach nicht gewachsen gewesen. Der Generalfeldmarschall von Hindenburg hatte ihn eben nicht, wie die Leute glaubten, «gefangengesetzt»; der Feldherr war in die Bresche gesprungen. Eine andere Lösung hatte es gar nicht gegeben. Entweder wurde nun Frieden gemacht, oder der Krieg war mit äußerster Härte weiterzuführen. Die Entschlußlosigkeit des Kaisers hatte Deutschland in eine gefährliche Lage gebracht, und Hindenburg tat das einzig Mögliche, als er die Initiative ergriff. Da er ein loyaler Monarchist war, kam es ihm nicht in den Sinn, den Kaiser abzusetzen. Er erkannte jedoch, daß das Steuer des sinkenden Schiffes sofort gepackt werden mußte.

Wilhelm ergrimmte zwar über die Anmaßung seiner Generale, empfand aber dennoch Erleichterung. Einige Wochen zuvor noch war er in einer Verfassung, die Müller zwang, den Stabsarzt zu fragen, ob es denn etwa geboten sei, Seine Majestät mit größerer Rücksicht zu behandeln. Der Dr. Niedener hatte die Frage bejaht und den Admiral vor einem völligen Zusammenbruch «dieses höchst nervösen Mannes» gewarnt, «von dem wir alle vor dem Krieg einen ganz falschen Eindruck hatten.» Der Arzt meinte, alles wäre anders geworden, wenn der Kaiser jemals wirklich gearbeitet hätte, aber gerade das habe er ja nie getan...

Der Zusammenbruch erfolgte im Juli, indessen anders als der Arzt erwartet hatte. Da Hindenburg sich nun einmal der Staatsgeschäfte angenommen hatte, grämte der Kaiser sich nicht weiter darüber und flüchtete sich in eine Welt der Illusionen. Vom Sommer 1917 an bis zum 22. Juli 1918 war er zugänglicher und ruhiger, als er je zuvor während des Krieges gewesen war. Der Albtraum einer Niederlage quälte ihn nun nicht mehr, weil er sich weigerte, die Kriegslage zu analysieren. Zwar hatte es sich jetzt herausgestellt, daß das englische Geleitzugsystem die U-Bootgefahr bannte, daß amerikanische Truppen innerhalb eines Jahres an der Front sein würden; daß der Stillstand im Westen nicht zu überwinden war: all dies aber belastete den Kaiser nicht weiter. Er erfreute sich nur noch der deutschen Siege an der Ostfront.

Sein Jubel begann mit der Sommeroffensive gegen Rußland, die zum gänzlichen Zusammenbruch führen sollte. «Se. Majestät wieder in bekannter, unzugänglicher Siegerstimmung», notierte Müller am 22. Juli. Der Kaiser berauschte sich wieder an großen Worten und großen Plänen. Er besuchte die Schlachtfelder von Tarnopol und die in Kurland, wo die Deutchen gesiegt hatten, und hielt kühne Reden: «Das Land, wo meine Bajonette stehen –, das Land, wird unter keinen Umständen wieder herausgegeben.» Im September reiste er nach Rumänien, im Oktober nach Bulgarien und in die Türkei, im November nach Norditalien. Dem Reichskanzler teilte er mit, Rumänien gefalle ihm so gut, daß er entschlossen sei, es nach dem Krieg zu behalten. Als Müller ihn an die Friedensresolution des Reichstags erinnerte, die auf alle Annexionen Verzicht geleistet hatte, entgegnete er gelassen: «Das ist ganz egal, der Reichstag kann machen, was er will. Ich habe das Volk und das Heer hinter mir, und Michaelis hat den Revolver, meine Schieß-Order, in der Tasche».

Im Stillen aber wurde weiterhin dauernd vom Frieden gesprochen. Die Friedensresolution der Abgeordneten hatte den Papst zu dem Versuch bewogen, die Kriegführenden an den Verhandlungstisch zu bringen. Im August entsandte er seinen Nuntius Pacelli. Die Reichsregierung aber lehnte die Formulierung von Friedensbedingungen ab, und die Entente zeigte gleichfalls keine Verhandlungsbereitschaft. Ein neuer Mann, Richard v. Kühlmann, der im Frühjahr 1917 den Staatssekretär Artur Zimmermann abgelöst hatte, bemühte sich um Kontakte mit Paris und London, scheiterte jedoch am Wall des französischen Revancheverlangens. Frankreich beharrte auf der Rückerstattung des Elsaß und Lothringens, während das Reich darauf pochte, an seinen Grenzen sei nicht zu rütteln. Im Oktober bemerkte Kühlmann bitter, um der Zukunft von Elsaß-Lothringen willen werde Europa nun also in einen Trümmerhaufen verwandelt.

Gegen Ende Oktober 1917 erlitten die Italiener eine überwältigende Niederlage bei Caporetto durch die Truppen Mackensens. Folgenschwerer noch als dieser Sieg erwies sich Kerenskijs Sturz (der dem Fürsten Lwow als Ministerpräsident gefolgt war) durch die Bolschewisten im November. Die Sowjets bekundeten ihre Bereitschaft zum Frieden. Am 22. Dezember begannen die deutsch-russischen Verhandlungen in Brest-Litowsk.

Die Alliierten hatten im Jahre 1917 ungeheure Verluste verzeichnen müssen. Im Frühjahr hatten sie mit heftigen Offensiven abermals einen Durchbruch erstrebt, die Engländer bei Arras, die Franzosen bei Soissons und in der Champagne. Die Kanadier nahmen zwar die Vimyhöhe; aber die Franzosen erlitten eine ihrer schwersten Niederlagen am Chemin des Dames. Die Zahl der Verwundeten war so hoch, daß die Verbandsplätze nicht mehr ausreichten. Bei zehn französischen Divisionen brach schließlich eine Meuterei aus. Am Ende des Jahres, nach weiteren Kämpfen bei Paschendaele und Cambrai, hatten die Verluste der Engländer und Franzosen fast 1 400 000 Mann gegenüber 850 000 bei den Deutschen erreicht. Noch immer aber war keine Entscheidung abzusehen.

Ende November schrieb Lord Lansdowne, der frühere englische Außenminister, jener, der die Entente geschmiedet hatte, dem ‹Daily Telegraph› einen Brief: «Wir werden diesen Krieg nicht verlieren, aber seine Verlängerung wird den Ruin der zivilisierten Welt bedeuten. Welchen Wert wird dann der Segen des Friedens haben, wenn die Völker so erschöpft sind, daß sie kaum die Hand ausstrecken können, um ihn zu ergreifen? Wenn der Krieg bald beendet wird, um eine weltweite Katastrophe zu verhüten, geschieht dies, weil die Völker auf beiden Seiten erkennen, daß er schon viel zu lange gedauert hat». Und im Januar 1918 entwarf Präsident Wilson seine vierzehn Punkte, in denen die Freiheit und das Recht auf Selbstbestimmung für alle Völker betont wurden. Sie schienen eine Verhandlungsbasis zu bieten.

Währenddessen verhandelten bereits Deutschland und Österreich mit den Russen. Obwohl die Gespräche auf der Grundlage «keine Annexion und keine Kriegsentschädigungen» begonnen wurden, forderten die Deutschen schon bald in Polen, Litauen, Kurland, sowie in Teilen von Estland und Livland die Loslösung von Rußland. In diesen Ländern würde um deutschen Schutz ersucht. Trotzkij protestierte und forderte einen Volksentscheid, die Deutschen antworteten mit dem Abbruch der Unterhandlungen und ließen ihre Truppen auf St. Petersburg marschieren. Trotzkij gab nach. Am 3. März wurde der Frieden unterzeichnet. Zur gleichen Zeit schloß Deutschland einen Separatfrieden mit der Ukraine und mit Rumänien.

Der Kaiser hatte sich Ende Januar nach Bad Homburg zurückgezogen. Sechs Wochen lang wollte er sich zum Entsetzen seiner Umgebung von dort nicht fortbewegen: Er lebte in seiner Traumwelt. Aufgeregt brütete er über Berichten und Presseausschnitten. «Höchst unerfreuliche Ausbrüche von Cäsarenwahn, wie er immer wieder lebendig wird, wenn es einigermaßen gut geht», vermerkte Müller am 20. Februar. Als der Kaiser von der ‹Kölnischen Zeitung› befragt wurde, ob in Kurland ein Volksentscheid abgehalten werde, entgegnete er stolz: «Ich werde den Herzogshut von Kurland nehmen, ich, der Sieger, kraft meines Schwertes, nur nicht aus der Hand von Versammlungen.»

Der grausige Höhepunkt des Ersten Weltkrieges wurde im Frühjahr und Frühsommer 1918 erreicht. In einer letzten verzweifelten Anstrengung, führten Hindenburg und Ludendorff vier Großangriffe gegen die alliierten Fronten. Da der Friede mit Rußland geschlossen war, konnten sie eine Million Mann und 3000 Geschütze an die Westfront werfen. Die erste Offensive begann im März bei St. Quentin gegen die Engländer. In der ersten Schlacht, bei der die Deutschen ihren Gegnern zahlenmäßig im Verhältnis drei zu eins überlegen waren, nahmen sie 90 000 englische Soldaten gefangen und erbeuteten 1300 Geschütze. Der Kaiser hielt sich in Hindenburgs Hauptquartier in Avesnes auf, als die ersten Meldungen einliefen. Bei seiner Rückkehr nach Charleville am Abend war er hochgestimmt. Den Wachen auf der Terrasse rief er zu: «Die Schlacht ist gewonnen, die Engländer total geschlagen!» Der Kampf dauerte einige Tage, und der Kaiser besuchte Hindenburg jeden Morgen. Seine Siegesfreude war so groß, daß der Feldmarschall einen Tagesbefehl herausgab, der mit den Worten begann: «Unter dem persönlichen Befehl Seiner Majestät des Kaisers...» Dies veranlaßte die ‹Kölnische Zeitung›, von der «Kaiserschlacht» zu sprechen, was wiederum dem Kaiser nicht recht war: Er beschwerte sich bei Herrn von Berg, dem neuen Chef des Zivilkabinetts, dies sähe ja so aus, als hätten alle andern Schlachten nichts mit ihm zu tun gehabt...

Ludendorff sollte sein Ziel jedoch nicht erreichen. Die Engländer (im deutschen Hauptquartier wurden sie «Löwen, von Eseln geführt» betitelt) leisteten grimmigen Widerstand. Ihr Beharrungsvermögen und die Erschöpfung der deutschen Truppen brachten den Angriff zum Stehen. Eine zweite Offensive, die im April gegen die englische Front bei Armentières einsetzte und die Kanalhäfen in deutsche Hand bringen sollte, brach aus den gleichen Gründen nach erbitterten Kämpfen zusammen. Der dritte Vorstoß richtete sich im Mai gegen die Franzosen bei Soissons. Die Stadt wurde gestürmt, innerhalb von drei Tagen drangen die deutschen Divisionen fast fünfzig Kilometer vor und überschritten die Marne bei Château Thierry. Fünf englische Divisionen, die in Ruhequartiere gehen und neu ausgerüstet werden sollten, wurden gerade noch rechtzeitig in die Schlacht geworfen, um den Vormarsch aufzuhalten.

Der Kaiser besuchte das Kampfgebiet und war recht guter Dinge. Doch beim Frühstück «sprach sich der Kaiser sehr hart über die Rohheit unserer Leute aus, die schwer verwundeten Engländern gar keine Hilfe gebracht hätten, obwohl sie dicht am Wege lagen. Er hätte dann selbst für Verbinden und Abtransport gesorgt». Die deutschen Soldaten waren jedoch derart unterernährt und ermattet, daß sie sich kaum um ihre eigenen Verwundeten kümmern konnten, geschweige denn um die des Gegners. Ihre Erschöpfung hinderte sie daran, die Anfangserfolge auszunutzen, und wieder einmal verlief ihre Offensive im Sand.

Die Nachrichten aus Österreich aber waren bedrückend geworden. Im Juni hatte die Armee des Kaisers Karl zum Schlag gegen die Italiener an der Piave ausgeholt. Die Österreicher überschritten den Fluß, doch Hochwasser zerstörte die Brücken, und 100 000 Mann ertranken oder gerieten in Gefangenschaft. Diese Katastrophe und die Tatsache, daß so viele Schlachten zwar gewonnen wurden, aber keine davon die Entscheidung gebracht hatte, ernüchterten das Auswärtige Amt in Berlin. Am 25. Juni hielt der Staatssekretär v. Kühlmann eine Rede vor dem Reichstag, in der er sagte, die Garantie der deutschen Grenzen sei nach wie vor die Voraussetzung zum Frieden, aber «rein militärisch, ohne politischen Gedankenaustausch, kann dieser Krieg nicht mehr gewonnen werden». Man müsse deshalb nach anderen Wegen suchen.

Jetzt war es ausgesprochen: Das deutsche Heer konnte den Krieg nicht mehr gewinnen; der Friede mußte durch Verhandlungen erreicht werden. «Es wirkte wie eine Bombe», schrieb die Fürstin Blücher. «Jedermann gibt zu, daß das, was er gesagt hat, die Wahrheit ist und nichts als die Wahrheit, daß es aber ein schändlicher Verstoß war, sie auszusprechen». Bis jetzt war die Bevölkerung bereit gewesen, auch die ärgste Not auf sich zu nehmen, wenn nur der Sieg dadurch errungen wurde. Wenn aber die Soldaten ihr Blut umsonst vergossen, warum wurde dann nicht endlich ein Ende mit dem Massenmorden gemacht? Die Zustände in Berlin waren fast ebenso schlimm wie im Winter 1916/17. «Wir selbst haben wenig zu essen außer Rauchfleisch und trockenen Erbsen und Bohnen, aber in den Städten sind sie viel schlimmer dran. Die Kartoffeln sind vorzeitig ausgegangen, in Berlin bekommt die Bevölkerung jetzt pro Kopf ein Pfund in der Woche, und selbst die sind schlecht. Das kalte Wetter hat das Gemüse nicht richtig wachsen lassen, und es ist fast keines zu haben. Wir warten alle hungrig auf den Herbst und auf die Aussicht, wenigstens mehr Brot und Mehl zu bekommen».

Ludendorff war über Kühlmanns Worte so verärgert, daß er den Kaiser bewog, ihn zu entlassen und an seiner Statt Herrn Paul v. Hintze zu berufen. Dann wandte Ludendorff seine Aufmerksamkeit der vierten und stärksten Offensive zu. Er setzte sie Mitte Juli in der Gegend von Reims an. «Wenn mir jetzt der Angriff bei Reims gelingt, dann haben wir den Krieg gewonnen», verkündete Ludendorff. «Wenn den Deutschen jetzt die Offensive bei Reims gelingt, dann können wir den Krieg verlieren», räumte sein Gegner Marschall Foch im gegnerischen Hauptquartier ein.

Die Schlacht begann am 15. Juli mit einem stundenlangen Trommelfeuer aus 8000 Rohren. Es war das mörderischste Trommelfeuer des Krieges, aber es brach zu spät los. Eine halbe Million Amerikaner war im April, Mai und Juni in Frankreich gelandet, und die Entente verfügte jetzt über Reserven, die sie den Deutschen entgegenwerfen konnte, – und die waren am Ende ihrer Kräfte angelangt. Nach einer Woche hatten die Alliierten die gigantische Offensive zum Stehen gebracht, und die Traumwelt des Kaisers, in der er auf den Tag genau ein Jahr lang dahingedämmert hatte, brach endgültig auseinander. Müllers Tagebuchnotizen geben ein lakonisches Bild der Reaktionen Seiner Majestät.

«*22. Juli 1918*. Am Nachmittag fährt der Kaiser zum Vortrag nach Avesnes. Da wird ihm reiner Wein eingeschenkt, sehr im Widerspruch zu der optimistischen Redaktion unserer Tagesberichte. Der Feldmarschall hat einen vollen Mißerfolg zugegeben. So fuhren wir spät am Abend von Bosmont nach Spa ab. Nach dem Abendessen spricht der Kaiser im engen Kreis von sich als dem geschlagenen Feldherrn, mit dem wir Nachsicht haben müßten.

23. Juli 1918. Nach dem Frühstück erzählt der Kaiser, er habe diese Nacht gar nicht geschlafen. Wie eine Vision seien alle seine englischen und russischen Verwandten und die Minister und Generale aus seiner ganzen Regierungszeit an ihm vorübergezogen, zum Teil ihn verhöhnend. Nur die kleine Königin von Norwegen sei freundlich zu ihm gewesen».

In der letzten Juliwoche ließ Foch eine seit langem vorbereitete Gegenoffensive losbrechen. Ein langsames Vordringen begann, das nicht aufzuhalten war, bis Deutschland vier Monate später die Waffen niederlegte. Wiederum wurde die Marne überschritten und Soissons zurückerobert. Am 8. August brach ein gemeinsamer französisch-englischer Angriff, unterstützt von ein paar hundert Tanks (die zum erstenmal in großer Zahl eingesetzt wurden), den Kampfgeist der deutschen Truppen. Heutzutage mutet es unglaublich an, daß irgendjemand von Soldaten verlangen konnte, sie sollten einem Tankangriff standhalten –, Ludendorff jedoch tadelte die mangelnde Kampfmoral der Truppe und nannte den 8. August den «schwarzen Tag der deutschen Armee». Müller notierte: «Schlechte Nachrichten von der Somme. Einbruch von Franzosen und Kanadiern bis 12 km in unsere Linien. Der Kaiser am Abend ziemlich bedrückt. Er sagt: ‹Es ist doch merkwürdig, daß sich unsere Leute so gar nicht an die Tanks gewöhnen›.» ...

Im Stillen machten sich Hindenburg und Ludendorff nichts mehr vor. Zwei Tage darauf stellten sie dem Kaiser den Ernst der Lage vor Augen.

«Das kann natürlich so nicht bis ins Unendliche weitergehen», entgegnete Wilhelm, «wir müssen einen Weg suchen, um zum Schluß zu kommen.» Am 13. September fand eine Stabsbesprechung im Großen Hauptquartier statt (das sich jetzt in Spa in Belgien befand), an der neben dem Kaiser noch der Kronprinz, der Reichskanzler und Staatssekretär v. Hintze teilnahmen. Der Kaiser sprach sich für eine Übermittlung der deutschen Bedingungen durch die Königin von Holland aus. Der Kanzler erhielt Vollmacht zum Handeln, sobald er es für nötig erachten würde. Allgemein war man indes der Ansicht, es sei das beste, noch zu warten, bis die alliierte Offensive zum Stillstand gekommen sei. Offensichtlich glaubte der Kaiser, er habe noch ein paar Wochen Spielraum, denn er schlug die Bildung einer Propagandakommission vor, um das Selbstvertrauen der Feinde zu schwächen und das des deutschen Volkes zu stärken. Der Vorschlag war sinnlos, denn der Krieg war so gut wie zu Ende. Erst jetzt, da die deutschen Armeen der drohenden Niederlage entgegensahen, begann er zu ahnen, daß die Entscheidung vielleicht doch nicht allein beim Militär liegen könnte.

Es sollten weitere drei Monate vergehen, ehe der Waffenstillstand geschlossen wurde, obwohl alle Teilnehmer der Besprechung von Spa wußten, daß Deutschland verloren war. Was tat nun der Kaiser in diesen Wochen, die über das Schicksal seines Volkes entschieden? Er zog sich auf Schloß Wilhelmshöhe bei Kassel zurück, um das «Aufhalten der Feinde zu erwarten». Die Kaiserin hatte einen leichten Herzanfall erlitten, und Wilhelm II. nutzte die Gelegenheit, sich drei Wochen lang der Zerstreuung zu widmen. «Wir tun so, als ob uns das gar nichts anginge», schrieb Müller bitter. «Demgemäß nachmittags in fünf Autos zur Kasseler Gemäldegalerie gefahren». Am 24. August hieß es: «Abends brachte Gontard dem Kaiser eine im Schloß aufgefundene Bleistiftskizze, von der er glaubte, sie rühre vom Kaiser her, während sie tatsächlich von dem in London lebenden italienischen Marinemaler Martino war. Se. Majestät sagte: ‹Wissen Sie, wenn ich ein solches Talent hätte, dann wäre ich Marinemaler und nicht Kaiser geworden, und säße jetzt nicht in einer so schauderhaften Situation›.»

Der Kaiser hatte also erkannt, daß die Situation schauderhaft war. Er wußte, das Ende nahte – aber er brachte es nicht über sich, den Schritt zu tun, der ja alles um ihn zum Einsturz bringen würde. Und der Krieg ging weiter, das Massensterben dauerte an. «Die ganze politische Lage ist zur Zeit so gefährlich, daß jedermann das Gefühl hat, etwas von großer Tragweite muß sich ereignen», schrieb die Fürstin Blücher in diesen Tagen. «Die Kapitalisten und Großgrundbesitzer sprechen mit Sorgen von ihrem Land – ob es wohl zu einer Bodenreform nach bolschewistischem Muster kommen wird? Die Stimmung der Öffentlichkeit ist so niedergedrückt und die allgemeine Not so groß, daß das Volk droht, die Dinge selbst in die Hand zu nehmen. Verwundete verweigern die Operation, die ihnen vielleicht ein Glied retten könnte, weil sie dann zur Front zurückgeschickt würden, und sie haben keine Lust, wieder hinauszugehen».

Die Kaiserin genas bald wieder, doch nachdem der Kaiser sich acht Tage lang in Wilhelmshöhe aufgehalten hatte, klagte er seinerseits über Beschwerden und befahl Dr. Kraus zur Untersuchung. Die kaiserlichen Berater kannten ihren Herrn nur allzu gut: Sie warnten den Arzt im voraus. Falls er nichts Ernstliches feststellte, sollte er dies auch entschieden zum Ausdruck bringen. Dr. Kraus aber machte einen Fehler. Auf eine Frage Wilhelms sagte er, der Kaiser möge die Einhaltung der Diätvorschriften für seine Gemahlin überwachen. «Und daraus wird gemacht, der Arzt hätte verlangt, der Kaiser müsse bei der Kaiserin bleiben. Und draußen an der Westfront fließt das Blut in Strömen, und ein Stück Land nach dem andern wird von uns aufgegeben...»

Am 2. September wurden die Nachrichten ganz schlimm. Die Engländer brachen mit starken Kräften bei Cambrai ein, und der Kaiser geriet in eine solche Aufregung, daß der Admiral einmal seine sonstige Zurückhaltung aufgab und ihn zu beruhigen suchte – worauf sich Wilhelm II. zu Bett begab. Die Oberste Heeresleitung war am Verzweifeln. Am 14. August hatte Hindenburg dem Kaiser erklärt, es müsse Frieden gemacht werden, doch nichts war unternommen worden, mit Ausnahme einer Anfrage bei der Königin der Niederlande, ob eine Konferenz in Den Haag abgehalten werden könne. Am 4. September nahm Ludendorff mit Ballin Fühlung auf und fragte ihn, ob er sofort nach Wilhelmshöhe fahren und den Kaiser zu Friedensverhandlungen bewegen wolle. Ballin fuhr, aber man erlaubte ihm nur, den Kaiser in Gegenwart des Chefs des Zivilkabinetts zu sprechen. Dieser Herr von Berg unterbrach Ballin mehrmals, um die Härte seiner Worte zu mildern. Als Ballin Verhandlungen auf der Grundlage der vierzehn Punkte Wilsons vorschlug, wechselte Berg kurzerhand das Thema. Späterhin erklärte er Ballin, man dürfe den Kaiser «nicht zu pessimistisch stimmen». «Der Kaiser sprach über einen zweiten Punischen Krieg», schrieb Ballin. Der «arme Monarch» werde so getäuscht, daß er keine Ahnung davon habe, wie katastrophal die Verhältnisse seien. Oberstleutnant Niemann, ein Adjutant des Kaisers, schrieb, es sei unendlich schwierig gewesen, dem Kaiser ein klares Bild der Situation zu geben, ohne ihn aus dem Gleichgewicht zu bringen.

Aus den Tagebuchaufzeichnungen des Admirals von Müller weiß man, daß dies alles nicht zutraf. Der Kaiser hatte ein völlig klares Bild der

Situation – er wollte es jedoch nicht sehen. Der Massenmord an der Westfront nahm seinen Fortgang, er aber blieb weitere sechs Tage friedlich in Wilhelmshöhe; nur einmal fuhr er kurz nach Essen, um vor Krupp-Arbeitern zu sprechen. Am 11. September übersiedelte er wieder ins Große Hauptquartier nach Spa. Auch der Reichskanzler war von der Obersten Heeresleitung über den Ernst der Lage unterrichtet worden, die von Tag zu Tag unhaltbarer wurde. Österreich versuchte jetzt, einen Separatfrieden abzuschließen. Am 25. September reiste der Kaiser nach Kiel, um die Unterseebootschule zu inspizieren. Als er zurückfahren wollte, erhielt er die Meldung vom Zusammenbruch Bulgariens, was – wie jeder wußte – auch das Ende des türkischen Widerstandes bedeutete. «Das kann den ganzen Krieg zu Ende bringen, aber nicht so, wie wir es uns gedacht haben», meinte Seine Majestät dazu. Worauf der getreue Chronist Müller wiederum zu vermerken wußte: «Aber er fand nicht den durch die ganze Lage gegebenen Entschluß, statt nach Wilhelmshöhe nach Berlin oder doch nach Spa zu reisen».

Die Ratgeber des Kaisers versicherten sich der Hilfe der Kaiserin. Sie sagten ihr, der Kaiser schade sich selbst, wenn er bei ihr bliebe. Am 29. September traf er endlich wieder in Spa ein. Diesmal gestatteten ihm Hindenburg und Ludendorff nicht, sich um die Entscheidung zu drücken. Sie erklärten ihm klipp und klar, Deutschland müsse augenblicklich um Waffenstillstand ersuchen: Das Heer sei am Ende, nicht einmal die flämische Küste könne mehr gehalten werden. Hinterher meinte Müller zum Kaiser: «Wie der Krieg auch endet, unser Volk hat sich in ihm glänzend bewährt.» Und Wilhelm entgegnete: «Ja, aber unsere Politiker haben erbärmlich versagt.»

Jetzt überstürzten sich die Ereignisse. Ein neuer Reichskanzler mußte gefunden werden, einer, der Frieden machte, und eine neue Regierung mußte gebildet werden, die sich aus allen Parteien – auch aus den Sozialdemokraten – zusammensetzte. Dies bedeutete eine «Modernisierung» der Verfassung (die Bezeichnung «Demokratisierung» wurde vermieden, um die Empfindlichkeit des Kaisers zu schonen) und eine scharfe Beschneidung der monarchischen Autorität. Wilhelm II. leistete keinerlei Widerstand mehr. Nun war auch Ludendorff mit seinem Latein am Ende. Während der Kaiser mit dem Kanzler Graf Hertling konferierte, stürzte er ins Zimmer: «Ist die neue Regierung gebildet?» «Ich kann nicht zaubern», versetzte der Kaiser. «Sie muß sofort gebildet werden», rief Ludendorff. «Das Friedensangebot muß sofort gemacht werden.» Sechs kostbare Wochen waren vertrödelt worden, und jetzt war keine Minute mehr zu verlieren, sonst würde die gesamte deutsche Front aufgerissen, und die feindlichen Heere würden sich ins Land ergießen.

Am 3. Oktober wurde Prinz Max von Baden, ein Vetter des Kaisers, zum Reichskanzler ernannt, und in der Nacht zum 4. ging das Ersuchen um Waffenstillstand auf der Grundlage der vierzehn Wilsonschen Punkte an den amerikanischen Präsidenten. Vier Tage darauf, am 8. Oktober, antwortete Wilson: Er forderte die Räumung der besetzten Gebiete und erkundigte sich, mit wem er zu verhandeln habe. Der Kaiser begriff sofort: «Sehen Sie nicht?» fragte er aufgeregt Niemann. Er meinte, die Alliierten hätten den Sturz seines Hauses, die Beseitigung der Monarchie, im Auge. Am 14. Oktober traf eine zweite Note ein. Sie forderte die Einstellung des U-Bootkrieges und die «Absetzung und Unschädlichmachung der willkürlichen Regierung», die bis jetzt Deutschland und die Deutschen regiert habe.

Diesmal tat der Kaiser so, als begriffe er diese Note nicht. Zu Müllers Überraschung sagte er, gern würde er sich der Berliner Antwort anschließen, die dem amerikanischen Präsidenten versichern solle, daß eine demokratische Regierung die Geschicke Deutschlands übernehmen werde. Die Bevölkerung verstand jedoch nur zu gut, was gemeint war: Der Kaiser stand dem Frieden im Wege. Das Volk hatte Wilhelm II. nicht gehaßt, aber es hatte ihn auch nicht geliebt. Er mutete wie eine verschwommene, weitentrückte Erscheinung an, und wenn seine Gegenwart Deutschland an einem guten Frieden hinderte, dann mußte er eben gehen. «Nun, da seine Zeit gekommen ist, bemitleidet man ihn», schrieb die Fürstin Blücher. «Eine klägliche Situation für einen König, Gegenstand des Mitleids zu sein. Warum hat er es so weit kommen lassen? Warum hat er nicht schon lange abgedankt, anstatt zu warten, bis er dazu gezwungen wird? Jedes Kind auf der Straße sagt: ‹Der Kaiser muß gehen›. Er scheint sich noch an den Schatten des Throns zu klammern, und die Leute sagen sonderbarerweise, es sei die Kaiserin, die ihn berate und ihn bitte, nicht zu gehen».

Es war aber nicht die Kaiserin. Es war Wilhelm II., der sich hartnäckig sträubte, die Wirklichkeit zu sehen. Am 21. Oktober befahl er die neue Regierung in das Schloß Bellevue und betonte, er sei sich einig mit ihnen in dem geheiligten Ziel, das Deutsche Reich aus dem gegenwärtigen Verhängnis wieder zu Ruhe und friedlichem Gedeihen zu führen.

Am 24. Oktober sprach Wilson mit unmißverständlicher Klarheit aus: Die Macht des Königs von Preußen scheine ungebrochen zu sein, und wenn die Vereinigten Staaten mit «militärischen Beherrschern und monarchistischen Autokraten» zu verhandeln hätten, müsse er nicht «Friedensverhandlungen, sondern die Kapitulation» verlangen. Das hieß: Nicht nur der Kaiser mußte abdanken, auch Hindenburg und Ludendorff mußten gehen. Ludendorff machte es dem Kaiser leicht, obwohl er einen Tagesbefehl erließ, in dem er die Bedingungen Wilsons als «unannehmbar für uns Soldaten» kennzeichnete. Prinz Max drohte seinen Rücktritt an, falls Ludendorff nicht entlassen werde, und am 27. Oktober erlebte der Kaiser dann noch eine stürmische Szene mit dem General, die damit endete, daß Ludendorff um seinen Abschied ersuchte.

Was war mit dem Kaiser los? Der Druck der Öffentlichkeit nahm zu, die meisten hohen Staatsbeamten hielten seine Abdankung für unausweichlich. Die Monarchisten meinten, die einzige Hoffnung für die Dynastie liege in der Errichtung einer Regentschaft, denn niemand glaubte, daß sich das Volk für den Kronprinzen erwärmen werde. Jahrelang hatten sich die Berliner ein Bonmot erzählt, das Kiderlen-Wächter während einer Jagdpartie zum besten gegeben hatte: «Geben Sie acht und schießen Sie nicht auf den Kaiser, sonst kriegen wir einen, der noch schlimmer ist!» Admiral Müller notierte am 10. Oktober: «Den Kronprinzen würde nicht nur Wilson, sondern das deutsche Volk entschieden ablehnen».

Müller staunte über die Spannkraft des Kaisers. Obwohl er übermüdet aussah, war er in überraschend guter Verfassung, als die Spannung zunahm. Wiederum sprach er von einem Zweiten Punischen Krieg, und seine Phantasie beschwor bereits ganz andere Verhältnisse herauf. «Der Kaiser entwarf ein kühnes Zukunftsbild: Verständigung mit England, was eine Verständigung mit Japan einschließt, gemeinsames Hinauswerfen der Amerikaner aus Europa. ‹Also europäische Monroedoktrin, die ich damals in Spa Hintze als Grundlage für die von ihm zu verfolgende Politik angegeben habe›. Der Kaiser sah schon japanische Divisionen über Sibirien an die deutsche Westfront eilen, um die Amerikaner hinauswerfen zu helfen. So könnten wir noch einen ganz guten Frieden bekommen, denn dann hätten die Engländer kein Interesse an unserer Schwächung, sie würden gern eine kräftige Flotte und namentlich eine starke U-Bootmacht in unserer Hand sehen».

Der Kaiser gab seine Absicht bekannt, am gleichen Abend Berlin zu verlassen und nach Spa zurückzufahren. Prinz Max geriet außer sich, als er davon hörte. Er brachte es indessen nicht über sich, dem Kaiser zu sagen, daß die Frage der Abdankung jedermann auf der Zunge lag; daß die Öffentlichkeit davon überzeugt war, er allein stehe dem «ehrenhaften Frieden» im Wege; daß die Sozialdemokraten, die willens waren, eine Regentschaft zugunsten eines der Kaiserenkel zu unterstützen, ihre Hilfe beim Aufbau der Regierung zurückzögen, wenn er den Thron nicht aufgäbe; sie würden ihre prokommunistischen Genossen nicht von der Ausrufung der Republik zurückhalten können, wenn der Kaiser sich nicht opfere. Prinz Max war sich darüber im klaren, daß die Fortdauer der Monarchie auf dem Spiel stand, aber er wagte nicht, dies dem Kaiser ins Gesicht zu sagen. In den vergangenen Wochen hatte er gehofft, Wilhelm werde von sich aus dem Thron entsagen. Jetzt konnte er sich lediglich zu der Bitte aufraffen, der Kaiser möge die Hauptstadt nicht verlassen. «Er erhielt zur Antwort, daß ich die Rückkehr ins Feld für meine Pflicht als Oberster Kriegsherr hielte, nachdem ich fast einen Monat von der schwerringenden Armee getrennt gewesen sei», schrieb der Kaiser in seinen Memoiren. «Auf den Einwurf des Kanzlers, ich sei zu Hause unentbehrlich, entgegnete ich, wir befänden uns im Kriege, und der Kaiser gehöre zu seinen Soldaten».

Dies war keineswegs die ganze Wahrheit. Wenngleich der Kaiser Unwissenheit heuchelte, war er sich des immer heftiger werdenden Drängens auf Abdankung wohlbewußt. Die Offiziere, die den persönlichen Treueeid abgelegt hatten, konnten ihm den Thronverzicht kaum nahelegen, denn sie hatten ja geschworen, sich bis zum Tode für ihn einzusetzen. Wilhelm II. war schwach und wankelmütig in vielem gewesen, doch in einem Punkt hatte es für ihn nie einen Zweifel gegeben: Er saß durch Gottes Gnade auf dem Thron, und ohne schweren Kampf würde er ihn nicht verlassen. Tatsächlich hatte er sich von jedem seiner sechs Söhne das Versprechen geben lassen, sich auf nichts einzulassen, was seine Abdankung herbeiführen könnte. Keiner von ihnen war geneigt, einer Regentschaft zuzustimmen. Wenn Wilhelm zum Verzicht gezwungen wurde, dann bedeutete dies auch das Ende der Monarchie. Für das deutsche Volk gab es nur noch ein Entweder – Oder.

Prinz Max von Baden wurde nervös. Er war kein Feigling, indes die mystische Verbundenheit zwischen dem Souverän und seinen Gefolgsleuten war so stark, daß die Forderung nach Abdankung dem Hochverrat gleichkam. Er versuchte deshalb, jemanden zu finden, der bereit war, diese Last auf sich zu nehmen. Der Kaiser war kaum abgereist, als der Kanzler schon einen der Kaisersöhne, den Prinzen August Wilhelm, fragte, ob er seinem Vater nicht nachreisen und ihn zur Abdankung bewegen wolle. Der junge Mann lehnte entrüstet ab. Am 31. Oktober bat Prinz Max den Kaiser telegraphisch, wieder nach Berlin zu kommen, und diesmal weigerte sich Wilhelm. Am nächsten Tag, dem 1. November, schickte der Kanzler den Innenminister Drews nach Spa, um beim Kaiser vorstellig zu werden. Der Abgesandte sprach in Gegenwart von Hindenburg und General Groener mit dem Kaiser. Wilhelm fühlte sich in Spa sicher und geborgen. Die Generale zeigten sich über das Ansinnen aufgebracht, und Hindenburg erklärte Drews mit den «stärksten Worten, die möglich waren», die Armee werde «nicht zusammenstehen», wenn der Kaiser abtrete; die Leute würden einfach nach Hause gehen wie eine Horde von marodierenden Banditen.

Aber war die Armee denn zusammenzuhalten, wenn der Kaiser blieb? Am 2. November traf die Nachricht von der Flottenmeuterei in Berlin ein. Das Dritte Geschwader der Hochseeflotte war am 29. und 30. Oktober auf der Schillingsreede zusammengezogen worden, um einen Ausbruch in den Kanal zu erzwingen und die Räumung Flanderns und Belgiens zu erleichtern. Die Mannschaften glaubten jedoch, die Offiziere suchten eine Entscheidungsschlacht mit der englischen Flotte und verweigerten den Gehorsam. «Wenn die Engländer uns angreifen», erklärten die Matrosen in einer Proklamation, «werden wir unsere Küsten bis zum letzten verteidigen, aber wir werden nicht selbst angreifen. Weiter als bis Helgoland fahren wir nicht.»

Die Matrosen wurden massenweise arretiert, aber die Meuterei griff so rasch um sich, daß die Disziplin nicht aufrechtzuerhalten war. Am 1. November versammelten sich die Matrosen in der Kieler Stadthalle und verlangten die Freilassung ihrer Kameraden. Am 3. November folgte eine Massendemonstration von Matrosen und Arbeitern mit Hochrufen auf die Republik. Am 4. November wurde auf den meisten Kriegsschiffen die rote Fahne aufgezogen. Am 5. November trat die gesamte Arbeiterschaft an die Seite der Aufrührer. Tausende führten rote Fahnen mit sich. Aus der Meuterei war eine Revolution geworden. Nicht nur Kiel, auch Hamburg, Lübeck und Bremen waren in der Hand der neuen Arbeiter- und Soldatenräte.

An diesem 5. November traf eine Botschaft von Präsident Wilson in Berlin ein: Die Alliierten stimmten dem Wunsch nach einem Waffenstillstand zu. Am folgenden Morgen wurden die deutschen Parlamentäre unter Führung des Abgeordneten Erzberger durch die feindlichen Linien geführt und von Marschall Foch mit den grausamen Worten empfangen: «Was wünschen Sie?»

Am 7. November waren die meisten deutschen Städte unter der Kontrolle der Rebellen. Es waren keine Revolutionäre im eigentlichen Sinn, denn die überwiegende Mehrheit des Volkes, das zu den roten Fahnen drängte, wollte vom Bolschewismus und nicht einmal vom Sozialismus etwas wissen: Die Leute waren einfach entschlossen, mit dem Krieg Schluß zu machen, und das war – wie sie meinten – unmöglich, solange der Kaiser regierte. Am Morgen des 7. November informierten die sozialdemokratischen Regierungsmitglieder unter Scheidemann den Prinzen Max, sie würden die Regierung verlassen und den Umsturz organisieren, wenn der Kaiser nicht bis zum Mittag des nächsten Tages abgedankt habe. Dr. Gwinner, ein Angehöriger des Preußischen Herrenhauses, telefonierte mit Admiral von Müller, der sich beim Admiralstab in Berlin befand, und fragte ihn, ob er nach Spa fahren und dem Kaiser die Abdankungsfrage vorlegen wolle. Müller entgegnete, dazu habe er keine Befugnis. Gwinner meinte, wenn die Sozialisten aus der Regierung austräten und gemeinsame Sache mit den Spartakisten machten, würde dies «das Schafott für den Kaiser» bedeuten.

Prinz Max telegraphierte nach Spa und setzte den Kaiser von dem Ultimatum der Sozialdemokratie in Kenntnis. Da er seinen Souverän nicht zur Abdankung auffordern könne, müsse er seinen Rücktritt anbieten. Am Abend jedoch überwand er seine Skrupel wenigstens teilweise und depeschierte abermals: Wenn der Kaiser nicht ginge, gäbe es Bürgerkrieg. Nein, antwortete Wilhelm II., und auch Prinz Max dürfe nicht zurücktreten. Der Kaiser legte seine Befehle schriftlich nieder: «S. M. haben es völlig abgelehnt, auf die Vorschläge Eurer Großherzoglichen Hoheit in der Thronfolge einzugehen, und halten es nach wie vor für Ihre Pflicht, auf Ihrem Posten zu bleiben». Am Mittag des 8. November verließen die Sozialdemokraten die Regierung. Am selben Tage sagte sich Bayern vom Reich los und proklamierte einen Freistaat. Die Münchner Schloßwache wurde entwaffnet. Die Bevölkerung schrie: «Nieder mit dem Kaiser! Es lebe die Republik!» In Berlin organisierten die Sozialisten die Massen zu einer riesigen Demonstration. Die Atmosphäre war bis zum Zerreißen gespannt.

Unterdessen überlegte sich der Kaiser, ob er die Truppen nicht gegen die Revolutionäre führen sollte. Am 9. November berief er einen Kronrat ein, um über die «Operationen gegen die Heimat unter Führung des Kaisers» zu diskutieren. In der Nacht erkannten jedoch Hindenburg und Groener (der an Ludendorffs Stelle getreten war) endlich, daß sie viel zu optimistisch gewesen waren. Nach den neuesten Berichten zeigten sich auch beim Heer schon Auflösungserscheinungen. In der Nacht befragten sie sechzehn Offiziere aus Schulenburgs Heeresgruppe, ob die Truppen dem Kaiser nach Berlin folgen würden, um die Monarchie wieder zu festigen. Zwölf antworteten mit Nein.

Hindenburg und Groener sahen ein, daß der Plan des Kaisers aussichtslos war. Als die beiden Generale von ihrem Hauptquartier, dem Hotel Britannique, aufbrachen, um sich zum Kronrat ins Château de la Fraineuse zu begeben, war Hindenburg tief bewegt. Er weinte, und als er im Schloß eintraf, war er außerstande zu sprechen. Der Rat wurde im großen kalten Gartensaal abgehalten. Zugegen waren Hindenburg, die Generale Groener und Plessen, Graf von der Schulenburg, Freiherr von Grünau vom Auswärtigen Amt und Oberstleutnant Niemann. Ein schwaches Holzfeuer spendete ein wenig Wärme. Der Kaiser lehnte fröstelnd am Kaminsims. Da es Hindenburg für zu qualvoll erachtet hatte, dem Kaiser die letzte Illusion zu nehmen, sprach Groener. In düsterem Ton gab er dem Kaiser zu verstehen, ein Unternehmen gegen die Heimat käme nicht in Frage. Es handele sich nicht um einen Aufstand, sondern um Bürgerkrieg. Die Meuterer hätten die meisten Schlüsselstellungen am Rhein in der Hand, in vielen Teilen des Reiches seien die Truppen zu ihnen übergegangen.

Schulenburg war über Groeners Einschätzung der Lage aufgebracht und ließ heftige Ausfälle hören. Innerhalb einer Woche, so meinte er, sei es möglich, Elitetruppen am Rhein zusammenzuziehen, und auf die könne der Kaiser sich verlassen. Aber Wilhelm begann wankelmütig zu werden. Er war auf eine Auseinandersetzung gefaßt gewesen, bis er aus Hindenburgs Haltung schloß, daß der Marschall einen solchen Kampf für aussichtslos hielt. Jetzt suchte er nach einem anderen Ausweg. Er wollte vermeiden, daß deutsche Soldaten auf deutsche Soldaten feuerten: «Ich will dem Vaterlande den Bürgerkrieg ersparen, aber nach dem Waffenstillstand an der Spitze der Armee in die Heimat zurückkehren.»

Die Generale waren im Zwiespalt. Immer noch hatte der Kaiser die Bedeutung der Stunde nicht erfaßt. Jetzt war der Augenblick gekommen, da ihm endlich gesagt werden mußte, daß die Revolution nicht von einer Handvoll Kommunisten gemacht werde, sondern daß das ganze Volk rebelliere, weil es sich nach Frieden sehne und diesen Frieden nicht für möglich halte, solange der Kaiser bliebe. Hindenburg schwieg und nur der General Groener fand den Mut, die schicksalhaften Worte auszusprechen: «Eure Majestät haben keine Armee mehr. Unter seinen Führern und Generalen wird das Heer in Ruhe und Ordnung in die Heimat zurückmarschieren, nicht aber unter dem Befehl Eurer Majestät. Es steht nicht mehr hinter Ihnen!»

Das Gesicht des Kaisers wurde dunkelrot. Er machte ein paar Schritte auf Groener zu. Dann brach es aus ihm hervor: «Exzellenz, diese Erklärung verlange ich von Ihnen schriftlich! Schwarz auf weiß will ich die Meldung aller Kommandierenden Generale haben, daß das Heer nicht hinter seinem Obersten Kriegsherrn steht. Hat es mir nicht den Fahneneid geschworen?!» General Groener versetzte niedergeschlagen: «Der ist in solcher Lage eine Fiktion.»

Die Welt des Kaisers war zusammengestürzt. Eine neue Hiobsbotschaft kam vom Berliner Stadtkommandanten: «Alles übergelaufen, keine Truppen mehr in der Hand». Wilhelm vertagte die Sitzung und trat in den Garten hinaus, wo er sich einige Minuten mit von Grünau unterhielt. Er sprach mit Bitterkeit von der neuen demokratischen Regierung. Trotz seiner Einwilligung zu allen Reformen und Personalwechseln habe sie es unterlassen, den Angriffen auf seine Person zu begegnen, die letztlich doch die Monarchie zerstören mußten. Die Regierung habe sich von den Sozialdemokraten ins Schlepptau nehmen lassen, die nur daran dächten, sich selber in den Sattel zu schwingen. Schließlich erklärte er sich zur Abdankung bereit, sollte das deutsche Volk dies wirklich wünschen. Er habe lange genug regiert, um zu wissen, welch eine undankbare Aufgabe dies sei. Er sei weit davon entfernt, sich an den Thron zu klammern. Er habe nur seine Pflicht getan, indem er auf dem Posten geblieben und Armee und Volk in einer solchen Zeit nicht verlassen habe. Nun sollten die andern zeigen, ob sie die Sache besser machen könnten.

In der Zwischenzeit war der Kronprinz eingetroffen, und die Verhandlungen wurden fortgesetzt. Auch andere Kommandierende Generale waren befragt worden, wieweit sie sich noch auf ihre Truppen verlassen könnten – sie verneinten. Graf von der Schulenburg jedoch gab die Hoffnung noch immer nicht auf. Er ermutigte den Kaiser: Wenn Seine Majestät vielleicht als Kaiser abdanke, als König von Preußen dagegen bliebe, könnte seine Autorität wiederhergestellt werden. Zweifellos verhielten sich die preußischen Truppen loyal, und ihr Beispiel mochte noch einen Umschwung herbeiführen... In diesem Augenblick wurde Telephonverbindung mit Prinz Max in Berlin hergestellt: Er beschwor den Kaiser, abzudanken, nichts sonst könne die Monarchie retten und den Bürgerkrieg vermeiden. Es war zum Generalstreik aufgerufen worden. Tausende von Arbeitern rotteten sich zusammen. Die Spannung war so mächtig, daß die Menge jeden Augenblick die Wilhelmstraße stürmen konnte. Schulenburg gedachte sich nicht drängen zu lassen, denn er hatte den Kaiser schon für seinen Gedanken der «teilweisen Abdankung» eingenommen. Ein paar Minuten später läutete das Telephon abermals. Erneuter Angstschrei aus Berlin: «Es handelt sich um Minuten». Dieses Mal antwortete Schulenburg: «Eine so wichtige Entschließung kann nicht in wenigen Minuten gefaßt werden. Seine Majestät hat den Entschluß gefaßt. Er wird im Augenblick schriftlich formuliert und in einer halben Stunde in den Händen der Reichsregierung sein.»

Prinz Max und seine Regierung konnten nicht länger warten. Nur ein Funke war nötig, um die Menge in Aufruhr zu versetzen. In seinen Erinnerungen sagte Prinz Max, Schulenburg habe den phantastischen Einfall, Wilhelm könne König von Preußen bleiben, nicht erwähnt, und als er – Prinz Max – auf den Balkon der Reichskanzlei trat und vorzeitig die Abdankung des Kaisers und des Kronprinzen verkündete, habe er im guten Glauben gehandelt, er nähme den Entschluß des Kaisers nur vorweg. Die Monarchie werde beibehalten, teilte der Prinz dem Volk mit, denn der sozialdemokratische Abgeordnete Ebert habe sich bereiterklärt, als Reichskanzler unter einer Regentschaft zu dienen, die soeben gebildet werde.

Hindenburg und seine Generale hatten den Kaiser verlassen und waren ins Hotel Britannique zurückgekehrt. Wilhelm II. führte seine niedergeschlagene Suite zum Frühstück ins Schloß. Plötzlich trafen die Telegramme aus Berlin ein, die ihn über die Aktion des Kanzlers unterrichteten. «Verrat! Schamloser, empörender Verrat!» rief der Kaiser. Er sprang auf und stürzte in die Halle, wo er in fieberhafter Eile Telegrammformulare auszufüllen begann. Er beharrte darauf, noch immer König von Preußen zu sein. Aber es warteten noch schlimmere Nachrichten auf ihn. Der Schritt des Prinzen Max war zu spät erfolgt. Die Kommunisten – die sich damals ‹Spartakisten› nannten – hatten das Schloß besetzt und eine deutsche Sowjetrepublik ausgerufen. Die sozialdemokratischen Anhänger Friedrich Eberts verfielen in Panikstimmung. Ebert war nicht imstande, den sich hysterisch gebärdenden Abgeordneten Scheidemann zurückzuhalten: Vom Säulenhof des Reichstages aus rief er die Republik aus. Nun war Wilhelm II. nicht allein abgesetzt –, auch die Monarchie war zu Fall gebracht.

Der Kaiser hatte über alldem so sehr die Fassung verloren, daß niemand gelassen mit ihm sprechen konnte. Plötzlich wurden Hindenburg und Groener gemeldet. «Mein Gott», rief er, «sind sie schon wieder da!» Er warf Groener einen vernichtenden Blick zu. «Sie haben keinen Obersten Kriegsherrn mehr.» Dann wandte er sich von ihm ab. Hindenburg war nicht mehr ganz Herr seiner selbst. Es ging nicht mehr um die Dynastie, sondern nur noch um den Kampf zwischen Bolschewisten und Sozialisten. Was aber sollte nun aus dem Kaiser werden? Die Straßen nach Berlin waren blockiert, ebenso wie die zur Front. Hindenburg konnte die Sicherheit des Kaisers selbst in Spa nicht mehr gewährleisten: «Ich muß Eure Majestät dringend ersuchen, sofort abzudanken und nach Holland abzureisen. Ich kann es als preußischer General nicht verantworten, daß Sie von Ihren eigenen Truppen verhaftet und der revolutionären Regierung ausgeliefert werden!»

«Glauben Sie, daß ich mich fürchte, bei meinen Truppen zu bleiben?» gab der Kaiser heftig zurück. Niemand antwortete, und er schritt in quälendem Schweigen im Zimmer auf und ab. Schließlich rief er jemanden herbei und erteilte den Befehl, Reisevorbereitungen zu treffen. Da wurde ihm Admiral Scheer gemeldet. Der Kaiser warf sich auf: «Herr Feldmarschall, wiederholen Sie bitte Exzellenz Scheer, was Sie mir soeben gesagt haben.» Hindenburg erklärte also feierlich: «Das Heer hält nicht mehr, die Truppen stehen nicht mehr zu S. M. Es gibt keine treuen Truppen mehr. Wolle Gott, es stünde anders!»

Der Kaiser wandte sich an Scheer. «Wenn es so ist, wie der Feldmarschall meldet, so kann ich mich doch nicht arretieren lassen! Es bleibt nichts übrig, als abzudanken als Kaiser. Ich bleibe König von Preußen. Aber damit die Herren erfahren, wie ich vom Kanzler bedient worden bin: Prinz Max von Baden hat bereits heut vormittag ohne mein Wissen und ohne meine Ermächtigung meine Abdankung proklamiert, als Kaiser und als König. So bin ich von meinem letzten Kanzler bedient worden!» Admiral von Scheer suchte nach Worten. Endlich sagte er matt, auch auf die Flotte sei kein Verlaß. «Ich habe keine Marine mehr!» stieß der Kaiser hervor.

Die Generale und der Admiral verabschiedeten sich. Während der folgenden fünf Stunden kämpfte der Kaiser um einen Entschluß. Dem Kronprinzen erklärte er, daß er mitnichten nach Holland gehen werde. Was immer er auch unternehmen wolle, vor dem nächsten Morgen würde er keine Entscheidung treffen. Späterhin erfuhr er durch einen Telefonanruf, die Kaiserin halte sich unbelästigt im Neuen Palais zu Potsdam auf. Jetzt beschloß er, den Gedanken zur Flucht aufzugeben. «Meine Frau hält sich, und man will mich überreden, nach Holland zu gehen! Das tue ich nicht! Das wäre wie ein Kapitän, der sein sinkendes Schiff verläßt!» Trotz dieser festen Worte begab er sich in seinen Hofzug, und als um neun Uhr Oberstleutnant Niemann mit dem Gepäck erschien, das von General v. Plessen für den Fall einer Abreise herbeizitiert worden war, änderte sich die Laune des Kaisers wiederum. «Im Hofzuge finde ich den Kaiser im Kreise seines Gefolges bereits bei Tafel. Ich habe gefürchtet, die Erregung der vorhergegangenen Stunden würde bei ihm eine Lethargie auslösen. Das ist jedoch nicht der Fall. Voller Lebensenergie blickt er mich an; ruhige Entschlossenheit liegt auf dem Antlitz. Man sagt mir, der Kaiser habe das Ansinnen, nach Holland abzureisen, ganz entschieden zurückgewiesen[79]». Eine Stunde danach, als Grünau und Plessen «im Auftrage des Feldmarschalls» um die sofortige Abreise ersuchten, hieß es plötzlich und ohne Übergang: «Nach kurzer Überlegung willigte der Kaiser ein: ‹Wenn es denn sein muß! Aber nicht vor morgen früh!›»

Der Generalfeldmarschall von Hindenburg wollte am nächsten Morgen seinem Herrn noch ein Lebewohl sagen. Aber in der Dämmerung, als im Großen Hauptquartier noch tiefe Stille herrschte, glitt der weißgoldne Hofzug bereits aus dem Bahnhof und fuhr mit wachsender Geschwindigkeit der holländischen Grenze entgegen. Der Kaiser hinterließ keine Abschiedsbotschaft an seine Generale, lediglich dem Kronprinzen hatte er einen Brief geschrieben: «Lieber Junge, da der Feldmarschall mir meine

Sicherheit hier nicht mehr gewährleisten kann und auch für die Zuverlässigkeit der Truppe keine Bürgschaft übernehmen will, so habe ich mich entschlossen, nach schwerem innerem Kampfe das zusammengebrochene Heer zu verlassen. Berlin ist total verloren in der Hand der Sozialisten, und sind dort schon zwei Regierungen gebildet, eine von Ebert als Reichskanzler, eine daneben von den Unabhängigen. Bis zum Abmarsch der Truppen in die Heimat empfehle ich, auf Deinem Posten auszuharren und die Truppen zusammenzuhalten! So Gott will auf Wiedersehen, General von Marschall wird Dir weiteres mitteilen. Dein tiefgebeugter Vater, gez. Wilhelm».

Der Kaiser ging bei Eysen über die belgisch-holländische Grenze. Er übergab dem verdatterten Grenzposten, der wohl einen Moment lang glaubte, er träume, seinen Degen. Daraufhin fragte sich der Mann bekümmert, was denn jetzt noch weiter zu tun sei. Schließlich rief er einen Offizier herbei, der nach Den Haag telefonierte. Die Königin Wilhelmina erhielt die Nachricht auf dem amtlichen Wege und berief das Kabinett zu einer Sitzung ein. Der Kaiser wartete inzwischen an der Grenzstation. Er wartete sechs Stunden lang. Dann wurde ihm mitgeteilt, er dürfe die Grenze passieren. Ein Sonderzug war schon unterwegs, damit Seine Majestät und das Gefolge es sich bequem machen konnten, bis eine endgültige Entscheidung getroffen war. Am nächsten Tag, dem 11. November, erfuhr man, der Graf Godard Bentinck, ein Edler des Königreichs und Johanniterritter, sei bereit, eines seiner Häuser in Amerongen dem Kaiser zur Verfügung zu stellen.

«Wer ist denn dieser Bentinck? Ich weiß ja nichts von ihm», meinte Wilhelm. Die Herren begegneten einander zum erstenmal am folgenden Nachmittag auf der Bahnstation von Maarn. «Jetzt», sagte der Kaiser zu seinem Gastgeber, als der Wagen über die Brücke des Wallgrabens auf das Schlößchen zufuhr, das aus dem siebzehnten Jahrhundert stammte, «jetzt müssen Sie mir eine Tasse heißen, guten, echten, englischen Tee geben lassen!»

11. November 1918.
An diesem Tage, um 5.20 Uhr in der Frühe, wurde der Waffenstillstand unterzeichnet. Der Weltkrieg, der das Leben von zehn Millionen Menschen gefordert hatte, war zu Ende gegangen.

Das Ende in Holland

«Gestern abend besuchte uns ein Freund, der direkt aus Amerongen kam, wo er zwei Stunden bei dem Kaiser verbracht hatte», schrieb die Fürstin Blücher im Februar 1919 aus Berlin, drei Monate nach der Flucht Wilhelms. «Er wurde in die Galerie geführt, wo der Kaiser sich täglich Bewegung macht, und dort ging er mit ihm auf und ab. Auf den ersten Blick wirkte der Kaiser erschreckend. Er hat sich einen langen, weißen Bart stehen lassen, das jetzt ganz weiß gewordene Haar streicht er glatt zurück, seine Gesichtsfarbe sei fahl und ungesund. Aber er trage sich mit großer Würde und habe schnell, doch zurückhaltend gesprochen. Er sagte, vom ersten Augenblick seiner Thronbesteigung an habe er versucht, seine Autorität durchzusetzen, aber er sei zu jung und vielleicht auch zu impulsiv gewesen. Er habe genug englisches Blut in seinen Adern, um zu wissen, daß es nur einen Weg gegeben hätte: den mit England zusammen, aber er sei immer von seinen Militärs und Diplomaten überstimmt worden. Er beklagte sich bitter darüber, daß er vom Anfang seiner Regierungszeit an – und besonders während des Krieges – getäuscht und belogen worden sei. Ich äußerte meine Meinung dazu nicht», bemerkte die Fürstin Blücher, «aber ich kann mir nicht helfen: Wenn ein Mann ein Kaiser ist, dann sollte eine seiner Hauptaufgaben doch die sein, sich jeder Person und jedes Mittels zu bedienen, um hinter die Wahrheit zu kommen».

Die Engländer begannen eine Kampagne, um den Kaiser als Kriegsverbrecher vor Gericht zu stellen. Das Bedürfnis des Kaisers, sich zu rechtfertigen, wurde dadurch noch weiter verstärkt. Die Tatsache, daß Millionen Menschen in England, Frankreich und Amerika ihn persönlich für den Krieg verantwortlich machten, versetzte ihm einen Schock, denn seit langem war er davon überzeugt, daß der Krieg ihm durch die Entente aufgezwungen worden sei. Er schien sich nicht darüber im klaren zu sein, daß die alliierte Propaganda ihm vier Jahre lang alle denkbaren Greuel zur Last gelegt und daß die Karikaturisten ihn mit Vorliebe als Metzger gezeigt hatten, von dessen riesigem Messer das Blut auf Arme und Hände troff.

Die englische Öffentlichkeit war über seine Flucht nach Holland aufgebracht. Am 10. November zog der englische Schriftsteller Alfred Noyes vor einem großen Zuhörerkreis in der New Yorker Carnegie Hall gegen die niederländische Regierung vom Leder: «Diese Leute würden den Kaiser am liebsten auf seine Yacht zu Champagnergesellschaften zurückkehren lassen, während zehn Millionen Menschen, die er gemordet hat, in ihren Gräbern verwesen». Zwei Tage danach druckte die Londoner ‹Times› einen Brief von Arthur Conan Doyle ab: Den Neutralen müßte klargemacht werden, «daß wir kein Asylrecht für Personen anerkennen, die wir als Mörder betrachten». Und am 16. November veröffentlichte die ‹Times› einen Artikel von Sir Valentine Chirol (der für seine Verdienste als Korrespondent in Berlin geadelt worden war). Er bot eine «Charakterskizze» Wilhelms II., die dessen Ratgeber sehr erstaunt hätte: «Nur ein Mann, der von rücksichtsloser Energie und unermüdlichem Eifer beherrscht ist, der die äußerste Gewandtheit mit einer Zielstrebigkeit verbindet, die sich fast zur Besessenheit steigert, konnte alle materiellen und geistigen Kräfte eines Volkes so verschwenden, wie er es getan hat. Er baute die Flotte, um das britische Weltreich zu vernichten. Er log und betrog. Wenn die Betrügerei und die Tücke das ihre getan hätten, wäre das letzte Wort ihm zugefallen – ihm, der das mächtigste Schwert in Händen hatte. Und wann hätte er dieses Schwert für schärfer halten können als im August 1914?»

Der Kaiser fand die Wut des englischen Volkes unbegreiflich. «Warum hassen die Engländer mich so? Warum hassen sie mich nur so?» fragte er immer wieder seinen Besucher. Der Gast erklärte, die Engländer machten ihn für den Tod von Frauen und Kindern durch den Unterseebootkrieg verantwortlich, und der Kaiser versetzte hitzig, die englische Blockade habe weit mehr deutsche Frauen und Kinder umgebracht. Überdies hielten die Engländer ihre Blockade trotz des Waffenstillstandes noch immer aufrecht, und Tausende von Deutschen stürben in eben diesem Augenblick vor Hunger. Er könne nicht glauben, daß dies die eigentliche Ursache der Hetzkampagne gegen ihn sei; das komme ihm unlogisch vor, es müsse ein verborgenes Motiv geben.

Über das Verhalten der Engländer war er bestürzt, noch mehr aber kränkte ihn die Stimmung seines eigenen Volkes. Obwohl er aus Deutschland emigriert war, weil Hindenburg ihm erklärt hatte, der Kaiser dürfe nicht in die Hände der Kommunisten fallen, wurde er nun von allen Seiten auf das schärfste kritisiert. Er verstand nicht, warum Hindenburg schwieg, warum er dem deutschen Volk nicht sagte, daß der Kaiser sehr wider eigenen Willen und nur auf den dringenden Rat der Obersten Heeresleitung abgereist war. Als Wilhelm ging, war die Republik zwar schon ausgerufen worden, dennoch hatte er seinem Lande einen Bürgerkrieg erspart, denn bald wurde bekannt, daß Prinz Max von Baden die Gewalt einer nicht arbeitsfähigen Koalition von Volksbeauftragten übergeben hatte. Sie setzte sich aus sechs Sozialisten zusammen, von denen drei die schärfsten Gegner der übrigen drei waren. Die einen, unter ihnen Reichskanzler Ebert, waren bürgerlich gesinnt, während die andern sich «Unabhängige» nannten und mit den Bolschewisten sympathisierten. Am 9. November organisierten die Kommunisten in ganz Berlin Versammlungen und versuchten die Massen aufzuwiegeln: Das Volk solle die jetzigen Herrn davonjagen und selbst die Macht in Büros und Fabriken übernehmen. Auch in das Berliner Schloß waren Kommunisten eingedrungen und hatten vom Balkon aus Reden gehalten – vom selben Balkon, auf dem Wilhelm II. bei Ausbruch des Krieges zum Volk gesprochen hatte. Der neue Reichskanzler war ratlos – wie sollte er mit seinem gespaltenen Kabinett für Ordnung sorgen? Spät in der Nacht, derweil in Spa der Kaiser seine Abreise für den Morgen vorbereitete und Hindenburg, der das Oberkommando übernommen hatte, vor Erschöpfung schlief, saß Ebert einsam in der Reichskanzlei und fragte sich verzweifelt, wie er den völligen Zusammenbruch verhindern könne. Plötzlich läutete das Telefon – ein Anruf aus Spa. «Hier spricht Groener», meldete sich eine scharfe Stimme. Die Oberste Heeresleitung, erklärte der General, wolle Ebert bei der Wiederherstellung der Ordnung unterstützen, wenn er die Armee versorge und verspreche, die Kommunisten niederzuhalten. Mit einem Seufzer der Erleichterung nahm Ebert das Angebot an.

Wäre Wilhelm in Deutschland geblieben, dann wäre dieses geheime Abkommen nicht möglich gewesen, denn die Sozialdemokraten hatten ja die Abdankung verlangt, und die Armee wäre in ihrer Loyalität unsicher geworden: Wie hätte sie einer Regierung dienen können, die sich gegen ihren Obersten Kriegsherrn gewandt hatte? Die Oberste Heeresleitung stellte eine Truppe von 400 000 zuverlässigen Soldaten aus der sich auflösenden Armee auf und schlug während des kommenden halben Jahres, im Januar und März 1919, die kommunistischen Aufstände blutig nieder. Unterdessen wurden zum erstenmal freie und allgemeine Wahlen abgehalten. Das Ergebnis zeigte, daß die Propaganda der Kommunisten ihre tatsächliche Stärke weit übertrieb, denn die extreme Linke konnte nur 2 300 000 Stimmen auf sich vereinen. Die Sozialdemokraten gewannen mit 11 500 000 die meisten Stimmen und 163 Sitze in der Nationalversammlung. Die Wahl bewies, daß die Mehrheit des deutschen Volkes keine Schwenkung nach links vollzogen hatte. Die Parteien der Rechten und der Mitte erhielten mehr als sechzehn Millionen Stimmen. Die Sozialdemokraten waren demnach in der Lage, eine Koalition mit den Demokraten und den Katholiken zu bilden, und Ebert wurde zum ersten Reichspräsidenten der Weimarer Republik gewählt. Es stand nun außer Zweifel, daß der weitverbreitete Wunsch nach der Abdankung Wilhelms II. nicht der Enttäuschung über das monarchistische System entsprungen war, sondern allein auf die Warnung Wilsons zurückgeführt werden mußte, Deutschland habe keine Gnade zu erwarten, wenn es sich nicht von seinen alten Machthabern trenne.

Was aber hatte das Volk jetzt zu erwarten, da der Kaiser fort war? Der gestürzte Monarch verfolgte die Geschehnisse in Paris mit grimmigem Interesse. Das Dorf Amerongen war während des ganzen Jahres 1919 Schauplatz einer hektischen Betriebsamkeit. Das Drängen der Engländer, Wilhelm vor ein Tribunal zu bringen, rückte den Flecken in den Brennpunkt weltweiter Aufmerksamkeit. Der Kaiser war in Holland mit einem ganzen Stab von Bediensteten, Chauffeuren, Kammerdienern und Köchen, angekommen, sowie mit einem Gefolge von dreißig Offizieren und Adjutanten. Graf Bentinck nahm einige von ihnen auf, andere fanden im Dorfgasthaus oder in Nachbarhäusern Unterkunft. Aus der ganzen Welt kamen Journalisten herbeigeeilt und versuchten, den berühmten Flüchtling zu sehen. Holländische Soldaten bewachten jedoch alle Tore, und nicht einmal Familienangehörige durften passieren, wenn sie den Wachen nicht eine weiße Karte vorzeigen konnten, die von Bentinck unterzeichnet war. Niemand durfte hinaus, wenn er keine blaue Karte besaß. Das Haus, das von einem Graben umgeben und nur über eine Zugbrücke zu erreichen war, bot eine ideale Zuflucht. Da die Zeitungsleute ihr Opfer nicht aufspüren konnten, wurden bald Gerüchte laut, der Kaiser sei wahnsinnig geworden und müsse Tag und Nacht von Wärtern beaufsichtigt werden; sein Schlafzimmer sei eine Gummizelle...

Der Kaiser empfing einige amtliche Besucher, denn er hatte Deutschland ohne formelle Abdankung verlassen, und die Berliner Rechtssachverständigen waren der Meinung, ein von ihm signiertes Dokument sei unerläßlich, andernfalls könne die deutsche Regierung nicht Frieden schließen. Der Kaiser willigte ein. Am 28. November entsagte er dem Thron als Kaiser und auch als König von Preußen. Es war eine sehr frostige Abdankung. Er entband alle Beamten, Offiziere und Soldaten des Deutschen Reiches ihres Treueids, den sie ihm geleistet hatten. Er erwarte von ihnen, «daß sie bis zur Neuordnung des Deutschen Reichs den Inhabern der tatsächlichen Gewalt in Deutschland helfen, das deutsche Volk gegen die drohenden Gefahren der Anarchie, der Hungersnot und der Fremdherrschaft zu schützen». Das war alles. Keine herzliche Botschaft an das deutsche Volk, kein Wort des Dankes und des Rühmens für den Heldenmut der Soldaten und für das tapfere Ausharren der Zivilbevölkerung während der vier langen Kriegsjahre. Wilhelm war noch immer außer sich über die Art und Weise, in der seine Untertanen ihn zur Seite gestoßen hatten, um Frieden schließen zu können. Bitter beschuldigte er den Prinzen Max; wiederholt versicherte er dem Grafen Bentinck, sein Vetter habe ihn «hintergangen».

An dem Tag, als der Kaiser seine Abdankung unterzeichnete, traf die Kaiserin ein. Sie war mit ihrer Tochter, der Herzogin von Braunschweig, inmitten der Revolution im Neuen Palais geblieben. Die Wachen hatten zwar rote Binden an den Uniformen getragen, doch sie hatten die Damen vor jeder Belästigung geschützt. Die Kaiserin war nun eine gebrochene Frau. Ihr Herzleiden machte ihr zu schaffen, und jetzt zehrten dazu die Sorgen um Deutschlands Not und die Sicherheit ihres Mannes an ihren Kräften. Sie bildete sich ein, daß die Mächte des Bösen triumphierten. Oft weinte sie bei dem Gedanken, die grausamen Engländer könnten kommen und ihren Wilhelm mitnehmen.

Der Exkaiser dagegen gewann seine Fassung bald wieder und wartete gelassen auf das Resultat der Pariser Friedensverhandlungen. Er stürzte sich auf die enorme Korrespondenz, die eingesetzt hatte – die meisten Briefe waren allerdings wenig schmeichelhaft. Jeden Morgen las er die ‹Times›, die stets vier Tage alt war Er ließ alle Bücher über den Krieg und die Ereignisse, die zur Katastrophe geführt hatten, kommen. Einer nach dem andern aus seinem Gefolge sagte ihm Adieu, aber es schien ihm nichts auszumachen. Nur vier Herren blieben zurück. Seinem jüngsten Adjutanten, dem energischen Hauptmann Ilsemann, vertraute er am meisten, und Ilsemann hatte nicht die Absicht, ihn zu verlassen. Schließlich heiratete er die Tochter des Grafen Bentinck und blieb für immer bei dem Kaiser.

Ilsemann ermunterte Wilhelm, das Holzhacken als eine Form der Leibesertüchtigung wieder aufzunehmen, und es gehörte bald zur täglichen Routine. Um elf Uhr wurde eine Kaffeepause im Spielhaus der Bentinckkinder eingelegt. Der Kaiser breitete gern Landkarten auf dem Tisch aus und ging mit seinem Adjutanten die Schlachten und Siege durch. Der Mann im dunkelblauen Sergeanzug mit dem langen weißen Bart und dem schwarzen Homburg, der dann zum Haus zurückging, um sein Frühstück einzunehmen, schien keine Ähnlichkeit mehr mit dem früheren deutschen

Herrscher zu haben. Nur manchmal, wenn er einen Militärmantel um die Schultern warf, schien es, als sei für eine Sekunde wieder etwas von der Haltung der Vergangenheit da. In Wirklichkeit hatte sich Wilhelm kaum geändert. Immer noch war er impulsiv und unberechenbar; immer noch modelte er die Ereignisse so lange zurecht, bis sie ihm paßten; immer noch gab er jedermann, nur nicht sich selbst, die Schuld an der Weltkatastrophe. Gierig verschlang er jede Information und jedes Buch, die ihm vielleicht eine neue Entschuldigung bieten mochten. Er behauptete, die Sozialdemokraten hätten seit Jahren die Moral der Deutschen untergraben; Müttern seien wöchentlich bestimmte Summen gezahlt worden, damit sie ihren Söhnen kummervolle Briefe an die Front schrieben, um deren Kampfgeist zu brechen. Sehr interessierte ihn das antisemitische Buch ‹Die Protokolle der Weisen von Zion›, das sein Bruder Heinrich ihm zum Lesen gab und das den Juden alle Schuld am Ausbruch des Weltkrieges und an der Ausbreitung des Bolschewismus in die Schuhe schob.

Jeden Abend saß er mit seinem Gastgeber und seinen Adjutanten beisammen und plauderte bis nach Mitternacht. In der ersten Zeit vermied er politische Themen und unterhielt seine Gesellschafter mit Erinnerungen aus früheren Tagen. Als die Wochen jedoch vergingen, verlor er seine Zurückhaltung und schüttete sein Herz aus: Kein Mensch sei so betrogen und so übel behandelt worden wie er. Am meisten wunderte er sich darüber, daß die Deutschen ihn so leichten Herzens aufgegeben hatten. Obwohl er noch immer Prinz Max des Verrats bezichtigte, entlud sich seine ärgste Wut nun gegen Hindenburg. Würde der Feldmarschall die Fahrt des Kaisers nach Holland gerechtfertigt haben, dann würden ihm seine ehemaligen Untertanen jetzt nicht vorwerfen, er sei davongelaufen; sie würden begreifen, daß er sich für sie geopfert hatte. Er war der Ansicht, Hindenburg habe mehr als jeder andere das Vertrauen des Volkes in seinen Kaiser zerstört, und er glaubte, ohne den Feldmarschall wäre er binnen weniger Wochen wieder nach Deutschland zurückgerufen worden.

Aber nicht nur Prinz Max und Hindenburg bekamen ihr Teil weg, auch Fürst Bülow wurde wegen seiner Doppelzüngigkeit verdammt, Bethmann Hollweg wegen seiner Einfalt, Ludendorff wegen seiner Überheblichkeit, Georg V. und Nikolaus II., weil sie das monarchische Prinzip nicht in Ehren gehalten hatten. Nach und nach fand Wilhelm für jedes Vorkommnis eine Entschuldigung, und er selbst erschien in makellosem Weiß. Warum war denn ein Mensch, der so edle Absichten gehabt hatte, so rücksichtslos behandelt worden? Die Antwort mochte Gott allein wissen. Gott hatte ihn auf den Thron gehoben, und Gott hatte ihn aus einem geheimnisvollen Grunde vom Thron abberufen. Vielleicht wollte er seinen Glauben prüfen, vielleicht wollte er ihn für künftige Aufgaben vorbereiten, vielleicht – wer konnte es wissen? – für höheren Ruhm? «Mein persönliches Schicksal ertrage ich mit Ergebenheit, denn der Herr weiß, was Er tut und was Er will. Er weiß, weshalb Er mich diese Prüfung durchmachen läßt. Ich werde alles geduldig tragen und abwarten, was Gott weiter mit mir vorhat», schrieb er in seinen Memoiren. Jeden Morgen um 8.45 Uhr nahm er am gemeinsamen Gebet der Familie des Grafen Bentinck teil, und mit kaiserlicher Geste befahl er allen seinen Herren, ein Gleiches zu tun.

Der Kaiser wäre kein normaler Mensch gewesen, wenn ihm Versailles nicht eine gewisse bittere Befriedigung bereitet hätte. Seine Untertanen hatten ihn beseitigt, auf daß sie einen günstigen Frieden bekämen, und wurden nun für ihre Untreue angemessen entlohnt. Das deutsche Volk war wie betäubt von den Bedingungen. Die Deutschen hatten wohl damit gerechnet, daß die Franzosen ihnen Elsaß-Lothringen wegnehmen würden. Sie hatten auch erwartet, daß die Engländer sich ihrer Flotte bemächtigen würden. Es erstaunte sie auch nicht weiter, daß die Feinde sich nun ihre Kolonien aneigneten. Niemand aber war darauf gefaßt gewesen, daß das ganze deutsche Volk wie eine Herde Parias behandelt würde. Zum ersten Mal in ihrer Geschichte hatte die Nation sich eine demokratische Regierungsform gegeben; an der Spitze des Staates standen Männer, die mit den Ereignissen, die zum Kriege führten, nichts zu tun gehabt hatten. Nun erlaubte man den Deutschen nicht einmal, dem Völkerbund beizutreten. Außerdem wurden einige der reichsten Provinzen abgetreten oder unter die Verwaltung von Polen, Belgiern und Franzosen gestellt. Um allem die Krone aufzusetzen, hatten sie phantastische und unmögliche Reparationen zu zahlen. «Nun, da wir die Bedingungen als ein Ganzes sehen», schrieb Harold Nicolson, ein Mitglied der englischen Abordnung in Paris, «erkennen wir, daß sie viel zu hart sind. Sie sind nicht nur hart, sie sollen strafen. Wie Smuts sagt, bestehen sie sowohl aus Nadelstichen als auch aus Dolchstößen. Ein Verbrechen sind die Kriegsentschädigungen – sie sind unmoralisch und unvernünftig. Unter den jüngeren Leuten hier ist nicht einer, der nicht unglücklich und enttäuscht über die Bedingungen wäre. Zufrieden sind nur die alten Feuerfresser».

Nach dem ersten Schock wurde das deutsche Volk vom Zorn erfaßt. Alle Parteien veranstalteten Massendemonstrationen. Reichspräsident Ebert ließ die Vergnügungsstätten für acht Tage schließen. Seine Regierung sandte leidenschaftliche Proteste nach Paris, die nichts fruchteten. Ein paar Änderungen wurden angenommen, am Vertragsinhalt selbst war jedoch nicht zu rütteln. Schließlich wollte die deutsche Regierung unter scharfem Protest der Unterzeichnung zustimmen, wenn jene Klauseln gestrichen wurden, die Lloyd George so sehr am Herzen lagen: die Forderung, Deutschland habe die Alleinschuld am Krieg auf sich zu nehmen und den Kaiser sowie die meisten führenden Persönlichkeiten einem alliierten Gerichtshof auszuliefern. Die Alliierten gaben nicht nach*. Ebert fragte telefonisch bei der Obersten Heeresleitung an, welche Aussichten bestünden, falls die Feindseligkeiten wieder aufgenommen würden. Er wüßte, daß Deutschland dann ganz zu Boden getrampelt würde, aber es sei besser, bis zum letzten Blutstropfen zu kämpfen, als sich einer solchen Demütigung und grausamen Ungerechtigkeit zu fügen. Das Oberkommando mußte jedoch erwidern, Widerstand sei nicht mehr möglich. Daraufhin unterzeichneten die deutschen Vertreter am 28. Juni 1919 in Versailles. Aber diese Unterzeichnung eines Friedens war gleichbedeutend mit einer neuen Kriegserklärung, denn nun waren die Deutschen entschlossen, abermals zu rüsten – notfalls im Geheimen –, bis der Tag der Rache für das deutsche Volk kommen würde. Wilhelms Zweiter Punischer Krieg war kein Hirngespinst mehr. «Der Krieg, der die Kriege beenden sollte, hat einen Frieden zum Resultat, der den Frieden beendet», soll der Kaiser gesagt haben.

Wilhelm wartete nun grimmig auf den Prozeß, der ihm und fast allen prominenten Deutschen gemacht werden sollte. Am 1. November 1919 richteten die Alliierten eine Note an Berlin (die durch einen Sonderbevollmächtigten überbracht wurde, denn die deutschen Vertreter in Paris hatten sich geweigert, sie entgegenzunehmen), in der die Auslieferung von 896 Personen gefordert wurde, die sich der Verletzung des Kriegsrechts schuldig gemacht hätten und die moralische Verantwortung für Verbrechen ihrer Untergebenen tragen sollten. Auf der Liste stand nahezu alles, was Rang und Namen in Deutschland hatte: der Kaiser, der Kronprinz, Hindenburg und Ludendorff, Kronprinz Rupprecht von Bayern, Mackensen, Falkenhayn, Tirpitz, Bethmann Hollweg und so fort. Auf Hindenburg machte dies wenig Eindruck. «Wenn sie einen alten Mann wie mich erschießen wollen, der seine Pflicht getan hat und sonst nichts, dann sollen sie kommen und mich holen.» Er setzte sich jedoch zugunsten des Kaisers ein. In einem Brief an Marschall Foch bot er sich selbst an Stelle des Kaisers an. «Ein Soldat, der nicht für seinen Obersten Kriegsherrn eintritt, dem er Mannestreue geschworen hat, ein solcher Soldat wäre dieses Ehrennamens nicht wert. Als Oberbefehlshaber

---

* Lloyd George erklärte am 3. März 1921 in London, der Versailler Vertrag wäre unhaltbar gewesen, wenn Deutschland die Kriegsschuld nicht auf sich genommen hätte.

einer Armee, die Jahrhunderte hindurch die Tradition echter soldatischer Ehre und ritterlicher Gesinnung als kostbarstes Gut gepflegt hat, werden Sie unsere Auffassung zu würdigen wissen». Der Kronprinz stellte sich dem Gericht als Sündenbock für die andern zur Verfügung. Die Alliierten nahmen keine Notiz von dem Schreiben. Am 10. Januar 1920 erhielt die niederländische Regierung einen Antrag auf Auslieferung des Kaisers. Die Holländer lehnten ab. Dem Exkaiser sei in den Niederlanden Exil gewährt worden, erklärte der Außenminister, und da die holländische Regierung nicht zu den Unterzeichnern des Versailler Vertrages gehöre, sei sie auch nicht an ihn gebunden. Der Kaiser werde nicht ausgeliefert.

Die Franzosen und Amerikaner hatten die Kriegsverbrecherklausel niemals gutgeheißen, ebensowenig wie das englische Außenministerium. Die Diplomaten wiesen Lloyd George darauf hin, daß er sein Land zum Gespött der Welt mache und daß es höchste Zeit für Großbritannien sei, mit dieser ganzen Sache aufzuhören; die holländische Antwort biete dazu eine gute Gelegenheit. Churchill schrieb, Lloyd George sei ehrlich empört gewesen; zu jener Zeit aber habe er sich mit seiner Auffassung unter den verantwortlichen Männern in England allein befunden. Die siegreichen Alliierten gaben sich mit der Entgegnung aus Den Haag schließlich zufrieden.

Im Frühjahr 1920 kaufte der Kaiser Haus Doorn, ein kleines Schlößchen inmitten eines Parks, vier Meilen von Amerongen entfernt, in der Provinz Utrecht. Er konnte es mit eigener Habe ausstatten, denn die deutsche Regierung hatte ihm den Transport von Möbeln, Bildern und Silber aus seinen Schlössern in Berlin und Potsdam gestattet. Da das Haus für Besucher nicht groß genug war, ließ er Gästehäuser und ein Büro für den Haushofmeister bauen, außerdem vergrößerte er die Orangerie.

Die Kaiserin war sehr erleichtert, daß ihr Mann nicht mehr in Gefahr schwebte, doch sie litt an Heimweh, und sie sehnte sich nach der Gesellschaft ihrer Kinder. Sie war auch traurig über eine neue Kluft, die sich zwischen dem Kaiser und dem Kronprinzen aufgetan hatte. Ihr enttäuschender, schwächlicher und ausschweifender Erstgeborener verkörperte beinahe alles, was sie nicht schätzte, und dennoch liebte sie ihn über alles. Der Kaiser ärgerte sich, weil der Kronprinz ihm ins Exil gefolgt war. Während er, der Kaiser, außer Landes gegangen war, weil die OHL ihn dazu beschworen hatte, war beim Kronprinzen das Gegenteil der Fall gewesen: Ihn hatten die Generäle ermahnt, auf dem Posten zu bleiben, und dennoch war er zwei Tage nach seinem Vater nach Holland geflohen. Königin Wilhelmina hatte ihm ein Pfarrhaus auf der einsamen Insel Wieringen in der Zuidersee als Aufenthalt zuweisen lassen. Dort hauste er in Begleitung eines Adjutanten während der nächsten vier Jahre.

Im Mai 1920 erlaubte die Königin dem Kronprinzen einen Besuch bei seinen Eltern in Doorn. Auch sein jüngster Bruder, Prinz Joachim, war zugegen, aber es sollte kein frohes Wiedersehen sein. Joachim hatte Deutschland beim Umsturz verlassen und sich eine Villa in der Schweiz gekauft. Er verbrachte die meiste Zeit bei Zechereien mit Frauen und beim Spiel jenseits der italienischen Grenze. Der Kaiser gab dem Kronprinzen die Schuld am unmoralischen Lebenswandel des jungen Mannes. Ein paar Wochen nach dem Beisammensein in Doorn schoß sich Prinz Joachim eine Kugel durch den Kopf.

Dieser Schlag unterhöhlte die Gesundheit der Kaiserin noch weiter. Sie wurde immer schwächer, und im April 1921 erlosch ihr Leben. Ihr Leichnam wurde zur Beisetzung nach Potsdam überführt. Alle ihre Kinder mit Ausnahme des Kronprinzen, dem die Reise nicht gestattet wurde, waren anwesend. Tausende von Zuschauern säumten den Weg des Trauerzuges zum Park des Neuen Palais.

Der Kaiser war tief betrübt. In den Kriegsjahren war er seiner Frau näher gekommen, als je zuvor in ihrer langen Ehe, und nun, im Exil, fühlte er sich gänzlich verlassen. «Es war schmerzlich, den Mann, der einmal der mächtigste Herrscher der Christenheit gewesen war, langsam die Stufen zu seinem Zimmer hinaufsteigen zu sehen – eine graue, einsame Gestalt», schrieb einer der Herren seiner Umgebung. «Sein kleiner Hof konnte ihn den unersetzlichen Verlust seiner Gefährtin nicht vergessen machen». Wie seine Mutter es einst bei einem Trauerfall in der Familie getan hatte, ließ er das Zimmer seiner toten Frau abschließen. Alles blieb so, wie sie es verlassen hatte: Die Toilettengegenstände, die Familienphotos und die Bücher lagen an ihrem Platz. So lange er lebte, besuchte er jeden Morgen den Raum und beugte den Kopf in stillem Gebet.

Die Einsamkeit, die über Doorn lag, sollte jedoch bald verscheucht werden. Ein Jahr nach dem Tod der Kaiserin empfing der Kaiser den Brief eines kleinen Jungen, der erklärte, er wolle für den gestürzten Monarchen kämpfen, sobald er groß sei. Die Unterschrift war vertraut. Der Kaiser erinnerte sich an den Vater des Jungen, den Prinzen Schönaich-Carolath, der im Kriege gefallen war, und an seine Mutter, eine geborene Prinzessin Hermine Reuss. Der Brief bewegte Wilhelm so sehr, daß er den Jungen und seine Mutter zu einem Besuch nach Doorn einlud. Die Mutter kam – und binnen einer Woche war sie mit dem Kaiser verlobt. Sechs Monate darauf, am 5. November 1922, war sie mit ihm verheiratet. Von einer Liebesheirat konnte nicht die Rede sein, es war eine Konvenienzehe. Die Prinzessin Hermine war achtundzwanzig Jahre jünger als der Kaiser und sehr viel anders geartet als seine erste Frau. Sie war streitlustig, lebhaft, taktlos und aggressiv.

Niemand im Haushalt des Kaisers mochte sie; man fand, sie wäre hart, ehrgeizig und stifte Unruhe. Es hieß, sie habe ihren Jungen zu dem Brief veranlaßt, um sich den Kaiser einzufangen; es wurde sogar behauptet, sie selbst habe dem Kaiser einen Antrag gemacht und ihn geheiratet, denn sie glaube daran, daß die Hohenzollern eines Tages auf den Thron zurückkehrten. Andererseits erklärte George Viereck, ein als Amerikaner geborener deutscher Propagandist, der als literarischer Agent des Kaisers fungierte und oft nach Doorn kam (später wurde er ein glühender Anhänger der Nationalsozialisten), der Kaiser habe ihm anvertraut, daß die Prinzessin Hermine ihm «den Verstand, wenn nicht das Leben gerettet» habe. Er versicherte Viereck, er spreche mit ihr über alles, schreibe ohne ihre Zustimmung nicht eine Zeile und vertraue sehr auf ihre Fähigkeit, die Leute zu «durchschauen»; sie habe «Röntgenaugen». Als die Fürstin Daisy von Pless ihm ein Glückwunschschreiben schickte, antwortete er schlicht: «Ich habe wieder Frieden und Glück nach diesen schrecklichen Jahren der Verluste und Prüfungen durch die Zuneigung dieser einnehmenden Dame gefunden, die eingewilligt hat, meine Frau zu werden und Sonnenschein in dieses Haus der Düsternis, der Sorgen und der Trauer zu bringen». Die Hausgenossen gaben trotz ihrer Abneigung gegen die neue Herrin von Doorn zu, daß sie ungeachtet ihrer Mängel den Kaiser glücklich gemacht habe.

Fünfzehn Jahre lang lebte Wilhelm II. in dem Traum, Gott werde ihn eines Tages auf den Thron seiner Väter zurückrufen. Sein Glaube an den Allmächtigen spendete ihm nicht nur tiefen Trost, er gab ihm auch die Hoffnung, die ihn das Exil mit Mut und Würde erdulden ließ – wenngleich sie bloß illusorisch war. Nun, da er nicht mehr mit den Plagen und Strapazen der politischen Verantwortung belastet war, wurde sein Charakter reifer, stiller und rücksichtsvoller. «Ein großer Herr», sagten die Holländer. Seine Hausgenossen waren ihm – vielleicht zum erstenmal in seinem Leben – in echter Treue zugetan. Sein Tagewerk lief mit der Regelmäßigkeit einer Uhr ab: Um neun Gebet, ab 9 Uhr 15 las er die Zeitungen, ab 10 Uhr 30 hackte er Holz, ab zwölf Uhr befaßte er sich mit seiner Korrespondenz, um 13 Uhr nahm er das Frühstück ein, von 14 bis 16 Uhr ruhte er, von 16 bis 20 Uhr arbeitete und las er, um 20 Uhr fand das Diner statt. Wenn er allein mit seinen Hausgenossen war, las er nach dem Essen gern laut vor. Obwohl manche seiner Zuhörer die englische Sprache nur unvollkommen beherrschten, wählte er oft englische Bücher. Die Romane von P. G. Wodehouse machten ihm viel Spaß, aber zuweilen ärgerte es ihn, daß die andern nur dann lachten, wenn er auch lachte. Einmal erzählte er einem Bekannten, gelegentlich lache er an Stellen, wo es absolut nichts zu lachen gäbe; wenn die Fröhlichkeit seiner

Gesellschafter dann abgeklungen war, schaute er sie mit seinen stählernen blauen Augen an und bat sie, ihm den Witz klarzumachen.

Der Kaiser war jedoch nicht oft allein. Die Gästezimmer waren fast immer belegt, entweder von seinen Kindern und Verwandten oder von Besuchern aus Deutschland, die ihn in aktuellen Fragen auf dem Laufenden hielten. Manches vom kaiserlichen Habitus war ihm geblieben, und wenn er auch viel gelesen hatte, so gewann er doch wenig Verständnis für Politik und Psychologie. Er war außerstande, durch Erfahrungen zu lernen. Immer noch sah er die Welt im gleichen phantastischen und verzerrten Licht wie zu jener Zeit, da er regiert hatte.

Da er glaubte, Gott habe ihn einem besonderen Mißgeschick unterworfen, um seinen Glauben und seine Kräfte zu prüfen, war er unermüdlich tätig, seinen Namen von der Kriegsschuld zu reinigen. Von mündlichen Kundgebungen hielt er sich zurück, denn er hatte der holländischen Königin versprochen, der Politik zu entsagen, doch autorisierte er die Veröffentlichung vieler Artikel (nicht unter seinem Namen), die sich gegen das infame Diktat von Versailles wandten. Im Jahre 1922 veröffentlichte er eine Rechtfertigung unter dem Titel ‹Ereignisse und Gestalten›. Das Thema war bekannt. «Nicht Deutschland, sondern der Feindbund hat den Krieg planmäßig vorbereitet und absichtlich herbeigeführt». Das Buch ist wegen seiner offenkundigen Auslassungen und Halbwahrheiten historisch nicht ernstzunehmen, es ist aber eine verblüffende Enthüllung seines Charakters. Wilhelm schrieb, als wäre er ein konstitutioneller Herrscher gewesen. Er lud die Schuld an allen Fehlern seinen Ratgebern auf und erwähnte nicht einmal, daß diese Ratgeber ja auf seinen Befehl gekommen und gegangen waren. Mit olympischer Gelassenheit erklärte er, die Gefahr eines Krieges habe nicht bestanden, denn das Auswärtige Amt habe den Krieg als ein mögliches Mittel der Staatskunst gänzlich ausgeschlossen. Der Einzige, über den er ein gutes Wort zu sagen wußte, war Großadmiral von Tirpitz, der durch seine Gegnerschaft zu England vermutlich mehr als jede andere Einzelperson verantwortlich für den Niedergang Deutschlands war.

Die Veröffentlichung der Memoiren vermochte Wilhelms Ansehen kaum zu steigern. «Man kann sich keine entwaffnendere Enthüllung angeborener Trivialität, des Mangels an Verständnis und Gefühls für Größenverhältnisse und übrigens auch der literarischen Befähigung vorstellen», meinte Churchill. «Es ist ein erschreckender Gedanke, daß vor dem Wort oder Nicken eines so beschränkten Menschen dreißig Jahre lang all die Kräfte in aufmerksamem Dienst und eifrigem Gehorsam erstarben, die, wann immer sie losgelassen wurden, die Welt in Schutt und Asche legen konnten».

Die Gelehrten kamen jedoch dem Kaiser zu Hilfe. In den zwanziger Jahren gestatteten alle Großmächte – Deutschland, Österreich, Rußland, Frankreich und England – die Veröffentlichung der diplomatischen Schriftwechsel vor Kriegsausbruch, und daraufhin traten viele Historiker mit analytischen Studien hervor. Allmählich stellte sich heraus, daß der Kaiser – wie groß seine Fehler sonst auch gewesen sein mochten – weder einen großen Krieg geplant noch gewünscht hatte. Man konnte ihn nicht länger als grausamen Despoten ansehen, allenfalls als einen Stümper, als einen «achtlosen Ferienreisenden» – wie Churchill sich ausdrückte –, «der seine brennende Zigarette in den Vorraum des Pulvermagazins geworfen hatte, das Europa geworden war. Bei seiner Rückkehr fand er das Gebäude voll undurchdringlich dicken Rauchs... Seine unleugbare Gewandtheit und Vielseitigkeit, sein persönlicher Charme und seine geistige Regsamkeit verstärkten noch die Gefahren, indem sie seine Unzulänglichkeit verhüllten. Indessen unter der Oberfläche dieser Person und all ihres reichen Prunks befand sich ein durchaus alltäglicher, durchschnittlicher, im großen und ganzen wohlmeinender Mann mit guten Absichten, der hoffte, sich als einen zweiten Friedrich den Großen ausgeben zu können[80]».

Lloyd George meinte, es habe auch anderwärts solche Stümper gegeben. Er übersah, daß er selbst es gewesen war, der die Hetzkampagne gegen Deutschland eingeleitet und den Kaiser hatte hängen lassen wollen. In seinen Memoiren, die in den dreißiger Jahren erschienen, gab er zu, die Außenminister aller Großmächte hätten sich grobe Unzulänglichkeiten zuschulden kommen lassen: «Der Krieg konnte vermieden werden, und er hätte vermieden werden können. Nach der sorgfältigen Prüfung aller erreichbaren Dokumente auf beiden Seiten bin ich davon überzeugt, daß der Kaiser niemals auch nur die entfernte Vorstellung hatte, er könne in einen europäischen Krieg verwickelt werden. Er erwartete keinen großen Krieg, allenfalls einen leichten diplomatischen Triumph».

Der Kaiser bemühte sich nicht nur, die Kriegsschuldklauseln des Versailler Vertrages in Frage zu stellen, er gedachte sich auch beim deutschen Volk von neuem wieder einzuführen. Aus seinem Ärger über Hindenburg war nun Haß geworden. Er beschuldigte den Feldmarschall des vorsätzlichen Betruges an seinem kaiserlichen Herrn, um sich selbst beim deutschen Volk einzuschmeicheln. Das Anerbieten des alten Soldaten, für den Kaiser vor Gericht zu erscheinen, wurde von Wilhelm als eine theatralische Pose abgetan: Dadurch wollte Hindenburg eben nur noch populärer werden; für Wilhelm war das alles pure Heuchelei. In der Tat war Hindenburg an Stelle des Kaisers so etwas wie ein Vaterbild für die Deutschen geworden.

Wo er auch ging und stand, wurde er als Sieger in großen Schlachten und als jener Mann gefeiert, der die deutschen Heere während der bitteren Tage des Zusammenbruchs in voller Ordnung in die Heimat zurückgeführt hatte. Nach der Unterzeichnung des Friedensvertrages nahm er seinen Abschied und lebte zurückgezogen mit seiner Frau in Hannover; er galt allgemein als der größte lebende Deutsche. Seine gewaltige Erscheinung schien Zuversicht und Mut auszustrahlen – indessen der Eindruck täuschte. Im Grunde hatte er keinen echten Mut. Aus moralischer Schwäche, nicht aus Untreue, war er für den Kaiser nicht eingetreten. Er war ein glühender Monarchist, und an jenem schicksalhaften 9. November hatte er Wilhelm II. den Rat gegeben, den vielleicht jeder Soldat in dieser Stunde erteilt hätte. Er konnte nicht dulden, daß der Kaiser von Kommunisten gefaßt und nach Berlin geschleppt wurde. Die Reaktion des deutschen Volkes auf die Flucht des Kaisers erschreckte den Feldmarschall jedoch, die Wut und Verachtung der Monarchisten stürzten ihn in tiefe Verlegenheit – mit einemmal sah er das Geschehene mit anderen Augen. Im Kreuzfeuer der allgemeinen Kritik fürchtete er selbst des Verrats angeklagt zu werden. Es war keine ehrenvolle Vorstellung, die er nun gab, und Wilhelm war nicht der einzige, der die Zurückhaltung des Feldmarschalls verurteilte. «Aber was soll man von den einzelnen Herren denken, die lieber ihren König und Herrn sitzenlassen, als die Wahrheit zu bekennen, die den Kaiser entlastet, sie selbst allerdings schwer belasten?» schrieb Graf von der Schulenburg, der frühere Stabschef des Kronprinzen.

Der Kaiser war entschlossen, Hindenburg zur Stellungnahme zu zwingen. Im Frühjahr 1921 teilte er dem Feldmarschall mit, seine Absperrung von Deutschland verursache ihm brennende Seelenpein. «Wie Sie wissen, habe ich mich zu dem schweren, furchtbaren Entschluß, außer Landes zu gehen, nur auf Ihre dringende Vorstellung durchgerungen ... daß es nur allein auf diesem Wege möglich sei, unserem Volke günstige Waffenstillstandsbedingungen zu verschaffen und einen blutigen Bürgerkrieg zu ersparen». Diese letzte Behauptung war nicht ganz korrekt, da die Abreise des Kaisers die Waffenstillstandsverhandlungen nicht beeinflußte: Er war gegangen, damit er nicht in die Hände der Revolutionäre fiel.

Hindenburg reagierte auf die scharfe Darstellung längere Zeit gar nicht. Endlich entschloß er sich auf Drängen von dritter Seite hin zur Übernahme der Verantwortung. Im Juli 1922 schrieb er dem Kaiser einen Brief, der mit den Worten begann: «Allerdurchlauchtigster, Großmächtigster Kaiser! Allergnädigster Kaiser, König und Herr! Für den von Eurer Majestät am unseligen 9. November 1928 gefaßten Entschluß, insAusland zu gehen, trage ich die Verantwortung». Er wiederholte den Grund: die drohende Gefahr, daß Seine Majestät früher oder später von meuternden Truppen festgenommen und dem Feind ausgeliefert werden könnte. Dem Vaterland hätte eine solche Schmach und Schande unter allen Umständen erspart bleiben müssen.

Der Kaiser antwortete erst nach zwei Monaten. Ungehalten wies er darauf hin, er habe lange Zeit warten müssen, bis die betroffenen Personen zu der öffentlichen Feststellung überredet werden konnten, «daß der Entschluß zur Abreise Mir gegen Meine innere Überzeugung von Meinen verantwortlichen politischen Ratgebern abgenötigt worden ist. Ich weiß Ihnen Dank, daß dieser für die Hochhaltung einwandfreier, geschichtlicher Wahrheit, für das Ansehen Meines Hauses und Meiner persönlichen Ehre notwendige Schritt jetzt endlich erfolgt ist. Sie haben in treuer, schwerer Pflichterfüllung Ihrem Kaiser und König den Rat gegeben, den Sie nach Ihrer Auffassung der Lage geben zu müssen glaubten. Ob diese Auffassung die richtige war, darüber kann erst geurteilt werden, wenn die Tatsachen der Unglückstage geklärt sind».

Wilhelm II. war enttäuscht, daß Hindenburgs Erklärung so wenig Anklang fand. Das Jahr 1918 schien lange zurückzuliegen. Überdies sagten sich die meisten Leute, der Kaiser sei für seine Flucht letzten Endes selbst verantwortlich – gleichgültig, welchen Rat man ihm auch gegeben hatte.

Die unverhohlene Abneigung des Kaisers gegen Hindenburg und sein Wunschtraum, die Krone wiederzuerlangen, schufen in den Jahren 1930/31 eine merkwürdige Situation, die Hitlers Griff nach der Macht erleichterte. Der 77 Jahre alte Feldmarschall wurde 1925 wider Willen seiner Zurückgezogenheit entrissen und zum Reichspräsidenten gewählt. Deutschland hatte sieben Jahre des Umsturzes und der Unruhe hinter sich. Hindenburg tauchte wieder auf, als das Blatt sich just zu wenden begann. Während der nächsten vier Jahre entwickelten sich die Verhältnisse stetig bis zum New Yorker Börsenkrach des Jahres 1929. Wiederum gab es nun Arbeitslosigkeit und Not. Die haßerfüllte Stimme Hitlers sammelte in Scharen die Anhänger um sich. Er schlug eine Saite an, die widerhallte, wenn er den Versailler Vertrag für alle Leiden Deutschlands verantwortlich machte. Er erregte die Massen immer wieder durch die Feststellung, die deutschen Armeen wären im Felde unbesiegt geblieben und das Vaterland wäre nicht bezwungen worden, hätten «Juden und Sozialisten», die den Umsturz organisierten, ihm nicht den «Dolch in den Rücken gestoßen». Eberts Regierung – die Männer, die den Waffenstillstand unterzeichnet hatten – nannte er «Novemberverbrecher». 1928 verfügte Hitlers Nationalsozialistische Deutsche Arbeiterpartei über nur zwölf Sitze im Reichstag, im Jahre 1930 waren es 132 geworden.

Die Sprache Hitlers mißfiel dem Exkaiser mitnichten. Stets hatte er die

Sozialdemokraten verabscheut, weil sie ihn vom Thron gestoßen hatten; es freute ihn jetzt, daß endlich einer aufstand und das Volk an die schändliche Lüge von der deutschen Alleinschuld am Kriege erinnerte. 1930 sah sich Wilhelm jedoch einem Dilemma gegenüber. Der neue Reichskanzler Brüning, der Vorsitzende der Zentrumspartei, befürwortete die Restaurierung der Monarchie, um zu verhindern, daß Hitler die Unterstützung der Rechten gewann. Wo lagen die besten Chancen für den Kaiser: bei Brüning und Hindenburg oder bei dem Mann von morgen – bei Hitler?

Es überrascht nicht, daß der Kaiser sich wieder einmal für die falsche Seite entschied, denn noch immer lebte er in einer Welt irriger Voraussetzungen und trügerischer Hoffnungen. Es wäre Brüning vielleicht möglich gewesen, die Monarchie wieder aufzurichten, aber er hätte Wilhelm II. nicht mehr zurückführen können. Die Sozialdemokraten und die Gewerkschaften hätten weder den Exkaiser noch den Exkronprinzen hingenommen, sie hätten sich allenfalls einer Regentschaft für einen Kaiserenkel nicht unbedingt widersetzt. Hindenburg jedoch grollte noch wegen des Rüffels, den Wilhelm ihm in seinem Brief vom Jahre 1922 verpaßt hatte. Immer noch quälten ihn die im Flüsterton vorgebrachten Schmähungen, er habe dem Kaiser nicht treu genug gedient. Als Brüning die Frage der Monarchie anschnitt, lehnte Hindenburg eine Restaurierung rundweg ab, wenn nicht sein «König und Herr», Wilhelm II., wieder in seine Rechte eingesetzt werde. «Eine Wiedereinführung der Monarchie im Kampfe gegen die Nazis wäre wohl möglich gewesen», schrieb Brüning 1957, «aber sie scheiterte daran, daß Hindenburg mir erklärte, daß er nur für eine Wiederherstellung der Monarchie sich einsetzen würde, falls Wilhelm II. Kaiser würde. Das war natürlich ausgeschlossen, und daran scheiterte alles[81]». Und damit wurde die letzte Chance der Hohenzollern vertan – und die letzte Möglichkeit, Hitler aufzuhalten.

Allein Wilhelm hätte die ausweglose Situation retten können. Wenn er den Feldmarschall gebeten hätte, eine Regentschaft zu Gunsten eines seiner Enkel zu schaffen, wäre Hindenburg wohl sicherlich darauf eingegangen. Aber Wilhelm schätzte die Lage falsch ein. Er glaubte, er selbst könnte seine Krone unter Hitler wiedererlangen! In den Jahren 1931/32 sangen die führenden Nationalsozialisten mit lauter Stimme das Lob der Hohenzollern. Der Kronprinz, der 1923 nach Deutschland heimgekehrt war, hatte Göring schon im Kriege kennengelernt, und Anfang der dreißiger Jahre machte er die Bekanntschaft von Goebbels, Röhm und Hitler. «Mein Ziel ist die Wiedererrichtung des Deutschen Reiches unter den Hohenzollern», beteuerte der ‹Führer› dem Kronprinzen in einem vertraulichen Gespräch. Wilhelm gegenüber wurden die Nationalsozialisten noch deutlicher. Göring besuchte den Kaiser 1932 in Doorn und versicherte sowohl dem Kaiser als auch der Kaiserin, Hitlers glühendster Wunsch sei es, den Exmonarchen wieder in seine angestammten Rechte einzusetzen.

Folglich wurde Prinzessin Hermine eine der leidenschaftlichsten Anhängerinnen Hitlers, und sie bestärkte den Kaiser in seinen hochfahrenden Bestrebungen. Wilhelm gestattete zweien seiner Söhne, den Prinzen August Wilhelm und Oskar, in die NSDAP einzutreten, wobei er von seinem Grundsatz abwich, Mitglieder seines Hauses sollten sich in politischen Dingen zurückhalten. Er machte auch keine Einwände geltend, als der Kronprinz sich offen zu Hitler bekannte, und als sein Enkel Louis Ferdinand ihn um seine Meinung über die neue Bewegung befragte, nahm er recht eindeutig Stellung: «In Hitler sieht er den Führer einer starken nationalen Bewegung, die die nationale Energie verkörpert. Er wisse zwar nicht, was einmal daraus werden wird, und behaupte auch keineswegs, daß ihm diese Bewegung in allen Einzelheiten gefalle, aber er sei fest davon überzeugt, daß nur nationale Energien die Deutschen wieder aufwärtsführen werden[82]».

In der Reichstagswahl vom Juli 1932 errangen die Nationalsozialisten 240 Sitze; sie waren nun die stärkste Partei im Reichstag. Im Jahr darauf erkannte Hindenburg, der allmählich senil geworden war, daß er keine andere Wahl hatte, als Hitler zum Reichskanzler zu ernennen. Sehr bald zeigte der ‹Führer›, wieviel ihm an den Hohenzollern gelegen war: Im Herbst 1933 ließ Göring als Preußischer Ministerpräsident klarmachen, daß die preußischen Prinzen nicht mehr länger Einkünfte aus ihren Besitzungen* beziehen würden, falls sie am Nationalsozialismus Kritik übten. Noch deutlicher wurde Hitlers wahre Einstellung im Januar 1934 demonstriert, als er eine Feier zu Ehren des fünfundsiebzigsten Geburtstages des Exkaisers in Berlin untersagte.

* In Joachim v. Kürenbergs ‹War alles falsch?› ist die Rede von einem Abkommen, wonach die politische Zurückhaltung von Angehörigen des Hohenzollernhauses mit einer staatlichen Apanage verknüpft wurde. Diese Darstellung wurde seither auch von anderen Autoren übernommen, doch hat sich dafür kein Beweis finden lassen. Zwar hat der Kronprinz 1947 in Gesprächen anläßlich der Nürnberger Prozesse von einem Zwang zur Zurückhaltung mit Rücksichtnahme auf die Erhaltung des umfangreichen Familienbesitzes gesprochen, doch hat es die Generalverwaltung des vormals regierenden Preußischen Königshauses verstanden glaubhaft zu machen, daß ein dahingehendes Abkommen nicht geschlossen wurde und folglich auch keine Zahlungen der nationalsozialistischen preußischen Staatsregierung an Angehörige des Hohenzollernhauses geleistet worden sind. Am 24. November 1933 meldete die ‹Vossische Zeitung› die Auflösung des Hohenzollernbundes und anderer monarchistischer Vereinigungen, die Verhaftung des Bundesführers dieser Organisation, das Verbot von Veranstaltungen, die in Krefeld vorgesehen waren. Die in Deutschland und im Ausland lebenden Angehörigen des Hohenzollernhauses mußten spätestens von diesem Augenblick an wissen, was die Glocke geschlagen hatte. *Anmerkung des Verlages.*

Trotz dieser Ereignisse glaubte die Kaiserin Hermine noch ein weiteres Jahr hindurch an Hitlers wohlwollende Absichten. Am 27. Juni 1934 schrieb sie Poultney Bigelow in Boston, einem Freunde des Kaisers aus dessen Kinderzeit, der junge Randolph Churchill habe Doorn besucht und den Kaiser nach seiner Meinung über Hitler befragen wollen. Wilhelm brachte das Gespräch jedoch auf den chinesisch-japanischen Krieg, wobei er auf die wohlbekannte These von der Gelben Gefahr zurückkam. Trotz dieser Zurückhaltung gab der Besucher seine eigene Ansicht über Hitler zum Besten. Die Kaiserin Hermine berichtete Bigelow: «Der junge Churchill wußte nichts vom neuen Deutschland und sieht in Hitler eine Gefahr und einen Feind» – worüber sie entsetzt war.

Die Kaiserin Hermine konnte indessen Hitlers Haltung nicht mehr lange mißverstehen. Im Januar 1935 ersuchte der Kaiser den Kronprinzen, er möge mit dem Reichskanzler über die Möglichkeiten seiner Rückkehr sprechen. Hitler gab kategorisch zu verstehen, die Rückkehr Seiner Majestät käme überhaupt nicht in Frage.

Der Traum des Kaisers war ausgeträumt, doch die nun folgenden sechs Jahre wurden – so sonderbar dies auch klingen mag – die friedlichsten seines langen Lebens. Zum erstenmal waren die Lockung und die Mühsal des eigenen Ruhms von ihm genommen, zum erstenmal vermochte er die Dinge mit Abstand zu betrachten. Zwar bezeichnete er sich nach wie vor als der «am meisten mißbrauchte Mann auf Erden», aber das war nur noch eine Redensart, denn seine Gefühle wurden nicht mehr davon berührt. Naturgemäß verabscheute er jetzt die Nationalsozialisten. Er grollte Hitler nicht nur wegen seines gebrochenen Versprechens und wegen seiner Bemerkung über die «Hohenzollern-Parasiten»; es erschreckte ihn, daß selbst Mitglieder seiner eigenen Umgebung – Herren, die in Berlin ausgesucht und auf eine Dienstreise nach Doorn entsandt wurden – ihn bespitzelten. Erinnerte er sich vielleicht an die bitteren Klagen seiner Mutter über die Spitzel, die Bismarck in ihr Haus geschleust hatte?

Je mehr sich die politische Bühne verdüsterte, umso häufiger wanderten die Gedanken des Kaisers in das Geburtsland seiner Mutter. Alles Englische schien ihm Freude zu machen: Er unterhielt sich gern in englischer Sprache, er las gern englische Bücher, er empfing gern englische Besucher. Im Jahre 1937 nahm er ein fast ergreifendes Interesse an den Einzelheiten der Krönungszeremonie König Georgs VI. Wie andere alte Leute verweilte er in der Erinnerung mit Vorliebe an den Stätten seiner Kindheit. Oft sprach er von seinem geliebten Großvater und seiner Großmutter, was etwas verwirrend war, denn mit dem Großvater war der Kaiser Wilhelm I. gemeint und mit der Großmutter die englische Königin Victoria. Bei Abendgesellschaften zeigte er seinen Gästen mit Behagen einen der ersten Dokumentarfilme, die gedreht wurden, den vom Diamantenen Jubiläum der Queen Victoria.

Es wäre ungerecht, wollte man glauben, die Abneigung des Kaisers gegen Hitler sei nur verletzter Stolz gewesen. Wilhelm II. war tief religiös, er war es auf eine fast besessene Weise, und als der pathologische Haß des Diktators und seine rassischen Vorurteile immer augenfälliger wurden, trat beim Kaiser zweifellos eine echte innere Wendung ein. Obwohl er wie alle Deutschen den Versailler Vertrag für eine Schande hielt, entsetzte ihn der Gedanke an einen neuen Weltkrieg. Er hatte stets eine sehr persönliche, beinahe kindliche Vorstellung von Gott gehabt, und nun wandte er sich noch häufiger seiner Bibel zu, um eine Erklärung für die abermalige Heimsuchung zu finden, die der Menschheit offenbar bevorstand.

Im Jahr 1938, als Chamberlain durch seinen Flug nach München den Krieg verhinderte, war der Kaiser so erleichtert, daß er impulsiv der verwitweten Königin Mary einen Brief schrieb. Es war das erstemal seit dem Krieg, daß er Verbindung mit der englischen Königsfamilie aufnahm. «Ich möchte mit dankbarem Herzen, das durch die Fürbitte des Himmels von schwerer Sorge erleichtert wurde, meinen wärmsten und aufrichtigsten Dank an den Herrn mit dem Deinen und dem des deutschen und des englischen Volkes verbinden, daß Er uns vor einer schrecklichen Katastrophe bewahrt hat, indem Er den verantwortlichen Staatsmännern geholfen hat, den Frieden zu bewahren. Ich habe nicht den geringsten Zweifel, daß Mr. N. Chamberlain vom Himmel erleuchtet und von Gott geleitet war, der Mitleid hatte mit Seinen Kindern auf Erden, als Er dessen Mission mit einem solch beruhigenden Erfolg gekrönt hat. Gott segne ihn. Ich küsse Deine Hand in ehrerbietiger Ergebenheit wie stets». Königin Mary dankte ihm sofort und schrieb, sie habe seinen Brief ihrem Sohn, König Georg VI., geschickt, damit er ihn dem Premierminister zeige und ihn sodann in den königlichen Archiven verwahren lasse.

Plötzlich schien das Bild des Kaisers in einem hellen Licht aus dem ungeheuren Schatten Hitlers hervorzutreten. Es war, als gewönne er neues Ansehen. Zum erstenmal seit 1914 wurde er in der englischen Presse freundlich erwähnt. Viele Menschen innerhalb und außerhalb Deutschlands begannen wehmütig auf jene Zeiten zurückzublicken, da er an der Regierung gewesen, und zuweilen wurde er sogar ein «erfahrener Staatsmann» genannt, ja «ein Mann von Würde und Mäßigung». Churchill stellte fest: «Die Zeit verschaffte ihm eine überraschende und paradoxe Rache an seinen Überwältigern. Er erlebte einen Zeitabschnitt, da der größte Teil Europas, insbesondere seine mächtigsten Feinde, Großbritannien und Frankreich, die Rückkehr der Hohenzollern, die sie vormals mit unausdenkbarem Abscheu betrachtet hatten, als verhältnismäßig hoffnungsvolles Ereignis und als ein Anzeichen, daß die Gefahren im Abklingen waren, ansahen».

Vierzehn Tage vor dem Ausbruch des Zweiten Weltkrieges, empfing der Exkaiser zwei angesehene englische Schriftsteller, die dem Foreign Office nahestanden: Robert Bruce Lockhart und John Wheeler-Bennett. Der achtzigjährige Kaiser trug einen graublauen Tweedanzug und eine weiße Weste. In seiner Krawatte steckte eine Kamee, die ihm einst von Queen Victoria geschenkt worden war. Er sprach rasch und lebhaft. Da Wheeler-Bennett eine Biographie über ihn plante, drehte sich die Unterhaltung vornehmlich um Vergangenes. Wilhelm II. glaubte noch immer, er werde grausam verkannt. Mit vernichtender Schärfe sprach er von den Historikern; er klagte sie der groben Verdrehung an. Wie schon so oft behauptete er auch jetzt wieder, er allein habe zur Zeit des Burenkrieges einen französisch-russisch-deutschen Krieg gegen England verhütet: «Und dafür bekam ich 1918.» Er sagte seinen Besuchern, der Krieg von 1914 wäre nie ausgebrochen, wenn er nicht durch die trügerische Haltung Englands getäuscht worden wäre. Schließlich meinte er verstimmt, er habe nur gegen die Russen kämpfen wollen. «Doch wenn er Bitterkeit empfand, machte der Kaiser einen tapferen Versuch, sie nicht zu zeigen», schrieb Lockhart. «Vermutlich nahmen ihn seine eigenen Worte sehr gefangen, denn er sprach nicht nur mit der Zunge, sondern mit aller physischen Kraft, die er noch besaß. Seine Augen funkelten und gingen hin und her, er bewegte seinen gesunden Arm, hob warnend einen Finger oder machte eine weite Geste nach ferneren Gefahren wie Rußland und Japan. Als er den Engländern einen kleinen Hieb versetzte, erhellte ein füchsisches Lächeln sein ganzes Gesicht. Er sprach auch viel von der imperialistischen Habgier, die zum Niedergang aller Großmächte geführt habe. In den Jahren seiner Prüfungen habe er eine neue Theorie entwickelt: Kein Volk sollte mehr Land haben wollen, als die Vorsehung ihm bescherte. Die Vorsehung bestrafe zur rechten Zeit jene, die gegen dieses Gesetz verstießen.

«Ich fragte ihn, ob sein Hinweis auf die Bestrafung sich auch auf das britische Weltreich und das Dritte Reich Hitlers bezöge. Er hielt einen Moment inne, dann erwiderte er bestimmt: ‹Auf alle Reiche und demnach auf beide.› Danach berührte er die gegenwärtige Krise nicht mehr. Er möge die Polen nicht und vertraue ihnen auch nicht, aber – eingedenk seines Paktes mit der Vorsehung – wünsche er nicht, daß Polen von Deutschland einverleibt werde. Er achtete darauf, nicht zuviel über die Nazis zu sagen, obwohl er durchblicken ließ, daß er in Opposition zu ihnen stände. Einmal aber überkam ihn der Ärger. ‹Ich bin ein Gefangener in meinem eigenen Haus›, sagte er. ‹Sie [die Nazis] behandeln mich viel schlechter, als die Sozialisten mich je behandelt haben[83]›.»

Die Kaiserin Hermine sprach sich freimütiger gegen die Nationalsozialisten aus als ihr Mann. «Sie sind böse», meinte sie, «sie werden viel Schaden anrichten.» Sie warnte ihre Besucher davor, den Angehörigen ihres Haushaltes, mit Ausnahme des Adjutanten Freiherrn von Sell zu vertrauen. Nur ein einziges Mal wurde der bevorstehende Krieg erwähnt, und das geschah beim Abschied. «Kommen Sie im nächsten Sommer wieder zu mir, wenn Sie können», sagte der Kaiser. Und er fügte hinzu: «Aber Sie werden dazu nicht imstande sein, denn die Maschine läuft ihm davon, wie sie mir davongelaufen ist.» Diese Bemerkung war nicht so weise, wie sie sich anhörte, denn was immer der Kaiser mit der «Maschine» meinen mochte, weder der Erste noch der Zweite Weltkrieg wurden durch den Druck der Militärs ausgelöst. Tatsächlich mußte Hitler seine hohen Offiziere vorwärtstreiben. Die Abneigung der Generäle, Europa in Brand zu stecken, veranlaßte ihn zu der verächtlichen Äußerung von den «Bulldoggen, die vergessen haben, wie man beißt».

Im Mai 1940 begann Hitlers Angriff im Westen. Die deutschen Truppen kämpften in Holland. Königin Wilhelmina und ihr Hof flohen nach London. Winston Churchill war zum Premierminister ernannt worden, und als er von den schweren Kämpfen in den Niederlanden erfuhr, sorgte er sich um die Sicherheit des Kaisers. Er wies das Foreign Office an, dem Monarchen Asyl in England zu gewähren. Falls Wilhelm das Angebot annähme, sollte eine Maschine der Royal Air Force innerhalb der nächsten Stunden nach Holland fliegen und den Kaiser samt seiner Frau an Bord nehmen. Die Nachricht wurde durch den britischen Botschafter in Den Haag, dem Bürgermeister von Utrecht, Baron Van Nagell, übermittelt. Der Baron eilte sofort nach Haus Doorn. Der Kaiser befand sich im Bett, aber der Bürgermeister wurde ins Schlafzimmer gebeten. Das Angebot überraschte und befriedigte Wilhelm. Seine erste Regung war, Ja zu sagen. Die Prinzessin Hermine war überglücklich und begann auf der Stelle mit dem Packen. Baron Van Nagell meinte, der Kaiser wolle sicher in Ruhe über das Angebot nachdenken; er käme in einer Stunde wieder, um die Antwort abzuholen.

Wilhelm II. dachte nach. Nein, er konnte nicht fortgehen. Er war ein Deutscher, und was er auch von Hitler halten mochte, es änderte nichts daran, daß er, der frühere Kaiser der Deutschen, zu seinem Volk stehen mußte, im Guten wie im Bösen. Sechzehn Hohenzollernprinzen, darunter drei seiner Enkel, dienten in der Wehrmacht. Überdies quälte ihn noch heute die Entscheidung, die er an jenem unheilschweren 9. November 1918 in Spa getroffen hatte. Als der niederländische Bürgermeister wieder erschien, bat Wilhelm, er möge der englischen Regierung seinen tiefen Dank aussprechen; da man ihn aber einmal beschuldigt habe, er sei davongelaufen, werde er diesmal bleiben, wo er sei – mochte kommen, was wollte. Und außerdem habe er von den Holländern soviel Freundliches erfahren, daß er sie jetzt in ihrem Unglück nicht alleinlassen wolle.

Hunderte von deutschen Offizieren versuchten später, einen Blick auf ihren einstmaligen Obersten Kriegsherrn zu werfen. Hitler gab strenge Anweisung, es dürfe zu keiner «Verbrüderung» zwischen der Wehrmacht und dem Exilmonarchen kommen, aber die Anziehungskraft erwies sich als so groß, daß die Gestapo schließlich ein Wachkommando mit einem SS-Offizier ins Pförtnerhaus legen mußte. Der Kaiser machte sich einen Spaß daraus, zu dem Häuschen hinunterzuspazieren und den Posten ins Gespräch zu ziehen. Offensichtlich fühlte sich der junge Mann so geschmeichelt und beeindruckt, daß er die Hacken zusammenschlug und sich vor dem früheren Herrscher ganz im Stil der preußischen Gardeoffiziere verneigte. Trotz Hitlers Befehl sprachen zahlreiche Offiziere, die durch einen versteckten Eingang ins Haus geführt wurden, mit dem Kaiser.

Am 26. Mai 1940 erlag Prinz Wilhelm von Preußen, der älteste Sohn des Kronprinzen, den Verwundungen, die er in den Kämpfen um Valenciennes erlitten hatte. Sein Leichnam wurde nach Potsdam überführt und am 29. Mai im Antiken-Tempel beigesetzt. 50 000 Menschen drängten sich zu dem Trauergottesdienst – es war die größte monarchistische Demonstration seit dem Sturz der Hohenzollerndynastie. Hitler geriet in Wut. Eine Woche danach kehrte General von Dommes, der Hofmarschall des Kaisers, mit einer schlimmen Nachricht nach Doorn zurück. Der ‹Führer› hatte verfügt, alle Mitglieder des Hauses Hohenzollern sofort aus der Wehrmacht zu entfernen. Gerüchte wollten wissen, er erwäge ernste Maßnahmen gegen sie und ihre Familien. Dommes beschwor den Kaiser, Hitler durch eine versöhnliche Geste zu besänftigen. Es war traurig, daß Wilhelm II. einwilligte, denn diese Geste sollte die letzte offizielle Handlung seines Lebens sein. Die deutschen Armeen marschierten am 14. Juni in Paris ein. Am nächsten Tag sandte der Kaiser ein Glückwunschtelegramm an Hitler, dessen Text veröffentlicht wurde und Bestürzung bei jenen Monarchisten hervorrief, die gegen Hitler opponierten.

Der Kaiser lebte noch ein Jahr lang. In diesen zwölf Monaten stand England allein der Macht Deutschlands gegenüber. Wieder einmal war der Krieg, ungeachtet der überwältigenden Siege der Wehrmacht, nicht gewonnen. Wiederholte sich die Geschichte? Der Kaiser glaubte es – aber er verstarb am 5. Juni 1941, ein paar Wochen vor dem deutschen Angriff auf Rußland und sechs Monate vor dem Kriegseintritt der Vereinigten Staaten.

Des Kaisers Frau und seine Tochter, die Herzogin von Braunschweig, weilten in seinen letzten Stunden bei ihm. Er wurde in Doorn zu Grabe getragen, und sein Tod fand nur wenig Beachtung in Deutschland und England. Die Leute waren zu sehr mit dem neuen Krieg beschäftigt, um ihre Gedanken ein Vierteljahrhundert zurückschweifen zu lassen. Die Tragödie Wilhelms II. war die Tragödie seiner Geburt. Er besaß weder die Geistesstärke noch den Charakter, um die ungeheure Last zu tragen, die ihm aufgebürdet war. «Es war nicht seine Schuld», schrieb Winston Churchill, «es war sein Schicksal.»

Leider aber war es auch unser aller Schicksal. Wilhelm, der Kaiser, löste unwissentlich Ereignisse aus, die in den vergangenen fünfzig Jahren mit verheerender Gewalt wie in einer Kettenreaktion fortwirken sollten. Sie haben die Welt erbarmungslos verändert. Und es führt kein Weg zurück.

Quellenangaben

Die in diesem Buch erscheinenden Zitate sind folgenden Werken entnommen: Wilhelm II.: Aus meinem Leben, Ereignisse und Gestalten. Bernhard Fürst von Bülow: Denkwürdigkeiten. Johannes Haller: Aus dem Leben des Fürsten Philipp zu Eulenburg-Hertefeld. Philipp Fürst zu Eulenburg-Hertefeld: Aus fünfzig Jahren. Alfred von Tirpitz: Erinnerungen. Georg Alexander Müller: Regierte der Kaiser? Karl Friedrich Nowak: Das dritte Kaiserreich. Klaus W. Jonas: Der Kronprinz Wilhelm. Sir Frederick Ponsonby: Die Briefe der Kaiserin Friedrich. André Maurois: Edward VII and His Times. Muriel Buchanan: Queen Victoria's Relations. Princess of Pless: Better Left Unsaid. Princess Blücher: An English Wife in Berlin. Walpurga Paget: Embassies of Other Days. Sidney Fay: The Origins of the Second World War. Viscount Grey of Fallodon: Twenty-five Years. Anne Topham: Memories of the Fatherland und: Memoirs of the Kaiser's Court. Die geheimen Papiere Friedrich von Holsteins. Die deutschen Dokumente zum Kriegsausbruch (Gesammelt von Karl Kautsky, herausgegeben von Max Graf Montgelas und Walter Schücking). Die große Politik der europäischen Kabinette (herausgegeben von Friedrich Thimme). British Documents on the Origin of the War (Herausgegeben von Gooch and Temperley). German Diplomatic Documents (herausgegeben von E. T. S. Dugdale). The Kaiser's Letters of Czar Nicholas and Empress Marie (herausgegeben von Edward Bing).

Anmerkungen

1 Die Briefe der Kaiserin Friedrich
2 Wilhelm II.: Aus meinem Leben
3 a.a.O.
4 a.a.O.
5 a.a.O.
6 a.a.O.
7 a.a.O.
8 a.a.O.
9 a.a.O.
10 Muriel Buchanan: Queen Victoria's Relations
11 Die geheimen Papiere Friedrich von Holsteins
12 a.a.O.
13 Generalfeldmarschall Waldersee: Denkwürdigkeiten
14 Johannes Haller: Aus dem Leben des Fürsten Philipp zu Eulenburg-Hertefeld
15 Anne Topham: Memoirs of the Kaiser's Court
16 Johannes Haller: Aus dem Leben des Fürsten Philipp zu Eulenburg-Hertefeld und: ‹Aus fünfzig Jahren› von Fürst Philipp zu Eulenburg-Hertefeld
17 Fürst Philipp zu Eulenburg-Hertefeld: Aus fünfzig Jahren
18 Große Politik
19 Henry Ponsonby: Arthur Ponsonby: His Life from His Letters
20 Hermann Freiherr von Eckardstein: Lebenserinnerungen und: Politische Denkwürdigkeiten
21 Johannes Haller: Aus dem Leben des Fürsten Philipp zu Eulenburg-Hertefeld
22 a.a.O.
23 Die geheimen Papiere Friedrich von Holsteins
24 Johannes Haller: Aus dem Leben des Fürsten Philipp zu Eulenburg-Hertefeld
25 a.a.O.
26 Bernhard Fürst von Bülow: Denkwürdigkeiten
27 a.a.O.
28 Johannes Haller: Aus dem Leben des Fürsten Philipp zu Eulenburg-Hertefeld
29 Bernhard Fürst von Bülow: Denkwürdigkeiten
30 a.a.O.
31 Große Politik
32 Bernhard Fürst von Bülow: Denkwürdigkeiten
33 a.a.O.
34 Große Politik
35 Harold Nicolson: Lord Carnock
36 Johannes Haller: Aus dem Leben des Fürsten Philipp zu Eulenburg-Hertefeld
37 Sir Sidney Lee: King Edward VII.
38 a.a.O.
39 a.a.O.

40 Robert Graf Zedtlitz-Trützschler: Zwölf Jahre am deutschen Kaiserhof
41 Bernhard Fürst von Bülow: Denkwürdigkeiten
42 a.a.O.
43 a.a.O.
44 Julian Amery: Letters of Joseph Chamberlain
45 Große Politik
46 Journals and Letters of Reginald Viscount Esher
47 Hermann Freiherr von Eckardstein: Lebenserinnerungen und: Politische Denkwürdigkeiten
48 a.a.O.
49 Robert Graf Zedtlitz-Trützschler: Zwölf Jahre am deutschen Kaiserhof
50 Valentin Chirol: Fifty Years in a Changing World
51 Große Politik
52 Otto Hammann: Bilder aus der letzten Kaiserzeit
53 Anne Topham: Memoirs of the Kaiser's Court
54 Johannes Haller: Aus dem Leben des Fürsten Philipp zu Eulenburg-Hertefeld
55 a.a.O.
56 a.a.O.
57 Kronprinz Wilhelm: Erinnerungen
58 Johannes Haller: Aus dem Leben des Fürsten Philipp zu Eulenburg-Hertefeld
59 a.a.O.
60 a.a.O.
61 André Maurois The Edwardian Eva
62 Robert Graf Zedtlitz-Trützschler: Zwölf Jahre am deutschen Kaiserhof
63 British Documents on the Origins of the War
64 Bernhard Fürst von Bülow: Denkwürdigkeiten
65 Elic Halevy: A History of the English People
66 Winston Churchill: Große Zeitgenossen
67 Bernhard Fürst von Bülow: Denkwürdigkeiten
68 British Documents on the Origins of the War
69 Große Politik
70 Robert Graf Zedtlitz-Trützschler: Zwölf Jahre am deutschen Kaiserhof
71 Große Politik
72 Kronprinz Wilhelm: Erinnerungen
73 Große Politik
74 Die deutschen Dokumente zum Kriegsausbruch
75 Admiral Georg Alexander von Müller: Regierte der Kaiser?
76 Alfred von Tirpitz: Erinnerungen
77 General von Freytag-Loringhoven: Menschen und Dinge
78 Klaus W. Jonas: Der Kronprinz Wilhelm
79 A. Niemann: Kaiser und Revolution
80 Winston Churchill: Große Zeitgenossen
81 Klaus W. Jonas: Der Kronprinz Wilhelm
82 a.a.O.
83 Sir Robert Bruce Lockhart: Comes the Reckoning

BIBLIOGRAPHIE*

Alberts, A., Koning Willem II. Den Haag 1964.
Amelunxen, R., Kleines Panoptikum. Essen 1957.
Aronson, T., The Kaisers. Indianapolis/New York 1971.

Balfour, M., The Kaiser and His Times. London 1964. (Dt. Übers.: Der Kaiser Wilhelm II. und seine Zeit. Mit einem einleit. Essay v. W. Bußmann. Berlin 1967.)
Barrière, M., Guillaume II et son temps. Paris 1934.
Benson, E. F., The Kaiser and English Relations. London 1936.
Bentinck, Lady N. I. E., Der Kaiser im Exil. Berlin 1921.
Beseler, D. v., Der Kaiser im englischen Urteil. Stuttgart 1932.
—, Der Kaiser in Vergangenheit und Gegenwart. Gedanken zum 75. Geburtstag Kaiser Wilhelms II. Leipzig 1934.
Beumelburg, W., Wilhelm II. und Bülow. Oldenburg 1932.
Buchheim, K., Das deutsche Kaiserreich 1871—1918. Vorgeschichte — Aufstieg — Niedergang. München 1969.
Buchner, M., Kaiser Wilhelm II., seine Weltanschauung und die deutschen Katholiken. Leipzig 1929.
Bunsen, E. F., The Kaiser and his English Relations. London 1936.
Bußmann, W., Wilhelm II. Eine Schicksalsfigur deutscher und europäischer Geschichte. In: Friedrich Wilhelm Prinz von Preußen (Hg.), Preußens Könige. Gütersloh/Wien 1971, S. 224—252.

Chamier, J. D., Fabulous Monster. London 1934. (Dt. Übers.: Ein Fabeltier unserer Zeit. Wien 1937.)
Conze, W., Die Zeit Wilhelms II. 1890—1918. In: Rassow, P. (Hg.), Deutsche Geschichte im Überblick. Stuttgart ^{2}1962, S. 572—615.
—, Die Zeit Wilhelms II. und die Weimarer Republik. Deutsche Geschichte 1890—1933. Tübingen/Stuttgart 1964.

---

* Auswahlbibliographie. Zur Geschichte der Dynastie siehe z. B.
— Aretz, G., Die Frauen der Hohenzollern. Berlin 1933.
— Cyran, E., Das Schloß an der Spree. Die Geschichte eines Bauwerks und einer Dynastie. Berlin 1962.
— Elliot, J., Fall of the Eagles. The End of the Great European Dynasties. London 1974.
— Friedrich Wilhelm, Prinz von Preußen (Hg.), Preußens Könige. Gütersloh/Wien 1971.
— Hubatsch, W., Hohenzollern in der deutschen Geschichte. Frankfurt a. M./Bonn 1961.
— Kathe, H., Die Hohenzollernlegende. Berlin 1973.
— Konstantin, Prinz von Bayern, Ohne Macht und Herrlichkeit. Hohenzollern, Wittelsbach, Habsburg. (= List-Bücher. 196/197.) München 1961.
— Massenbach, H. Frh. v., Die Hohenzollern einst und jetzt. Köln ^{5}1959.
— Nelson, W. H., Die Hohenzollern. Übertr. v. R. Paul. München 1972.
— Ritthaler, A., Die Hohenzollern. Ein Bildwerk. Frankfurt a. M./Bonn 1961.
— Schwartz, P., Brandenburg, Preußen und das Deutsche Reich unter den Hohenzollern. Berlin 1915.

Weitere Literatur zu Wilhelm II. und zum Haus Hohenzollern, auch Zeitschriftenaufsätze, siehe etwa bei
— International Bibliography of Historical Sciences 1 (1926) ff.
— Jahresberichte für deutsche Geschichte 1 (1925) ff., N. F. 1 (1949) ff.

Everling, F. / Günther, A. (Hg.), Der Kaiser. Wie er war — wie er ist. Berlin 1934.
Eyck, E., Das persönliche Regiment Wilhelms II. Politische Geschichte des deutschen Kaiserreiches von 1890—1914. Erlenbach/Zürich 1948.

Fehrenbach, E., Wandlungen des deutschen Kaisergedankens 1871—1918. (= Studien zur Geschichte des 19. Jahrhunderts. 1.) München/Wien 1969.
Franke, L., Die Randbemerkungen Wilhelms II. in den Akten der auswärtigen Politik als historische und psychologische Quelle. Leipzig/Straßburg/Zürich 1934.

Gisevius, H. B., Der Anfang vom Ende. Wie es mit Wilhelm II. begann. Zürich 1971.
Göhring, M., Bismarcks Erben 1890—1945. Deutschlands Weg von Wilhelm II. bis Adolf Hitler. Wiesbaden 1958, [2]1959.
Grunow, A., Der Kaiser und die Kaiserstadt. (= Berlinische Reminiszenzen. 27.) Berlin 1970.

Hahn, W., Der Bergarbeiterstreik vom Mai 1889 im rheinisch-westfälischen Industriegebiet unter besonderer Berücksichtigung der Stellung Kaiser Wilhelms II. und Fürsten Bismarcks. Diss. Hameln 1924 / Göttingen 1925.
Hammann, O., Um den Kaiser. Berlin 1919.
Hartung, F., Das persönliche Regiment Kaiser Wilhelms II. (= Sitzungsberichte der Deutschen Akademie der Wissenschaften zu Berlin. Klasse für Gesellschaftswissenschaften. 1952, 3.) Berlin 1952.
Hauviller, E., Kaiser Wilhelm II. als Schloßherr auf elsässischem und auf lothringischem Boden. Gebweiler 1913.
Heinig, C., Hohenzollern. Wilhelm II. und sein Haus. Der Kampf um den Kronbesitz. Berlin 1921.
Helfritz, H., Wilhelm II. als Kaiser und König. Eine historische Studie. Zürich/Berlin 1954.
Hennessy, J. C., America and William II of Germany, 1888—1918. An Inquiry into the Origin and Nature of his Image in America. Diss. Ann Arbor, Mich. 1969.
Hinzpeter, G., Kaiser Wilhelm II. Eine Skizze nach der Natur gezeichnet. Bielefeld 1888.
Hochhuth, R. / Kosch, H.-H. (Hg.), Kaisers Zeiten. Bilder einer Epoche. Aus dem Archiv der Hofphotographen O. u. G. Tellgmann. München/Berlin 1973.
Hubatsch, W., Kaiser Wilhelm II. (1859—1941). Persönlichkeit und Geschichtsbild. In: W. H., Hohenzollern in der Geschichte. Bonn 1961, S. 78—114 ([2]1970).
Huber, E. R., Das persönliche Regiment Wilhelms II. In: E. R. H., Nationalstaat und Verfassungsstaat. Studien zur Geschichte der modernen Staatsidee. Stuttgart 1965, S. 224—248.

Jessen, F. v., Wilhelm II i København sommeren 1905. Nogle personlige erindringer. København 1942.

Der Kaiser. Eine Biographie in 107 Bildern. Berlin 1933.

Kliersfeld, J., Die Haltung Kaiser Wilhelms II. zur Arbeiterbewegung und zur Sozialdemokratie. Diss. Würzburg 1933.

Kracke, F., Prinz und Kaiser. Wilhelm II. im Urteil seiner Zeit. München 1960.

Kürenberg (d. i. Reichel), J. v., War alles falsch? Das Leben Kaiser Wilhelms II. Bonn 1951 (^{2}1952).

Ludwig, E., Wilhelm II. Berlin 1926 (Neuaufl. München 1964).

Maccotta, G. W., Guglielmo II, la Germania e l'Europa. 1888—1914. Saggio storico. Roma 1934.

Maltzahn, Frh. A. A. v., Die 4096 Ahnen seiner Majestät des deutschen Kaisers, Königs von Preußen, Wilhelm II. Berlin 1911.

Mann, G., Wilhelm II. (= Archiv der Weltgeschichte. 2.) München/Bern/ Wien 1964.

Meinhold, P., Wilhelm II. 25 Jahre Kaiser und König. Berlin ^{3}1912.

Muret, M., Guillaume II. Paris 1930.

Niemann, A., Die Entthronung Kaiser Wilhelms II. Leipzig 1924.

—, Kaiser und Heer. Das Wesen der Kommandogewalt und ihre Ausübung durch Kaiser Wilhelm II. Berlin 1929.

—, Kaiser und Revolution. Die entscheidenden Ereignisse im Großen Hauptquartier. Berlin 1922.

—, Der Weg Kaiser Wilhelms II. vom Thron in die Fremde. Stuttgart 1932.

Nowak, K. F., Deutschlands Weg in die Einkreisung. Berlin 1931.

—, Kaiser und Kanzler. Berlin 1929.

Paléologue, M., Guillaume II et Nicolas II. Paris 1935. (Dt. Übers.: Wilhelm II. und Nikolaus II. Bern 1947.)

Peters, E., Roosevelt und der Kaiser. Ein Beitrag zur Geschichte der deutsch-amerikanischen Beziehungen 1895—1906. (= Forschungen zur neueren und neuesten Geschichte. 6.) Leipzig 1936.

Rathenau, W., Der Kaiser. Eine Betrachtung. Berlin 1949 (^{1}1919).

Reuss, M. A., Under Bismarck's Shadow. The German Foreign Ministry Expansion of Influence, 1888—1895. Diss. Ann Arbor, Mich. 1972.

Reventlow, Graf E. zu, Von Potsdam nach Doorn. Wilhelm II. Berlin ^{2}1940.

Ritthaler, A., Kaiser Wilhelm II. Herrscher in einer Zeitenwende. Köln 1958.

Röhl, J. C. G., Germany without Bismarck. The Crisis of Government in the Second Reich, 1890—1900. Berkeley/Los Angeles 1967 (Dt. Übers.: Deutschland ohne Bismarck. Die Regierungskrise im Zweiten Kaiserreich 1890—1900. Tübingen 1969).

Rößler, K. (anonym erschienen), Die Vorgänge in der inneren Politik seit der Thronbesteigung Kaiser Wilhelms II. Berlin 1888.

Schüssler, W., Die Daily-Telegraph-Affaire. Fürst Bülow, Kaiser Wilhelm und die Krise des Zweiten Reiches 1908. (= Göttinger Bausteine zur Geschichtswissenschaft. 9.) Göttingen 1952.
—, Kaiser Wilhelm II. Schicksal und Schuld. (= Persönlichkeit und Geschichte. 26/27.) Göttingen 1962.
Sexau, R., Kaiser oder Kanzler. Kampf um das Schicksal des Bismarckreiches. Berlin/Hamburg 1936 (Neuaufl. München 1952).
Shepardson, D. E., The Daily Telegraph Affair. A Case Study in the Politics of the Second German Empire. Diss. Ann Arbor, Mich. 1971.
Smith, A. J., In Preußen keine Pompadour. Wilhelm II. und die Gräfin Waldersee. Dt. v. F. Jaffé. (= Deutscher Taschenbuch Verlag. 651.) München 1970 ([1]Stuttgart 1965).
Sonntag, J., Schuld und Schicksal. Die Tragödie Wilhelms II. Berlin 1926.
Stolberg-Wernigerode, O. Graf zu, Wilhelm II. Lübeck 1932.
Stutzenberger, A., Die Abdankung Kaiser Wilhelms II. Die Entstehung und Entwicklung der Kaiserfrage und die Haltung der Presse. (= Historische Studien. 312.) Berlin 1937.

Tesdorpf, P., Die Krankheit Wilhelms II. München 1919.

Vermeil, E., L'Allemagne contemporaine, sociale, politique et culturelle 1890—1950. Bd. 1: Le règne de Guillaume II. (= Collection hist.) Paris 1952.
Vierhaus, R., Kaiser und Reichstag zur Zeit Wilhelms II. In: Festschrift f. Hermann Heimpel. Göttingen 1971, S. 257—281.

Waters, W. H.-H., Potsdam and Doorn. London 1935.
Wheeler-Bennett, Sir J. W., Three Episodes in the Life of Kaiser Wilhelm II. London 1956.
Wilm, H., Wilhelm II. als Krüppel und Psychopath. Abrechnung mit der Entente und dem Monarchismus. Berlin 1920.
Wilson, L. P. R., The Incredible Kaiser. A Portrait of William II. London 1963.
Wulff (d. i. Le Mang), E., Die persönliche Schuld Wilhelms II. Ein zeitgemäßer Rückblick. Dresden 1918.

d'Ydewalle, C., Guillaume II. Préface par H. Bernard. Paris 1972.

Zechlin, E., Staatsstreichpläne Bismarcks und Wilhelms II. 1890—1894. Stuttgart 1924.
Zentner, K., Kaiserliche Zeiten. Wilhelm II. und seine Ära in Bildern und Dokumenten. München 1964.
Ziekursch, J., Politische Geschichte des neuen deutschen Kaiserreiches. Bd. 3: Das Zeitalter Wilhelms II. 1890—1918. Frankfurt a. M. 1930.
Zipfel, F., Kritik der Öffentlichkeit an der Person und an der Monarchie Wilhelms II. bis 1914. Diss. Berlin 1952.

ZEITTAFEL

1859	27. Januar: *Friedrich Wilhelm Victor Albert als ältester Sohn des preußischen Kronprinzen Friedrich und seiner Frau Viktoria, der Princess Royal von Großbritannien und Irland, in Potsdam geboren.* Bismarck Gesandter in Sankt Petersburg. Gründung des deutschen Nationalvereins in Frankfurt a. M. Heeresreform in Preußen. 10. November: Schillers 100. Geburtstag. Nationale Feiern.
1860/61	Italienische Einigung.
1860	*24. Juli: Wilhelms Schwester Charlotte geboren.*
1861–1865	Nordamerikanischer Bürgerkrieg (Sezessionskrieg).
1861	2. Januar: Friedrich Wilhelm IV. von Preußen gestorben. Wilhelm I. wird König. Gründung der Deutschen Fortschrittspartei in Preußen. Johann Philipp Reis erfindet das Telefon. 10. Dezember: England: Prinzgemahl Albert von Sachsen-Coburg-Gotha gestorben.
1862–1866	Verfassungsstreit in Preußen.
1862	22. Mai: Bismarck Gesandter in Paris. *14. August: Wilhelms Bruder Heinrich geboren.* Herbst: Rückkehr Bismarcks nach Berlin. 23. September: Bismarck preußischer Ministerpräsident und seit 8. Oktober auch Außenminister. 15. November: Gerhart Hauptmann geboren. Handelsvertrag Preußen–Frankreich. Abbau der Schutzzölle.
1863	22. Januar: Polnischer Aufstand. Februar: Alvenslebensche Militärkonvention zwischen Preußen und Rußland zur Niederschlagung des Aufstands in Polen. August: Fürstentag in Frankfurt a. M. Auf Anraten Bismarcks bleibt König Wilhelm von Preußen der Bundesversammlung fern. Ferdinand Lassalle gründet den Allgemeinen Deutschen Arbeiterverein.
1864	Dänischer Konflikt. Krieg Österreichs und Preußens gegen den Dänenkönig Christian IX., der Schleswig dem dänischen Reich eingliedern will. 22. August: Auf Anregung Henri Dunants Abschluß der Genfer Konvention. Gründung des Roten Kreuzes. *15. September: Wilhelms Bruder Sigismund geboren.* 30. Oktober: Friede von Wien. Dänemark muß Schleswig, Holstein und Lauenburg an Österreich und Preußen abtreten.

1865	Vertrag von Gastein: Holstein wird von Österreich verwaltet, Schleswig und Lauenburg von Preußen. Kiel Bundeshafen.
1866	April: Geheimes Angriffsbündnis zwischen Preußen und Italien gegen Österreich. *12. April: Wilhelms Schwester Viktoria geboren.* Juni: Geheimer Neutralitätsvertrag zwischen Österreich und Frankreich. Preußen tritt aus dem Deutschen Bund aus. 15. Juni–26. Juli: Preußisch-österreichischer Krieg um die Vorherrschaft in Deutschland. Italienisch-österreichischer Krieg. *18. Juni: Wilhelms Bruder Sigismund gestorben.* 3. Juli: Schlacht bei Königgrätz. Sieg Preußens. 26. Juli: Vorfriede von Nikolsburg, abgeschlossen von Bismarck gegen den Willen des preußischen Königs. 18. August: Gründung des Norddeutschen Bundes unter Preußens Führung. Bismarck Bundeskanzler. 23. August: Friede von Prag zwischen Preußen und Österreich. Auflösung des Deutschen Bundes. Neugestaltung Deutschlands. Österreich scheidet aus dem deutschen Reichsverband aus. 3. September: Indemnitätsvorlage. Ende des Verfassungsstreits in Preußen. 20. September: Hannover, Kurhessen, Nassau und Frankfurt a. M. von Preußen annektiert.
1867	12. Februar: Wahl des ersten norddeutschen Reichstags. April: Luxemburg-Krise. Bismarck verhindert die Annexion Luxemburgs durch Frankreich. Österreichisch-ungarischer Ausgleich. Sonderrechte für Ungarn innerhalb der Doppelmonarchie. Verfassung des Norddeutschen Bundes. Werner von Siemens entdeckt das dynamoelektrische Prinzip. Alfred Nobel erfindet das Dynamit.
1868	*10. Februar: Wilhelms Bruder Waldemar geboren.* Deutsches Zollparlament. Spanischer Staatsstreich. Königin Isabella gestürzt. Thronkandidatur Leopolds von Hohenzollern.
1869/70	Erstes Vatikanisches Konzil.
1869	Wilhelm Liebknecht und August Bebel gründen die Sozialdemokratische Arbeiterpartei. 17. November: Einweihung des Suezkanals.
1870/71	Deutsch-französischer Krieg.

1870	22. April: Wladimir Iljitsch Uljanow (Lenin) geboren.
	14. Juni: Wilhelms Schwester Sofie geboren.
	13. Juli: Bismarcks Emser Depesche.
	19. Juli: Frankreich erklärt Preußen den Krieg.
	1. September: Schlacht bei Sedan. Napoleon III. gefangengenommen.
	4. September: Ausrufung der Französischen Republik (»Dritte Republik« bis 1914).
1871—1878	Kulturkampf in Preußen.
1871	18. Januar: Reichsgründung. Wilhelm I. in Versailles zum deutschen Kaiser proklamiert. Bismarck Reichskanzler.
	26. Februar: Vorfriede von Versailles: Lothringen und das Elsaß werden an das Deutsche Reich abgetreten.
	März—Mai: Aufstand der Pariser Kommune.
	10. Mai: Friede von Frankfurt a. M. Frankreich zahlt Kriegsentschädigung und verzichtet auf Elsaß-Lothringen.
1872	Deutsches Strafgesetzbuch.
	22. April: Wilhelms Schwester Margarete geboren.
	September: Kaiser Franz Joseph und Zar Alexander II. besuchen Wilhelm I. in Berlin.
1873/74	Industriekrise (»Gründerkrise«).
1873	9. Januar: Napoleon III. in England gestorben.
	22. Oktober: Dreikaiserabkommen. Konsultativpakt zwischen Österreich, Rußland und dem Deutschen Reich. Isolierung Frankreichs.
1874	Anerkennung der Spanischen Republik durch Bismarck.
	Gründung des Weltpostvereins in Bern.
1875—1878	Balkankrise.
1875	»Krieg-in-Sicht«-Krise.
	Frankreich: Proklamation der Dritten Republik.
	22.—27. Mai: Allgemeiner Deutscher Arbeiterverein und Sozialdemokratische Arbeiterpartei schließen sich in Gotha zur Sozialistischen Arbeiterpartei Deutschlands zusammen (ab 1890 Sozialdemokratische Partei Deutschlands).
	6. Juni: Thomas Mann geboren.
1876	Nikolaus Ottos Viertaktmotor patentiert.
1877/78	Russisch-türkischer Krieg.
1877	*Januar: Abschlußexamen Wilhelms am Gymnasium in Kassel.*
	Sechsmonatiger Militärdienst. Wilhelm beginnt in Bonn das Studium der Rechte und der Nationalökonomie.
1878	Schutzzoll-Politik Bismarcks.
	11. Mai: Attentat auf Kaiser Wilhelm I.

2. Juni: Wilhelm I. bei einem zweiten Attentat schwer verletzt.
13. Juni—13. Juli: Berliner Kongreß. Ausgleich zwischen Österreich-Ungarn, England und Rußland. Umgestaltung der Friedensbedingungen von San Stefano (3. März).
Herbst: Wilhelm in Paris.
21. Oktober: Sozialistengesetze. Verbot sozialistischer Vereinigungen, Versammlungen und publizistischer Aktivitäten.

1879
27. März: Wilhelms Bruder Waldemar gestorben.
7. Oktober: Zweibund. Geheimes Verteidigungsbündnis zwischen dem Deutschen Reich und Österreich-Ungarn.

1880
Burenaufstand in Südafrika.
Regelung der Marokkofrage auf der Internationalen Konferenz von Madrid.

1881
27. Februar: Wilhelm heiratet Prinzessin Auguste Viktoria von Schleswig-Holstein-Sonderburg-Augustenburg.
März: Zar Alexander II. bei einem Bombenattentat getötet. Nachfolger wird sein Sohn Alexander III.
18. Juni: Dreikaiservertrag. Geheimes Neutralitätsabkommen zwischen dem Deutschen Reich, Österreich-Ungarn und Rußland auf drei Jahre.
Seit 1881: Sozialgesetzgebung Bismarcks.

1882
6. Mai: Wilhelms Sohn Friedrich Wilhelm geboren.
20. Mai: Dreibund. Geheimes Verteidigungsbündnis zwischen dem Deutschen Reich, Österreich-Ungarn und Italien.
Robert Koch entdeckt den Tuberkel-Bazillus.

1883
13. Februar: Richard Wagner gestorben.
14. März: Karl Marx gestorben.
7. Juli: Wilhelms Sohn Eitel Friedrich geboren.
Das Deutsche Reich tritt dem geheimen Verteidigungsbündnis zwischen Österreich-Ungarn und Rumänien bei.

1884/85
Gründung deutscher Kolonien (»Schutzgebiete«).
Kongo-Konferenz in Berlin.

1884
Mai: Wilhelm besucht Zarewitsch Nikolaus in Sankt Petersburg.
14. Juli: Wilhelms Sohn Adalbert geboren.
Dreikaiservertrag um weitere drei Jahre verlängert.
Treffen Wilhelms I., Franz Josephs I. und Alexanders III. in Polen.

1886
Graf Herbert Bismarck, der Sohn des Reichskanzlers, zum Staatssekretär im Auswärtigen Amt ernannt.
Kaiser Wilhelm I. erkrankt.
Wilhelm lernt bei einer Jagdgesellschaft Graf Philipp Eulenburg kennen.

	Juni: Dreikaisertreffen in Gastein. *Wilhelm nimmt als Gesandter teil.*
1887	Januar: Kronprinz Friedrich erkrankt.
	29. Januar: Wilhelms Sohn August Wilhelm geboren.
	20. Februar: Erneuerung des Dreibundes.
	18. Juni: Rückversicherungsvertrag. Geheimes Neutralitätsabkommen zwischen Rußland und dem Deutschen Reich auf drei Jahre.
	November: Wilhelm bei seinem kranken Vater, Kronprinz Friedrich, in San Remo.
	12./16. Dezember: Orient-Dreibund (Mittelmeerabkommen) zwischen Österreich-Ungarn, Italien und England.
	Rudolf Hertz entdeckt die elektromagnetischen Wellen.
1888	Februar: Kronprinz Friedrich am Kehlkopf operiert.
	9. März: Tod Kaiser Wilhelms I.
	Königin Victoria von England besucht Berlin.
	24. Mai: Wilhelms Bruder Heinrich heiratet Prinzessin Irene von Hessen und bei Rhein.
	15. Juni: Kaiser Friedrich III. nach 99tägiger Regierungszeit gestorben. *Thronbesteigung Kaiser Wilhelms II.*
	27. Juli: Wilhelms II. Sohn Oskar geboren.
1889	*Wilhelm II. mit Herbert Bismarck in Italien.*
	20. April: Adolf Hitler geboren.
1890/91	Arbeiterschutzgesetze.
1890	*20. März: Wilhelm II. erzwingt den Rücktritt Bismarcks.*
	Leo von Caprivi Reichskanzler.
	Der Rückversicherungsvertrag wird nicht erneuert.
	Aufhebung der Sozialistengesetze.
	1. Juli: Helgoland-Sansibar-Vertrag.
	17. Dezember: Wilhelms II. Sohn Joachim geboren.
1891	*Wilhelm II. zu Besuch in München.*
1892	17. August: Militärkonvention zwischen Rußland und Frankreich (Beistandspakt).
	13. September: Wilhelms II. Tochter Viktoria Luise geboren.
1894–1906	Dreyfus-Affäre in Frankreich.
1894/95	Chinesisch-japanischer Krieg.
1894	Zweibund Frankreich–Rußland.
	Italienreise Wilhelms II.
	Chlodwig Fürst zu Hohenlohe-Schillingsfürst Reichskanzler.
	Aussöhnung zwischen Kaiser Wilhelm II. und Bismarck.
	November: Zar Alexander III. gestorben. Ihm folgt sein Sohn Nikolaus II. auf den Thron.
	Nikolaus II. heiratet Alice von Hessen-Darmstadt, eine Cousine Wilhelms II.

1895	Entdeckung der Röntgen-Strahlung.
1896	*3. Januar: Krüger-Depesche Kaiser Wilhelms II.*
1897	Frühjahr: Alfred von Tirpitz wird Staatssekretär für die Marine. Juni: Bernhard von Bülow Staatssekretär des Auswärtigen. *Wilhelm II. besucht Rußland.* Gründung des Deutschen Flottenvereins. Guglielmo Marconi erfindet die drahtlose Telegraphie.
1898	10. Februar: Bertolt Brecht geboren. Deutschland erwirbt Kiautschou/China. Erstes Flottengesetz. 30. Juli: Fürst Bismarck gestorben. 20. September: Theodor Fontane gestorben. *Oktober: Wilhelm II. reist nach Konstantinopel, Jerusalem und Damaskus.*
1899—1902	Burenkrieg in Südafrika.
1899	Gründung des Haager Schiedsgerichtshofs.
1900	1. Januar: Das Bürgerliche Gesetzbuch tritt in Kraft. Frühjahr: Boxeraufstand in China. Ermordung des deutschen Gesandten von Ketteler. Eingreifen Englands, Frankreichs, Rußlands, Deutschlands, Österreich-Ungarns, Italiens Japans und der Vereinigten Staaten. Juni: Zweites Flottengesetz. 2. Juli: Start des ersten Zeppelins. 25. August: Friedrich Nietzsche gestorben. Oktober: Graf Bernhard von Bülow Reichskanzler.
1901	22. Januar: Königin Victoria von England gestorben. Nachfolger wird ihr Sohn Eduard VII. 7. September: Boxerprotokoll. Auflagen für China. Der chinesische Kaiser muß sich unter anderem bei Wilhelm II. entschuldigen.
1902	Januar: Englisch-japanischer Vertrag.
1903	7. Dezember: Erster Motorflug der Gebrüder Wright.
1904/05	Russisch-japanischer Krieg.
1904	8. April: Entente cordiale zwischen England und Frankreich Interessenausgleich.
1905/06	Erste russische Revolution. Erste Marokkokrise.
1905	*31. März: Kaiser Wilhelm II. in Tanger.* 24. Juli: Vertrag von Björkö. Verteidigungsbündnis zwischen Kaiser Wilhelm II. und Zar Nikolaus II.
1906	Januar—März: Algeciras-Konferenz. April: Freiherr von Holstein aus seinen Ämtern entlassen.

1907	Zweite Haager Konferenz. Landkriegsordnung.
1908	»Daily Telegraph«-Affäre.
1909	24. Juni: Rücktritt Bülows. Juli: Theobald von Bethmann-Hollweg Reichskanzler. Oktober: Bosnische Krise, verursacht durch Österreich-Ungarns Gebietsausweitung auf Bosnien und die Herzegowina.
1910	Eduard VII. von England gestorben. Nachfolger auf dem Thron wird Georg V.
1911	Zweite Marokkokrise. 1. Juli: Entsendung des deutschen Kanonenbootes »Panther« nach Agadir (»Panthersprung«).
1911/12	Italienisch-türkischer Krieg.
1912/13	Balkankrise.
1912	Besuch des englischen Kriegsministers Haldane in Berlin. Französisch-russische Marinekonvention. Oktober: Erster Balkankrieg.
1913	Mai: Friede von London. Juni: Zweiter Balkankrieg. August: Friede von Bukarest.
1914—1918	Erster Weltkrieg.
1914	Vereinbarung zwischen England und dem Deutschen Reich über den Bau der Bagdad-Bahn. 28. Juni: Ermordung des österreichisch-ungarischen Thronfolgers Franz-Ferdinand in Sarajewo. Ausbruch des Ersten Weltkriegs. 28. Juli: Österreich-Ungarn erklärt Serbien den Krieg. 1. August: Das Deutsche Reich erklärt Rußland den Krieg. 3. August: Kriegserklärung an Frankreich.
1916	21. November: Kaiser Franz Joseph gestorben. Sein Großneffe Karl I. Kaiser von Österreich und König von Ungarn.
1917	8.—14. März: Russische Märzrevolution. Zar Nikolaus II. dankt ab und wird gefangengenommen. 6. April: Die Vereinigten Staaten erklären dem Deutschen Reich den Krieg. 7. April: »Osterbotschaft« Kaiser Wilhelms II. Aufhebung des Dreiklassenwahlrechts angekündigt. 14. April: Nach Entlassung Bethmann Hollwegs wird Georg Michaelis Reichskanzler. 16. September: Ausrufung der russischen Republik. 7. November (nach russischem Kalender 25. Oktober): Sieg der russischen Oktoberrevolution. 15. Dezember: Waffenstillstand zwischen Rußland und dem Deutschen Reich.

1918	3. März: Friede von Brest-Litowsk zwischen Rußland, dem Deutschen Reich, Österreich-Ungarn, Bulgarien und der Türkei. 17. Juli: Erschießung der Zarenfamilie in Jekaterinburg. 3. Oktober: Prinz Max von Baden Reichskanzler. 9. November: Revolution in Berlin. *10. November: Kaiser Wilhelm II. dankt ab und emigriert in die Niederlande.* Ausrufung der deutschen Republik. 11. November: Waffenstillstand von Compiègne. Kaiser Karl I., Kaiser von Österreich, dankt ab.
1919	11. Februar: Friedrich Ebert Reichspräsident. Philipp Scheidemann Reichskanzler. 29. April: Völkerbund-Verfassung durch die Versailler Friedenskonferenz angenommen. 28. Juni: Versailler Vertrag. Es folgen weitere Pariser Vorortverträge. Ende des Ersten Weltkrieges. 11. August: Weimarer Verfassung. *1. Oktober: Wilhelms II. Schwester Charlotte gestorben.* Erfindung des Tonfilms.
1920—1922	Griechisch-türkischer Krieg.
1920	*Frühjahr: Wilhelm II. übersiedelt von Amerongen nach Haus Doorn/Provinz Utrecht. Die Auslieferung wird von der niederländischen Regierung abgelehnt.* 13.—17. März: Kapp-Putsch. 15. März—10. Mai: Kommunistischer Aufstand im Ruhrgebiet. *18. Juli: Wilhelms II. Sohn Joachim begeht Selbstmord.* 14. August: Kleine Entente zwischen der Tschechoslowakei, Jugoslawien und Rumänien.
1921	19. Februar: Französisch-polnisches Bündnis. 3. März: Polnisch-rumänisches Bündnis. 24./25. August: Friedensverträge der Vereinigten Staaten mit Deutschland und Österreich.
1922	16. April: Deutsch-russischer Sondervertrag von Rapallo. Rußland stellt keine weiteren Forderungen mehr an Deutschland. Wiederaufnahme der diplomatischen Beziehungen. 24. Juni: Ermordung des deutschen Außenministers Walther Rathenau durch Rechtsradikale. 28. Oktober: Mussolinis Marsch auf Rom. *5. November: Wilhelm II. heiratet in zweiter Ehe Prinzessin Hermine von Schönaich-Carolath, geb. Prinzessin Reuß ä. L.* 14. November: Wilhelm Cuno Reichskanzler. Dezember: Gründung der UdSSR. *Wilhelms II. Erinnerungen »Ereignisse und Gestalten 1878 bis 1918« erschienen.*

1923	11. Januar: Besetzung des Ruhrgebiets durch Frankreich und Belgien. Beginn des Ruhrkampfes. 13. Oktober: Ermächtigungsgesetz. November: Höhepunkt und Ende der Inflation. Einführung der Rentenmark. 8./9. November: Putsch Hitlers und Ludendorffs in München. Verbot der NSDAP (bis 1925). 22. November: Wilhelm Marx Reichskanzler. Gustav Stresemann Außenminister.
1924	21. Januar: Lenin gestorben. 9. April: Dawes-Plan. Festlegung der deutschen Reparationsleistungen. 16. April—16. Juli: Londoner Konferenz. Annahme des Dawes-Plans.
1925	15. Januar: Hans Luther Reichskanzler. 28. Februar: Reichspräsident Friedrich Ebert gestorben. 26. April: Generalfeldmarschall von Hindenburg zum Reichspräsidenten gewählt. Juli: Beginn der Räumung des Ruhrgebiets. 15./16. Oktober: Vertrag von Locarno. Garantie der deutschen Westgrenze. Deutschland verzichtet auf Elsaß-Lothringen.
1926	24. April: Freundschafts- und Neutralitätsvertrag zwischen dem Deutschen Reich und der UdSSR. 8. September: Aufnahme Deutschlands in den Völkerbund.
1927	4.—23. Mai: Weltwirtschaftskonferenz in Genf. *»Aus meinem Leben 1859—88« erschienen.*
1928	28. Juni: Hermann Müller Reichskanzler. 27. August: Außenminister Gustav Stresemann unterzeichnet für Deutschland den Kellogg-Pakt, in dem der Krieg als politisches Mittel geächtet wird.
1929—1932	Weltwirtschaftskrise.
1929	29. März: Heinrich Brüning Reichskanzler. *20. April: Wilhelms II. Bruder Heinrich gestorben.* 6.—31. August: Erste Haager Konferenz. Vorzeitige Räumung des Rheinlands. 3. Oktober: Gustav Stresemann gestorben. 25. Oktober: »Schwarzer Freitag« an der New Yorker Börse. Beginn der Weltwirtschaftskrise. *13. November: Wilhelms II. Schwester Viktoria gestorben.* *»Meine Vorfahren« erschienen.*
1930	Januar: Haager Schlußakte. Annahme des Young-Plans. 29. März: Brüning Reichskanzler.
1931	11. Oktober: Bildung der rechtsgerichteten »Harzburger Front«.

	16. Dezember: Reaktion der Linken: »Eiserne Front« gegründet.
1932	Konferenz in Lausanne. Lösung der deutschen Reparationsfrage.
Erste Internationale Abrüstungskonferenz.
13. Januar: Wilhelms II. Schwester Sofie gestorben.
10. April: Wiederwahl Hindenburgs zum Reichspräsidenten.
30. Mai/1. Juni: Rücktritt Brünings. Franz von Papen Reichskanzler.
2. Dezember: Kurt von Schleicher Reichskanzler.
1933	Zweite Internationale Abrüstungskonferenz.
30. Januar: Hindenburg beruft Hitler zum Reichskanzler.
27. Februar: Reichstagsbrand in Berlin.
24. März: Ermächtigungsgesetz.
2. Mai: Verbot der Gewerkschaften.
Juni/Juli: Selbstauflösung der Parteien.
15. Juli: Viererpakt England—Frankreich—Deutschland—Italien.
20. Juli: Reichskonkordat mit der Kurie.
19. Oktober: Austritt Deutschlands aus dem Völkerbund.
1934	26. Januar: Nichtangriffspakt und Freundschaftsvertrag Deutschland—Polen.
30. Juni: »Röhm-Putsch«.
2. August: Hindenburg gestorben. Hitler als »Führer und Reichskanzler« Reichsoberhaupt.
Wilhelms II. »Die chinesische Monade« erschienen.
1935	13. Januar: Rückgabe des Saargebiets an Deutschland.
16. März: Wiedereinführung der allgemeinen Wehrpflicht.
2. Mai: Französisch-russischer Beistandspakt.
18. Juni: Deutsch-englisches Flottenabkommen.
15. September: »Nürnberger Gesetze«.
1936—1939	Spanischer Bürgerkrieg.
1936	20. Januar: Georg V. von England gestorben. Nachfolger wird Eduard VIII. Nach seiner Abdankung am 10. Dezember besteigt Georg VI. den Thron.
7. März: Kündigung des Locarno-Vertrags durch Hitler.
Deutsche Truppen besetzen die entmilitarisierte Rheinlandzone.
Juli: Deutsch-österreichisches Abkommen über die Wiederherstellung freundschaftlicher Beziehungen.
August: Olympische Spiele in Berlin.
25. Oktober: Achsenvertrag Deutschland—Italien.
25. November: Antikomintern-Pakt Deutschland—Japan.
1937	Juli: Überfall Japans auf China. Wiederbeginn des japanisch-chinesischen Krieges.

November: »Hoßbach-Protokoll«. Hitler offenbart seine Kriegspläne.

1938   4. Februar: Hitler »Führer und Oberster Befehlshaber der Wehrmacht«.
13. März: Anschluß Österreichs an das Deutsche Reich.
29. September: Münchner Abkommen. Deutsch besiedelte Teile Böhmens, Mährens und Schlesiens sollen an das Deutsche Reich zurückgegeben werden.
Deutsch-britische Nichtangriffserklärung.
1. Oktober: Einmarsch deutscher Truppen in sudetendeutsche Gebiete.
9. November: »Reichskristallnacht«.
6. Dezember: Deutsch-französische Nichtangriffserklärung in Paris.
Otto Hahn und Fritz Straßmann entdecken die Kernspaltung.

1939–1945 Zweiter Weltkrieg.

1939   15. März: Errichtung des Reichsprotektorats Böhmen und Mähren.
23. März: Einmarsch deutscher Truppen ins Memelgebiet.
22. Mai: »Stahlpakt« Deutschland–Italien.
31. Mai: Deutsch-dänischer Nichtangriffspakt.
23. August: Deutsch-sowjetischer Nichtangriffspakt.
25. August: Englisch-polnisches Bündnis.
1. September: Deutscher Angriff auf Polen. Beginn des Zweiten Weltkriegs.
3. September: England und Frankreich erklären Deutschland den Krieg.
28. September: Deutsch-sowjetischer Vertrag.
September/Oktober: Polenfeldzug. Aufteilung Polens.
Rückgliederung Danzigs in das Deutsche Reich.

1940   April/Mai: Deutsche Angriffe auf Dänemark, Norwegen, die Niederlande, Belgien und Frankreich.
22. Juni: Waffenstillstand zwischen Frankreich und dem Deutschen Reich.
27. September: Dreimächtepakt Deutschland–Italien–Japan. Später Beitritt Ungarns, Rumäniens, der Slowakei und Bulgariens.

1941   6. April: Deutscher Angriff auf Jugoslawien, Griechenland und die UdSSR.
4. Juni: Wilhelm II. in Haus Doorn gestorben.
7. Dezember: Japanischer Überfall auf Pearl Harbour.
8. Dezember: Kriegserklärung der USA und Englands an Japan.
11. Dezember: Kriegserklärung Deutschlands und Italiens an die USA.

Stammtafel der Hohenzollern seit Friedrich Wilhelm III.

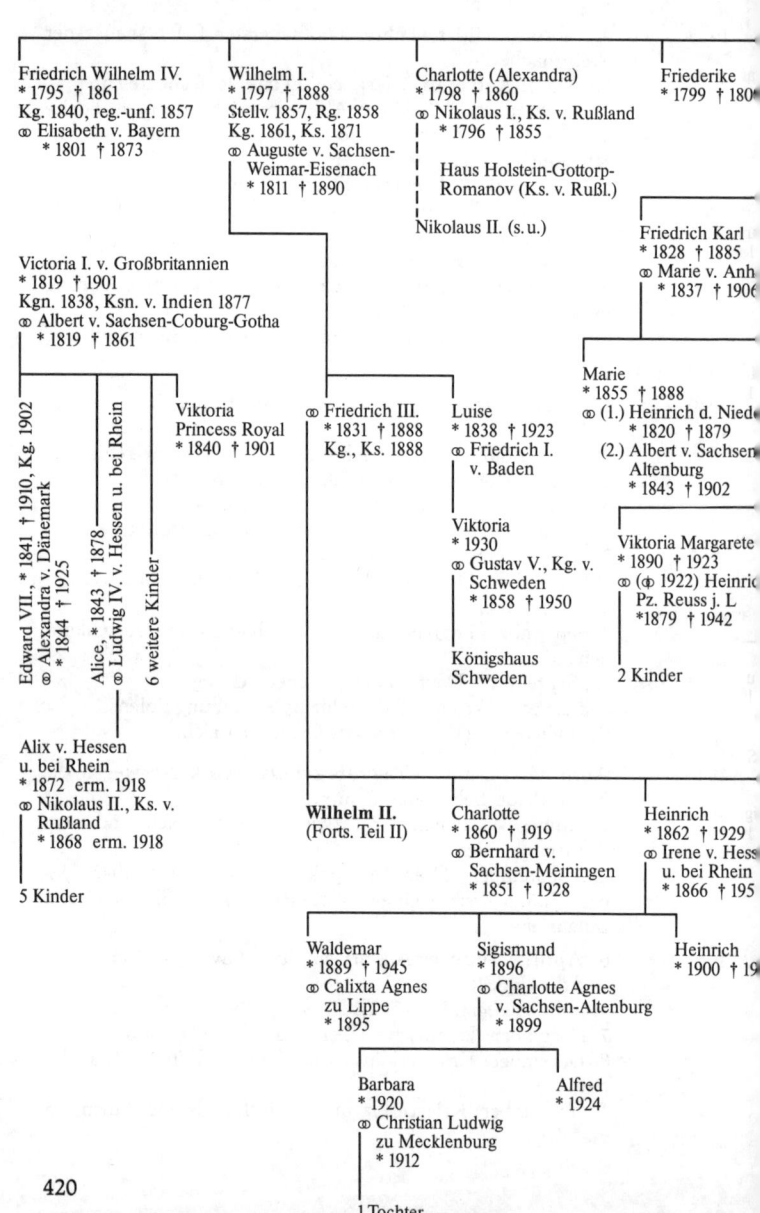

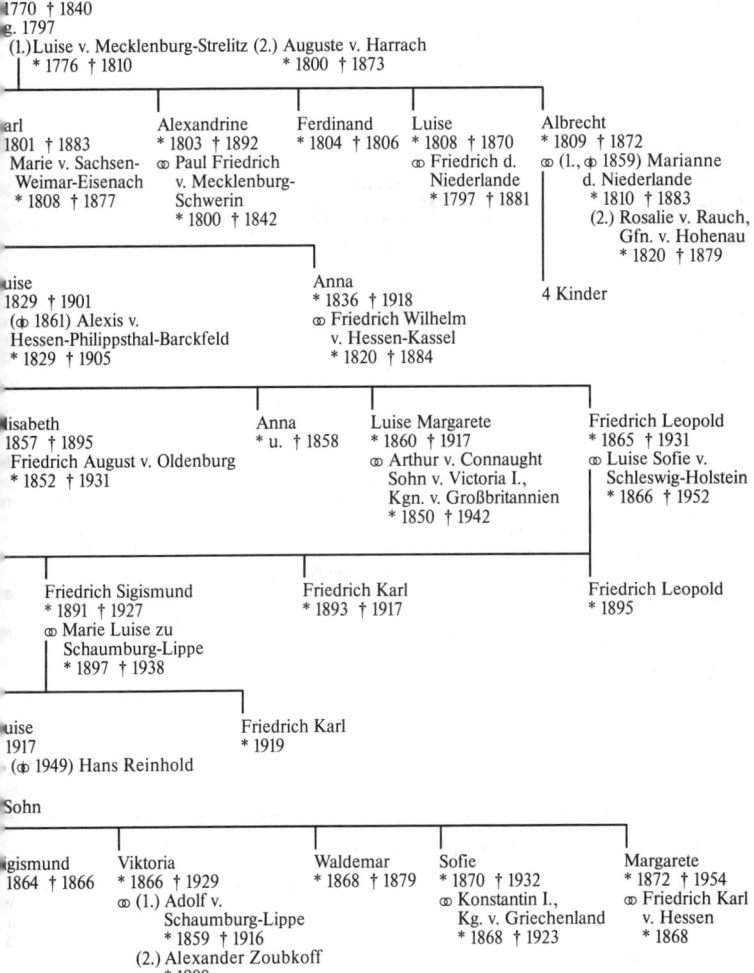

Wilhelm II.
* 1859 † 1941
Ks. 1888 abged. 1918
⚭ (1.) Auguste Viktoria v. Schleswig-Holstein-Sonderburg-Augustenburg
  * 1858 † 1921
  (2.) Hermine Pzn. Reuss ä. L., verw. Schönaich-Carolath
  * 1887 † 1947

Friedrich Wilhelm
* 1882 † 1951
⚭ Cecilie v. Mecklenburg-Schwerin
* 1886 † 1954

Eitel Friedrich
* 1883 † 1942
⚭ (⚭ 1926) Sofie Charlotte
v. Oldenburg
* 1879 † 1964

Adalbert
* 1884 † 1948
⚭ Adelheid v. Sachsen-Meiningen
* 1891

Viktoria Marina
* 1917
⚭ K. W. Patterson
* 1907

3 Kinder

Wilhelm Viktor
* 1919
⚭ Marie-Antoinette Hoyos, Freiin zu Stichsenstein
* 1920

Marie Louise
* 1945

Adalbert-Adelhart
* 1948

Alexander Ferdinand
* 1912
⚭ Irmgard Weygand
* 1912

Stephan Alexander
* 1939

Oskar, * 1915, gef. 1939

Burchard, * 1917

Herzeleide Ina Marie
* 1918
⚭ Karl Biron v. Curland
* 1907

3 Kinder

Wilhelm
* 1906 gef. 1940
⚭ Dorothea v. Salviati
* 1907

Felicitas
* 1934
⚭ Dinnies v. d. Osten a. d. H. Witzmitz
* 1929

Christa
* 1936

1 Tochter

Louis Ferdinand
* 1907
⚭ Kira v. Rußland
* 1909 † 1967

Hubertus
* 1909 † 1950
⚭ (1., ⚭ 1943) Marianne v. Humboldt-Dachroeden
* 1916
(2.) Magdalena Reuss
* 1920

Anastasia
* 1944

Marie Christine
* 1947

Friedrich
* 1911 † 1966
⚭ Lady Brigid Guinness
* 1920

Friedrich Nicolas
* 1946

Wilhelm Andrew
* 1947

Friedrich Wilhelm
* 1939
⚭ (⚭ 1968) Waltraud Freydag
* 1939

Michael
* 1940
⚭ Jutta Jörn

Marie Cécile
* 1942
⚭ Friedrich-August v. Oldenburg
* 1937

Kira
* 1943
⚭ Frank Liepsner

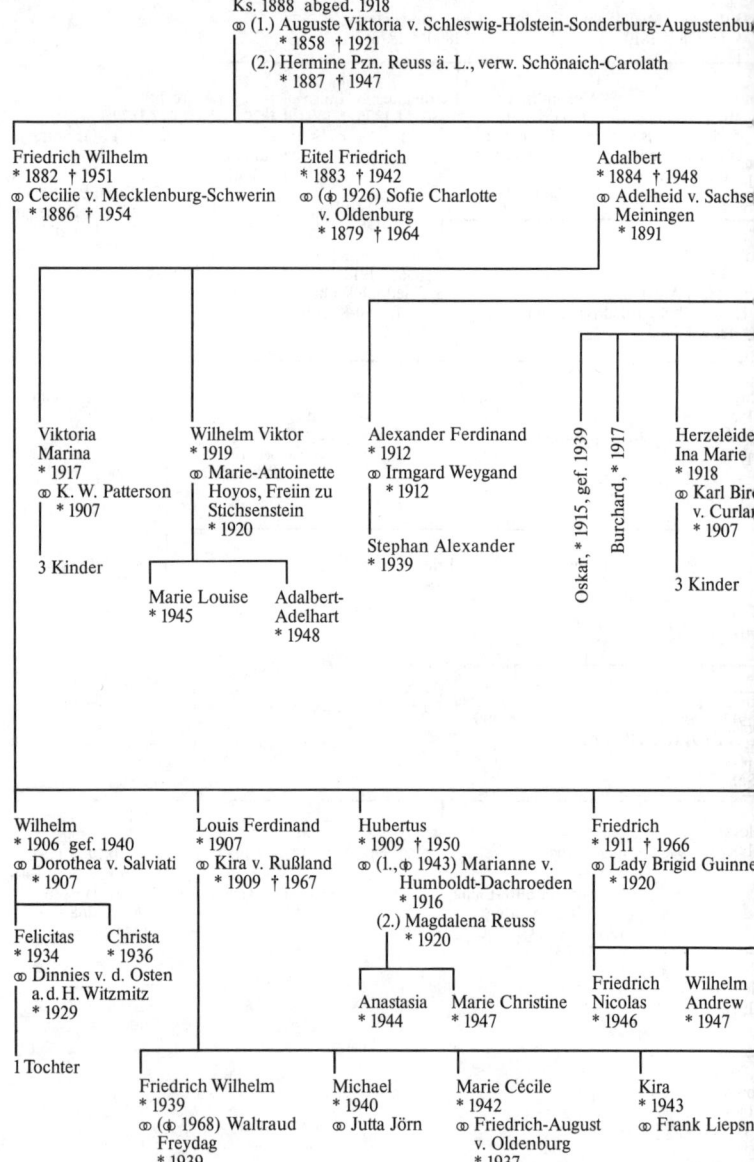

422

ugust Wilhelm	Oskar	Joachim	Viktoria Luise
1887 † 1949	* 1888 † 1958	* 1890 † 1920	* 1892
(⚭ 1920) Alexandra	⚭ Ina Maria v. Bassewitz	⚭ Marie Auguste	⚭ Ernst August
Viktoria v. Schleswig-	* 1888 † 1973	v. Anhalt	v. Braunschweig
Holstein-Sonderburg-		* 1898	u. Lüneburg
Glücksburg			* 1887 † 1953
* 1887 † 1957			

ilhelm Karl	Karl Franz Josef	Ernst August	Friederike Luise	3 weitere
1922	* 1916	* 1914	* 1917	Kinder
Armgard v.	⚭ (1., ⚭ 1946) Henriette	⚭ Ortrud zu	⚭ Paul I., Kg.	
Veltheim	v. Schönaich-Carolath	Schleswig-Holst.-	v. Griechenland	
* 1926	* 1918 † 1972	Sonderburg-	* 1901 † 1964	
	(2.) Luise Dora	Glücksburg		
	Hartmann * 1909	* 1925		

	Franz Wilhelm * 1943	Friedrich * 1944	5 Kinder			

| | | | | Konstantin II., Kg. v. Griechenl. * 1940 gestürzt 1967 ⚭ Anne-Marie v. Dänemark * 1946 | Sophie * 1938 ⚭ Juan Carlos I., Kg. v. Spanien * 1938 | Irene * 1942 |

3 Kinder

3 Kinder

onata-	Wilhelm	Oskar
iktoria	Karl	* 1959
1952	* 1955	

lexandrine	Cecilie
1915	* 1917
	⚭ Clyde Kenneth Harris
	* 1918 † 1958

1 Tochter

ictoria	Rupert	Antonia
1952	* 1955	* 1955

ouis Ferdinand	Christian Sigismund	Xenia
1944	* 1946	* 1949
Donata zu Castell-	Christiane Grandmontagne	
Rüdenhausen	* 1945	
* 1950		

(unehel.)
Alexandra-Isabelle („von Preußen")
* 1969

NAMENVERZEICHNIS

Albert, Prinz von Sachsen-Coburg-Gotha, Prinzgemahl von England (1819—1861) 8 ff.
Alexander II., Zar von Rußland (1818—1881) 51, 52
Alexander III., Zar von Rußland (1845—1894) 52, 53, 78 ff., 109, 137, 200
Alexandra, Königin von England 19, 24 ff., 66, 67, 114, 135 ff., 226, 237, 256
Alexandra Feodorowna, Zarin von Rußland, geb. Prinzessin von Hessen und bei Rhein (1872—1918) 42, 135 ff., 190
Alice, Großherzogin von Hessen-Darmstadt 8, 41, 42
Asquith, Herbert 285, 339
Auguste Viktoria, geb. Prinzessin von Schleswig-Holstein, 1. Gemahlin Wilhelms II. (1858—1921) 43, 70, 126, 156, 169, 170 f., 226 ff., 344 f., 356, 357, 366 ff.

Baden, Max Prinz von 369 ff.
Balfour, Arthur James 159, 162, 197
Ballin, Albert 186, 344, 358, 367
Battenberg, Alexander Prinz von, Fürst von Bulgarien 53, 64, 66, 93
Battenberg, Heinrich Prinz von 118
Bauer, Max 332
Bentinck, Godard Graf von 378, 382, 385
Berchtold, Leopold Graf von 287, 292, 295, 299, 305 ff.
Berg, Friedrich von 363, 367
Bergmann, Ernst von, Professor 55, 56, 63
Bernstein, Justizrat 214 ff.
Bernstorff, Johann-Heinrich Graf von 352
Bertie, Sir Francis 304
Bethmann Hollweg, Theobald von (1856 bis 1921) 258 ff., 285, 288, 291 ff., 300 ff., 311 ff., 339 ff., 384, 386
Bigelow, Poultney 396
Bilhourd, Botschafter 194
Birilow, Admiral 201
Bismarck, Herbert Graf (Fürst) von (1849 bis 1904) 49 ff., 62, 67, 73 ff., 90, 98, 108, 110
Bismarck, Otto Fürst von (1815—1898) 9, 15, 21, 23, 28 ff., 40 ff., 50 ff., 64 ff., 74 ff., 103 ff., 118, 121, 141 ff., 160, 163, 176, 202 ff., 236, 237, 266, 281, 396
Blücher, Evelyn Mary Fürstin von 350, 356, 364, 366, 369, 379
Brandenburg, Erich 132, 269, 316, 317

Bruce-Lockhart, Sir Robert 398
Brüning, Heinrich 394
Bryce, James Viscount 264
Buchanan, Meriel 42
Bülow, Bernhard Fürst von (1849—1929) 127 ff., 141 ff., 150 ff., 160 ff., 183 ff., 200 ff., 225, 229, 234 ff., 250 ff., 268, 269, 276, 302, 304, 321, 327, 384
Bülow, Karl von 332, 333
Bülow, Marie Fürstin von 147, 259, 260
Burian von Rajecz, Stephan Freiherr von 295

Caillaux, Joseph 271, 274
Cambon, Jules 183, 255 f., 269, 271 ff.
Caprivi, Leo Graf von 90, 98, 99, 105 ff., 120 ff., 144
Cartwright, Gesandter 228
Cassel, Sir Ernest 276 f.
Chamberlain, Joseph 150 ff., 173 ff.
Chamberlain, Neville 397
Chelius, General von 317
Chirol, Sir Valentine 182, 186, 380
Chotek, Sophie Gräfin von: siehe Hohenberg
Christian IX., König von Dänemark 24
Churchill, Randolph 396
Churchill, Winston 235, 272 ff., 337 ff., 387, 390 f., 397, 399, 401
Clarendon, Earl of 10, 17
Connaught, Herzog von 114, 152, 171
Conrad von Hötzendorf, Franz Graf 236, 287, 320, 321
Crowe, Sir Eyre 305, 308
Cruppi, Jean, Außenminister 271
Czernin, Ottokar Graf von 357 f.

Delbrück, Hans, Professor 285, 342
Delcassé, Théophile 193 ff., 243
Devonshire, Herzog von 180
Dimitrijevic, Dragutin 292
Dobrorolski, General 318
Dohna, Eberhard Graf von 71
Dommes, Wilhelm von 400
Doyle, Sir Arthur Conan 380
Drews, Innenminister 371

Ebert, Friedrich 375 f., 381 ff.
Eckardstein, Hermann Freiherr von 117 ff., 160, 173 ff., 180 ff.
Edinburgh, Alfred Herzog von 25

Edward VII., König von England (1841—1910) 8, 11 ff., 41, 50, 66, 71, 80 f., 114 ff., 133 ff., 158, 167 ff., 181 ff., 204, 216, 221 ff., 242, 256, 257, 266, 270, 312, 322, 328
Elisabeth, Kaiserin von Österreich 289
Elphinstone, Sir Howard 46
Ernst, Jakob 218, 219
Erzberger, Matthias 358 ff., 372
Esher, Reginald Lord 171, 177, 181, 232
Eulenburg, August Graf von 181, 216
Eulenburg-Hertefeld, Augusta Fürstin zu 219, 220
Eulenburg-Hertefeld, Philipp Fürst zu (1847 bis 1921) 72 ff., 88, 99 ff., 120 ff., 141 ff., 157, 161. 163, 165, 170 ff., 187, 209 ff., 228, 243, 246, 254, 260, 266, 267, 269

Falkenhayn, Erich von 294, 333, 335, 341 ff.
Fisher, Sir John 230
Foch, Ferdinand 365, 372, 386
Franz Ferdinand, Erzherzog von Österreich 246, 289, 290, 309
Franz Joseph I., Kaiser von Österreich, König von Ungarn (1830—1916) 80 f., 89, 108, 109, 235 f., 282, 287, 289, 292 ff., 320 f., 329, 357
Freytag, Gustav 32
Freytag-Loringhoven, Hugo von 334
Friedrich III., Deutscher Kaiser, König von Preußen (1831—1888) 7 ff., 18, 22, 23, 28, 32 ff., 49, 54 ff., 84 ff., 148, 178, 347
Friedrich Wilhelm IV., König von Preußen (1795—1861) 9, 12
Fürstenberg, Max Fürst von 246, 247, 261, 266

Georg V., König von England (1865—1936) 114, 222, 266, 268, 270, 275, 283, 312, 313, 316, 322, 324, 328, 384
Georg VI., König von England 396, 397
Gerard, James Watson 349
Gerhardt, Karl, Professor 55, 56
Gierke, Otto von, Dr. 329
Giers, Nikolaus Karlowitsch von 52
Gladstone, William Ewart 117, 122
Goebbels, Josef, Dr. 394
Göring, Hermann 394
Goncourt, Edmond und Jules de 91
Gontard, General von 345, 366
Goschen, Sir Edward 246, 250, 264, 313, 326
Grey, Sir Edward 224, 271, 273, 276 f., 282 ff., 296 f., 303 ff., 313 ff., 323 ff., 350, 353
Gröner, Wilhelm 371 ff., 381
Grünau, Werner Freiherr von 373 ff.

Hahnke, Wilhelm von 87 f.
Haldane, Richard Viscount 242 f., 277, 279 f., 283
Hammann, Otto 208, 209
Harcourt, Sir William 91
Harden, Maximilian 211, 213 ff., 246, 274
Hardinge, Sir Charles 234, 235, 243
Harnack, Adolf von, Professor 328
Hatzfeldt, Paul Graf von 121 ff., 150 f., 162, 174 ff., 189
Heeringen, Josias von 336
Henckel, Guido Graf von 111
Hentsch, Richard 333
Hermine, geb. Prinzessin von Reuß, 2. Gemahlin Wilhelms II. (1887—1947) 388, 389, 395, 399, 401
Hertling, Georg Graf von 359, 368
Hindenburg, Paul von Beneckendorff und von 330 f., 336, 340 ff., 353, 355, 359 ff., 371, 373 ff., 380 f., 384, 386, 391 ff.
Hintze, Paul von 364, 366, 370
Hinzpeter, Georg 27, 28, 34, 36, 39, 40, 41, 48, 72
Hitler, Adolf 179, 393, 394, 395, 396, 397, 398, 399, 400
Hohenau, Grafen 213
Hohenberg, Sophie Herzogin von 290
Hohenlohe, Gottfried Fürst von 225
Hohenlohe-Schillingsfürst, Chlodwig Fürst zu 67, 126, 130, 131, 144, 145, 161
Hohenthal, Walpurga Gräfin von 12, 13, 17, 18, 19
Holstein, Friedrich Freiherr von (1837—1909) 52 ff., 74 ff., 85, 88, 91, 98 ff., 108 ff., 124 ff., 142, 143, 151, 157 ff., 173 ff., 187, 188, 190, 191, 194, 202, 205, 207 ff., 260, 266, 269, 281
Holtzendorff, Admiral 341, 352
House, Oberst 288
Hülsen-Haeseler, Dietrich Graf von 101, 212, 249, 266

Ilsemann, Sigurd von 383
Iswolskij, Alex 225

Jagow, Gottlieb von 287, 294, 296, 297, 302, 306
Jameson, Leander 130, 133, 134
Januschkjewitsch, General 318, 319
Jellicoe, John Viscount 346
Jenisch, Freiherr von 239
Joffre, Joseph 332, 340

Karl I., Kaiser von Österreich, König von Ungarn 357, 364

425

Kayser, Paul, Geheimrat 131, 133
Kerenskij, Alexander 357, 361
Kessel, Gustav Graf von 85
Ketteler, Klemens Freiherr von 164
Kiderlen-Wächter, Alfred Freiherr von 101, 111, 120, 124, 128, 245, 269, 270 ff., 287, 370
Klehmet, Legationsrat 240, 245
Kluck, Alexander von 332, 333, 336
Knackfuß, Hermann 137, 153, 189
Kotze, Leberecht Graf von 103, 104
Krüger, Paul 130, 132, 133
Kühlmann, Richard von 361, 364
Kürenberg, Joachim von 395

Lambsdorff, Wladimir Graf 205
Lansdowne, Lord 177, 181, 182, 192, 362
Lascelles, Sir Frank 154, 181, 182, 232
Leopold I., König von Belgien 17, 25, 29
Lichnowsky, Karl Max Fürst von 283, 287 f., 296 ff., 303, 305, 306, 313, 316, 323, 324, 325, 327
Liman von Sanders, Otto 286
Lloyd George, David 273, 276, 296, 348, 350, 386, 387, 391
Loubet, Emilie 193, 196, 197
Ludendorff, Erich 330 f., 342 f., 346 ff., 355, 359, 363 ff., 373, 384, 386
Ludwig, Emil 165, 181
Luise, Großherzogin von Baden, geb. Prinzessin von Preußen 18, 291
Lwow, Georgi Fürst 357, 361
Lynar, Graf von 213, 215
Lyncker, Moritz Freiherr von 58, 330

Mackensen, August von 386
Mackenzie, Sir Morell 56 f., 59 f., 62, 63
Malet, Sir Edward 62, 93, 113, 129
Marschall von Bieberstein, Adolf Hermann Freiherr 98, 111, 126, 130 ff., 142, 287
Martin, Rudolf 258, 260
Mary, Königin von England 397
Maximilian, Erzherzog von Österreich, Kaiser von Mexiko 289
Mendelssohn, Gebrüder 186
Mensdorff, Albert Graf von 275, 296
Metternich, Paul Graf von 120, 175, 176, 191, 232, 233, 268, 271, 273, 276, 327
Michaelis, Georg 359, 360, 361
Moltke, Helmuth Graf von, Generalfeldmarschall 79
Moltke, Helmuth Graf von, General 185, 199, 294, 301, 302, 321 ff., 330 ff.

Moltke, Kuno Graf von 212, 213, 214, 215, 216, 217, 266
Morier, Sir Robert 28
Morley, John 69, 91
Motley, John 20
Müller, Georg Alexander von 290, 330 ff., 335 f., 341, 344 ff., 350, 351, 353, 357 ff., 365, 367 ff., 372 f.
Murawiew, Nikolai Graf 167, 168

Nagell, Baron van 399
Nicolson, Sir Arthur 160, 206, 242, 271, 278, 287, 296, 300, 338
Nicolson, Sir Harold 313, 338, 385
Niemann, Alfred 367, 369, 373, 377
Nikolaus I., Zar von Rußland 141
Nikolaus II., Zar von Rußland (1868—1918) 51, 52, 135 ff., 151 ff., 176, 182, 187, 189, 192 f., 198 ff., 205, 222, 224, 236 f., 242, 281, 293, 300 ff., 308 ff., 315, 317 ff., 320, 322 f., 328, 357, 384
Noyes, Alfred 380

Osten-Sacken, Graf 167

Pacelli, Eugenio (später Papst Pius XII.) 361
Paget, Arthur 19, 20
Pleß, Daisy Fürstin von 139, 166, 222, 225, 257, 263, 389
Plessen, Hans von 106, 172, 359, 373, 377
Pohl, Hugo von 336
Poincaré, Raymond 296
Ponsonby, Sir Frederick 114, 179, 181, 256
Ponsonby, Sir Henry 116, 117
Pourtalès, Friedrich Graf von 286, 300, 322, 323
Preußen, Adalbert Prinz von (Sohn Wilhelms II.) 226
Preußen, August Wilhelm Prinz von (Sohn Wilhelms II.) 226, 371, 395
Preußen, Charlotte Prinzessin von (Schwester Wilhelms II.) 18, 26
Preußen, Eitel Friedrich Prinz von (Sohn Wilhelms II.) 226
Preußen, Friedrich Leopold Prinz von (Vetter Wilhelms II.) 94, 95
Preußen, Heinrich Prinz von (Bruder Wilhelms II.) 18, 26 ff., 35, 38, 40 f., 47, 61, 64, 172, 258, 283, 313, 316, 384
Preußen, Irene Prinzessin von, geb. Prinzessin von Hessen und bei Rhein (Gemahlin des Prinzen Heinrich) 64

Preußen, Joachim Prinz von (Sohn Wilhelms II.) 226, 388
Preußen, Luise Sophie Prinzessin von (Schwägerin Wilhelms II., Gemahlin des Prinzen Friedrich Leopold) 94 f.
Preußen, Oskar Prinz von (Sohn Wilhelms II.) 226, 395
Preußen, Sigismund Prinz von (Bruder Wilhelms II.) 35
Preußen, Sophie Prinzessin von (Schwester Wilhelms II., Gemahlin des Königs Konstantin I. von Griechenland) 14, 92, 93, 136, 179
Preußen, Viktoria Prinzessin von (Schwester Wilhelms II.) 53, 64, 66, 93
Preußen, Viktoria Luise Prinzessin von (Tochter Wilhelms II., Gemahlin des Herzogs Ernst August von Braunschweig) 226, 328, 382, 401
Preußen, Wilhelm Kronprinz von (ältester Sohn Wilhelms II., 1882—1951) 172, 212, 222 f., 226, 253, 274 f., 332 ff., 340, 353, 366, 370, 375, 377, 386 ff., 394 ff., 400
Preußen, Wilhelm Prinz von (ältester Sohn des Kronprinzen Wilhelm) 400
Prittwitz und Gaffron, Friedrich Wilhelm von 330
Puttkammer, Robert von 63

Radolinsky, Hugo Graf von 61
Radowitz, Graf von 206
Reischach, Hugo Freiherr von 347
Rennenkampf, Pavel 330 f.
Reuß, Heinrich VII. Prinz von 108, 110
Richthofen, Oswald Freiherr von 208
Roberts, Lord 177, 242, 243
Röhm, Ernst 394
Roosevelt, Theodore 197, 201 f., 207, 263 ff.
Rosebery, Archibald Lord 119, 120, 122
Rouvier, Pierre 197
Roschdjestwensky, Admiral 192
Rudolf, Erzherzog von Österreich 41, 289
Rupprecht, Kronprinz von Bayern 332, 386

Salisbury, Robert Arthur Marquess of 64, 68, 81 f., 113, 117, 123 ff., 152, 154, 158 f., 168, 173, 178, 181, 242
Samsanow, Alexander 330
Sasonow, Sergej 282, 286, 300 ff., 310, 318 f., 322, 323
Scheer, Reinhard 376 f.
Scheidemann, Philipp 372, 376
Schilling, Freiherr von 300
Schlieffen, Alfred Graf von 321, 325

Schön, Wilhelm Freiherr von 195 f., 240, 244 f., 255, 269, 299
Schönaich-Carolath, Johann Georg Prinz von 388
Schrader, Freiherr von 103
Schulenburg, Friedrich Graf von der 373 ff., 392
Schuwalow, Paul Andrejewitsch Graf 90
Schwerin-Löwitz, Graf von 345
Sell, Ulrich Freiherr von 399
Slaby, Professor 186
Sparta, Konstantin Herzog von, Kronprinz von Griechenland 93
Stein, Hermann von 332
Stemrich, Unterstaatssekretär 240, 264
Stockmar, Baron 8, 9, 17
Stockmar, Ernst Freiherr von 28
Stuart-Wortley, Edward James 229, 239, 241
Swaine, Leopold Victor 50
Szápáry, Graf von 300, 310
Szögyéni-Marich, Ladislaus Graf von 292, 293

Tatischtschew, Graf 319
Tattenbach, Graf von 206
Tirpitz, Alfred von (1849—1930) 145 f., 177 ff., 185 f., 230 ff., 276, 279 f., 285, 301, 311 ff., 327, 333, 336 ff., 355 f., 386, 390
Tisza von Borosjenö, Koloman Graf 291, 295, 296, 308
Tolstoij, Leo 103
Topham, Anne 225
Treitschke, Heinrich von 178 f.
Trotzkij, Leo 362
Tschirschky und Bögendorff, Heinrich Leonhard von 198, 201, 208 f., 211, 291, 295, 299, 304, 305, 311
Tweedmouth, Lord 232

Varnbüler, Axel Freiherr von 211
Victoria, Königin von England (1819—1901) 7 f., 11 ff., 16 f., 24 ff., 36 ff., 41 f., 45, 54 f., 61 ff., 81 f., 89, 93, 113 f., 117 f., 120, 123, 125, 133, 135 ff., 143, 152, 154 ff., 169, 171, 175 f., 180, 241 ff., 268, 328, 396, 397
Victoria, geb. Prinzessin von Großbrit., Gemahlin Friedrichs III. (1840—1901) 7 f., 10 f., 13, 16 ff., 22, 24, 28 ff., 49, 54 f., 57 ff., 63, 65, 92 ff., 97, 147 ff., 152, 165, 169, 178 ff., 396
Viktor Emanuel III., König von Italien 221, 229
Viereck, George 43, 389
Virchow, Rudolf, Professor 57, 100

Waldersee, Alfred Graf von 49 f., 52, 53 ff., 60, 65, 66, 76, 79, 80, 85, 87, 88 f., 99, 107, 162, 165, 187
Wangenheim, Freiherr von 345
Watson, George Lennox 126
Wheeler-Bennett, John 398
Wilamowitz-Moellendorf, Ulrich von, Professor 329
Wilhelm I., König von Preußen, Deutscher Kaiser (1797—1888) 14, 19 ff., 28, 31, 33, 34, 39, 48, 57, 61, 80, 141, 144, 265, 347, 396

Wilhelmina, Königin der Niederlande 166, 378, 387, 388, 390, 399
Wilson, Sir Henry 325
Wilson, Woodrow 339, 349, 352 f., 362, 369 f., 372, 382
Witte, Sergej Graf 205, 210
Wrangel, Friedrich Graf von 12 f.
Württemberg, Albrecht Herzog von 332
Zedlitz-Trützschler, Robert Graf von 101, 185, 224 f., 249 f., 254, 262, 263
Zimmermann, Arthur 349, 353 f., 361

ORTS- UND SACHREGISTER

Abrüstungskonferenz 155
Ägypten 119, 124, 138, 183, 188, 190, 270
Afrika 96, 119, 123, 129 ff., 152, 158, 160, 164, 168, 173, 175, 182, 190, 241, 255, 273, 280, 342
Agadir 270 f., 275 f., 281, 338
Albanien 123, 281 f.
Algeciras (-Akte, -Konferenz) 200, 205, 207, 221 ff., 255, 264, 269 f., 327
Amerika → USA
Amerongen 378 f., 382, 387
Antwerpen 330, 333
Australien 167, 242, 264
Avesnes 363, 365

Bad Homburg 179 f., 344, 347, 357, 362
Balkan 50 f., 78, 118, 123 f., 155, 238, 281 ff., 286, 288, 294, 297, 299, 304, 310, 315, 328, 343
Balmoral 8, 28
Bangkok 119 f.
Bayern 102, 373
Belgien 206, 221, 324 ff., 329, 342, 372
Belgrad 292, 294 f., 298, 301, 304, 306 f., 310, 314 f., 318
Berliner Kongreß 123, 235 f.
Bessarabien 51
Björkö 199, 201, 205, 221, 224, 264
Böhmen 289
Bonn 40 ff.
Bornstedt 14, 66
Bosnien 51, 235 ff., 255, 269, 290, 319, 327
Boxeraufstand 164
Bremen 372
Bremerhaven 164
Breslau 139, 228, 235
Brest-Litowsk 361
Brüssel 100, 325
Bukarest 245, 269, 297
Bulgarien 51, 53 f., 64, 118, 282, 284, 296, 342, 361, 368
Burenkrieg 156, 160, 166, 171, 179, 188, 241 ff., 250, 398

Cambrai 362, 367
Charleville-Mezières 334, 363
China 137, 150, 160, 164 f., 174, 176, 182
Cowes 82, 113, 115 ff., 143, 156

Dänemark 29 f., 138, 221
Daily-Telegraph-Affäre 239 ff., 262, 269, 334

Danzig 22
Darmstadt 42, 113, 135
Den Haag 100, 155, 304, 317 f., 367, 378, 387
Deutsch-Französischer Krieg 32, 51, 72, 126
Deutsch-Neuguinea 122
Deutsch-Südwestafrika 96, 122
Doorn 387 ff., 394, 396, 399 ff.
Dreibund 78, 91, 96, 118, 120, 122, 124 f., 128 f., 131, 138, 173 f., 178, 182, 190, 192, 201, 206 f., 308
Dreikaiserbündnis 50 ff., 78

Elsaß 31, 67, 78, 126, 194, 200, 349, 357, 361, 385
Entente 190 f., 197, 205 ff., 221, 260, 271, 277 ff., 280 f., 284, 286, 288, 308, 317, 327, 352, 357, 361 f., 365, 370, 379
England 8 f., 11 f., 17 f., 22, 24 f., 29 f., 33, 35, 38, 48, 50, 53, 57, 59, 62, 82, 91 f., 96, 113 ff., 137 f., 144 ff., 150 ff., 154, 156 ff., 160 ff., 162 ff., 188 ff., 199 f., 204, 206, 216, 221 f., 224, 228 ff., 239, 241 ff., 247 f., 256 f., 260, 263 ff., 267 f., 270 ff., 283, 285 ff., 293, 296 f., 299 f., 303, 308, 310, 312 ff., 316 f., 319, 322 ff., 327 ff., 337 ff., 349 ff., 353, 356 f., 370, 379, 387, 390 f., 397 ff., 400 f.
Erster Weltkrieg 8, 51, 260, 273, 306 ff., 327 ff., 355 ff., 379, 383 ff., 390 f., 397, 399

Fes (Fez) 195, 240, 269 f.
Frankfurt a. M. 9, 15, 254
Frankfurt a. d. O. 336
Frankreich 29, 31 ff., 35, 50, 78, 91, 96, 109, 118 ff., 126, 130 f., 141, 152, 157, 160, 168, 173 ff., 178, 184, 188, 190 f., 199 ff., 204 ff., 221, 224, 237 f., 241, 255 f., 260, 270 ff., 277 f., 280 ff., 287 f., 299 f., 303, 308, 310, 312 ff., 316 f., 322 ff., 327, 329 f., 342, 361, 365, 379, 391, 397
Französische Revolution 9, 109
Friedrichsruh 77, 79

Galizien 342, 357
Gibraltar 174
Griechenland 93, 123, 282, 342
Großbritannien → England

Haager Gerichtshof → Den Haag
Hamburg 77, 372

Hannover 30, 392
Heiliges Land → Jerusalem
Helgoland 96, 128, 372
Herzegowina 51, 235 ff., 255, 319
Highcliffe 229, 239, 248, 252, 260
Holland 206, 221, 339, 376 f., 380, 382, 384, 387, 399
Hohenzollern, Dynastie 13, 19, 35, 77, 80, 92, 95 f., 107, 222, 268, 274, 389, 394 f., 397, 399, 400

Indien 119, 202, 264, 322
Italien 62, 77, 96, 100, 119, 124, 129, 188, 207, 221, 299, 303, 314, 327, 342, 361

Japan 137, 150, 164, 174 f., 188 ff., 204, 264 f., 342, 354, 370, 398
Jerusalem 152 f.
Jugoslawien 123

Kamerun 96, 122, 271 f., 274
Karolinen 156
Kassel 38 ff., 366
Kiautschau 150
Kiel 250, 267, 271, 290, 301, 312, 369, 372
Kongo 122, 270 ff., 279, 342
Konstantinopel 51, 124, 152 f., 236, 281
Korfu 262, 269 f.
Krimkrieg 12, 119
Kronberg 179, 234, 243
Kronstadt 140
Krüger-Depesche 132 ff., 145, 177, 187, 195
Kurland 342, 361 ff.

Liberalismus 9, 12, 49
Litauen 342, 362
London 11, 50, 66, 87, 96, 119 f., 125, 128, 131, 153, 168, 171 ff., 175, 177 f., 183, 191 f., 194, 199, 207, 224, 229, 231 f., 237, 241, 244, 250, 265 f., 268, 270, 272 ff., 282 f., 289, 294, 296, 300, 303, 305, 313 f., 319, 349, 361, 386, 399
Lothringen 31, 67, 78, 126, 194, 200, 329 f., 349, 357, 361, 385
Luxemburg 324, 331 f.

Madrid 100, 159, 206
Mandschurei 150, 155, 174, 189
Marianen 156
Marokko 159 f., 173 f., 182 f., 191 f., 194 f., 197, 202 f., 205 f., 255 f., 260, 269 ff., 275, 281
Mogador 270, 275
Montenegro 287, 342
München 59, 73, 102, 217 f., 228, 230

Neuguinea 96
Niederlande → Holland
Njassaland 152
Norwegen 101
Nürnberger Prozesse 395

Österreich (-Ungarn) 9, 29 f., 35, 41, 50 ff., 71, 78 f., 81, 89, 91, 96, 118 f., 123 f., 129, 188, 221, 234 ff., 260, 281 ff., 287, 289, 291 ff., 305 ff., 319 ff., 324, 327, 342, 349, 357 f., 362, 364, 368, 391
Osborne 24, 26, 113 f., 117 f., 171 f., 268
Osmanisches Reich → Türkei
Ostafrika 96
Ostpreußen 329 ff., 336, 344

Paris 8, 16, 33, 42, 115, 131, 141 f., 182, 188 f., 194 ff., 205, 207, 272, 274, 282, 299, 304, 308, 316, 324, 331 f., 361, 383, 385 f., 400
Persien 119, 173, 224
Plön 170, 226
Polen 52, 183, 342, 349, 357, 362, 398
Port Arthur 150, 191
Portland 117, 338
Portugal 154, 206
Potsdam 12, 14, 33, 65 f., 73, 94, 215, 226 f., 246, 251 ff., 263, 292, 294, 302, 313, 344, 355, 377, 387 f., 400
Prökelwitz 71 f.

Revolution von 1918 358 f., 372, 374, 383
Revolution
  → Französische Revolution
  → Revolution von 1918
  → Russische Revolution
Rom 59, 106, 127, 141
Rominten 170, 210, 220, 239 f., 246
Rückversicherungsvertrag 78, 98, 118, 149
Rumänien 81, 282, 284, 296, 327, 346 ff., 361 f.
Rußland 8 f., 41 f., 50 ff., 64, 68, 77 ff., 81, 87, 96, 108 ff., 114, 118 ff., 129 ff., 137 ff., 147, 150 ff., 157 f., 160, 164 ff., 168, 173 ff., 178, 183 f., 188 ff., 193 f., 198 f., 201 f., 221, 224 f., 235 f., 239, 241 f., 255, 269, 277 f., 281, 283, 286 ff., 293, 297, 299 ff., 303, 305, 307 ff., 317, 320 ff., 327 ff., 342, 349, 357, 361 ff., 391, 398, 400
Russische Revolution 357

Saloniki 281
Samoa-Inseln 122, 152, 154

Sankt Petersburg 16, 51 ff., 90 f., 99, 138, 153, 168, 189, 210, 236, 238, 281, 286, 295 f., 307 f., 314, 316 f., 322 f., 328, 362
San Remo 59 f., 63
St. Quentin 363
Sansibar 96, 108, 279
Sarajewo 289 ff.
Schlesien 263
Schlieffenplan 325, 329 f., 333
Schweden 206, 221
Schweiz 388
Serbien 51, 236 f., 239, 281 ff., 286 f., 291 ff., 303, 305, 307 ff., 312, 314 f., 319 f., 322, 324, 327, 342
Siam 119, 121, 190
Singapore 122
Soissons 362 f., 365
Sozialistengesetze 45, 83 ff., 107
Spa 365 f., 368, 370 f., 373, 376, 381, 399
Spanien 156, 206
Stuttgart 10, 100, 228
Sudan 188
Südafrika → Afrika

Tanger 166, 174, 195, 203, 205, 222, 269, 271, 327
Togo 96, 271 f.
Tonga-Inseln 152
Transvaal 130 f., 133

Türkei 50 f., 96, 123 f., 129, 235 f., 282, 284, 322, 328, 342, 349, 361

Ukraine 362
USA 122, 159, 174, 204, 206, 221, 264 f., 339 ff., 349 ff., 358, 379, 400

Valenciennes 400
Verdun 332, 343, 346
Vereinigte Staaten von Amerika → USA
Versailles 31, 33, 257, 385 f., 390
Versailler Vertrag 386 f., 391 ff., 397
Völkerbund 385

Weimarer Republik 382
Weltkrieg
→ Erster Weltkrieg
→ Zweiter Weltkrieg
Wien 20, 51, 59, 80 f., 108 f., 236 f., 247, 282, 287, 289, 291, 293 ff., 301, 305 ff., 310 f., 313 f., 316 f., 320 ff., 328, 359
Wieringen 387
Wilhelmshaven 346
Wilhelmshöhe 181, 227, 366 ff.
Windsor 11, 24 ff., 28, 57, 67, 136, 156, 162, 181, 241 f., 266
Wittelsbach, Dynastie 73

Zweibund 52, 118, 122, 131, 137, 147, 173, 188, 191 f., 201, 205 f.
Zweiter Weltkrieg 398 f., 401

**Das Gesamtverzeichnis der Heyne-Taschenbücher
informiert Sie ausführlich über alle lieferbaren Titel.
Sie erhalten es von Ihrer Buchhandlung
oder direkt vom Verlag.
Wilhelm Heyne Verlag, Postfach 201204,
8000 München 2**

HEYNE BIOGRAPHIEN

*Die Großen der
Weltgeschichte –
Politik · Kultur
Wissenschaft*

12/180

12/124

12/143

12/145

12/125

12/174

12/168

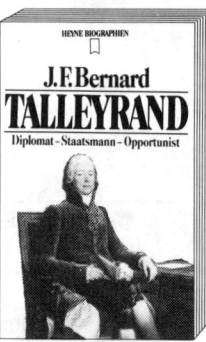

12/175